U0452332

行政法分析学导论

上

关保英 著

商务印书馆
2011年·北京

序

自20世纪80年代我国法制建设进入正轨以来,法律哲学、法学基本理论以及部门法理论在我国都有了迅猛发展。一定意义上讲,我国基本的法学理论体系已经建立起来。随着2006年中共关于到十一五期间我国要建成社会主义法律体系规划的提出,人们关于我国法律体系能否在五年之内建成便展开了热烈讨论,正当这个讨论进行之际,2008年《改革开放30年中国人权发展大事回顾》中宣布我国社会主义法律体系基本建成。这个论断既平息了人们关于我国是否能够在短期内建成法律体系的疑问,同时又为法学界和法律实务部门带来了一系列新的需要重新启动的研究课题,这些研究课题可以归结为下列主要方面:

一是法律体系与法治体系各自的定在及其关系问题,进而在中国的具体状况问题。毫无疑问,法律体系与法治体系各自为一单独定在,如果撇开二者内涵的深度解读不论,法律体系可以作为一个单独的分析对象,并给出一个相对确定的内涵,其是由一国法律的典则体系构成的。当然,其中典则的具体形态则是一个可以免去不计或深化以后再可观察的问题。法治体系同样可以作为一个单独的分析对象,并给出一个相对确定的解析,其是就一国实现法律治理的整个机制而论之的,包括法自身的范畴和法与社会过程关系的范畴。对二者分而解之,在逻辑上似乎也不会犯太大的错误。然而,若进入第二个层面,那就是法律体系与法治体系关系的层面,认可二者作为独立定在的分析方式就不能适用了。换言之,如果从法治这层面分析,法律体系与法治体系则难以作为独立的分析对象,即是说,二者紧密地交织在一起,以致离开其中的任何一者分析另一者都必然会犯形而上学的错误。不幸的是,我们在关于社会主义法律体系构建的问题上基本离开了社会主义法治体系的概念,而当我们在回答社会主义法治体系概念时,也没有有意识地在其中融入社会主义法律体系的概念。这个理论上的偏向对于我国整个法学研究和法治建设的推动都是致命的。因为法律体系的建成与法治体系的建成还不是同一意义上的概念,或者说法律体系的建成与法治体系的建成还有非常大的距离。在笔者看来,法治体系是一个总概念,而法律体系是一个子概念,一方面,法治体系概念之下包括了法律体系;另一方面,法律体系一旦离开法治体系就不具有太大的意义。从法学方法论上讲,法律体系是一建构性概念,即通过相关的顶层设计和一定的立法行为就能够建立起来,而且不会需要太长的时间,这从各国法律制度变迁的历史可以得到佐证。与法律体系相比,法治体系则是一个解构性概念,就是任何顶层设计或演绎方法在这里都不具有明显的效果,而必须通过分而解之,归而纳之等社会学式的分析方法才能得出合乎逻辑的结论。显然,哲学上有关方法论的理论告诉我们,解构比建构要有更大的难度。不知是因为解析研究的难度,还是因为我国长期以来政府推动式法律制度建设的方式,抑或是由于历史的原因,导致我国法学研究中尤其部门法的研究中,无论存在于官方的还是存在于民间的都将侧重点放在了法律体系上,或者说法律体系的注解或构建上,这便使我国整体上的法学研究不是以法治体系的研究为重心,这样的研究结果必然使法学研究与法治体系的建设,进而与法治国家的建设存在某种程度的两张皮现象。本书的研究基调是对目前泛化于我国法学研究中规范研究的否定,就是将法律体系放置于法治体系的大背景之下进行分析,用法治体系的若干元素反补法律体系的价值及其合理性。毫无疑问,法律体系若离开法哲学分析是可以单独存在的,也可以对其单独进行研究,甚至可以对其自身作出价值上的评判,尤其美学上的评判。但是,这种具有美学价值的法律体系除了能够观赏以外,其他方面的价值究竟有多大,就目前我国法学研究的现状讲,并没有一套有效的方法进行求证。本书若离开行政法视野,即若将其观察方位放大以后,就可以在一个普遍的法治体系的意义上评判法律体系的价值或有效性。

二是关于静态的法与动态的法的关系问题。法具有静态和动态两个方面,静态方面是指法可以从相对静态的方面观察,法律的典则体系以及与典则体系相关的其他硬件都是静态的,包括法律机构和支撑法律的外在条件。在科特威尔的理论中,有关法律的原则、观念和相关的解释方法都是法的静态方面;动态方面则指法是实施社会管理和实现社会过程的工具,法律行为尤其法律在进行社会控制中的各种权变手段都是较为生动的动态方面。其实,由法作为社会控制过程的理论进行推演,动态的法是法天经地义的方面,而非法的可有可无的一面。因为任何法律由其制定到其最后的实现都应当是在动态化过程中得以体现的。我国法学界在对待法的态度上是否将法的静态方面与动态方面予以有机结合了呢?在笔者看来,对此我们只能遗憾地作出否定的回答。之所以这样说是因为我们在法学理论和法律实务中基本上将法封闭在一个仅仅属于法的范畴之中,即没有将法放置在更大的经济背景、政治背景、社会背景和文化背景中进行考量。当我们在方法论上将法定义为上层建筑时,我们并没有一套完整的法律与经济、法律与政治、法律与社会、法律与文化的理论体系,更没有正统的价值判断对这些问题作出回答或回应。正因为这样,有人讲中国的法律属于法学家法,就是说只有一部分法学研究人员将自己封闭在一个圈子里进行法律问题的讨论和评说,而且长此以往也形成了一个将法律用相关手段封闭起来的一个壁垒,法内的人出不去,而法外的社会现象又无法进来。有学者指出,法律"规则只有通过实际社会现象和社会关系的运用,才会体现出其内含和意义"。毋须多言,静态的法是我国法学理论的基本基调,静态的法也是我国法律实务的基本法律认知。法律学科体系是以一定的形式予以承载的,在法治发达国家承载法律学科体系的是大量有法律判例和存在于社会之中的法律事件。而在我国承载法律理论的除了抽象的学术著作就是对规范进行平面式注释的教科书。笔者注意到,我国绝大多数法律学教科书尤其部门法的教科书都是对规范的解释或点评,有些教科书从头至尾甚至没有一个法律案例和法律事件的支撑。概而论之,我们不难对我国的法作出以静态法为根本格局的判断。法学将法仅仅框定在静态方面,由于成了既成的事实,因此,人们也大多习惯于这样理解和领会法律学的精神。如果法学是一个思辨科学或形而上学学科,其以静态角度进行体系构建便是完全可以的。然而,无论从任何意义上讲,法律学似乎是一个实用学科,作为一种实用学科其就不可以孤立于一国经济、政治、社会、文化之外,这也正是法律现实主义和法社会学在西方流行的原因。对于我国法学作为静态化的法的惯性,我们可以继续地认可它的存在,因为这个惯性生成的诸多东西在短期之内我们还无法予以否定或去除。同时,作为实用性的法律学又不能长期容忍静态的法的特性在法学界和实务界的泛滥,因此,本书称之为行政法分析学,试从行政法动态研究方面弥补我国传统法律学科的不足,这是读者们在阅读本书时需要引起注意的又一个问题。

三是法现象与法学及其关系问题。法现象的研究具有非常悠久的历史,早在古罗马法律学就形成了不同的流派,其关于法学研究的体系化对后世法学体系的构建起了非常积极的作用。到目前为止,在法律这个庞大的体系之内,已经有了诸多的分支,如法哲学,当然,法哲学的对象究竟是什么也存在一个仁者见仁、智者见智的问题。法理学,其与法哲学在学科定位上是不同的,《牛津法律大辞典》对二者作了这样的区分,即认为法哲学属于哲学之一部,而法理学则不具有哲学上的属性,这种区分的科学性与合理程度究竟如何我们暂且可以不去管它,但至少可以说法哲学与法理学是关于法律学研究的两个不同的学科领域。此外,还有法史学、法社会学、法经济学等,这些学科在20世纪都有了迅猛的发展,它们都基本上形成了自己的体系。由于实用主义和实证主义哲学的影响,法学中学科的划分似乎都具有各自的合理性,因为一门学科的构成在20世纪以后似乎并不需要太多的要件,通常情况下,有自己的研究对象、有自己的方法论、有自己独有的知识体系,并有一群人从事着这样的研究,其就可以成为一门学科。而在笔者看来,法律学的学科构建尽管可以不受太多的要件约束,但任何有关法的研究都必须以法现象为转移,离开了法现象任何法学就不能够成立,那么,构成法现象的学科究竟有哪些呢?笔者认为,法作为一种社会现象首先存在一个由何而来的问题,对法律规范由何而来的问题的研究就构成了法哲学,将其放置于部门法中也当然如此。第二个问题是法现象本身的状态问题,即实在法内部的逻辑关系,包括法律部门之关系、法律典则之关系、法律条款之关系等等。这些关系形式的阐释与求证就构成了法理学,若反映在部门法中就是每一个部门法学。到目前为止,法理学的建构和部门法学的建构都是以此为主要内容的,这也构成目前部门法学的基本定在和风景线。深而论之,部门法学之中若向上追溯并没有包括研究它的法哲学问题,向下追溯则没有包括规范下或规范后的问题。这就是说对法的研究的第三个部类便是对下规范或后规范的研究,即一个法律典则或法律规范制定以后其状态如何、命运如何、社会效果如何是应当被系统研究的。目前这些问题的研究完全没有包括在法理学或部门法学之中,如果部门法学或法理学涉及到了这样的问题那也是个别的、非学科化的。由此可见,目前此现象的研究,特别在行政法现象的研究中,下规范基本上是个空白,笔者将本书定性为分析学,就是基于对已经形成的行政法体系从后规范或下规范的角度进行的分析。这个分析足以形成一个完整的学科,其学科地位的可得性本书有相应论证,而这个学科体系的构成及其方法论体系更是在本书中作了系统论证。

关保英

于上海政法学院
2010年12月30日

导　言

　　行政法问题研究的范畴是行政法学科构成的决定因素，即是说，不同的研究范畴形成了行政法研究中的不同学科，这应当是行政法学科体系构成的理论前提。然而，我国行政法学界却很少有人对这个前提予以关注，行政法学科体系的构建也常常远离了这个前提。这便是为什么我国行政法学科体系从主流学术圈来看仅仅被框定在规范研究的根本原因。那么，行政法问题的研究究竟有哪些范畴或板块呢？这些范畴或板块又能对行政法学科体系的构成起到什么样的决定作用呢？笔者认为，行政法问题的研究有三个相互联系的范畴或板块，一是行政法的上规范研究，即行政法规范是如何产生的或者有关产生根源的研究。二是行政法规范的研究，就是对实在行政法中的典则体系的研究，包括制定过程和典则内容的阐释等研究。三是行政法下规范研究，即行政法规范制定以后的运行状况的研究，就是在国家政权体系内部行政法规范制定以后进入社会过程及其在社会过程中运行状况的研究。这三个范畴或板块使行政法问题的研究可以形成三个具有逻辑关系的学科，这便是行政法哲学、行政法学、行政法分析学。具体地讲，行政法哲学以行政法的上规范为研究对象，回答行政法的来源问题；行政法学以行政法规范为研究对象，回答行政法规范的内容及其构成等基本问题；行政法分析学以行政法下规范为研究对象，回答行政法在社会控制过程中的相关技术问题。

　　毋容置疑，我国目前的行政法学科体系中最为发达的是行政法规范研究的体系,即行政法学体系。与之相比,行政法哲学体系也已经有一定的雏形,但其学科的完整状况距行政法学科体系还有非常大的差距。令人欣慰的是至少这个学科体系在行政法学界和行政法治实践中已经形成共识。行政法下规范研究的行政法分析学在我国则没有被认识到,如果说,这个学科接近于行政法社会学的话,那么,我国连行政法社会学也未曾出现过。我国既没有行政法社会学的教科书,又没有行政法社会学的课程体系的事实就是例证。这个学科的缺失使我国所谓的行政法学体系实际上是一个非常不周延的学科体系,也在一定程度上制约了我们对行政法下规范的认识。例如,行政法是否处于活跃状态或睡眠状态,若有一部分处于活跃状态,一部分处于睡眠状态的话,我们是否对其有定量分析和法律事实上的比对等等。诸如这些问题在我国行政法问题的研究中还处于零起点,至少就其是否已经成为一个学科体系而言是如此。本著作选取了行政法问题研究的第三个范畴或板块作为研究对象,并认为这个范畴或板块的研究应当成为一个独立学科,即其应当从行政法规范的研究中独立出来,形成一个新的学科体系。不争的事实是,我国目前的行政法学科体系无法也没有能力包容第三个范畴或板块的研究。即是说,行政法分析学成为一个独立学科是一种必然。

本书从"定位篇"开始,相继设有"原理篇"、"范畴篇"和"方法篇",对行政法分析学的基本概念、构成、精神气质、方法论等作了初步论证。毫无疑问,行政法下规范的研究还可以构成一些具体的分支,而本书是以"概论"或"导论"的角度对行政法分析学作了一个总的体系设计和内容构造。因此,本书也以"导论"命名。

第一篇为定位篇。在本篇中作者设置了下列诸章:行政法学之不完整性评说、行政法分析学与行政法学方法论比对、行政法分析学与行政法分支学科的比较、行政法分析学与后现代行政法、行政法分析学的独立学科地位。通过这些章节作者对目前我国行政法学作为对行政法问题研究的不对称性和不周延性进行了检讨，指出了行政法学界在这个问题上的认识误差以及这种误差对行政法治的制约作用。作者的评说和检讨是以我国的行政法学现象和状况为核心的，并不针对我国行政法学界的某个流派或某个学术群体，更不是针对行政法学者；对行政法分析学与行政法学方法论的关系进行比较分析，这个分析是十分必要的，因为在一些学者看来，行政法分析学只是一种方法论而不能成为一个独立学科，作者以分析学与方法论共相性、异质性、共通性等为切入点，基本上疏理出了二者的联系，关键是澄清了二者并不是同一事物这一关系问题。因为这个问题不澄清便有将一个单一的方法论作为一个学科来看待的嫌疑；对行政法分析学与行政法分支学科进行了比较，作者将行政法分析学与行政法学、行政法哲学作了机理上的区分，通过这种区分确认了三个学科各自独立的价值。当然，如果将行政法问题研究作为一个范畴即行政法范畴来看的话，那有可能这三个学科只是一个学科而不可以分为三个学科。为了消除读者的顾虑，作者在这三个范畴的区分上选取了一些构成范畴的模本，若干模本的比较想必会打消读者们的担心。同时，对行政法分析学与部门行政法学的关系、与行政法史学的关系，本书也作了合理区分。总之，不同学科的比较使行政法分析学的脉络更加清晰；对行政法分析学与后现代行政法的关系作了论证。后现代行政法问题，作者曾在《行政法时代精神研究》和相关论文中作过专题研究，指出后现代行政法具有这样一些基本特点，其"突出了人本属性、突出了私权属性、突出了民治属性、突出了科学属性、突出了创新属性"。这些特点与行政法分析学的精神有一定的契合性。尤其在行政法进入后现代以后，相关的规范分析，即下规范研究必不可少，作者进一步分析了行政法分析学与后现代行政法之间相互促进的关系。这个问题框定在本著作中并不显得突凸。因为行政法分析学的诞生与其他新的学科的诞生一样必然有其相应的文化背景,读者们若能认真领会后现代行政法的精神就必然会对行政法分析学作为独立学科的产生有所认识。在上面分析的基础上,便比较合理地得出了行政法分析学作为独立学科存在的结论。为了使问题的研究更加周延一些,作者还是用一些具体的技术手段进一步厘清了行政法分析学独立学科定位的原由及进路。

第二篇为原理篇,本篇包括了下列诸章:行政法分析学的概念、行政法分析学的源流、行政法分析学的精神、行政法分析学的构成、行政法分析学的逻辑过程。本篇对于本书而言具有核心价值,前一篇从目前我国行政法学的状况出发,对行政法分析学的产生及其作为独立学科的地位作了论证,但这一篇并不能解决行政法分析学自身的自我定在,即行政法分析学虽然有成为独立学科的必要,而它自身是否有能力和条件构成一门独立学科。原理篇解决了上一篇留下的问题:对行政法分析学的概念、现状及其与我国目前行政法学研究的关系等问题作了阐述,作者对这个学科的特性有了一个初步框定,即交叉性、后规范性、分析性等。这三个特征共同使行政法分析学有了自己的质的规定性,并在行政法治建设中必然使其它学科无法替代;对行政法分析学的理论与实践基础进行了探究,正如前述,行政法分析学的存在必然有一定的文化背景乃至于社会背景和其他因素,这些背景的分析是对该学科理论基础和实践基础的认知,这个认知虽然具有强烈的理论色彩,但它是行政法分析学能够平实地予以存在的前提条件。笔者选取哲理基础、法理基础、伦理基础等分析基点,这个分析使行政法分析学的学科地位更加厚实;对行政法分析学的精髓作了高度概括。行政法分析学可以用诸多措辞概括其精髓,而这个精髓对行政法分析学而言是至关重要的,某种意义上讲,正是这些精髓决定了行政法分析学的学科本质和实用价值。我们用法定量分析、法证实、法实现三个相互补充的理念高度概括了行政法分析学的精髓,这对于读者来讲具有重要的引领意义,其可以依此三者迅速认识行政法分析学的相关原理;对行政法分析学的构成作了描述。作为一个学科,其必然具有相应的学科构成。应当指出的是,我国目前行政法学研究中有关学科构成的研究实在太单薄,如传统行政法学科体系中鲜有学者从学科构成的角度进行分析,这可以说是学术研究中的一大忌讳,因为这是一个学科是否能够存在的最为基本的问题。为了防止犯同样错误,作者用专章对行政法分析学的学科构成作了设计,用主体构成、目的物构成、意识构成、技术构成四个范畴框定了这个独特的学科构成,逐一进行了较为详细的解读,单就行政法分析学的这些构成,读者们也能够对该学科的体系有一个概览;对行政法分析学的逻辑过程作了探讨,行政法分析学与行政法学以及其它行政法分支学科的重大区别之一就是其逻辑过程上的差异,其它学科的静态化特征非常明显,而且常常是这样的,即这些静态化成了这个学科排斥其它学科的一个壁垒,其也制约了行政法学科发展中的兼容性。与行政法其它学科相比,行政法分析学则具有极大的动态性,是一个由行为和过程构成的学科。作者从行政法现象出发,尤其从行政法分析学围绕行政法现象而不是围绕行政法规范这一与其它学科的并联点,较为简略地勾画了行政法分析学的逻辑过程,指出了分析学的规定动作就在于"分析"。

第三篇为范畴篇,本篇设置了下列诸章,作为法位的分析范畴、作为功能的分析范畴、作为调控模式的分析范畴、作为运作过程的分析范畴、作为反馈系统的分析范畴。分析范畴是行政法分析学的另一个重要内容,作为一个学科相关的范畴自然不可缺少。应当说明的是,作者所设计的范畴篇主要在行政法分析中的对象上,而与作为一个学科的范畴有一定的区别,作为学科的范畴更加广泛一些,即有关学科体系构成的板块都可以作为范畴来看待,而作者此处所使用的范畴概念是一个带有强烈技术色彩的概念,是由行政法分析过程中的客观对象决定的。在法位的分析范畴一节重点指出了在行政法分析中,应当对行政法与宪法的关系进行分析,对行政法在法律体系中的地位进行分析,对行政法的法源构成进行分析,对行政法的规范类型进行分析等,这一部分的分析似乎与行政法学体系中的典则体系有关。但是,行政法分析学关于这个范畴的分析视野要宽广得多,如在行政法法源构成的分析中就包含着对法源走向的分析,而这些内容在行政法学科体系中是不存在的。在作为功能的范畴分析中,笔者将行政法主要指付诸实施的行政法放在政治、经济、文化、社会等大背景之下,要求对行政法与政治、经济、文化、社会的关系作出考察和分析,这对于行政法的发展,对于实现行政法治是十分重要的。在作为调控模式的分析范畴中,作者提出对行政法凝练行政价值、行政法分配社会资源、行政法设定社会关系、行政法确定社会角色等进行分析。这个分析与现代行政法的社会控制技术有着密切关系,我们如果忽视这样的分析,行政法与社会进程就可能是两张皮,而我们对此还没有任何认识。在作为运作过程的分析范畴中,作者要求对行政法典则形成、行政法执行、行政法遵守、行政法运用等进行分析,这个分析有些在我国行政法治中也普遍用过,但基本的分析体系还没有形成,而且大多数的分析也仅仅存在于民间,与行政法治机构似乎没有关系。行政法分析学体系的构建则会使存在于民间的零散分析有可能成为一个官方的系统分析。在作为反馈系统的分析范畴中,作者提出了行政法在其社会过程中有三个机制,即跟踪机制、调研机制、咨询机制等,这些机制对于行政法的实现是十分必要的,而遗憾的是,我国还没有对这三个机制及其关系有深刻认识和深入研究。至少在我国行政法治系统中,还基本上没有上列三个机制。那么,在行政法分析学体系的范畴中,行政法的反馈是基本的分析对象,上述三者也构成了一个反馈系统,我们对每个系统及其关系都应当进行分析，这也是旧的行政法淘汰新的行政法产生所必需的分析路径。

第四篇为方法篇。本篇设有统计的分析方法、证明的分析方法、综合与分解的分析方法、解释的分析方法、经验的分析方法等章节。任何一个学科都有其区别于其他学科的方法论及其方法论体系。当然，方法论是否在一个学科中必须有所选择，在哲学研究中是存在争议的。一派学者就认为科学研究中应当强调无政府主义，即怎么样都行，认为没有方法和方法论才是最好的学科，这个论点是有一定道理的。但是，行政法分析学与行政法其他学科是有区别的，行政法其它学科中方法论可能还不足以成为这个学科的基本构成，但在行政法分析学中，方法论却是一个关键部分，因为分析是对下规范的认识和观察，这个观察存在于社会机制中，若没有一定的方法论就无法处理其与相关社会机制的关系，基于此，笔者将方法作为行政法分析学之一篇，并初步选择了五个基本方法，这五个基本方法虽然在传统学术研究中就已经存在了，但本书所提到的诸种方法都有其特定的内涵。在统计的分析方法中，笔者提出对行政法典则、行政法主体、行政法执行、行政法社会化等进行统计，这样的统计在行政法学研究中既是一个整体又是其它方法无法取代的；在证明的分析方法中，作者提出对行政法中统一性、实效性、进步性等进行证明，这些证明范本的选择对于行政法和行政法治有巨大的指导意义，因为我国行政法中可能长期存在着与笔者所列分析范本相反的法律命题，而我们对这些相反的法律命题也常常视而不见；在综合与分解的分析方法中，笔者结合现代行政法学中的目标分解与综合原理，要求对我国行政法中的目标进行分析，对分解后的目标进行整合，这看起来似乎不太新颖，但对于行政法治而言至关重要，因为在笔者看来，我国行政法治由于缺乏目标分解与综合才带来诸多问题，我们不用这样的分析方法，所存在的问题就永远也无法发现；在解释的分析方法中，笔者对存在于我国行政法中的解释进行了概述，指出行政法中解释存在的基本空间,如冲突解释和规范内容的再确定等,指出了解释的分析方法与行政法实现的逻辑关系;在经验的分析方法中,作者指出行政法中存在传统因素、本土因素、资源因素、人文因素等,这些因素既是一个法哲学问题,也是一个行政经验问题,我们在确定行政法的社会化过程中,必须用这些因素去考量。显然,经验的分析方法对于我国行政法学研究中如何处理与国外行政法治和行政法理论的关系提供了思路。方法只要有效都可以采用,即是说,行政法分析学中的分析方法还有诸多可以选择,但本书所提到的这些分析方法都是行政法分析学学科构成中所不可缺少的、最基本的。

目 录

序 ··· i
导言 ·· i

一　定位

第一章　行政法学之不完整性评说 ·· 3
　一、行政法学不完整性之涵义 ·· 3
　　（一）学科概念的不周延性 ·· 3
　　（二）研究方法的非系统性 ·· 7
　　（三）学科对象的断根性 ··· 10
　　（四）学科功能的迟滞性 ··· 13
　二、行政法学不完整性之证实 ·· 16
　　（一）抽象性行政法学之不完整性 ·· 16
　　（二）实用主义式行政法学之不完整性 ·· 20
　　（三）元素性行政法学之不完整性 ·· 23
　三、行政法学不完整性之后果 ·· 27
　　（一）不能分析行政法之存在基础 ·· 27
　　（二）不能分析行政法之运行进程 ·· 29
　　（三）不能分析行政法之规范状态 ·· 32

第二章　行政法分析学与行政法学方法论比对 ·· 35
　一、共相性之比对 ··· 36
　　（一）作为分析手段的共相性 ··· 36
　　（二）作为行政法现象分析标的的共相性 ··· 39
　　（三）作为行政法分析技术的共相性 ··· 42
　二、异质性之比对 ··· 45

(一) 存在形态上的异质性 …………………………… 45
　　　(二) 构成元素上的异质性 …………………………… 47
　　　(三) 功能实现上的异质性 …………………………… 49
　三、共通性 ……………………………………………………… 52
　　　(一) 行政法分析学作为广义的方法论 ……………… 52
　　　(二) 行政法学方法论对行政法分析学的支持……… 55
　　　(三) 行政法分析学与行政法学方法论之包容 ……… 57

第三章　行政法分析学与行政法分支学科的比较 …………… 60
　一、与行政法哲学的比较 …………………………………… 61
　　　(一) 行政法问题阐释位次上的比较 ………………… 63
　　　(二) 元素构成 …………………………………………… 67
　　　(三) 研究手段 …………………………………………… 70
　　　(四) 学科地位 …………………………………………… 73
　二、与行政法史学的比较 …………………………………… 77
　　　(一) 与行政法史学作为独立学科的比较 …………… 77
　　　(二) 与行政法史学的部分交叉 ………………………… 80
　　　(三) 与行政法史学的相互促进 ………………………… 85
　三、与部门行政法学的比较 ………………………………… 86
　　　(一) 研究客体 …………………………………………… 86
　　　(二) 学科构成 …………………………………………… 90
　　　(三) 学科性质 …………………………………………… 93

第四章　行政法分析学与后现代行政法 ……………………… 96
　一、后现代行政法的界定 …………………………………… 97
　　　(一) 现代行政法时代的终结 …………………………… 97
　　　(二) 后现代行政法概念的解释 ………………………… 106
　二、行政法分析学作为后现代行政法之必须 …………… 115
　　　(一) 新的概念系统的角度 ……………………………… 115
　　　(二) 新的调控手段的角度 ……………………………… 118
　　　(三) 新的功能定位的角度 ……………………………… 123
　三、行政法分析学与后现代行政法的契合 ………………… 125

　　　　（一）人本属性之定在的契合 …………………………… 125
　　　　（二）民治属性之运作状态的契合 ………………………… 127
　　　　（三）司法属性之运作过程的契合 ………………………… 129

第五章　行政法分析学的独立学科定位 ………………………… 132
　　一、行政法学科划分之趋势 …………………………………… 132
　　　　（一）多进路化 …………………………………………… 132
　　　　（二）分解化 ……………………………………………… 135
　　　　（三）细密化 ……………………………………………… 138
　　　　（四）构型化 ……………………………………………… 141
　　二、行政法分析学作为新兴学科之原由 ……………………… 144
　　　　（一）行政法传统学科不能包容 ………………………… 144
　　　　（二）行政法分析学有新兴性之理论基础 ……………… 151
　　　　（三）行政法分析学有法实之所需 ……………………… 154
　　三、行政法分析学作为独立学科之进路 ……………………… 157
　　　　（一）行政法分析学雏形 ………………………………… 157
　　　　（二）行政法分析学排他性之进路 ……………………… 162
　　　　（三）行政法分析学体系化之进路 ……………………… 165

二　原理

第六章　行政法分析学界说 ……………………………………… 173
　　一、行政法分析学的概念 ……………………………………… 174
　　　　（一）学科特性上的交叉性 ……………………………… 177
　　　　（二）学科对象上的后规范性 …………………………… 180
　　　　（三）学科方法上的分析性 ……………………………… 184
　　二、行政法分析学与行政法学研究 …………………………… 189
　　　　（一）行政法分析学的科学进路 ………………………… 189
　　　　（二）分析疲软的考察 …………………………………… 193
　　　　（三）分析对行政法分析学的意义 ……………………… 196
　　三、行政法分析学作为原创学科 ……………………………… 198
　　　　（一）行政法分析学的源起 ……………………………… 198

（二）行政法分析学学科之当下任务 …………………………… 200
第七章　行政法分析学的源流 …………………………………………… 202
　一、分析的时代作为哲理基础 ………………………………………… 203
　　（一）分析的时代作为哲学命题 ……………………………… 203
　　（二）分析时代中的人文分析 ………………………………… 206
　　（三）人文分析与自然分析的关系 …………………………… 210
　　（四）分析时代对行政法学研究的辐射 ……………………… 212
　二、分析法学作为法理基础 …………………………………………… 214
　　（一）分析法学作为法学流派 ………………………………… 214
　　（二）分析法学对部门法分析的价值 ………………………… 217
　　（三）分析法学在行政法分析学中的延伸 …………………… 219
　三、行政法的社会化作为伦理基础 …………………………………… 221
　　（一）行政法社会化中的行政法能量交换 …………………… 222
　　（二）行政法元素的膨胀 ……………………………………… 225
　　（三）行政法社会化对行政法分析学的呼唤 ………………… 228
第八章　行政法分析学的精髓 …………………………………………… 232
　一、法定量分析精髓 …………………………………………………… 233
　　（一）行政法学研究中的定性偏向 …………………………… 233
　　（二）定量之内涵 ……………………………………………… 237
　　（三）定量与定性的关系 ……………………………………… 244
　　（四）定量的意义 ……………………………………………… 247
　二、法证实精髓 ………………………………………………………… 250
　　（一）行政法分析学中的规范证明 …………………………… 250
　　（二）以空间为单位的证明 …………………………………… 255
　　（三）以时间为单位的证明 …………………………………… 258
　三、法实现精髓 ………………………………………………………… 261
　　（一）行政法中的法实施与法实现 …………………………… 261
　　（二）行政法学中法实现分析的滞后 ………………………… 265
　　（三）行政法分析中的法实现指标 …………………………… 266
　　（四）行政法分析学中法实现的价值 ………………………… 270

第九章 行政法分析学的构成 …… 272
一、主体构成 …… 274
（一）立法系统的行政法分析主体 …… 274
（二）研究机构的行政法分析主体 …… 277
（三）研究个体的行政法分析主体 …… 279
二、目的物构成 …… 283
（一）法与人 …… 283
（二）法与事 …… 286
（三）法与人及事 …… 289
（四）法与其他硬件、软件 …… 291
三、意识构成 …… 292
（一）行政法分析的有意识性 …… 292
（二）法知识 …… 295
（三）背景知识 …… 300
四、技术构成 …… 302
（一）结构化处理 …… 302
（二）功能化处理 …… 305
（三）人本化处理 …… 306

第十章 行政法分析学的逻辑过程 …… 310
一、行政法现象 …… 311
（一）行政法是一个事物 …… 311
（二）行政法是一个整体 …… 317
（三）行政法是一个过程 …… 321
二、行政法现象中的事实归纳 …… 322
（一）事实归纳的概念 …… 322
（二）事实归纳的范围 …… 327
三、行政法现象中的规范演绎 …… 331
（一）规范演绎的概念 …… 331
（二）规范演绎的作用 …… 336

一　定位

第一章 行政法学之不完整性评说

行政法学是以行政法为研究对象的学科,这在理论界几乎形成共识。行政法学界乃至于整个法学界在对行政法下定义时都基于行政法学作为学科而展开,而不是基于行政法学作为科学而展开。作为学科的行政法学与作为科学的行政法学有着质的区别。当行政法学作为学科而展开时其任务在于构建一个以行政法现象为核心的描述系统,这个描述系统只追求自身的完整性,而不一定追求其所赖以建立的客观基础的完整性。反之,当行政法学以科学而展开时其任务则在于既对行政法现象进行描述又对行政法现象之客观性进行求证。到目前为止,我们所界定的行政法学以及我们所认知的行政法学几乎都毫无例外地属于前者而非后者。因此,我们认为,行政法学就其目前的体系构建以及学科认知来讲都可以说其有明显的不完整性,该不完整性是我们创立行政法分析学的大前提之一。

一、行政法学不完整性之涵义

(一)学科概念的不周延性

行政法学的概念在行政法学研究中是一个最为基本的问题,我国诸多有关行政法学的专著甚或教科书都从不同侧面界定了行政法学的概念或者揭示了行政法学科的定义。例如有学者认为:"行政法学是法学的一个分支学科,它研究的是法现象中的一种特定现象——行政法现象。"①有学者认为:"行政法学是以行政法及与行政法相关的社会关系为研究对象的一门法律学科。"②还有一些学者揭示了行政法学科的基本构成,德国行政法学家平特纳就构设了行政法学研究的内容,包括普通行政法和特别行政法,并对特别行政法作了具体列举:"地方法规、警察法;公务员法和其他公职法规;经济法和营利事业法;建筑法和计划法;道路法和交通法;教育法、青少年法和文化法;社会法和救济法;卫生法;税务行政法;财政和预算法。"③上述关于行政法学概念的揭示,仅从字面意义来认识是不存在争议的,而且可以说并不存在概念界定上的不完整性。因为行政法学必然要和行政法现象发生联系,没有行政法现象,行政法学的概念亦必然不复存在。然而,行政法现象本身又可以做或深或浅、或宽或窄、或主观或客观的认识。如果我们选择从相对较浅、相对较窄或相对主观的角度认识行政法现象,那么,与此认识有关的行政法学科之概念就存在不周延性。那么,行政法学概念中的行政法现象究竟属于相对较宽、较深、较客观的行政法现象呢?还是属于相对较窄、较浅、较主观的行政法现象呢?在笔者看来,行政法学中的行政法现象基本上属于前者而非后者。对此,我们从下列诸点进行论证。

第一,行政法学中的行政法是作为法的现象而不是作为社会现象而认识的。在行政法学的概念解读中,学者们是基于法这一基本事实来认识行政法现象的,即是说法的基本定在决定了行政法的定位。这

---

① 姜明安主编:《行政法与行政诉讼法》,北京大学出版社、高等教育出版社1999年版,第17页。
② 胡建淼著:《行政法学》,法律出版社2003年版,第30页。
③ [德]平特纳著:《德国普通行政法》,朱林译,中国政法大学出版社1999年版,第3页。

可以从诸多关于行政法学概念界定的切入点和终结点上得到说明。例如,当人们说行政法学是一门学科时是说行政法学是以行政法为对象的,行政法构成这一概念中的核心元素。然而,深一层次的事实却是行政法学中行政法现象主要是一种社会现象,法律现象只是其外形,而社会现象才是其最为实质的部分。其他部门法学中的法可能是本学科的实质性部分,而在行政法学中法绝对不是本学科的实质性部分。其中的根本原因在于行政法之概念本身就有两个构成元素,一是行政,二是法。这两个元素实质上是行政法概念的两个复合体,而此二复合体使行政法与一般意义上的法有了质的区别。一般意义上的法可以独立地成为一种法律现象,进而成为人们进行研究的独立定在。而行政法中的两个基本元素使行政法现象并不是法的现象,而是一种社会现象。因为在行政法概念中除了有法的相对静态因素外,还有作为行政的动态因素。此二因素无论如何都将行政法学的核心元素放置于社会现象之中。戴雪从公法与私法的隐含区分中揭示了如下共同的现象:"就法律本质立论,控诉元首,在英吉利法律之下,几乎是绝对不可能之事,而此项不可能性,大抵基于元首不能做错事之一原理。因此之故,熟悉政情的外国政论家,甚至英吉利人们,常时以为关于元首行为的救济办法,阙然无有。申言之,私人所受于政府的损害或为(1)与元首所订契约,以至与政府各部所订契约顿被毁弃;或为(2)元首的侵害行为,以至役吏的侵害行为,似乎漫无限制,亦不有若何方法以图补救。关于契约的毁弃。虽然此项见解未免在事实上为谬误。倘若政府各部替代元首订约而至于毁约,此时有人权请愿的程式在,此项文书所载固然是一种请愿,而且必须先取得总检察长许可;但他的允许必定可以得到,而文书上其所有有效力直等于起诉。政府各部之中,尚有若干部(譬如,即以工务委员会为例)因为有管理公众建筑物之故,通常只被看做法人团体,因之即可以受人作为法人团体而起诉。由政府各部,或其代表所订契约,其代价照例须从巴力门(Parliament)每年所通过预算项下支付,而且此项支付方法大抵订明,有时即不订明,亦可以作为双方默契。至于巴力门(Parliament)究竟能依期通过预算以准备该款的支付与否,此则非订契者双方所愿与闻。"① 由此可见,如果行政法乃至于整个公法中法学研究的归结点都落于法学现象而非落于社会现象,就必然使学科概念处于不周延中。

第二,行政法学中的法是直观性的现象而不是法的综合现象。法现象有直观法现象和综合法现象之分,这样的分类方法在行政法学研究中并不常被采用,而我们不能因此就否认法现象的此两种类型划分。所谓直观的法是指我们在对法现象进行研究时外界置于我们面前的未经任何思辨的法,包括一国的法律典则和相关的法律制度等。对于直观的法而言,学者们在学科构设时是将其作为一个原生的存在物而接受的,而且这样的接受既是外界所强加的,又是学者们自愿认可的。所谓综合的法是指我们在对法现象进行研究时摆在我们面前并经过我们理性思考以后的活生生的法。这样的法之所以是综合的,就是因为其在研究者面前包含了合理性与非合理性、不可变性与可变性、静态性与动态性等诸多复杂元素。显然,行政法学如果是一种周延的学科,摆在该学科面前的法现象便是综合的法而非直观的法。学科对法的界定亦从相对综合的意义入手而不仅仅从直观入手。行政法学科中的法基本上是以直观的法为特征的,此点我们并不需要从法哲学上进行深刻论证,因为下列事实已经充分地证明了这一点:

一方面,行政法学科的构设都直观地以一国行政法制度和行政法典为研究始点和终点。有关法系的理论、有关不同类型的行政法的理论都是由这种直观性所导致的。另一方面,行政法学科都以对行政法

---

① [英]戴雪著:《英宪精义》,雷宾南译,商务印书馆1930年版,第195—197页。

的阐释为研究走向。在阐释行政法问题时既从行政法规范内容的立法宗旨展开,又从行政法规范的制定过程展开。在行政法学科中我们很少能够看到以分析或批评为走向的学科类型。直观的行政法现象使行政法学科放弃了行政法现象中的丰富多彩的客观情形。我们可以说行政法概念是不完整的。

(二) 研究方法的非系统性

行政法学的研究方略是行政法学科的又一基本问题。研究方略是指该学科在研究行政法现象中的总体思路或者带有倾向性的思维定式。这个思维定式不是针对某个局部研究和个别的研究人员而言的,而是就行政法学研究的总体格局和全局的研究状况而言的,其决定了学科本身的地位和价值,其与研究方法是两个不同的概念。如果说研究方略是相对于研究的价值体系的话,那么,研究方法则相对于研究过程中具体手段的运用。我们不能将行政法学的研究方法与行政法学的研究方略相混淆。行政法学一旦被作为一个学科被框定,其研究方略就成为该学科的一个基本内容,而且受到学科特性的制约。行政法学科是以一定的价值判断为学科基础的。换言之,没有一定的价值判断,行政法学科就无法存在和成立。价值判断从正的方面讲,决定了行政法学科的存在,而从负的方面讲又为行政法学科设立了诸多的壁垒。进一步讲,行政法学科构成中的价值判断是一把双刃剑,既可以对行政法学科起到积极作用,又可以作为一种消极因素制约行政法学科的发展。《反对方法》一书从相对深的哲学原理出发揭示了价值判断在科学研究中的消极作用。[①] 依该书的论点,某门学科一旦成立就有可能受

---

① [美]保罗·法伊尔阿本德著:《反对方法》,周昌忠译,上海译文出版社1992年版,第12页。

某种价值判断的制约,而这样的价值判断必然会促成研究方略甚至于研究中方法论的形成,进而使方法变成刻板的、权威的、僵硬的、排他的东西又制约该学科的发展。事实上,行政法学科已被该书提出的论点所证实,或者说行政法学科证实了该书提出的论点,即一个学科之所以能够形成其有相应的价值判断作为支撑。支撑它的价值判断在使该学科成为学科的同时也形成了研究方略中的独特定式,这个定式被相关不符合它固有价值判断的东西予以排斥。行政法学科的研究方略在通常情况下突出了下列研究特性,之所以突出这样的研究特性是学科本身作为一种价值判断所决定的。我们将这些研究特性概括为下列方面,而这些方面无论从单一层面看,还是从其构成的整体看都是非系统的,都不能使行政法作为一种社会现象融入到社会之中。

第一,对行政法的静态研究特性。毫无疑问,学者们在对行政法问题进行研究时,既有静态研究也有动态研究,抑或将两种研究方法交替使用。但是,对于行政法学科而言,总体上的研究方略和研究特性应当是静态研究。之所以这样说,至少可以有两个方面的理由,一是行政法现象在一国的相对稳定性是一个基本事实,这个稳定性决定了以该现象建构的行政法学科体系亦必须保持相对稳定。如果这样的相对稳定不存在,这个学科就不可能对一国行政法现象作出反应。二是一个学科一旦形成,其自身的价值体系等就必须有所凸显,这个凸显也是这个学科得到客观定在和主观承认的前提。基于此,我们认为行政法学科研究方略中的静态研究特性是必须的。我们说这个方略是必须的,但并不是说这样的方略是合理的。

第二,对行政法的解释性研究特性。数十年来,当学者们在批评中国法学研究相对落后的状况时,几乎都将注释法学作为中国法学研究滞后性的一个基本理由,即正是注释性研究的特性决定了中国法学研究的落后状态。所谓注释性研究是指学者们在对法律现象进行研究时侧重于对法律规范内容的解释,该解释所立足的是规范本身的涵义,而不能将规范的内容予以人为的缩小或放大。当然,从法哲学的角度看,法律解释或注释法学是法学研究的方法之一,它作为一种方法并不是不正当的。① 但是,如果一国的法学研究将解释或注释作为唯一的方法或作为核心性方法时,注释法学就不再是一种科学的方法论,而是一种研究中的价值判断。行政法学作为一个学科,其建立的基本事实是一国的行政法制度。因此,在研究方略中对该国行政法典则和行政规范进行解释就是合理的,且在整个行政法学的研究中是占主流的。这也是行政法学科为了能够保持它的存在所必须的。解释性研究对于行政法作为社会现象若干特征的揭示只能算研究中的一个环节。因为行政法典则的解释和注释无论如何都不能成为对这个复杂的社会现象进行揭示的主流手段。质而言之,行政法学科中的解释性研究方略主导倾向是其不系统的又一基本体现。

第三,对行政法的价值性研究。价值研究也被称之为规范研究,其与实证研究相对立。笔者在《行政法教科书之总论行政法》中对行政法学研究中的价值研究作过评介,提出价值研究由评价、构架等环节构成,"'价值侧重行政法学'则与之相反,其认为事实是瞬间性、个别性和不含有效正义标准的。因此,事实研究具有盲目性和短期效果性,必须把评价作为主要研究方法,自然而然地就把对行政法的研究限制在评价领域。包括对行政法前景的评价,行政管理过程中相互接触的社会关系间各方正义与否的评价,行政法施行中执法者素质的社会反映的评价。这种评价的方法含有模型、测试、评估、经验、演绎等带有较大主观色彩的分析手段,是对行政法理想性的研究。综而观之,前者重在行

---

① [日]和田英夫著:《现代行政法》,倪健民、潘世圣译,中国广播电视出版社1993年版,第17页。

政法是什么的问题,后者旨在回答行政法应该是什么的问题。"①"'价值侧重行政法学'是与实证行政法学中的分析相对立的,不但不热衷于分析,反而认为分析只能就事论事,只能解决枝节性问题,而不可能解决行政法大系统的构成问题。所以价值侧重行政法学在对行政法进行评价的同时,进行体系的构架,设计行政法的宏观体系,构架行政法制大系统,如行政法作为一个独立部门法的稳态结构,其所从属的社会大系统和法制系统,行政法由哪些支系统构成,各支系统的关系和与行政法总系统的联系方式,行政法制系统发展变化的各种主客观动因等。"②行政法学科的研究方略中价值侧重是其又一特性。通过对价值问题进行研究,或者说通过运用价值方法的研究使行政法学解释成为自身。该研究方法本身排斥实证研究,因此,它本身的片面性尤其对于行政法现象而言是不证自明的。

(三)学科对象的断根性

前述行政法学的研究对象在行政法学界基本上是有定论的,即行政法学就是以行政法为研究对象的。具体地讲,行政法学科研究的是行政法规范,即国家制定出来的行政法典则和典则中所包含的规则体系。对于行政法学界的这个论点,笔者曾质疑,在笔者看来,行政法学的研究对象应当是行政法规范背后的社会关系,"任何一个部门法都有其建立的社会基础,行政法建立的基础无疑是国家管理关系,这些关系也是行政法规范的调整对象,一国行政法规范的有效程度只能以对国家管理关系的调整程度为标准进行判断,正因为如此,行政法学的研究对象就必须是国家管理关系。"③但是,就行政法作为一个学科而论似

---

① 关保英著:《行政法教科书之总论行政法》,中国政法大学出版社2009年版,第4页。
② 同上,第5页。
③ 同上,第2页。

乎难以改变其作为规范研究的事实,这从他国行政法学科体系的构建中均能够反映出来,他国学者所构建的行政法学科体系都在研究对象部分突出了行政法典则的地位。在笔者看来,这样的体系构建并非学者们之过错,而是行政法学作为一门学科所使然,即学科化的行政法学必然要以实在法规范为其建构体系的立足点。否则,学科本身的存在就会失去基础。① 然而,这样的行政法学在学科对象上都存在一定程度的断根性。就是说,行政法学研究对象若以规范为核心必然断了下列方面的根。

第一,断了历史之根。行政法作为一种社会现象,其具有历史的继承性。后一代的行政法现象必然与前一代的行政法现象有关联,有时,前一代的行政法现象中的基本理念决定了后一代的行政法价值理念,有时后一代的行政法制度直接从前一代行政法发展而来,有时则是后一代的行政法现象完全否定了前一代的行政法现象。对于行政法发展中的历史关联性行政法学研究不能不予以关注,而行政法学却很难对自身所形成的行政法现象作出历史上的寻根。到目前为止,他国行政法教科书很少将行政法的历史发展作为学科基本构成部分。② 行政法

---

① 康德认为:"权利科学所研究的对象是:一切可以由外在立法机关公布的法律的原则。如果有一个这样的立法机关,在实际工作中运用这门科学时,立法就成为一个实在权利和实在法律的体系。精通这个知识体系的人称为法学家或法学顾问。从事实际工作的法学顾问或职业律师就是精通和熟悉实在的外在法律知识的人,他们能够运用这些法律处理生活中可能发生的案件。这种实在权利和实在法律的实际知识,可以看作属于法理学(在这个词的原来含义)的。可是,关于权利和法律原则的理论知识,不同于实在法和经验的案件,而属于纯粹的权利科学。所以,权利科学研究的是有关自然权利原则的哲学上的并且是有系统的知识。从事实际工作的法学家或立法者必须从这门科学中推演出全部实在法的不可改变的原则。"参见[德]康德著:《法的形而上学原理》,沈叔平译,商务印书馆1991年版,第38页。

② 笔者查阅了几部西方学者的行政法教科书,在其学科体系构建中,一般都不涉及行政法历史发展的内容。参见[英]威廉·韦德著:《行政法》,徐炳等译,中国大百科全书出版社1997年版;[美]伯纳德·施瓦茨著:《行政法》,徐炳译,群众出版社1986年版;[德]汉斯·J. 沃尔夫等著:《行政法》,高家伟译,商务印书馆2002年版。

学科的历史断根性是学科不完整性的表现之一。

第二,断了社会之根。社会法学派很好地解释了法律与社会的关系,不论其研究方法是否被法学家认同,但都不能否认法律与社会的关系,马克思主义经典作家就曾经指出:"法律应当以社会为基础。"①这个论断要求我们在研究行政法现象时对行政法典则和规范的研究都不能断了社会之根。我们应当通过对社会关系的解释、对社会关系的分析推论行政法规范在社会现象中的现活的状况。目前的行政法学科鲜有从社会及其关系中解释行政法现象的。

第三,断了文化之根。"法律与民族的存在和性格的有机联系,亦同样展现于时代的进步中。这里,再一次的,法律堪与语言相比。对于法律来说,一如语言,并无绝然断裂的时刻;如同民族之存在和性格中的其他的一般性取向一样,法律亦同样受制于此运动和发展。此种发展,如同其最为始初的情形,循随同一内在必然性规律。法律随着民族的成长而成长,随着民族的壮大而壮大,最后,随着民族对于其民族性的丧失而消亡。"②这是萨维尼对法作为一般现象的论断。这个论断同样适合于解释行政法现象。行政法既是一种规则体系,同时也是一种文化现象,一种由特定民族精神决定的文化现象。行政法文化要比其他部门法中文化更复杂、更丰富、更精妙。这样说的原因在于行政法中的绝大多数典则或规则是其他部门法的基础,由于行政法与国家管理关系有关,社会秩序设计的基本模式都常常通过行政法而完成。因此,行政法中的文化现象要丰富于其他部门法。但目前行政法学科体系框架却对行政法文化并没有多大的兴趣。正如前述,行政法学科的基础在实在法方面而不在实在法的外围因素方面,更不在外围的软因素方

---

① 《马克思恩格斯全集》第1卷,人民出版社1972年版,第69—70页。
② [德]萨维尼著:《论立法与法学的当代使命》,许章润译,中国法制出版社2001年版,第9页。

面,而文化因素恰恰就是这样的软因素。行政法学科断了行政法的文化之根使行政法学既成为非常枯燥的规范堆砌,又成为实用主义的东西。

(四) 学科功能的迟滞性

哈罗德·伯曼对美国法学研究与美国法学的实用理性做过这样的评析:"我们如果审视一下美国的各种法律建树及惯例内所蕴藏各种学说的成份,便可以印证此点。我认为美国法律的案件特色是基于美国人对自然律的信仰;另一些基于实证主义;还有些是基于历史法理学;再有些则基于其他法律哲学。在抽象方面,这些法律哲学之间可能不相协调;可是在实用方面,它们却能融合在一起;真理是在适当时间里把这些学说适当地配合而成。我们首先研讨一下把法律视作人类理智及道德观念表现的学说。这种学说还认为任何法律都必须从达成理智及道德目标的观点来解释;此外还断定凡'存在的事物'不应与'应该存在的事物'完全脱节,因此任何法则或法令假如违反法律所归依的理想,就不能名正言顺地称之为法律。今日有许多美国人士驳斥这种论调。然而它却毫无疑问地对美国法律的发展发挥了重大的影响。而且美国法律的案件特点印证了此种学说的价值。在美国历史的早期,尤其是18世纪末和19世纪初,美国法学权威大多数都采纳确有'道德律'或'较高法律'的意见,认为它超凌于法规、判例及习惯之上,立法机关、法院及行政官员都应受到它的约束。部分由于受到像格罗萧施、华窦尔及普芬骅夫等欧洲作家的影响,在那时期的美国法官宣布美国的解释必须符合天然的理智和天然的正义,他们并且支持那时期颇走极端的学说,主张法院必须拒绝实施他们所认为违反《宪法》原则的法规。虽然司法把立法机构违反《宪法》的法令宣布作废的权力可能无须引用

'自然律'的学说也可以自圆其说,可是最初援用此项权力的法官们的确捧出这样的学说,此点具有深长的意义。"① 这个论述非常清楚地阐明了美国法学研究与法律实务之间的关系,即法律学科是促成法律实务有效运作的学科,其法学研究中的实用理性得到了充分反映。深而论之,法学研究——无论是学科化的研究还是对个别问题的思考——都必须归结到对法律制定和运行的促进上,至于这种促进是直接的还是间接的,是当下的还是未来的则是另一范畴的问题,而不争的事实是美国法学研究更愿意直接地、当下地促进法律进程。行政法学研究的基本价值亦在于对行政法实在的促进中,很难想象不促进行政法实在的行政法学研究会具备何种功用。当行政法学研究的实用理性被我们接受以后,那么,下一步的问题便是行政法学科在促进行政法实在中的具体功能体现。在笔者看来,行政法学科从其作为一门学科的属性上讲必然会对行政法实在产生影响。但是,行政法学科本身所具有的价值判断却使其对行政法实在的促进并不一定太敏感。这其中的原因是毋须太多论证的。我们知道,行政法学科是一个独立的事物,而行政法现象又是一个独立的事物。当然,我们可以说,行政法学科这个事物与行政法现象这个事物是有关联的,并可以说后者决定了前者。而我们同样不能否认,作为独立的行政法学科与作为独立的行政法现象并不是完全对等的。行政法学科中与行政法现象不能对等的部分就使行政法学科不能去促成行政法实在的发展,至少当下不能。而这样的不能实质上是行政法学科对行政法实在的迟滞,也是行政法学科功能上的迟滞。

对于行政法学科功能的迟滞我们还可以作出深入分析。

---

① [美]哈罗德·伯曼著:《美国法律讲话》,陈若桓译,三联书店1988年版,第232—242页。

第一，对行政法之形成基因探究的迟滞。行政法学科中的基本定在是行政法典则和行政法规范，对典则与规范的探究也就成了行政法学科之根本。然而，典则形成的基因、规范形成的基因都很难被纳入到行政法学的视野之中。如果能够有所纳入也常常是行政法学个别研究中的问题，而不是行政法学作为学科的问题。①

第二，对行政法之实效性探究的迟滞。行政法典则及其规范在任何一个国家都是形成体系的，都构成了一国的基本行政法现象。但是，不同国家的行政法其实效性有所不同，不同的行政法制度其实效性有所不同，不同的行政法规范其实效性亦有所不同。一方面，有些行政法规范既有很高的运用率，又能促进社会的发展；或者有较高的运用率却阻碍了社会的发展。另一方面，有些行政法规范既没有较高的使用，同时还阻滞了社会的发展；或者促进了社会的发展。以行政诉讼制度为例，在有些国家其运用率就非常高，有些国家则运用率较低。而这些问题行政法学本身并不一定能够关注得到。在他国行政法教科书中很少有学者从规范实效性的角度去研究一个行政法典则或一个行政法规范。行政法学作为学科的这种实效性的迟滞几乎是一种必然，因为学科自身的价值与行政法的社会价值是两个不同的事物。

第三，对行政法之走向探究的迟滞。"在历史上，另一组法律专家，即法律学者曾对长期的法律发展过程以及具体的法律争议有过时常是决定性的影响。古罗马的法律顾问们（他们通常是一些有闲绅士）为一种法律传统奠定了基础，在后来的文艺复兴时这种传统复活了。另外，

---

① 我国行政法规范中有诸多非常特殊的规范，例如行政拘留不举行听证的规范，抽象行政行为不能进行司法审查的规范，等等。这些规范如果用行政法学来分析，只能得出相对合理的解释。事实上，诸多行政法教科书都对此作了合理的解释，并以此说服学生予以接受。若我们从行政法规范形成的基因进行分析，那么，这些规范都很难是合理的。因为这些规范是在相对变态的基因的规定下形成的。由此可见，行政法学研究中有关基因研究的迟滞并不是一个小问题。

在穆斯林文明诸国也有类似的过程发生。在近代早期的欧洲,法律学校的教师不仅是些知识渊博的人,而且也是富于创造精神的人。他们发挥作用最大的地方可能是德国、意大利和拉丁美洲,但是在法国,司法特权制度的早期发展却割断了法官与法学家之间的紧密联系。德国人夸耀他们拥有'教授法',认为这种法律比起法国的'法官法'更胜一筹。即使在今天,在大陆法系国家参与诉讼的当事人仍然可以要求或提交一项该方面的法律专家的意见书。至少在德国,学术论著仍受到律师以及法官的尊重和援引。这样也使得法学教师们与司法实践发生密切关系,因而更少教条气;同时又提高了他们对法律发展加以指导的能力。"①法学研究对法律发展促成的价值是不可否认的,甚至可以说法学研究的最高境界就是促成法律的发展进而促成社会的发展。这其中必然涉及到法学研究对法走向的设计和预测,这种设计和预测应当成为法学研究的基本功能之一。行政法学研究同样应当具有这样的精神气质,而行政法学科化的行政法学研究却与这个精神气质有较大的差距,这其中的原因是毋须深究的。

二、行政法学不完整性之证实

(一)抽象性行政法学之不完整性

行政法学不完整性涵义揭示的立足点相对较高,即是说,我们在揭示行政法学不完整性涵义时是将行政法学作为一个普遍意义的事物来看待的。我们既超越了行政法学的国别,也超越了行政法学的体系,乃

---

① [美]埃尔曼著:《比较法律文化》,贺卫方等译,三联书店1990年版,第117—120页。

至于超越了行政法学的法圈。① 而当我们转入行政法学不完整性之证实时,我们的立足点则主要在我国的行政法学科之中。在下面的论述中笔者以我国行政法学不完整性的实际情况作为主要分析点,并间接地对我国近年来行政法学研究中存在的突出问题作一个评价。行政法学不完整性概念的揭示是从相关原理出发的,笔者所提出的论点诸多属于命题性质,而每一个命题都有相应的逻辑推论。而在行政法学不完整性之证实中笔者以我国行政法学研究中的客观状况为核心,其中理论上的推演相对较少,而事实上的列举则相对较多。

如果行政法学不完整性的涵义带有较大主观成分,那么行政法学不完整性之证实则相对客观一些。行政法学不完整性的第一个证实是抽象性行政法学。所谓抽象性行政法学是指我们在对行政法学进行学科整合和体系的构建时,运用抽象方法并基于抽象事实所构建的离行政法实在相对较远的学科体系。我国行政法学的抽象性主要表现在我们的行政法学从抽象事物出发并抽象出行政法学中最为一般的东西,而没有将这个一般性置于行政法运作中的具体场合,导致行政法学的若干原理若从理论上讲都有可推演性甚至可证实性,但一进入行政法的运作中原来的抽象原理就失去了准确性,失去了可运用性。对于我国行政法学抽象性之表现,我们可以作出如下概括。

第一,研究始点论点性的抽象化。行政法学的研究始点是指行政法学的研究究竟是从哪个环节切入。在笔者看来,行政法学研究中的切入点可以有行政法事实和行政法学中的论点两个方面。所谓行政

---

① 法圈在西方学者看来是与法系、法族或法律体系等相类似的概念。法圈论者茨威格特认为,法圈是以各个法律秩序以及这些法律秩序所构成的整个群体具有的特定样式,即法律样式为出发点的,即法律秩序在历史上的来源与发展、在法律秩序中占统治地位的特殊的法学思想方法,特别具有特征性的法律制度、法源的性质及其解释、意识形态的各种因素。参见[日]大木雅夫著:《比较法》,范愉译,法律出版社1999年版,第113页。

事实是指行政法在制定和运行时的具体事实，包括行政法关系主体、客体以及其他元素。与事实对应的是有关论点，即人们关于行政法问题的判断，行政法中的判断都是由命题构成的，而任何一个命题都是由研究者预设的。行政法学研究中上列两个方面均可以作为始点，即我们既可以从行政法事实切入进行下一步的研究，也可以从行政法论点切入进行下一步的研究。显然，行政法事实的切入在研究进路上讲是具体的，而行政法论点的切入在研究进路上讲则是抽象的。我国行政法学的研究在始点的选择上不是前者而是后者，我国行政法学中的一系列概念和判断都是由学者们预设的，诸多概念和判断在行政法实在中是不存在的，即使存在也与学者们的概念预设相去甚远。例如，由于历史条件的局限，我国1983年出版的第一部行政法教科书就率先提出了一系列在我国行政法典中并不曾有的概念和判断。有些章节也是学者们对行政法论点的主观构造。[①] 我国行政法学发展到今天，其学科的始点仍然是行政法学论点，而非行政法事实。

第二，体系设计一统性的抽象化。行政法学的体系设计本身是不存在定论的。换句话说，不同的研究者所设计出来的行政法学科体系应当有自己的特色，尤其在行政法典则体系还不够完整的情形下，行政法学体系更应当百花齐放。在行政法学研究中，学者们关于我国究竟要构建什么样的行政法学体系是有争论的。然而，这些争论仅仅存在于私下的讨论中，鲜有学者能够根据自己对行政法和中国行政法的理解而建构属于自己的行政法学科体系。例如，我国行政法学界相当一

---

① 这些论点在后来的行政法学研究中起到了一定的作用，如其中行政行为的概念、行政行为分类的方法、行政法学科体系的初步设计等。但是，我们应当看到，这些概念和判断对后来行政法学的推动既带有主观色彩，又制约了行政法学研究中新的、更加实用的概念的形成。如果第一部行政法教科书换一种方式，从我国行政法事实出发，对行政法问题进行切入，那么，我国行政法学乃至于行政法治的发展可能会呈现比今天更好的格局。

部分学者就非常赞同西方发达国家的控权行政法理念，也非常认同韦德以控权理论构设的行政法学科体系。绝大多数学者并不认同我国从前苏联借鉴过来的管理法的行政法学科体系。到目前为止，可以说学者大都不认同管理法的行政法学科体系。然而，我国到目前为止，还没有哪一部行政法教科书或行政法学著作在构设或界定我国行政法学科体系时敢于超于管理法的模式。略微超前一点的行政法学教科书只是在其体系中注入了较多的控权法的贸然理念。而这种理念的注入并不意味着整个学科格局的控权法走向。这从行政法教科书中有关行政行为的理论占有重要部分的事实可以得到证实。行政行为本是行政机关为管理之需所采取的行为乃至于实行的措施，多数控权法的理念侧重于对行政程序的设计，通过行政程序进而淹没行政行为，而我们的行政法学体系则让行政行为的概念淹没了行政程序的概念。在笔者看来，行政行为是行政机关自身应当解决的问题，而不是应该由行政法学为其解决问题。学者以行政行为淹没行政程序的体系构设方式恰恰说明了管理法理念在其学科构设中的主导地位。总之，我国行政法学科的体系设计基本上形成了一个一体化的抽象格局，与从论点进行切入一样，体系构设的一体化也将复杂的行政法现象简单化了。

第三，部类构成板块性的抽象化。行政法学科的部类构成在发达国家的行政法学研究中很有特色。一则，在一些行政法学的主要问题上，哪怕是不同国度的学者其体系构设中的板块都呈现出较大的相同性。例如，毛雷尔的《行政法学总论》与南博方的《行政法》基本都涉及到行政和行政法的一般理论、行政行为、行政程序和国家赔偿等。[1] 而在一些非主要问题上，哪怕是同一国家的学者其板块的拼凑也各不相同，如

---

[1] 参见［德］毛雷尔著：《行政法学总论》，高家伟译，法律出版社2000年版；［日］南博方著：《行政法》，杨建顺译，中国人民大学出版社2009年版。

日本的和田英夫、室井力在行政组织法板块的构造上就大相径庭。前者的行政组织法板块包括行政组织法的基本问题、国家行政组织法、地方自治行政组织法、特殊行政组织法、公务员法和公物法、营造物法。①而后者的行政组织法板块包括概论、行政体、行政机关、国家行政组织、地方公共团体、其他行政体和公务员制度与公务员的权利义务及责任。②在笔者看来,行政法学科体系中部类设计不一定采用板块拼凑的方式,应当从行政法事实入手,有什么样的部类就设计什么样的部类。而我国行政法学的部类设计基本上采取板块拼凑的方式,用一个板块将一些行政法问题归入其中,并常常用一种相对单一的方法和原理将板块中的所有问题予以解决。例如,我们就用行政救济这样一个板块将本来属于三个不同范畴的问题拼凑在一块,并赋予它们大体上相同的原理。③上列抽象性的行政法学使该学科本身具有典型的形而上学色彩。其作为一个学科而言对于所要解决问题表现出了极大的不完整性。

(二) 实用主义式行政法学之不完整性

实用理性本是法学研究的核心价值取向,行政法学研究在发达国家中的实用理性亦表现得甚为突出。④ 笔者此处所讲的实用主义则与

---

① 参见[日]和田英夫著:《现代行政法》,倪健民等译,中国广播电视出版社1993年版,第77—156页。
② 参见[日]室井力著:《日本现代行政法》,吴微译,中国政法大学出版社1995年版,第268—335页。
③ 行政救济是一个学理概念,其作为学理概念究竟应该怎样定义或包含哪些范畴似乎并没有定论。在我国,行政救济包括行政复议、行政诉讼和行政赔偿,对行政的其它各种形式的监督究竟是否是行政救济,学者们认识不一,但在我国的行政法学体系中普遍认同上列三种。
④ 从西方诸国行政法学理论的发展过程来看,其基本理论体系的产生都与国家对社会事务的管理与干预方针紧密地联系在一起。行政法由"红灯"理论发展到现在的社会自治理论几乎每一个阶段都以国家管理模式的变化为基础。没有超现实的、超国家的、超管理的行政法学理论,这是我们从宏观方面对这种实用理性的认识。而微观方面,几乎每一种具体的行政法理论都与政府控制方法的更新和变迁有关。当然,这种实用理性在不同国家有不同的表现形式,一般而论,普通法系国家实用理性表现得比大陆法系国家更加突出一些。

实用理性有着质的区别。实用理性所追求的是行政法学研究中研究功能及其价值的最大化,而功能及其价值的最大化建立在行政法正当价值的体现之中。实用主义行政法学研究所追求的往往是行政法的非理性方面,即其在强调行政法学研究对行政法的作用时,既基于研究的非理性之中,又基于行政法现象在对社会作用的非理性之中。不言而喻,行政法学研究中的实用理性是指科学原则指导下发挥研究对法实在的作用,而行政法学研究中的实用主义则是在不尊重科学的前提下人为地改变行政法实在的走向。实用主义研究作为一种研究手段,即便没有非理性的因素制约,同样只是研究方法之一种,在其排斥其他研究理念的情形下亦可以被贴上不周延性之标签。

我国行政法学研究中的实用主义并非作者的一个主观判断,之所以这样说是基于下列原因。

第一,政策导向的实用主义。行政法中有法和行政两个元素,在这两个元素中究竟哪一个为正哪一个为偏,是必须得到澄清的问题。法的一般原理告诉我们,行政法中法是行政的关键词,行政是法的副词。当我们解释行政法现象时这个理念是必须具有的。只有这样摆正二者的关系才是符合行政法这一社会现象的质的规定性的。而我国行政法学研究中的实用主义就常常将二者的关系予以颠倒,即将行政作为法的关键词,而将法作为行政的副词。诸多行政法学理论以政策导向对行政法问题进行研究就从根本上颠倒了二者的关系。当然,这种颠倒首先体现在研究的思想方法和思维方式上。一些学者构建的行政法学科体系充满了政策精神,其中既有执政者的政策精神,又有行政政策精神。应当说,这两种政策精神在行政法学研究的实践中表现是不同的,对行政法学研究影响的强度亦有所不同。我国行政法学在不同的历史时期有不同的研究论题,而且一些论题是通过官方或者半官方的机构确定的。相当一部分研究论题都是当时政策精神的体现。[①] 政策的不稳定性和多变性必然导致政策导向的实用主义,这种研究很难对行政法学形成一个更加连贯的逻辑序列。

第二,领导重视的实用主义。行政法学研究虽然受到行政法自然学科属性的制约,但在不同的国家政权体系之下,行政法学研究还受到其他因素的制约。[②] 我国社会科学研究是在理智或者意识形态的统领下进行,而行政法学作为社会科学的组成部分,其亦必须在国家政权体系的作用下进行。由于政权体系是在人的主观行为控制之下运行的,在这期间,常常会出现行政领导对社会科学研究定调的情形。行政法学研究在这中间就有一定的表现,我国当年最早展开对行政诉讼问题的研究,而没有率先展开对行政组织法和行政程序法等更为重要的法律进行研究就决定于一定行政领导的重视。我们认为,行政法学研究是用一系列环节性因素组成的,如研究中的选题、研究采用的方法、研究过程中的科学定向等。对于每一个环节领导都有从不同角度进行干预的可能。显然,领导干预对于行政法学研究而言绝对是实用主义的。也许,领导的局部干预和局部重视会带来行政法在某些问题或某些时期的繁荣,当干预成为常态,便绝对是非理性的,绝对是行政法学非完

[①] 对此我们有很多事例可以说明。例如,在1992年之前我国行政法学界很少有人研究行政法与市场经济的关系,而1992年以后有关行政法与市场经济研究的论文和著作剧增。在2001年之后,有关行政法与WTO的关系也是行政法学研究中的热点问题,甚至一度成为行政法学研究中的主流。在2006年《物权法》颁布以后,行政法学界掀起了对行政法与物权法关系的研究,其中有一年行政法年会的主题就是行政法与财产权的关系,等等。

[②] 我们说行政法学研究在不同的政权体系之下有不同的状态,是说不同的政权体系在对诸科学研究的态度上有着不同的方略,尤其对待社会科学的研究不同政权体系的方略差别非常大。大体上讲,在国家政权体系相对松弛的情况下,其对社会科学研究采取的弱干预或者爱好支配的原则。即或者采取有限手段干预社会科学研究,或者让研究主体在爱好指导下进行自我思考。而在相对强势的国家政权体系之下,对社会科学研究或者采取强干预的原则,或者对社会科学研究采取理智指导或者以计划手段进行调控,常常为社会科学研究确立基本的价值准则等。

整性的体现。

第三,事态需求的实用主义。行政法学研究要从需要出发是一个正确的说法。但是,究竟什么样的需要才可以视为需要就是一个大有文章可做的问题。法律研究的需要应当是法治之需要,这是一个绝对正确的命题。即是说,当我们判定研究中的法治需要时先必须澄清法治本身的涵义。法治包括立法、执法、司法等有关法律制定和运行的若干环节,这是我们对法治的最一般的解释。依这个最一般的解释,所谓法学研究中的需要就是有关立法、执法和司法的需要。也就是说,只有根据这些需要进行研究才是科学的。而在我国行政法学研究中,需要常常来自某种事态或者事件。即某些事件或事态没有发生,那么,研究也就只能具有一般性,而当某些事态尤其是敏感事态发生后,基于这个事态之需的研究也就展开了。我国行政法学研究中的诸多需要都决定于相关的事态。[①] 我们认为,基于事态之需而促成的行政法学研究同样具有实用性,同样具有不完整性。

(三) 元素性行政法学之不完整性

行政法学科即是一个完整的学科体系,在这个学科体系中亦存在对于元素的处理问题。即行政法学存在学科体系与学科元素之间关系的整合问题。在英美法系,以判例作为构建学科体系的基础,这便决定了其学科本身并不是以预设的元素进行体系设计的,而是从已经发生的行政法案件入手的。在这中间案件是决定因素,任何一个元素只有在能够说明和分析案件时才具有存在的意义和价值。这样的学科体系必然具有问题意识和实用理性。而我国的行政法学科体系则与英美法

[①] 例如,政府信息公开在 2003 年非典出现以后的集中研究,紧急状态法在此之后的集中研究等都基于这些客观事态之需。

系的判例法模式形成巨大反差。我们所构建的学科体系元素是首先发现的东西,也是整个学科体系终结时的东西,案例只有在说明元素时才具有意义。① 不用作进一步的逻辑说明就可以看出元素性行政法学具有学科的不完整性。当然,我们有必要对我国的元素性行政法学作细一点的分析。

第一,由概念元素切入的不完整性。概念在我国行政法学科中是最基本的元素,也是行政法学科构建中的最小切入点,我国学者非常乐意从概念入手构设行政法学科体系。行政法教科书对行政法问题的阐释,无论在基本理论部分,还是在有关的法律制度部分,首先都列举一个概念,并通过逻辑上下定义的方式揭示这个概念的外延和内涵。以我国诸部具有代表性的行政法教科书为例,《当代中国行政法》一书在对行政法进行讲解时,写道:"行政法是关于行政权力的授予、行使以及对行政权力进行监督和对其后果予以补救的法律规范的总称,用以调整在行政权力的授予、行使以及对其监督过程中发生的各类社会关系,尤其是行政权与其他国家权力和个人权利之间发生的社会关系。"②在对行政强制进行讲解时,写道:"行政强制是指行政机关和人民法院为实现具体行政行为的内容,或为维护公共利益和公共秩序,预防和制止违法行为和危害事件发生,而实施的强行限制相对人权利的行为。"③《行政法学》一书在对行政法关系进行讲解时,写道:"行政法律关系是经行政法规范调整的,因实施国家行政权而发生的行政主体之间,行政

---

① 近年来,我国行政法学界也出现了诸多案例教材,例如,笔者编写的《行政法案例教程》(中国政法大学出版社 1999 年版)。我国行政法学案例教材作为对行政法学科的重新构建无疑具有积极意义。但是,我国学者构建的行政法案例教程实质上是行政法学科体系的另一种解读。因为在我们的案例教学当中,案例所起的作用只是用来阐释相关元素和原理,并没有将传统行政法学科中案例和元素的关系颠倒过来。
② 应松年著:《当代中国行政法》上卷,中国方正出版社 2005 年版,第 9 页。
③ 同上,第 888 页。

主体与行政人之间,行政主体与行政相对人(其他国家机关、社会组织、公民、外国组织和外国人)之间的权利与义务关系。"① 在对行政征收进行讲解时,写道:"行政征收是指国家行政主体凭借国家行政权,依法向行政相对人强制地、无偿地征集一定数额金钱或实物的行政行为。"② 其中对概念之内涵和外延的揭示非常典型。而在这些揭示中没有任何的例子,更没有用发生在行政法治实践中的案例进行佐证。毫不夸张地说,我国绝大多数行政法学著作,尤其行政法教科书都是有关概念的大集合。事实上,在这些教科书中,有关的概念已经不仅仅成为研究的切入点,而成了整个研究的模式选择。谁也不知道这些概念背后是否曾经发生过相关的案例,这些概念是否有背后对应的法律关系,更谈不上这些概念是否进入到了行政执法和司法程序之中。

第二,由人格元素切入的不完整性。行政法学中的人格元素与概念元素有所不同。概念元素是一种纯粹的抽象,而人格元素则是一种相对的抽象。即是说,人格元素当然亦具有抽象性,但其常常能够对应发生在行政法中的相关主体及其身份。在行政法学研究中,人格元素是对一定主体身份的确认,这种确认同样建立在将个别的东西普通化,将特殊的东西一般化的基础之上。例如,我们在行政法中就为行使行政权的组织贴上了行政主体的标签,进而使行政主体成为法律人格,以人格将无数行使行政权的组织予以统一。我们同样用行政相对人的概念将与行政机关打交道的公民、法人、社会组织等予以人格化,并通过这些人格化使其与行政主体相对应。我国行政法学研究中人格化的切入已经成为我国行政法学一道亮丽的风景线。③ 这些人格化的切入元

---

① 胡建淼著:《行政法学》,法律出版社 2003 年版,第 25 页。
② 同上,第 260 页。
③ 在行政主体、行政相对人等人格化的东西出现以后,近年来还有学者提出了行政人、行政第三人、行政对象人等人格元素。

素被一些行政法学者作了大肆渲染，并认为是对我国行政法学研究的重大贡献。然而，在笔者看来，行政法学中的人格化元素都应当建立在具有实在法依据的基础上。我们知道，民事法律中的诸多人格化概念（如债权人、债务人、侵权行为人，等等）都有民事法律典则上的依据，而我国行政法学中的人为人格化概念基本上都没有法律依据，而我们将具有法律依据的概念几乎都放弃了。这个问题暂且可以不谈，仅就人格化的元素切入对于行政法学研究而言所突出的仍然是元素。

第三，由法典切入的不完整性。行政法的典则在部门法中具有自身的特殊性。我们知道，刑事法律和民事法律等法律部门都有一个完整的典则，这个典则基本上决定了这个部门法的状况。由此便决定了刑事法律和民事法律学科的构设都将典则作为一个切入元素，这是顺理成章的。行政法中的典则则是另一种情形，一方面，行政法作为一个部门法有自己的典则，说行政法没有典则的说法是错误的。另一方面，行政法中的典则不止一个，而是许多个。且其中没有哪一个典则能够成为其所有典则的统治者，它们几乎平行地分布在行政法体系之中。行政法典则的此种复杂性为行政法学科构建出了难题。一些学者为了作简单化的处理，常常以行政法典则的类型来设计行政法之元素、行政法之部类、行政法之板块。笔者认为，这样的处理方式是不科学的。我们将若干不同的行政法典则统一在行政法体系之下，这便说明这些典则之间有着严密的逻辑关系。当然，这些逻辑关系并不一定被行政法的立法者所发现。作为一个完整的行政法学科，不能简单地以法典元素作为切入点，并将不同的典则像布棋子那样予以排列，而是必须通过一定的学理机制将不同的典则予以融入，使其存在于行政法学科体系之下。在我们不能用有效方法对这些典则进行逻辑排列的情况下，行政法学科必然是不完整的。

三、行政法学不完整性之后果

（一）不能分析行政法之存在基础

行政法学作为一个学科必须能够对行政法中的基本问题进行分析，这也应当是行政法学的功能。然而，行政法学依人们目前对学科的构造及其该学科所拥有的研究方法，其很难对行政法中的基本问题进行分析，这也正是不完整性之行政法学所导致的后果。行政法学作为一个学科应该对行政法之存在基础作出分析并说明这些基础与行政法的关系，而目前的行政法学科几乎无一例外地不去涉及更谈不上分析行政法之存在基础。

第一，行政法学不能分析行政法作为一个法律现象的基础。上面我们已经指出法律是以社会为基础的，这也是马克思关于法之直接基础的描述。① 社会作为法的基础与经济基础作为上层建筑之基础一样，都是一个普遍命题。即是说，在社会基础相同的情况下怎么产生了不同的法律部门，而这个问题——每一个部门法本身的基础问题——必须由每个部门法学进行分析。作为一个完整的法学当然应当揭示本部门法存在的基础。而在行政法学不完整的情形下，所带来的后果便是无法对行政法作为一个法律现象之基础进行揭示。从法理学上讲，这应当是一个学科的基本问题。因为一个学科无法揭示本学科对象的存在基础是不可想象的，而这样的不可想象在行政法学科中却是一个

---

① 从辨证哲学和历史唯物主义的原理出发，法作为一种上层建筑是由经济基础决定的，即法的最终基础是经济基础。但是，法律又有不同的部门，那么经济基础这个最终基础还不足以解释各个部门法形成的原因，进一步分析，每个部门法都有自己本身存在的基础，所以马克思在提出经济基础是法律基础的同时还强调法律应当以社会为基础。

现实问题。

第二，行政法学不能分析规范类型的基础。行政法中规范类型鲜有人进行研究。在行政法学界人们常常依据法典的名称从相对广泛的意义概括规范类型。如行政组织法、行政行为法、行政程序法等就是人们对规范类型的概括。而这样的概括对于行政法这个法律现象而言是远远不够的。因为每一个行政法典则中都包含了一些具体的规范类型，仅以《行政处罚法》涉及的规范类型而论，我们可以说其中有行政处罚的假定性条款、行政处罚的处理性条款、行政处罚的制裁性条款、行政处罚的责任性条款，等等。① 行政法学中条款类型的划分依然是一个巨大的空白，因为到目前为止似乎还没有一部专著对这个问题进行研究。与这个问题相比，不同类型规范存在的基础更是行政法学涉及不到的问题。例如，从来没有哪一部著作对行政组织法存在的基础作出解释，对公务员法存在的基础作出解释，对行政编制法存在的基础作出解释，等等。规范类型存在的基础不能分析是不完整的行政法学的重要表现，也是行政法学不能在行政法现象中发挥有效作用的根本原因之一。因为当这个学科不能提供规范类型之基础时，其只能用存在的就是合理的，合理的就是现象的思维方式对应行政法中每一个规范。

第三，行政法学不能分析行政法制度设计的基础。行政法中的制

---

① 例如《中华人民共和国行政处罚法》第18条规定："行政机关依照法律、法规或规章的规定，可以在其法定权限内委托符合本法第19条规定条件的组织实施行政处罚。行政机关不得委托其他组织或者个人实施行政处罚。委托行政机关对受委托的组织实施行政处罚的行为应当负责监督，并对该行为的后果承担法律责任。受委托组织在委托范围内，以委托行政机关名义实施行政处罚；不得再委托其他任何组织或者个人实施行政处罚。"这其中就包含了假定条款和处理条款。第62条规定："执法人员玩忽职守，对应当予以制止和处罚的执法行为不予制止、处罚，致使公民、法人或者其他组织的合法权益、公共利益和社会秩序遭受损害的，对直接负责的主管人员和其他直接责任人员依法给予行政处分；情节严重构成犯罪的，依法追究刑事责任。"就是一个明显的制裁条款。

度设计是指通过行政法规范所确立的制度类型,包括宏观方面的制度、中观方面的制度、微观方面的制度,等等。当然,行政法中的制度是由行政法规范描述的,即若干不同的行政法规范设计并描述了一个行政法制度。至于制度与规范之间的深层逻辑关系则是行政法理应当解决的另一个问题。制度能够反映一国行政法在调控方式上和调控技术上的价值取向。任何一个行政法制度的存在都有其客观基础。只有在全面分析每一个行政法制度存在之基础以后,该制度的合理性及其发展命运才会得到进一步说明。行政法学的诸研究中并没有制度存在基础之研究。这是不完整性行政法学所导致的另一后果。由于没有这样的分析,便使行政法实务中很难对行政法中的制度合理性作出评判,一些不合理的行政法制度在我国行政法中的长期存在就充分说明了这一点。

(二) 不能分析行政法之运行进程

行政法现象的动态方面与静态方面相比更加本质一些,如果说行政法的静态方面是行政法的次要矛盾方面的话,那么,行政法的动态方面则是矛盾中的主要矛盾方面。行政法学无疑在其体系结构和元素排列中将侧重点放在了静态方面,这是不能否认的。整个行政法学科的布局似乎都以静态的元素为核心。其对行政法中的动态因素要么予以回避,要么只作为静态因素的补充。例如,当我们在对行政处罚法进行学科设计时,我们从来不会从行政处罚制度涉及的诸种利益关系及其博弈过程进行评说。我们对行政处罚实施的评定也以该制度设计的实施环节入手。而客观事实是,行政法的运行是一个非常复杂的社会过程,包括行政法规范制定中社会主体的介入,行政法规范实施中涉及的复杂关系,等等,对于这些问题行政法学是不能进行分析的。

具体地讲,行政法学不能分析行政法的运行过程可作如下表述。

第一,行政法学不能分析行政法运行中的介入元素。行政法运行中的介入元素是一个社会复合体,而不仅仅是行政法关系构成中的若干主体。[①] 其中还有非法律关系主体。这些非法律关系主体既不是行政法中的权利主体,也不是行政法中的义务主体。然而,他们常常以法律关系以外的主体身份对行政法过程产生重大影响。行政法学研究中对于行政法介入元素的分析是非常片面的。依目前的分析来看最多只能对行政法关系中的第三人对行政法的影响进行评判。而第三人以外的其他社会主体行政法学则不能进行分析。之所以不能进行这样的分析正是由于行政法学的学科壁垒所使然。

第二,行政法学不能分析行政法运行中的主动与被动。行政法运行是就行政法由规范事实变为现实事实而言的。行政法规范制定以后若仅仅以规则的形式静态地停放在那里,那么,这个规范便是一种规范事实。规范事实不能说是没有意义的,因为规范事实承担对秩序进行设计的功能。一个规范静态地置放在那里并不意味着它没有调整社会关系。但是,在行政法理中,规范事实仅仅是行政法事实之一,与规范事实相对的是现实事实。所谓现实事实是指行政法规范的内容被社会主体所介入,并由有权实施它的机关依规范内容对介入主体的权利义务关系进行确认。在整个行政法的运行中,运行的起因对其走向存在主动与被动的行为取向,而此二类行为取向无论对行政法还是对行政

[①] 人们对行政法运行的分析常常从行政法关系入手,这从法理上讲是正确的。在法律关系中必然有两个以上的主体,他们之间通过法律上权利义务连结起来。一方的权利就是他方的义务,反之,他方的权利就是另一方的义务。当某一方处于权利主体的地位时,他有权向另一方主体提出主张。而当某一方是义务主体时,他就应当承受权利主体的权利主张。

法学都有十分重要的意义,不同的行为取向会决定下一步的行政法行为。① 例如,以税务征收的行政法运行而论,税务征收机关与纳税人在税法的适用中就存在非常明显的主动与被动的关系形式。但是,我们的行政法学并无法也不去关注这个过程的主动与被动。事实上,行政法运行中的主动与被动之分析甚至比行政法规范本身的运用更具法律的调控价值。

第三,行政法学不能分析行政法运行中的主观与客观。"法律规范的构成少不了设计、运行、介入等主体。设计主体指掌握法律规范形成、完善、废止的有机体,它可以是一个完整的机构,也可以是由众多的人组成的群体(在特殊情况下是单个人)。通过它的设计使一国的法律制度有了固定的模式,并且有了调整社会关系的法律规范。行政法规范的设计主体比其他法律规范的设计主体要复杂得多,除了我国宪法规定的立法机构可以设计有关行政法规范外,一些行政机关亦有行政法规范的设计权。应当指出,不能把设计主体简单地等同于立法机构,因为设计是深层意义上的行为,之所以要重视对设计主体的研究,原因在于它对法律规范的状态具有决定性的意义,对它进行研究比对由它设计的法律规范的研究更为重要。运行主体指承担法律规范内容实现功能的执法要素。法律规范设计出来以后,就必须予以实施,使其由抽象形态变为物质形态,运行主体通过法律行为和事实行为促成法律规范发生效力,对社会起到实际的约束作用。该主体尽管不能决定法律的构成,但可以决定法律规范的实际效果,因此,把其作为行政法学研

---

① 笔者认为法律行为是一个非常大的概念范畴,在法理学研究中已有不少专著探讨法律行为问题。法律行为是一个方法论范畴的东西,是法律分析中的一个工具,这样一个重要的概念基本上在行政法中还没有形成。我们知道,行政法中有行政行为的概念,但是行政行为与法律行为的概念相比还有非常大的区别。行政行为只是行政法中一个单一主体的行为,如果我们能够在行政法中建立起行政法行为的概念,那就不受单一主体的限制,而是要作为行政法中的一个方法论或分析工具。

究的一条线索是非常重要的。介入主体指受法律规范影响或者由于相应的利害关系介入到法律规范之中的个人或组织,法律规范的社会作用最终要归宿到介入主体的权益关系之中。上述三个主体是任何法律规范由理论形态到物质形态所不可缺少的。行政法学的研究对象自不待言,此三方面应贯穿法律规范构成要素中。脱离此三者的研究只能是解释性的研究。"①

上列主体在行政法中都是相对活跃的要素。他们的行为及其行为方式有主观与客观之分。以行政法设计主体而论,其对行政法规范的设计就存在于主观与客观两个"头脑"之下,一个行政法主体是如此,若干行政法主体组成的复合体也是如此。在前种情形下行政法即使产出也可能存在与社会事实不适应的情形,而在后一种情形下行政法规范的产出则会更大限度地接近社会事实。行政法中的任何一个主体都会有主观的行政法态度和客观的行政法态度之区分。行政法学作为学科对于行政法运行中的此种主观与客观仍然是一个学科上的盲区。

(三) 不能分析行政法之规范状态

行政法对社会关系的调整和对社会秩序的设计最终都必须归结到行政法规范中去。行政法规范的状况是行政法规则中最为讲究的东西,也是行政法中的细节。人们常说,细节决定成败,这在行政法规范的规则中同样适用。一些行政法关系的有效调整都基于有合理而具体的规范。同样道理,行政法规则中的一些漏洞也来自于一些规范的细小疏漏。制度上的疏漏常常可以通过相关手段予以弥补,而规范的疏漏则难以弥补。因此,行政法学研究中对规范状态的分析就显得十分重要,但行政法学科体系并没有给规范分析留下多大空间,我们用下列

---

① 关保英著:《行政法教科书之总论行政法》,中国政法大学出版社 2009 年版,第 3 页。

事例可予以说明。

第一，行政法学不能分析规范的用与不用。行政法治实践中的一些事例说明，①在行政法规范中，一些规范处于高频率的运用之中，而另一些规范的运用率则相对较低，还有个别规范甚至一部分规范就从来没有被运用过。那么，行政立法机关和行政执法机关能够掌握行政规范中的运用情况，对行政立法和执法都是有实际意义的。行政法学研究仅提供规范内容说明而不能提供规范的运用情形，这个研究就必然是残缺不全的。行政法学科构建中并没有行政法规范用与不用的分析范畴和方法。②

第二，行政法学不能分析行政法规范的良与恶。良法与恶法是一个非常悠久的法律命题，或者对法状态的表述。亚里士多德在《政治学》中就提出了良法与恶法的概念："我们应该注意到邦国虽有良法，要是人民不能全都遵循，仍然不能实现法治。法治应包含两重意义：已成立的法律获得普遍的服从，而大家所服从的法律又应该本身是制订得良好的法律。人民可以服从良法也可以服从恶法。就服从良法而言，

---

① 例如，在某市的一次有关行政许可制度改革研讨会上，某市政府法制办法规处处长透露了一个事实，即某市在行政许可改革中，要求保留一些行政许可，取消一些行政许可。该市若干重要执法机关，包括工商、物价、环卫等都相继上报了本机关取消行政审批项目的情况，若干机关都取消了不少行政审批项目，同时也保留了一些行政审批项目。而从上报数据看取消的占多数，保留的占少数，起初让法制办眼前一亮。然而，该市法制办通过进一步地调研发现，各主要行政机关所取消的行政审批项目大多是从来没有用过的，即行政相对人从来没有就这些项目中的事项提出过行政许可。而所保留的项目虽然占少数，但绝大多数是经常使用的。

② 当然，行政法规范的用与不用本身是需要界定的，依一般意义上的理解，某一行政法规范常常用来调整某一范围的行政法关系，而这些关系亦被变为行政案件，并最终引来执法机关的行为就可以说这个规范是被运用的规范。有些规范在行政法实践中不能转换为行政法关系，只是作为一种制度或秩序设计的依据，这样的规范究竟是否被运用，要通过更为细致的分析手段进行确定。但无论如何，一国行政法规范中总有一些规范是从来就没有被运用且永远亦难以被运用。总之，行政法学应当从学理上界定行政法规范用与不用以及运用频率等概念。

还得分别为两类:或乐于服从最好而又可能订立的法律,或宁愿服从绝对良好的法律。"①在后来西方的法学理论中有关良法与恶法区分的理论就一直被重视。毫无疑问,良法与恶法的区分本身就是一个主观性问题,即必须通过深入的学术研究才能予以澄清的问题。因为一个法律在制定时并不会标上恶法的标签。我们可以说,恶法是法律体系中的一种客观存在,不论何种类型的政体,也不论如何高明的立法者都不能保证其所定之法都是良法。而且利益关系的复杂性决定了以一定的利益构建来衡量,恶法是必然会存在的。而在所有部门法中,行政法是最容易产生恶法的。我国有学者曾对我国存在的立法异化现象作了深刻分析,其中绝大多数存在于行政法之中。② 行政法学研究所关心的行政法的实在或者实在的行政法,其体系构建中就没有良法与恶法这样一个区分的价值标准,依以前的行政法学科所有行政法规范几乎都是良法。行政法学者不能在一国法律体系中将恶法游离出来,那么,其就必然不会为行政法的社会过程提供有价值的东西。

---

① [古希腊]亚里士多德著:《政治学》,吴寿彭译,商务印书馆1983年版,第199页。
② 有学者认为:"我国全国人大及其常委会的国家立法权还处在初级阶段,主要问题是立法滞后,赶不上实践需要。而不是立法过头,立法专横。但在个别立法中也不无立法侵权的踪迹。……至于行政立法、地方立法(特别是行政规章)中这类立法侵权现象就更多了。这对建立和完善社会主义市场经济体制,保障公民和法人的权利十分不利,是今后应予关注、严加立法监督的。"参见郭道晖著:《法的时代精神》,湖南出版社1997年版,第639页。

第二章 行政法分析学与行政法学方法论比对

行政法学研究中的分析无疑是行政法学的方法论之一,那么,行政法分析学是否只是行政法学研究中的一个具体的方法论,对于这个问题我们必须予以澄清。在行政法学研究中存在一系列方法论,笔者曾在《比较行政法学》一书中对行政法学研究中的方法论问题进行过系统比较;①分析研究是行政法学研究中的具体方法同时也是方法论。但是,我们不能简单地将行政法分析学等同于行政法学研究中的一种方法论,因为分析学已经超越了作为方法论的分析手段。同时,行政法分析学中的分析与行政法分析手段不是同一意义的概念,分析手段只是行政法学研究中的一个技术手段,而行政法分析学则是用分析机理建构的行政法学新学科,而这个学科并不单单使用分析的手段,正如本书第四篇所讲解的统计、证明、综合与分解、解释、经验等都是分析学运用的基本方法或方法论。由此可见,本章内容对领会行政法分析学的精神非常重要。

---

① 参见关保英著:《比较行政法学》,法律出版社2008年版,第38页。

```
                          ┌ 作为分析手段的共相性 ┬ 分析手段的不定性
                          │                    ├ 分析手段的自由选择
                          │                    └ 分析手段目的一致性
                          │
          ┌ 共相性 ┬ 作为行政法现象分析标的的共相性 ┬ 作为典则关系的共相性
          │        │                              ├ 作为法主体标的的共相性
行        │        │                              └ 作为法行为标的的共相性
政        │        │
法        │        └ 作为行政法分析技术的共相性 ┬ 可用性之技术共相性
分        │                                    ├ 合理性之技术共相性
析        │                                    └ 考究性之技术共相性
学        │
与        │        ┌ 存在形态上的异质性
行        ├ 异质性 ┼ 构成元素上的异质性
政        │        └ 功能实现上的异质性
法        │
学        │        ┌ 行政法分析学作为广义的方法论
方        └ 共通性 ┼ 行政法学方法论对行政法分析学的支持
法                 └ 行政法分析学与行政法学方法论之包容
论
比
对
```

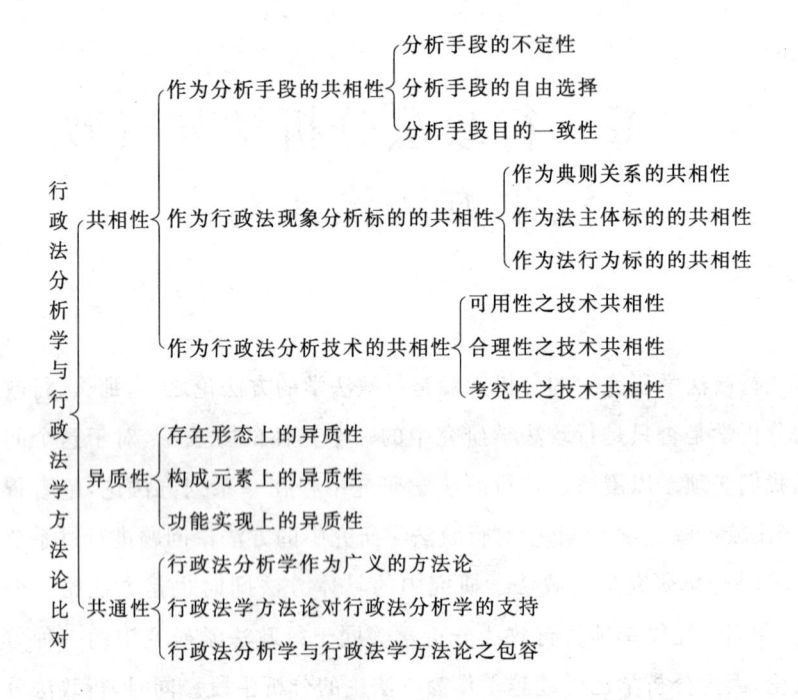

一、共相性之比对

（一）作为分析手段的共相性

笔者用共相性表示行政法分析学与行政法学方法论在一定程度上的契合性。我们说,行政法分析学与行政法学方法论具有一定程度的契合性是说二者在解决行政法问题上有着共同之处,将这个共同之处梳理出来对于行政法分析学和行政法学方法论都是有意义的。当二者在某一问题上契合时,强调方法论的重要性也罢,强调分析学的重要性也罢都没有实质意义,而且二者可以共同对研究起作用。二者的契合还可以证明若以某种哲学命题展开推论,行政法分析学可能就是行政法之方法论之展延,而这个展延对于行政法学方法论之发展有积极意义。行政法分析学与行政法学方法论之共相性之第一表现是作为分析手段之共相性。

其一,分析手段的不定性所导致的共相性。行政法分析学需要诸多的手段来作支撑,若没有相应的手段,行政法分析学就无法成为一个独立的学科。同样,行政法学方法论亦需要诸多的分析手段,如果失去了相应的手段行政法学方法论就无从存在。也就是说,在研究手段的需求上行政法分析学与行政法学方法论是有共相性的。当然,这样说对于阐释行政法分析学与行政法学方法论共相性之本质并无太大意义。而二者共相性最能证明的原因之一是:行政法分析学与行政法学方法论在分析手段上都具有不定性。我们知道,行政法学方法论中不包括一定的价值体系,甚至不受有关意识形态的约束,其在研究中所追求的是实际效果。所有能够促成相应效果产生的手段都是可以被运用的。行政法分析学与之相同亦没有相应的价值体系,所具有的只是追求最大效果的理念。任何一种能够进行分析的手段,行政法分析学都不会排斥。与此二者共相性对应的则是行政法学科体系或行政法中的其他价值定性。可以说,任何一个行政法学科体系都受意识形态和一定价值判断的制约。行政法分析学与行政法学方法论除了手段运用中的不定性外,它们同时还不对手段之优劣作出评判与取舍。而且,行政法分析学与行政法学方法论都会根据现代自然科学和社会科学研究手段的不断更新而更新自身的研究手段,及时吸取人类先进的研究或分析手段是二者的共同特点,这是我们对行政法分析学和行政法学方法论共相性的第一个方面的说明。

其二,分析手段的自由选择所导致的共相性。研究手段在研究过程中究竟是一个可选择的问题还是一个不可选择的问题,向来就没有人作过深入研究。依常理,研究手段在研究过程中是可以进行选择的,这似乎毋须进行证明。但是，如果我们对包括行政法研究在内的绝大多数社会科学问题研究状况的观察却得出了另一个结论，即有些问题的研究在行政法学中或者在整个社会科学中手段是不可选择的。有些手段是必须被运用的，甚至只有当此一手段被运用以后，其他的手段才能被运用。例如，在行政法和其他法律问题的研究中，历史唯物主义的分析方法、阶级的分析方法就是强制性的。这个强制性虽然没有明文的法律规定，但我们如果不首先运用这样的方法分析行政法问题，那么，我们就背离了行政法学科构建的精神基础，从而使这样的学科构建不可能被官方的刊物或其他出版物所接受。而且行政法分析学和行政法学方法论在研究手段的运用上则可以自由选择。任何一种方法只要能帮助对行政法问题进行很好分析就不能被排斥，没有一种机制会对研究中手段的选择进行干预，这是二者共相性的第二个方面。

其三，分析手段目的一致性所导致的共相性。行政法学研究乃至于整个法学研究是否预先设定目的亦是人们争论的问题之一。在笔者看来，研究中的目的是一个自变量不是一个因变量，即研究目的要由研究本身来决定而不能由研究主体和研究过程以外的因素决定。若通过一种机制为研究设定目的，那么，这个研究最终也会被陷入于主观的价值体系之中。梅因指出"对于现有的各种法律学理论，存在着非常广泛的不满，并且一般都认为这些理论不能真正解决它们标榜着要解决的问题，因此就正当地产生了这样一种怀疑，就是说为了要求得一个完美的结果所必须的某些方面的研究，或为其著者进行得不够彻底，或者是甚至完全被忽略了。真的，也许除了孟德斯鸠外，在所有这些纯理论中，的确都有一个可以指责的显著遗漏。在这些纯理论中，都忽视了在它们出现的特定时间以前很遥远的时代中，法律在实际上究竟是怎样的。这些纯理论中的创造者详细地观察了他们自己时代的各种制度和文明以及在某种程度上能迎合他们心理的其他时代的各种制度和文明,但是当他们把其注意力转向和他们自己的在表面上有极大差别的古代社会状态时,他们便一致地停止观察而开始猜想了。因此,他们所犯的错误,正和一个考察物质宇宙规律的人,把他的考虑从作为一个统一体的现存物理世界开始而不从作为其最简单构成要素的各个分子着手时所犯的错误,很相类似。这种在科学上违背常理的方法,在任何其他思想领域中不可采用,那在法律学中当然也是同样不足取的。"[1]带有价值判定的研究或者率先设定目的的研究都必然为研究本身或研究结果带来错误。行政法分析学与行政法学方法论均不率先设定研究目的,但是所有手段在研究过程中的运用无论在行政法分析学中还是在行政法学方法论中分析都是最高目的,正是研究中的分析价值使二者在因果上具有共相性。

(二)作为行政法现象分析标的的共相性

所有关于行政法问题的研究以及由此构成的学科都以行政法为学科的核心,甚至都以行政法为研究对象。但是,不同的研究以及由此构成的行政法学科对行政法中法的态度有所不同。在我们讲到的行政法学科中,行政法是作为规范而进行研究的,正如前述,行政法学科体系的建立均以规范开始而到规范结束。行政法分析学与行政法学方法论中的行政法则是另一种情形,我们所面对的不是作为规范的行政法,而是作为法律现象乃至于社会现象的行政法。正是这一点又将它们与行政法学科做了区分。作为行政法现象分析标的是说其涉及到的不只是行政法的规范体系,还有行政法规范背后的社会关系。进而论之,行政法分析学与行政法学方法论在行政法现象的共相性中下列方法是最为主要的。

---

[1] [英]梅因著:《古代法》,沈景一译,商务印书馆1984年版,第53页。

其一，作为典则关系的共相性。行政法分析学与行政法学方法论同样要遇到行政法典则问题，整个行政法的典则体系是其面对的行政法中的第一元素，但它们仅仅将典则作为一个元素，即是说，它们在面临典则的时候不只面对典则所设计的规范体系，而是将典则体系尽可能关系化，就是用典则中的人的关系、物的关系、非物质的关系对典则进行分析。通常情况下，法律典则的关系除了表面上看得见、摸得着的关系外，还有以社会背景为后盾的社会关系，行政法分析学使行政法学方法论对于这两类关系既不回避，又作为其分析的具体对象。在这样的分析中，法律典则中的规范已经变得不重要，典则中的研究分析只是关系背景分析的前提或结论。在行政法学科中，典则中规范的分析是最具实质意义的分析，而规范之关系背景的分析则常常被免去。行政法分析学与行政法学科在这个问题上无法形成共相。深而论之，行政法分析学之标的是区别于行政法学科之标的的，而它都与行政法学方法论有共同的标的，这正是行政法学方法论在行政法学科中难以成为独立元素之原由。

其二，作为法主体标的的共相性。行政法学科中主体是不可缺少的部分，行政主体、公务员、行政相对人等等都是行政法之主体，在有些学者构设的行政法学体系中，上列主体甚至处于核心地位。那么，我们是否可以说行政法学科中法主体是该学科的分析标的呢？回答是否定的。某一学科中的构成部类与这一学科的标的，尤其分析标的是两个不同的东西。换言之，学科之标的不一定是学科之部类，而学科的部类也不一定是学科的标的。行政法分析学中，行政法主体并不一定构成其核心内容。其只是分析的标的物之一，通过对法主体及其类型的分析把握行政法作为社会现象的特性。在这个标的物上，行政法学方法论与行政法分析学同样是相同的，即在广义的法学方法论体系中，对法主体的分析是重要的分析标的。《牛津法律大辞典》解释："在罗马法上,法学家指为个人、地方行政长官和法官们提供建议,在诉状和程序方面帮助诉讼当事人进行诉讼,草拟遗嘱或契据的法学家。他们也经常通过传授知识和讨论问题的方式指导年轻人。这是一个既与地方行政长官和法官不同,又与代表当事人出庭的律师不同的阶层。罗马共和国的法学家属于元老家族,经常担任国家的高级职务。帝国最高权力之下的一些高级行政职务经常由他们担任。这些人对法律的发展产生了重大的影响。他们作为法律顾问,或作为执政官和其他地方行政长官的顾问团,就后者发布的法令和认可的新规则提出建议。以后,他们有的成了各个帝王的法律顾问。作为教师和作者,他们创立和发展了法律科学和文化。"[1]这说明在法学产生的伊始,法学分析就与法对主体的分析密不可分,行政法分析学与行政法学方法论有关主体标的共相性对于行政法分析而言极其重要。[2]

其三,作为法行为标的的共相性。行政行为在行政法学科中同样是核心元素,我国行政法学者对于行政主体行政行为的关注超过了对其他所有问题的关注。一些行政法教科书的章节开辟中,只要是一种具体行政行为就开辟为一章,而公务员、行政机关也仅仅是一章。[3]足见行政行为在我国行政法学理论中的重要性。笔者还注意到我国行政法学对行政行为的讲授以行为描述较多,即常常指出这个行为的概念、性质、特点、效力等。例如,关于行政许可行为,就涉及到行政许可行为

---

[1] [英]戴维·M.沃克著:《牛津法律大辞典》,北京社会与科技发展研究所组织翻译,光明日报出版社1988年版,第472页。

[2] 在目前我国的行政法学科中,基本上都采取认可主体正当地位的方式,学科既不敢对主体进行类型上的划分,也不敢通过分析对主体的正当性与否提出质疑。一旦主体在法学分析中被放置于不可置疑的地位,法学研究的下一步工作就不一定能够很好展开。

[3] 参见张尚鷟主编:《行政法学》,北京大学出版社1991年版;王周户主编:《行政法学》,陕西人民教育出版社1992年版;姜明安主编:《行政法学》,法律出版社1998年版。等等。

的概念、特征、意义、性质等，①而行政主体的分析几乎没有。由此可见，行政法学科中的行政行为即便是一个标的，也是一种阐释标的而不是一种分析标的。行政法分析学与行政法学方法论在将主体作为分析标的以后，进而将行为作为分析标的。其对行政行为主体做中性的处理，也就是说既不肯定一个主体行为的正当性，也不否定一个主体行为的合理性，而是将其作为一个中性的分析标的，对其运用科学的分析手段得出合理结论。

（三）作为行政法分析技术的共相性

行政法学科并不是一个中性的东西，对此我国诸多行政法教科书都有论证。② 一方面，行政法学科受一国对法之本质界定的影响。例如，一些国家把法界定为社会关系的调整器。进而以此确定各个部门法的本质，一些国家则将法界定为统治阶级意志的体现，并进而赋予部门法以阶级意志；一些国家则将法视为一种历史精神或民族文化，并进而用此构设部门法的体系和确定部门法的性质。行政法学科在对一国行政实在法进行评介时都受国家政权体系对法之本质认定的制约，并以事先的本质的一般原理表述行政法现象。在这种情况下，行政法学科的价值导向是明显的，其已经不再具有任何意义上的中立性。另一方面，行政法学科受一国政治体制或者主流意识形态的制约，国家政权体系都有其政治文化和意识形态，这些东西无疑决定了一国法律之实

---

① 参见张尚鷟主编：《行政法学》，北京大学出版社1991年版，第197页。
② 有学者就认为："法国行政法学首先提出'公共权力'说，后又出现'公务'说。这主要是为解决普通法院和行政法院之间管辖权的划分，同时说明行政法规范存在的基础。英美行政法学则简单明了地指出，行政法是控制行政权力的法律，这主要是从司法对行政的控制这一基点出发。我国有些学者认为，行政法即是'管理管理者的法'，又是'管理者进行管理的法'，行政法既在于授予行政机关以权力，同时又对权力的行使进行控制。"参见王连昌主编：《行政法学》，中国政法大学出版社1994年版，第19页。

务和法律之学科。由此可见,在行政法学研究中,学科化的研究进路已经不强调研究中的技术问题。行政法分析学与行政法学方法论在研究的方略上则相对超脱一些,其在分析手段的运用上大多强调分析的技术进路。我们可以对二者在分析中的技术进路作出分析。

其一,可用性之技术共相性。由于行政法分析学与行政法学方法论对行政法问题的分析以分析为最后价值,因此,其在分析中强调的是方法和手段的可用性,而可用性就构成了其技术特性的首要方面。即是说,一个分析手段的选择和分析工具的运用都以是否可用为基点,而不对分析工具和分析手段进行具有导向性的评说,更不会根据这种导向决定分析工具和分析手段的取舍。"法律科学指从哲学的、历史的、比较的、评注的、批评的和其它各个角度,对法律的和有关法律的发展、变化、制定、评注、运用的系统化了的和经过组织加工了的知识。同其它科学一样,它主要有二大分支,即纯法律科学或理论法律科学,它致力于对有关材料的调查研究,以及对调查取得的知识进行吸收和加工;应用法律科学,主要涉及对实际问题的原则和规则的确认,这些原则和规则的运用及其结果。前一分支是属于法律学者和法学家的领域,后一分支是属于立法者,法官和法律实践者的领域。因为不同法律体系中的法律制度、概念和规则具有不同的特性,因此,两个分支在各不同的法律体系中的内容各异,而不是概括的和普遍性的。一个人只能知道一个法律体系中的已经存在过或正存在着的一部分知识,而不能更多,一点也不能多,因为每一个活着的人都在外界力量和在法律改革影响下有意识地参与变化或被改变了。每一个独立的法律体系的实际概念、原则和规则,其发展和运用的条件都是法律科学的主要内容;是要对其进行学习、系统化、批评、阐述和利用、运用以其它方式处理的材料。纯法律科学或理论法律科学与哲学、历史和其它社会科学联系密切;应用法律科学则与政府、政治、行政管理、贸易、财政、工业、商业、社会工作和社会福利以及任何一种关于人类和人们相互之间的行为和关系的联系密切"①应当指出,此处是对法律科学的界定,而不是对法律学科的界定。在笔者看来,法律科学与法律学科是两个不同的概念。一种法律学科未必具有科学之精神,而一种法律科学也未必一定要通过一定的学科体现出来。问题的关键在于法律学科之中排斥有关的能够称之为科学的东西,如行政法学研究中就常常排斥有价值的科学方法论,有的甚至排斥不同类型的行政法学科。行政法分析学与行政法学方法论在对行政法问题的研究上更接近科学一些,正因为如此,二者在行政法分析中只强调技术,只以手段和工具的可用性为标准,这是二者技术共相性的第一个表现。

其二,合理性之技术共相性。分析技术的合理性是指某种分析手段或者分析工具在对行政法问题分析时能够被恰当地运用。在法学研究中,方法与方法论之较量虽然无人进行统计,但数十种以上的方法和方法论是存在的。方法及其方法论使用上的合理性在行政法学研究中似乎很少有人去专题探讨。不争的事实是,众多的方法和方法论在行政法学中的运用必然存在合理与不合理的问题,一些研究方法既能对行政法问题作出合乎逻辑的解释,又能为行政法实务提供理论基础,并且可用来指导行政法治实践。而有一些方法论不但不能对行政法问题做出有效说明,反倒使问题的讨论常常进入一种人为设计的怪圈。例如,我们用阶级分析的方法去分析行政法中的所有规范,最后就会陷入无法解释有些规范为什么在每一个法治国家都存在,而这些法治国家的阶级本质是完全不同的。有些行政法规范不论哪一个社会阶层都是积极支持的,那么,我们用阶级分析的方法只能使这些问题陷入循环论

---

① [英]戴维·M.沃克著:《牛津法律大辞典》,北京社会与科技发展研究所组织翻译,光明日报出版社1988年版,第545页。

证中。还如,近年来我国有一批学者运用博弈论的相关原理解释行政法问题,我们这些从事了多年行政法学研究的人对于这样的分析都有些摸不着头脑,何况一些行政法初学者。据笔者所知,博弈论作为一种经济学分析方法有非常深刻的高等数学作为基础,即便是在经济学界能够运用博弈论分析问题的也只有极少数学者。那么,在对高等数学原理不太熟悉的情况下使用博弈论分析行政法问题必然陷入更加糊涂的混乱中。行政法分析学与行政法学方法论在分析技术上都强调技术的合理性,这是二者技术共相性的第二个方面。

其三,考究性之技术共相性。行政法学研究中手段的技术含量并不是完全相同的,有些研究方法本身就没有太大的技术含量。例如,我们经常提到的阶级分析的方法、历史分析的方法、演绎的方法,等等。这些方法与其说是一种带有技术色彩的分析手段,还不如说是分析问题时采用的一个具有价值性的标尺,凡符合这个标尺的就是可取的,而不能用这个标尺进行估算的就是不合理的。行政法分析学与行政法学方法论在对待分析的技术上都追求较高层次的理念,即分析技术一定是有所考究的,笔者将考究性涵义不妨拓宽为:一方面,其要求分析技术的新颖性,即尽可能运用最新的技术分析行政法现象;另一方面,其要求分析技术的精确性,就是通过一定的技术手段使行政法问题能够更加精确,从定性到定量的分析就是对精确性的追求。

二、异质性之比对

(一)存在形态上的异质性

行政法分析学与行政法学方法论具有共相性,这只是问题的一个方面。从另一方面看,行政法分析学与行政法学方法论是两个不同的事物。

二者作为两个事物是我们认识二者关系的总原则,我们不能因为两者在诸多方面存在共相性就将它们作为同一事物看待。行政法学方法论在行政法学界是有界定的,其是有关行政法学研究的方法体系,而这个方法体系又受到行政法若干思想理念的作用,进而使方法论在行政法学研究中有着特殊的地位。当然,上面已经指出,行政法学方法论就目前大多数国家的行政法学科体系而言并没有对其予以包容。换句话说,行政法学方法论还基本上没有成为行政法学科的构成因子。行政法学方法论与行政法分析学能够进行比对的基础亦在于此。行政法分析学与行政法学方法论的异质性可通过存在形态、构成元素、功能实现等予以说明。

行政法分析学与行政法学方法论在存在形态的比对上是两个不同的存在物。

其一,作为一般的存在与作为个别的存在。行政法分析学作为一个独立的学科是行政法学科以及其他行政法问题研究范式不可以包容的对象。我们在后面还要作进一步的分析,以澄清行政法分析学的独立性。目前的行政法学概念并不能包容行政法分析学的概念,行政法学科也无法包容行政法分析学,这样便使行政法分析学与行政法研究中的其他范畴相并列。其与其他研究并列以后便成了一个一般的存在物,而没有成为行政法学某一范畴中的个别的存在物。行政法学方法论则不同,其不能自身独立存在,要么分布于行政法学科之中,要么分布于行政法学其他学科之中,例如,行政法史学、行政法哲学等中间都可以包容行政法学方法。在其被行政法研究中其他部类包容以后,它就是一个个别的存在物。由此可见,外形上的一致性与个别性是行政法分析学与行政法学方法论存在形态上的最大区别。①

---

① 这提醒我们,在行政法分析学的体系构建时应对行政法学方法论引起重视,甚至可以给行政法学方法论一席之地,至于在行政法分析学中如何定位行政法学方法论是需要进一步研究的问题。这同时提醒我们,行政法学方法论本身是不可以构建成为学科体系的。

其二，作为系统的存在和作为板块的存在。行政法分析学作为一个学科，其是一个由诸多复杂因素构成的系统，在这个系统中有着不同的分层，有着不同的连接机制，有着不同的部类和结构。当然，行政法分析学的体系还没有人进行过构建，甚至也没有人提出行政法分析学这样一个概念，至于我们用什么样的结构形式建构行政法分析学的体系定然是今后一段时间我国行政法学界应当努力追求的。但无论如何，我们必须承认行政法分析学作为系统这样一个具有规模的存在物，与行政法分析学相比，行政法学方法论则只是一个作为板块的存在物。一则，行政法学方法论本身就是一个板块，如果我们将行政法分析学比作一个房子的话，那么，行政法学方法论则不具有构成房子的条件，其只不过是不同房子在盖修时需要的一个梁或柱的板块，这一点表明行政法学方法论更像是行政法相关学科中的构成材料。二则，行政法学方法论是一种非常特殊的板块，它既可以成为某一学科构建之必须，也可以成为学科构造中的可选择材料。

其三，作为学科的存在与作为工具的存在。行政法学方法论是行政法学研究中运用的手段，因此，其是一个工具，即在研究中扮演工具的角色。只不过作为方法论的工具与作为方法的工具是有一定区别的。作为方法的工具是较为原始的工具，而作为方法论的工具则可以说是被赋予了现代色彩的工具。行政法分析学若以最广泛意义观察亦可以以工具论之，但就二者存在形态的比较看，行政法分析学是呈现在行政法研究者面前的一个学科，这个学科中有作为分析方法的工具，即学科本身可以包容工具，而行政法学方法论的工具是无法包含行政法分析学这一学科的。

（二）构成元素上的异质性

行政法分析学与行政法学方法论都可以进行构成元素上的分析，

之所以能够作出这样的分析是因为二者在行政法学现象中都是形成规模的。它们各自已不单单是一个学科中的元素问题,尤其对于行政法分析学而言已经不能将其视为行政法学现象中的元素。在我们对于二者的构成元素进行比较时,发现二者在元素构成上的差异是巨大的,即是说二者的元素构成已不再有任何同质性。

其一,单元与多元。我们知道,一个元素是就一个构成因子的性质而言的,我们把具有同一因子的东西称之为一个元素。这样我们便可以说,一个同质的元素可能包括了若干个数量,但数量的多少并不能改变其元素的单一性。行政法学之理论中的元素应当说是一种单一的元素,其包括了若干个分析方法,而这些分析方法只有进路的不同而没有质的不同。当然,这些元素的组合会有不同的方式,而这些方式本身也不能以元素论之。行政法分析学则不仅仅具有一个元素,而是由若干不同的元素构成的,如分析方法是一种元素,分析范畴又是一种元素,分析主体等都可以成为相对独立的元素。构成元素的差异使我们无论如何都不能将行政法分析学简单地归入行政法学方法论的范围。行政法分析学作为多元而存在是一个基本事实,而这个多元的事物究竟应当包括哪些具体的元素,同样是我们在今后的研究中需要解决的问题。

其二,元素的结构性与元素的平面性。行政法学方法论中的元素由于本身是"一"而不是"二",所以一个元素中的数量多寡并不会形成该事物构成中的新的结构,从这个角度讲,行政法学方法论中的元素排列是平面的,即它们都处在一个面上且不形成相应的结构。行政法分析学中的元素则不是"一"而是"二"或"多",这些不同质的元素难以用一种平面式的结构排列起来。不同的元素之间的关系既要通过软规则联系在一起,又要通过硬规则联系在一起。当我们进行这样的联结时,我们实质上是在行政法分析学内部构造一种结构,该结构化的组合方式是行政法学方法论所不能比拟的。

（三）功能实现上的异质性

行政法学由于受到价值判断的制约，因此，其在行政法促进中的功效并不要求十分显著。我们在上文已经指出，行政法学科本身就是一个价值体系，其在促成行政法发展方面存在功效上的不足。而行政法分析学与行政法学方法论并无自身的价值判断，或者人为设定的价值体系。此点决定了它们对行政法治和行政法学的功能要比行政法学科更突出一些。但是，行政法分析学与行政法学方法论在功能实现上又有不同的表现，这是二者异质性的又一重要方面。

其一，直接的功能与间接的功能。行政法学方法论本身不是学科，它只是学科中的构成要素之一，其功能只有通过学科才能够得到实现。如果说，它对行政法治有功能的话，这个功能是通过其对学科的作用而体现的。行政法学方法论先是对学科的助益，再通过对学科的助益而实现其对行政法现象的价值。因此，我们用间接功能的概念概括行政法学方法论的功能实现是比较妥当的。行政法分析学对于行政法现象而言可以进行直接的阐释，因此，它的功能应当是直接功能。行政法分析学对行政法现象的直接作用是我们应当引起重视的，即我们应当重视对这个学科的建构。[①]

[①] 在传统法律学科的17类划分中，似乎不曾有分析学这样一个学科，例如《牛津法律大辞典》解释："法律科学的主要学科可以划分为七个部门，即：法学理论和法哲学；法的历史和各法律体系的历史；法的比较研究；国际法；超国家法；每个地方可以被确认为独特体系的（包括立法、法院和专业学术，以及实体和程序法总体）国家和国内法；附属法律的学科，比如：辩证科学，医学和精神病学。这每一门学科还可以根据许多题目细分、再细分，如公法、刑法、私法等。所以，有关一项具体研究的专题、书籍或文章可能仅是这一专题整体，即更大的学科和有关法律知识总体的一个极小原素。在这七个部门中，前三部门属于理论法律科学分支，后三部门属于应用法律科学分支，最后一部门本身不是对法律问题的研究，但与法律事项所产生的问题有关联。"参见[英]戴维·M.沃克著：《牛津法律大辞典》，北京社会与科技发展研究所组织翻译，光明日报出版社1988年版，第545页。在法理学中的划分尚无分析学的地位，那么，在行政法学中要有一个行政法分析学，其难度甚矣。

其二,自我实现与非自我实现。行政法学方法论是行政法学现象中的一个工具,自不待言,任何工具都应当有使用者,只有在使用者能够对工具进行使用时,工具的功能才能得到发挥。行政法学方法论就是在研究主体的使用下而发挥它的功能的,因此,行政法学方法论的功能不是自我实现的。行政法学方法论作为一种学科,其集合了非常复杂的构成要素,其中研究主体作为一种主动的东西亦在其中扮演着重要角色。行政法分析学对行政法现象的分析并不一定需要其他因素的支撑,该学科本身就能对行政法现象进行主动的分析。这与行政法学方法论在功能实现中形成了又一反差,功能的自我实现与非自我实现,既将二者的主观价值区分清楚,又使我们能够合理利用两个机制对行政法现象发生作用。

西方学者对广义法理学的含义做了三个层次的揭示:"第一,作为'法律知识'或'法律科学',在最为广泛的意义上使用,包括法律的研究与知识,与最广义理解的法律科学一词同义。第二,作为最一般地研究法律的法律科学的一个分支,有别于某一特定法律制度的制定、阐述、解释、评价和应用,是对法律的一般性研究,着重考察法律中最普遍、最抽象、最基本的理论和问题。该词的这种含义常常可与法律理论、法律科学(狭义上的)、法哲学等词相通。第三,该术语还作为法律的比较夸张的同义语来使用,例如法医学,特别是在使用法律一词很不恰当的场合,如衡平法学等。"[①]依这个揭示,行政法分析学可以归入到广义行政法理学之中,行政法学方法论则不能。广义法理学中的任何一个范畴都能够通过自身而实现其功能,这是行政法学方法论所不可及的。

---

① [英]戴维·M.沃克著:《牛津法律大辞典》,北京社会与科技发展研究所组织翻译,光明日报出版社1988年版,第489页。

其三,解析行政法现象与描述行政法现象。行政法现象通过一定的方法可以得到解释,行政法学方法论在对行政法现象解释中起过非常重要的作用,但从深层来讲,行政法学方法论还能够描述行政法现象。所谓描述行政法现象就是在对我国行政法现象进行解释的基础上将行政法中的一些原理、原则性问题通过一定的方法论表述出来。描述行政法现象远远超越了解释行政法现象,因为,在描述的情况下行政法中的一些内在联系得到了说明。例如,《法律与行政》的作者就通过行政法学方法论对行政法现象作过这样的描述:"将法学方法运用于英国公法的第一人。布莱克斯通进入该领域是不成熟的,奥斯汀基本是一个民法专家,波洛克(Pollock)和萨蒙德(Salmond)让科学走出了英国私法,梅特兰的零散贡献可能属最高价值,但其主要著作是在历史领域中完成的……(戴西的)风格尽管在某种程度上也是冗长和重复的,但具有高度的可读性。其对英国公法发展的影响是巨大的,今天,他的权威比其他任何公法学者都要大。的确,没有任何一个国家其上一代的公法学者的观点,能与戴西在英国享有的声誉相媲美。"[1]行政法分析学在对行政法现象进行处理时亦包含了描述的成分,即其必须对行政法中的一些内在联系作出评说。但是,其主要功能不在于对行政法现象的描述,而是解释行政法现象,这种解释是站立于相对较高的立场对行政法现象中的诸多事实予以澄清,行政法事实在行政法分析学中是最为关键的东西,正如我们上面所指出的,我们可以通过方法论将行政法典则予以排列和组合,而我们则通过行政法分析学解析典则背后的法律事实,如行政法典则的用与不用问题,运用频率问题等等。

---

[1] [英]卡罗尔·哈洛、理查德·罗林斯著:《法律与行政》,杨伟东等译,商务印书馆2004年版,第78—79页。

三、共通性

（一）行政法分析学作为广义的方法论

　　行政法分析学与行政法学方法论既有重合之处，又表现为两个不同的事物，这是我们本章上两个部分解决的问题。在行政法学研究中，行政法分析学与行政法学方法论还具有共通性，即二者在一定范围内具有融合的进路，这个进路对于我们构建行政法分析学体系有重要意义，澄清二者在研究中的共通性也是我们处理二者关系的最高境界。

　　行政法分析学从哲学命题上讲应当是一种广义的方法论，如果这个命题能够成立，行政法分析学就在一定意义上受哲学上的方法论概念的影响，也要求我们依有关的方法论体系构建行政法分析学。我们知道，首先，方法与方法论不是同一意义的东西。方法是具体的解决问题的手段，它并不需要哲学根基。在哲学范畴中，方法具有这样的含义："方法是决定一个主题的范围和界限，并确定在这些界限内可接受的获取真理的工作方式的准则、假定、程序和范例的组合。"[①]可见，具体性和非理论性是它的最大特征。方法论是一个哲学命题，指"关于认识世界和改造世界的方法的理论。"[②]方法论既有理论基础作为存在前提，又是一个机制化的东西。作为一种哲学命题，方法论中间含有一定的哲学上的价值。当然，这种价值是受科学原理和哲学原理支配的。其不能与行政法学科中的政治价值相对应。

　　在笔者看来，无论将方法论放在哲学的范畴上认识，还是具体到某

[①] ［英］尼古拉斯·布宁等编著：《西方哲学英汉对照辞典》，王柯平等译，人民出版社2001年版，第617页。

[②] 《中国大百科全书》（哲学Ⅰ），中国大百科全书出版社1987年版，第203页。

个学科中考察，其都有狭义与广义之分。广义方法论是指人们观察问题和思考问题的思想方法，这个思想方法中包括了一定的世界观，即包涵了一定的价值理念。广义方法论是一种机理，以此论之的话，行政法中的广义方法论与行政法哲学几乎是同一概念，米拉格利亚认为，法律哲学是哲学中的一个分支，这个论点应当说是有道理的。他进一步指出，作为法律之哲学不可以脱离法律及其法律命题，同时也不能脱离与法律相关的政治机制和社会机制，他特别强调："欲对法律之本身决定其基本原理及其与个人、社会、国家之关系，而不研求其环境亲切的原则，此为绝不可能之事。"[①]这是法律之哲学对象上的侧重点。同时，作为方法论，法律哲学还必须以物理学、化学、生物学等为方法论基础。当然，依次我们可以进行下一步的推演，即我们对法律问题只要用相对抽象和带有机理的方法进行研究都可以具有法律哲学的色彩，都可以用方法论的概念统摄之。行政法分析学若能够以米拉格利亚的理论归入到行政法哲学之中，其就是一种方法论。在这样分析以后，行政法分析学就可以被行政法学方法论的概念所包容。但是，当我们在谈论行政法学方法论时我们选择的是狭义的方法论概念，即我们没有将行政法学方法论放置于相对较高的哲学范畴之中。对此，笔者在《比较行政法学》一书中有所分析："行政法学方法论是指在行政法学研究中运用的解释行政法学现象、厘清行政法问题的方法体系。行政法学方法论是在行政法学研究中运用的，它的存在空间在行政法学的研究之中，这是我们对它的适用范围的限定。我们知道，一个国家在运用行政法对社会进行控制的过程中亦需要一些方法或者方法论，其发生在行政法治实践中。行政法学方法论在适用范围上与行政法治的方法是有质的

---

① ［意］米拉格利亚著：《比较法哲学》，朱敏章译，长沙商务印书馆1940年版，第109页。

区别的,不能将行政法控制过程中的方法混同于行政法学研究中的方法和方法论。毫无疑问,行政法学方法论是由一些具体的解决问题的途径、程式等构成的,即其是由一些具体的方法构成的。但行政法学方法论与行政法学研究中的具体方法不同,方法论的范围要比方法的范围大得多,方法是一些个别的研究手段、研究程式,而方法论则是一定研究手段、研究程式的一个集合。这个集合一定意义上改变了研究方法的性质,它使若干方法构成了一个体系,并且使方法有了价值上的属性。我们说,方法论对一个学科的构成有决定意义,就是说这个学科中的方法已规模化了、体系化了,并足以决定这个学科中的一些价值性的东西。行政法学方法论存在的基础是行政法学,其功能则在于解释行政法学现象,包括行政法学中的个别现象和普遍现象。行政法学方法论还具有厘清行政法问题的功能,就是通过行政法学方法论对行政实在法中的一些问题高屋建瓴。概而言之,行政法学方法论是一个体系化的东西。某种研究方法若成为体系就应当视为方法论而不能简单地视为具体方法;行政法学方法论还具有价值决定性,即通过行政法学方法论能够判断一个行政法学体系的基本价值"。[①] 狭义行政法学方法论由于在哲学范畴之下,因此,其常常具有价值决定性:"行政法学方法论的价值决定性是一个至关重要的问题,对此我们必须给予高度重视。之所以这样说,是因为行政法学方法,即研究过程中使用的具体方法是一些技术性问题,其是由技术因素决定的,正因为如此,一种方法如果科学合理,不论哪种类型的行政法学研究,不论你站在什么立场研究行政法学问题,它都是可以运用的。例如,对行政法学问题进行分析和统计,无论哪一国的行政法学研究都广泛运用,这样的运用不会引来人们的非议。行政法学方法论则不是一个纯粹的技术问题,其除具有技术

[①] 关保英著:《比较行政法学》,法律出版社2008年版,第38—39页。

层面以外,还有非技术层面的东西,如研究者所站的立场、研究者所坚持的意识形态、研究者所处的社会地位等都是方法论的制约因素。我们知道,在行政法学研究中一些方法论在某一国家的行政法学研究中被广泛运用,而其他国家则可能对这样的方法论予以抵制。我们不能说,行政法学方法论就必然具有阶级性,但我们有理由说行政法学方法论除了具有技术性以外,还有非常深刻的社会性。历史发展、文化传统、人文环境都是这种社会性的具体表现。"[1]总而言之,我们应当区分狭义方法论和广义方法论的概念,狭义方法论不能涵盖行政法分析学,而广义方法论则涵盖了行政法分析学。或者说,行政法分析学就是一种广义的方法论。

(二)行政法学方法论对行政法分析学的支持

笔者在《比较行政法学》一书中曾经讨论了行政法学方法论的地位,认为:"行政法学方法论能够作为行政法学的分析手段"、"行政法学方法论能够作为行政法学的整合手段"、"行政法学方法论能够作为行政法学的定性手段"等。在讨论行政法学方法论作为分析手段的含义时,作了如下讨论:"行政法学研究一般都是从命题开始的,即人们在研究过程中设定一些或大或小的命题,再用所设定的命题解释行政法现象。这个过程应当说是一个分析的过程,而任何分析都或多或少带有一定的主观倾向,如通过分析使问题最大限度趋于一致。如《美国行政法的重构》一书,从一开始就指出:'美国行政法正在经历一场根本性的变革,这一变革致使人们对行政法在我们法律制度中的角色发生了疑问。在相当程度上,该变革系由联邦法官们一手促成;而本文将要集中关注的正是这些联邦法官的努力以及此次变革所蕴涵的意义。'其实质

---

[1] 关保英著:《比较行政法学》,法律出版社2008年版,第39—40页。

上是设定了一个命题,全书的分析过程就是从这个命题出发的。他所涉及的方法论是很明显的,即行政法传统模式已经瓦解而新的模式应当建立。至于这个方法论的逻辑过程我们在此不做具体评价。行政法学研究中离不开对问题的分析,而分析问题的方式和效果亦有不同的表现。在没有一定方法论指导下的分析,则是一些具体的分析,或者说是不在于追求一定效果的分析;而在一定方法论指导下的分析,则是能够产生一定效果的分析。具体而言,行政法学方法论是行政法学分析中普遍运用的。或许,存在不依靠行政法学方法论的具体分析,但这样的分析在行政法学学科构建中几乎不起作用。从这个意义上讲,有效的行政法学问题的分析是在特定方法论指导下的分析。"[①]笔者的这个论点虽然不是就行政法学方法论对行政法分析学的价值而言的,但它对于我们领会行政法学方法论对行政法分析学的支持是有指导意义的。就行政法分析学来讲,行政法学方法论具有这样一些支持作用。

其一,行政法学方法论作为行政法分析学的基础。行政法学方法论虽然具有一定的体系性并且常常机制化地表现出来,但是,行政法学中的有效方法则被行政法学方法论所包容,即是说,行政法学方法论是由一系列方法构成的。而在行政法学的分析中任何一种方法都具有它的有用性,行政法学的价值取向就在于分析,而任何一种分析都建立在手段的有效性基础之上。所以,我们说行政法学方法论可以作为行政法分析学的基础。

其二,行政法学方法论作为行政法分析学的条件。行政法分析学的建立基于两个事实:一个事实是行政法现象,对此我们在上文已经作过分析;另一个事实则是自身所拥有的,或者现代科学研究形成的方法和方法论。上列两个事实是行政法分析学的建立不可缺少的。而在这

---

① 关保英著:《比较行政法学》,法律出版社2008年版,第41—42页。

两个事实中,后者比前者显得更为关键。我们知道,行政法学科的建立只要有行政法现象便可,即在没有一定方法和方法论的情况下,行政法学科体系照样可以建立起来,其可以脱离方法和方法论而存在。行政法分析学则必须依赖于方法和方法论,且只有当行政法学方法和方法论达到一定阶段后其才能建立起来。可见,行政法学方法论既是行政法分析学的前提又是它的条件。

其三,行政法学方法论作为行政法分析学的方法。行政法学方法论有三大谱系,即"自然主义的方法论谱系"、"理性主义的方法论谱系"和"现实主义的方法论谱系"。① 在这三个谱系之内,包括了诸多分支和具体的分析方法,行政法分析学无论如何都不可以离开上列谱系。换言之,三大谱系及其构成可以直接支持行政法分析学。

(三) 行政法分析学与行政法学方法论之包容

行政法学方法论在行政法学科中的运用是一种情况,而其在行政法分析学中的运用则是另一种情况。在行政法学科中,行政法学方法论有时具有一定的机械性,"行政法学方法论在对行政法学科进行整合时在一些方面表现得似乎较为专断。我们知道,在逻辑学中有诸多定律,如同一律、排他律等,某一方法论若被研究者运用,其就必然不能容忍不符合自己方法论的设定的命题在其学科中的存在。我们注意到,国内外一些行政法学著作中常常在建构一种合理论点的同时,否定了另一个相对合理的论点。例如,行政法究竟是控权法还是保权法?依控权论者行政法是一种地地道道的控权法,而对行政法的保权功能则予以断然否认。而持管理论者则认为行政法是一种保权法,对行政法的控权功能予以否认。行政法学方法论的这种独断性甚至无情性虽是

---

① 参见关保英著:《比较行政法学》,法律出版社 2008 年版,第 46—49 页。

它的弊端,但持有方法论的研究毕竟要比没有方法论的研究来得完整一些。当然,方法论是一种思辨体系,而不是简单地提出一个判断,设定一个较大范围的命题就能够称得上是方法论。对于行政法学方法论对行政法学科的整合功能一定要引起足够重视。在思考问题的方法不太成熟的情况下还是不要人为地设定方法论好,因为,不成熟的方法论设定常常会形成学术霸权,我国行政法学研究在一些方面就已经严重地受到了学术霸权的影响。"①行政法分析学则对行政法学方法论必须予以包容。

其一,行政法分析学不排斥相互冲突的方法论。行政法学的方法论谱系告诉我们,由于方法论的机制化和价值化特性就使得若干方法论在基本内容和分析进路上有价值上不等性之倾向,对于行政法学科而言价值的不等只能在一个学科中选择一种方法论,其不可以将相互排斥的方法论统一在一个体系之下。行政法分析学由于自身没有学科价值上的先定性,因此,其对相互排斥的方法论都能够予以包容。在运用此一方法论时并不否定彼一方法论的价值。行政法学的分析是一个多进路的研究过程,此种多元性和多进路性必然决定了不同的方法论在不同的分析中会有不同的价值。

其二,行政法分析学不排斥多数不认同的方法论。行政法学方法论的认同是指研究机构和研究人员对待方法论的态度。某一方法论被学者们接受了就可以说这个方法论已经被认同。反之,某一方法论没有被人们接受,就可以说它还没有被认同。在行政法学研究中,某种方法论的认同与否常常不是绝对的,即认同有一个量上的问题,就是普通认同和个别认同的关系问题。行政法分析学在方法论的运用上一方面能够接受多数认同的方法论,另一方面不排斥多数不认同的方法论,这

---

① 关保英著:《比较行政法学》,法律出版社2008年版,第43页。

是其对行政法学方法论包容的又一体现。

其三,行政法分析学不排斥还在完善中的方法论。方法论作为思想方法有其产生发展和成熟的过程,在任何一个学科中方法论都有一个从产生到成熟的过程,以行政法学三大谱系的方法论为例,都经历一个从产生到完善,从不成熟到成熟的过程,如何对待方法论发展中的成熟与否是一个重要问题。传统行政法学研究中对一些不成熟的方法论就采取回避或不予接受的态度。[①] 行政法分析学并不以某种方法论不成熟而予以排斥,其可以选择运用某种方法论之合理部分,而摒弃其不成熟部分。

---

① 不仅方法论如此,即便是研究中具体方法的运用也常常以是否成熟作为运用与否的条件,如行政法学研究中对现代系统论和控制论的运用就是例证。运用这些新的理论和方法分析问题的大多是一些年轻学者,一些中老年学者却以这些理论和方法不成熟为由拒绝用它分析行政法学问题,这实质上不利于行政法学的发展。

第三章 行政法分析学与行政法分支学科的比较

行政法学可以用行政法理学的概念称谓:"行政法理学是有关行政法原理的学科,一般的行政法教科书虽不曾将行政法学叫行政法理学,但其内容基本上包括了行政法理学的要素。法理学是关于法律原理的学科,它所研究的是法律现象中最为一般的问题,包括法的制定的研究、法律规范的研究、法律执行的研究,等等。行政法理学则是研究行政法一般现象的学科。行政法理学一方面研究行政法的基本原理,其理论体系相对抽象和严整。另一方面更多关注的是当下时代的行政法问题,而不是过去行政法中发生的问题。"[1]显然,行政法学是对行政法理的揭示,在行政法理学之外,行政法还有哪些分支学科学界没有统一的认识。而在笔者看来,行政法哲学、行政法史学、部门行政法学是行政法的重要分支学科。当我们将这些学科称之为行政法分支学科时是相对于行政法学或者行政法理学的。我们说,它是行政法分支学科并不是说这些学科能够被包容到行政法理学之中。事实上,行政法理学并不能够代替行政法的其他相关分支学科。任何一个分支学科都有自身的研究对象和研究方法,且能够形成自己的体系,而当它们具备这些条件时它们就是独立的。再则,学科的划分在本质上讲就是一个相对意义的概念,正如我们能够将行政法分析学作为一个学科一样,我们也

---

[1] 关保英主编:《行政法制史教程》,中国政法大学出版社2006年版,第14页。

可以把对行政法问题研究相对成熟的学科体系作为一个独立学科看待,例如,我们还可以创立行政法社会学、行政法人类学、行政法环境学,等等。在讨论行政法分析学与行政法分支学科的关系前应当首先讨论行政法分析学与行政法学或行政法理学的关系,但由于我们在本书第一章对行政法学相关主要问题已经做了探讨,因此,我们可以毋须再展开讨论行政法分析学与行政法学之间的关系。不过,行政法分析学与行政法学在研究对象、方法论处理、学科体系、学科价值等方面都有着比较研究的空间。

行政法学分支图

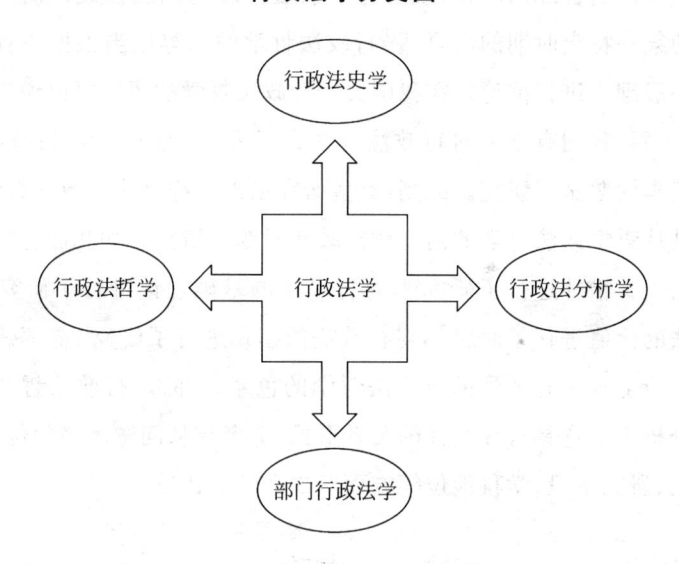

```
                    ┌─────────┐
                    │ 行政法史学 │
                    └─────────┘
                         ↑
                         │
┌─────────┐        ┌─────────┐        ┌───────────┐
│ 行政法哲学 │ ←─── │ 行政法学 │ ───→  │ 行政法分析学 │
└─────────┘        └─────────┘        └───────────┘
                         │
                         ↓
                    ┌──────────┐
                    │ 部门行政法学 │
                    └──────────┘
```

一、与行政法哲学的比较

行政法哲学既应当是哲学的组成部分,又应当是法学的组成部分。不过,其在总体归类上讲应当归于法哲学的范畴。对法哲学比较经典的解释是:"法律哲学是过去被用作狭义上的法理学的同义词,并且被视为法理学的一个分支,即它是用哲学的观点来检验法律或者将哲学的方法适用于法律问题,例如法律的定义和性质,法律与道德的关系,法律与社会和国家的关系,法律所要达到的目的,服从法律、法律概念和词语的解释,法律推理的本质和效力等等。法律哲学必然与社会学、伦理学和政治哲学联系密切,或有所重叠。尽管可能从略微不同的角度看待它们,它们所涉及的某些问题仍是相同的。法律哲学一定会反映特定学者的哲学观点,表现理想主义的、功利主义的或其他哲学观点,它是一般哲学的组成部分。法律哲学有时试图对某特定时间和地点的法律做出合理的解释,或者将一般法律理论化成公式以满足法律发展的某一特定时期的需要。"[①]行政法哲学的内容应当根据法哲学的这个一般理论进行推论。在我国关于行政法哲学的研究可以说已有所展开,一则,我国有学者对行政法哲学做了专门的著述[②],对行政法哲学的基本问题做了研究。二则,有些研究虽没有称之为行政法哲学,但的确是从哲学或法哲学的角度对行政法问题的研究。如我国有学者对行政法人文精神进行了研究[③],对行政法的基础理论进行了研究[④],对行政法的价值进行了研究[⑤],对行政法的模式进行了研究[⑥]等等。这些研究实质上都带有强烈的行政法哲学的色彩。那么,行政法哲学与行政法分析学究竟具有什么样的关系形式,笔者将从问题阐释的位次、元素构成、研究手段、学科地位等方面对二者予以比较。

[①] [英]戴维·M.沃克著:《牛津法律大辞典》,北京社会与科技发展研究所组织翻译,光明日报出版社1988年版,第539页。

[②] 参见宋功德著:《行政法哲学》,法律出版社2000年版。

[③] 参见叶必丰著:《行政法的人文精神》,北京大学出版社2005年版。

[④] 参见杨海坤、关保英著:《行政法服务论的逻辑结构》,中国政法大学出版社2002年版。

[⑤] 参见关保英著:《行政法的价值定位》,中国政法大学出版社2003年版。

[⑥] 参见关保英著:《行政法模式转换研究》,法律出版社2000年版。石佑启著:《论公共行政与行政法学范式转换》,北京大学出版社2003年版。

(一) 行政法问题阐释位次上的比较

行政法分析学与行政法哲学都在一定程度上阐释行政法问题,这是二者的共性。然而,行政法分析学与行政法哲学在所阐释的问题的位次上却是有所不同的。行政法哲学作为哲学的构成部分对行政法问题的分析大多框定在行政法的前规范阶段。行政法的前规范阶段是指行政法规范形成以前决定规范的若干材料。或者说,行政法哲学是要对规范的前提条件作出论证和说明,其不去分析具体的规范,而对规范进行本质上的定性和定位。日本学者美浓部达吉在《公法与私法》一书中就有这样一段法哲学分析:"在盖尔珊之前,同为维也纳学者的夫伦滋·威雅,已有1908年的公法杂志上发表过一篇论单一法系的问题的论文,主张撤废公法与私法的区别。他的主张不像盖尔珊那么极端,亦不是从理论上否定两者的区别。他以为把两者加以区别,不但无裨实益,反有妨害统一的体系之法律学的发达之虞,所以从法律学的研究方法着想,不如撤废之为愈。他主张的理由,第一是在于现代的法治国家,不但与旧时代的权力国家大异其趣,而且在国家之下,又有各种公共合作社,这些合作社都与私人极相类似,在观念上甚难将两者加以区别这点。至于他立论的主要根据,是在于法律学上之观念构成的方法论。据他说:'抽象的法律学已不是纯粹的现存制定法规的解释,又不是法律历史的记述。在这种法律学上,我们不能不承认,不幸,它那唯一的正当方法,接近艺术家的创作,竟较其接近自然科学的研究方法遥为密切。……就在小说家创作时,亦不是丝毫不受在其作物外部的法则之束缚那么完全自由的;论理的法则和心理的法则都是他的不可逾越的界限。相当于法律学上的观念构成者之学术上方法上的合目的性之要求的,在文学者是美学及心理学的要求;两者固然有所差异,但双方都是发自自己的内涵而创作的,这点却属共通。他们不是研究

(Forschung)，亦不是实验或证明，而是构成和说明'。他以为法学上的各种观念，正与不正并不成为问题，只有适合目的与否才是问题。他以为说某法律上的观念为'正'，谁亦不能将之证明，同时，亦没有人能像说二乘二为五是错的一样去指出其错误。从这种见地看来，区别公法和私法，在现代早已不合目的，所以他主张为求适合法律学发达的目的，倒是把这种区别废弃了好。威雅以为在订正法律现象的系统和析明其相互联络的作用上，法律学上的观念构成只是一种补助手段，那观念构成能否适合为说明法之手段这目的，较之其为绝对正否的问题更属重要。从这点看来，威雅的主张的确含着真理。不过，观念构成之为正与否，并非不成问题，又对于观念构成的错误，亦不是不能证明的。关于法学上的观念构成，第一重要的问题，虽在其被用为整理法的知识和编排秩序的手段是否适当之点，但其必须适合论理的法则实为第二要件。要是把性质上无可区别的观念强分之使属于别者，或对性质的观念否定其差别而使之完全同其所属，那无疑是违反论理的原则的。非但不适当而已，即其错误亦得以证明。再者，法学上的观念是说明实在的法律现象的手段，所以那观念构成非常与实在的法律现象的手段，所以那观念构成非常与实在的法律现象相适合不可。威雅之所谓'抽象的法律学'，若含有置实在的法律现象于度外的意义，便不能成为与其毫不相适的观念，那不但不适合目的，且不能不谓为错误。"① 其关于公法与私法区分的哲理研究显然是对前规范问题的研究。前规范的研究由于超越了规范本身，因此，具有相对抽象的特点。如果说，行政法规范有高级背景的话，行政法哲学基本上是对这些背景的研究。我们之所以说行政法哲学阐释的是行政法的上位问题，正是基于其所研究问题的上位性。行政法分析学不会从较高的价值性、法背景性位次对

---

① [日]美浓部达吉著：《公法与私法》，黄冯明译，商务印书馆1937年版，第13—15页。

行政法问题进行研究,甚至不将重要的研究点放在规范内部,而是对规范之下位问题进行的研究。

我们知道,行政法规范实质是一种社会控制机制,若行政法规范以社会控制为其功能,那么,行政法规范的位次就高于它们要控制之社会事态的位次。行政法规范所规制的下位社会事实和下位社会问题正是行政法分析学研究的重点。毋庸置疑,行政法分析学在分析过程中会涉及到规范的分析,甚至会对规范之上位背景进行分析。但就行政法分析学的总体而论,其分析的重点是规范之下位问题。二者在问题阐释中的这一区分实质上牵涉到行政法哲学和行政法分析学各自的方法论。这是二者阐释问题位次上的第一个比较。

其次,起点问题的诠释与终点问题的诠释。萨维尼对法哲学家提出了两个要求[①]:一是要求这些群体在研究问题时必须具有历史精神,并要求每一个这样的研究者要熟悉规范前时代的法律形式和法律细节。显然,历史精神对于一国的实在法而言是一种前期的精神而非后期的精神。二是要求这些群体要有系统精神。所谓系统精神是指必须在对实在法的研究中把握规范及其体系的前后走向和联结它们的文化模式,萨维尼强调在这样的系统精神中应当包括自然关系和关系的实在性。在萨维尼看来,这两个精神既是法律哲学所必须的,又是研究者所必须具备的。笔者认为,这两个精神气质并不是规范的后续问题,更不是规范的终点问题,而是规范的起点问题。进一步分析,当我们用历史精神和系统精神分析行政法问题时,我们实际上是要诠释该实在法的起点,而不是诠释该实在法的终点。行政法分析学对实在法的研究却是行政法哲学的另一端,即其主要是对行政法规范终点问题的研究。

[①] 参见[德]萨维尼著:《论统一民法对于德意志的必要性》,朱虎译,中国法制出版社2009年版,第139页。

行政法规范的产生是一个过程,就规范而论,对其制定前哲理问题的研究是起点,对规范的研究则是中间点[①],而对规范运用的研究则是终点。行政法分析学由于以规范在调控过程中的状态为研究核心,因此,其就处于行政法哲学的另一端。

再次,冰点问题的诠释与热点问题的诠释。我国法学界向来就有研究中的热点问题之说,所谓热点问题都基于两个考虑:一是这个问题引起了人们的普遍关注,包括社会的关注和学者们的关注。二是这个问题是一个现实问题,并且必须通过一定的学理予以解决。热点问题的这两个特性也使其最易受到学术界的关注。与热点问题相对应的是冰点问题,所谓冰点问题亦是基于两个方面考虑:一是这个问题没有引起人们的普遍关注,二是这个问题在目前情况下还不一定有精力去顾及它。这两点常使行政法中的冰点问题没有成为问题,因而也就鲜有人去研究。但是,冰点问题亦并不是无关紧要的问题,或者可以不予以解决的问题。在有些情况下,行政法学研究中的热点问题和冰点问题都是由人设定的,其中并不带有必然的客观性。换言之,行政法学研究中的热点问题和冰点问题与该问题的价值没有必然联系,即热点问题可能是研究价值不大的问题,而冰点问题却可能是具有较大研究价值的问题。行政法哲学在行政法学研究中应当说是一个热点问题,学界从不同侧面对这个问题进行积极研究的事实就证明了这一点。而行政法分析学则是一些冰点问题,至少学者们常常回避这一研究范畴。在行政法学研究中还有一类冰点问题是由于该问题的敏感性所导致的。

[①] 行政法学是对行政法规范的研究,或者以规范为核心的研究,因此,我们可以说行政法学是对行政法中问题的研究,或者说这种研究处在行政法规范的中间段位上。这样,我们便可以说行政法哲学、行政法学、行政法分析学对于行政实在法的研究分布于不同的起始点上。如果笔者的这一说法成立的话,今后如何建立我国行政法学体系就是一个非常有趣的问题。

在我国行政法学研究中,一系列重大问题本应引起学界的关注而成为热点问题,但由于这些问题涉及到一些敏感的利益关系或政治价值而使研究者予以搁置,进而使其成为冰点问题。行政法分析学之所以不是热点问题,其中的原因是多方面的,但就目前行政法学研究中的客观状况看,行政法分析学应设计的问题都没有行政法哲学那么热。

(二) 元素构成

行政法哲学与行政法分析学都应当是一个独立学科,其既独立于行政法学又独立于行政法的其他分支学科。任何一个能够成为独立学科的东西都应当有相应的构成元素。学科中的构成元素是学科中的基质,也是学科存在中的相对最小单位。行政法学科中的元素研究在我国行政法学界是相对滞后的,至今还没有人从哲理上对行政法学科的构成元素作出系统分析。元素的重要性使我们在对行政法哲学与行政法分析学进行比较时不得不将其设定为比较中的基本点。在这里,我们没有必要将行政法哲学中的构成元素与行政法分析学中的构成元素予以列举,而是通过理论概括等找出两个学科中元素的区别。

第一,偏向主观构成与偏向客观构成。托克维尔在研究了美国法学家的状况后指出:"500多年以来,法学家在欧洲一直参加政界的各种活动。他们时而被政权用作工具,时而把政权作为自己的工具。在中世纪,他们为王权的扩大效了犬马之劳;从那以后,他们却坚定不移地致力于限制这个权力。在英国,他们同贵族结成了亲密的联盟。在法国,他们以贵族的最危险的敌人的面目出现。那么,法学家是不是被偶然的和暂时的冲动左右过呢?或者是不是因为环境而被他们天生的和经常重现的本性驱使过呢?我想弄清这个问题,因为法学家在将诞生的民主政治社会或许负有首要的使命。对法律做过特别研究的人,从工作中养成了按部就班的习惯,喜欢讲究规范,对观念之间的有规律联系有一种本能的爱好。这一切,自然使他们特别反对革命精神和民主的轻率激情。法学家在研究法律当中获得的专门知识,使他们在社会中独辟一个行业,在知识界中形成一个特权阶级。他们在执业当中时时觉得自己优越,他们是一门尚未普及的不可缺少的科学的大师,他们经常在公民中间充当仲裁人;而把诉讼人的盲目激情引向正轨的习惯,又使他们对人民群众的判断产生一种蔑视感。除此而外,他们还自然而然地形成一个团体。这不是说他们彼此已经互相了解和打算同心协力奔向同一目标,而是说犹如利益能把他们的意愿联合起来一样,他们的专业相同和方法一致使他们在思想上互相结合起来。因此,在法学家的心灵深处,隐藏着贵族的部分兴趣和本性。他们和贵族一样,生性喜欢按部就班,由衷热爱规范。他们也和贵族一样,对群众的行动极为反感,对民治的政府心怀蔑视。我不想说法学家的这些本性已经顽固到足以把他们死死捆住的地步。支配法学家的东西,也和支配一般人的东西一样,是他们的个人利益,尤其是眼前的利益。"[1]这个精辟分析告诉我们无法说明法学家在研究问题中的主观与客观,即是说,我们如果以研究主体为单位分析行政法学研究的状况时我们无法用主观元素与客观元素进行界定。因为法学家会在不同的研究场合代表不同的利益群体,而其本身也会将自身的利益反映在法学研究中。但是,我们可以用学科分类的方式将法学研究中的主观与客观予以厘清。行政法哲学中的元素主要是主观元素,至少主观元素在该学科占有主流地位。同是法律现象,竟然产生如此多的学派,而且常常是各学派之间水火不能相容。法律现象无疑是客观的,而从哲学层面对其进行解释就必然会将本来客观的东西变成主观的东西,而决定学科主观性的便是学科

---

[1] [法]托克维尔著:《论美国的民主》上卷,董果良译,商务印书馆1988年版,第303—311页。

元素中的主观性。行政法分析学的元素则倾向于客观。一方面,行政法分析学无论从哪个角度讲都是只有一个定在,而不能同时有两个以上的定在存在。而这个事实说明,人们在建立行政法分析学时只能根据相同的基质进行。只有当这种基质是客观的情况下,才能够保证基质的相同性。另一方面,行政法分析学所分析之对象和范畴都是客观的,无论对行政法规范运行状态的分析,还是对行政法规范实现状态的分析,抑或对其他问题的分析。任何一个能够进行分析的对象都是客观的。

第二,偏向宏观构成与偏向微观构成。行政法哲学是对行政法现象之本质、价值、模式等基本问题的诠释[①],其中任何一个问题对于行政法现象而言都是综合性和全局性的。行政法哲学偶尔也会对行政法中的某一个问题做逻辑上的分析,并给出一个哲学答案。但是,其中任何一个具体问题的分析都以对给学科全局性问题的界定为前提条件。我们发现,西方诸多有关行政法哲学问题的著作,在论证一个具体问题时都要给其贴上大陆法系或英美法系的标签。而法系的概念本身就是一个哲学概念[②]。行政法哲学中的元素与其解决的问题是相适应的,元素的宏观性便由此而决定。行政法分析学在分析进路中基本上没有宏观元素,也很少进行宏观问题的分析,其在研究中并不为行政法定质。虽然我们可能会在行政法分析学的具体分析中找到质上的结论,而这个质的结论是在局部的量的分析的基础上形成的。

第三,偏向规整的构成与偏向耗散的构成。行政法分析学与行政

[①] 关保英主编:《行政法制史教程》,中国政法大学出版社2006年版,第15页。
[②] 法系在实在法上不可能有一个定义,当一国在构建自己的法律体系时,也不会从法系的概念和精神出发制定自己的法律典则。法系是一个纯粹的学术概念,它是对人类存在的复杂的法律现象的一个类型化的处理,在这个处理过程中虽然以实在法为基础,但方法论的东西是起决定作用的。从这个意义上讲,法系概念本身是法哲学范畴的东西。

法哲学都是两个完整的学科，都以一定的存在形式呈现在人们面前。我们不论在观察行政法哲学时，还是在观察行政法分析学时，它们都有一个基本的外形。这个外形中我们先无法发现其内部的软件，这些软件包括方法论和研究范式，等等。我们首先看到的是它们的硬件，如包括哪些板块、板块具有什么样的性状，等等。在笔者看来，行政法哲学的板块或者呈现于我们面前的硬件主要是一些规整性构成，如严整的体系、系统化的结构、学科内部的功能化构型等。行政法分析学的硬件则是耗散性为主要特征。它没有明显的结构化或系统化特点，而主要是一些耗散的板块，如在行政法分析学的范畴中就有法位分析的范畴、功能分析的范畴、调控模式分析的范畴、运作过程分析的范畴、作为反馈系统的分析范畴等。我们很难说这五个范畴之间有一个系统性的排列关系，恰恰相反，五个范畴都是区别于另一个范畴的独立存在物。以此而论，此一范畴相对于彼一范畴、一个范畴相对于整个学科则表现为一种耗散状态。

（三）研究手段

埃尔曼将法学研究的类型划分为"教授法"与"法官法"两类，前者是指由法学教授从事的对法的纯粹理论的研究，这些研究与法之实务的关系比较间接。后者则是指由法律实务人员对法的研究，这种研究以法之实践和对法的促进为境界。"在历史上，另一组法律专家，即法律学者曾对长期的法律发展过程以及具体的法律争议有过时常是决定性的影响。古罗马的法律顾问们（他们通常是一些有闲绅士）为一种法律传统奠定了基础，在后来的文艺复兴时这种传统复活了。另外，在穆斯林文明诸国也有类似的过程发生。在近代早期的欧洲，法律学校的教师不仅是些知识渊博的人，而且也是富于创造精神的人。他们发挥作用最大的地方可能是德国、意大利和拉丁美洲，但是在法国，司法特权制度的早期发展却割断了法官与法学家之间的紧密联系。德国人夸耀他们拥有"教授法",认为这种法律比起法国的"法官法"更胜一筹。即使在今天,在大陆法系国家参与诉讼的当事人仍然可以要求或提交一项该方面的法律专家的意见书。至少在德国,学术论著仍受到律师以及法官的尊重和援引。这样也使得法学教师们与司法实践发生密切关系,因而更少教条气;同时又提高了他们对法律发展加以指导的能力。在这个方面,苏联遵循大陆传统:法律教师的声望和重要性远高于其他法律职业者;如果考虑到他们不多的人数,这一点就更引人注目了。"①这个概念揭示了历史上法学研究的状况。我们撇开研究主体不论,就法律研究的实际情况看,的确有一类的研究不追求与法之实务契合关系,而是将法学上升为形而上之学科。另一类的研究则不同,其旨在改变或促进法之实务。我们认为,这两个分类就是研究方略上的分类和研究手段上的分类的统一。即是说,教授法的研究手段是区别于法官法的研究手段的。具体到行政法分析学与行政法哲学的比较中来,便可以说"教授法"是属行政法哲学,而"法官法"则是属行政法分析学。两个学科的研究手段亦可以作出如下的比较。

第一,抽象的手段与具体的手段。行政法哲学对行政法问题的研究是以抽象之手段为主,其原因还在于其归于哲学范畴之故。康德曾在《法的形而上学原理》中提出了包括公法在内的法的哲学研究应当由一般原理的研究向个别研究移转。② 康德认为先前的法律哲学基本上都以先前的原理为基础,用先天的原理分析法律问题。在康德看来这

---

① [美]埃尔曼著:《比较法律文化》,贺卫方等译,三联书店1990年版,第117—120页。
② 康德在《法的形而上学原理》一书中,关于公法的研究就采取了由普遍到个别的研究进路,其从国家的权力和宪法这个大命题出发,对公法设计的诸具体问题作了分论式的研究。例如对立法权、行政权、司法权分别进行了研究。参见[德]康德著:《法的形而上学原理》,沈叔平译,商务印书馆1991年版,第136—193页。

种分析已经不能适应法发展之需要。因此,他提出要由先天之原理向个别之实用原理移转。针对康德的论点米拉格利亚提出了批评,其认为法学作为哲学,在分析问题的进路上应当符合一般哲学原理,先天的原理在哲学中是至关重要的,因此,将问题的研究个别化不应当是法哲学的倾向。"哲学不应问及此个或别个实际之物,而应理会实现之全体。哲学中的实现乃系理想的,合理的,意识的,盖真正之理想境其本身乃真实者也。康德于哲学的法律系统中除去普泛之确者,此其误也。但是承认在经验的实例中有若许现代及古代法律之对象,而对于哲学皆只能供给以解释之材料,此则甚是。然此项实例,若加以推想而达于法律观念之境界,则不复属于现行法之范围。"①应该表明,法哲学的分析手段是先天之原理,即人们在研究展开之前就已经存在的抽象原理。那么,行政法哲学对行政法采取抽象分析的手段,这种分析就应当说是合乎它自身之特性的。行政法分析学的手段则是个别化的,它通过对具体的分析手段的运用而发现规范运用之问题并解决之。

　　第二,传统的手段与现代的手段。法学研究是一个从低级到高级不断进化的过程,正因为有这种过程的存在人们才有法学中传统与现代之分。传统的东西是经过长期的历史积淀形成的,其通常容易被普遍接受。传统的方法中经常会包括一些高深的理论推演,如麦迪逊所说:"英国宪法之于孟德斯鸠,犹如荷马之于叙事诗的启蒙作者。由于后者认为这位不朽诗人的作品是产生叙事诗艺术的原则和规则的完美典范,并且用这个典范来判断一切同类作品,所以这位伟大的政治评论家似乎把英国宪法当作标准,或用他自己的话说,是政治自由的一面镜子,并且以基本原理的形式讲述了该种制度的某些特有的原则。"②但

---

① [意]米拉格利亚著:《比较法哲学》,朱敏章译,商务印书馆1940年版,第87页。
② [美]麦迪逊著:《联邦党人文集》,程逢如译,商务印书馆1989年版,第246—247页。

是,传统方法中革新和否定都是不多见的。现代的手段是与社会特定阶段出现的、新的抑或传统的那些手段相联系的。在法理学中,现代的东西不断出现,其以现代自然技术和社会技术作为基础。我们认为,这中间的诸多现代因素实质上都是新的分析手段。行政法哲学对行政法若干命题的解说追求一种恒定性,因此,其研究手段中传统的东西占主流。行政法分析学是超越法之规范的,其通过对规范运行过程进行求证,发现行政法与社会之关系。因此,传统的手段在行政法分析学中并不占主流,主流手段还在现代性方面。正如前述,各种新的研究方法行政法分析学都不会排斥。

(四)学科地位

对行政法问题进行研究的学科究竟有多少个在学界尚未有人对此作出回答。这其中的原因可能有两个:一是行政法学科的划分究竟采用什么样的标准人们无法形成共识。例如,学科对象是否为学科划分的唯一标准就存在较多争论。二是行政法学科是一个不断发展的东西,我们即使对已经存在的学科体系作出分类和统计,也不是说行政法学科的所有划分都被包括进来了,因为学科的发展会随着人类认知水平的提高而有所丰富。行政法学科划分问题没有得到彻底解决以前要对每一个学科的地位作出确定是较为困难的。但是,我们不能因此就放弃对这个问题的研究。基于此,笔者要对行政法分析学与行政法哲学的学科地位做一比较。学科地位应当以什么标准来确定也是一个较为困惑的问题。在笔者看来,决定学科地位有三个因素:

一是某一行政法学科对行政法实在的功能,即我们可以根据一个学科对行政实在法的作用确定其在整个有关行政法问题研究的学科中所处的地位。例如,我们可以说行政法学要比行政法史学的学科地位高一些,因为行政法学直接关注行政法的实在问题,而行政法史学则间接关注行政法的实在问题。

二是某一学科自身的完善程度。如果一个学科已经相对成熟,而另一学科还在创始之中,那么,相对成熟的学科之地位显然要高于尚未成熟学科之地位。在行政法理学比部门行政法学发展相对完善的情况下,我们可以说,行政法理学的地位高于部门行政法学。

三是某一学科所拥有的技术手段和自身的规范化程度。某一行政法学科若具备了相对完整的技术手段,并在此基础上形成了严整的学科规范,而另一学科的技术手段相对较差,其规范程度也相对较低,显然,前者比后者的学科地位就要高一些。当然,武断地认为行政法学中此一学科的地位高于彼一学科的地位,对于行政法学研究而言是无益处的。因此,笔者在对行政法哲学和行政法分析学的学科地位进行比较时,主要立足点是二者的差异,而不论二者地位之高低。

第一,相对独立学科与绝对独立学科。我们认为,行政法学科中的相关学科都应当有相对独立的地位,即其应当从行政法学这个传统学科中独立出来,而且,各个分支学科应当有自己独立的地位。但是,行政法诸分支学科在其独立性方面其程度都是不一样的。行政法分支学科的独立与否受两个因素的制约,第一个因素是其与行政法学的关系,如果某个分支学科与行政法学的关系非常清晰,并且在对象和体系构造上与行政法学泾渭分明,我们便可以说,这个学科的独立性强一些。反之,某一分支学科在一些原理和技术指标上较多地受制于行政法学,我们便可以说,这个学科的独立性要弱一些。第二个方面是行政法分支学科之间的交叉程度,即是说,某一行政法分支学科与另一学科之间交织不清,在原理和方法上是共享的。那么,这一学科的独立性就差一些。与之相对,某一行政法分支学科不与其他学科发生交织关系,就可以说其独立性的程度强一些。以上列指标作为标准分析行政法哲学与行政法分析的学科地位,笔者认为,行政法哲学是一个相对独立的学科,其与行政法理学之间的关系至少具有诸多交织的部分,这一点决定了其在诸多方面受制于行政法理学。行政法分析学由于与行政法理学泾渭分明,且是行政法其他学科无法予以包容的,因此,其是一个绝对独立的学科。这个定性对于行政法分析学在今后的进一步构建具有非常重要的意义。

第二,有完整价值系统的学科与无完整价值系统的学科。法哲学中的价值系统甚至是法哲学体系可称为一个学科的基础条件或必备条件。换句话说,只要对法从哲学层面进行研究就必然或必须带有相应的价值体系。同时,不同的法哲学流派所捍卫的价值体系也大相径庭。庞德在评析法历史学派时就指出:"19世纪将人类从我们的法律思想中剔除了出去,于是,正如耶林(Jhering)所说,它在法理学思想中产生了结果。在历史法学派独霸法学讲坛的时期,这种法理学思想不仅在法学著作中,而且在实际司法中都极为明显。由历史发展而来的思想是衡量法律行为的唯一标准。这种思想并不是用来适应特定的案件,从而为该案带来一个结果。由此某一法律在考虑了其目的之后,便被赋予了效力。某一案件的结果是无足轻重的。该案应按普罗克拉斯提斯的方式去适应思想。罗马主义者吹嘘说,从3世纪罗马法学家的著作中,可寻到一种足以解决今天的各种法律问题的思想。英美的历史派法学家则相信,可从《牛津年鉴》中引申出具有普遍效力的思想,以此可以解答今天的法律中出现的各种问题。耶林曾说,历史法学派的思想需要有一个自己的天地,在这个天地中,它完全可以远离尘世而独立存在。它们既不是真正的罗马法制度,也不是真正的英国中世纪的法律制度。它们是既与过去的生活没有联系,也与今天的生活没有联系的抽象思维的创造物。"①行政法哲学在其进步与发展中也必然会形成不同的流派,这种流派化的倾向在我国已经有一定的苗头,如有关行政法基础研究的解析就形成了诸如"平衡论"、"服务论"、"公共利益本位论"等类似于流派的论点。无论非流派化的有关行政法的哲学研究,还是流派化的有关行政法的哲学研究,其都必然奠定在完整的价值系统之上。行政法分析学则没有完整的价值系统,其以行政法现象的现实状况为价值,即行政法现象与社会现象之关系是行政法分析学的价值决定因素。行政法分析学自身既不创立一个价值体系,也不去人为地建构一个价值体系。这是行政法分析学与行政法哲学在学科地位上最为基础的区别。

第三,作为目的的学科与作为手段的学科。行政法学体系也罢,行政法分支学科也罢,都不应当成为具有自身目的的学科,因为它们的目的都反映在对行政法现象的促进上。然而,在行政法学科的发展过程中,学科的目的化倾向日益明显。我们所说的学科目的化是指将学科本身作为目的的倾向。一些行政法学科试图让行政法实在问题归入其学科设定的目的之下,一些行政法学科将行政法的其他分支学科抑或行政法学研究中的不同流派归入其学科体系之下。某一论点,乃至于某一行政实在法若与其学科的价值理念相违背,那么,这种论点和这个实在法就被归入不当的理论或不当的法典之中。我国行政法学科的目的化在有些情况下是下意识形成的,其中也有一些是受到非理性因素的影响而人为形成的。行政法分析学就学科而论没有目的性,其目的性存在于行政法实在与社会实在的关系之中。这是行政法分析学与行政法哲学的又一重大区别。

---

① [美]罗·庞德著:《法律史解释》,曹玉堂、杨知译,华夏出版社1989年版,第115—116页。

行政法分析学与行政法哲学比较表

要素 对象	问题阐释的位次	元素构成	研究手段	学科地位
行政法分析学	行政法分析学分析的重点是规范之下位问题;其主要是对行政法规范终点问题的研究;冰点问题的研究。	行政法分析学的元素倾向于客观、微观,其硬件主要是耗散性构成。	行政法分析学的手段是具体的,且现代手段占主流。	行政法分析学是一门绝对独立的学科;行政法分析学没有完整的价值系统;行政法分析学就学科而论没有目的性。
行政法哲学	行政法哲学作为哲学的构成部分对行政法问题的分析大多框定在行政法的前规范阶段,其阐释的是行政法的上位问题;其主要是对行政法规范起点问题的研究;热点问题的研究。	行政法哲学中的元素主要是主观元素、宏观元素,其硬件主要是规整性构成。	行政法哲学以抽象之手段为主,且传统手段占主流。	行政法哲学是一个相对独立的学科;行政法哲学有完整的价值系统;行政法哲学就学科而论具有目的性。

二、与行政法史学的比较

(一)与行政法史学作为独立学科的比较

行政法史学是对行政法历史现象的研究,它本身就能够构成一个独立学科。笔者在《行政法制史教程》中对此作了论定:"行政法制史是一门学科,这是行政法制史最为基本的属性。作为一门学科而论其必然具有构成学科的一般要素。行政法制史具有独立的研究对象。……

行政法制史有着自己完整的知识体系。一门学科最为基本的要件是有一套成为本学科的知识体系,行政法制史的知识体系是由行政法制度的产生、发展、演进等知识结构构成的,它的这一知识结构在其他关于行政法的学科中是不存在的。我们说,行政法制史有着自己的知识体系和结构并不是说,行政法制史应当具有的体系和知识结构已经成为事实,而是说行政法制史的知识结构本身就是一种客观存在,它的这种客观存在并没有完全被行政法学界所挖掘和重视,从一定意义上讲,目前行政法制史在行政法学界还是一个空白,它的大量知识体系还需要人们去认识和整合。行政法制史有着自己的概念系统。一门学科的成立必须有相应的概念系统作为支撑,没有相应概念系统的研究是很难形成为一门学科的。行政法制史具有一套相对完整的属于自己的概念系统,如制度史:制度的产生、制度的发展、制度的演进、制度的趋势,等等。该概念系使行政法制史与行政法中其他研究有所区分。行政法制史的概念系统不是就某一单一概念而言的,它是一个由若干不同概念构成的一个完整的概念系统,各种不同的概念之间有着逻辑上的相互关系,且它们之间相互影响、相互支持,各自成为另一概念的前提。行政法制史具有自己的方法论体系。不同的学科其方法论是不同的,行政法制史的方法论与行政法中其他学科的方法存在较大区别。我们认为行政法学是以行政法理为方法论的,行政法学作为最一般研究行政法的法律学科,有别于某一行政法中某一特殊行政法制度的阐释、解释、评价和应用,是对行政法的一般性问题的研究,着重于考察行政法中最一般、最普通、最抽象、最基本的原理问题。"[1]在行政法史的学科之下还有其他一些分支学科,如行政法思想史、行政法编年史、行政法

---

[1] 关保英主编:《行政法制史教程》,中国政法大学出版社2006年版,第6页。

认识史等。① 这些分支学科在笔者看来,虽然与行政法史学科关系密切,但每一个分支学科均可以再成为一个独立学科,因为它们同样符合学科的一般条件。

行政法分析学与行政法史学最大的相同点就在于它们都具有独立学科的属性。

其一,二者都独立于行政法学,即都独立于行政法理学。行政法史学在研究对象等方面完全区别于行政法理学,而行政法分析学与行政法理学的区分笔者在本书第一章就已经讨论过。

其二,二者都独立于行政法哲学。行政法分析学与行政法哲学的关系上面我们已经做了比较,笔者的结论是行政法哲学是一门独立学科,行政法分析学同样是一门独立学科。行政法史学从行政法哲学中的独立也是一个不争的事实:"法律哲学可以下这样的定义,即从哲学的视角对法律现象的考察。法律哲学的历史甚至比法史学的历史还悠久,古希腊哲学家的著述中,尤其有关社会问题的哲学思考中都有法律哲学问题。柏拉图和亚里士多德关于正义和法律的性质作了很好的哲学阐释,如亚里士多德认为人是社会事物和自然事物的统一,其通过自由意志对社会和自然作出反应。亚里士多德将正义区分为分配性正义和惩治性正义、法定的正义和自然的正义的理论对后世的法学家产生了巨大影响。后来诸多大思想家的著述都包含了非常丰富的法哲学内容,其中一些法律哲学对行政法和行政法学有直接或间接的意义。如洛克认为人们为了通过法律保卫公共福利、自由和财产,便依契约建立

---

① 笔者认为,行政法史的学科构造状况对行政法学的研究有重大影响,即是说,如果没有相对成熟的行政法史学研究,行政法学的研究就不会有较高水平。这是由行政法现象和行政法思想、行政法文化的历史继承性所决定的。正是基于这个认识,近年来笔者对行政法制史、行政法编年史、行政法思想史、行政法认识史等进行了系统研究,2006 年出版了《行政法制史教程》,2008 年出版了《行政法思想史》、《行政法认识史》,2009 年出版了《行政法编年史》等。

国家、政府,人民的权力是通过政府和国家反映出来的,而政府和国家并不是权力的来源,该思想对行政必须受到有效控制起过非常大的作用。孟德斯鸠则主张国家的权力分为立法权、行政权和司法权,这便是著名的三权分立理论,有人认为现代行政法是三权分立的必然结果。法律哲学中的一些原理对于解决行政法制史的一些问题具有十分重要的意义。但是,行政法制史从学科归属上看却不能归入行政法哲学之中。行政法哲学所研究的行政法问题不是直观问题,而是高度抽象化了的问题,行政法制史则不同,其所研究的几乎都是行政法制史的直观问题,这可能是行政法制史与行政法哲学最为本质的区别。"[1]进一步讲,行政法史学与行政法分析学对行政法问题的研究可能具有认识论即哲学上的属性,但它们都区别于行政法哲学,都是独立的学科。

其三,二者都独立于比较行政法学。行政法史的研究和行政法分析学都必然会运用比较分析的方法,尤其行政法史学在对历史问题进行研究时不可能不进行比较。但是,不论行政法史学还是行政法分析学都不能被比较行政法学包容。同时,它们也无法包容比较行政法学。[2]

(二) 与行政法史学的部分交叉

行政法史学的研究对象有三个大的方面,一是行政实在法的产生及其背景的研究;二是行政法制度发展脉络的研究;三是行政法制度发展趋势的研究。仅就这三个大的范畴看,行政法史学与行政法分析学的交叉性并不明显,因为行政法分析学关注的是当下的行政法问题,而行政法史学关注的则是过去的行政法问题。但是,在上列三个方面的

---

[1] 关保英主编:《行政法制史教程》,中国政法大学出版社2006年版,第14—15页。
[2] 比较行政法学的研究对象主要在行政法学方面,即通过对不同学者、不同学术流派有关行政法理论和行政法认识问题的比较,厘清行政法学的概念、论点以及其他问题的优与劣。参见关保英著:《比较行政法学》,法律出版社2008年版,导言,第1页。

研究中,二者存在一定的交叉性,表现在下列方面。

第一,研究内容上的些许(微弱)交叉。行政法史学在研究行政法发展脉络的问题时其中有一个内容就是对一定行政法现象外在条件的研究,"行政法制度发展的外在条件研究。如同行政法制度产生和形成需要具备相应的条件一样,行政法的发展亦是在一些外在条件的作用下进行的。行政法制度的内外在条件是多种多样的。我们通常最为关注的是政治对行政过程及其行政法制度的影响,而政治对行政制度而言是一个内在或者外在条件,政治与行政是不能截然分开的,因而与行政法制度亦不能截然分开。行政和行政法制度不能完全独立于政治之外。在现代国家中,无论是中央政府或者地方政府的组织体系中,主要的部门是立法机关的政治组织及执行机关的行政组织。为了保证国家权力属于人民或者公众的原则,代议机关或者立法机关对行政具备一定的控制权力,这种控制权力虽在不同的政权体制下表现的程度有所不同,但控制行政是所有政权体制中立法的重要功能,人们将代议机关或立法机关对行政的控制视为行政的政治控制。"[①]行政法分析学对有关行政法问题外在条件的研究是其研究的重要内容之一。因此,我们可以说在研究内容上二者存在些许交叉。

第二,方法上的部分交叉。笔者在行政法史的断代问题上提出了五个断代的标准,即"以社会形态为准据"、"以宪政进程为准据"、"以著名法典制定为准据"、"以著名案例为准据"、"以重大事件为准据"等。质而言之,行政法史研究中的断代是行政法史学的方法论之一,或者说断代问题的确立本身就涉及到研究方法,其中断代过程中的一些研究方法与比较行政法学的研究方法非常相近,如笔者在论述"以重大事件为准据的断代"时做了这样的分析:"重大事件是指发生在国家政治生

[①] 关保英主编:《行政法制史教程》,中国政法大学出版社2006年版,第23页。

活和社会生活中的法律案件以外的事件,有些事件是全国性的,有些则是国家某一区域的,还有一些事件则具有全球性。重大事件顾名思义是就那些能够对国家政治生活和社会生活产生重大影响的事件而论之的,一些一般性的事件还不足以对政治、社会等格局产生重大影响,因而不能归入重大事件之中。重大事件概括起来有下列一些:①重大自然事件,指不以人的意志为转移的在自然力的作用下发生的事件,如地震、海啸等。自然事件对行政法制度的影响常常是间接的,就是自然事件发生之后,人们发现在某一方面需要用行政法制度予以防范、事后用行政法手段对由该事件引起的社会关系予以调整,便制定或确立了新的行政法制度。②重大社会事件,指发生在人与人之间相互关系中并对人们新的社会关系格局产生影响的人文事件。如20世纪70年代在印度发生的勒瓦黑旗抗议示威事件。勒瓦是印度某邦的一个特别行政区,它从前是一个王侯的封地,该地区经济非常落后,人们完全为传统、习惯和盲从的宗教信仰所左右,印度历史上的种姓制度在这里被延续。塔库尔种姓与婆罗门种姓长期存在着非常尖锐的矛盾冲突,60年代,在甘地领导下印度在争取独立、自由方面成就显著,两个对立的种姓虽有共同的目标,但传统留下来的对抗心理依然存在,1977年底,两个种族由一群青年的口角发展到了巨大的社会冲突。而印度的一些国会议员也不同程度地加入到这一冲突中来,并对勒瓦地区的行政管理造成了很大影响。此后,印度政府根据《治安法规》第144条款颁布了禁令,并形成了一些新的治安法则。这样的社会事件经常会对行政法制起作用。③重大政治事件,指发生在政府行为中的事件,如政治权力的调整、政治领导人的更换、政治事件的平息,等等。政治事件对行政法制的影响常常是直接的。如在西方一些国家一届新的内阁常会在行政法制方面有所举措,并使原来的行政法制度发生变化。有些政治事件是全球性的,如20世纪90年代初前苏联和东欧的巨变,这样的重大全球性政治事件必然会对行政法制度的格局产生冲击。"①我们在行政法分析学中也常常对发生在行政法之外的事件及其对行政法实在的影响进行分析,这样的分析与行政法史学中的分析是一致的。行政法史学虽是对已经产生的行政法理学的研究,但它的研究方法并不仅仅是过去的东西,即是说,行政法史的研究方法是可以根据人们对现代社会科学研究方法不断更新而自我完善的。行政法分析学对于研究方法的吸收更是非常敏感的,我们在说明行政法分析学对研究方法的选择性、不排斥性等的问题时已经论述了这个问题。

第三,结论上的部分交叉。行政法史学的结论可以有两个方面:

一是所产生的行政法文化的结论。所谓行政法文化是指人们对行政法问题认识时所形成的知识积淀。行政法文化不是行政法实在,也不是行政法学实在,它只是人们在认识行政法时所产生的精神层面的东西,这些东西或许如同文物一样在一些人看来只有观赏价值,而不一定存在直接的实用价值。笔者在《行政法制史教程》中讨论了行政法资源问题,其中有这样一段话:"不同历史时期、不同国家社会各种力量的对比会对行政法制产生巨大的甚至是根本性的影响,可以说行政法的产生与发展就是在社会力量对比不断变化的影响下进行的。以法国行政法的产生与发展为例,其深受本国社会力量对比的影响,法国行政法是在1789年法国大革命之后逐渐产生的,由于高等法院在法国大革命以后反对激进的改革,立宪会议通过法律确立了司法权与行政权永远分离的规则,公共行政活动不受普通法院司法管辖。可以说,法国行政法的产生,是法国保守势力与改革势力之间斗争的直接结果。而由于法国普通法院无权管辖公共行政事务,所以才有了独立于普通法院的行政法院的诞生。社会力量对比对行政法的影响无疑应当成为行政法

---

① 关保英主编:《行政法制史教程》,中国政法大学出版社2006年版,第40—41页。

制史的资料来源。"①这段分析实质上是行政法文化范畴的东西,因为它对行政法实在几乎没有直接意义。行政法史中的行政法文化与行政法分析学没有多大的关联性。

二是所产生的行政法实在的结论。行政法史学中的诸多结论,也许绝大部分结论都应当与行政法实在有关,这也是行政法史研究的最高目的。例如,通过行政法史的研究我们可以看出自20世纪以后行政法的下列应然趋势:"20世纪行政法的发展和21世纪初社会格局的情况看,行政法的应然趋势应当包括:①行政法制度应当在相对集中的典则中体现出来。其他部门法在通常情况下都有一个统一的法典作为该部门法的基础,如民法典、刑法典、婚姻法典等等。行政法则不同,其是由许许多多法律规范组成的法律群,行政组织法、行政程序法、行政诉讼法等都是行政法体系的基本构成,每一个单一的行政法典在行政法制度中扮演着自己的角色。但是,各个法典之间的联系却一直没有得到很好的解决,行政法这种分散的法规分配格局大大降低了行政法作为一个部门法的属性和地位。基于这种情况,人们总希望行政法亦能够像刑法、民法等部门法那样有一个统一的主流法典。这可以说人们长期以来对行政法的一个基本需求。进入21世纪后,人们并不会放弃对行政法典则化或者用一个相对集中的法典统一行政法制度的期望,这是行政法应然趋势的一个主要方面。②行政法制度应当为公众带来更多的实惠。行政法制度的建立可以有两种目标选择:第一种目标选择是该制度有利于行政管理过程的实现,既为行政主体的行为提供权威性的依据,又为其提供行政行为的具体规则。第二种目标选择是该制度有利于充分体现公众精神,既有利于公众对行政过程的参与,又使公众的权益得到实实在在的保护。这两个目标在一定条件下是可以并

---

① 关保英主编:《行政法制史教程》,中国政法大学出版社2006年版,第29页。

存的,但在绝大多数情况下二者并不是完全一致的。行政法中的一系列制度可能在体现行政过程的方便性方面更具有价值。如一些具体的行政程序规则可能为行政主体的管理提供直接的规程,包括行政行为的依据、顺序、期限、环节,等等,行政主体只要依据该程序运作便可以有效实施行政管理、完成行政执法。同时,对于行政相对人而言,一些程序并不一定使其权益的取得更加方便,因为程序规则一般都包含诸多烦琐的程式,这些程式除能够体现行政的权威性外亦无别的好处。行政法中许多制度都是这样的状态。我们认为,人们希望行政法制度更多地考虑公众的利益,使公众能够从中得到更大的实惠。"[1]此一部分结论与行政法分析学的交叉毋须论证。

(三) 与行政法史学的相互促进

我国行政法史学的学科体系正处于发展和不断完善阶段,目前我们已经有行政法制史学科的雏形、行政法思想史学科的雏形、行政法认识史学科的雏形、行政法编年史学科的雏形等,这些学科都是行政法史的分支学科。行政法史的总的学科究竟如何构建是今后我国行政法学界应当关注的问题。[2] 行政法史学建构的状况对于行政法分析学而言有直接影响。一方面,在学科地位上,当行政法史的学科地位尚未得到普遍承认的情况下,行政法分析学的地位就难以得到普遍承认。二者学科地位上的相互促进是十分明显的,我们能够科学的将行政法分析学的学科地位确定下来,就必然会对行政法史学科地位的确定提供依据。另一方面,在研究进路上,行政法史的研究如果仅限于对行政法历史问题进行排列,而不去做深入细致的分析,那么,其作为一种纯粹的

---

[1] 关保英主编:《行政法制史教程》,中国政法大学出版社 2006 年版,第 26—27 页。
[2] 我国有学者在前些年编著了《外国行政法史》、《中国古代行政法史》等著作,在这些著作中学者没有讨论行政法史学科的总体构造问题,这对我国行政法史的影响极其不利。

历史研究就难以为行政法分析学的发展提供厚实的历史资料。笔者注意到,我国有学者在对行政法历史问题进行研究时已经注意到了运用分析的手段和技术,①这样的分析性研究其结果必然会辐射到行政法分析学中。行政法分析学如果能够建立起一套科学的分析手段,其同样会对行政法史学的研究结果起到促进作用。

行政法分析学与行政法史学关系图

```
                学科地位              学科地位
 行政法分析学 ←————→  行政法史学  ←————→  行政法分析学
                研究进路              研究进路
```

三、与部门行政法学的比较

(一)研究客体

在行政法体系中有一般行政法与部门行政法之分,这个分类是对行

---

① 《外国行政法教程》在对美国1946年联邦《行政程序法》作史学分析时指出:"报告反映了两种意见,多数委员主张制定行政程序标准法,要求行政机构实施行政行为应遵守标准程序;但同时为行政机构决定问题留有广泛的灵活性和自由裁量余地;对于行政机构行使准司法职能,建议设立独立的听证审查官,由其独立进行审理活动。少数委员则要求立法规定更严格的行政程序,更广泛的司法审查以及将行政机构的纠举控告职能与审理职能分开,以更好地保障公正。之后行政程序法草案提交国会,国会经过长时间的辩论,作为相互妥协的结果,法案终于在1946年被通过,即现在收入美国法典第五编第551条及其后的有关条款。"参见姜明安主编:《外国行政法教程》,法律出版社1993年版,第231页。《大清光绪朝矿务章程之行政规范解读》一文在分析光绪朝矿务章程的立法技术时指出:"作为一部调整矿业的单行法,正附章配套的立法模式,开近代矿业法体例之典范,这一立法体例在当朝就被1910年宣统朝矿务章程全盘接受。从一定意义上说,正附章一并制订的立法方式是近代中国继受西方大陆法系传统而来,讲求规范体系、注意部门法属性、重视规范内在的章款结构,其款项用字十分讲究精准,这些也许应值得今天的立法者细细研究。……同时,法律规范中章标、条标、款标的表述方式更值得继承。光绪朝矿务章程正附章每个条款均有标题,即述明本条款的核心意思,并作简要的词语概括。这一条款表述的方式便于人们理解法条含义,掌握中心意思,而且起到提纲挈领、一目了然的作用。"参见何勤华主编:《法律文化史研究》(第四卷),商务印书馆2009年版,第149页。

政法状况的描述。即在行政法体系中确实有作为一般的行政法与作为部门的行政法之分。一般行政法与部门行政法的区分必须放置在一国法律体系的总体构成中去考察，例如，1907年上海商务印书馆出版了《新译日本法规大全》，全书按照行政官厅顺序划分了25类部门法典则，其绝大部分与行政法关系密切，如关于一般行政法的有官制官规、行政诉讼法、文书官印、地方制度等。关于部门行政法的有外交、警察、监狱、土地、劝业、度量衡、矿业、森林、特许、商标、财政、教育、军事、工商、气象、卫生、运输、通信等。从这个整体的法律构架中我们对日本一般行政法和部门行政法有了一个清晰的认识。① 1910年上海商务印书馆出版了《大清光绪新法令》和《大清宣统新法令》，全书多以部门行政作为分类依据，如官制、任用、外交、民政、财政、教育、实业、交通、司法、典礼、旗务、藩务等。②

一般行政法规制一般的行政事项，对所有行政机关都适用。而部门行政法则规制部门行政管理事项，只适用于某一个行政管理部门。③

---

① 参见南洋公学译书院译，上海商务印书馆编译所补译校订，王兰萍等点校：《新译日本法规大全》，商务印书馆2008年版，第1—10卷。
② 参见上海商务印书馆编译所编纂，何勤华等点校：《大清新法令》，商务印书馆2010年版，第1—11卷。
③ 我国究竟有多少个部门行政法，到目前为止还没有形成定论。笔者在《行政法教科书之总论行政法》中将部门行政法的范围概括为41个，包括各级人民政府的行政行为、财政部门的行政行为、审计部门的行政行为、税务部门行政行为、工商部门行政行为、金融部门行政行为、外汇管理部门行政行为、物价部门行政行为、劳动部门行政行为、公安部门行政行为、国家安全部门行政行为、司法部门行政行为、海关部门行政行为、环境保护部门行政行为、商品检疫检验部门行政行为、对外贸易部门行政行为、外事部门行政行为、技术监督部门行政行为、科学技术部门行政行为、商标部门行政行为、专利部门行政行为、教育部门行政行为、新闻出版部门行政行为、文化部门行政行为、广播电视部门行政行为、卫生部门行政行为、药品管理部门行政行为、城乡建设部门行政行为、土地部门行政行为、规划部门行政行为、烟草专卖管理部门行政行为、农牧渔业管理部门行政行为、能源管理部门行政行为、交通运输部门行政行为、旅游管理部门行政行为、地质矿产部门行政行为、林业部门行政行为、水管理部门行政行为、民政部门行政行为、邮政部门行政行为、国有资产管理部门行政行为。笔者的这个划分是根据目前我国行政机构体系设置的情况进行的。由于部门行政法管理的复杂化决定了部门行政法的划分在今后仍然是一个需要进一步探讨的问题。参见关保英著：《行政法教科书之总论行政法》，中国政法大学出版社2009年版，第316—318页。

行政法作为一般法的划分与作为部门法的划分就使行政法学整体上包括了两个部类,即行政法总论与行政法分论。应当说明的是,我国乃至于其他发达国家构建的行政法学体系都是总论行政法学,很少有学者在行政法学科体系中对部门行政法学进行研究。换言之,在目前的行政法学体系中,部门行政法学是被排斥在外的。在笔者看来,行政法学体系中不包括部门行政法学是没有道理的。但同时,我们必须构建与行政法学相适应的部门行政法学。如果没有这样的构建,行政法学总的体系结构则是不完善的。部门行政法学应当成为行政法学的支撑,因为,在行政法学理论中部门行政法学若被剔除出去,诸多的原理就无法得到说明。行政法学在阐释行政法渊源时必然要谈到部门行政法渊源,行政法关系的基本原理也必然建构在部门行政管理的关系之中。笔者在1997年就开始对部门行政法学的问题做专题研究,一方面,对部门行政法学进行了学科定位,认为部门行政法学有着独立完整的研究对象,足以成为一个完整的学科体系;另一方面,提出应当肯定部门行政法学的独立地位,并在我国建立部门行政法学这一独立学科。[①] 部门行政法学体系究竟应当如何构建仍然是一个有待深入研究的问题,我们能否像建立行政法学体系那样建立一个与其对应的完整的成为一体化的部门行政法学体系或者就像目前这样只对每个部门行政管理的法律规范进行研究,形成若干具体的部门行政法学。近年来,我国单个的部门行政法学发展迅速,教育行政法学、工商行政法学、自然资源行政法学、税务行政法学、海关行政法学等学科体系都已经建立起来。[②]

[①] 参见关保英著:《市场经济与行政法学新视野论丛》,法律出版社1996年版,第31页。
[②] 部门行政法学及其体系在我国已经得到普遍认可,但是关于部门行政法学科体系究竟怎么样建设应当说还需要深入研究。目前国内关于部门行政法学科体系的建设主要采取分别建设的方法,例如,对教育、司法、公安、海关、民政、工商、税务等都有单独的学科体系。而部门行政法是否需要建构一个相对集中的学科体系等问题基本上还是一个理论空白。部门行政法学科体系怎样建设应当成为我国学界关注的问题,这个领域的完善也许是我国行政法学具有瓶颈性突破意义的切入点。

就目前情况看,部门行政法学的概念已经得到了普遍认同,其也作为一种客观存在呈现于学者面前。部门行政法学作为一个学科与行政法分析学的关系应当予以探讨。

行政法分析学与部门行政法学在研究的客体上最为接近,之所以这样说,是因为行政法分析学面对的是行政法的下位问题,以土地行政法而论,其涉及到土地管理中的具体法律关系。任何一个部门行政法学在问题研究的确立和进路上都有具体性之特点,这个特点便使行政法分析学与部门行政法学在研究客体上非常接近。但是,二者作为两个不同的学科,在客体上的区分也是非常明显的。因为客体问题实质上与研究对象有关,如果说二者研究的客体大体相同,也就是说二者的研究对象相同。在研究对象大体相同的情况下,二者就可能不是两个学科,而是一个学科。正因为如此,我们必须将行政法分析学与部门行政法学研究的客体加以区分。

第一,全方位的客体与局部的客体。部门行政法学都有一个相对狭小的领域,这个领域是由其研究的管理部类决定的,国家通过宪法所划分的管理部门便是部门行政法学客体的决定因素。在这个部类之间,部门行政法学仅有与部类相适应的对象范围。因此,我们可以说,部门行政法学的客体是局部的。每一个部门行政法学的客体究竟有多大,要根据法律确定的范围而定。我国部门行政法中,各部门的部类有很大差异,有些部类相对较大,有些则相对较小。例如治安行政管理法、工商行政管理法、税务行政管理法等就有较大的部类。在这些相对较大部类的部门行政管理法中,其还可以再形成本部门行政法中的相关学科,如工商行政法学体系中就应当包括广告行政法、市场行政法、产品质量行政法等,与之对应的学科也应同时存在。还如,测绘行政法、气象行政法、计量行政法的部门就相对较小,其中再难以包含相应学科。行政法分析学的客体则是全方位的,只要是部门行政法涉及的客体,行政法分析学都应当涉及到,这是一方面。另一方面,行政法分析学还包括了部门行政法学没有包括的客体。上面已经指出,行政法有一般行政法与部门行政法之分,部门行政法学的客体难以包括一般行政法,而行政法分析学则同时包容了部门行政法和一般行政法两个客体。

第二,事实的客体与规范的客体。部门行政法学究竟应当研究什么,即其应当以行政实在法的规范为核心还是应当以行政实在法之事实为核心,尚没有进行过探讨。我国行政法学界对部门行政法问题的研究就像对行政法一般问题的研究那样,似乎将研究的对象放在了部门行政法的规范之中。即是说,我国有关部门行政法学的客体主要是部门行政法规范,学者们对部门行政法体系的构建都以现存规范为核心,对规范进行评价,很少对部门行政法之事实进行研究。这样的状况基本上使部门行政法学成了定式,均以规范为研究客体。行政法分析学在其客体的选择上,规范自然是不可缺少的。但是,行政法分析学的客体并不是规范,而是规范背后的关系,就是我们所讲的行政法事实。事实客体与规范客体的区分是行政法分析学与部门行政法学区别之重点。退一步讲,如果我国的部门行政法学以事实客体作为研究重心的话,那么,我们也没有必要去刻意地创立一个行政法分析学,部门行政法学完成了这样的分析就必然为整个行政法学科的分析奠定基础,并且可以赋予行政法学科以新的意义。

(二)学科构成

如果作为两个完整的学科来看行政法分析学与部门行政法学,尤其是我们不要将部门行政法学的具体部类予以拆分,那么,二者在学科体系的构成上就可以进行比较。笔者之所以要强调二者作为单独学科,原因在于部门行政法学很可能不是一个单一的学科,其由若干分支学科构成的事实也不复存在。因为每一个对部门行政管理法问题进行研究的学科都能够成为一个区别于并独立于行政法学中任何一个学科的独立学科。如海关行政法就可以与行政法哲学、行政法史学相对应,因为它也有自己的研究对象和规范体系。如果问题是这样,行政法分析学就只能和每一个具体的部门行政法学进行比较,而不可以与部门行政法作为一个单独学科进行比较。就目前我国行政法学的状况看,部门行政法学还是作为一个独立的学科为好,这在行政法学界是被普遍承认的。如果这样进行比较的话,二者则有下列区别。

第一,单一学科与学科群。部门行政法学的质的规定性决定了它是一个独立的单一学科,这是一个哲学范畴上的命题。而具体到部门行政法学科的规范上则必须承认,其是由若干分支学科构成的学科群。部门行政法学作为一个学科群是一个非常特别的现象,因为我们在谈行政法学科体系时,常常认为行政法是由诸多典则构成的法群,是不是说典则的法群性也使行政法学成为了一个学科群呢?回答是否定的。但是,一旦将研究范畴放在部门行政法之中情况就不同了。部门行政法典则之多元性决定了研究这些典则之学科的多元性。正是这种多元性使部门行政法学以学科群的特征出现在我们面前。行政法分析学显然其价值很高,但其是一个单一学科,在这个学科中包含了非常丰富的分析单位和非常丰富的学科构造进路,这些都没有使行政法分析学成为一个学科群。这其中的原因在于行政法分析学在学科之价值和规范化方面始终只是一个事物,其包含的若干复杂元素都具有较大的共质性。

第二,调整对象作为构成基础与分析对象作为构成基础。部门行政法学与行政法分析学的学科构成基础存在非常显著的区别。部门行政法学的构成是以部门行政法之调整对象为基础的,调整对象之不同形成了部门行政法这一概念,进而形成了部门行政法中不同的规范部类,再进而使部门行政法学成为学科体系。在这个过程中,调整对象是最终决定基础。行政法分析学则不以调整对象作为学科构成之基础,而是以分析对象作为学科构成之基础。行政法分析学在分析过程中会涉及到整个行政法或行政法中某一典则的调整对象,这些调整对象对于行政法分析学而言只是分析对象之一。其除了分析规范调整之对象外,还要分析行政法在实施和实现过程中的其他问题。如行政法在运作中对利益关系的体现问题、行政法在调整社会关系中的效能问题,等等。

第三,典则的构成与理据的构成。部门行政法学一步也离不开典则,即部门行政管理中的法典是部门行政法的基本构成因子,这既可以用我国已经构建起来的部门行政法之事实作为例证,也可以以相关的法学原理为证。就前者来讲,我国学者构建的若干部门行政法学无一不是以典则作为支撑的。如《海关行政法》[1]、《自然资源行政法新论》[2]等。就后者而论,部门行政法学与行政法理学一样,都必须有客观法则作为基础,失去了客观法则的基础其就可能被归入法哲学之领域。部门行政法学由于其学理位次低于行政法学,因此,其对规范的依赖程度还要大一些。上列两个方面都能够证明部门行政法学的构成主要是典则。行政法分析学的构成则是相关的理据,其中既有"据"又有"理"。所谓"据"就是一国行政法之现实或与这个现实有关的关系模式,行政

---

[1] 严励主编:《海关行政法》,中国政法大学出版社 2008 年版。
[2] 关保英主编:《自然资源行政法新论》,中国政法大学出版社 2008 年版。

法事实的概念对此做了恰当的概括。所谓"理"则是通过技术分析手段所得出的结论,这些结论既不是行政法典则,也不是行政法事实,而是对行政法运作中相关普遍性进路与特殊性进路的概括。这个概括由具体事实切入而得出一个相对抽象的结论。"据"与"理"非常生动地说明了行政法分析学之构成。若我们说行政法学、部门行政法学等是有关以"据"为核心的学科的话,那么,行政法哲学、行政法社会学等则是以"理"为核心的学科。上列两个范畴的学科都只包括了理据的一个方面。行政法分析学则将行政法中的"据"与"理"予以了统一,这也是行政法分析学被划为一种相对超越的学科之所在。

(三)学科性质

行政法分析学与部门行政法学在诸多方面有接近之处,同时也有诸多的区别。那么,我们究竟应当如何对行政法分析学与部门行政法学进行定性呢?[①] 笔者试作如下两个概括。

第一,边缘学科与边内学科。传统意义上,行政法规范是决定行政法学科性质的基础,即我们可以将贴近于行政法规范研究的行政法学科称之为边内学科,而与规范研究相对较远的学科称之为边缘学科。边内学科与边缘学科所反映的是两个学科的性质,此种区分应当引起行政法学界的重视。笔者这样说的理由在于现代社会科学乃至于自然科学的研究中边内学科与边缘学科是两个不可或缺的学科范畴,一个研究对象既需要边内学科,又需要边缘学科。在现代科学技术日新月异的情况下,边缘学科比边内学科有更加突出的意义。在哲学中对边

---

① 这个定性是必须的,因为在二者性质不确定的情况下我们就无法从总的格局上将二者进行区分,具体的区分只能说明二者的质的方面的差异。如果我们不将二者质的方面的差异厘清出来,我们就会在今后对两个学科的构建上出现差错。

缘学科有这样的定义："由原有基础学科的相互交叉和渗透所产生的新学科的总称。""边缘学科的不断产生大大扩展了科学研究的对象,揭示了自然界新的奥秘,开创了新的实验技术,形成了新的理论思想,并且可以引起人类对整个客观世界的认识在观念上的深刻变化,给予社会实践以巨大的影响。"① 我们认为,行政法分析学对于行政法现象而论,似乎具有边缘学科的性质。基于边缘学科的学科价值,我们可以说,行政法分析学之地位并不比边内学科低。因为,其能够很好地解决边内学科解决不了的问题。部门行政法学由于与规范之密切性,其只能被归入边内学科之中。

第二,理论学科与实用学科。在法律学的归类中,人们常常笼而统之地将法学归到实用学科之中,其原因在于法本身是一种社会控制机制,法之有用性和实效性决定了法律学科之实用性和实效性。笔者认为,此种对法学归类非常武断的做法是不可取的。法是一种社会实在这是没有错的,但是,人们对法之问题的认识都是意识范畴的东西,它不具有社会实在的性质。从这个意义上讲,对法之问题的阐释并不必然都是实用学科的范畴。以此论之,行政法学的学科也有实用性与理论性之分。当然,不论实用性行政法学科,还是理论性之行政法学科最终都能够直接或间接解决行政法问题。我们将部门行政法学与行政法分析学放在一起进行比较,就不难发现部门行政法学具有实用学科的性质,而行政法分析学则更接近于理论学科。其中分析中的理论方法和分析过程中的逻辑推理就生动地证明了这一点。②

---

① 《中国大百科全书》(哲学Ⅰ),中国大百科全书出版社1987年版,第39页。
② 学科的理论性和实用性划分具有一定的相对性,如果我们将行政法分析学与行政法哲学和行政法史学放在一起进行比较,就会发现行政法哲学和行政法史学是理论学科,而行政法分析学是实用学科。而行政法分析学与部门行政法学等相比较的话,的确其更侧重于理论性方面。对于笔者的这个理论,在阅读时应注意辩证思维。

行政法分析学与部门行政法学类比表

对象＼要素	研究客体	学科构成	学科性质
行政法分析学	行政法分析学的客体是事实客体，且是全方位的。	行政法分析学是一个单一学科，其以分析对象作为学科构成之基础，并且以相关的理据作为其构成。	行政法分析学具有边缘学科的性质，并且其更接近于理论学科。
部门行政法学	部门行政法学的客体是规范客体，且是局部的。	部门行政法学是一个学科群，其构成是以部门行政法之调整对象为基础的，并且以相关典则作为支撑。	部门行政法学由于与规范之密切性，其只能被归入边内学科之中，并且其具有实用学科的性质。

第四章 行政法分析学与后现代行政法

行政法分析学是将行政法作为法律现象尤其作为社会现象看待的。行政法作为社会现象的状况是行政法分析学的基础条件,行政法这个社会现象在其发展过程中已有了非常深刻的社会变迁。即从现代行政法到后现代行政法的变迁。笔者曾对后现代行政法的一些问题进行了讨论,认为:"行政法的时代变奏一直是行政法学界关注的问题,人们常常用诸如'古代'、'现代'、'当代'等限定词给行政法冠上它所处时代的名称。这样的称谓一方面是为了给行政法一个历史发展上的定位,即使不同的行政法与不同的历史时代对应,另一方面是为了确定行政法在不同历史条件下的本质定在。然而,有一个难解的问题一直困扰着行政法学界(不论国内还是国外),这就是学界对'现代行政法'概念使用的泛化及其概念的不确定性,当学者们将资本主义的行政法与前资本主义的行政法进行比较分析时,是以'现代行政法'即资本主义行政法的产生为分水岭的;当学者们将进入21世纪的行政法与其前时代的行政法进行比较分析时,亦是以'现代行政法'作为当今行政法的时代精神予以描述的,似乎找不到一个比'现代行政法'更为妥当的词给具有新的时代精神的行政法进行定性,这种困惑对行政法学发展的制约而论已经不单单是一个分析手段问题,而从深层次上曲解了近些年来行政法突飞猛进的历史格局。"①当笔者在对行政法分析学问题进

---

① 关保英著:《行政法的时代精神研究》,中国政法大学出版社2008年版,第114页。

行思考时,发现后现代行政法的到来与行政法分析学有着不可分割的关系,一定意义上讲,正是由于后现代行政法才使行政法分析学必须成为探究行政法现象时一个不可缺少的学科。本章将对行政法分析学与后现代行政法的关系予以探讨,通过这样的探讨,试图揭示行政法分析学的问世有其客观必然性。

一、后现代行政法的界定

(一) 现代行政法时代的终结

现代行政法既是一个概念范畴,又是人们对某一特定历史时期行政法的一个定性。说它是一个概念范畴,是说现代行政法是人们解释行政法现象的工具,用这一工具将后一时期的行政法与前一时期的行政法予以区分,正是这样的区分使人们能够把握整个行政法发展的历史,当然,至于这种把握是否全面则是另一范畴的问题。说它是人们对某一特定历史时期行政法的定性,是说现代行政法是一个具有独特内涵,具有相对独立的质的规定性的行政法现象,而这种相对完整的质的规定性反映了它与历史的对应关系,并在对应的历史进程中形成了自己的定在。简单地讲,我们对现代行政法的掌握应当领会如下诸点:

一则,现代行政法是自资本主义取得国家政权以后所产生的行政法及其行政法现象。"现代意义的行政法,它是在资产阶级革命之后形成的独立的部门法。"[1]这是它的历史起点,在理论界,长期以来就有前资本主义是否存在行政法的争论,如果把行政法理解成调整有关国家管理关系的行为规则的话,那么,前资本主义国家的行政法规范并不少

---

[1] 廖晃龙主编:《新编中国行政法原理》,大连海运学院出版社1990年版,第25页。

见,而且无论哪一个封建制国家或奴隶制国家都不能例外,例如,著名的《唐六典》就被视为是非常完整的行政法典,夏商等关于官制的分类及其管理规则已是行政法的内容,但这时的行政法与资本主义政权以后的行政法存在着巨大的实质反差,人们为了将此二类规则予以区分,便把自后者以来的行政法称之为现代行政法,而将前者称之为古代行政法。

二则,现代行政法是一个分析工具。现代行政法是一种客观实在这是毋须论证的,正是大量行政法规范、行政法法案、行政法事件等行政法实在的存在,现代行政法才有了物质内容。然则,这样的物质内涵并不能否认现代行政法本身是一个分析工具,是人们认识行政法现象时所采用的手段,这一点是非常关键的,因为若没有上升到这样的高度去认识,我们的分析便无法从哲理上展开。作为分析工具,作为理念范畴的东西,现代行政法从主观方面看存在于我们对行政法现象的认识之中,而我们对行政法现象的这种认识本质就是一个独立的事物。

三则,现代行政法是对行政法现象的断代,而不是依据历史时代的断代进而对行政法所作的断代。我们知道,历史时代的断代是一个政治过程,常常以一些重大的政治事件作为断代的背景,如1640年的英国革命是近代与古代断代的依据,俄国十月革命是现代与近代断代的根据等。行政法与政治是相对独立的,因此它的断代并不必然受政治断代的影响。当然,行政法作为制度范畴与人们给社会历史的断代有不可分割的关联性,而这种关联性只能起到影响作用而不一定起到决定作用,正是这一点使我们为行政法进行断代变得十分复杂,也正是这一点使得现代行政法几乎变成了一个无所不包的概念。上列三方面是我们研究这一问题时必须首先注意到的。

现代行政法时代的终结是指现代行政法作为一个历史时代其历史使命已经完成,其时代属性已经或者应当予以结束。我们说现代行政法时代的结束是针对现代行政法的时代属性而言的,即结束的主要标志是它的时代性标志,而不是说它所包含的个别价值及其个别问题的终结,恰恰相反,现代行政法中的一些理念或现象可能还要持续很长时间,它作为一个时代现象却是处于终结状态中。现代行政法的终结除了现代行政法作为法律实在现象的终结外,还包括人们形成的现代行政法理念的终结,即人们对行政法的传统认知亦应当予以终结或者已经终结,对于现代行政法终结的逻辑前提我们可以从下列方面论证。

第一,现代行政法的终结是由其持续时间的不定决定的。从理论上讲,对行政法的历史进行断代有各种各样的方式,例如,我们可以用社会历史发展的进程对行政法的历史进行断代,即我们可以将最早的行政法断代为奴隶制的行政法,再后来的封建制的行政法,再后来的资本主义的行政法,然后是社会主义的行政法。若我们接受了这样的断代,或者以这样的断代分析行政法问题那也无可厚非,但遗憾的是自行政法学成为一个学科以来似乎还没有人用这样的方式给行政法进行断代。有些学者虽使用了封建制行政法、奴隶制行政法等这样的概念,而其在使用这样的概念时不是为行政法进行断代,而是分析行政法与政权的关系,"有限政府政治体制的确立,一改资产阶级革命前的法律只规范人民而不拘束政府的局面,政府与人民的关系不是统治者与被统治者的关系。"[1]例如,我们可以用重大历史事件给行政法进行断代,这些事件可以是行政法以外的事件但决定了行政法的发展进程。这些事件还可以是行政法之内的事件,如重大的行政法典的颁布,重大行政法案的发生,重大行政法事件的出现,等等。同样,我们若用这样的断代方式分析行政法问题也应当是合理的,人们却没有用这样的方式给行政法进行断代。有时学者们虽已揭示某种重大事件对行政法所产生的

---

[1] 张正钊、韩大元主编:《比较行政法》,中国人民大学出版社1999年版,第23页。

革命性变化,不幸的是学者们并没有将这样的变化与行政法断代结合起来,如1946年《美国联邦行政程序法》的问世就被认为是人类行政法史上的一件大事,但没有学者用这样的方式给行政法进行断代;例如,我们可以用重大的行政法学思想为行政法进行断代,即用学者们尤其一些经典作家对行政法问题的见解决定行政法问题的历史时代。应当说,在行政法学的认识上不乏有价值的思想方法和思想体系,但学者们亦没有用这样的方式分析行政法的时代性质。有学者已经认识到了行政法思想和行政法文化的重要性,如"不同历史条件下行政法的发展以及行政法所表现的特点,是行政法文化的体现。行政法产生与发展的不同历史背景,实际上是行政法文化的差异。"[1]但没有用这样的方式对行政法进行断代。

上列方式都是可以选择的,而整个人类行政法的进程却没有选择,所选择的便是古代行政法和现代行政法的断代技术。在学者们作出这样的断代时有着非常充分的理论根据和现实基础,即是说,古代行政法由于其精神状况的确定性而足以使其成为一个行政法时代,而现代行政法亦因其含有的内在精神价值而成为一个行政法时代。至于当代行政法则不是一个断代,只是对当今时代行政法的一个表达,因为现代行政法有着丰富的精神内涵,而这样的精神内涵也包含了当代行政法。进一步讲,人们所称的当代行政法并没有能够从现代行政法的精神元素中走出来,因而人们称为的当代行政法不是给行政法的断代,而是对同一精神在不同时期行政法的称谓。这样以来,我们所称的古代行政法是一个有限,即现代行政法以前有限的行政法现象都是古代行政法的内容,这种有限性是合乎情理的;我们所称的现代行政法则是一个无限,即自资产阶级革命以后产生的现代行政法其在后续的历史进程中

---

[1] 张正钊、韩大元主编:《比较行政法》,中国人民大学出版社1999年版,第34页。

是无限的，历史发展到什么时候，现代行政法就到什么时候，当然，到哪一天行政法现象在人类社会终止则是例外，而这样的终止是否能够成为现实则是我们无法预测的。现代行政法这种后续时间上的无限性无论如何也是不符合历史断代的哲理的，无论从历史可知论的角度看，还是从历史不可知论的角度观察，①后续历史发展的无限性却是不能成立的。质而言之，现代行政法时代不予以终结，行政法就等于没有质的方面的发展，行政法就永远处于同一的时代特性上。

第二，现代行政法的终结是由其包容的行政法类型不明决定的。法律类型的划分是法学原理的重要范畴。在行政法学中，法律类型划分是指根据国家类型的状况划分法律类型的分析方法。人们把存在于不同类型国家中的法律及其法律现象称之为一个法律类型。如国家类型划分为奴隶制国家、封建制国家、资本主义国家和社会主义国家，那么，与之相对应的法律类型亦可划分为奴隶制法律、封建制法律、资本主义法律和社会主义法律。法律类型划分是十分重要的，其之所以重要是因为法律类型划分是对法律性质的不同认识，就是说，不同的法律类型其法律的性质是有所不同的，而法律的性质又构成了法律中其他问题的基础。其中法律的历史断代中考虑的重要因素之一就应当是法律的类型。然而，当我们用现代行政法或用古代行政法对行政法进行断代时，我们超越了法律类型。对法律类型的超越在技术以及方式上讲是可以成立的，如法律采取什么样的形式，法律规制选择什么样的模

---

① 所谓历史的可知论是指人们可以通过已有的知识对人类社会的发展作出预测，对后世社会的格局作出一个判断。而不可知论则认为由于人类社会的发展受人类知识的强烈制约，人们没有办法预测人类知识发展的状况，因此，人们便无法对社会的发展作出预测。可知论之下，后世同样是可以断代的，而不可知论的情况下后世的发展则不容易判断，因此，现代行政法将后世的所有情况都包容进去，这是上述两个理论都不能接受的。参见[英]达尔文著：《人类的由来》，潘光旦译，商务印书馆1983年版。[英]卡尔·玻普著：《历史决定论的贫困》，杜汝楫译，华夏出版社1987年版。

式,法律关系包括什么样的要素,等等,这些技术因素可以使不同类型的法律处于同一个历史代位上。但是,技术因素、方法论因素只是法律现象中的一个方面,而且是一个非本质的方面。从法律断代的科学性、全面性等方面讲,任何行政法的断代都应当是技术因素与本质因素的统一、是形式要件和实质要件的统一、是方法论和利益属性的统一。古代行政法与现代行政法的历史断代则从必须考虑的因素中选择了一部分,甚至是选择了不是决定意义的一部分。这样使同一代位的行政法包括了不同的行政法类型。即当我们谈论古代行政法时,我们是将奴隶制行政法和封建制行政法同日而语的。当我们谈论现代行政法时,我们是将资本主义行政法与社会主义行政法同日而语的。即是说现代行政法中至少包含了两种类型的行政法及其行政法现象。此两种类型的行政法在技术层面上可能没有代际之差别,但在本质层面上无论如何是不能放在一代而论之的。由于社会历史发展的复杂性,使两种类型的行政法并存于同一的历史范畴之中,这种同一的历史范畴便给了人们一种错觉,似乎二者是同一代际的东西,而且二者都处在发展甚至完善之中,更进一步加剧了人们对其代际差的模糊认识。事实上,依历史观的基本原理和法律现象的哲学原理,资本主义的行政法和社会主义的行政法不能是一个处于同一代际的行政法现象。当今资本主义国家和社会主义国家行政法的格局已经证明了这一点,例如社会主义的行政法多以人民代表大会制和议与行的统一作为制度的基础,而资本主义的行政法多以主权在民和权力分立作为制度基础。如果我们硬要将二者捆绑在一起作为一代,既否定了二者历史继承性的现实,又否定了二者在运作机制上的兼收兼蓄,对于这种充满逻辑矛盾及其错误的代际划分即使你不承认它的终结,它也处在一种自然终结的状态中。

第三,现代行政法的终结是由其不能与社会发展进程对应决定的。上面我们已经指出,行政法是一个相对独立的社会现象,即行政法是社会系统中的一个支系统,作为一个支系统它有着相当大的规模,有一整套区别于其他社会现象的客观实在,这一点是无可争议的。但是,对这一点的无限夸大却是有害的。行政法学研究中对于行政法这一特性是过分夸大了的。古代行政法与现代行政法的此种方式就充分证明了这一点。就是说,当我们将前资本主义时代的行政法叫做古代行政法时,我们完全将此以前的行政法当成一个具有独立知识体系和独立价值系统的事物而看待,同样道理,当我们将资本主义以后的行政法叫做现代行政法时,我们完全给予了此以后的行政法一个一成不变的意义。诚然,将行政法作为一个相对独立的事物看待有利于确立行政法现象的内在规律、确立行政法现象固有的本质属性。然而,这种绝对化的认识方式却是一种形而上学的行政法观。我们认为,行政法作为社会的支系统具有相对独立的价值,是矛盾的次要方面而不是主要方面,矛盾的主要方面在于行政法受制于社会过程、受制于社会大系统、受制于决定它的其他社会现象的状况,"存在着从新社会法制国家中的现代观点出发对过去的公共企业概念进行再构造的倾向……国民具有生存权、国家负有积极主动地保障国民生存权的使命。……容易形成以秩序行政为中心的传统行政法理论。"[①]社会发展的每一个进程都必然会对行政法现象产生影响,一个重大的社会事件、社会过程中的某种冲突、社会关系的某种重新组合、社会技术的某种细微更新都会反映到行政法现象中来。现代行政法的称谓却没有能够对社会进程的变化造成行政法现象的变化的原理作出揭示。以资本主义国家为例,其从自由资本主义到垄断资本主义经历了巨大的社会格局上的变化,而每一种变化都不同程度的反映到行政法现象中来。例如,行政法中的"红灯理论"、

[①] [日]和田英夫著:《现代行政法》,倪健民等译,中国广播电视出版社1993年版,第14页。

"绿灯理论"、"黄灯理论"就说明了不同阶段的行政法有着与社会对立的特性，而现代行政法的称谓就不会认为上列若干现象的变化会对行政法现象造成实质上的影响，最多只是技术手段上的影响。社会主义国家的行政法亦是一样的，从计划经济向市场经济的发展就是一个社会过程，而这个社会过程对行政法现象的影响并不是技术和手段上的单方面影响，而是对行政法格局的冲击，现代行政法的称谓并不会认为这样的冲击会具有什么决定性意义，因为此前和此后都是同一代际的东西。总之，现代行政法是一个稳定的，或者说是人们对一个稳定的行政法现象的描述，而在这一概念的背后却包含着多种不同的行政法发展过程，这样便出现了行政法过程与现代行政法称谓上的矛盾冲突，这种冲突已经不是一个无关紧要的问题，因为它关涉到行政法现象与其社会背景之间的逻辑关系，如何使复杂的、处在运动之中的社会事态与不能包容它的行政法现象一致起来就是需要解决的难题，而最好的方式就是宣告现代行政法时代的终结。

第四，现代行政法的终结是由其存在基础的断裂决定的。上面的分析表明，现代行政法随着社会的发展在诸多方面都体现得比较模糊，如它没有一个历史的结束点、它没有一个准确的法律类型的确定、它没有一个明确的代际界限、它没有一个明确的法律特性，等等。这些命题的形成似乎是顺理成章的。但是，现代行政法在它的初期，在它符合现代行政法的一般特性的时期，却有着相对确定的内涵。总体上讲，现代行政法是与社会的"现代化"过程相关联的。我们对社会现代化的认识是从多种路径展开的：例一，若以社会技术作为路径，现代化的过程是一个充满发明和技术革新的过程，工业资本主义的勃兴就是这一过程的开始，而现代工业社会的技术资源、技术利用、技术的产业化是这一过程的延续。技术上的不断革新及这种革新的相对确定和社会认同价值是现代化在技术上的重要特征。例二，若以经济背景作为路径，现代化是指商品经济的形成以及进入到全面市场经济的格局。商品化与自给自足的封建经济是相对应的,在封建经济状况下,生活资料的生产和消费是统一于一体的。而商品经济使生产和消费发生了分离,进而将市场机制作为进行商品流通和交换的纽带,整个市场的运作及其机制是传统经济现代化的一个标志。例三,若以政权机制为路径,现代化是指官僚体系的形成和官僚机构运作的程序化模式。在现代化之前,政权体系是封建皇权制,中央有高度的个人集权,地方则有分封制的权力割据。现代官僚规则建立起了庞大的官僚机构,而官僚机构的运作具有大规模性、程序性等特点。例四,若以文化格局为路径,现代化是指社会中广泛存在的理性和启蒙的精神,人们相信社会历史的不断进步、社会进程的不断发展、人类不断提高自身的人性和道德性,从外在的压迫走向解放。这些现代特性刻画了现代行政法的基本命题。在现代化进程中形成了现代行政法的基本格局,如对行政权的适当控制作为基本理念,在此理念基础上强调行政的程序化、行政的责任化、行政的规范化,并以诸如司法审查、公众参与作为保障机制。现代行政法的诸内涵都与现代化的若干特性息息相关。如果现代化的若干特性不复存在,那么,现代行政法的社会基础也就宣告断裂。而我们有理由认为现代化的若干要素已经断裂甚至不复存在,正如有学者指出的:"从20世纪60年代开始,随着科学技术的革命和资本主义的高度发展,西方社会进入一种'后工业社会',也称作信息社会、高技术社会、媒体社会、消费社会、最高度发达社会。"[1]显然,这一描述并不是空穴来风,而是对现时代的客观写照。社会根基的变化必然使行政法格局发生变化,即现代行政法必然会在这样的根基断裂中不复存在。上面的分析表明,现代行政法作为一个行政法时代的终结已经不可逆转。事实上,现

---

[1] 冯俊等著:《后现代主义哲学讲演录》,商务印书馆2003年版,第2页。

行政法的诸多理念和制度以及调控方式已经完成了历史使命,其已经进入了一个新的历史时代,只不过我们对行政法旧时代的终结和新时代的来临认识不足而已。

(二) 后现代行政法概念的解释

现代行政法的终结意味着新的符合时代精神的行政法时代的到来,我们将这一新的行政法时代叫做后现代行政法。所谓后现代行政法是指在现代行政法基础上形成的并超越现代行政法的新的行政法时代。后现代行政法不是一个对行政法进行研究的时间概念,即不要将后现代行政法与当代行政法相等同,当代行政法是对行政法现象在时间上的描述,就是进入当代社会以后具有确切的时间上的起止性的行政法。后现代行政法指的是一种行政法精神,也许在我们分析这种行政法精神时会将其与特定的时间段联系起来,但时间属性不是现代行政法所刻意强调的。

后现代行政法从其概念的构成元素看,有如下方面:一是"行政法",这是一个相对确定的元素,即行政法作为一个法律现象其用语上的定在是相对确定的,当然,它的确定性来自于现代行政法长期的概念积淀,若没有现代行政法长期的概念积淀,行政法这一用语就至少有两种以上的解释。进而言之,后现代行政法中的"行政法"是不需要我们进一步澄清的。

二是"现代",后现代行政法中的"现代"是在现代行政法的前提下使用的,即后现代行政法中的"现代"是从现代行政法中延续下来的,但是,后现代行政法与现代行政法在对待"现代"的问题上却是有所不同的,现代行政法对"现代"是予以肯定和捍卫的,甚至认为行政法仍然处在现时代之下,其精神实质仍然是现代行政法的特性。而后现代行政法则用另一种眼光看待"现代",即其是对我们日常使用的"现代"概念的一个否定和扬弃。现代行政法与后现代行政法的根本区别也在于对待"现代"性的态度上。在后现代行政法中有"现代"一词,但后现代行政法中的"现代"是彼一现代而非此一现代,如果我们对两个时代中的"现代"不作实质性把握,那么,后现代行政法的概念就不会与当代行政法的概念有所区别。

三是"后",对后现代行政法中的"后"的认识和把握是十分关键的,因为这一"后"字可以有多种涵义:在第一种涵义上,我们可以将后现代之后理解为现代性之后段的东西,若这样理解,后现代与现代便没有本质区别,二者所不同的仍然是时间上的先后性,即我们把现代性在前一时间段的叫做现代行政法,而将现代性在后一时间段的叫做后现代行政法。在第二种涵义上,后现代是指"高度现代",即后现代行政法是从现代行政法产生的,并在本质属性上对现代行政法进行了升华,是一种比现代行政法更为现代化的行政法。毫无疑问,这一意义上的后现代行政法与现代行政法并不存在否定与被否定的哲学关系,而是对现代行政法的新发展,给现代行政法一种符合当代世界属性的面孔。在第三种涵义上,后现代行政法是指"非现代"的行政法,所谓非现代行政法是说后现代行政法要与现代行政法在价值理念、规范体系、规制方式,等等一系列范畴和技术问题上彻底决裂。"后"可以被理解为对旧的行政法即现代行政法进行否定,舍弃现代行政法的基本精神。如果新的行政法时代一定要到来的话,如果我们用后现代行政法表述已经到来或即将到来的行政法时代的话,显然,后现代行政法之"后"的上列三种认识的选择就十分关键,我们选择了第一种涵义上的"后",那便是一种非常保守的行政法认知态度,同时也是对行政法迅猛发展的一个消极应对。若我们选择了第二种涵义上的"后",最大也不过是对行政法量变的一个接受,而不是对行政法质变的肯定和接受,同样对行政法新的时代精神的到来表现出了畏惧态度。因此,第三种意义上的"后"才是我们应当选择的,即是说后现代行政法是与现代行政法对称的行政法时代,它的对称性体现在时代精神方面,后现代行政法的时代精神与现代行政法的时代精神存在本质区别,这是我们在揭示后现代行政法概念时必须予以澄清的问题。具体而论,我们可以对后现代行政法的概念作出如下解释。

第一,后现代行政法是对行政法的认知。现代行政法作为法律实在的出现与作为概念系统的出现存在着时间上的反差。现代行政法作为一个法律现象首先是实在法的问题,即一套法律制度和法律规范以及与之相关的运作机制等。资本主义制度形成初期就需要相关的行为规则调整政府行为和社会管理行为,这些规则归于行政法范畴的产生就意味着现代行政法的产生。显然,这些规范产生初期并没有被命名为现代行政法。不论人们是否有这样的命名,现代行政法都以不可阻挡的潮流涌现出来。[①] 人们以现代行政法来称谓从此以后的行政法现象是较晚发生的事情,[②]至于当代行政法概念的具体称谓来自何时却是一个需要我们进行重新考察的问题。现代行政法作为一种法律实在产生的时间较早,且有相对的规范内涵。同时,现代行政法也是人们对行政法现象的认识,是行政法认知范畴的东西。而现代行政法作为一种认知产生的时间要比作为法律实在的现代行政法晚很多。但是,在当代行政法作为行政法的认知体系形成以后,其已经不再简单地是一种行政法认知,而是一种行政法实在,或者说,在现代行政法的称谓之下,行政法作为实在法的涵义高于行政法作为法律理念的涵义。然而,后现代行政法的称谓则不同,即后现代行政法作为法律理念的涵义高于其作为一种行政法现象的涵义。当我们使用后现代行政法的概念

---

① 参见王连昌主编:《行政法学》,中国政法大学出版社1996年版,第25页。
② 参见[日]和田英夫著:《现代行政法》,倪健民等译,中国广播电视出版社1993年版,第9页。

时,有关后现代行政法的实在我们还必须重新确定,包括后现代行政法在规范体系上的特性、后现代行政法在时间上的起点等。后现代行政法的理念则要比法律实在清晰一些,我们可以将能够否定现代行政法的所有新的行政法理论和观念都归于后现代行政法的概念之下。必须强调后现代行政法是人们对行政法现象的主观认知,它首先是一种行政法理论体系,其次才是一种行政法实在。这一点与现代行政法的涵义有质的区别,正如前述,现代行政法作为实在法其历史较早,而作为认知理念其产生的时间较晚,在实在法和法律理念中实在法是现代行政法的主流。相反,后现代行政法概念中,一方面,法律理念的后现代行政法应当与实在的后现代行政法同步,因为后现代行政法理念形成之前,无论实在行政法,还是行政法理念都被现代行政法概念所包容。另一方面,在后现代行政法中,占主流的是行政法的认知体系,而实在的后现代行政法至少在一定时间内还不一定成为主流。不幸的是,哲学原理告诉我们,后现代行政法作为对行政法现象的认知,其基础应当建立在后现代行政法的法律实在之上,即没有后现代的实在行政法就没有后现代的行政法理念,就难以形成后现代的行政法认知。而现实情况却与这样的哲学原理不能完全一致起来,后现代行政法正是在作为实在的后现代行政法现象还没有成熟的情况下其理念便率先形成了,这似乎存在逻辑上的二律背反。但是,这样的背反并不是客观原因所致而是主观原因所造成的。这种主观原因在于我们对现代行政法中包容的一些非现代的行政法现象既不敢正视,也没有以后现代这样的相对抽象的哲学理念去给予解释。甚至可以说,在今后很长一段时间内,后现代行政法作为认知的主流超过了作为实在法的主流。

第二,后现代行政法是对现代行政法的否定。现代行政法应当是一个行政法时代,其作为一个行政法时代应当具有两重涵义,第一重涵义是其有时间上的代际性,即人们可以用对应的历史时期来确定现代行政法的始点和终点。上面我们已经讲过,现代行政法有时间上的始点而没有时间上的终点,这本身就说明现代行政法存在巨大的缺陷,这也是我们在论证其终止时的一个原因或者一个论据。第二重涵义是其有确定的行政法精神。即是说,现代行政法所反映的是一种行政法精神。对于现代的行政法精神我们可以从诸多方面来考察,如现代行政法建立的基础是大工业社会及其市场背景,代议民主制以及权力归于人民的政治体制是它存在的政治基础;造法主体是一种一元意志,即国家有一套立法体制,现代行政法的规范体系就是一整套立法体系的产物,而这一套立法体系存在于一个意志之下,或者以国家意志来概括,或者以人民意志来概括,或者以社会意志来概括,无论用什么来概括,在现代行政法的造法机制中意志是统一的;现代行政法的最大理念是行政法对权力的规整和控制,行政法的作用基点是行政权力,而其功能是规整和控制行政权的运作过程,"行政法乃是以国家行政权为规范对象的法规",[①]等等。现代行政法内涵的相对确定性与其代际的无限性便使其处在了不能再进行自我修复的无限困境中。后现代行政法作为一种具有新的精神特质的行政法现象是对现代行政法的否定。我们说后现代行政法是对现代行政法的否定并不是说其与现代行政法没有任何的历史关联,恰恰相反,后现代行政法是在现代行政法创造的客观基础上形成的,现代行政法长期的历史积淀为后现代行政法的形成提供了底土和温床。我们在给后现代行政法进行定位时,不可避免地要牵涉到现代行政法问题,包括现代行政法中的"现代",包括现代行政法中的"行政法"等。但是,后现代行政法绝对不是现代行政法的简单延续,而是对现代行政法的否定,说它是对现代行政法的否定主要是说它否定了现代行政法的精神,否定了现代行政法作为一个时代的行政法现

---

① 张家洋著:《行政法》,中国台湾台北三民书局1998年版,第6页。

象所包容的精神实质。应当承认，后现代行政法的一些客观因素、一些技术因素、一些细节性的东西是从现代行政法延续下来的，但这样的延续并不能决定新的行政法的精神气质。后现代行政法对现代行政法的否定是非常关键的，如果我们不认为后现代行政法是对现代行政法的否定，那么，我们就不会认为后现代行政法包含的时代合理性已经终结，我们最大只不过会认为现代行政法是更加有效地体现了现代行政法的精神。事实上，本文第一部分已经指出现代行政法时代已经终结或者应当予以终结，其之所以应当终结，原因在于它所包含的基本精神已失去了时代合理性，甚至在有些方面严重阻滞着行政法现象对现时代的作用。反过来说，后现代行政法之所以能够否定现代行政法的精神，其原因在于它的精神特质具有最大的时代合理性。依此而论，后现代行政法与现代行政法是行政法现象的分水岭，后现代之前的现代行政法因失去时代的合理性而被否定。而现代之后的后现代行政法因具有时代的合理性而成为否定者。

第三，后现代行政法是行政法理念的更高升华。静态行政法和动态行政法①共同构成了行政法现象。静态行政法是指行政法的若干静态要素，如行政法典体系、行政法的相关体制、行政法的一些制度等，它是行政法现象中最为基础的东西。动态行政法则是指行政法运作过程及其运作中的关系要素，如行政法中的主体构建行为、行政法的实施与实现、行政法的社会反馈等，它是行政法现象中的关键要素。任何国家的行政法现象都包括静态和动态两个方面，但在行政法现实中两方面的因素并不总是平衡和协调的。人们常常将二个范畴中的任何一个及其相互关系作为评价行政法现象及其质量的指标。即若静态行政法比较发达，动态行政法亦比较发达，同时二者能保持平衡，这个政权体系

---

① 关保英著:《行政法的价值定位》，中国政法大学出版社 2003 年版，第 102 页。

下的行政法就是发达的,反之,则是不发达的。上列三项指标也成了人们对现代行政法格局的认识标准。除了上列要素外,有关行政法的认知和理念也不能完全从行政法现象中独立出去,即是说,人们有关行政法的价值判断、有关行政法的理念体系、有关行政法的模式、有关行政法的相关解释方法等都包容在行政法现象之中。由于现代思想体系的飞速发展以及各个国家民主政治进程的推进,现代行政法现象已被提高到了非常高的地位,甚至有人认为行政法已经到了比较发达的时代。① 关于行政法达到发达时代与否有一套测评指标,如一个国家的行政法体系是否已经形成,即行政法体系及其完善是行政法现象是否达到发达水平进而成为政治文明和法治文明的一个测定标准。我们认为,现代行政法虽是人类行政法发展到当今的一个相对较高的阶段,但是其与后现代行政法相比则处于较低水平,后现代行政法是对行政法现象的一个更高升华。应当注意,我们使用的是对行政法现象升华的概念,而没有使用后现代行政法是对现代行政法更高升华的措词,因为正如前述,后现代行政法是对现代行政法的否定,确切地讲,后现代行政法升华的是整个行政法现象而不是现代行政法现象。即是说,我们只有将后现代行政法放在整个行政法现象的格局中去考察才能领略后现代行政法的精神风貌,如果我们还仅仅以现代行政法的眼光看待后现代行政法就降低了后现代行政法的地位。后现代行政法对行政法现象的升华是全方位的。一则,后现代行政法升华了行政法现象的总体格局,包括现代行政法中的若干元素和测评指标,包括现代行政法体系中的诸关系。二则,后现代行政法升华了行政法的认知理念。现代行

---

① 卡罗尔·哈洛等在《法律与行政》一书中对行政法的发展过程概括为红灯理论时期、绿灯理论时期、黄灯理论时期、行政契约时期以及全新理念的树立时期等,而现代行政法所处的时期应当是全新理念的树立时期。参见[英]卡罗尔·哈洛等著:《法律与行政》,杨伟东等译,商务印书馆2003年版,第400页。

政法中人们认识行政法更多地是将行政法放在法的范畴内来考察,而后现代行政法则将行政法现象放在更大的哲学视野中认识,后现代行政法的概念本身就具备浓厚的哲学色彩。三则,后现代行政法升华了行政法现象的发展观。行政法现象随着社会的发展而发展这是人们对行政法现象的共识,但行政法现象如何发展人们却一直找不到一个答案。依现代行政法的认知方式,行政法现象甚至难以有质的发展,因为时代属性的框定使其基本上没有了向更高层次发展的可能。后现代行政法首先肯定了行政法不断发展的事实,同时将行政法现象的发展置于社会大系统之中,这样的发展观必然使行政法现象能够向更高层次升华。①

第四,后现代行政法是行政法时代性的表现。行政法与其所处时代的关系是一个行政法哲学问题。不可否认,一定的行政法现象存在于一定的时代之中。但是,这只是一个非常抽象的命题,在行政法现象的现实过程中问题却要复杂得多。我们知道,行政法具有静态和动态两个范畴,动态的行政法由于处于动态化的过程中,因而,客观上具有和时代发展的变奏保持一致的可能性。就是说,在动态行政法之中,行政法有可能和特定时代的变奏对应起来,但这也并不完全如此,因为即便是动态的行政法其也受制于作为基础因素的静态行政法的制约,如行政执法就要受到行政体制的制约。静态的行政法其本身就是相对静态的,如一国的行政法规范体系常常在相当长的一段时间内会保持体系上的相对稳定性。行政法体系是由诸多行政法典组成的,行政法典一旦制定以后在数年甚至数十年内都会保持不变,同一的行政法典在

---

① 笔者此处是用更高的形容词,而没有使用最高,因为后现代行政法也只是行政法历史长河中的一个阶段,它肯定不是行政法发展的最高阶段,后现代之后的行政法发展是未来的问题,在此我们尚无从预测。

不同的时间段就要发生很长时间的法律效力,[①]而且多半是这样的,越是影响面较大,涉及面较广的行政法典其发生法律效力的时间越长,其修正和调整的余地越小。行政法的静态特征是行政法现象的一个普遍问题。行政法现象所处的时代则是另一种情况,它处在不断变化的格局之下。时代的变化是一个未知的因素,即是说,人们难以对时代的发展作出科学预测。时代的不断变迁性与行政法的相对稳定性之关系说明,一定时代存在的行政法不一定是这一时代精神因素的反映,它可能仅仅与该社会保持同步,还可能已经远远滞后于现时代的时代精神。这一点是我们必须引起高度重视的,因为我们常常错误地认为某一时代的行政法就必然是这一时代之时代精神的体现。现代行政法其命题之所以存在巨大错误,就是我们认为能够与现时代精神相符合的有关行政法理念和行政法实在并不体现该时代的精神风貌,如我们提出的"管理论"、"控权论"等行政法理念实质上是19世纪的行政法精神,而不是21世纪的行政法精神,但在绝大多数行政法论著中还将其与当代所需要的行政法理念相对应。后现代行政法所体现的是行政法的时代精神,一方面,当代社会已经不是现代社会,换句话说,现代社会已经不能反映当代社会的精神气质,只有用后现代社会概念反映当代社会的精神气质。在西方社会,就用后工业社会的概念取代作为现代特性的工业社会的概念,后工业社会就生动地表达了当代社会的社会特性。另一方面,后现代行政法以社会的后现代化为背景。后现代社会与现代社会有质的区别,这种区别既反映在社会结构中,又反映在社会的技术、文化、风俗等各种复合指标中,后现代行政法既是从后现代

[①] 绝大多数发达国家的主要行政法典其发生法律效力的时间都有数十年之久,有的法典从生效至今甚至有百余年的历史。这其中一些行政法典已经作了修正,但其主要内容没有变化,而一些行政法典则连修正这一极弱的立法调整也没有。如《美国联邦行政程序法》1946年制定,1978年修正;《法国出版自由法》1886年制定;《日本国家公务员法》1947年制定。

社会中产生的,又作为一种反作用的机制对这一社会过程起着调整作用。

二、行政法分析学作为后现代行政法之必须

(一) 新的概念系统的角度

后现代行政法是对现代行政法的超越,这个超越使其在诸多方面与现代行政法有了质的区别,例如,后现代行政法有一个重要的精神实质就是其科学性,一个事物是否具有科学属性,一般有五个判断标准:

一是该事物是否具有客观性。即其是否能够与自然的、社会的客观实在予以对应,若能够与自然的客观实在对应、与社会的客观实在对应就是科学的,反之,则是不科学的。当然有些事物只能用自然的客观标准来评价而不能用社会的客观标准来评价,反之亦然。行政法现象则是既可以用社会的客观性评判,又可以用自然的客观性来评判。

二是该事物是否具有系统性。即是否能够用连贯的方法进行整合以及现在整合的状态是否前后连贯。人们往往将处于连贯状态下的事物与其科学属性相等同,而将前后存在逻辑矛盾的事物排斥在科学属性之外。行政法现象的分析同样可以用科学属性的这一标准来评价。

三是该事物是否具有普遍性。这一评价标准对于我们规制行政法现象的科学性与否意义重大。

四是该事物是否具有精确性。即该事物的结构和范畴的内容是否确定,该事物是否能够用一定的量化标准来衡量,还有该事物的细节是否包括了一些定量分析的方法等。

五是该事物是否具有原则性。就是人们能否用有效的方法对该事物的发展变化作出分析,对其动态化过程作出推论等。

我们认为上列五个属性都可以用来分析行政法现象。即是说，凡符合上列五个特性的行政法现象就是具备科学属性的行政法现象；反之，凡不具备或者上列五个方面不足的行政法现象其就缺乏科学性。现代行政法具有科学成分，但不一定具有科学性。我们说，现代行政法具有科学成分是说现代行政法已经具备了上列五个属性的若干方面，或者我们可以用上列五个标准对应现代行政法现象，但是，从总体上讲，现代行政法还不能够完全用科学属性的五大标准来衡量。现代行政法在客观性方面就存在一定问题，我们认为在行政法的客观性中要求行政法现象必须符合自然性和社会性。一方面，它必须对自然现象以及自然科学取得的成就有所适应，与自然现象构成一个和谐的统一体。另一方面，它必须与社会现实相对应，从社会现实中产生，又作为一个手段对社会现实发生作用。现代行政法在这两个方面都没有完全做到，我们知道，现代行政法存续的时间是非常长的，它包容了若干历史时代，而从社会现实看，每一个历史时代都有本时代的规律性，都有本时代的社会现实，一个相对稳定的行政法现象必然不能够同时对应若干个不同的社会现实。此外，在现代行政法中，定量性的东西少之又少，这种不能量化的特性使我们无法把它同现代科学对应起来。后现代行政法本身就是在高科技的基础上产生的，是高科技社会的结晶，因此，它必然具有科学属性，作为具有科学属性的后现代行政法，其规范内容既符合自然现实又符合社会现实，是自然现实、社会现实以及规则体系三者的有机统一。后现代行政法是在全球趋同的社会格局下产生的，因此行政法的地理特性相对较少；而地理特性常常使人类社会的法律现象难以成为一个体系，后现代行政法由于具有相近的基础，其体系性要比现代行政法强很多，这也是其科学性的一个有力论据。后现代行政法的科学属性至少说明，在后现代行政法的概念系统中至少要突出两个方面。

第一,突出概念系统的细密化。现代行政法的概念系统是否已经建立起来在我国行政法学界存在争议,无论这种争议是否有价值,我们都可以说现代行政法的概念系统在细密化程度上还存在较大问题。一方面,行政法解释中的概念与其他学科的概念没有得到很好区分。例如,行政机关的概念既是宪法学概念,也是政治学概念,同时还是行政管理等学科使用的概念。而这个概念在行政法学中是否有独特含义,我们并没有给出一个明确的说法。另一方面,行政法学解释中的概念都相对粗放,即我们对概念进行类型学的划分还不够。一个概念既可以在宏观层面使用,也可以在中观和微观层面使用。例如,当我们使用行政主体的概念时,我们对它没有作类型学上的划分。国家整个行政机构体系可以以行政主体称谓之,一个行政系统中的支系统也可以用行政主体称谓,一个单一的对外行使职权的行政机关也是行政主体。[①]概念系统的粗放化和与其他学科没有严格区分充分反映了现代行政法的格局。进入后现代行政法以后,由于讲求行政法属性上的科学性,我们就必须使行政法的概念成为真正意义上的行政法学概念,并使这些概念有严格的类型学上或者其他学科上的划分。行政法分析学基于分析的需要,其本身就建立了一套新的概念系统,而且这些概念系统都是在客观事实基础上形成的。概念只是对具体的行政法现象的概括,而不是像在现时代的行政法学之中,概念是人们在为行政法问题贴标签时予以运用的。后现代行政法如果没有诸如行政法分析学或者其他新学科的支持,就难以形成一种主动性的认识。

第二,突出了概念的有机化。狄骥认为:"法律是强制性的,因为它包含着本身即具强制性的规范,而且是以确保该规范实施为目的,并为

[①] 行政法教科书一般情况下对行政主体有一个定义,同时也揭示了行政主体的特征,但绝大多数教科书并没有对行政主体的类型进行列举和概括。因此,行政主体究竟具有什么样的内涵仍然是行政法学界应当进一步研究的问题。

此组织机关、明确权限、制定禁令、强加义务。"①法律的基本观念包括了命令和禁令,而命令和禁令也是客观法的概念形式。这个对法律及其现象的深层理解提醒我们,客观的法如果没有主观的命令和禁令就无法成为真正意义上的客观。其中核心便是表达命令和禁令的基本单位。因此,我们认为,法律中的概念系统本来应当是有机化的,这种有机化不单单存在于实在法之中,而且在法学分析中,每一个概念都应当有一个有机化的基础,即每一个概念都应当有实实在在的法律事实作为存在的底土,并以有机化的内容融合到表述它的概念系统之中。在后现代行政法中,失缺有机性的概念就无法再成为法之概念。行政法分析学并不人为设立一些虚无的或者没有存在根基的概念,而是在行政法过程中规范与社会现象结合以后,对此种实用性概念的归纳和总结。例如,行政法分析学中的行政机关就不再是一个包括所有行政系统中构成因子的那些主体,也不是将这些主体束之高阁之中,而是对每一个主体都确定其时间和空间以及在时间和空间中的有机功能进行厘清。总之,在行政法分析学中,传统意义的概念系统既有了性质上的变化又有了其他方面的变化,这些变化是后现代行政法所必须的。

(二) 新的调控手段的角度

后现代行政法与现代行政法的调控手段相比发生了实质性变化,即由原来的理据性向数字性方向转化。法律是用来对社会进行有效控制的,法律对社会控制所采用的基本手段我们简单地称之为调控方式。由于法律的调控方式是一个综合性概念,就是说我们可以用不同的分类标准对法律的调控方式作出概括,但是,任何一个时代的法律现象都

---

① [法]莱昂·狄骥著:《宪法学教程》,王文利等译,辽海出版社、春风文艺出版社 1999 年版,第 81 页。

有一个主流性的调控方式,这一理论前提是我们分析行政法调控方式时必须予以注意的。古代行政法调控的基本方式可以简单地概括为规整性,所谓规整性就是指行政法对社会进程的调控以具有强力性的规整为主要逻辑过程。规则的制定和规则的实现都以规整为最高原则,行政法的功能体现在对社会关系的梳理和社会主体行为的控制上,当然,这种控制或者受最高理念的支配,或者不受最高理念的支配。中国封建社会的德主刑辅虽是一个大的治国方略,但亦能够反映在行政过程中,有关行政法对社会的规制有礼这样的最高信念支配。现代行政法否定了古代行政法在调控方式上的这种规整性,而以理据性为主要的调控方式。理据性是法律实施过程中理性化的体现。一方面,在理据性的调控方式之下,法律事实是法律过程的核心,这些法律事实包括法律人的行为、法律规则以及由行为和规则构成的法律条件,整个行政法的调控过程就是在这三者的交互作用下进行的。另一方面,一套严密的推理技术制约着整个行政法过程,如一个行为人是否构成行政上的违法,一个被确认的违法行为究竟应当如何追究责任等都需要有相关的法律逻辑或者相关的法律逻辑作出判断。另外,行政法的理据性还包含着对证据的重视,证据在一些重要环节上成了法律实证过程的核心。我们说,理据性调控方式使法律由不文明走向文明,使法律调控方式由不规范走向规范,其历史功绩是非常显著的。但是,理据性调控方式所体现的价值理念仍然是定性分析,用确定行为本质以及这种本质所体现的社会价值作为调控机制,其不崇尚定量分析的方法。后现代行政法则不再强调调控方式的理据性而代之以数字。行政法的调控过程都被数字化、符号化和知识化。

一则,行政法体系中充满了数字化的法律语言,从行政组织规则到行政行为规则都在定质的基础上进行合理定量。人们关心的不再是一个行政法规则中包含何种性质的权利义务,而关键的是这种权利义务对利益所造成影响的数字化估算。

二则,行政法事实不再是抽象的事件和行为而是可以用数字说明的物质利益和精神利益。相关的数据化资料和报表充斥了整个行政行为过程,行政主体甚至不需要再作深刻的逻辑推理,而通过报表就可以完成这样的推理,因为报表中的数据就已经构成了行政法过程。行政法的数字化形态是必然的,这主要原因在于社会的数字化,"数字'革命'的说法仍然是站得住脚的,因为不管用什么标准来衡量,经济带来的变化是惊人的,而数字技术则是这种惊人变化的唯一最大驱动力。不管狂热者们如何夸大世界将发生的变化,这些变化将最终决定于数字技术的发展。眼下,没有人知道数字技术将如何发展,因为虽然技术本身已经稍稍变得可以预测,但确切的形势将如何变化,以什么速度变化并不仅仅取决于技术的发展,而且还要取决于一个国家的主要商业政策和政界要人们。"[①]既说明行政法调控方式数字化之必然,又说明行政法调控方式数字化是整个社会数字化的条件。后现代行政法调控方式上的数字化只是笔者对其作的一个简单概括。在这个数字化的手段之下可以有诸多新的调控手段。

一则,后现代行政法在调控过程中能够自我修复。这是一个非常关键的特性,现代行政法的自我修复功能相对较差,其在对社会过程进行调控时即便存在某种不适,也不会通过自身的机制将这种不适予以调整,因为,现代行政法没有这样的机制。后现代行政法强调各种元素的自我实现,因而,其能够通过自身具有的机制进行自我修复。当然,自我修复的前提是自身能够在运作过程中自我发现问题和运行之不足。在这一点上恰恰与行政法分析学对应起来,行政法分析学对行政

---

① [英]约翰·格里宾等著:《历史焦点》,下卷,朱善萍译,江苏人民出版社 2000 年版,第 564 页。

法问题的研究不带有价值性,而仅带有实用性的机制使其容易发现行政法治中的问题,进而为行政法的自我修复提供了依据乃至于具体的方式。

二则,后现代行政法的技术参数是其另一特性。所谓行政法的参数是指行政法体系形成和发展的参照元素以及这些参照元素中质和量两方面的要素。一方面,行政法参数不能和行政法背景相等同,行政法背景所反映的是行政法存在的大环境和行政法规范背后的制约因素,而行政法参数不单单是行政法规范背后的东西,还包括行政法规范自身的内涵。另一方面,行政法参数不能和行政法的测评指标相等同,行政法测评指标是行政法价值的判定标准,它常常是一些属于第三者的要素,而行政法参数自身就包含着行政法的价值要素,是行政法的内在构成。

现代行政法的基本参数是社会要素并由这些社会要素构成的行政法特性。法律在其长期发展过程中受制于"法地理学"的影响,有人对法律地理学下了这样一个定义:"法律地理学可以是指人们应更精确地称作的'法地理学'",也就是说,法在不同国家(尤其在不同国家集团)事实上是不同的(我们即将在下面再谈这个事实问题),或是指法的各种不同概念、各种不同法学理论,等等的一种"地理学"。[①] 可见,民族国家和民族国家地理是法地理学对法律进行认识的基本方法,我们现在所称谓的"大陆法系"、"普通法系"、"伊斯兰法系"、"中华法系"等都是从法地理学所得出的结论。质言之,法地理学所突出的是法律的人文要素,包括法律中的人性、法律中的人文环境、法律中的风俗习惯、法律中的民族文化,等等。行政法作为法律体系的构成部分其也受制于

---

① [美]维克多·纳普著:《当代学术通观》,下卷,何林发译,上海人民出版社 2004 年版,第 618 页。

这些法地理因素的影响,现代行政法无不包含着这种法律地理学的痕迹。当然,由于法地理学突出的是社会要素,因此,现代行政法的基本参数也是这些社会要素。这些要素使行政法具有法系上的区分,即有些法系的行政法可能崇尚行政过程中的程序规则,有些法系的行政法则可能强调行政过程中的责任性,等等。这些要素还使行政法具有明显的国界,我们这里所指的国界不是一个简单的地理概念,主要指不同国家行政法在本质属性和重要法律形式上的差异。这些要素即使在一国范围内也要寻求不同区域在行政法运作上的社会差异性。

后现代行政法由于受制于高科技的社会格局,因此,其法律地理学的概念和状态明显减弱,甚至在一些范围内不复存在,而技术因素就成了行政法的主要参数。一则,行政法体系的基本价值不在法地理方面而在法律的运作技术方面。二则,行政法规则本身就包含了若干不同的技术性准则。这些技术准则在其发端时并不一定是行政法现象,而是行政法以外的纯技术要素,但由于其对行政过程的普遍调节作用便由法外要素变成了法内要素,进而成为了行政法这一大系统中的基本内存。后现代行政法中的这种技术属性比比皆是,如果现代行政法中社会因素是主要参数的话,那么,后现代行政法中技术因素则是主要参数。换言之,在现代行政法中可能有一些技术参数的成分,但它不是现代行政法的主要法律形式,同样道理,在后现代行政法中也有一些社会因素作为行政法的参数,但它同样不是后现代行政法的主要法律形式。后现代行政法这种参数的变化使其在诸多方面失去了地理上的界限,我们最多只能以技术地理学划分行政法的类型。[①] 行政法分析学其过

[①] 技术地理这一概念如果能够成立的话,指以行政法规范中的技术要素划分行政法的类型以及行政法的结构,在法系的概念中,也可能包括一些技术上的要素,即不同法系的区分与该法系的技术手段有关,但法系区分的源头和基本点还是地理要素,与技术地理进行区分还是有很大差别的。

程就是通过技术形式完成的,在这中间还有诸多的社会元素,但社会元素只是技术参数存在的基础。总之,行政法分析学的技术特性与后现代行政法的技术参数是一个事物的两个方面,其是后现代行政法所必须的。

(三) 新的功能定位的角度

后现代行政法的功能定位必须由其精神气质而展开,后现代行政法的精神气质之一是其创新性。行政法与其所处社会的关系可以作出这样的概括:当行政法对已经存在的社会关系和社会事实作出认可时,其就与社会的发展保持同步,即它能够对现实社会关系有所反映并适应社会的运作过程;当行政法是在过去社会关系和社会事实的基础上产生的,又对当下的社会关系进行调整时,其从精神实质上讲是落后于现时代的,即落后于其所发生作用的当下时代的;当行政法依现实社会关系和社会事实对未来社会过程和趋势作出预测性规定时,其就具有一定的超前性。我们认为,现代行政法与社会过程的关系主要体现为前二者。行政法与其他法律规范一样,在现代行政法治的机制下,其制定需要依严格的法定程序而为之,当某一需要用行政法进行调控的社会事实出现时,行政法规则的产生则常常与这些社会事实存在着时间差,这样的时间差有时是短距离的,有时则是长距离的,就是说有些由行政法调整的社会事态需要数年的时间才能制定出相应的规则,有些则需要数十年的时间。这样的时间长度,无论或长或短都会造成行政法治与社会关系和社会事实的断层。[①] 然而,社会过程的发展却不以行政法规范的是否制定为转移,其处在非常活跃的发展状态中,社会事

---

① 参见[美]理查德·B.斯图尔特著:《美国行政法的重构》,沈岿译,商务印书馆 2002年版,第 7 页。

实的活跃性是不需要论证的。这样便使制定出来的行政法规范已经不能和新出现的社会事实相一致,即我们根据甲事态制定的行政法规范往往作用到乙事态或者丙事态上面。由此可见,在传统行政法治的过程中,行政法规范的制定与其所调控事态之间总存在一个时间差,这种时间差从一个侧面反映了行政法规范在现代行政法治过程中的固有弊端。不幸的是对于行政法的这种天然的弊端行政法学界并没有从哲理上予以阐释。行政法规范不但存在制定上的缺陷,就连修改和废止也需要一套特别程序,我国诸多行政法规范发生法律效力的时间竟高达半个世纪之久,当然,在一些发达国家某一行政法规范发生法律效力的时间可能更长一些。上面我们讲的只是行政法规范制定时所依据的事实上的时间差,这样的时间差也许不是决定性的,但是在行政法规范具有很长效力的情况下,行政法规范与其所规制的社会事态之间常常是代际之差,即根据前一时代制定的行政法规范对后一时代的社会关系进行着规范和调整。在这种情况下,行政法规范是滞后于时代的,而这些滞后于时代的行政法规范对社会所起的作用基本上是阻滞作用。由于在现代行政法的社会背景中,社会事态的变迁相对缓慢,行政法的这种时间差或代际差还不十分突出,这也许是人们对此疏忽的原因之一。后现代行政法所处的社会背景是一种不断组合、不断变迁的动态化格局,行政法规范在这样的社会背景下已经由被动变为了主动,其必须对多变的社会关系和社会事态进行不间断的感应,必须通过立法主体的主动行为设计新的社会关系模式,使其所设计的社会关系模式本身具有超前性。有学者提出当今社会的最大特点是:唯一不变的就是变化本身,后现代行政法就是在这种变化性中表现其精神气质的,而其对变化的应对就是不断地设计新的制度、不断地反映新的社会过程、不断地创新行政法的各种制度和理念。行政法的创新建立在行政法与其所处社会过程交接能量的关系形式之间。而这种能量交换的状况建立在人们对行政法与其社会事实的认识之中,行政法分析学对行政法社会事实之分析是其功能定位之前提。

三、行政法分析学与后现代行政法的契合

(一) 人本属性之定在的契合

后现代行政法的定在之一是人本属性,后工业社会[①]来临之前的现代社会具有若干重要的社会特征,其中最明显的一个社会特征就是社会的官僚化,所谓社会的官僚化是指官僚机构包括行政机构以及与行政机构并存的其他官僚机构成了现代社会生活的主宰者,整个社会的运行过程是在官僚机构的驾驭下进行的。官僚机构既要确立社会过程的总体格局,又要设定社会过程中这样那样的法律关系,这些关系实质上是对社会关系的设立,只不过是其让这些社会关系法律化而已,"法权对各种社会关系的调整,是通过规定各种法权规范亦即规定各种人们行为规则以及适用这些规范来进行的。法权规范调整着人们彼此之间的相互关系,他们相互的权利及义务,并因此而赋予它们调整之人们关系以一种特殊的性质——法权关系的性质"。[②] 其他社会成员的行为要么在官僚机构的直接监控之下,要么在官僚机构设定的规则的规范之下。这些官僚机构成了社会中的主体要素,有人认为自后工业社会以来的现代社会实质上是官僚机构对社会进行压迫的社会过程。

---

① 后工业社会是社会发展的较高形态,相对于工业社会与军事化社会。军事化社会有两个社会特征:即夸耀与浪费。与之相比工业社会也有两个特征:那就是组织与知识。而后工业社会的社会特征是公众与服务。参见[美]丹尼尔·贝尔著:《后工业社会的来临》,高銛等译,商务印书馆1984年版,第18—19页。

② 苏联社会科学院法学研究所编:《马克思列宁主义关于国家与法权理论教程》,中国人民大学国家与法理论教研室译,中国人民大学出版社1955年版,第479页。

当然,官僚机构对社会的压力在有些方面是不得已而为之的,可能是一种无可奈何的选择。但是,无论如何现代行政法的精神实质之一就是突出社会的官僚化过程,这可以从各国行政权行使的状况以及行政规则的制定过程得到证明。进入 21 世纪以后,社会格局的若干方面的变化使人的地位越来越重要,人与官僚机构的关系也得到了越来越多的人的关注,一些学者进一步提出了社会主体是人而不是非人格化的组织。即是说,官僚机构无论如何是一种非人格化的社会要素,这种非人格化的要素应当是由人格化的因素所控制的,著名的"政府工具论"就是对官僚机构非人格化及其地位的否定。人是整个社会过程的第一要素,也是最前提性要素。我们这里所说的人并不包含非人格化的社会主体,而是实实在在的人,即每个单个的社会主体。后现代行政法突出了人的地位,认为人是行政法中的本位,而其他任何因素都不能作为行政法中的本位要素。突出人本属性是后现代行政法所包含的全新精神,我们也只有以全新的视角才能把握人本属性。现代行政法中也并非完全没有人,恰恰相反,有时它也强调对人权的捍卫和保障,也强调重视人在行政法治中的地位。但是,现代行政法中的人是行政法规范设计之下的人,是存在于普普通通的行政法关系中的人。而后现代行政法中的人本属性首先反映了人与行政法规范、与制定行政法规范的主体之间的理性关系,要求行政法规范的设计以及行政法中官僚机构的状况都要由人来决定,人是整个行政法过程的发动机和最终的归宿。如果我们还从保障人权、给人以行政法上与行政法主体同等重要的地位去解释后现代行政法的人本属性,那就大大降低了后现代行政法中人的基本价值。行政法分析学说到底是要在研究方法上回归到人本之中。之所以这样说,是因为行政法分析学对于作为体现统治阶级意志的行政法并没有简单地予以接受,而是对存在的行政法现象进行真与假、善与恶等方面的价值确定。行政法学研究始终含有价值或意识形态的成分。传统行政法学研究的基础之一是从起点上认可行政法实在的正当性与合理性，这一点在行政法学研究中有非常突出的体现。行政法分析学的研究则将行政法从政权体系设计好的定在中独立出来，只分析行政法中诸主体的地位及其相关的行政法事实。显然，原来在行政法中看不到的人本属性就凸显了出来，从而说明在此方面行政法分析学与后现代行政法是契合的。

（二）民治属性之运作状态的契合

在通常意义上，法治与人治和强权治理等概念相对应。人治就是指权力行使者的个人意志对国家的治理起决定作用。强权治理则是指国家通过诸如军事、警察等国家强力作为治理国家的主体和治理方式。虽然，现代行政法在治理国家的方略中选择的是依法治理的理念，即用法律手段对国家管理过程进行调控，以法规范权力主体行使权力的范围和方法，等等。中共十六大文件中就指出依法治国的关键是依法行政，即法治的内容必须体现到行政权的行使中，而且对行政权进行规范是依法治国的关键环节。然而，我们若从深层次分析，法治实质上与民主分不开，法治是治理国家过程中的一种外在形式，而民主则是法治的物质内涵。具体地讲，当现代行政法选择法治理念以及以法规制行政过程时实质上是对民主的肯定，正如托克维尔所论述的："立法者和执法者均由人民指定，并由人民本身组成惩治违法者的陪审团。各项制度，不仅在其原则上，而且在其作用的发挥上，都是民主的。因此，人民直接指定他们的代表，而且一般每年改选一次，以使代表们完全受制于人民。由此可见，真正的指挥力量是人民；尽管政府的形式是代议制的，但人民的意见、偏好、利益，甚至激情对社会的经常影响，却不会遇到顽强的障碍。"①若将这种民主与法治的关系具体到行政法治中来,就是政府行政系统的职权行使和国家的行政过程必须在宪法和法律规范下进行,而进行的主体是由人民选举和决定的。进一步讲,现代行政法中的民主精神具有非常进步的意义,它认可了人民对规则的选择权,认可了人民对权力行使者行使权力之资格的承认权。但是,现代行政法中的民主属性在后现代行政法中则以另一种情形出现,即人民已不是间接地决定规则或权力的行使者,而是直接决定自己的权利义务、自己在行政过程中的职责。民主到民治的转化是后现代行政法的精神实质上的一大特性,对于政府行政权的行使来讲,在现代行政法的法治理念之下,人民并不是直接的主体,甚至在绝大多数情况下并不构成行政过程的主体,其只是以第三者的身份参与到行政过程中来,人民对行政权运行过程的间接性在某些方面制约了行政过程的社会化和人民性。在民主的行政过程中,人民具有的是选择权,既包括对规则的选择,又包括对执行规则的主体的选择,而民治的行政过程中,人民具有的不单单是选择权,其除了有选择权外,还具有一定的决定权,就是直接决定行政权行使走向,尤其当行政权的作用与自身利益有关时,可以直接决定其中的有关权利和义务。当然,笔者提出后现代行政法的民治属性时,不能将其绝对化。由于行政权行使的大规模性、结构性等特点,在诸多方面,人民的选择权还将继续发挥作用,作为民治属性体现的决定权在更大的范围内运用。毫无疑问,后现代行政法的民治属性实质上就是行政法过程中的社会化,包括社会对行政法的普通参与和对行政法事实的介入。行政法分析学的研究对象就是将规范行政法变成社会现象行政法,作为社会现象的行政法当然不只关注社会主体中某一方面对行政法过程的介入,而是关注社会主体之绝大部分对行政法现象

---

① [法]托克维尔著:《论美国的民主》,上卷,董果良译,商务印书馆1988年版,第194页。

的介入,此点使行政法分析学与后现代行政法又存在契合。当然,这其中的辩证关系还须从深层理解和认识。

(三) 司法属性之运作过程的契合

行政法过程是就行政法的运作过程而言的,行政法过程牵涉到的实质问题是行政法的实现问题。关于行政法过程的范围可以有两种理解。一种是广义上的行政法过程,它包括行政法从制定到实施的全部行政法运作的环节和结果。在广义行政法过程中,行政法规范的产出和修正是运作的有机构成部分,而且行政法的产出是行政法运作的起始环节。另一种是狭义上的行政法过程,它包括行政法实施的全部过程但不包括行政法产出的环节。笔者认为,我们应当将行政法现象作为一个整体事物来看待。因此,行政法运作的过程应从广义上理解。换言之,我们应当把行政法规范的制定、行政法规范的执行、行政法规范的遵守以及行政法规范失范以后的救济等都算作行政法的过程。行政法过程的形式表现是行政法的实施,而行政法过程的最高表现则是行政法的实现。行政法体系以及行政法制度的客观存在与行政法的实现是两个不同范畴的问题。没有实现的行政法体系是存在的,这一点不能否认,因为行政法中的有些东西可能基本上不和社会关系发生联系,这种与社会没有关联的行政法现象必然处在未实现状态之中。以此而论,行政法过程体现着行政法现象的价值。进入现代社会以后,行政法过程可以在两种机制下运行,一种是通过行政性的机制进行运作,另一种是通过司法性的机制进行运作。现代行政法的运作机制是行政性的,或者主要是行政性的。所谓行政性运作是指行政法实施主要是通过行政程序进行的,运作过程中的主导因素是行政系统,而运作的关系形式是行政关系,在这种关系中只有两方当事人,一方是行政主体,另一方是行政相对人。这两个当事人就决定了一个行政法过程中的权利义务格局,行政性运作的最大特点在于整个运作过程没有第三者的参与。这样的运作过程从理论上讲存在诸多问题,因为行为过程只有两种意志介入,而两者都与行政法设定的权利义务关系有利害性,因此,二者常常可以通过默契达成损害国家利益的交易。事实上,行政法治实践中这样的交易并不少见。①行政法的产出在现代行政法中同样只有行政性,一个行政文件的出台,一个行政法典的制定常与行政命令有关,有时甚至直接与行政首长的个人意志有关。

后现代行政法的行政法过程主要是司法性的。这种司法性的表现是:一个行政过程是在三个以上主体的参与下进行的,当行政主体与行政相对人在行政过程中存在认识上的不一致时,就由该法律关系权利义务主体以外的其他主体进行公断。当一个行政过程有多方利益关系人时,行政主体就是这个行政过程的第三者,它可以在没有任何利害关系的情况下对事情作出裁决,行政主体在整个行政法过程中不是一个管理者而是一个执行者,它要完成的任务是促使行政法规范在行政过程中予以实现,而不是在行政过程中改变相对一方当事人的意志。行政法的产出过程也具有一定的司法属性,可以将相关的司法机制引入到行政法规范的制定中来,如用司法审查的机制约束行政法制定过程。"司法审查是一个综合性概念,它必然意味着司法的权限要超出分权的范围,涉及行政、立法和司法权力的相互作用……在实行司法审查的主要体制中,司法审查的范围也包括地区性的冲突、公民自由(公民对抗国家或国家权威),甚至包括对选举制度和选举法公正性的监督,以及对政党内部自治管理的协调。"②可见,司法审查作为一种进步的价值

---

① 参见中央电视台新闻评论部:《焦点访谈》行政卷上,中国政法大学出版社 1999 年版,第 77 页。

② [英]戴维·米勒、韦农·波格丹诺主编:《布莱克维尔政治学百科全书》,邓正来等译,中国政法大学出版社 2002 年版,第 404 页。

理念有着非常好的前景,有着广阔的存在空间。应当指出,我们所说的后现代行政法中行政过程的司法性是对行政过程价值的一个判断,是就行政法实现过程的总体机制而言之的,如果不强调这一点就很可能将现代行政法中的一些具体的司法审查行为与此相提并论,从而降低后现代行政法中行政法过程司法性的技术含量。行政性运作过程是一种单线路的运作过程,不需要行政法分析学的方法,传统行政法学对以行政主体为核心的单线路运作可以提供方略和解释方法。但是,其难以对后现代行政法中作为双向运作机制的司法性运作进行科学解释。行政法分析学具有对行政法运作从反向进行解析的能力,即其从行政法在法治实践中发生的事实进行元素化解析,进而将行政法运作作为双向线路予以肯定,这种研究结论上的双向性与后现代行政法达到了另一层面的契合。

第五章 行政法分析学的独立学科定位

行政法分析学仅就概念而言很容易与行政法学概念发生关系上的争执,即行政法学概念很可能不适当地包容了行政法分析学的概念。同时,还有可能被一些学者错误地认为,行政法分析学与行政法学并无质的区别,只是行政法学在其发展过程中派生出来的又一分支。如果真的出现这样的认知误差就会大大降低行政法分析学的价值,这样的事实一旦出现,我们创立行政法分析学的体系就失去了哲学上的意义,也失去了对行政法进行新的具有时代精神的分析的意义。正是基于这样的担忧,笔者在本著述中开辟一章,对行政法分析学作为独立学科进行定位。这个定位既会从哲学层面出发,又从行政法学研究之需要出发,通过这样的定位真正确立行政法分析学在法学研究乃至于社会科学研究中的独立地位。

一、行政法学科划分之趋势

(一)多进路化

法律学科的划分本是一个法理学问题,但是,纯粹从法学中的法律学科划分①仅对部门法中的学科划分有指导意义,而其对每个部门法中的学科划分起不到直接的决定作用。如我们不能根据法理学中有关理论学科与实践学科的划分将行政法学中的学科分为理论行政法学与实践行政法学,因为作为部门法都具有明显的实务性。这个传统划分对行政法学几乎不起作用。因此,我们认为每个部门法的学科划分还要根据每个部门法自身的状况进行。行政法学内部学科的划分在这些年来呈现出一些新的特征,即朝着多进路化、分解化、细密化、构型化等方面发展。我们首先探讨多进路化。

传统行政法学应当说只有一个总的学科体系,即我们所说的行政法学。在这个学科体系中包容了行政法问题研究的大部分学科结构和知识结构。以较早出现的行政法学著作为例,其基本上有着大体一致的格局,在这个格局中,有行政法问题哲理上的讲解,例如古德诺的《比较行政法》就有行政法哲学的研究,认为:"行政法,必须自法律全体分离之否? 支配行政官吏关系之法规与支配个人关系之法规,从论理的分类,法律其相异之度,果当与行政法以特别范围否? 在行政法规则之第一部,答此问题,尚为易易。管理行政官吏组织之法律规则,与支配个人关系之法律规则,要自有别。何则? 为其法律规则之目的,非个人之福幸,而全在于公共之福幸也。至关于行政法规则之第二部,因整理行政府之行为,与整理个人之行为之法律规则,果有异乎? 抑不能不异乎? 则为一正当之疑问。在许多事例,政府之行为与寻常个人之行为,方法颇同。于是,或以为此种事情,应与关于私人之事由同一之法律规

---

① 法理学中关于法律部门的划分通常情况下以法律的调整对象为划分基础,同时还要考虑典则体系的规模和归属。依据这些划分标准,基本上形成了若干普遍认同的部门法,如宪法、行政法、刑法、民法、商法、国际法,等等。法理学上的这种划分对于一个部门法中分支体系的划分可能会有一定的指导意义,但不能作为直接依据。因为,法理学中关于部门法调整对象已经类型化和定型化了,将其再作进一步的划分无论从理论上还是从实践上都有诸多障碍。

则支配之。"①这些研究在当代的行政法学归类中,很可能就作为独立之说存在。有行政法史学的研究,该书第一编第三章"分权之说"、第四章"分权说之除外例"专门讲授有关行政法的历史;②有部门行政管理法的研究,其对政府管理社会事务的一些方面作了专题研究。③ 我国台湾学者早期出版的行政法学教科书具有同样的格局,例如1978年张载宇所著的《行政法总论》就有与古德诺大体相同的研究范围。早期除了总论行政法之外,没有分论行政法,更谈不上有行政法史学和行政法哲学的研究。近年来,行政法学科的发展进路则向多进路化方向发展,从原来的以规范和法典构建行政法学科的单一进路向多进路发展。一方面,行政法学研究中的部类越来越多。例如行政诉讼法学是近年来才从行政法学科中独立出来的。在我国台湾地区的传统行政法学科中行政诉讼法的内容仅是一章或一篇,而不是一个单独的学科。中外都有将行政诉讼法从行政法学中独立出来的倾向,独立的行政诉讼法学著作越来越多。当然,行政法的其他问题也有被学科化的倾向,行政赔偿、行政救济、行政行为的专题研究不断增加,而且这些专题研究都不单单是问题式的研究。更为重要的是每一个研究学者都试图将其学科化。另一方面,行政法学构建学科的方式越来越多。前面我们指出,传统行政法学的学科构建以典则和规制对象为依据,如行政组织法学、公务员法学、行政行为法学等基本上以典则的性质和规制对象为依据。随着行政法学的发展,构建行政法学科的依据越来越多,例如,以行政法学发展进程构建行政法学科,笔者所著的《行政法制史教程》就以此

---

① [美]古德诺著:《比较行政法学》,白作霖译,中国政法大学出版社2006年版,第6页。
② [美]古德诺著:《比较行政法学》,白作霖译,中国政法大学出版社2006年版,第12—15页。
③ [美]古德诺著:《比较行政法学》,白作霖译,中国政法大学出版社2006年版,第81—92页。

为构建依据。行政法学中的多进路化使行政法分析学顺应了这个大潮流。我们试想一下,如果没有行政法史学、部门行政法学等学科的广泛社会认同,行政法分析学科的创立就是不可想象的。

(二) 分解化

行政法学科的分解化趋势与多进路化趋势有着一定的关联性。同时,我们不能因此就将行政法学的分解化等同于多进路化,因为两者存在一些微妙区别。当笔者说行政法学科有多进路化趋势时,是指人们关于行政法学科构建的切入点越来越多,如由法典切入到规范切入、由规制对象切入到部类切入、由行政法实在问题切入到行政法哲理问题切入等。在多进路化的情况下,每一个切入都将使自己的切入点成为学科构建的基础并进而建构起新的行政法学科。分解化则是另一种倾向,其将原来相对较大的学科,对其构建学科的基础予以细分,使其化整为零。再根据每一个能够成为零的东西建立起一个新的行政法学科。

一则,行政法学科由从总系统到支系统再到子系统分解之趋向。行政法学系统之总论部分,近年来被分解为行政组织法学、行政行为法学、行政救济法学,甚或行政程序法学等。这些分解出来的学科可以被认为是行政法总系统中的支系统,这些支系统后来又发生了进一步的分解,如行政组织法学被分解为公务员法学、行政组织法学和行政编制法学。行政行为法学则有更加具体的分支学科。行政救济法学分解为行政诉讼法学、行政复议法学、行政赔偿法学等。这些都是上列支系统的子系统。

二则,行政法学科由从综合性研究的学科到理论研究和实务研究分解之趋势。传统行政法学科体系中包括理论研究和实务研究两个范畴。有关行政法理论问题的研究属于前者,有关行政法应用问题的研究属于后者。近年来,此二范畴的研究亦有所分解。行政法哲学、行政法史学的出现就说明行政法学理论研究已经分解出来了。而部门行政法学和行政法案例教学的研究则说明行政法应用学科亦有所分解。对于上列分解,行政法学界还没有从主观上认识到,即这些分解在笔者看来目前是在下意识的情况下进行的。如果我们对这个分解有理性思辨的话,对于新兴学科的构建就会更有意义一些。

三则,行政法学科由从纵向上进行断位分解之趋势。行政法学体系的结构应当是一个包含纵向结构和横向结构的事物,其中纵向结构的东西是指有些行政法问题本来有上下位次之分。上位的问题存在于相对较高的层面,下位的问题存在于相对较低的层面,以行政立法问题的研究为例,在这个系统之中有立法机关制定的行政法之研究范畴,也有行政机关制定的行政法之研究范畴。但是,这些纵向上可以有结构化形式的研究现在被以断位的形式分解了。[①] 例如,行政立法问题研究的出现就使得在这个问题上的上下位予以断开,并将上下位问题的研究归入不同的学科之中。我国行政立法既有专题研究,又有将这些专题研究学科化之趋向,一些学者对行政立法学科的构建就很能说明问题。[②]

[①] 近年来我国出版了诸部对行政规范性文件进行研究的专题著作、对政府规章进行研究的专题著作等。当学者们对它们进行研究时,都是将它们作为一个单独的对象展开的,而且这两个板块的研究已经形成了规模。与之相比,行政法规和法律层面上的行政法规范研究还没有形成独立板块。在笔者看来,由断位作为研究对象并形成学科体系的趋势不可逆转。

[②] 这个断位上的学科分化甚至可以说是比较精细的,行政规章的研究之外,地方立法的研究亦有学科化之趋势,更有说服力的是一些学者也对行政法规范性问题的研究进行了学科化处理,例如行政法适用问题的研究,张淑芳教授曾在《法学研究》上撰文认为:行政法的适用规则是诸如行政立法、行政执法、行政司法等其他相关制度不能包容的,而应当与其他行政法制度相并列。"本文试图将行政法的适用作为行政法以及行政法学中具有相对独立性的一个部分(与行政立法、行政执法、行政司法等并列)加以研究,颇有新意。我国有没有必要制定一部单行的'行政法适用法'暂且不论,但在行政法学体系中,将行政法的适用作为一个相对独立的部分加以阐明和论述完全是可行的。"参见冯军、刘翠霄撰:《行政法学研究述评》,载《法学研究》2001年第1期,第129页。

四则,行政法学科由横向上进行板块化分解之趋势。同一层面的行政法问题在以前都处于一个学科体系之下,例如,具体行政行为的概念之下就包括诸多行为类型,究竟有多少具体行政行为行政法学界并无人能够说清楚,尤其无法用行政法典则对具体行政行为的类型进行统计和说明,一些学者就一定的理论对具体行政行为进行类型学上的划分。其目的在于使具体行政行为的类型清晰化。每一个具体行政行为既可以作板块化处理,又可以作包容化处理。所谓包容化处理是指一个具体行政行为之中可能包括了一些相对较小的具体行为。例如,行政处罚行为中就有告知、送达等更为细小的具体行政行为。所谓板块化处理则是将同一层面的具体行政行为予以排列,使其与其他地位相同的具体行政行为处于同一地位中。近年来,将处于同一层面并归于同一学科之下的具体行政行为都作了学科上的分解,最为典型的是行政处罚行为、行政强制行为、行政许可行为、行政规划行为、行政合同行为的学科化构建。[1] 可以说,上列板块化的分解都使这些行政行为成了一个单独的学科。行政法学科存在学科分解化之趋势,且在进一步细化中,这是一个不争的事实。[2] 既然行政法学科不断地处在分解之中,那么,新兴学科的产生就是我们无法予以阻拦的,而且行政法学科分解的结果还会为诸如行政法分析学等新的学科之产生留下空间。

---

[1] 将一个具体行政行为作为研究对象并进行学科化构建在行政法学研究中究竟有多大的合理性是需要探讨的问题。不过就目前情况来看,我国学者在做这样的构建时,往往考虑了相应的法律典则。例如根据《行政许可法》对行政许可行为的调整构建行政许可行为的学科体系,根据《行政处罚法》对行政处罚行为的调整构建行政处罚行为的学科体系。也有一些学者从纯粹行政行为的角度,将某一具体行政行为的研究学科化。

[2] 从理论上讲,行政法学科的分解化与行政法学科的集聚化是两个不同的并且对立的进路,对于行政法学的研究而言两个进路都应当作为方法论而存在。但是,目前的状况是人们不再关注行政法学科集聚之问题,也无人有意识地进行学科之集聚化的工作。与之相对应的分解化则方兴未艾,其已成为行政法学科构建中的一个主流或者一股潮流。

(三) 细密化

行政法学科由相对原始到相对发达的发展是必然的,在这个发展过程中学科原先的初始化甚至于粗放化的色彩已越来越淡,而细密化的色彩则越来越浓。行政法学发展趋势的细密化主要表现于下列方面。

其一,学科内涵越来越深刻。有行政法学家对行政法学内涵的深刻化作过这样的描述:"行政法是指以特有的方式调整行政——行政行为、行政程序和行政组织——的(成文或者不成文)法律规范的总称,是为行政所特有的法。但是,这并不意味着行政法只是行政组织及其活动的标准。更准确地说,行政法是并且正是调整行政与公民之间的关系、确立公民权利和义务的规范,只是其范围限于行政上的关系而已。"①由此可见,行政法学涉及的内容和运用的思想方法已经大不一样。涉及内容已经不仅仅是典则问题,同时也有一定的典则背后的关系。思想方法已经不仅仅对问题进行直观的分析,而侧重于逻辑推理。亨廷顿在《变革社会中的政治秩序》一书中就对三权分立及其与现代政府机关的关系作过这样的分析:"在美国情况则相反,主权分裂,权力分离,而职能却由许多不同的机构共同承担。这种结果并不是由18世纪流行的权力(亦即职能)分立学说造成的。单纯从形式上来看,各机构分别执行立法、行政和司法职能,可以使一个机构垄断占支配地位的制定法律的职能,从而使权力集中。从某种程度来说,这正是洛克和杰斐逊希望实现的。当然,孟德斯鸠也看到了这一点,但他认识到职能的严格分立会造成权力的不均等。"他说,"从某个方面来讲,司法机构几乎

---

① [德]哈特穆特·毛雷尔著:《行政法学总论》,高家伟译,法律出版社2000年版,第33页。

是无足轻重的。"因此,为了取得真正的权力分离,孟德斯鸠把立法的职能划归于代表着王国传统中三个等级的三个不同的机构。实际上,美国就像在都铎时代的英国一样,权力的分离不仅是由立法职能的规分所致,而且是由于其他职能也由几个机构共同承担,这样一来就产生了使权力均等的"制衡"体制。诺施塔特曾指出,"1787年的立宪大会原本要建立一个'权力(亦即职能)分散'的政府,但这一目的没有实现。相反地,却创建了一个各分立机构共同承担权力(职能)的政府。因此,美国始终存在着职能联合而权力分立的状况,而欧洲却发展为职能分化而权力集中的格局。"[①]显然,已经不是直接地分析观察三权分立及其与国家政权体系之关系,而是对其作逻辑推理。行政法微观问题研究中这样的推理也越来越普遍。

其二,学科使用的方法越来越多。行政法学科在现代社会中要将其完全封闭起来并非易事。即是说,行政法学科受社会科学总体格局的影响日益强烈。同时,复杂的社会因素对行政法学的渗入也日益明显。这样,在社会科学和自然科学中出现的方法便有意无意地渗入到行政法学中来。为了应对行政法所面临的社会问题,学者们的研究就必须采取更加多样的手段为需要解决的问题提供方法或方法论。基于这两个方面的理由,行政法学对新的方法的吸收也便顺理成章。我们可以将20世纪70年代出版的行政法学著作与21世纪出版的行政法学著作进行比较,在新的行政法学著作中,方法论之丰富令我们感叹,笔者在《比较行政法学》一书中对行政法学方法论运用的态度作过概括,概括了学界对待方法论的四种态度,即:"轻视方法论的态度"、"回避方法论的态度"、"刻意强调方法论的态度"、"选择运用方法论的态

[①] [美]塞缪尔·亨廷顿著:《变革社会中的政治秩序》,李盛平、杨玉生译,华夏出版社1988年版,第108—109页。

度"等。指出:"在行政法学研究中,轻视方法论和回避方法论虽然是行政法学研究中的一种客观事实,在一定时期,一定人群中此两种态度甚至是行政法学研究的主流。然而,行政法学研究中也有一种刻意强调方法论的研究态度,这样的研究态度在行政法学研究中从人群分布看,似乎仅占少数。但同时我们应该注意,凡刻意强调行政法学方法论的行政法学研究者都在行政法学研究中取得了注目的成就,这些成就对行政法学的研究亦起到了巨大的推动作用。这其中有一个现象是值得注意的,一些行政法学思想家通过一定的方法论对行政法学问题进行了科学阐释,在其思想体系中方法论是起决定作用的,而人们在对这些思想家取得的成就进行关注时,大多把着眼点聚在了他们通过科学方法论所得出的结论上。即是说,行政法学界对取得成就的行政法学问题的研究,大多重视方法论所产生的结果,而没有重视方法论本身。这种状况对行政法学的研究是致命的。因为,方法论所产生的结果是一些个别问题,而方法论则是全方位的。方法论产生的结果是暂时的,而方法论则具有较长的生命力。行政法学之所以在社会科学研究中相对滞后,与这种过分重视方法论的结果而不重视方法论本身不无关系。"①方法论的刻意运用和方法的多元化都反映了行政法学科之细密化。

其三,学科范围越来越具体。行政法学是公法学的基本分支之一,与其他公法学的关系如何划分是一个不能回避的问题。笔者注意到,行政法学科在其初期受制于公法学基础理论的影响较大,使诸多行政法学论著实质上都与宪政学或者宪法学没有作很好的区分。有些学者甚至将行政法学与政治学没有作很好的区分。这对行政法学而言是一把双刃剑,就好的一面讲,这样的学科格局为行政法问题的探讨奠定了

---

① 关保英著:《比较行政法学》,法律出版社 2008 年版,第 56 页。

良好的公法学基础,使行政法学问题的探讨有非常厚重的宪政哲理,也正是这一点使行政法学在法律学科中有较高层次的作为社会科学之价值。就不好的一面讲,使行政法学科在很长时间没有形成自己的概念系统和解释方法。这也正是传统的行政法教科书总愿意从行政、政治、宪法、宪政等内容作为行政法研究起点的原因。近些年来,情况发生了变化,即行政法学科的范围越来越具体,一些新的行政法教科书对行政法学科的构建已经不受制于宪法、政治等,只是将行政法作为公法之一部,而不是将行政法作为公法之全部,或完全用公法原理探究行政法问题。行政法学科范围的具体化从一个侧面反映了行政法学科发展中的细密化。行政法学发展的细密化与行政法分析学的产生和发展同样具有关联性,其对行政法分析学今后相对独立的走向亦会起到积极作用。

(四) 构型化

学科的构型与学科的泛化是相对而言的。所谓学科的泛化是指某一学科在其发展中与其他学科在边缘问题上相对模糊,学科内部的整合机制也相对较差,在没有整合机制和整合原理的情况下将一个学科中的元素堆砌起来。显然,泛化的学科在其属性上具有非驴非马之内外在表现,这种非驴非马既与学科之元素有关又与学科之价值有关。所谓构型化是指某一学科在其发展中通过一定的机制首先使其与其他学科边缘清晰,其次,在其内部有一整套整合机制,并通过相应的原理将机制中的要素予以合理运用。行政法学趋势之一便是其构型化。这种构型化表现在:

一则,行政法学理论基础的研究具有一定的高度。笔者曾对行政法理论基础从总体上作过这样的评价:"行政法理论基础在国外的尤其法治发达国家的行政法学研究中似乎是一个不太重要的问题,因为近些年来出版的有关行政法学著作并没有专门探讨行政法理论基础的章节。然而,不争的事实是,虽然国外学者不以理论基础的概念来称谓其关于行政法思想的进路,但其在探讨行政法问题的走向时却对几乎每一个问题都寻求一个基础的理论支架。例如,斯图尔特在《美国行政法的重构》一书中,对自由裁量权在美国的走势分析便依赖于一个理论,即'禁止授予立法权原理的复活'。他指出:'在政府的许多管理活动中,就管理事项的性质而言,要详细规定行政机关必须采取的做法是不可能的。当一个新领域的管制刚开始实施时,这一点最为明显。行政管理是实行一种实验。如果管理事项在政治意义上和经济意义上是变动的,如工资和价格管制,那么,在该管理问题上基本参数的经常性变化,排除了制定可以在任意长的时间内始终如一地予以奉行的详尽政策之可能性。随着联邦政府为管理经济承担更多的责任,以上所列之局限的发生概率会日益增加。'因此他主张:'在控制立法机关授予行政机关自由裁量选择权方面,设想一个更为谨慎的司法角色是不可能的。法院已经适用立法目的明确表述之政策,对那些侵犯重大个人利益的制定法授权进行狭义的理解。假如立法目的明确表述之政策适用于经济行政和社会行政情境,国会至少必须在扩大行政机关的权力之前重新审视行政机关受命所做的工作。因此,对制定法的授权予以狭义解释的政策,可能会得以有效的适用。'可见,其对有关行政自由裁量权发展进路的分析是从这个问题的上位原理出发的。禁止授予立法权原理的复活适当地解释了美国行政法中自由裁量权的现状。当然,斯图尔特并没有以寻求理论基础的论证方式论证之。在笔者看来,行政法理论基础在行政法问题的解释和解决,可能比行政法学方法论来得更完整、更实在。行政法学方法论是没有定式的,而行政法的理论基础则是有定式的,行政法学方法论可以有诸多选择,而行政法理论基础则不是一个可以由学者们任意设定、任意选择的问题,如果哪一国的行政法学研究中人为设置了行政法的基础理论,并使理论基础满天飞,那么,这个国家的行政法学研究要么处于起步阶段,要么处于极度的混乱之中。"①我国行政法学界对理论基础的探讨便有一定的混乱性,但学者们对理论基础研究的重视就足以证明学者已经在作行政法学构型的努力。因为只有当行政法学科有统一的理论基础作为支架,才会有下一步的科学构型。

二则,行政法学价值定位的研究具有一定的高度。行政法之价值可能要比行政法之理论基础更为基础,因为价值是行政法之起始性问题。笔者曾经对我国行政法理论基础探讨中不重视价值之探讨作过思考:"近年来我国在行政法理论基础的争论中,各派学说各执一词,谁都难以说服谁,其根本原因在于对行政法理论基础的不同理解。如有的把行政法的现实基础视为理论基础,有的把方法论视为理论基础,有的把行政法发生作用的状态视为理论基础,更有甚者把行政法的功能视为理论基础。由于各自的立足点不同,自然难以形成共识。其实,各说在探讨理论基础时都忽视或者回避了行政法的价值问题,而价值问题恰恰是解决后续问题的基点。在什么是行政法理论基础的问题解决之前探讨行政法理论基础是什么的问题是一种预期理由的逻辑错误,也必然使该问题的探讨陷于两难的境地中。"②自作者1997年出版《行政法价值定位》一书以来,有关行政法价值的研究基本上告一段落,但并不是已经完全停止,行政法价值被定位以后行政法学科的构型也就不会有太大的问题。

三则,行政法模式选择的研究有一定的高度。自2000年笔者出版《行政法模式转换》一书后,行政法学界便展开了对行政法模式或者范

---

① 关保英著:《比较行政法学》,法律出版社2008年版,第134—135页。
② 关保英著:《行政法模式转换研究》,法律出版社2000年版,自序第2页。

式的研究,①行政法模式或范式问题一旦明确,就必然会为下一步的构型提供前提条件。

上述三个方面都说明我国行政法学科的构型方兴未艾,理论基础的探讨、价值定位的探讨、范式的探讨都说明了构型化这一事实。那么,构型化对于行政法分析学而言有什么意义呢? 笔者认为构型化同样企求行政法分析学作为一个独立学科而存在,因为行政法学科的构型基础在于首先对行政法事实的厘清,只有行政法分析学能够单独完成厘清行政法事实这一艰巨任务。总之,行政法学科的多进路化、分解化、细密化、构型化都能够间接证明行政法分析学作为一个独立学科存在的必要性和重要性。

二、行政法分析学作为新兴学科之原由

(一) 行政法传统学科不能包容

行政法分析学是行政法学研究中的一个新兴学科,或者说是对行政法问题按照全新的方法进行的研究。在我们讨论行政法分析学作为独立学科之前,首先必须将该研究的新兴性以及由该研究构成的学科之新兴性理出来。我们将从三个方面探讨行政法分析学作为新兴学科的地位。第一个方面就是目前形成的所有行政法传统学科都不能包容行政法分析学。在行政法传统学科中,分析的手段可能被运用过,但当人们运用分析手段时是将其框定在某个研究环节上的,例如,我们在行政法案例教学的学科体系中,也常常对案例进行分析,但这种案例分析

---

① 学者们提出了不少有价值的论点,石佑启教授的著作:《论公共行政与行政法学范式转换》(北京大学出版社 2003 年版)是这一研究最为系统和全面的。

的方法既具有法律规范上的大前提,又具有法律事件上的大前提。不可否认的是,行政法案例分析不乏精彩的分析内容和分析后所得出的结论。例如,在"龙渊街道村民不服浙江省政府关于龙泉市征地申请的批准决定案"一案中,作者作了如下三方面的分析:"1. 本案涉及职权行政主体的隶属关系问题。在我国,行政机关的体制是一个纵横交错、关系复杂的系统。根据我国《行政复议法》的规定,行政复议一般向作出具体行政行为的行政机关的上一级行政机关或特定行政机关提出。本案中,作为中央行政机关的国务院和作为地方行政机关的浙江省人民政府、龙泉市人民政府都是职权行政主体,它们之间具有隶属关系。根据我国土地管理的有关规定,征收龙渊街道一村土地的行政决定须经省政府批准,即由浙江省人民政府作出该征收决定,而对浙江省人民政府的征收决定不服,通常应当报请国务院处理。2. 本案中,由于国务院、浙江省人民政府各自地位的不同而在行政复议管辖上呈现出特殊性。根据我国《行政复议法》的规定,行政复议实行一级复议制度,即行政争议经过行政复议机关一次审理并作出裁决之后,申请人即使不服,也不得再向有关行政机关再一次申请复议,而只能向人民法院提起行政诉讼。这是基于及时化解行政争议和司法最终裁决原则所建立的行政复议制度。3. 本案中浙江省龙泉市人民政府、浙江省人民政府、国务院作为职权行政主体,其权力行使从实体和程序两个方面受到法律的规制。国家规定,土地分为农用地、建设用地和未利用地三大类,其中'水库、坑塘的正常蓄水位与最大洪水位之间的滩地'为滩涂,属于未利用地,但是,已利用的滩涂除外;在征地依法报批前,要将拟征地的用途、位置、补偿标准、安置途径告知被征地农民;对拟征土地现状的调查结果须经被征地农村集体经济组织和农户确认。本案中,被征收土地一直由申请人耕种,被申请人浙江省人民政府将申请人的耕地错误地认定为未利用地,并批准征收,是不合法的。龙泉市人民政府没有将被征收土地利用现状的调查结果,交被征地农村集体经济组织和农户确认,程序上明显有瑕疵。因此上述最终裁决是正确的。"[1]然而,我们不能因此就认为传统行政法学中包含了行政法分析学的内容,这既是由行政法分析学作为学科体系的特性决定的,也是由行政法分析学作为行政法学研究中的一种新的进路决定的。在传统行政法学中不存在行政法分析学,可以由下列方面予以说明。

第一,行政法学没有也不能包容行政法分析学。本书第一章我们已经探讨了行政法学没有包容行政法分析学的问题,并从行政法学之不完整性等方面进行了讨论。那么,是不是说目前行政法学没有包容行政法分析学是人为因素决定的,而与该学科本身没有关系? 换言之,是否说今后可以使行政法学包容行政法分析学? 回答是否定的。即是说,如果我们给行政法学一个基本定位,将其定位在对一国行政实在法尤其对一国行政实在法规范的研究,那么,行政法学就不可能包容行政法分析学。其原因可以有两个方面,第一个方面是行政法学有自己的研究对象和学科体系。到目前为止,人们都将行政法学的研究对象定位于行政法规范或行政实在法,这几乎在任何一个国家都没有例外,在

---

[1] 本案案情如下:"2003年6月,浙江省龙泉市人民政府发了一份征收龙渊街道一村土地的通告,并于2004年3月开始强行征地。2005年5月,龙泉市政府又贴出浙江省政府作出的浙土字[A2005]第10001号批准龙泉市征地申请决定公告,其中批地文件称这块地是荒地。龙渊街道一村村民张丽锋、管礼全等人不服,向浙江省政府法制办提出行政复议。省政府法制办作出浙政复决字[2005]23号行政复议决定,维持了省政府先前作出的浙土字[A2005]第10001号征地决定。村民张丽锋、管礼全等83人决定向国务院申请最终裁决。国务院经审查认为,本案被征土地一直由申请人耕种,龙泉市人民政府于2005年上报申请批准征收,其地类认定应当适用国土资源部2001年公布的《土地分类》,被征收土地属于已利用的滩涂,不能认定为未利用地;龙泉市人民政府上报征地材料前,没有将拟征收土地现状的调查结果交被征地农户确认,程序上有瑕疵。2007年2月1日,根据已查明的事实和《行政复议法》第14条、第28条的规定,国务院作出最终裁决:(一)将被申请人浙土字[A2005]第10001号征地决定中龙渊街道一村15.4228公顷农村集体所有土地的地类由未利用地变更为耕地;(二)责令被申请人完善批准征收耕地的相关手续。"参见周佑勇主编:《行政法案例教程》,复旦大学出版社2008年版,第69—72页。

研究对象不可以改变的情况下学科的构成也就无法改变。行政法学科体系自其产生以后就有一个大体上的构成要素,这个构成要素保持了其相对的稳定性,这才使行政法学科在不同时期有大体上相同的定在。学科体系无法改变,行政法分析学也就难以进入这个体系之中。第二个方面是行政法学有自己的方法和方法论。例如,行政法学总体上的方法论是对行政法进行适当的演绎,就是我们前面已经讲到的,先设定一些理论上和规范上的大前提,再根据这个大前提评介日常生活中出现的行政法事件。当然,在英美法系先以案例作为基础,再对案例进行理论上的概括,这从表面看似乎走的是另一条路径,但这另一条路径仍然不是行政法分析学所走之路径。① 上列两个方面均说明,行政法学即便是在人们认识其应当具有分析功能的情况下,其仍然不能包容行政法分析学。由此可见,与行政法学相比,行政法分析学是一门新兴学科。

第二,行政法哲学没有也不可能包容行政法分析学。本书第三章我们探讨了行政法分析学与行政法哲学的关系,我们既承认行政法分析学与行政法哲学有共通之处,又非常肯定地讲二者一个是相对独立的学科,另一个是绝对独立的学科等。总之,二者不论存在关系形态上的交织,还是各自有相对独立的地位,我们都可以说,行政法哲学不能包容行政法分析学。此处所讲的行政法哲学不能包容行政法分析学是说行政法哲学的传统内容中不曾有作为新的范式的行政法分析学。我

---

① 行政法学科不能包容行政法分析学还有一个原因就是任何一个国家的行政法学科的功能之一就是通过它完成行政法教育的任务。所谓行政法教育就是指一国通过法学教育机制——专职的和非专职的,专业的或非专业的——将行政法的内容、原理、价值、任务,等等推介给受教育者——将来从事法律工作的受教育者、将来不从事法律工作的受教育者。行政法教育中必然不要求对行政法实在法进行否定和质疑,如果有这样的教育方式那必然是存在于民间的教育方式,但令人遗憾的是各国行政法教育的权利都控制在政府手中,而不是存在于民间,至少主流的行政法教育是如此。

们对二者进行学科定位时指出行政法哲学是从规范之上位,或者规范之上的问题对行政法进行研究。而行政法分析学则是从规范之下位,或者规范之下对行政法问题进行研究。这二者上位与下位问题的区别几乎使他们成了两个完全不相关的学科。因此,我们认为行政法哲学不能包容行政法分析学同样是有道理的。那么,我们是否能在行政法哲学中建立一个行政法分析学派的分支呢?显然,用广义的哲学概念进行分析是可以的,因为在广义行政法哲学的概念下行政法分析学应是其构成之一。然而,行政法哲学作为法律哲学之一部分其必须符合法律哲学之一的特性,其只需对行政法之价值性问题进行定性,而无须对行政法应用中的问题进行具体的定性。从这个意义上讲,行政法哲学只要遵行其严格的哲学价值就不可能包容行政法分析学。如果我们认为行政法哲学已经是个独立的存在物,我们便可以用简单枚举法对人们已经构建的行政法哲学进行列举,看其是否包括了分析学的内容。笔者认为,在法哲学之中适当的分析同样是必要的,如黑格尔在《法哲学原理》一书中就有一段法律问题的精辟分析:"从自我意识的权利方面说(第132页以及附释),法律必须普遍地为人知晓,然后它才有拘束力。附释像暴君狄奥尼希阿斯那样的做法,把法律挂得老高,结果没有一个公民能读到它们,或者把法律埋葬在洋洋大观和精深渊博的册籍中,在载有相反判决和不同意见的判例汇编中,以及在习惯辑录中等等,再加所用的文字诘屈难懂,结果只有那些致力于这门学问的人才能获得对现行法的知识;无论是前一种或后一种情形,都是同样不公正的。如果统治者能给予它们的人民即便像优士丁尼安那样一种不均匀的汇编,或者给予更多一些,即采取井井有条、用语精确的法典形式的国内法,那么,它们不仅大大地造福人群,应当为此而受到歌颂爱戴,而且它们还因此做了一件出色的公正的事。补充(一般的法的知识)对法律具有特殊知识的法学家等级,往往主张这种知识是它的独占品,不是这一行的人就不该插嘴谈论。例如,物理学家对歌德的色彩学说就不以为然,因为他不是行家,何况他又是一位诗人。但是,每个人毋需都成为鞋匠才知道鞋子对他是否合穿,同样,他也毋需是个行家才能认识有关普遍利益的问题。法与自由有关,是对人最神圣可贵的东西,如果要对人发生拘束力,人本身就必须知道它。"①这其中关于法之公之于众的分析是很独到的,但是我们还不能将这样的分析与行政法分析学中的分析相等同,因为这个分析仍然是一种带有事先预设好的价值判断的分析。作者在这个分析中既没有围绕实在法这一事实,也没有具体的公众和特定的法律事件。

第三,行政法史学没有也不可能包容行政法分析学。行政法史学有特定的对象,就行政法制史而言,对象是以行政法实在为核心,就行政法思想史和行政法认识史而言,对象是人们关于行政法之思想和认识,其是意识范畴的东西。行政法史研究中的分析是可以存在的,例如,笔者在《行政法认识史》中就有如下分析:"在我们看来,思想史或归于思想范畴的东西必须以强大的方法论作为支撑,而这样的方法论并不仅仅限于一门单一学科。"②但这个分析不是行政法分析学范畴的分析。因为,行政法分析学中的分析对象主要是行政实在法及其法律事实。对此,读者是比较容易理解和认识的。然而,在行政法学乃至于法学问题的历史研究中的分析,是否为行政法分析学的内容则需要说明一下。科特威尔关于法律演进及其与立法的关系有一段分析:"法律的发展经历了早期的不成文习惯的阶段,随后把习惯作为规则记录下来,现在我们所知道的最早的一批成文法典,如《汉谟拉比法典》(美索不达米亚,公元前18世纪)就是对习惯规范进行或多或少的有系统的汇编。

---

① [德]黑格尔著:《法哲学原理》,范扬等译,商务印书馆1982年,第224—225页。
② 关保英著:《行政法认识史》序,中国政法大学出版社2008年版。

然而,正如通常指出的那样,这种成文习惯法早已失去了习惯的特征,并可解释为'规则'。法降格为成文形式反映了政治势力的兴起,因而法律从基于起源于'偶然情形的个人间关系'的习惯性规范转变为'政治力量的一部分'。按照萨维尼的分析,从历史发展的这个阶段开始,法的社会学特征显得更加疑难纷纭了。随着社会的发展,社会成员间的社会功能的划分变得愈加明确,阶级和亚群体的发展也更为显著。虽然在早期社会里,民族精神是一种社会现象,通过法律可以使民族精神得到合理性认可,并能寻求到一种自发的表达形式,但由于两种原因,导致民族精神逐渐衰弱。第一,功能和阶级的分化使人们的共同意识难以给法的自发创立提供强有力的激情;第二,直到法律置共同意识于脑后而仅讨论规则的细节和技术性问题使法律形式本身总在不断地复杂化。按照萨维尼的观点,这种情形导致了两大重要制度的发展:现代立法和现代法学。当法的自发产生过程不再有效地行进,立法机构的设立就成为必要的。立法的重要性首先在于剔除法的演进中的疑点和不确定性;其次在于制定固定的习惯法——但不是以法典的形式表现,因为法典形式是用呆板的、确定的和综合的原则来否定法的发展特征。然而,就像船舶拖动了铁锚,立法活动也不可避免地会偏离它们本身相应的功能,立法及其功能逐渐分离并彼此疏远。但无论如何,立法者应该是民族精神的真正代表,然而,与此同时,当法律进一步滑出它的社会生活中的基础,且不再是大众知识的一部分时,有关法律的知识将被受过专门法律知识训练的特殊阶层所垄断,它们的工作就是理解和建立法律规则。由此,法律以双重的面目存在:法律的整个轮廓依然如故的存在于人们的共同意识之中,而具体细节则成为法学家们的禁地。"①

---

① [英]罗杰·科特威尔著:《法律社会学导论》,潘大松等译,华夏出版社1989年,第25—26页。

这个分析在思想方法上已经非常接近于行政法分析学了,但我们同样不能将其归到行政法分析学之中,其中实在法与非实在法是二者的分水岭。

(二)行政法分析学有新兴性之理论基础

行政法学研究中新兴学科的产生应当基于一定的理论基础,这个理论基础是其产生的主观要件。那么,我们究竟应当如何看待和分析行政法分析学作为新兴学科的理论基础呢?笔者认为下列方面是不可或缺的。

第一,行政法分析学有独立的学科对象。依英国科学家查尔默斯的理论,科学是指包含某种优点或者特殊的、可靠性的论点和知识。[①]其由四个部分构成,一是有关的研究主体,包括研究机构和研究人员。主体是科学活动的参加者,整个科学研究就是在主体的参与和主导下进行的。二是方式。"方式是指主体在从事科学活动过程中采用的方法,包括研究机构的组织方式和科研人员在研究过程中运用的具体方法"。[②] 三是作用客体。作用客体就是主体采用一定的方法所发生的作用对象,它既是主体在从事科研活动中的目标所指,又限定了主体进行研究的领域。四是知识体系,它是科学概念的最后一个构成部分,也是科学研究的最终结果,任何科学研究都以产生最后的知识体系而告结束。在上列四个部分中,其中决定研究对象的是第三个部分,即作用客体。行政法学的作用客体在规范和规范背后的关系之中。行政法分析学如果仍以规范及其关系作为对象其就不能成为新兴学科。只有当其具有独立于行政法学的研究对象时,其作为新兴学科才有了第一要

---

① 参见[英]A.F.查尔默斯著:《科学究竟是什么》,查汝强等译,商务印书馆1982年版,第5页。
② 关保英著:《行政法教科书之总论行政法》,中国政法大学出版社2009年版,第1页。

件。行政法分析学的对象我们认为是行政法作为社会现象的事实。正如本书第一章所言,行政法既是一个法律现象,又是一个社会现象,行政法学是将行政法作为法律现象看待的,而行政法分析学则是将行政法作为社会现象看待的。其中,行政法在社会过程中的法律事实是其研究的基本对象。对行政法社会事实的研究在以前的行政法学研究中最多只涉及一些个别的问题,而没有将行政法的社会事实作为一个整体进行研究。行政法的社会事实具有静态和动态双重属性,这与行政法学中的静态行政法现象形成巨大反差。显然,对行政法社会事实的研究是人们对行政法问题认识发展到一定阶段的产物,是对行政法问题较高形态的研究,这点便决定了行政法分析学必然是一门新兴学科。

第二,行政法分析学有自己的概念系统。概念系统在任何一个学科中都是需要的,在任何一个学科中概念系统所起的作用也都大体上相同,其作为一种理论形态反映了这个学科的外形。所谓概念系统是指构成该学说的那些基本概念及其将这些基本概念连结起来的原理,这些概念和原理就使这个学科有了自己的理论体系。人们日常用概念系统代替了有关的原理和理论,即是说,概念系统的称谓甚至大于学科原理的称谓。行政法分析学是否能够成立,是否能够成为新兴学科,其中概念系统的状况是另一个条件,该条件同样是理论范畴的东西。行政法学科有自己的概念系统,包括一系列能够被定义的概念,包括由概念构成的原理,进而包括由若干原理构成的理论体系。这些概念系统中的内容是一个有机化的整体,一个具体的定义若离开本学科的概念系统就失去了自身的意义。例如,我们离开行政法学科体系去谈比例原则,我想谁也不知道它应当具有什么样的涵义,只有将其放在行政法学科中去考察,我们才能知道它所要求的是行政上的合理性,与合法性相对应,等等。行政法分析学中的概念系统与行政法学、行政法哲学、行政法史学等都有巨大区别。例如,行政法分析学中就有一个行政法事实的概念,这个概念在行政法学中就不曾存在。在行政法学中相关的行政法事实只有在行政法关系中才有意义,且不可以叫作行政法事实,而只能叫作行政法关系中的法律事实。行政法分析学中有"法证实"、"法定量"、"法实现"等一系列新的概念,行政法哲学与行政法史学虽然也是理论行政法学,但这些学科中就没有"法证实"、"法实现"等概念。当然,行政法分析学的概念系统还处于认识阶段,还有进一步拓展的巨大空间。应当说明的是,这种拓展进行得越好,行政法分析学作为新兴学科的地位就越容易得到体现。

第三,行政法分析学有自己的学科功能。法学学科只要是一个学科都有其任务或者意义。① 而这些任务或者意义实质上都反映了这个学科的功能。同时,学科功能也是学科区分的又一个重要标准。行政法学的功能在于对行政法问题进行阐释,即通过将一国行政实在法进行解读,正确表述出行政法的基本制度、规范形态等。当然,在对这些实务性问题进行表达时已经设定好了相关理论。行政法分析学的学科功能则是对行政法事实进行诠释,使行政法事实通过社会机制得到说明,其中的根本问题在于剖析行政法在社会过程中的正当与否。此种功能非常清晰地将自己从行政法学科中游离了出来。

---

① 任务和意义在一些学者看来基本上是同一的东西,基于这种认识一些论著将某一学科的任务和意义不作区分,或者将二者作为一个事物,或者只讲任务免去对意义的讲解,或者只讲意义免去对任务的讲解。有些学者则将学科之任务与意义做了严格区分,并在其著述中对本学科的任务和意义分而讲解。倪正茂先生在《比较法学探析》一书中就对比较法学的任务和意义作了严格区分。其对比较法学的任务作了三个方面的概括,分别为:"课求本国法律文化的进步"、"课求世界法律文化的进步"、"为世界各国法律文化的接近与融汇相助"。而在分析比较法学的意义时从理论意义和实践意义两个方面进行了概括。二者的关系究竟如何还需理论界进一步探讨。倪正茂先生将二者严格区分的进路是很有道理的。参见倪正茂著:《比较法学探析》,中国法制出版社 2006 年版,第 51 页。

（三）行政法分析学有法实之所需

　　笔者此处提出了"法实"这样一个概念，仅仅从字面意思看我们可以发现它包括了"法"与"实"两个元素，此二元素当然是可以拆开的，但拆开以后两个字都只有各自的意思，即法律规范和案件事实。而将二者作为一个概念来看的话，其不能予以分解，因为将"法"与"实"予以组合后便产生了新的涵义，就是发生于法律运作过程中的法实在。法实在不是静态的法律典则和动态的法律关系，它包括了二者但并不是二者的分解或将二者的简单相加。美国法学家卢埃林《普通法传统》一书中的起始便讲了这样一段话："当心理学家们研究人们是如何做出一个个决定的时候，他们关心的问题是：当遇到一个来自生活的'问题情境'时，人们究竟如何做出决定？大致上，如果他们面临的是一个真正的'问题情境'，也就是说，如果这个问题是一个真正的难题，那么，他们的实际决定很少是通过某种正式而精确的演绎推理方式实际做出的。而更为一般的方式则可能是瞬间的直觉——跳跃性地直接得出解决问题的结论，或者是一种对于各种可能的决定展开想象、检查的连续心理实验过程，直到发现某个或几个可能的决定具有吸引力为止。在一般情况下，得出结论总有伴随着为其寻找合理理由的工作，检验该结论是否合乎经验以及可被接受，以支持它并使其对自己和他人具有充分的说服力。"[①]此段话既描述了法所面对的是非常生动的问题，又提出了一个非常重要的对于法学研究也有意义的概念，即"问题情境"。法律规范作为静态的法必须面对每一个具体的"问题情境"，这个"问题情境"和静态的法的结合就成为了我们所说的"法实"。言下之意，法若是静

---

① ［美］卡尔·N.卢埃林著：《普通法传统》，陈绪纲、史大晓译，中国政法大学出版社2002年版，第9页。

态的法就有相对"虚"的成分,包括规范不实际所导致的虚,包括规范与现实事实不能对应所导致的虚等。行政法学科中的法也许有"法实"之意,但大多数的行政法学科中之法都以"法虚"为主要特征。"法实"至少可以有下列实质问题的解读。

一是生动的法的"法实"。康马杰在谈到英国法律时说道:"正是自然法则使得美国人能够设想人世的各种权利相互之间具有独立和平等的地位,因而有关平等和不可让渡的权利的坚定不移的真理可以说是不言自明的。甚至汉密尔顿也默认这种解释。他说:'我们无须到故纸堆中去搜寻,因为我们天生的种种权利,它们是神亲手用阳光书写的人性这部巨著中的,而且决不会被凡人的权力抹杀掉或搞得含糊不清。'宪法不过是自然法的抄本,一切有理性的立法者渴求于宪法去实现的理想乃是一个应当把仅仅属于人的因素降到最低限度的政府——一个法治的而非人治的政府。事实上,法则是先于人而存在的根本法;人的作用不是造法而是去发现并公布之。正如詹姆斯·奥蒂斯所说,国会的权力是颁布法律;制定法律则完全是上帝的事。因之,政府是受到自然法的约束的,它绝不是违犯自然法,正如浪潮本身不能逆转或星球不能脱离它固定的轨道那样;如果政府竟然违犯自然法,那么按照塞缪尔·亚当斯的说法,它就会'破坏它自己的基础。'[①]"可见,法并不是一个直接的、简单的社会现象,其背后有诸多的复杂因素左右着它。这便是法的生动性,这是"法实"的第一个方面的涵义。显然,生动的法只有在科学和合理认识的情况下才会变为生动,也只有用生动的方法进行处理才会还其作为"法实"之面目。

二是综合的法的"法实"。阿德勒在法哲学研究中对法有这样一个

[①] [美]H·S.康马杰著:《美国精神》,南木等译,光明日报出版社1988年版,第457页。

认识:"由人制定的国家法律所规定的正义,首先是来自于实证法律中详细列举的自然道德法规,这些法规也就是自然正义的准则。实证法律的条款是正义的,它们能保障人的自然权利不受侵犯,保障或促进在交换和分配中的公平。由人制定的实证的国家法律的条款也可以存在于另一个自然正义的准则——要求某些行为保障或促进大众福利——这个决定因素之中。用公共集会来维护和平和秩序的法律就是属于这一种。同样,税务法也如此,它们为公共服务机构和政府本身提供财源,这些法律是正义还是非正义,就在于它们在分配税务任务时是公平还是不公平。最后,法律中还有一些条款,它们并不是来自于自然正义的准则,它们要求或禁止那些与道德无关的行为——本身无所谓正义或非正义的行为,它们制定为了共和国的利益而必须做出规定的事情,但这些事情本身无所谓正当或不正当。交通规则就是这种条款的根本例子。它们所具有的唯一正义在于这样一个事实:这些法则一旦被制订,遵守它们就会对社会的善有所贡献,违背它们就会导致相反的结果。因此,一个人遵守或不遵守这种规则,就其贡献性方面而言是正义的或非正义的。"[①]其对法的综合性作了很好分析。我们认为哲学层面上的法有这样的综合性,而进入部门法层面中这种综合性则更加明显。综合的法同样反映了法的生动性,在"法虚"的境况下我们无法发现法的综合性。

三是运动的法的"法实"。威尔逊对行政法中的动态性作了论述:"在检验任何政府制度时,主要问题当然在于查清那些真正掌握政权的人和基本的权力机构。任何制度总有一个权力中心,而这个制度的中心又在哪里? 自负的权威又交到谁的手中呢? 这个权威通过什么机构

[①] [美]摩狄曼·J.阿德勒著:《六大观念》,陈珠泉、杨建国译,团结出版社1989年,第204—205页。

来说话和行动呢？根据权威性的宪法指南对诸如此类问题作出的回答，是不能令人满意的。这主要是因为同那些不言而喻的事实是相互矛盾的。据说在联邦体制的方案中就没有单一的或中心的权力，因此在联邦制中也就不存在这种权力。正如一切著作中所说那样，在联邦制中只有权力的平衡和因相互制约而产生的一种良好的调整。但是，联邦体制的实际作为究竟是怎样呢？毫无疑问，在这个体制中，支配和控制的力量，一切主动和正常权力的中心和源泉都是国会。宪法限制的一切细节，甚至许多宪法限制的广泛原则，都已搁置不用了，而一个组织完善的国会控制的体制建立起来了。它对某些平衡的理论和分配的方案是一种粗暴的否定，但是这样既很便利而又不破坏宪法中所包含的自治原则。"[1]宪法和行政法当然对行政制度做了规定，但在这些静态规则中，宪法与行政法只是一种"法虚"，而构成与自治之间的博弈关系才是一种"法实"。"法实"还可以从其他角度进行解读。那么，行政法学科中的"法虚"已经和现代法治之精神有所冲突，现代法治所实现的不是规范本身，而是受规范约束的社会主体的权益。行政法分析学的基础就在于认识"法实"并进而实现法之实在性。因此，我们可以说行政法分析学是一门新兴学科。

三、行政法分析学作为独立学科之进路

（一）行政法分析学雏形

行政法学研究中分析方法的运用已经相当普遍了，但需要说明的

---

[1] ［美］威尔逊著：《国会政体——美国政治研究》，熊希龄、吕德本译，商务印书馆1986年版，第12页。

是行政法学研究中分析方法的运用主要以行政法学研究的特征为依据,即其附着于行政法学研究的总体格局之中。笔者注意到,学者们在行政法学研究中运用分析方法主要还是以规范分析为主。当然,我们可以说这样的分析方法已经使行政法分析学具备了一定的雏形。行政法学研究中的分析方法至少在下列方面有所体现。

第一,实体与程序关系构型的分析有之。在行政法中实体与程序的关系本应当是一个泾渭分明的问题。然而,进入行政法治实践以后,情况则发生了变化,例如,实体权利的实现是否必须严格地以程序权利的合法性行使为前提,在行政机关作出决定的过程中,当事人的程序权利是否能够渗入到行政程序之中。这些问题虽与行政法治实践有关,但在行政法典则形成阶段就应当予以考虑。这些问题有学者曾做过分析:"参与诉讼程序权利和参与行政程序权利的这种不同配置,是与传统模式之下法院和行政机关的不同职能相一致的。在政府负责的特定领域,行政机关被赋予制定国家政策的第一线责任。广泛的利害关系人参与行政程序,提出不同的选择方案并用文书材料证明这些选择方案对集体社会福利各个部分的影响,从而有可能帮助行政机关制定政策。法院却有所不同,它们所承担的职能要有限得多,仅仅在于保证法律保护的私人利益不受未经授权的强加的行政制裁。随着法律保护的利益标准日益淡化,代理原告技术逐渐运用,这种职能配置和参与权利配置已经开始解体。有资格获得司法审查的利益类型越来越与有资格参加行政程序的利益类型趋于一致。实际上,法院有时候把起诉资格赋予了已经被排除在行政程序之外的人。并且,已经有人主张,寻求司法审查的权利在许多情形中应该比参加行政程序的权利,获得更为宽泛的赋予。允许更多的当事人参加行政程序,可能会使行政机关的审判式程序更趋复杂和冗长拖沓。相反,广泛地赋予起诉资格并不会造成如此严重的资源成本。而且,如果行政机关违反法律规定的行为清晰可辨,当事人根本无需为了让进行司法审查的法院注意这一违法行为而参与到行政程序之中去。然而,这种主张起诉资格应该比参与行政程序权利获得更广泛的赋予权利的观点,在根本上是与传统模式的扩展逻辑相悖的。在缺少涵义明确的法律规定和可确定的公共利益的情况下,公正的结果出自一个所有利害关系人参与其中、所有利害关系人都得到考虑的程序。法院的角色限于从制定法和特定事实出发,来评估行政机关对所有利害关系人考虑的适当性。因此,为了保证司法审查富有意义,那些享有起诉资格权利的人也必须是已经参与了行政决定程序,已经有机会为行政案卷的制作发挥其作用。当制定法规定行政程序当事人身份是获得司法审查的前提时,参加行政程序权利的正当性是再明显不过了。但是,即便在参与行政程序并非司法审查前提条件的场合,法院也已经要把参与行政程序权利赋予那些享有起诉资格的人,理由是'正义原则要求,在行政程序的结果中拥有这一得到认可的利益的人,必须被允许从一开始就参与行政程序',而且'参加行政程序是使其获得司法审查的权利真正有效的必要条件'。"[1]总而言之,这个关于实体与程序关系构型的分析已经有了一定的雏形,只不过学术界对这样的分析没有引起足够重视而已。

第二,规制对象构型的分析有之。行政法的规制对象在不同法律制度中有不同的侧重点,甚至在对象选择上就是有所区别的。在控权理念的行政法之下,行政法以行政机构体系及其行为为规制对象。而在管理理念的行政法之下,其所规制的主要是行政相对人。在行政权运作的实际过程中,规制对象既可能非常复杂,又可能会发生变化。例如,当行政行为被诉进入司法审查阶段以后,即便是管理理念的行政法亦必须规制行政主体。行政法规制对象的复杂性就引起了一些学者的

---

[1] [美]理查德·B.斯图尔特著:《美国行政法的重构》,沈岿译,商务印书馆2002年版,第112—114页。

分析,并且通过分析为行政法规制对象进行构型。例如,M. P. 赛夫在《德国行政法——普通法的分析》一书中就提出了德国普通行政法中"公法与私法之二元化"的规制理念,认为:"根据利益理论的观点,调整公共利益的法律规范(legal norms)属于公法范畴,而那些调整私人利益的法律规范属于私法的范畴。利益理念的源头可以追溯到古罗马时期的法学家乌尔比安(Ulpian)。然而,由于在社会主体和平共处时,私法也为社会的公共利益服务,行政机关也使用私法来实现公共目的,因此,这种划分公法与私法的标准遭到了反对,被认为是人为的区分。此外,宪法保护个人的各种权利,行政法被认为是公民反对政府滥用权力的武器。服从理论可追溯到 19 世纪。该理论将那些在国家与个人之间产生出的领导与服从关系的法律规范划入公法的范畴,将那些国家与个人之间形成的协作关系的规范归于私法的范畴。服从理论既没有清楚地解释领导与服从关系据以形成的原则,又忽视了领导与服从关系之间明确的事实(clear case)。例如,就私法而言,父母与子女之间的领导与服从的关系和公法领域中公法契约(public contract)的协作关系。在这三种理论中,主体理论是由沃尔夫和巴巧夫提出的最新的理论——公法是认可或者是专门为了适应主权权力占有者(the holders of sovereign authority)的需要而制定的规范;而私法规范认可或者是专门为个人而制定的规范。这种对公法与私法的区分既不着眼于法律规范内容的不同,也不着眼于法律规范作用的差异,而是侧重于法律规范规定的主体之间的区别。例如,人们规定的各种权利和义务的法律规范,'虽然私法规定的主体是个人,但是,公法规定的主体完全是关于主权权力占有者的法律规范之总和'。这种理论虽然有其影响,但也同样受到了批评。埃奇特尔伯格(Achterberg)教授指出,该理论以间接的主张(circuitous argument)为其基础。他认为,政府机构(public authority)是公法赖以存在的先决条件。然而,政府机构的占有者(the holder)本身却是根据公法规范产生出来的。"①这实质上也是对行政法规制对象通过分析所作的构型,这个构型是比较独特的,依据这个构型行政法不仅规制公权力,同时也要规制私权力。

第三,典则类型构型的分析有之。行政法的典则类型如何构建一直是行政法学界关注的问题,主要关注是否能够制定一部统一的行政法典,并在行政法体系中把不同的典则体系的结构处理好。此方面的构型在行政法学界林林总总。一方面,人们一直通过分析方法探究行政法典则的一统化问题,包括:"(一)要想各种行政行为,能够在整齐划一的手续之下为之,以增加行政效率,实有指定该法的必要。(二)为防止不肖官吏的专横,保护人民的权利,亦有指定该法的必要。(三)为促进国民对于行政手续的了解,以保障其权利,且进一步取得其同情及援助起见,该法的制定,尤为当务之急。"②在这个问题上诸多的分析非常有道理,并通过分析为我们提供了不少选择模式。另一方面,分析行政法内部典则的类型。这有两个进路,一是在能够制定一部统一的行政法典的情况下,该典则内部的构型。二是在行政法仍然作为法群存在的情况下,研究应当有哪些典则存在,各个典则之间处理成什么样的关系形式。法国学者左斯塔夫·佩泽尔关于法国行政法之法源构型就很有特点,其认为:行政法之法源无外乎两个方面,即"判例的特殊地位",他指出:"行政法官自己制定行政法的一般理论,订立了大部分行政法规则,并努力使之适应于现实和思想观念的发展演变。此外,行政法官在解释法律条文时还变现出某种大胆的独创性。"③;"成文法的相对重

---

① [印]M. P. 赛夫著:《德国行政法——普通法的分析》,周伟译,山东人民出版社 2006 年版,第 9—10 页。

② 张金鑑著,《云五社会科学大辞典》第七册,《行政学》,台湾商务印书馆 1971 年版,第 281—282 页。

③ [法]左斯塔夫·佩泽尔著:《法国行政法》,廖坤明、周洁译,国家行政学院出版社 2002 年版,第 7—8 页。

要性",其认为:"行政法的一般理论源自判例,而非立法者所为。相反,有一系列重要的法律条文规范行政组织和行为的基本领域(如有关省级建制的1871年8月10日法律,有关市镇建制的1884年4月5日法律,有关大区、省、市镇的权利和自由的1982年3月2日法律)。还有很多零散的法律条文规范一些特殊的行政问题(剥夺、征用,等等)。不存在一部完整的行政法典。目前的行政法编纂只是将行政法某个特定方面的各种法律条文进行整理归类(矿藏法、地方行政机构法)。"[1] 行政法典则类型的构型同样建立在分析的基础之上,诸多学者都采用分析方法对行政法典则作了构型。

(二) 行政法分析学排他性之进路

行政法分析学是否能够成为独立的学科关键在于其与其他相关学科具有什么样的关系形式,在其他学科能够吸纳行政法分析学的格局下,它就无法成为一个独立学科。因为,目前形成的非常丰富的行政法学及其相关学科就有可能将它予以包容。反之,当其他行政法学科不能包容行政法分析学的格局下,行政法分析学则可以予以独立。行政法分析学通过与相关学科的比较,我们发现其对行政法其他相关学科都有一定的排斥性。当然,我们此处所讲的排斥并不是说人为地拒绝接受其他学科,而是说从事物的质的方面看,行政法分析学至少在一个主要方面与其他学科有质的差别,其他学科在此一质的方面拒绝了行政法分析学,而行政法分析学则在此一质的方面不能包容行政法其他学科。笔者将行政法分析学对其他学科的排斥概括为下列方面。

第一,体系上对行政法学科的排斥。行政法学体系在绝大多数国

---

[1] [法]左斯塔夫·佩泽尔著:《法国行政法》,廖坤明、周洁译,国家行政学院出版社2002年版,第8页。

家已经形成,不同国家的行政法学体系虽有不同的表现,但在一个国家之中其行政法学体系的基本状况是大体一致的。换言之,在一个国家之中,学者们虽然从不同的认知理念出发,构建属于自身认识的行政法学科体系。但无论如何一个国家的行政法学科体系不因不同学者构建之不同而有质的差别。例如,我们熟知的日本诸位行政法学家南博方、盐野宏、室井力、和田英夫都有自己对行政法学科体系的认识,且都有自己关于行政法学科体系的具体构建。在他们构建的体系上,我们所发现的只是外形上的区别,如字数或长或短、章节或多或少、问题或疏或密等等。但是,每个人的行政法学科体系都包含了日本行政法学科所应有的基本问题,如行政组织、行政行为、行政救济等,其中一些问题只有日本行政法学体系之中才有,其他国家则没有同类问题。行政法学科的这种定在,使其与行政法分析学保持了距离,也不会在这样的学科体系中轻易接受行政法分析学的理念。行政法分析学的体系以其对象的特定性为构建依据,因此,这个学科中的典则只是学科中的第二性东西,而不是第一性东西。行政法学科中,典则无论如何都是第一性的东西。行政法分析学中的第一性东西我们前面已经提到过,是"法实"。它的此种"法实"在行政法学科中占有非常次要的地位,行政法学科中所突出的是法之所虚,其既没有"法实"也只是技术性问题。这样就必然会出现行政法分析学在体系上对行政法学科排斥的状况,因为两个体系所赖以建立的定在就有本质上的差异。

　　第二,方法上对行政法社会学的排斥。行政法社会问题的研究在一些行政法著述中已经出现。在我国有人提出了社会行政法的概念,对这个概念在国内有两种理解。一是将社会行政法当作行政法的一个部类,与其他部类的行政法相对应。由于行政权在对社会进行控制的过程中,遇到的社会问题越来越多,便使社会行政法比其他部门行政法的范畴更加庞大,我国有学者将社会行政法的范畴归结为下列方面:即增加社会福利的社会行政法、实行社会救助的社会行政法、维护社会安全的社会行政法、保障社会权益的社会行政法和解决社会问题的社会行政法五个范畴。① 二是将社会行政法作为行政法发展过程中的一个新的特征,②社会行政法与行政法的社会化在这一层面上意义是相同的。笔者认为,行政法社会学既不同于社会行政法,又不同于行政法之社会化。或者说,它将上列两个方面的内容集中或统一了。到目前为止,行政法社会学这一学科还没有建立起来,学科发展的多元化事实决定了行政法社会学在我国的建立是早与晚的问题。那么,行政法社会学体系一旦建立,是否就与行政法分析学是同一范畴的东西呢?笔者认为,二者是不同的事物。行政法社会学所要解决的是行政法中所涉及的社会问题,尤其是一些敏感的社会问题,这个学科的建构中,价值体系和相关的理念同样起决定作用。行政法分析学则以行政法之"法实"为侧重点,其中的社会事实以及社会事实与规范的关系是其基点。显然,行政法分析学在方法上与行政法社会学的区别使其对行政法社会学亦会有所排斥。

第三,内容上对部门行政法学的排斥。部门行政法学在目前的行政法学体系中是分而建立的,即根据每一个部门行政法的状况建立部门行政法学体系。有学者构建的海关行政法学科体系就包括:海关行

---

① 张淑芳撰:《社会行政法的范畴及规制模式研究》,载《中国法学》2009年第6期,第46—48页。
② 例如于安教授提出:"在市场经济条件下,行政法经历了三个历史类型:自由行政法、社会行政法和经济全球化行政法。市场自由竞争必然导致垄断和社会差别。为克服市场失灵和缓解社会矛盾,政府改变放任政策,转而对社会经济生活实行干预,限制自由权利和维护社会公平。随着政府作用的变化,19世纪后期自由行政法向社会行政法转型。……当代经济全球化和全球行政改革对政府社会职能提出强烈挑战,行政法正在经历由经济全球化行政法的转变。这一过程将持续相当长的时间,所以对多数国家来说,社会行政法仍然是当代行政法的主要标志和根基所在。社会行政法是行政法发展不可逾越的一个历史阶段。"参见于安撰:《论社会行政法》,载《现代法学》2007年第5期。

政法总说、海关行政主体、海关行政相对人、海关行政法关系、海关行政法概述、海关抽象行政行为、违反海关行政法规范的行为及法律责任等。① 有学者构建的教育行政法学科体系则包括：教育行政法概说、教育行政法关系、教育行政法渊源、教育行政法原则、高等教育行政法、中小学教育行政法、职业教育行政法、教育行政系统、教育行政立法、教育行政执法等。② 笔者在《自然资源行政法》一书中对自然资源行政法有这样的体系构建，即自然资源行政法概述、自然资源行政法关系、自然资源行政法渊源、自然资源行政法总则、土地资源行政法、林业资源行政法、草原资源行政法、渔业资源行政法、矿产资源行政法、水资源行政法、野生动物资源行政法、自然资源行政许可行为、自然资源行政处罚行为、自然资源法律责任概说等。③ 上列部门行政法学的学科体系说明，部门行政法学比行政法学更接近于社会事实，每一个部门行政法的形成就是基于该部门行政法在调适具体社会关系中的规制范围。因此，我们可以说，部门行政法的内容与行政法分析学的内容已经比较接近了。然而，它们之间的接近性只是一种接近，而没有达到同一的程度。因为部门行政法学的典则属性依然存在，即是说行政法中的具体典则成了部门行政法的基本内容。行政法分析学的内容则不在典则之中，即便与部门行政管理的典则有关，其所分析的不是典则而是由典则设定的社会事实。

（三）行政法分析学体系化之进路

行政法分析学作为独立学科的存在有这样一些思考进路。

---

① 参见严励主编：《海关行政法》，中国政法大学出版社2008年版。
② 参见金国华主编：《教育行政法新论》，中国政法大学出版社2008版。其实，在《大清新法令》点校本第三卷教育中就包括了小、中、高、职业教育等层次的规范划分。参见商务印书馆2010年版。
③ 参见关保英主编：《自然资源行政法新论》，中国政法大学出版社2008年版。

其一,行政法分析学能够作为一个独立学科。这一进路我们在上文中已经作了深入讨论,在行政法分析学与其他学科进行充分比较以后,我们认为行政法分析学不能被其他学科包容,其他学科亦不能通过自身的体系将行政法分析学予以吸收。这个思维进路解决了行政法分析学作为独立学科的理论前提。

其二,行政法分析学必须作为一个独立学科。如果行政法分析学能够作为一个独立学科是从其理论基础所作的分析的话,那么行政法分析学必须作为独立学科则是从其现实基础进行分析的。我们围绕行政法学科划分之进路。尤其从行政法分析学作新兴学科的若干特性证明其有存在之基础。在这个分析中,我们提到当代行政法具有综合的属性、生动的属性、主动的属性等,这都是行政法在其进化中遇到的现实问题,对这些现实问题行政法传统学科已无能为力。进一步讲,我们的行政法学研究若对行政法作为生动之法、作为综合之法、作为主动之法的事实无动于衷,那么,我们对行政法学的研究也就失去了实证性意义。从这种客观必然性我们就能够推出行政法分析学之独立是必须的。

和田英夫在行政法学问题探讨一开始就有这样一段关于行政法事实之论:"(1)结合我们日常生活的实际形态来考察行政法时,需要区别以下三种关系。第一,我们——比如我们选定 A 县 B 市为居住地,作为 A 县和 B 市这两个地方自治体的居民,不可避免地要进入国家和地方自治体的公法关系中。也就是说,我们将处于这种关系之中,要缴纳各种法定的课税、行政选举权等,同时,如果有违法的课税处分,或者当选者做出了违法的决定,我们当然可以要求取消它。第二,根据我们居民的需要和请求,A 县或者 B 市要接受国家的各种补助金即交付税,B 市还将接受 A 县的河川治理维修补助金,此外还需要接受有关地方选举的管理、执行等专门性的技术监督,这样,国家、A 县和 B 市三者之间,为处理这些问题,必须形成各种复杂的关系。第三,国家中央各官厅要接受并处理这些法律关系,而他们之间为了调整各自权限及所负责的工作,也必须确立一定的关系。以上,我们从一个角度考察了行政的实际形态,可以看出,第一,从行政制度、机构方面来说,有关国家、地方公共团体等'行政主体'内部的组织、权限,是具有法律秩序的;第二,在行政作用方面,行政主体与一般国民、居民之间,存在着公法关系之间的秩序问题(在选举、纳税等方面,居民同 A 县和 B 市的关系);第三,当行政主体对国民、居民行使不当的行政权力时(如违法的、不当的课税处分),国民、居民为纠正权力侵害而采取争讼手段,也存在法律秩序问题。在法治国家,这类行政上的权力救济问题,属于行政的第二作用范围内。"[①]而和田英夫指出的这些具体事实对行政法发展之影响,用传统行政法学科是无法解决的。可见,行政法分析学之独立是一种客观趋势。

其三,行政法分析学可以作为一个独立学科。这个命题是说行政法分析学作为独立学科存在具有可行性,其已经具备了作为独立学科的条件。那么,行政法分析学是否已经能够成为一个学科体系,笔者认为,行政法分析学作为学科体系的条件已经具备,我们可以由下列方面进行佐证。

第一,行政法问题的分析已经由个别分析向整体分析转化。就一个行政法学科问题的研究看,其如果包括行政法分析的话,那么,这个分析就必然是个别的。相反,如果个别分析之总量在不断递增时,且这个总量已经达到了一定规模,那么,我们就可以说分析已经从个别向整

---

① [日]和田英夫著:《现代行政法》,倪健民、潘世圣译,中国广播电视出版社 1993 年版,第 32 页。

体转化,至少可以说有向整体转化之苗头。仅以国内行政法学研究为例,学者们分析的总量在不断地增加。① 即便是在行政法教科书中,学者们也已经打破了传统教科书中的单一陈述进路,都不乏一些分析内容。笔者在《行政法教科书之总论行政法》中就有关于"行政主体不当利益合法化的途径分析"一题,认为:"行政主体不当利益合法化的运作过程是以行政主体为本位的,行政主体在不当利益合法化的全过程中起着十分重要的作用。而不当利益合法化过程的实现是行政主体对行政权不当行使的结果,因此,我们分析行政主体不当利益合法化的途径必须以行政权及其行使为轴心,离开行政权力基础行政主体便不可能使不当利益取得合法地位。正如卢梭指出的,最强有力的人或者组织'绝不会强大到足以永远成为主人,排除他自己的权力转变成正义,把服从转变为责任。'可见,无论什么样的不当利益合法化途径都是对权力的一种运用,或者可以说直接用权力塑造不当利益,并得到相关规则认同。"②

第二,由行为分析向二元分析转化。我国行政法学研究中有关行政行为的分析较为多见,③近年来,单一的行为分析已经向二元分析转化,即学者们既对行政行为进行分析,同时还对行政体制进行分析。发

---

① 《当代中国行政法》诸多章节在介绍我国行政法制度的同时,对相关的行政法问题进行了分析,有些分析可以说已经非常深刻了,例如,由何海波撰写的"行政法渊源"一章就有这样一个标题:"主流观点的社会背景",在这个问题中,他分析了我国关于行政法渊源主流观点中若干核心问题及其法治和社会背景。如果我国的行政法教科书都能以这样的形式来撰写的话,分析学将会成为我国行政法学科体系的基本构成。参见应松年主编:《当代中国行政法》上册,中国方正出版社 2005 年版,第 21 页。

② 关保英著:《行政法教科书之总论行政法》,中国政法大学出版社 2009 年版,第 359 页。

③ 《论具体行政行为》一书就对我国行政法中丰富的具体行政行为作了深刻分析,并得出了非常好的结论。诸如此类的行为分析在行政法教科书中也有不少。参见方世荣著:《论具体行政行为》,武汉大学出版社 1996 年版。

生这样的变化对于行政法分析学的体系化而言是至关重要的,这些分析是零散地进行的,但其不断扩展分析空间的趋向已经悄悄地改变了我国行政法学研究的现状,使行政法分析学之独立已经有了一定的条件积累。

二　原理

第六章 行政法分析学界说

行政法分析学的概念揭示究竟放在定位篇合适,还是放在原理篇合适是我一直斟酌再三的一个问题。依我国传统教科书和研究方法中的体系编排,概念界说放在第一篇似乎是最合适的。如果放在第一章可能更符合我国读者的阅读习惯,因为读者总乐意一开始就知道某个所阐释之事物的概念。然而,笔者在对本学科进行体系构建时,认为本学科的定位是至关重要的,将其定位为行政法学的构成部分和定位为一个独立学科既是一个科学问题,又是一个研究的实际效果问题。经过慎思以后,笔者认为,应当在本书第一篇就澄清行政法分析学的学科定位问题。在定位中,可以先对行政法分析学进行界说,即将目前的第六章放在第一章。但是,笔者将定位和原理探讨的内容放在一起综合权衡以后,觉得还是将概念界说放在原理篇合适,因为定位篇中行政法分析学的若干关键问题必须予以解决,如行政法分析学之精髓、构成、逻辑过程等,概念界定与这些问题的关系更为密切一些。同时,还要指出,行政法分析学的学科基础就在于"法实",在于对行政法作为社会事实之分析。其学科及其学科中的方法论和思维进路本身就比较独特,在这种相对较新的研究中我们完全可以打破传统模式,将概念放在第六章有取新的模式而放弃旧的模式之考虑。笔者注意到拉斯韦尔构思的《政治学》就将概论放在最后一篇,这种反向的思考问题的方式是我们应当借鉴的。本篇谓之原理篇重在揭示行政法分析学的基本理论,对本学科而言其价值是显而易见的。在行政法分析学界说中,笔者将给行政法分析学下一个初步的定义,并将行政法分析学在行政法学研究中的价值以及学科状况作以讨论。

一、行政法分析学的概念

行政法分析学是指对行政法现象在运作过程与社会事实交接能量的状态所作的解构性研究的学科。这是我们给行政法分析学所下的一个简单定义。对于这个定义的理解须把握下列切入点:

其一,行政法分析学是对行政法现象的研究。行政法可以作为一个法律典则进行研究,即将行政法研究的重点放在行政法的法典及其结构之中。也可以作为一个行政法现象研究,所谓作为行政法现象研究是指将行政法作为一个法律部门看待,而这个法律部门的存在和运作都与一定的社会基础有关。在行政法学科及其分部类之中,一般都将行政法作为一个法律部门或者一个典则体系来看待。典则体系和法律部门就成了行政法学科的对象和基础。正如和田英夫指出:"法技术学,关于行政法规的静态制度方面所具有的法逻辑解释的整序、操作和完结性,使传统行政法这门学问的方法和对象依然停留在这一层面,而要回答行政法学所期待的今天的课题,理由并不在此。这里,在方法论上,人们意识到必须关心行政法的存在基础,必须积极地分析技术性的行政法规所依据的原理及其动态结构。要回答现代行政法学的这些要求,应当从两个角度进行研究。一是行政法学与行政学的关系;二是导入前述的行政法学中的法社会学方法。"[①]虽然和氏已经意识到行政法社会基础具有一定的复杂性,但其将行政法基础定位在"行政法规"

---

① [日]和田英夫著:《现代行政法》,倪健民、潘世圣译,中国广播电视出版社1993年版,第37—38页。

的思维进路仍然反映了学者们普遍性地将行政法学科定位在行政部门之中。行政法分析学则将切入点作了适当的调整和置换,其面对的也是行政法这一部门法,但其不是仅仅面对行政法典,而是面对行政法现象。即是说,行政法分析学从行政法典则中走了出来,而直视行政法现象。

其二,行政法分析学重在对行政法作事实上的解构。行政法学科无一不是建构一个行政法学科体系,进而去整合行政法规范体系。正因为如此,行政法教科书一般都有体系建构这样的章节,就是用不同的标准构设行政法学科体系。这种建构的逻辑是将行政法中分散的东西通过行政法学科予以集中。① 行政法分析学不在于建构体系,其切入点是对行政法现象进行解构,"将一个整体分解成其构成部分及构成部分之间的关系的理智过程。"② 其不建构行政法学科体系,而是分解存在于法律体系之中的行政法现象。当然,行政法分析学对行政法现象的分解是在一定的哲学基础上进行的,这个哲学基础是行政法分析学存在的理论基础。之所以要强调这一点,是因为如果我们不注意行政法分析学中的方法论问题,我们最终很有可能使行政法分析学与传统意义的行政法学科以及行政法其他分支学科没有质的区别。深而论之,行政法分析学的产生是行政法现象研究中方法论上的改变,或者思想方法上的改变。

其三,行政法分析学注意到了规范与社会事实之间的能量交换。

---

① 近年来学者对我国 30 年来的行政法学发展问题作了集中研究,有不少论文发表,也有不少研究综述出版,笔者发现这些研究都在于建构和设想新的行政法学科体系,例如,《中国行政法学 20 年研究报告》。从学者们的主观动机上讲是积极的,也是具有良知的。但从方法论上讲都没有跳出 30 年来行政法学进行建构的怪圈,行政法分析学则完全否定了这种建构式的研究——至少从方法上讲是如此。

② [英]尼古拉斯·布宁等编著:《西方哲学英汉对照辞典》,王柯平等译,人民出版社 2001 年版,第 42 页。

行政法学是以规范为基础的,这一点我们在本书第一章以及其后的讨论中已多次强调过。行政法分析学则不以规范为核心和研究对象,那是否能说行政法分析学之中没有了行政法规范呢?当然不可以这样说。事实上,行政法分析学之中同样不能缺少规范。但是,规范在行政法分析学中不是核心元素和单一元素,其本身在行政法分析学中没有意义,只有当它和社会现象发生能量交接以后才有实际意义。这样便使行政法分析学既看到了规范,又看到了与规范进行能量交接的社会事实。[①] 行政法分析学的学科功能通过对行政法规范和社会事实之能量交接关系的分析而体现出来。

其四,行政法分析学是一门学科。这是对行政法分析学的外在表现而言的,笔者一再强调行政法分析学作为一个学科乃至于独立学科的属性,其原因在于恐怕人们将行政法分析学与行政法学中已有的分析方法相混淆,分析方法归之于某一学科之中是很正常的,但学科中的分析方法对于学科本身而言并不起决定作用。分析方法在行政法分析学中绝对是方法论之主流,但行政法分析学的产生并不是因为分析方法在行政法学科中运用的规模化所导致的,因为行政法学科中的分析与行政法分析学中的分析有质的区别,即行政法学科中的被分析项是行政法规范,而行政法分析学中的被分析项则是行政法事实。在这里要强调的是并不是说分析方法在行政法学科中的量变导致了质变。对此,须高度注意。行政法分析学的学科属性可作如下概括。

[①] 行政法规范与社会事实的能量交换是一个不难理解的词。一方面,行政法规范对社会事实要进行规制,每一个规范面临的社会事实都有所不同,每一次的社会事实规制都有不同的状态,这种规范面对社会事实的不同格局正是行政法能量变化的体现。另一方面,社会事实需要通过行政法规范变成内在的东西,一些社会事实正是在行政法规范的作用下才成为一种法律事实。我们看到的行政法秩序就是在二者不断的关系转换中表现出来的。这个问题看起来似乎比较抽象,其实,它对于我们理解行政法问题大有益处。

（一）学科特性上的交叉性

行政法分析学中最基本的元素是行政法，只不过其将传统行政法学科中的行政法作了超越。质而言之，行政法分析学中有诸多因素与行政法学相通，或者行政法学的若干学科特性要间接或直接地渗入到行政法分析学之中。同时，行政法分析学又大大超越了行政法学，其对行政法学作了深度延伸。在这个延伸过程中的行政法分析学又受到了其他学科的影响，即其他学科中的内容构成和方法也渗入到其中，这样我们便可以说行政法分析学具有学科特性上的交叉性。正是通过这样的交叉使行政法分析学成了一个新的学科，它从行政法学中抽取了一部分基因，这个基因使其始终是行政法学的部分，当然，这是从广义行政法学上理解的。它还从其他学科中抽取了基因，这个基因使其离开了行政法学大系统，成了一个独立学科。我们至少可以认为行政法分析学具有下列交叉性。

第一，行政法学与社会学的交叉。行政法学的对象是行政法规范，其在研究过程中与社会现象之关系是予以分开的，即当我们在对行政法规范进行研究时并没有必要去关注社会事实，这基本上是行政法学研究的定式。但是，行政法学有时在规范发生阻滞的情况下也要对社会事实做出研究，这个社会事实是由法律规范设定的法律关系之内的事实，因此，这样的事实本身就具有了复合性，是社会事实和法律事实的复合体，行政法学中的社会事实仅此而已。社会学的研究对象是："社会的整体构成及其发展过程，社会学的理论任务就是要揭示社会整体构成及其发展进程中的规律性。综合社会学的研究对象和研究任务，我们可以给社会学下一个定义：社会学就是研究社会的整体构成及其发展规律的科学。"[①] 这是社会学家对社会学研究对象的确定。社会

[①] 吴鹏森著：《社会学与现代化发展难题》，上海人民出版社2007年版，第38页。

学在对社会进行整体性研究的同时,也关注社会现象中的若干要件,"这种综合的考察也就是同时考虑影响社会发展的各种因素,研究社会构成的不同要素、不同部分、不同方面之间的现实结合方式,也就是它们之间协调成一个整体,并导致整体向前发展的条件。"① 由此可见,社会学对象之中有一部分是法律现象。与行政法有关联的社会现象,或者社会现象中促成行政法发展的现象就与行政法分析有关。当然,我们说行政法分析学有行政法与社会学交叉的特性,我们将这种交叉不能单单限定在学科对象上,在学科的研究方法以及其他属性上也有交叉性。行政法分析学使行政法学与社会学交叉,使其同时具有了两个学科的共同属性,但又从两个学科中游离了出来。那么,交叉之前的行政法学与社会学实质上是行政法分析学的原学科,没有这样的原学科行政法分析学就难以形成。

第二,行政法学与政治学的交叉。政治学是这样一门学科:"一门旨在提供对政府的性质和效用的系统理解,并提供某些有关政治应如何改进的意见的学科。它与政治哲学不同,后者试图解释并从理论上洞察规范的政治概念,如正义、自由、平等、国家、民主、权威、公民身份和权利;它与政治科学也不同,后者试图提供有关政治经验材料的解释性理论和分类法。不过,政治理论同这两个不同学科联系密切,并常常被视为政治科学的理论方面。从传统上看,它的主要着眼点一直是分析从柏拉图到马克思这些经典政治思想家的著作,并把他们的思想运用于当前的政治事务。近些年来,政治理论家关注的是建构政治进程的形式模型。由于当代对分析——综合,事实——价值区分的质疑,政治哲学、政治理论与政治科学已变得越发接近。"② 其研究对象是非常

---

① 吴鹏森著:《社会学与现代化发展难题》,上海人民出版社 2007 年版,第 39 页。
② [英]尼古拉斯·布宁等编著:《西方哲学英汉对照辞典》,王柯平等译,人民出版社 2001 年版,第 774 页。

清楚的,用比较直接的话来讲就是研究一国的政治权力的分配及其运转情况。① 在对政府权力运作及其运作规则的研究上政治学本身就与行政法学有重合部分,笔者注意到政治学著作中有立法之内容、行政之内容,还有一些较小的问题几乎与行政法学中的部分问题完全相同,如行政组织、公务员制度等。政治学必然涉及到行政法典则问题,当它对行政法典则进行研究时,其与政治主体及其利益分配的研究放在一起。即是说,政治学中的行政法典则具有动态性,正是这种动态性使其与行政法学中的典则研究有了严格区别,行政法学的这类研究不能取代政治学中的研究。行政法分析学由于将典则的侧重点放在了社会事实之中,从而使政治学中的政治主体、利益分配关系都成了对典则进行推理的根据。其将行政法学与政治学予以交叉的特性被充分表现出来。同样,我们必须强调,行政法分析学使二者的交叉并不是说其将行政法学与政治学作了简单相加,而是从此二学科中各凝炼出一些元素。

第三,行政法学与经济学的交叉。柯立芝总统在就职演说中揭示了法律与经济关系的哲理:"只有当人们认识到,处于法律的统治下,和平才会到来,基于正义和四海之内皆兄弟的宗教信仰,才能希望有一个完善而满意的生活。文件与武力都将失败,唯有人的崇高天性能够成功。"②其实行政法中的经济问题是其最基本的问题之一,也正因为这一点,学者们构建了"经济行政法"这样一个学科,我们暂时将这个学科放在一边,仅就经济学与行政法学在行政法分析学中的交叉予以说明。

---

① 政治学在其发展过程中出现了不少分支学科,如有政治哲学,它不同于政治学就像行政法哲学不同于行政法学一样,它确立那些规定政府应如何运作的准则或理想的标准。还有政治社会学,如迪韦尔热所著《政治社会学》,还有一些是从分支问题的角度解读政治的社会化问题,如李普塞特所著《政治人》等,政治社会学的首要任务是"分析促进民主的社会条件",这是李普塞特对政治社会学的界定。政治学中诸分支学科的发展对行政法学科的发展有一定的借鉴意义。

② 岳西宽译:《柯立芝总统就职演说》,《美国总统就职演说》,北方文艺出版社 1990 年版,第 325 页。

经济学从根本上讲是对有关国家经济决策的研究,正如亚当·斯密在《国民财富的性质及其原因研究》一书中所作的阐述那样。① 通过经济学的研究为政府采取经济政策提供依据,进而分析社会公众以及政府在经济过程中的关系形式,这些形式在现代法治国家都必须表现为法律或者经济政策。行政法规范中涉及经济问题是一个不证自明的事实,很难想象一国的行政法典则中没有经济事项。② 但从典则的角度我们无法对发生于现实中的事实作出评判。经济学则可以有这样的评判。行政法分析学以行政法之社会事实为对象,其必然要分析作为社会事实的经济关系,进而对行政法典则进行分析。

(二)学科对象上的后规范性

把行政法规范作为坐标确定行政法学研究的段位问题,就可以说行政法学有三个学科群。

这三个学科群分别是对前行政法规范进行研究的学科群,在这个学科群中行政法哲学是主要学科。有人对法哲学下了这样一个定义:"也称为哲学的一个分支,涉及的是与法律和法律相关的哲学问题或争

---

① 亚当·斯密在其重要经济学著作《国富论》中谈到该书的写作出发点是:"本书前四篇的目的,在于说明广大人民的收入是怎样构成的,并说明供应各时代各国每年消费的资源,究竟有什么性质。第五篇即最后一篇所讨论的,是君主或国家的收入。在这一篇里,我要努力说明以下各点:第一,什么是君主或国家的必要费用,其中,哪些部分应该出自全社会负担的赋税,哪些部分应该出自社会某特殊阶级或成员负担的特殊赋税。第二,来自全社会所有纳税人的经费是怎样募集的,而各种募集方法大抵有什么利弊。第三,什么使几乎所有近代各国政府都把收入的一部分,作为担保来举债,而这种债务,对于真实财富,换言之,对于社会的土地和劳动的年产物,有什么影响。"参见[英]亚当·斯密著:《国民财富的性质和原因的研究》,郭大力、王亚南译,商务印书馆1972年版,第3页。

② 行政法典则背后有很多利益关系,毫无疑问,在所有利益关系中有关经济事项的利益是最为根本的利益。美国著名学者查尔斯·A.比尔德在《美国宪法的经济观》一书中分析了美国宪法典则及其制定过程中经济利益的决定作用。这个分析完全可以被移植到行政法中来,遗憾的是,我国行政法学界还没有引起对行政法背后经济利益的关注。

论,以及哲学方法在法律问题中的应用。这一领域的主要论题有:法律的本质和意义,法律体系的特征和同一性的条件,法律所要达到的目的,法律责任,法律推理,惩罚的本质及其正当性,国家的强制权力的本质及其正当性以及道德权利和法律权利、道德责任和法律责任以及法和正义之间的关系。"①行政法哲学应当与法哲学的概念相通,其主要研究行政法之本质性命题,分析行政法体系特性和同一性的条件,行政法所要达到的目的,行政法责任之原理,等等。这些研究是在行政法规范之前或之上的。即它所解释的行政法没有设定规范上的参照物,也没有选择一个国家的行政法作为分析的蓝本。相反,它所研究出来的原理能为不同国家行政法规范的制定提供理论基础和较大的背景。②前规范和上规范的研究不仅仅有行政法哲学一个学科,行政法作为法律学科的一个分支,法理学也能成为行政法的前规范研究。不过,行政法哲学以及行政法史学等更接近于行政法的前规范研究。这其中的原因在于法理学是法的一般现象的学科,行政法学则是一个特殊的法现象的学科,这种一般性与特殊性的距离就使得法理学关于行政法前规范的研究不如行政法哲学。前规范研究是一种学科群,即所有关于前规范或者上规范的研究都可以归于这一类,此研究究竟应当有哪些学科同样需要我们进行探讨。

第二个学科群是对行政法规范的研究或者对当下的行政法规范的研究。不言而喻,行政法学是这一学科群的首属学科,其以一国当下的

---

① [英]尼古拉斯·布宁等编著:《西方哲学英汉对照辞典》,王柯平等译,人民出版社2001年版,第756页。

② 我们知道,行政法和宪法一样在它的背后存在着更为高级的背景。一则,这个背景是法律之外的东西,不是宪法和法律之内的东西;二则,这个背景是由法律机理构成的,即使不是法律机理也是能为实在法提供依据的机理。我国行政法学界对行政法产生之机理研究得非常少,严格地讲,我国行政法哲学的学科尚未形成,这同样是学术界应当认真对待的问题。

行政实在法为研究对象,有些情况下也在规范之外进行相关关系的研究,但关系研究的前提是规范。这个研究正如前述,由于是一国的行政实在法,因此,便决定了其中的价值体系具有重要地位:"参政院和在它管辖范围内的行政法院(全部成员由文官配备)有资格裁断涉及到一起公共权力机构的所有争议。参议院按普通法制度下法院的方式所作的里程碑式判决,已经确立给人深刻印象的行政判例法体系。它们已保护了公民权及公民的经济利益,从而使公民免受官僚作风的专断或纯系官僚错误的侵害。当他们发现行政机构已超越了权限范围或具有其他过错时,可以撤销该行政行为,并可对受侵害的公民判予损害赔偿。在大多数欧洲大陆国家,法国的参议院已备受推崇。许多国家曾竭力仿效法国等级制行政法院的模式,当然具有某些变化。在19世纪的英国,行政法的概念和行政法院被视为十分令人讨厌的东西,违反了人们不得在自己案件中自作法官的原则,完全背离了普通法的精神。"① 在这个价值判断中其与行政法哲学有相似之处,但又有较大差别,行政法哲学中的价值判断中性居多,而行政法学中的价值判断通常都不是中性的,其都受到政权体制、行政法实在等因素的决定和影响。这一段位的研究还有部门行政法学、案例行政法学等。与上一学科群一样,这个学科群还有其他的学科,至于哪一些学科还应当包容进去或者诞生,行政法学界给予必要重视仍是有意义的。

第三个学科群是对行政法后规范的研究。后规范的概念与前规范的概念一样,在我国行政法学界尚无学者作过系统分析。笔者所讲的后规范或者下规范是指在行政法规范制定以后,规范被付诸实施,这时规范就是一个完整的、具有自身内涵的事物,是一个实实在在的存在物,而且对于这样的存在物我们暂时无法给予这样那样的评价,因为它

---

① [美]埃尔曼著:《比较法律文化》,贺卫方等译,三联书店1990年版,第239—246页。

已经被国家机关宣布具有法律效力,且必须在国家机器后盾的保护下付诸实施和实现。但是,规范进入实施和实现阶段后,事情就发生了变化,就进入了笔者所讲的后规范阶段。对后规范中相关问题的研究就不再是规范的研究,更不是前规范的研究。后规范研究既可以离开行政实在法而存在,即仅仅研究行政的运作过程,这个研究前提是一国行政法规范虽然已经制定,但规范为社会事实留下了巨大的空间,行政的运行有的只是宪法或其他法律依据而没有实在法的研究。列宁在《给亚·德·瞿鲁巴》一文中就对后规范进行过这样的研究:"这些机关的主要缺点是处理琐碎小事太多。这样一来,它们不仅不能与官僚主义作斗争,反而淹没在官僚主义中。产生这一祸害的原因是:(1)总务处软弱无力;(2)人民委员会陷入琐碎小事和官僚主义烦琐事务的泥坑而无法自拔;(3)人民委员会(特别地怂恿他们的主管部门的官僚主义者)希望把自己的责任推给人民委员会;(4)——最后的,也是主要的——负责干部没有认识到,与浩如烟海的公文作斗争,不信任这些公文,不信任永久的'改组',现在已经提到日程上来了,没有认识到当前的首要任务不是发指令,不是改组,而是挑选人才,建立各项工作的个人负责制,检查实际工作。否则便无法摆脱窒息着我们的官僚主义和拖拉作风。"[1]又可以以实在法为研究的启动因素,马克思曾在《路易·波拿巴的雾月十八日》一文中指出:"在议会中,国民将自己的普遍意志提升成为法律,即将统治阶级的法律升级成为国民的普遍意志。在行政权力的面前,国民完全放弃了自己的意志,而服从于他人意志,服从他人意志的指挥,服从于权威。"[2]应当指出,我国行政法学界中后规范的个别

---

[1] [俄]列宁著:《给亚·德·瞿鲁巴》,《列宁全集》第35卷,人民出版社1959年版,第554页。

[2] [德]马克思著:《路易·波拿巴的雾月十八日》,《马克思恩格斯全集》第8卷,人民出版社1961年版,第117页。

研究还是大量存在的。后规范研究中,行政法分析学当推这一学科群之首,在它之外的行政法社会学等都应当归属于这一范畴。与上列两个学科群一样,这个学科群中的学科构成同样是我国行政法学界面临的课题。行政法分析学的学科对象通过我们对行政法学科群以及研究段位的划分就非常清晰了。

(三) 学科方法上的分析性

在哲学范畴中,有实质分析和形式分析的区别。所谓实质分析就是指对某事物之构成因素的分析。以行政法分析学为例,实质分析就是要确立行政法现象诸事实之构成,包括规范构成、规范背后之关系构成、行政法其他方面的事实构成,这些具体范畴我们将在本书第三篇范畴部分专门讨论。形式分析是对诸事实之间联系方式的分析。行政法分析学对行政法介入因素及其与法之关系的分析就可以归入到形式分析之中。笔者认为,哲学范畴中,分析概念的实质分析和形式分析对于我们建构行政法分析学的体系意义重大。当然,哲学的分析概念中,还有两个是我们不能忽视的,一是"被分析项",二是"分析项"。这两个概念看起来非常简单,前者指被分析的东西,后者则是指用来进行分析的东西。对于前者我们在行政法分析学中是很容易理解的,我们前面所指的行政法实在即发生于行政法过程中的行政法事实是被分析项。但对于分析项,至少在行政法分析学中是需要予以认真掌握的。在笔者看来,行政法分析学中的分析项是指用来分析的那些理论、手段和方法。显然,对于分析项我们无法像确定被分析项那样予以高度抽象和概括,我们只能根据每一次的分析行为确定分析项,因为我们在每一个分析中都可以运用不同的原理、不同的手段、不同的方法。由此我们还可以作进一步地推论,行政法学分析中,分析项越丰富分析的水准就越高。反之,分析项越单一,分析的水准也就越低。在这个意义上讲,完善行政法分析学就必须在分析项上大做文章。我们可以将问题从哲学层面的讨论中降下来,放在具体的行政法现象中考察行政法分析学在方法论上的分析特性。对于行政法分析学的分析特性,我们可以作出如下通俗化的概括。

第一,分而解之。行政法学对于行政问题的阐释进路是集而解之,所谓集而解之就是尽可能将行政法问题放在一个体系之下,放在一个单一的价值判断之下,使本来多元的问题归为一体。行政法学科中对行政法问题的解析并不在少,例如我们常常先对行政法中某一问题下个定义,再将这个定义分层进行解析。这样的解析虽然也符合解析之一般进路,但其最终是集而不是分。行政法分析学则在于从分的角度解析行政法问题。在公法学研究中,分而解之是广泛存在的,荷兰公法学家在《成文宪法的比较研究》一书中就很好地运用了分而解之的方法,其将宪法中的一般问题化整为零,设定诸多相对分立的命题,其对成文宪法有这样一段精辟的论述:"成文宪法与所有其他生效法律的区别不仅在于它们的名称不同,而且也由于它具有其他的特征。这些特征可能具有法律的、政治的和历史的性质。尤其是历史悠久的宪法作为政府管理中受到尊重的工具,或者作为国家传统的象征,可能具有某种神圣不可侵犯的性质。宪法也可能成为政治发展的中心问题或者可能用来象征革命的成就。而且,宪法可能具有特殊的法律性质,甚至被赋予比其他法律更大的法律效力。其法律效力的至高无上性质,使得像在一些国家那样,只有司法机关或其他国家机关,而不是普通的立法机关才有权决定与宪法相抵触的法律文件无效。宪法法律效力的至高无上也可以从宪法的通过和正式修正的方式上看出来。事实上,只有为数极少的国家,宪法是通过普通的立法程序通过或修正的。在大多数国家,宪法的通过和修正的程序各不相同,有些是由专门为此目的而设立的特殊机关,如制宪会议、制宪国民大会进行的,有些通过特别的立法程序,有些则由各种形式的公民复决或者其它的方法进行的"[1]这显然走的是分而解之的路径,从一个侧面肯定了分而解之方法的合理性。行政法学研究作这样的分而解之同样是可行的,令人遗憾的是行政法学家关于行政法问题的研究还没有一个成体系的分而解之的研究。

第二,分而比之。行政法学研究中的比较是一个基本的研究手段,受比较法学的影响,比较行政法在我国的发展亦很迅速,但是,此处所讲的比较并不是学者们构建的比较行政法学科体系中的比较,作为学科的比较大多限定在不同国度行政法学现象的比较中。这里所讲的比较主要指对一国行政法事实中能比之问题、可比之问题进行的比较,以分析学的方法观察,这种比较建立在分析的基础之上,就是分而比之。笔者认为,行政法问题可以进行时段的比较,"目前我国比较行政法学的时段研究应确定如下具体范畴:其一,改革开放以来我国行政法治水平的时间段断代,并对各代之间行政法治的状况进行比较,例如能否以法典出台的顺序划为若干个时间段,并对各时间段的行政法治状况进行比较,若以《中华人民共和国行政诉讼法》为核心断代,该法出台之前10年和出台之后的10年行政法治状况就很有可比性。其二,改革开放以来我国行政法学发展的时间段及其各时间段的比较,例如有人以行政法的统编教材的出版状况为标志,将我国行政法学分为第一代行政法学、第二代行政法学、第三代行政法学和第四代行政法学,那么各代行政法学的具体状况就有着非常大的可比性。其三,对行政法学和行政法状态的对应程度进行时间段的比较。笔者发现了一个很有趣的现象,如我国从1989至2000年先后制定了《中华人民共和国行政诉讼

---

[1] [荷]亨利·范·马尔塞文等著:《成文宪法的比较研究》,陈云生译,华夏出版社1987年版,第52—53页。

法》(1989年4月4日第七届全国人民代表大会制定)、《中华人民共和国国家赔偿法》(1994年5月12日第八届全国人民代表大会制定)、《中华人民共和国行政处罚法》(1996年3月17日第八届全国人民代表大会制定)、《中华人民共和国行政复议法》(1999年4月29日第九届全国人民代表大会制定)、《中华人民共和国立法法》(2000年3月15日第九届全国人民代表大会制定)。这些行政法律文件之间肯定存在某种逻辑联系,如行政复议制度和行政诉讼制度就有着逻辑上的先后关系,但是在立法中行政诉讼法却优先于行政复议法10年制定。这就说明行政法学的研究和行政法治实践在时间上的对应性不足。行政法学和行政法治对应性的比较同样是比较行政法学的内容。其四,不同行政法学研究方法在不同时段对行政法治水平作用的比较。"[①]这只是可比性的一个方面,行政法现象被分解以后可比之素材将会大大增加。

第三,分而评之。在笔者看来,任何科学研究的最高成果都在于有所创造,那么,我们用这个最高标准来衡量我国行政法学的话,则可以说创造性的东西太少了,因为学者们对行政法问题的研究由于受制于规范本身,阐释规范便成了我国行政法学研究的最高标准。基于此,笔者认为行政法分析学中,有一个进路就是分而评之。所谓分而评之是指从分析这一大前提出发对所研究之问题进行评论。显然,评论是学者们自己对行政法问题的见解,而且这种见解首先存在于研究个体之中。国外一些国家的行政法教科书之所以有较长久价值就是著者加进了诸多自己的评论,这样的评论也许还不一定能够被归入到创造性之中,但评论本身是创造的前提。没有自己对问题的见解就必然没有创造。行政法分析学中的分析就包含了分而评之

[①] 关保英著:《行政法教科书之总论行政法》,中国政法大学出版社2009年版,第19—20页。

的涵义。我国台湾地区行政法学家张家洋在对诉愿制度进行分析时就有这样一段评论:"行政业务讲求效率,行政争讼如由法院管辖,因诉讼程序烦琐缓慢,势将无法符合效率要求。"[1]这个评论只对一个事情,是作者对问题的认识和理解,通过这个评论就会使诉愿的相关理论向前推进一步。

第四,分而量之。行政法学中"量"的概念没有人界定过,但学者们还是在许多地方肯定了定量分析方法在行政法学研究中的必要性。应当指出,笔者此处所用的"量"的概念不只代表定量分析一层意思,它还包括行政法中各种因素轻重缓急之衡量。即是说,我们在对行政法问题分析时既要符合传统的定量分析原理,还要能够提供一些衡量和判断问题的标准,使行政法的实施遇到难题时有选择答案的依据,日本行政法学家室井力关于卫生许可中的权益保护就有非常好的分而量之,"所谓卫生许可是解除医事卫生法规规定的对自由权的一般禁止的行政处分。具有对从事医事卫生业务者颁发各种执照(医师、护士、保健妇的执照)和为执行医事卫生业务的设施和物的许可(药品制造、贩卖、药店开设、饮食店营业等的许可)。在判断给予卫生许可的许可要件时,传统行政法学认为行政厅未被赋予裁量权。但是,今天医事卫生行政必须看成是积极行政,而不应视为消极行政。因此,在医事卫生许可中,特别是关于后者为了执行医事卫生业务的设施和药物,对其给予许可时,除认定法规规定的要件外,必须认为它负有积极的审查义务,审查该设施和药物是否侵害国民的健康权。这不仅因为行政厅除个别实体法规定的明文要件外,还必须经常牢记以宪法第 25 条为首的人权保护规定,这也是因为生存权即健康权是优位于营业自由、财产权的国民

---

[1] 张家洋著:《行政法》,三民书局 1998 年版,第 392 页。

权利。"①

行政法分析学与传统行政法学对比表

对象 \ 要素	科学进路	分析力度	促进意义
行政法学	传统行政法学不一定完全具备科学属性： 1）一些原理和命题不具有客观性。 2）一些理论体系不具备有用性。	行政法学研究中存在明显的分析疲软： 1）学科构设中没有分析。 2）个别的分析只具有附着性。 3）缺乏分析意识。 4）缺少分析技术。	行政法学研究中的分析对行政法分析学的形成具有积极作用。 1）帮助形成分析学的概念。 2）提供分析学的初步方法。 3）发现需要分析的问题。
行政法分析学	行政法分析学具有科学属性： 1）符合科学上的范式，即主观与客观的统一。 2）符合科学方法。 3）符合科学理念。	行政法分析学具有很强的分析力度，不存在疲软现象。	

二、行政法分析学与行政法学研究

（一）行政法分析学的科学进路

20世纪科学学的兴起和发展对人类认知体系和认知方法都产生了巨大的影响。依科学学中的一种理论，科学是唯一的知识，科学方法

---

① ［日］室井力著：《日本现代行政法》，吴微译，中国政法大学出版社1995年版，第392页。

是人类获取知识的唯一正确方法,不论发生在自然界,还是发生在人类社会中的一切事情都应当有科学理论来理解和解释。后来出现了一种更为极端的论点,即认为科学知识和科学方法只存在于自然界和自然领域,有关人类社会的知识,包括哲学、历史、艺术、道德、宗教、法律等人文性知识都不应当归于科学的范畴。这个论点虽然比较极端,甚至是错误的,但是,它对我们进行人文科学的研究是有启迪作用的。我们依这个论点进行思考,便可以说,学科与科学是两个性质完全不同的概念,二者在一定条件下可能存在相互交织。若我们将学科都冠以科学的名分就必然是不正确的,即是说,符合学科构成要件不一定符合科学的构成要件,这应当是一个正确的命题。依据这个命题我们便可以对摆在我们面前的行政法学科及其学科群进行分析。行政法学——作为学科的——是符合学科之构成要件的,本书第一章已经提到了这个问题。但是,行政法学是否符合科学要件则不一定。那么,究竟如何判定某一门学科是否具有科学属性呢?笔者认为,应当有这样一些条件:其一,客观性。科学尽管属于意识范畴,一些情况下还是一种思想方法,但必须保持客观性,即不能脱离客观存在的事物,不能人为地预设一些不符合逻辑的大前提。其二,真实性。对每一个问题的阐释都应当真实,不应当设定虚假命题。真实性还要求思考问题的方式必须与其客体保持一致,在主观和客观不能对应时就是不真实的。其三,系统性。科学与研究中对个别问题的判断是不同的,对个别问题的判断可能是真实的,但还不可以称之为科学,只有当认知成为一个体系,并且有内部合乎逻辑的构造时,才符合科学的要件。其四,有用性。科学是一种知识,这是无可争议的,但是,作为科学的知识应当是有用的知识,因为在笔者看来不一定所有的知识都具有有用的价值,例如神学领域的研究也有诸多知识乃至于知识体系,这些知识究竟有何用处,谁也说不清楚。当然,每一门科学的有用性随该科学的性质和存在空间的不同而有所不同。

上列四个方面是构成科学的必备要件。我们用这些要件来衡量，传统行政法学科不一定完全符合，例如，我们说行政法学具有真实性，但是，我们中间的一系列原理和命题不一定具有客观性。我们说行政法学科有一整套理论体系，但是，这些理论体系不一定同时具备了有用性。行政法学中的规范研究本身就与客观性存在一定距离，这其中的原因是多方面的，根本原因在于法律所固有的时代滞后性。由此可见，行政法学的学科性特征高于其所应具有的科学性特征。与之相比，行政法分析学则较为符合或者接近科学的上述条件。我们再将问题具体一点，就可以说，行政法分析学有下列科学属性。

第一，符合科学上的范式。在科学概念之中，主观与客观的统一是一个基本范式。行政法典则与社会事实之间的关系应该用主观与客观的关系原理分析之。行政法典则从认识论的角度讲是主观的，因为它是通过人的劳作所产生的，正因为如此，人们常常更愿意将法律典则归于知识体系之中，而不是归于客体之中。① 与典则对应的那些社会事实则是客观的，因为它没有加进人的劳作，更没有受意识因素制约。行政法分析学面对的是法律事实，其将社会事实与典则予以有机结合，从而使主观与客观达到了最大限度的统一，这点正是科学范式所必须的。因此，行政法分析学更接近于科学一些，在这一点上其比行政法学前进了一大步，就与科学的关系而言必然是如此。

第二，符合科学方法。科学家内格尔指出："科学方法的实践，就是对于准则的持久批判，这些准则用以判定获取证据资料的程序的可靠

---

① 参见关保英著：《行政法教科书之总论行政法》，中国政法大学出版社2009年版，第1页。

性及用以评估由此而得出结论的证据的检验力。"①其没有对科学方法进行概括,②但其提出的科学方法的最高功能在于对准则的批判。其所讲的准则其实是传统研究方法以及由传统研究方法得出的结论。行政法学研究中,我们看到了诸多传统研究方法,尤其以辩证唯物主义和历史唯物主义的方法为核心,通过这些传统方法形成了诸多结论,这些结论实质上就是一种准则,这些准则的功能除了证明预设命题的合理性外,便没有别的证明力。行政法分析学对于每一种准则都抱相对中立的态度,其在将准则和社会事实结合以后再对准则下结论。此点表明,行政法分析学非常接近现代科学之方法,这是我们对其科学性作的第二个方面的证明。

第三,符合科学理念。科学作为唯一的知识的论点虽有些武断,但就科学之理念来讲,所追求的是自身的合理性以及所得出结论的合理性,这也正是科学有用性之所在。对法进行研究的目的绝对不在于将实在的法阐释清楚,而是追求法作为规范的东西与社会过程的和谐。行政法分析学以社会事实为核心并推论出法的合理性与否,其目的在于改造法与完善法,这与行政法学的阐释法又形成了对比。在这个对比中,行政法分析学所包含的科学理念得到了彰显。

---

① [英]尼古拉斯·布宁等编著:《西方哲学英汉对照辞典》,王柯平等译,人民出版社2001年版,第902页。

② 科学方法是"科学哲学的主要领域之一。关于方法的不同立场依据对下述问题的回答而得以区分:(1)科学假说是如何形成的,科学真理是如何发现的?这些问题集中在科学推理的性质,包括起始于培根和密尔的归纳方法上。(2)知识如何被接受为是科学的?这个问题是集中争论的主题,尤其是自波普对可证实性的批评和提倡用可证伪性作为科学与非科学之间的分界标准以来。(3)科学是如何发展的?逻辑实证主义试图确立一种对于所有科学的统一方法,但其纲领为许多哲学家所反对。物理学的方法曾被传统地认为是科学方法的典范,但却遭到了生物学发展的挑战。库恩的科学革命理论挑战那种科学是在单一方法论框架中平和发展的科学图像,在其中一切理论都是可通约的,科学变化是理性的。拉卡托斯以进步性研究纲领在产生问题和找到答案方面的相对成功来理解科学的进步。有些哲学家把科学看做是不同方法的杂烩,其中局部的成功并不取决于一个一致整合的系统。"参见[英]尼古拉斯·布宁等编著:《西方哲学英汉对照辞典》,王柯平等译,人民出版社2001年版,第902页。

（二）分析疲软的考察

我国行政法学具有对法的研究、价值性研究、注释性研究等特性。[①] 这些特性恰恰与分析是相悖的。基于这个大前提,我们认为我国行政法学研究中存在非常明显的分析疲软,具体地讲：

第一,学科构设中没有分析。我国行政法学界有一个普遍认识,就是我国行政法学科体系虽然已经形成,但学科体系还不够完善,还需要进行新的构设,自 2000 年以来,我国行政法学界有数部构设行政法学科体系的著述,有数十篇构设行政法学科体系的论文,有的已经在其著作中完成了自己认为合理的体系构建,有的则为这样的体系构建提供了理论范式。[②] 对体系进行构设或者重构几乎成了行政法学界的一股思潮。但令人遗憾的是,到目前为止,还没有人从分析的角度提出构设行政法学科体系的问题。毋须证明,体系构设是一种将分散化为整体的思维逻辑,而分析则是将整体划为零散的思维逻辑。当然,科学的行政法学科体系的构设,应当以既成的行政法分析为前提,通过分而解之、分而评之、分而量之、分而比之,发现学科体系之不足,进而完成下一步的重构。而目前的行政法学科体系的构建中几乎看不到分析。这

[①] 这个问题在本书第一章笔者就曾提到过,所概括的三个特点既是对我国行政法学研究方法的总括,又是对我国行政法学学科属性的总括。这个总括比较客观地反映了我国行政法学的格局。造成此种研究格局的原因应当说存在于两个方面：一是政府体制方面,即政府对社会科学研究采取一定的导向性指导原则,而且这些原则具有非常强的约束力,一定意义上讲,就是社会科学研究者的宪章。二是科研人员方面,我国社会科学研究人员大多缺少一种学术人格,即他们不大看重学术上需要的那些人格规范,一旦学术研究人员没有这些规范时,研究的结果就很难预测了。

[②] 综观我国行政法学发展的历史,对行政法学科体系的构建属于价值研究的范畴,价值研究一直处于主导地位,而价值研究和行政法问题的分析所需要的实证方法是难以相容的。因为价值的研究方法和实证的研究方法本身就是两种具有一定对立的研究方法。从目前我国行政法学的整体格局看,价值研究仍然具有非常强势的地位,这是制约行政法分析学发展的原因之一。

是行政法学研究疲软的第一个方面的表现。

第二,个别的分析只具有附着性。行政法学研究中分析方法还是被使用的,但是,我们必须清楚分析方法在行政法分析学中是学科之属性,它不具有任何的附着性。行政法学研究中的分析,一方面,存在于个别研究中,即分析不是行政法学中的普遍现象。个别性分析存在于某一环节上、某一问题上、某一时间段位上,而不是存在于行政法学的学科体系之中。由于分析被作个别化处理,因此,其难以对行政法学科体系产生影响,更谈不上产生革命性变革了。另一方面,分析不是作为方法论而运用,更不是作为学科之价值定向看待,而是附着于其他价值体系之下,是完成其他价值体系采用的手段之一。笔者曾经撰文对行政处罚"一事不再罚"原则进行了分析,对一事不再罚中的"事"、"罚"、"不"等作了分解,并对每一个的内涵作了具体分析,如在分析"事"时指出:"事与相对人的关系可有下列情形:一是一人一事;二是一人多事;三是多人一事;四是多人多事。上述四种情形中第一种为一事是无可争议的,第四种情况是多事亦是无可争议的。而第二与第三种情况则比较特殊。第二种情况下,尽管行政相对人是一人,违法行为亦为同一性质,但应视为二事而非一事,因为行为人的若干行为都是独立存在的,每一个行为都有相对独立的价值,甚至其主观上的故意亦是两个以上。第三种情况从表面看行政相对人有多人似乎是多个事实,其实若把一事不再罚中的事当成一个整体看,多人仍然可以为一事,因为多人之间的主观意识不可分割、多人之间的行为亦不能分而论之。若分而论之,将会变成另一种形态的事实,因此,第三种情形应视为一事。"① 这样的分析具有合理性是毋须多言的,但这个分析仍然是附着性的,因为它是在设定了一定大前提之后所作的分析。

---

① 关保英撰:《一事不再罚理论的再认识》,载《法律科学》2002年第1期,第33页。

第三,缺乏分析意识。行政法学研究的推进应当有三种力量的相互作用。第一种力量是来自政府的力量,我们常常将我国行政法学乃至于法学的研究称之为政府推动型。这实质上是说政府在行政法学和法学研究中起主要作用。在笔者看来,政府是推动法学研究的一股力量,我们将其仅定位为力量之一是妥当的,因为政府一旦成了唯一的或主要的推动者,研究的格局就会发生变化。正如布坎南所说政府不是经济的"阉人"那样,我们也可以说政府不是学术研究的"阉人",它一定会将自己的利益和意志贯穿于学术研究之中,而在通常情况下政府的意态和利益并不能完全等同于社会利益。第二种力量是来自学者的力量,就是来自于学术群体的力量。行政法学研究机构和研究人员就是这种力量的基本组成部分,他们应当本着客观而真实的态度进行学术研究。但是,在我国法学教学与研究泛行政化的格局之下,学术研究群体的中立性是大打折扣的。第三种力量则是社会力量。就是广大的社会公众,他们是学术研究推动中的最终力量,但不可否认的是在我国他们是一种相对较弱的推动力量。在上列三种力量中,第一种力量有着明显的价值取向,因此,很难树立其研究中的分析意识,实在的法由它而定的事实就说明了一切。第二种力量由于受泛行政化研究体制的影响以及长期形成的学术传统的影响,亦对分析没有太大兴趣。只有第三种力量对分析有兴趣,但由于他们对学术研究的推动力较弱,故而,其分析意识对行政法学的研究也只能产生很微弱的作用。这样我们便可以说,我国的行政法学研究缺乏总体上的分析意识。

第四,缺少分析技术。行政法学中的分析是一种科学活动,而不是一种单一的学科构建活动。作为科学活动其就必须以一定的科学方法和技术手段为后盾。然而,我国行政法学研究与其他部门法的研究一样,一方面,研究实体与典则的运用是两张皮。即适用典则的人和机构没有研究的兴趣和能力,而研究人员则没有机会适用典则,这对行政法规范的分析而言是致命的。因为分析者一旦与典则的运用分离所具有的就只是感性认识了。另一方面,研究主体由于受长期形成的机制的制约,基本上处于知识和社会行为的封闭状态中,他们对新兴学科和方法论没有兴趣,也没有很好的渠道去了解和掌握。这样,在整个行政法分析中就缺少必要的分析技术,在目前行政法学中所具有的一些个别分析也都是运用传统方法。

(三)分析对行政法分析学的意义

行政法学研究中分析的存在是不争的事实,只不过目前的分析尚未成为学科之必需。就目前分析手段的运用而言其对行政法分析学的形成有着积极意义。

第一,帮助形成分析学的概念。行政法分析学中的核心问题是分析,那么,行政法学研究中的分析方法、分析手段帮助我们形成了分析学的概念。进一步讲,在行政法学研究中,如果分析手段根本没有存在过,要想形成分析学的概念就是不可能的。事实上,诸多行政法学科中分析已经不是一个小概念,M. P. 塞夫所著《德国行政法》其中有一个副标题就是普通法的分析,能够在一个行政法学科体系中将分析作为副标题,足见其对分析的看重。不过,当赛夫使用分析的概念时,其似乎还没有站在分析学的高度,因为从其对该书的学科构架看,分析似乎是对研究的另一个称谓而已。[①] 但无论如何,分析的概念能够在学科称谓中出现就为我们形成分析学提供了依据。

第二,提供分析学的初步方法。和田英夫在谈到行政法学研究的发展趋势时,指出了行政法学研究要"向法律社会学接近"的理念,他指

[①] 该书共有五编:第一编为结论,第二编为行政机关的权力与功能,第三编为行政权力的司法控制,第四编为行政法院与法律救济,第五编为国家责任。根据这些编排,该著作是对学科体系的另一种构建,其分析性研究的特性还不甚明显。

出:"法律社会学作为战后法律学的新形式而出现了,这一学说主要是针对民法而被提出的。从这一学说的出发点来看,表明人们认识到克服在旧宪法下的官僚法学和确立公民法学这个问题。这一认识也同样适用于经历了激烈的宪法价值变革的行政法学。在社会科学的历史法则下实行的法律和法制在现实的国家社会组织中应该发挥出什么样的功能呢?在这一问题的研究对象和研究领域中有许多问题需要探讨。传统的行政法很容易带有只是解释现存的行政法规和判例这种倾向,这几乎成了行政法解释学。而对作为行政法规和判例前提的社会现实不够关心。"[①]随后,他结合了一个案例评介了行政法学研究向法律社会学接近的原因,"现在发生了一件关于地方选举的案件,为了解决法律上的纠纷进行了判决,虽然通过判决这个层次(A)解决了这一案件,但是对于我们来说只看到 A 这个层次还是不够的。事实上,在进行地方选举之前上级行政厅要进行指导(行政实例或者行政指导),在很多情况下,通过指导这个层次(B)就解决了绝大多数问题。但是,如果进一步探究其原因就会发现上述问题属于还不成熟的社会现状中的行政问题,我们可以从社会现状这个层次(C)对上述问题进行理解、体会。这样,我既可以从行政判决到行政实例、行政指导最后到行政的社会现状这个顺序来理解它们彼此间的关系,也可从相反的顺序来理解,如果搞清了它们彼此间的关联和关系,就会有助于我们动态地、立体地去理解与该案件有关的行政活动的全部法律、社会背景,而不是停留在仅仅对行政判决进行理解。而且,在以这种方式对问题进行探讨时,可以把行政问题放入 ABC 三个层次中,从它们各具特色的侧面,即把行政问题当作具有三重构造来理解。这样我们对于 A 层次的行政判决可以

---

① [日]和田英夫著:《现代行政法》,倪健民、潘世圣译,中国广播电视出版社1993年版,第17页。

从法律逻辑这个侧面进行分析、解释;对于 B 层次的行政实例,行政指导,可以把它们作为行政权力的行使过程,从行政的功能这个侧面来加以研究。例如,对于该案件,我们可以探讨如下问题:各有关行政厅作了什么样的监督、指导和建议呢? 提出不服申诉或要求进行审查的人(原告)应该采取怎样的相应措施(准备、主张、立证)呢? 至于 C 层次上的社会现状,我们恰好可以从行政的法律社会学这个侧面加以研究,一般是对作为该案件、问题背景的社会学这个侧面加以研究,一般是对作为该案件、问题背景的社会集团中的各种实际情况进行调查和分析(从农村、渔村里的落后部落到人口密集的大城市,各种社会关系、经济关系、政治关系、人际关系都包括在内)。"①它的这个论断实质上是对分析方法的运用,为我们提供了行政法分析学的初步方法。当然,在行政法学研究中像这样的分析方法或者比这更好的方法还有很多,对我们都有一定的奠定基础的意义。

第三,发现需要分析的问题。行政法分析学必须有可供分析的事项,我们前面已经指出这项将其称之为被分析项。从大的方面讲,被分析项是法律事实,但就每一个有价值的分析而论,应当有具体的分析对象,即被分析项。行政法学的研究中对分析手段的运用使我们能够从个别的分析中发现这些被分析项。

三、行政法分析学作为原创学科

(一) 行政法分析学的源起

行政法中有两个概念应当予以澄清,一个是行政法问题,另一个是

---

① [日]和田英夫著:《现代行政法》,倪健民、潘世圣译,中国广播电视出版社 1993 年版,第 17 页。

问题行政法。所谓行政法问题是指行政法典则和行政法体系中形成的一定的行政法命题和判断。这些命题和判断是行政法所固有的,其是行政法现象中的基本构成。行政法问题本身就不是问题,因为它是无需解决的,而且是解决其他的问题需要它作为手段。行政法学科就包含了大量的行政法问题,如行政主体的问题、行政行为的问题、行政救济的问题,等等。与行政法问题不同,所谓问题行政法是指行政法现象在其实施和实现过程中遇到的障碍以及其他的阻却因素。一国问题行政法越严重,其行政法就越不够完善,问题行政法越多,行政法治的质量就愈差。当然,问题行政法中有一个情况是需要予以说明的,问题行政法中的问题并不是由行政法规范自己设定的,也不是由行政法的实施者发现的,即是说,我们如果漠视了问题行政法,那么,就有可能不存在需要解决的问题,而且常常是一国的法治机制有掩盖问题行政法的倾向。进一步讲,问题行政法中的问题是通过一定的机制才能够发现的。行政法分析学所面对的不是行政法问题,或者不主要是行政法问题,而是问题行政法。现代法治国家的实现不在于如何设定行政法问题,而在于解决问题行政法。这不仅仅在行政法中是如此,在整个法律体系中,法和法学的功能几乎都在于对付问题法律,正如边沁所言:"可以把对法律问题发表意见的人分为两类:解释者和评论者。解释者的任务是向我们说明他所认识的法律是什么;评论者的任务则是向我们评述法律应当是怎样的。因此前者的任务主要是叙述或探讨事实;而后者的任务则是探讨理由。解释者在他的范围内所涉及的思维活动只是了解、记忆和判断;而评论者则由于他所评论的事情有时牵涉到那些喜欢与不喜欢的感情问题,所以要和感情打交道。法律是什么,在不同的国家中有差别而且差别很大。然而,法律应该是什么,在所有的国家中却在很大程度上是相同的。因此,解释者永远是这个或那个特定的国家的公民;而评论者则是,或者应当是一个世界公民。一个解释者要说明的是,立法者和他手下的法官已经做了什么;而评论者则建议说,立法者将来应当做些什么。"①其中他谈到的法律评论就是法律分析的问题,而这应当是法律研究的趋向。行政法中,问题行政法已经引起了人们越来越多的关注,人们关于行政法中"恶法"与"良法"的称谓就说明了这一点。行政法中"恶法"实质上是一种问题行政法,在"恶法"作为法治实现之阻碍的情况下,对"恶法"的判定和研究就应当成为行政法学研究中的一个主流。然而,人们提出了"恶法"与"良法"区分的理念,而如何解决恶法的问题却一直是一个困扰的问题。由于行政法的立法权分布较为广泛,在所有"恶法"中行政法所占的比重为最多,究竟有多少,至少还需要我们运用分析学的原理进行分析。问题的关键在于用什么机制解决恶法问题,行政法分析学在其中所起的作用具有决定性。这可以说是行政法分析学产生的最为基础的起源。

(二)行政法分析学学科之当下任务

行政法分析学的任务与行政法分析学科进展之任务是两个不同的东西。前者指行政法分析学应当完成行政法实在中的哪些问题,这一范畴在后面还要讨论。后者指在行政法学科的形成和构建中我们需要做哪些工作。就目前来讲,笔者认为,一则,应当确立行政法分析学的学科地位,使其成为行政法学研究中的一个独立学科。要完成这个任务,相关概念的界定等就是必不可少的。二则,应当规范行政法分析学的概念系统,我们可以用哲学思辨的方法建立一整套概念系统,并使各概念之内形成联系,这是一门学科能够独立存在所必需的。

行政法分析学是一门新兴学科,正因为其是新兴学科,因此,应当保证该学科的独立性,这个问题我们在学科定位篇中就已经讨论过。

---

① [英]边沁著:《政府片论》,沈叔平等译,商务印书馆1995年版,第97页。

在这里我们要说的是笔者目前所建构的行政法分析学是一个初始学科,因此,其具有原创性。在本著作中有四篇二十章的内容给行政法分析学一个概貌。第一篇为定位篇,本篇主要解决行政法分析学科的独立地位问题,并将行政法分析学与其他学科进行比较,使其从其他学科中游离出来。这里尤其要提到行政法分析学与后现代行政法有着同源性,其是在现代行政法基础上形成的,与后现代行政法的法治格局对应。第二篇为原理篇,我们将在本篇揭示行政法分析学的概念、理论与实践基础、学科精髓、学科构成、学科的逻辑过程等基本理论问题。其是对定位篇的必要补充。第三篇为范畴篇,本篇我们将全面分析行政法分析学中的范畴,也是行政法分析学的涉及领域,包括法位的分析范畴、功能的分析范畴、调控模式的分析范畴、运作过程的分析范畴、反馈系统的分析范畴等。这一篇实质上是行政法分析学的核心问题,是行政法分析学在今后发展中的客体要件。第四篇为方法篇,分析学中的方法本来是可以不需要全面探讨的,因为研究方法本身就没有止境,但考虑到行政法学界对分析概念的生疏,笔者还是概括了统计的分析方法、证明的分析方法、综合与分解的分析方法、解释的分析方法、经验的分析方法等。由于行政法分析学中分析具有最高境界的地位,分析方法的探讨也就成为学科构建中不可缺少的东西,笔者将方法概括为五个方面,有从方法论上概说的涵义。

第七章 行政法分析学的源流

科学研究中新兴学科的出现是科学研究工作者的劳作,这个事实是我们必须承认的。这一点决定了某一门科学或学科的形成具有强烈的主观色彩。例如,没有爱因斯坦的辛勤劳作广义相对论作为一个理论甚或作为一种具备强烈震撼力的学科就不可能形成。科学研究导致学科形成的主观性很容易让人们产生一种错觉,只要学者们通过认真思考就可以使某种研究形成一个新的学科。事实上,当代社会中诸多学科和科学的形成就具有独撰或主观构造的色彩。然而,真正具有科学内涵的新兴学科,其主观方面只是形成的条件之一,只是其形成的催化剂。最根本的原因还在于新兴学科本身具有它自身的源流。这种源流实质上是它形成的理论和实践基础,进一步讲,新兴学科形成的理论和实践基础是其决定因素,而学者们的主观劳作只是促成其形成的条件。这其中有这样一个问题,即在有些情况下,理论基础和实践基础都已经具备了,甚至相当成熟了,但需要诞生的新的学科迟迟没有诞生,造成这种情形的原因在人们的主观认知方面。这个意义讲,人们的主观认知对一个新兴学科的形成也具备决定意义。以辩证原理观察,学科形成的理论和实践基础是最终的决定因素。行政法分析学同样是一种主观构造,或其形成是我们对行政法现象认知的结论。然而,其中决定它形成的东西则是它自身的源流,我们在本章中将对行政法分析学的基本源流进行讨论,笔者主要从横向上阐发若干促成行政法分析学系统的源流,没有从纵向上进行分析。因为如果我们从纵向上进行分析就有可能将行政法分析学与行政法史学有所混淆。应当说明的是，笔者所选择的这些源流并不仅仅是行政法分析学形成的基础，它同时还是我们在对行政法事实进行分析时涉及的生存空间。

一、分析的时代作为哲理基础

（一）分析的时代作为哲学命题

分析的时代是一个哲学命题，而且不是一个就有关哲学中的局部问题或个别问题的命题。其所反映的是一个时代的哲学特性或哲学家的精神气质。美国"新美世界文库"出版的《导师哲学家丛刊》对哲学在各个时代的精神气质进行了概括，认为中世纪的哲学和哲学系统崇尚信仰，哲学家所创造的哲学体系也以信仰为特征，所以这个时代便被称之为信仰的时代；进入文艺复兴以后，情况发生了变化，整个社会的冒险精神使哲学和哲学家具有了新的精神气质，这个精神气质决定了这个时代为冒险的时代；17世纪产生了法国理性主义者，哲学家们既不再有所信仰或者创造信仰，同时也不再崇尚冒险精神，而是从理性上对社会和社会问题进行思考，与之对应的便是理性的时代；进入18世纪，人类的哲学认识进入了另一个新的时代，在这个时代人们在对先前思想体系反思以后，认为社会的进步和变革是必然的，当然包括人类认识方式和思想方式的变革，因此，这一时代被称为启蒙的时代；进入19世纪以后，人们认识世界和社会的思想方法逐渐成熟，哲学家们意识到建构新的思想体系的时机已经成熟。在这个时代出现诸如黑格尔、马克思等思想家，他们都有一整套完整的思想体系，对世界和社会的认知往往在一个系统或成体系的观念下为之，黑格尔的"绝对理念"就是这一时代哲学家精神的很好佐证，人们将这个以创立思想体系见长的时代叫做思想体系的时代；20世纪以来，哲学家们已经厌倦了创立思想体系，对问题做高度抽象和概括的研究方式。其所追求的是解释现象、解决问题等实用性和实证性的哲学理念。因此，便使哲学进入了分析的时代。①

分析的时代是对一个时代哲学特性的揭示，一方面，在这个时代产生了诸多分析哲学家；另一方面，分析的时代精神在其他哲学派别中，也都或多或少的存在。对这个时代哲学精神的内涵我们可以作出如下概括：

第一，人类认知研究中的多样化日渐突出。即在20世纪之前，哲学思潮虽有不同的流派，但人类认知方式从整体上讲是相通的，至少各门哲学流派之间都相互知道对方所从事的工作。进入20世纪以后，则是另一种情形，正如法国哲学家保罗·利科所作的概括："尽管这类研究相当重要，但是，不得不说，最近逻辑学界的多数研究已离开了它的传统任务。研究角度改变了。逻辑学家现在不是去建立某种理论或去阐明逻辑内容，而是去研究各种理论本身。他们不仅限于研究逻辑的理论，同时也研究数学和科学的理论。"②足以证明人类认知模式的多样化以及多元化。

第二，人类认知的责任在于解决实在问题。这是分析行政法的又一哲学特征，人们像先前那样进行抽象思维并创立绝对形而上之哲学体系已经不再是时尚，哲学的责任主要是分析和解决实在问题，包括自然界的实在与人类社会的实在，"从认识论上说，它认定某一形式的实在论：在自然的与社会的层次上都存在有'一种实在'，这种实在决不是由人自身的理论活动或实践活动所组成，并且它的规律对人的意识具

---

① 参见[美]M.怀特编著：《分析的时代》，杜任之译，商务印书馆1987年版，第1页。
② [法]保罗·利科著：《哲学主要趋向》，李幼蒸、徐奕春译，商务印书馆1988年版，第15—16页。

有约束力,而不是被意识所产生或设计。这些规律属于一种实在的逻辑,它不可能归并为任何纯形式逻辑的、符号的或数学的形式。"①对实在问题的思考使人类认知较前有了较大的客观性。

第三,人类认知方式呈现出极大的交叉性。由于现代科学技术在19世纪的迅猛发展,人们对世界的观察便受到了现代科学技术的影响,哲学研究中的科学化趋向也呈现出来。而科学方法的运用使人们的认识形式包罗万象,"它不仅将各门科学的成果联结在一起,将它们的种种方法互相关联对比,而且它还寻求从科学所澄清的事实及人类经验所形成的价值中去创造一种统一的世界观。"②

第四,人类认知的方式越来越朴实。我们知道,在思想体系的时代,人类的认知方式具有大规模性和结构的夸大性,当然,这种夸大性本身就是人类智慧的一种证明,但同时夸大的认知方式并没有提高认知的效率和对认知成果的节省,其结果便是在解决实际问题方面的相对不得力。③而分析时代的哲学则更加讲求朴实:"分配给哲学的任务就是去纠正它想比科学认识得更多与更好的无理要求。这种简化与纠正的概念通常是与对语言及其语法的研究相联系的,对它们的种种形式的歪曲和滥用被认为与产生对哲学的错误观念直接有关。在这总的构想中,命题理论和言语行为理论占有了前一概念中实在理论所占的

---

① [捷克]维克多·纳普著:《当代学术通观》下卷,何林发译,上海人民出版社2004年版,第701页。
② 同上。
③ 针对这种情况,俄国哲学家赫尔岑曾著过一部小册子,名为《科学中华而不实的作风》,依其理解,哲学任意设置研究门槛、制造学术壁垒、锻造学科体系的研究方法都属于华而不实的作风。参见[俄]赫尔岑著:《科学中华而不实的作风》,李原译,商务印书馆1962年版。

地位。"① 上列诸方面都是20世纪哲学的基点,它同时也是社会科学研究的基调,这个基调在笔者看来一直延续至今,即是说当今人类的认知方式并没有诸多的超越。或者可以说,20世纪哲学的这种时代精神要影响到它的下位学科之中是具有一定的时间差的。换言之,今天已经是21世纪了,但20世纪哲学研究的成就对其全新的认知方式影响到当今法学及其他学科中是顺理成章的。

(二) 分析时代中的人文分析

分析时代的最大特征之一是分析哲学的普遍流行,甚至成为20世纪哲学的主要潮流之一。就分析哲学体系而言,有着诸多的流派和分支学说,而每个分支学说中又包括了小的学派,这种复杂性也从一个侧面反映了分析时代的时代属性。但是,分析哲学作为一个大的思想体系还是可以作出一致性概括的。《中国大百科全书》(哲学卷)概括了分析哲学的三大特征:

第一,重视语言在哲学中的作用,认为哲学分析中的语言分析是首要任务:"分析哲学家普遍把全部哲学问题归结为语言问题,认为哲学的混乱产生于滥用或误用语言,许多哲学争端都可以归结为对科学语言进行逻辑分析,或者对日常语言进行语义分析,认为哲学不是理论,而是活动,哲学家的任务不是发现和提出新的命题,而是阐释思想,使已有的命题变得清晰。"② 语言分析仅从分析对象的角度看,无疑是人文分析的范畴,而不是自然分析的范畴,也就是说,分析哲学一开始所注重的便是人文分析问题。

第二,重视分析方法及其运用。分析方法就是笔者前面讲到的分

---

① [捷克]维克多·纳普著:《当代学术通观》下卷,何林发译,上海人民出版社2004年版,第701页。

② 《中国大百科全书》(哲学)Ⅰ,中国大百科全书出版社1987年版,第222页。

而解之、分而论之等具体方法。分析哲学尤其主张对具体的分析方法的运用:"罗素和前期的维特根斯坦以及逻辑经验主义者,都十分强调形式分析或逻辑分析,即从纯粹逻辑的观点分析语言的形式,研究现实和语言的最终结构。摩尔和后期的维特根斯坦以及日常语言学派,则强调概念分析或语言分析,即研究概念的各种特性、特质以及它们之间的相互关系,仔细分析与认识有关的某些具体词汇。分析作为一种研究方法能起一定作用,这种方法在语言哲学等方面已取得某些积极成果。"①这是分析哲学的第二个特征。

第三,反对对体系尤其庞大的思想体系的构建。分析的实质是从细小的问题入手,或者由小到大进行解决,或者通过分解由大到小进行解决。其所追求的是对具体问题精确性的确定,而不采用建构思想体系的方法创立放之四海而皆准的理论。当然,分析哲学对现代科学尤其数学和物理学的成果及其精确性有较大兴趣,但从其从语言分析以及问题分析的角度观察,其对人文分析重于对自然的分析。我们对分析哲学关于自然问题的状况不去讨论,重点探讨分析哲学乃至理论分析时代中的人文分析。

其一,分析时代中社会机制的分析。社会机制的分析是指对社会结构以及社会运行的机制的分析。这个分析中,有关分析哲学的思想起到了指导作用,但具体到问题的分析中,大多是由相关的子学科完成的,例如,社会机制的分析在社会学家的著作中占主要地位,这些社会学家只是很好地运用了分析哲学的分析方法而已。戴维·波善诺运用分析方法建构了其《社会学》一书的分析机制,诸多分析非常具有启迪性,无论从方法论上,还是从分析的实际效果上。"在现实生活中,社会赋予某种角色的规范与角色扮演者的实际表现常常存在着差距。换言

---

① 《中国大百科全书》(哲学Ⅰ),中国大百科全书出版社1987年版,第222页。

之,即角色期待与角色表现之间不相匹配。前者是指社会对角色扮演方式的定义,而后者是指某人实际扮演某一角色的方式。这两者之间差距的存在有多方面的原因。原因之一可能是人们尚未完全领会他们的角色,也可能因为个人的原因而拒绝照他人对角色的期待去扮演。一项针对急救医务人员的研究表明:医务护理员们常常出于'应该为生命垂危者做点什么'的愿望,做一些超越了他们职能范围的事情。他们偶尔会在对药物的处理上或者是在为危在旦夕的病人选择医院时不顾正式的规定而作出自己的决策。角色期待与角色表现存在差距的原因之二有可能是对角色的期待不清晰,尤其是在对待那些新近出现的角色时。然而即使人们并未严格按照所期待的那样去扮演角色,他们仍还会被认为是在扮演那些角色。"① 这是对社会建构中角色分配的一个分析。其在社会控制的理论中对越轨的社会控制作了这样一段分析:"像前面所讨论的那样,通过越轨导致的社会变迁是非遵从性越轨者的目标。有时,某些越轨者的行为结果是,其他群体成员意识到了某条规则不好或与其他更重要的规则相冲突。然后,这条规则就被改变了。举一例说明,在由马丁·路德·金发动的公民非暴力抵抗运动中,对种族隔离法的破坏将全国的注意力吸引到他们所遭受的不公平待遇上。这一民权运动最后导致这些法律得以改变。在另外情况下,如果不赞成行为一开始就广泛传播开来,那么,即使没有蓄意改变社会的运动,该行为也会被普遍接受。例如,妇女在公共场所吸烟和青年男子戴耳环等被渐渐地接受了。"② 社会机制分析是人文分析的基础,应当说明的是这样的分析在19世纪的社会学著作中并不多见,因为诸如孔德等

---

① 〔美〕戴维·波善诺著:《社会学》,李强军译,中国人民大学出版社1999年版,第98页。

② 同上,第211页。

社会学家所要做的是构建社会学体系,而不是去分析具体的社会机制和社会问题。社会机制分析是将社会作为一个大的事物的分析,它不仅仅是社会学的专项工作,其他人文学者也常常从不同侧面分析社会机制。

其二,分析时代中的社会个体分析。社会个体分析虽然属于社会分析的范畴,但分析的对象以个体为核心。显然,这一层面的分析与作为社会机制的分析具有一定的对应性,二者具有相互补充的关系。与前一分析相同,社会个体分析亦分布于不同的学科之中,每一个学科都站在自己的视角对社会个体进行分析。弗洛伊德从社会心理机制对社会个体的分析既具心理学特征,又具社会学特点,而波善诺的经济分析学站在经济学的立场上分析社会个体问题。在法学领域亦有进行个体分析的研究。波斯纳在分析"说服性话语的经济学"时有这样一段论述:"有确定目标的说明者会选择对自己的成本最小化、实现目标之概率最大化的混合修辞方式,包括真实的信息、谎言、暗号以及情感感染。'有确定的目标'这一限定非常重要。说服者常常有一系列目标,从最想要的到最不想要的,而且他也许并不追求最想要的,因为要说服听众接受这一目标的成本也许高不可攀。决定这一成本的变量我们也许可以称其为'距离'和'顽固性'。如果其他因素相等时,如果 X 与 Y 之间的距离越短(Y 是在有关这一讨论问题上听众先前的信仰),说服一位听众接受 X 的成本就会越低。这个距离越短,听众因采纳信仰 X 而对自己现有信仰之网的触动就越小。人们都很理性,不愿从根本上改变自己的信仰体系,因此,如果采纳某个新信念不要求他放弃太多现有的信念,他就更可能采纳这个新信念。"[①]这是在法学领域对社会个体的

---

① [美]理查德·A.波斯纳著:《超越法律》,苏力译,中国政法大学出版社2001年版,第572—573页。

一个分析，这个分析中的方法具有较大的综合性，其将修辞学、经济学、法学等学科予以有机结合。人文分析的上列两大范畴对于诸社会科学而言是极其重要的，任何一个社会科学中的分析，如果以超越本学科的眼光观察，其分析无疑就是上列两个方面的统一。当然，每一次的分析过程可以选择其中之一，至于通过分析所得出的结论则是另一范畴的问题，因为，对个体进行分析所得出的结论可能与社会机制有关，而对社会机制分析所得出的结论则可能与个体有关。

（三）人文分析与自然分析的关系

自然界与人类社会的划分是我们普遍承认的，分析哲学的分析对象亦受这两个领域的制约，即分析的对象或者存在于人类社会，或者存在于自然界。把存在于人类社会的分析叫做人文分析，把存在于自然界的分析叫做自然分析。在自然分析中，应当说有三个大的分析范畴：一是宏观的分析，即我们通常说的对宇宙的分析。二是微观的分析，就是我们常说的对微生物领域的分析。三是中观的分析，就是对介于二者之间相关因素的分析。自然分析的具体内容不是我们研究的侧重点，但是，自然分析与人文分析的关系却是我们应当予以注意的。

第一，自然分析与人文分析具有交织性。把自然界和人类社会作为两个独立的领域看待，显然，对二者的分析就是各自独立的。然而，在实际的分析过程中人文分析与自然分析则具有交织性。有学者指出："我们近年来渐渐用一种进化论的观点来看待人类生命的一切问题。在这里回顾一下这个词的含义也许是值得的。它有这样一个意思，即我们的生命是有历史的，事情不会没有联系地发生。我们做的任何事情或者我们已形成的任何状态都是从遥远的过去发展至今的一个过程的一部分。我们的每一句话、每一个动作、每一个想法，都是我们的祖先所说、所做、所想、所感受的结果，不论这种结果以什么方式产生。在我们的生活和他们的生活之间有一个实在的历史的延续,我们在不断地试图追溯这段历史,来探明事物的原委,使我们更好地理解它们并学会怎样去使那些我们所希望的事物出现。它还意味着如果我们追溯到足够遥远的过去,我们会发现人和其它动物有着共同的历史,即都是从低级形式的生命这一共同祖先那里繁衍下来的;还有,除非我们从动物着手研究,否则就不可能对我们自己的生命有清楚的概念,不可能知道我们是怎样以及在什么方面超越了我们的堂兄弟们,如马、狗和猿的境况。生命,是作为一个巨大的整体出现的,是一个由共同的后裔按照共同的生存原则组合起来的大家族。除非我们能起码从大体上看到生命整体与其各个组成部分的联系,我们就不可能弄清我们在其中的位置。"[1]这个分析说明人类虽然是社会动物,但具有强烈的自然属性,在其身上有诸多自然印痕。[2] 他进一步讲到:"这条生命历史的长河源远流长,支流众多,却似乎是在两条明显分开的河道里流动的。也许我们用一条河流和沿着这条河流的一条公路来比喻这两条生命的传递线更为恰当。河流是遗传或者动物传递,公路是交流或者社会传递。河流里传递的是生物种质,公路上传递的是语言、交流和教育。公路比河流出现得晚:它是一种发展,在早期的动物生命进程中是不存在的,但后来沿着河流出现了模糊的痕迹,渐渐显著和充实起来,最后发展为

---

[1] [英]查尔斯·霍顿·库利著:《人类本性与社会秩序》,包凡一、王源译,华夏出版社1999年版,第4—5页。
[2] 格雷厄姆·沃拉斯在其书中对政治过程中诸多因素决定于本能的状况作了生动描述,他指出:"有时候,感情冲动被刺激到使其非理性特征变得一目了然的地步。乔治三世深受英国人民爱戴,因为他们熟知他和他们一样出生在英国,也因为所发表的他的日常生活起居使他们倍感亲切。因此,范妮·伯尼谈到,当国王癫狂病发作要用马车送往伦敦皇家植物园时,护送的医生们十分担心,唯恐哪一个村子的居民看到国王手足被捆住会对他们群起而攻之。类似的忠于个人和王朝的感情(其起源可能在于下述事实:我们人类以前的祖先的组织松散的队伍在普遍的感情本能转化成一种紧跟和保护领袖的强烈冲动之前,无法抵御食肉敌人)不止一次地引起了破坏性的、完全无益的内战。"参见[英]格雷厄姆·沃拉斯著:《政治中的人性》,朱曾汶译,商务印书馆1995年版,第20—21页。

精致的公路,承受各种车辆,达到和河流相等的运载量。"①可见,人类分析与自然分析的交织有着深刻的哲学基础。

第二,自然分析作为人文分析的前提。自然界与人类社会相比是基础,如果把人类作为人之属性的东西剔除掉,那么,人本身也是自然的一部分。从这个意义上讲,自然分析是人文分析的基础。分析哲学中有一派就认为科学领域的东西比人类社会的东西靠得住一些,因此,科学研究的成果应当作为人文分析的根据和有效工具。我们注意到,法学领域中的分析对自然因素的关注在 20 世纪以后有所发展。②正如维拉曼特所言:"20 世纪的世界紧密结合到如此程度,以致一个国家内今天发生的一件大事会立即影响到世界其他地区,同样,学术界也不断地在加强相互间的联系。任何重要的学术进步都立刻影响到了几乎每一个知识部门。达尔文的动物学、爱因斯坦的物理学、弗洛伊德的心理学、霍贝尔的人类学、维纳的控制论、凯恩斯的经济学(所有这些我们已经都知道了),都像滔滔洪水泛滥到了法律这块土地上。随着几乎每一学科中智力活动的步伐的加快,可以断定,这种相互间的联系在将来会越来越密切。"③

(四)分析时代对行政法学研究的辐射

分析的时代是进入 20 世纪以后人类思想方法上的一种精神气质,它作为一种学术观念的主流对社会科学诸学科以及自然科学都有或大

---

① [英]查尔斯·霍顿·库利著:《人类本性与社会秩序》,包凡一、王源译,华夏出版社 1999 年版,第 5 页。
② 孟德斯鸠在对法进行研究时,讨论了法律与相关自然因素的关系,如法律与土壤、与气候、与人种,等等。这些论点对于我们今天对法进行的分析仍然具有指导意义。但应当指出,孟德斯鸠的《论法的精神》还不能算是对法的分析,因为其对法的研究选择的对象是前规范或者规范,而不是后规范,从这个角度看他的研究与法分析学有巨大区别。
③ [澳]维拉曼特著:《法律导引》,张智仁、周伟文译,上海人民出版社 2003 年版,第 376 页。

或小的影响。行政法学研究从广义上看也可以归入到人类认识问题的思想方法之中,因此,可以说分析时代的分析精神必然会潜移默化的影响到行政法学研究之中。当然,这种影响的精神气质决定于较多方面,一是一个国家对分析精神接受的程度,笔者主要指政府对分析认可的程度。可以说,我国在坚持马克思主义主流思想方法的同时,在意识形态对学术研究起主要作用的同时,也给分析的时代精神留下了一定的空间。再则,分析学中的一些主要思想与马克思主义的哲学原理并不矛盾。其实,马克思主义的活的灵魂就是具体问题具体分析,这是一个哲学的命题,具有广泛的适用领域和准确度。分析学说的核心概念就是分析,也就是说其与具体问题具体分析的辩证哲学精髓是一脉相承的。当然,分析学由于有自己一套价值理念和带有技术色彩的分析方法,尤其在哲学中对语言分析的过分看重使其难以被我国主流意识形态接受。但不争的事实是,政府在一些问题的研究和处理上还是采用了分析方法的。[①] 另一方面,分析学在行政法学中的运用还决定于我国行政法学学术群体的状况,尤其决定于这个群体的知识结构和对新的哲学思潮的兴趣。总体上讲,分析时代的时代精神对行政法学研究有下列影响:

第一,对行政法学研究中分析意识形成的辐射。是否具有分析意识是分析学能否在行政法学研究中推广的关键,分析时代的分析精神已经被包括行政法学者在内的广大学者知晓,这对于其在研究中自觉与不自觉地运用分析手段意义重大,对此,我们不需要展开讨论。

第二,对行政法学传统价值的冲击。在传统行政法学研究中,分析绝对不是其价值取向,正如笔者前面所讲,解释与阐释才是行政法学科的价值取向。分析时代的分析精神由于对各种学术研究都有冲击力,

---

① 我国国务院每年向全国人大提交的政府工作报告中有相当一部分内容是在分析的基础上形成的,例如关于社会保障机制的建设、关于农村和农业发展的规划,等等都有很多的数据和事实依据。

传统行政法学的价值取向亦必然有所震撼。

分析时代的价值趋向辐射图

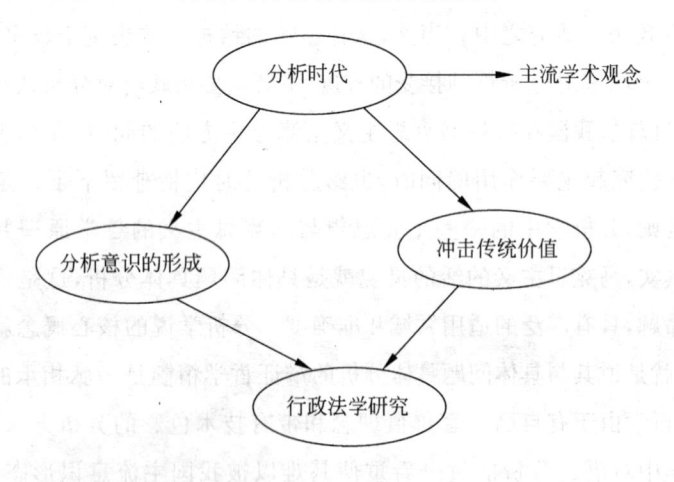

```
         分析时代 ────────→ 主流学术观念
          ╱    ╲
         ╱      ╲
        ↓        ↓
  分析意识的形成   冲击传统价值
         ╲      ╱
          ╲    ╱
           ↓  ↓
         行政法学研究
```

二、分析法学作为法理基础

(一) 分析法学作为法学流派

分析法学是法学研究的一个流派。[①] 关于该流派的特点及其对法的认知模式庞德有这样一些概括：

第一，"分析法学的研究对象只限于成熟的法律体系"。[②] 所谓成

[①] 根据庞德的理论，法学流派的划分要考虑五个相互联系的因素：第一个因素是"在复杂的社会现象中，该理论主要赋予法律以怎样的要素以及给出了一个怎样的通过法律的社会控制体系"；第二个因素是"法律的本质是什么？法律是如何产生的"；第三个因素是"法律为何具备约束力？法律权威的根源在哪里？是什么给予法律秩序以有效性"；第四个因素是"律令规则的典型形式是什么"；第五个因素是"该理论的哲学观点是什么？"对于上列五个因素认识的不同就形成了不同的法律学流派。参见〔美〕罗斯科·庞德著：《法理学》第1卷，余履雪译，法律出版社2007年版，第55—57页。

[②] 〔美〕罗斯科·庞德著：《法理学》第1卷，余履雪译，法律出版社2007年版，第57页。

熟的法律体系就是在一国法律体系已经建立起来并以一个相对完整的体系对社会进行规制。分析法学将研究对象限定于此与其后来的分析法学家所建立的纯粹法理学是有前因与后果关系的。"在他们眼里,摆在面前的是这样一套律令体系等,它来自于一个成熟的制度并且仿佛是在一个逻辑蓝图的指引下一气呵成的。"①这个特性决定了分析法学对于法律典则的重视。

第二,"分析法学派认为法律是立法者有意识地制定的,可能是通过立法途径,也可能是通过司法途径。"②这是其对法律性质的确认,在分析法学派的眼中制定法以及司法过程之外的规则都不具有法律的性质。上列两个特点的形成与其运用分析方法解读法律问题是密不可分的,因为"作为法理学方法之一的分析方法是一种试图通过分析和比较找到所有法律基本原则的方法,它假设被分析的法律体系是一种稳定的状态。因而它只适用于那些成熟的法律体系,也只有在一个法律体系臻于成熟时,它才能够适应一种一般的法律科学方法。但是在成熟的法律体系中,法律发展将会越来越依赖立法。由此分析法学就变成命令的或者实证的;分析法学家们认为法律就是被制定的。"③庞德对分析法学分析特性及其原由的揭示非常深刻,对于我们将其中的一些原理引入到行政法分析学中来提供了信念,因为行政法分析学的实证性是其基本特性之一。这个问题我们在行政法分析学精髓的研究中还要讲到。

第三,"分析法学家关心的是律令背后的强力和限制。"④这是其对法律拘束力和法律权威的解读。法律既然是实在的,又是由立法机关

---

① [美]罗斯科·庞德著:《法理学》第1卷,余履雪译,法律出版社2007年版,第56页。
② 同上,第58页。
③ 同上,第59页。
④ 同上,第59页。

通过典则形式颁布的,它就具有了正式的权威和拘束力,而这种拘束力来自于保证法律实施的国家强制力。

第四,"分析法学派认为法律的典型形式是制定法,因为这是一种有意识地制定的法律形式,是一种由国家郑重地赋予其效力的法律形式。"①依庞德的理解,这一论点是议会至上传统的体现,当然,这是从法哲学层面对分析法学崇尚制定法根源的评价。

第五,"分析法学采用了实用主义哲学的观点。"②庞德就此进一步分析道:"由于分析法学家相信有意识地制定法律,同时他们又笃信立法,因而他们自然倾向于一种关于立法的哲学。虽然实用主义是关于伦理的理论,但是它实际上是一门关于实用伦理的理论,是一门有关立法的理论。"③分析法学的实证主义哲学恰恰印证了 20 世纪分析时代的哲学潮流,尽管分析法学并不是 20 世纪的产物,但它的思辨方式和哲学基础都与 20 世纪的实证哲学与实用哲学有关。上面是分析法学作为法学流派的概况,从这个概况中我们可以看出,一方面,分析法学作为一个法学流派的确对法这一社会现象有深刻认识,并作了一定的解释。更为可取的是其有一整套有机体系,其中包含的一些概念,如"制定法""法律的纯粹事实"、"纯粹法律事实"等概念对我们进行法律分析提供了很好的概念系统,乃至于方法论。另一方面,分析法学的实质仍然存在于对规范的研究,显然,其在对规范研究的同时为法之前的规范状态作了一定的价值选择。从分析法学对规范研究和提供价值这两方面特性我们可以看出,其与我们所讲的行政分析学还不是同一意义的概念,只不过是它的一些方法及其将分析作为核心的概念学说为我们提供了法安全学上的依据。

---

① [美]罗斯科·庞德著:《法理学》第 1 卷,余履雪译,法律出版社 2007 年版,第 60 页。
② 同上,第 61 页。
③ 同上,第 61 页。

（二）分析法学对部门法分析的价值

分析法学是法理学的范畴，其所提供的是有关法律的解释方法和基础理论。进而言之，最终都要反映在部门法中，即是说，分析法学的基本理论对于部门法的分析有不可或缺的价值。在笔者看来，分析法学对部门法分析的价值体现于下列一些方面。

第一，分析法学的理论有利于部门法的典则化走势。部门法包括所有调整社会关系的法律规范。至于划分为哪些部门则要根据各个国家的法律传统而定，通常情况下，将宪法作为国家根本大法看待，既可以划归于一个法律部门，又可以不划归于一个法律部门。除此之外，刑法、民法、国际法、诉讼法、经济法、行政法等都是单独的法律部门。这些部门法有的在典则问题上没有争议，例如一国的刑事法律和民事法律。然而，有些部门法却在典则问题上有较大争议，例如经济法、行政法的典则问题究竟如何处理，在不同的国家就有不同的状况，这两个部门法的典则既可能存在于社会立法之中，还可能存在于政府行政系统的立法之中，既可能存在于中央立法之中，还可能存在于地方立法之中。如果我们接受了分析法学的相关理论，我们就会将所有部门法一视同仁，使每个部门法都走法典化之路，而不能通过典则之外的东西对某一部门法的内容进行补充。同时，还要求典则必须符合正式典则的形式。

第二，分析法学的理论有利于部门法之定实。部门法与一般法律相同（如果有一般法律之概念的话），其也是国家政权体系的一套指令，分析法学将法律"看成一套由国家建立或者通过国家权威认可的规范（即个人行为模式、政府决策或行为方式）或律令体系，但是不可否认，在被最终打上国家权威的印记之前，这些规范或者律令体系有可能是通过各种各样的途径产生的。另外一种方式就是这些规范或者律令虽然最初产生于社会之中,但是通过国家的司法机关的明确适用具备了权威性,从而成为法律。换言之,分析法学家强调的并不是具备一定内容的律令的最初产生方式,他们关注的是这些律令获得国家认可的事实。从而问题的关键和核心在于国家对法律的制定或者权威认可。"① 法之定实对于部门法而言至关重要,因为在一个国家的控制过程中,诸多主体都有发布类似于法律规范之命令的机会和能力。在国家政权体系中,行政系统有这样的机会和能力,在国家政权体系之外,执政党同样有这样的机会和能力。分析法学将法律定位为一套由立法机关颁布的权威命令的理论对于我们控制部门法造法之无序性有决定性指导意义,换句话说,如果我们接受了分析法学的这个理念,国家就不会容忍在部门法体系中有"红头文件"那样的东西作为构成部分。② 分析法学的理论对于我们解决部门法的定实同样是一种方法论。

第三,分析法学的理论有利于强化立法主体的立法功能。部门法由于分散于不同的社会机制之中,其调控方式和调控对象也就显得非常复杂。此种情况导致部门法常常有不同的法律主体,包括执法主体和立法主体。各主体对属于自己职责范围内的问题常常强调本部门的权威性。这便导致部门法中的一些其它立法主体已经主要不是立法主体,而是其他主体,例如行政主体。分析法学对于这样的情况都不予以认同,换言之,其与分析法学的基本理论格格不入。因为,分析法学在强调法律实在性的同时,要求必须突出议会的立法职能。在分析法学看来,议会才是专职的造法机关,其是法律诞生的发动机。非常明确,

---

① [美]罗斯科·庞德著:《法理学》第1卷,余履雪译,法律出版社2007年版,第59页。
② 我国法律体系中的红头文件在诸多部门法中都大量存在,经济法、行政法中的红头文件占绝大多数,有些情况下,它甚至成了行政法的主要法源。民事法律中亦有红头文件,这在地方政府的指令中居多。令人不可思议的是,即便是刑事法律,亦常常加进了诸多红头文件,有些虽不直接入刑事法律条款,但却明确了刑事政策,一定意义上讲,这种情况对刑事政策的决定要比通过具体规范对刑事典则的决定造成的负面效果更大。

分析法学只承认议会立法和一定范围上的司法造法，即司法机关在执行法律时为了处理案件之需要所形成的规则。除了这两种立法主体之外，别的主体不在其所开列的立法主体的名单之中。这个理论如果真正能够被我国的政治体系和立法体系所接受，那么，我国部门法体系的权威就会树立起来。总之，分析法学的合理内涵对于任何一个国家的法律体系和法治实践都有理论价值，而这种理论价值渗入到部门法之中就是其必然走势。

(三) 分析法学在行政法分析学中的延伸

分析法学的理论体系我们在上面已经作了介绍，它的最突出的特点就是将法律学研究回归到纯粹法学中来，这个理论也曾经在法学界造成了一定的震撼力。即法学家更愿意将法学的问题与其他相关问题的研究予以区分，将法学中的非法律因素从法学中拿出去，正如布赖恩·比克斯所述："这些理论是'纯粹的'，因为它仅仅描述法律，并且试图排除那些不是严格的'法律的描述对象'。道德判断、政治偏见和社会学结论都应排除在外，这些因素对于法律制度的'科学'描述而言都是不恰当的。"[1]其"纯粹法事实"之观念有利于行政法分析学的探究及其体系构建。同时，我们还要指出，分析法学至少在两个方面与行政法分析学存在观念上的冲突。一方面，行政法分析学重在规范研究，即实在法的研究是该学派的精髓，这样便使其与行政法传统学科在理念上更加相似一些。目前行政法分析学是对后规范的研究。这个冲突是决定性的，甚至可以说其将行政法分析学与分析法学作了界分。另一方面，在法学研究中讲述"纯粹"已经不能适应 21 世纪的格局，对此笔者

---

[1] [美] 布赖恩·比克斯著：《法理学——理论与语境》，邱昭继译，法律出版社 2008 年版，第 69 页。

在前面已经讲过,即一个行政法问题常常与诸多外围问题有关,这些外围问题决定了行政法规范在适用过程中的走向。行政法分析学就是要对"法实",即法律在运行过程中的具体状况进行分析,甚至要确定影响它的政治的、经济的、文化的、社会的等诸多复杂因素。基于此,笔者认为,分析法学对行政法分析学的延伸应当适度处理。

一则,从事行政法分析学的研究,必须懂得分析法学的基本理论。在分析这一大概念之中,行政法分析学与分析法学是相通的。但是,分析法学已经有非常早的历史了,其在19世纪就已经诞生了,能够在那个时代诞生必然有着那个时代的烙印,必然有着那个时代的历史背景。现在已经进入了21世纪,中间已经经历了一百多年,法律典则的变化、法律实在的变化、法律运行的变化,等等,都已经不仅仅体现于量的方面。基于此,笔者认为,分析法学的原理可用,而方法未必可用。

二则,分析法学是一个大的流派,在这个流派之中有诸多分支派系,而且各个分析法学者都有着自己的思维定式和研究习惯,乃至于价值判断。这要求我们在领会分析法学基本原理的同时,对于各分支学派的东西要有所研究。笔者注意:新近出版的一些法理学教材已经不笼统地称谓分析法学,而是分别称为"纯粹法学"、"法律实证主义"等,这给我们一种启示,分析法学的进路越来越具体。笔者认为,分析法学研究中的具体进路及其由这些研究者所探究出来的新的方法和新的理念对于我们进行行政法分析要比分析法学的基本原理来得更实际。

三则,分析法学中一些与行政法分析学不能相容的原理和理念,我们绝对不能接受,如,分析法学强调对规范的分析,如果我们接受这一分析理念,行政法分析学就会变成传统意义的行政法学科。学术研究中的度是十分关键的,既不能达不到度的要求,也不能过度。在"度"上略微有所变化则会改变事物的本质,正如经典作家所言,真理如果向前推进一步就变成了谬论。笔者之所以要作这样的强调,是因为,行政法分析学与分析法学在概念上实在太接近了,为了防止将二者混淆或者误用,这样的强调是不多余的。

三、行政法的社会化作为伦理基础

我们之所以要探讨行政法分析学的伦理基础,是因为道德准则与法律准则之间有非常密切的联系,以至于古往今来的法理学家在探索法律问题时都同时要理出其与道德之间的关系。"首先应当注意到,道德要求建立一种以某些可接受的原则和动机调节的完整生活方式。如此广泛的命令式的要求为法律和礼仪所无法包容。因此,在个人生活中,道德似乎较之法律和礼仪具有更大的重要性,即使不是更大的社会重要性。进而言之,因为法律常常以一定的道德信念为基础——这些道德信念指导法律学家制订法律——所以法律能够使道德上已经具有最大的社会重要性的东西形成条文和典章。法律反对盗窃、谋杀和歧视。正是建立在关于勿盗窃、勿残杀,平等待人的道德信仰的基础之上的。所以,法律学家把这些信仰列入法律的范围是由于它们具有最高的社会重要性。哈特兰·斯温想要我们相信,同法律规则(他称之为'社会的法律典章')相比较,道德规则在社会重要性的程度上占据次一级的地位。他对'违犯法律'同'道德错误'所做的比较并非毫无道理。但是,如果某些法律规则确实是以道德信仰为基础制订的,那么,道德规则较之法律规则就无疑具有更大的社会重要性。譬如,我们可以假定,没有任何一个规则体系对于社会说来比社会的政治结构(以及随着政治结构而制定的宪法)更重要的了,但是如果政治结构自身即以道德标准为准则,并以道德标准为确证(一般说来,政治结构正是这样),那么如何能够说道德在社会重要性上的地位低于法律呢?当我们发现法律和政治结构的道德缺陷和道德上的不完善时,我们就修改、订正或推翻法律和政治结构；在重新制定某些法律之前，我们常常指责旧的法律是'不公正的'、'道德上贫乏的'。所以，哈特兰·斯温所指出的违反道德比违犯法律更少社会重要性，至多也仅仅对某些道德规则和某些法律规则而言是如此。"[1]由于法律与道德有如此密切的关系，因此，行政法分析学的根源中必然有伦理之源。行政法是由政府行政系统实施的法律，其主体是行政机关。在行政法规范制定以后，其以法律准则的形式对社会关系进行调整。然而，一旦我们将视野离开行政法规范内部，原来单一的法律问题就具有了伦理的性质，因为它要通过人与人之间的复杂关系和长期形成的调适方式为评判标准。从这个意义上讲，行政法的社会化实质上就是行政法的伦理问题，这是笔者设定此一问题的理论依据。

（一）行政法社会化中的行政法能量交换

行政法的社会化是指行政法在其功能发挥中由原来较为单一的法律类型向社会类型过渡的状态。法律社会化是各部门法共有的格局。对此《法律导引》一书有系统研究，其概括了近些年来的法律发展的一些新动向，其中包括趋向于跨学科的了解、趋向于有学者参加、趋向于否定司法的形式化、趋向于增强法官的创造力、趋向于一种更具现实性的律师业、趋向于减少歧视、趋向于容忍亚文化、趋向于维护社会权利、趋向于由法人承担责任、趋向于促进劳资协调、趋向于形成新的财产概念、趋向于形成新的赔偿概念、趋向于进一步理解家庭法、趋向于使两性平等、趋向于保护儿童、趋向于消灭贫困、趋向于建立开放的政府、趋

---

[1] ［美］汤姆·L.彼彻姆著：《哲学的伦理学》，雷克勤等译，中国社会科学出版社1990年版，第17—18页。

向于制定权利法案、趋向于国际主义。① 在维拉曼特概括的这十九个趋向中,其中有相当一部分是对行政法而言的,这是一方面;另一方面,其中涉及的绝大多数趋向是有关法的社会化问题,如减少歧视问题,既是对公法问题而言的,它又是一个社会问题。还如维护社会权利的问题、促进劳资协调的问题、使两性平等问题、保护儿童问题、消灭贫困问题、建立开放政府问题等都是针对公法的,而且是使行政法社会化的问题,有些甚至本身就是社会行政法的问题。行政法之社会化比其他部门法都强烈。然而,在行政法的社会化过程中却存在一个行政法作为典则与各种社会因素进行能量交换的问题。例如,行政法典则可能没有涉及到促进劳资协调的问题,这时作为劳资双方之一方就有可能对行政法典则有所诉求,这样的诉求实质上是法律上的一种能量交换,它发生于社会关系之中并运行于社会过程之中。② 行政法社会化过程中的能量交换可发生在下列领域之中。

其一,行政法典则制定中的能量交换。行政法典则的制定在《中华人民共和国立法法》《行政法规制定程序条例》《规章制定程序条例》出台之前基本上没有太多的能量交换,因为,当时的立法都是在政府系统内部进行的,社会公众没有参与的机会,其只有知晓法律的权利,而没有参与制定法律的权利。上列法律文件在一些主要方面规定了公众在立法中的提案权、建议权、听证权乃至表决权等。这样便使一部行政法规范在出台之前就存在着能量交换问题。如广大的社会公众作为一

---

① [澳]维拉曼特著:《法律导引》,张智仁、周伟文译,上海人民出版社2003年版,第375—409页。

② 我国2007年制定了《劳动合同法》,这个部门法从广泛的意义上看属于行政法的范畴,是部门行政法中的经济行政法。该法侧重了保护劳动者的权益,制定后诸多劳动者从该法之中获得了利益。但是,近年来,企业及其他经营者则认为该法在目前中国市场经济格局中并不是一个适格的法律,因为它的制定使企业的权益较前大大削弱,有人甚至把近年来企业效益不断下滑的原因归结到该法的若干条款中,这实质上是一个能量交换问题。

个集合体与立法机关的能量交换、不同利益群体就行政法中某一问题发生的能量交换,有些能量交换既复杂又激烈。以道路交通管理的行政法典则为例,2001年之前各地陆续创立了"撞死人白撞"的交通规则,这个规则既给有车一族和司乘人员带来了利益,也为管理机关带来了利益,因为,在这样的格局下,交通管理变得简单起来。随着《中华人民共和国道路交通安全法》的出台,情况发生了180度大转弯,即规定当行人和机动车发生碰撞后,机动车首先要承担责任,立法内容的这个转化实质上是不同社会群体能量交换的表现或者结果。

其二,行政法执行中的能量交换。行政法的执行在传统行政法实践和行政法理论中被认为是一种单方行为,即行政主体单方面把法律的规定与行政案件予以结合,其中义务设定和令当事人对义务的履行都是一种单线进路,而且具有强烈的强制性。行政法社会化的日趋明显打破了这种格局,例如,1996年制定的《中华人民共和国行政处罚法》就规定在处罚过程中,行政主体与行政相对人的权利与义务是对等的。行政主体有处罚权等,而行政相对人则有陈述权、申辩权、诉权等。在一个具体的行政处罚中,行政相对人常常与行政主体进行着能量交换。此外,随着社会关系的日渐复杂,加之行政法社会化以后,一个行政行为的介入不只行政相对人一方,还有第三人和其他利害关系人和非利害关系人。[①] 他们之间亦经常存在着能量交换问题。

[①] 行政法关系中的当事人究竟应当包括哪些人或者组织在传统行政法学理论中似乎不成问题,普遍认为行政主体与行政相对人两者构成了行政法关系的当事人。但是,近年来随着行政过程的社会化,传统当事人的概念已经受到了质疑,如学者们提出了行政法关系中第三人的概念,利害关系人和非利害关系人的概念,诸多学者对新的当事人类型都进行了研究。这个问题之所以能够成为行政法研究中的热点问题与行政法的社会化过程分不开。它也从一个侧面佐证了行政法分析学作为一个学科存在的必要性。

(二) 行政法元素的膨胀

新西兰学者迈克尔·塔格特编著了《行政法的范围》一书,他在该书的一篇论文中以题为"行政法的范围确定了吗?"提出了行政法在其发展中有"扩张与收缩"两个趋向,他指出:"行政法文献中有许多涉及划界以及所划界线随时间不同而发生的扩张与收缩。赫尔杜比法官在其文章中引用卡多佐的说法,称之为司法审查的潮涨潮落;有些人则更喜欢钟摆的比喻。科克在最近一个新西兰的案件中,公开承认司法审查随时间变化而不同的特性:'正如普通法的其他分支,行政法根据有关法院应当发挥何种司法职能的不同观念而发展变化着……有时,有必要格外强调人权与公民权,包括阶层或团体的权利……当然,在新西兰,还包括种族权利。有时,重点又更多地放在对政府或其他行政裁量权力的合法运作不加干预上。'迄今为止,那些预期行政法范围将随着合同国兴起收缩的人一定是失望了。行政法在象征意义上的重要性以及司法审查限制下解放出来的行政法价值,都在发挥着作用。普通法体系(先把有联邦法典的美国放在一边)下行政法的显著特点是:行政法的范围由法官说了算,除非并且直到说法被议会推翻。"[①]不过,从其分析的字里行间我们还是可以看到,行政法发展的总的趋势是扩张而不是收缩。行政法发展的扩张是由其元素的膨胀化所决定的。对于行政法元素的膨胀化我们可以作出下列分析。

第一,行政权力的膨胀化。行政权力是行政法的基本元素,这个元素同样与行政法的社会过程有关,笔者曾对行政权的膨胀化趋势做过这样的分析:"行政权的臜胀化是指行政权的发展呈现出日益膨胀的状

[①] [新西]迈克尔·塔格特编:《行政法的范围》,金自宁译,中国人民大学出版社 2006 年版,第 25—26 页。

态,其广度、宽度、强度等都有日益增长之势。膨胀化的具体表现是:(1)行政权的范围越来越广。这里指的行政权的范围是行政权所涉及到的社会事态以及社会关系等客体的范围。随着国家政权体制的发展,行政权所涉及的范围越来越广,到20世纪中期以后,行政权几乎涉及到社会生活的各方面。(2)行政权的宽度越来越大。行政权的宽度是将行政权与其他国家权力相比较而言的。'行政国'的概念充分表达了行政权在现代社会生活中的宽度。一则,原来属于立法权范畴的权力不知不觉转移到了行政机关手上,如立法本来只能由代议机构制定,然而,现代社会中行政机关的立法权能越来越大,从行政法规范的总量看,行政机关制定的行政法规范实际上多于立法机关制定的规范。二则,纠纷解决权本属于司法权的范畴,而在现代国家中行政机关在很大程度上承担着解决纠纷的职能,或者说行使着排解纠纷的权力。对于一些民事纠纷行政主体有权作出裁决,而行政纠纷的一大部分都由行政机关通过行政程序解决的。(3)行政权的强度越来越大尽管人们对于行政的干预一直持谨慎态度,但不可逆转的事实是'守夜人'身份的行政权特性已经越来越弱,政府行政系统对社会生活的方方面面都进行着不同程度的设计。甚至可以说,越强调'福利国家'的属性,行政权对社会生活的干预就越强烈。"①这个元素的膨胀是导致行政法发展的一个重要理由。

第二,行政客体的膨胀化。行政客体是就行政所涉及的事态而言的,行政究竟要涉及哪些事态呢?托马斯·戴伊对此有一个精确论断:"如果说,政府的权力曾经一度受到限制的话——政府除了保障法律和秩序、保护私人自由和私人财产、监督合同、保护本国不受外国侵略以外,没有别的权力——那个时刻早已过去。今天,认为政府机构干涉着

---

① 关保英著:《行政法教科书之总论行政法》,中国政法大学出版社2009年版,第51页。

我们生活中'从生到死'的各个方面的看法是很平常的。在美国,政府的首要职责是为防老、死、无依无靠、丧失劳动力和失业提供安全保障;为老年人和穷人提供医疗照顾;为小学、中学、大学和研究生提供各级教育;调整公路、水路、铁路和空中运输的规划;提供警察和防火保护;提供卫生措施和污水处理;为医学、科学和技术的研究提供经费;管理邮政事业;进行探索太空的活动;建立公园并维持娱乐活动;为穷人提供住房和适当食物;制定职业训练和劳力安排的规划;净化空气和水;重建中心城市;维持全部就业和稳定货币供应;调整购销企业和劳资关系;消灭种族和性别歧视。看来,政府的职责似乎是无限的,而我们每年都给政府增添任务。"[1]这些事态都是行政法的构成元素或者可能成为行政法的构成元素。

第三,社会主体的膨胀。社会主体是笔者对发生在社会中各种以人为单位的组合体的一个总称。毫无疑问,社会中的最小元素是单个的个人,在法律中我们将其称之为自然人,其本身就是一个社会主体,这在宪法和其他法律典则中都有所承认。以自然人为最小单位的个体可以做出无数种新的组合,而每一种组合都同时产生一个新的社会主体,如法人、家庭、企业单位,事业单位,社会组织、联合体,等等。若不用行政法的眼光观察,这些组合体都是社会元素。但是,它们存在于社会之中就必然有这样那样的诉求,必然会形成这样那样的关系,其结果必然与一个社会的社会秩序有关。这样,这些主体也就成了行政法中的元素。[2]

---

[1] [美]托马斯·戴伊著:《谁掌管美国》,梅士、王殿宸译,世界知识出版社1980年版,第66页。

[2] 行政法对这些元素的感应有一个敏感与迟钝的问题,如果行政法对其感应比较迟钝,那么,这些元素成为行政法问题的时间就会长一些;反之,行政法对其感应度高些,其成为行政法问题的速率也就快些。不争的事实是,现代法治国家对于膨胀化了的主体元素最终都必须予以处置,笔者指法律上的处置。

(三)行政法社会化对行政法分析学的呼唤

行政法社会化引出的行政法现象的复杂与行政法典则本身的复杂性构成了行政法学研究中的两个正题。这两个正题可以分而考察,各自可以成为独立的分析单位,前面我们已经分析了第一个正题。那么,第二个正题应当如何理解呢?即我们从哪些方面来证实行政法典则的复杂性呢?笔者曾经提出了行政法典则形式的三大特征,即法群性、法阶性和法圈性。所谓法群性是指行政法外在形式上是由无数法律规范构成的法律群。有关行政组织的规则、有关行政行为的规则、有关行政程序的规则、有关行政救济的规则、有关行政部门管理的规则共同支撑起了行政法这一法律部门。法阶性是指在行政法这一部门法中,排列着若干法律层级,同为行政法规范,而各自在行政法体系中的地位均有所不同,它们形成了一个金字塔式的规范结构。法圈性是指行政法只能以法圈为判定的标准,而不能以具体的内容为判定标准。行政法典则的复杂性作为第二个正题如果与第一个正题放在一起考察,就可以得出这样一个结论,即行政法典则在应对复杂的行政法社会化的过程中呼唤一种新的认知方式,通过这个认知方式既疏理出行政法面对的社会事态的膨胀化,又疏理出因此导致的行政法典则在调控过程中的模式选择。

其一,通过行政法分析学认知规范的实效性。这就回到了我们关于行政法分析学研究对象的问题上来,即不仅仅研究典则的状况,更为主要的是研究典则所面对的行政法事实,这其中行政法典则对社会事态的有效应对与否只有通过分析学才能予以厘清。

其二,认知规范的社会正当性。规范自身的正当性与其社会正当性是两个不同的概念,我们可以用行政法学科的传统理论对典则及其典则内部的构成作出研究,并指出它们合理与否。然而,对典则的研究不可能解决行政法的社会化问题,因为,典则与社会的对应关系才是典则是否正当的决定因素。日本学者大桥洋一已经认识到了这一研究的重要性,它将这个研究视为行政法学的结构性变革之一。他在《行政法学的结构性变革》一书中提出了行政法结构性变革的四个基本范畴:一是行政法学方法论的变革,其提出的"法治主义的发展与行政法总论的改革"的命题意义重大,从不同侧面反映了其对当今日本行政法学规范构架之不满,这个问题在我国行政法学研究中更为突出一些。二是"行政过程的法动态分析",这个结构性变化实质上是对行政法分析学的肯定,遗憾的是大桥洋一将行政法学在此方面的更新仍然框定在行政法学科之中,这样便使他所提出的结构性变化只是行政法学研究中局部问题的变化,而不可能在这个变化中产生一个新的学科性的增长点。三是"给付行政的革新",这个结构性变化实质上不是行政法学研究的变化,而是行政法内部的变化。在这问题上应当有一个清醒的概念,即行政法学的结构性变化与行政法治的变化是两个不同的东西。四是"行政法学的跨学科发展与国际化",大桥洋一的此一论点与维拉曼特提出的法学跨学科发展和研究是同一意义的东西。在笔者看来,上列有关行政法学四个方面的结构性变化,其中第二个与第四个都可以佐证行政法分析学作为一门学科存在的必要性。大桥洋一在"行政过程的法动态分析"中有一个个体分析的例子:"备案应经市町村负责人送达,作为审查人的知事、市町村负责人可以就当事人所拟定的价格是否妥当、是否属于投机性土地交易、是否符合土地利用规划、是否符合完善公共设施和保护自然环境的需要等发表意见。该制度是为了使市町村在接受备案的阶段可以向当事人采取一定的行动,使当事人能够反映其土地利用的构想。但是,另一方面,当事人在该阶段面临非法定(因此缺乏可预测性)的行政指导,又由于不存在监督机关,在最坏的情形下,会导致其申请被搁置一旁。这一问题不仅限于国土法,而是被认为广泛存在于经由市町村负责人提交申请的申请处理程序中。而最近,有的当事人针对有关机关对当事人提交的申请保留答复的做法提起了诉讼,法院也对该做法的违法性做出了认定,我们期待着今后判例法以及《行政程序法》第37条可以促进行政实务的改变。而且,现行的实务也成为立法中探讨的问题,其中,一方面是将市町村提出意见的程序作为独立的程序,借此听取市町村的意见,同时,允许当事人直接将备案提交给知事,以便使当事人从市町村丝毫不受制约的行政指导中解放出来;另一方面则是授予市町村审查权限。这样的做法已经在东京都的特别区等一部分自治体中开始实践。但是,与此相对应,我们又可以发现:(1)市町村的事务处理能力比较欠缺;(2)作为监管者的市町村与市民之间的距离过近以致不适于处理有关事务等问题。"[①]行政法的法律效力通过这种实证性的分析得到了很好地说明,超越规范或者典则进入行政法事实的分析既是生动的,同时又能够真正把握行政法之实。

其三,认识规范组合基础的正当性。行政法典则或规范的组合基础究竟是什么,理论上很少有人深入研究。在行政法教科书中,有的将典则与行政权力相对应,有的将典则与行政行为相对应,还有的将典则与行政法关系相对应。其实典则的基础在行政法之社会事实方面,社会事实的整体决定了典则作为一个整体的存在,社会事实的类型决定了典则的类型。这不只是一个哲学上的命题,更为重要的它是行政法中的一个法学命题。然而,这个命题的状况我们并没有进行认真的挖掘,正是这个命题研究的肤浅性导致我国行政法典则的混乱性。只有

---

① [日]大桥洋一著:《行政法的结构性变革》,吕艳滨译,中国人民大学出版社2008年版,第67—68页。

在对社会事实理出头绪的情况下,典则体系以及典则类型才会有合理性。①

---

① 以我国道路交通管理典则为例,这方面的行政法典则应当说比较混乱。首先道路交通究竟由哪些机关管理,在体制上理得并不是很清楚。交通行政机关、公安机关、城管部门等都有道路交通的管理权。其次,道路交通的行政法典则究竟由谁制定也没有理顺。目前,从法律到规章都有调整道路交通的典则。上列两个方面的不清晰便为道路交通管理带来了诸多的麻烦,由"撞死人白撞"到"撞死人机动车负全责"这个立法的选择过程就可以看出有关价值选择上的混乱。因为,每一种选择几乎都不是从道路交通管理这个事物所需要的技术准则出发的。

第八章　行政法分析学的精髓

学术研究向来就有形而上与形而下之分。依康德的理论,形而上"无非是一种关于我们认识的最初根据的哲学罢了。"[①]即形而上学的研究既带有先验性,又侧重于探究事物之原本,或者对原本事物之前提所作的思考。当然,形而上是就一定的方法和方法论而言的。在我们日常的用法中,形而上是对问题的一种思辨,这种思辨具有严格的推理机制,从预设大前提到得出结论。与形而上相比,形而下则不是对问题原初性的研究,亦毋须严格的逻辑推理或作哲学上的思辨,而主要澄清事实的真与确。形而上与形而下之研究方法或研究的取向在行政法学研究中同样存在。由于形而上与问题的原初性有关,而形而下则与后来的事实有关,因此,我们便可以说,形而上之研究方法更适合于行政法哲学的研究,或者行政法典则的研究。因为,二者都涉及到行政法之价值问题。对于行政法分析学而言,由于是对后规范的研究,因此,形而下的研究更为适合。同时,还应指出,形而上与形而下作为两种不同的研究方法,它们都具有方法论上的规范性,即形而上的研究有一套方法和方法论体系,形而下的研究亦有一套方法和方法论体系。只有在掌握了两种研究之方法论之后,才可以说是真正的或形而上的研究或形而下的研究。那么,在我国行政法学研究中,形而上与形而下究竟是怎样分布的,我们对两种方法论又知道多少,这个问题是应当澄清的。

[①] 李秋零主编:《康德著作全集》,人民出版社2006年版,第314页。

在笔者看来,我国行政法学在不该选择形而下的研究方法的研究中,都不适当地选择了形而下的研究。同时,由于我们不知道形而下之方法的真谛,因此,我国行政法学无论体系结构还是结论都有"非驴非马"之倾向。之所以这样说,是因为行政法典则的研究应当是原初研究或者接近原初之研究,用形而上的方法是最为可取的。但是,我国绝大多数学者都用形而下的方法研究典则或前典则的问题。当这些学者用形而下的方法研究典则或者前典则时,他们又不知道形而下方法的精神实质是什么。因此便单单地编排一个体系,设立一个问题,并最终得出一个不恰当的结论。行政法分析学由于是对后规范或者后典则的研究,故而,这个研究从大的格局上讲应当归入形而下之研究中。形而下的研究与形而上的研究的核心区别就是是否预设大前提和确立价值。显然,行政法分析学以形而下之研究为根本,其在研究中不预设大前提,也不确立价值,其基本的走向是分析。即是说,分析是它的最高境界。而作为研究的精髓便由这个最高境界而来。我们可以具体地将其精髓概括为定量分析精髓、法证实精髓和法实现精髓。这三个精髓与行政法学之精髓形成鲜明对照。行政法学科的精髓究竟是什么,我国学界尚未有人提出,在笔者看来,定性分析、规范构设和体系设计是其主要精髓。如果笔者的概括能够成立,其就与行政法分析学的精髓形成巨大反差。本章我们将对行政法分析学的精髓进行研究,通过这个研究揭示行政法分析学的理想境界。

一、法定量分析精髓

(一)行政法学研究中的定性偏向

定性与定量是两种分析问题的方法和方法论。在哲学中定性是指

"用自然语言、科学术语等描述工具,对科学现象作出特征性的说明或给出完整的和清晰的图景。"①定量是指"用数学工具和形式符号标示科学对象的特征和数量的关系,给出更为严格的、精确的表述。"②定性与定量的方法以及各自的原理并不复杂。在实际的研究中,两种方法本是不可分割的,是一个事物的两个方面。然而,在我国的社会科学研究中,长期以来定性分析强于定量分析。至于为何会造成定性分析强于定量分析的偏向,我们不得而知。③ 行政法学作为社会科学一分支,也受到了我国社会科学研究中重定性而疏定量分析的影响。在行政法学科中,定性分析占绝对统治地位,定量分析只是非常次要的研究方法。④ 我们可以将行政法学中的定性偏向表述为下列方面。

第一,对行政法作为法的定性。我们将规范政府行为以及政府行政管理活动过程中的行为规则都定性为行政法,即都给它们贴上法的标签。《中华人民共和国立法法》的名称就是这种表现的结果。而真正的事实是调整行政管理的行为规则有的是法,即全国人民代表大会及其常务委员会制定的那些规则。绝大部分并不是法,因为它们是政府行政系统,或者地方机关的行为结果。依法的一般理论,政府行政系统的行为规则和地方机关的行为规则都不应当归于法的范畴。但是,由

---

① 《自然辩证法百科全书》,中国大百科全书出版社 1995 年版,第 290 页。
② 同上,第 290 页。
③ 可能是由一些复杂的综合因素决定的。一方面,与我国的传统文化有关,在我国的传统文化中,人文研究以及相关的人文学科强于自然研究和自然学科。在自然学科中,诸多东西必须做到准确甚至精确,而人文研究无法追求精确。一首唐诗只需有华丽的辞藻就行,而无须有什么定量。长此以往,人们意识里就关注定性的东西,而不会去关注量的方面。另一方面,与我国学者的秉性有关。我国学者即便是在哲学研究中,总愿意给某些事物贴上一个标签。这个行为本身就是进行定性的。
④ 当然,我们说定性分析占统治地位并不是说,在我国目前的行政法学科中定量分析一点也没有,这一点是要引起注意的。因为,在有些情况下,定性不能从定量中独立出去,没有定量定性便无法展开。例如,我们在行政区划的行政法规制中,省与省的界分、市与市的界分、县与县的界分,如果没有地域和人口上的定量,性质上的界分就无法展开。

于这些规则与法一样都适用于行政管理之中,我们根据它们的适用范围就做了一个非常简化的处理,即都属于行政法,这实质上是一种定性。同时,行政法究竟是何物,我们也给它做了定性。目前所有行政法教科书都给行政法下了一个定义,这些定义无一不是为行政法进行定性。① 有些教科书甚至确立了行政法的阶级属性。

第二,对行政法中的制度进行定性。行政法典则设置了一系列制度,笔者在《行政法制史教程》中将行政法的制度概括为下列主要方面:行政组织制度、公务员制度、行政立法制度、行政许可制度、行政处罚制度、行政强制制度、行政救助制度、行政契约制度、行政公开制度、行政听证制度、行政诉愿制度、行政诉讼制度、行政赔偿制度、行政监察制度、立法对行政的监督制度、行政责任制度等。② 在行政法学科中任何一个行政法制度都有性质的确定。可以说,有些教科书关于行政法制度的定性几乎达到极致,例如《新编行政法教程》对"国家行政机关工作人员"有这样一段定性:"要执行统治阶级的意志,按照统治阶级的愿望和利益进行活动。国家行政机关是掌握在统治阶级手中的国家机器,由统治阶级选派自己的代表人物来领导控制,国家行政机关工作人员也由统治阶级根据需要挑选任用,他们的基本任务就是贯彻实施统治阶级的法律。因此,他们必然要执行统治阶级的意志,按照统治阶级的要求进行活动,以维护统治阶级的利益,建立和巩固各种有利于统治阶级的统治秩序。"③ 制度定性与制度定量的关系没有人做过研究,就目前的行政法体系和行政法学体系看,制度膨胀不能不说是一个基本事

---

① 在此方面,我国台湾学者则显得更加突出,以张载宇先生的《行政法概要》为例,其对行政法做了下列定性,即"为国内法。行政法基于一个国家主权而制定,以本国领域为适用范围而有其效力,非行使于国际相互间之法。"参见张载宇著:《行政法要论》,台北汉林出版社1971年版,第12页。

② 参见关保英主编:《行政法制史教程》,中国政法大学出版社2006年版。

③ 廖晃龙主编:《新编中国行政法原理》,大连海运学院出版社1990年版,第79页。

实,而导致制度膨胀的原因在于我们没有制度上的定量。如行政法典则中究竟应当设立多少个制度才算合理,每个制度包括哪些要素才算科学等。纯粹定性的研究是带有巨大偏向的。

第三,对主体的定性。行政法上的主体进行定性是必要的,但是,现代行政过程的复杂性及行政法的社会化使得主体已经成为行政法中的一个极其复杂的东西。而行政法学研究则对这种复杂的东西采取了定性处理的方式,进而予以简化。例如,我们将行政法主体分为行政主体、行政相对人、利益关系人等,并用这三个主体性质将行政法中的所有参加者予以囊括。这样的简化必然带有强烈的武断性和学术上的偏向,正如我们前面讲到的行政法中非利益关系人也是行政法中的重要主体,而以我们传统的定性方式,其便不是行政法主体。

第四,对行为的定性。行政法学中行政行为的类型化是对其定性的具体表现。我国行政法教科书关于行为的分类有诸多标准,有学者将行政行为分成准法律行为和法律行为两大类,"准法律行为的行政行为包括确认行为、公证行为、通知行为和受理行为"。法律行为则是指"就是在事实上对私人所固有的自由,加以限制,例如下令、禁止、许可、免除,即一般以命令为内容的法律行为。"[①]有学者将行政行为分成抽象行政行为和具体行政行为两个基本范畴,"依据行政行为针对的人、事项及其效力范围不同,在学理上将行政行为划分为具体行政行为与抽象行政行为。"[②]有的则将行政行为分成内部行政行为和外部行政行为两个方面,"行政行为以其适用范围和效力作用的对象为标准,可分

---

① [日]和田英夫著:《现代行政法》,倪健民等译,中国广播电视出版社 1993 年版,第 191 页、第 194 页。

② 皮纯协主编:《行政法学》,中国人民大学社 2002 年版,第 135 页。

为内部行政行为和外部行政行为。"①还有学者则根据不同的标准对行政行为进行甚至是无限度的分类。② 在这些众多的分类中,不论哪一个分支都有相应的数量支撑。规范研究与前规范研究中的定性是由其研究对象和方法决定的,如果行政法学还停留在规范研究和前规范研究,定性分析的倾向就无法避免。

(二) 定量之内涵

法律的定量分析方法具有非常早的历史,③但在法经济学作为一个学科或法学研究的一个学派诞生之前,定量分析都是个别的。正是由于法经济学的诞生使法律的定量分析成了一个成体系的学科化的东西。为了弄清楚行政法学定量分析的内涵,有必要对法经济学的相关内容予以评介。法经济学有的学术著作称之为法与经济学,其基本涵义是用现代经济的理论,包括深层次的数理分析理论、博弈论、边际效用理论等分析法律现象的一种研究方法,现在已经发展为一门独立的学科。法经济学的研究方法中包括了一部分价值研究,但主要是实证或实用的研究。其目的在于证实法律与其关联的社会事实之间的关系,正是在研究方法的特性上我们发现其与行政法分析学有非常密切的关联性。法经济学的诞生有其深刻的社会背景和学术背景。我们知

---

① 教育部高等教育司组编:《行政法与行政诉讼法》,高等教育出版社1999年版,第128页。
② 胡建淼教授在《行政法学》一书中用18个标准将行政行为分成40多类。参见胡建淼著:《行政法学》,法律出版社2003年版,第196—210页。
③ 古罗马时代的法学家在其著作中就有很多运用定量分析方法的,如《法学总论》就是比较典型的。其中第二十五篇关于免除担任监护人或保佐人的分析就谈到:"如果在罗马城有活着的子女三人,在意大利有四人,在外省有五人,可以免除担任监护或保佐职务,正如他可以免除担任其他职务一样,因为监护和保佐都被认为是公职。但是养子女不计算在内,被收养者应算在生父方面。儿子所生的孙子,如其取代父亲的位置,应计算在内,至于女儿所生的则不计算在内。"参见[古罗马]查士丁尼著:《法学总论》,张企泰译,商务印书馆1989年版,第42页。

道,1870年哈佛大学法学院院长兰代尔面对美国法学教育中存在的危机提出法律教学中的案例方法。其认为法律作为一种科学观念是可以用判例方法予以发展的。他的这个观念实质上奠定了现代法学研究中形式主义的基础。兰代尔的法律形式主义是法律实证主义的组成部分,也是一种典型的法律形式主义,即对法律及其关系进行法形式方面的探讨和解释。兰代尔的理论的内涵可归结为下列方面。一则,法学研究中要遵照先例的原则,这同时也构成法学教育的环节之一。二则,法律学科中汇编的案例是由先例和相关的存在原理构成的,这些法案和原理作为先前的东西对以后的法律行为能够产生影响。三则,在法律案例中一部分与法律科学有关,一部分与法律科学无关,与法律科学无关的案例就不能得出普遍性的结论,只有与法律科学有关的法案才能形成之后所用的法律原则。四则,法学研究工作者的任务和职责是把这些基本原则进行类型化处理并寻找出它们之间的逻辑关系。关于法律形式主义的上列理论在美国法律学研究中产生了半个世纪的影响力。进入了20世纪40年代,芝加哥大学的经济学教授科斯用经济学原理分析发生于日常生活中的经济关系,他在长期的研究中发现经济学问题的解释有赖于法律问题,同样法律问题也不能仅仅从纯粹法学理论中获得。这样便得出了法律形式主义存在一定弊端的结论。有关法律现实主义的理论就诞生了。

　　法律现实主义认为法律形式主义不能解释法律规范与事实之间的深层关系,法律现实主义的真正意义在于将法律同经济予以有机结合,通过这种结合既能解释法律现象背后的社会事实,又能用社会事实解释法律现象。法律经济学从其诞生的那一刻起就将法律与社会经济作了有机结合。"法经济学是基于法律以及经济的一些概念之上,而这些概念在法学家、法官、经济学家以及政治学家的作品里已具有相当的历史。但是,法经济学的诞生以及它的最显赫的成就可以追溯到1940年至1960年期间的芝加哥大学法律学院。在相当早的时期里,由于财政经济学在商业学派以及在传统的经济体系中的快速发展,所以法经济学取得了辉煌的成就,而财政经济学非常强调有效资本市场。在美国,法经济学对一些重要问题的看法,例如企业控制的市场的问题,通常与主流财政经济学非常相似。法经济学已经受到两种截然不同的方式的深刻影响。在真实的非教条的形式上——在法律里有更多的经济学而经济学里有更多的法学——这在世界上已经是巨大的实践的成功。在法律学院里有更多的经济学,越来越多的律师和法官了解经济学而越来越多的经济学家开始专注法律相关的工作。自从1960年开始,美国的大部分法律学院都已有经济学的课程。许多传统的法律课程诸如合同、侵权、代理以及公司等均从经济学的角度来讲授。在世界其他许多国家里,人们也是采用同样的方法。结果,这样法律学院的毕业生比过去更加熟知基本的经济概念,特别是在价格理论和财政经济学方面。在美国,辩护律师们常常熟练地运用经济学的观念来支持其责任理论并协助其辩护。在美国的诉讼中,律师的通常业务是把经济学家聘请为顾问和专家证人。另一方面,法经济学对顾问律师的日常运作已起着微小的作用。这种影响使律师之间的竞争明显升温,并导致办公设施(例如文字程序处理机、复印机以及计算机检索)的巨大变化"[1]法经济学在美国的迅猛发展还可以用一些事例予以说明。例如,1958年,芝加哥大学出版的《法与经济学杂志》和1985年耶鲁大学出版的《法学、经济学和组织机构杂志》都是专门研究法与经济学关系的出版物。到了20世纪中后期,法经济学已经成了美国乃至于其他欧洲国家的重要法学思潮。其也在法学研究领域中有着诸多的视角,每一个视角都

---

[1] [美]皮特·纽曼主编:《新帕尔格雷夫法经济学大辞典》,第二卷,许明月等译,法律出版社2002年版,第552—553页。

从不同侧面证明了定量分析作为法经济学思潮的主流。通过对每一个视角的考察,我们会发现,其对行政法分析学中定量精髓有重要的阐释意义。

第一,哲学视角的法经济学及其与行政法分析学中的定量精髓。以法哲学的视角,法律是一种社会安排,即法律规范安排社会个体及其群体在社会生活和社会秩序中的地位。这是一个哲学前提。那么,在这样的安排中,法经济学目标就是追求社会个体利益的最大化。而个人利益如何实现最大化就有多种多样的分析模式。我们说,通过安排满足最经济、最效率的原则,即任何人通过这种安排都能实现其在社会中个体利益的最大化。这样,行政法就必须进行具体的量化分析。法经济学派常用意大利经济学家帕累托的优势理论分析此种安排中利益的权衡。① 帕累托最优理论以及法经济学中个人利益得到最大满足的原理对于行政法分析学中的量化精髓有很好的说明。其一,行政法分析学在对规范进行分析时必须考虑个人和行政法规范尤其与行政法规范设计的制度之间的关系。其二,行政法规范和制度对个人利益的优先考虑就必然要在行政法中对制度和规范进行顺序选择上的量化分析,先选择的制度、次选择的制度、后选择的制度如何排列,都必然最终影响到行政立法中。

第二,经济学视角中的法经济学分析及其与行政法分析学中的量化精髓。法经济学的产生是经济学家和法学家共同的劳作和努力,以

---

① 帕累托优势是通过从经济学的角度或用经济学中的标准"比较 X 和 Y 两种社会安排对相关个人的福利的影响为基础。倘若在 X 社会安排中每一个人的福利至少不比在 Y 社会安排中的福利差,并且,在 X 社会安排中至少有一个人的福利比 Y 社会安排中更好,那么,X 社会安排对于 Y 社会安排就有帕累托优势(相对有效率)。相应地,如果不可能调整一种社会安排 X,在这样一种安排中每一个人的福利至少不比在别的社会安排中的差,甚至某些人的还会更好(换句话说,如果将 X 社会安排改变为其他社会安排,就会导致某些个人更穷),那么 X 社会安排就实现了帕累托最优。"参见[美]皮特·纽曼主编:《新帕尔格雷夫法经济学大辞典》,第二卷,许明月等译,法律出版社 2002 年版,第 515 页。

及共同的需要解决问题的背景决定而形成的新兴学科,在这中间经济学家与法学家一样,同样付出了努力。而且事实是经济学家对法经济学的关注似乎更甚于法学家。但是,经济学视角的法经济学毕竟要区别于法学家的视角,法经济学"它致力于从一种'理性选择'的角度研究和评价法。研究人员习惯于使用成本—效益分析技巧,决定论和博弈论,以及统计学来判断法律规范是否恰当地为法律所追求的目标提供了最好的服务,而不管这种目标是什么。肯定的说,最经常研究的目标是那些同经济效益相关联的目标。然而,恰如引自科斯的那段话所示,研究人员承认法可以,而且应该追求其他目标,并坚持认为,对这些目标的追求应该受到严格的审查;为此,在上述分析的技巧中,大多数都可以派上用场。这一传统的核心任务,也许应该是强调最大化,而不是强调财富的和经济的格言。"[1]经济学视角的法经济学最大的启示在于其所提出的"理性选择"的概念。显然,理性选择既是一种研究方法,也是我们对行政法规范制定过程中选择模式的考量。经济分析及其理性选择的量化分析能够提供阐释法律规范对立法者行为的意义,立法者对行政法规范选择中的理性和非理性状态,正如有学者所概括的:"这种理性选择的研究方法产生了大量的经济的结果和规范的论点:经济的结果记录了法律规范对行为的影响;规范的论点建议对那些规范进行某些修正。与此同时,这种方法还开始揭示法律对变革的影响力的局限。研究人员注意到学习和实施法律规范往往比较费事,因而主张在重复行为的情况下,发展一种争议的解决机制,以回避正式的法律机构——这会是一种有效的做法。"[2]这个内涵揭示,对于领会其在行政

---

[1] [美]皮特·纽曼主编:《新帕尔格雷夫法经济学大辞典》,第二卷,许明月等译,法律出版社2002年版,第519页。
[2] 同上,第520页。

法分析学中的量化精髓毋须我们再展开讨论。

第三,法律视角的法经济学及其与行政法分析学中的量化精髓。在法律视角中,法经济学的重要意义在于法既是一种社会规则的交叉,又是不同学科理论之元素的交叉。通过这种交叉影响法律规范的配置以及法律实务工作者的法律思维。毫无疑问,法经济学首先对法律思想产生影响,用波斯纳的话说就是"法与经济学对法律思想已产生了显著的影响,那么我们就可能把这种影响简单地归因于法与经济学对其规范性主张的积极接受。很少有法学家会把效率配置视为法律秩序惟一的或绝对的目标。从实证的角度分析,分清这两种差异是十分必要的。法与经济学中一种重要思潮提出了这样一种假说:即法律体制及其参与者都深深地受到了以促进效率配置为目的的强烈影响。"[①]在笔者看来,法律思想与法律现实在一定情况下联系是非常密切的,因此,法经济学通过对法律思想的影响进而影响到法律规范的制定中。至于法经济学中的量化精髓究竟影响了法律的哪些方面和哪些环节则需要我们再疏理。但对于行政法分析学而言,法经济学分析的理念必然会最终化为一种法律实在,进而使行政法规范的形成既有社会事实上的交叉性,又有学科上的交叉性。

第四,公法学视角的法经济学分析及其与行政法分析学中的量化精髓。理论界通常认为法经济学在法学中的运用最早在私法学领域,之所以如此,其中的原因我们不得而知,也许,只有从法哲学层面才能回答这个问题。尽管在公法学的研究中,法经济学出现和运用得相对较晚,但是,目前情况下,公法领域也广泛存在法经济学的分析方法。而在私法领域,法经济学分析方法经历了"旧法与经济学"与"新法与经

---

① [美]皮特·纽曼主编:《新帕尔格雷夫法经济学大辞典》,第二卷,许明月等译,法律出版社2002年版,第545页。

济学"两个不同阶段。正如皮特·纽曼指出,"经济学家们过去也常常致力于对公法中那些领域的分析,这些公法明确调整经济市场,尤其是竞争法和公共财政法(旧法与经济学)。尽管就税收而言,这些工作必须克服对公平观念的教条似束缚以及对行为影响的表面的冷漠态度,但他们的工作最终还是影响到了法律思想。"[①]"旧法与经济学"的分析方法于公共税收和公共财政方面,这也是公法中的典型部分。而"新法与经济学"分析在公法分析中的理念主要是:"由于任何经济理性的观念都必然地会被自利的政治家利益群体的影响所曲解,这样多元主义的、民主的决定都会被认为无法与效率共存。相反,人们认为司法判决可免受这些压力的影响。但这需要更全面的、更严格的理论来解释立法机构和其他公共机构的行为,并通过实施这种制度性安排来使其运作。这种需求是因为公共选择理论的快速发展以及越来越多的法与经济倡导者接受公共选择理论而产生的。这些理论家运用它们的模式,不仅实证地阐释了自利的政客、国家官员以及个人群体之间的'交易'如何出台了总体上违背公共利益的法律;而且,规范地去描述了更适合秩序的宪法性安排。他们在这些工作中所表现的充沛精力以及严谨的态度使得许多人相信对公法的经济分析可以产生大量的见解。而且,这样的政治环境有助于增进信服力,因为在这种政治环境下,政府正积极寻求重新界定国家与市场之间的关系。"[②]法经济学在公法领域中的新变化是非常深刻的,它不仅要思考政府体制作为成本的经济学问题,更为重要的是要分析整个公共选择和包括行政法在内的公法模式问题。尤其在公法面前诸种利益群体(政府、官员、个人等)之间的复杂的

---

① [美]皮特·纽曼主编:《新帕尔格雷夫法经济学大辞典》,第二卷,许明月等译,法律出版社2002年版,第548页。
② 同上。

利益权变关系都需要用严格的经济学进行定量。行政法分析学中的量化精髓便可以通过法经济学分析中的量化指标予以证明。

(三) 定量与定性的关系

当我们在强调行政法分析学的定量精髓时,我们并不是说行政法分析学中没有定性,只是说,定性存在于行政法传统学科之中,是行政法传统学科的主流。把行政法学研究作为一个整体事物来看,定量与定性是不可缺少的,仅有定性的研究不可取,但仅仅定量的研究同样不可取。二者在行政法学研究中应当是相互补充的。当然,在行政法分析学中,定量研究是主流,定性研究可以作为支流。这是针对二者在学科中的地位而言的,而不是就二者在哲学上的辩证原理而言的。即是说,定量与定性在分析过程中可以从哲学层面和现实层面两个方面分析。若在行政法分析学中,我们将上列两个方面予以结合,就可以发现二者存在下列关系。

行政法分析学定量与定性关系图

对象＼要旨	关系1	关系2
定性	抽象	现状
定量	具体	未来

第一,定性与定量反映行政法中抽象与具体的关系。定性是对事物性质的确定,因此,定性从哲学原理上讲是用抽象方法形成的。例如,当我们给行政行为下定义时,我们就从无数行政行为中抽象其共性。一个行政行为的定义便将所有行政行为予以囊括,并将所有行政行为的特点予以概括。行政法中的定义和原理都是抽象的结果,所不同的是抽象具有准确与不准确的区别。即有些抽象是准确的,有些抽

象则不一定是准确的。毫无疑问,纯粹的抽象往往具有美学上的完整性,乃至于可观赏性。例如,马布利就对公务员之职责和工作做了这样一个抽象:"公务人员放弃了自己家庭的工作,所以由国家来报答他们是公正的;我认为,这是管家的口吻。如果叫公务人员担负过重的工作,这是共和国的过失;共和国要把公务人员的工作规定得使他们轻松愉快。在公务人员方面,也可能有错误。即使他轻视自己的私人利益,但不能得到同胞的颂扬和尊敬时,法律也将认为他没有资格充当公务人员。但是,有人又拐弯抹角地反驳说,公务人员应当生活地体面一些,具有一定程度的奢侈和华丽;您所说的代表职责不就是这样吗?我们的哲学家忍着笑对我说。只有庸俗腐化的人才会这样说,在他们的眼里,仆人、华丽的服装、马车、宅邸和漂亮的桌椅,比他们的职务重要得多。为使全国人民不沾染这种庸俗的观点,法律必须采取措施,不准许公务人员的需要多于普通公民。扬・德・维特(Jonham de Witt)带着一个年轻仆人到海牙去,只用一支蜡烛照明,难道他的同胞和欧洲强大的君主们就因此不尊重他吗?如果他的马厩里有二十匹马,前厅里有三十名仆人,这就能增加他所享受的荣誉吗?如果联省共和国的这个基础,即生活俭朴不复存在,我很想知道由此会产生什么后果?提高参议员的报酬,一定会使我们政府变坏;只有在我们的子孙能把我们对参议员的付酬行为看成是他们祖先的野蛮行为时,它们才能真正幸福。"[①]这是一个非常完整的抽象。完整的抽象并不一定是准确的抽象,并不一定是与客观事实能够对应的抽象。以马布利的这个抽象为例,其在现代国家的公务员制度中常常不是如此。因为,在现代公务员制度中,公务员所在国家之状态越文明,其所拿到的报酬就相对越多。那么,这个抽象之所以只有美学上的价值,因为,其在整个抽象过程中

[①] [法]马布利著:《马布利选集》,何清新译,商务印书馆1983年版,第58—59页。

没有相应的量化指标,即没有对公务员职责和工作做定量分析。由此可见,定性分析离不开定量分析。与定性分析相比,定量分析是对具体的确定,或者说,通过定量我们对事情能够得出具体结论。定量与定性同样不可分开,即任何一次定量分析都是针对特定对象的分析,这个特定对象就具有定性的含义。同时,定量分析的结果也能够完成定性。总之,定量与定性在行政法分析中的进一步结果是对抽象问题和具体问题进行合理区分,并将具体的内容融于抽象的概念和原理之中。反过来,每一个作为抽象的概念和原理的存在都应当有具体的支持。

　　第二,定性与定量反映行政法中现状与未来的关系。行政法的动态性若在前些年的学术研究中提到,可能会有诸多学者提出疑问,然而,在当今行政法学界,几乎没有人会否认行政法的动态特征。那么,行政法的动态特征究竟应当如何理解呢?在笔者看来,除了行政法典则的施行处在动态化的结构中外,行政法的发展也是其动态化的内容之一。这个动态化就使行政法问题有了现状与未来之分。行政法典则,尤其正在发生法律效力的行政法典则设计了行政法中的一种现实情况,这个现实情况在行政法著作中都得到了论述,这样的论述常常是对实在行政法的定性。例如,我们在行政法教科书中对行政处罚听证程序的解释,其适用范围仅限于目前数量很少的几个行政行为中,这既是对行政法现实的表达,又是对行政法实在的定性。定量分析虽然也表述行政法实在中的数字或其他定量的东西,但其中的数字分析很可能针对于行政法之未来。例如,我们将行政处罚听证程序进行定量分析以后,便会发现听证程序目前适用范围的数量与行政处罚的实际数量有非常远的距离,行政处罚听证案件的实际数量与公众对行政处罚听证的期待值同样有较大差距。这便为行政法之未来及其走向提供了数字上的依据。当然,不仅仅是一个依据,而是量化分析本身所具有的推动力。

（四）定量的意义

定量分析的方法存在于科学这一概念下，笔者注意到在《自然辩证法百科全书》中对于定量分析有两处提到。第一处在科学描述的词条中，其认为科学研究中运用语言、符号、模型等表达方法和手段，按照一定的规则，表述科学认知对象的就是科学描述，而科学描述的方法之一就是进行定量描述。另一处是在实验这一词条之下，指在精心控制现象发生的条件下，对现象进行感知和测量的方法，这是对实验概念的解释。从这个解释不难看出，实验是科学研究范畴的东西，而实验的方法之一就是进行定量分析。我们只有上升到科学以及科学方法的高度才能领会定量分析的含义及其在行政法分析学中的意义，这是笔者所要强调的。[①] 从科学理念的高度认识定量分析在行政法分析学中的意义，我们可以说，下列方面是最为主要的。

第一，作为方法论改变行政法学格局。在社会学研究中，定量分析似乎已成研究之主流。自迪尔凯姆在《自杀论》一书中对自杀的社会学原因做了定量分析以来，[②] 社会学中的定量分析就成为一种学术研究的时尚。而社会学学科中有一门法律社会学，还有一门犯罪社会学，还有一门越轨社会学，这些学科同样运用了定量分析的方法。然而，从事社会学研究的通常都是社会学家，当他们将社会学方法用来分析违法与犯罪问题、社会越轨问题，乃至于具体的法律和行政法问题时，他们

---

① 之所以要作这样的强调是因为定量分析这一科学用语常常被一些学者或者行政法工作者俗化了，即是说，一些人并没有领会定量分析所处的地位，又不知道定量分析的确切含义，就使用这一概念。这样，便将一些个别数据的统计和说明也放在定量分析的框子里。对定量分析的此种态度是不可以促进定量分析在行政法学研究中之意义的。

② 如迪尔凯姆对1841—1872年间发生于欧洲主要国家的自杀情况作了定量分析，通过一系列数据说明在这些国家，自杀的变化呈现出明显和连续的波浪状，这种起伏是一阵阵地发生的，一次高潮过后是一阵间歇，然后又是一次高潮。参见［法］埃米尔·迪尔凯姆著：《自杀论》，冯韵文译，商务印书馆1996年版，第13页。

的研究已经超越了从事法学研究的学者。难怪乎法学领域中的一些新的理念的产生常与社会学家们的工作有关。① 但是,行政法学研究的整体格局却仍然沉湎于定性研究之中。因此,我们认为,定量分析作为方法论应当对行政法学研究的格局有所触动。我们也将定量分析作为一种系统而精辟的方法论引入到行政法学中来。在这个问题上,国外行政法学家已走在前面。例如,大桥洋一在《行政法学的结构性变革》一书中分析了"市町村监督专员"的制度设计及运用,其中有若干表格将一些具体的数据统计出来。这样的研究即便不有意识地得出什么结论,其中结论性的东西也是十分明显的。不论行政法学习者,还是实务部门的行政法工作者常常反映行政法学非常枯燥,如果我们的教科书有丰富的一手材料和活生生的数据支持,我想再也不会有人下这样的结论了。在我国行政法学定性的问题大多数已经解决的情况下,定量分析应当成为行政法学研究的主流,行政法分析学体系的合理构建在此方面能够起到积极作用。

第二,作为技术改变行政法治格局。定量分析在行政法分析学中的运用发生于学术研究领域,这一点是应当肯定的。但是,行政法分析学由于具有强烈的分析属性,所以,它并不像行政法学科中的方法论那样仅在教学和研究中有用。换言之,行政法分析学中的一部分属性在

---

① 吴鹏森教授在《社会学与现代化发展难题》一书中对当代中国腐败问题及其法治进行了研究,其中大量采用定量分析方法,所得出的一些结论让我们眼前一亮。他在一段分析中指出:"从案主的身份地位来看,1993年至1995年9月,检察机关查处的167725宗经济案件中,就有县处级干部4605人,其中厅局级以上干部242名,省部级干部4名。1995年,更是查处了一批特别重大的腐败案件,如原中共中央政治局委员、北京市委书记陈希同案;原北京市委常委、副市长王宝森案;无锡新兴公司非法集资案。闽江工程局贪污受贿案;原郑州市市常委、巩义市委书记杨振海受贿案等。腐败犯罪的大案要案剧增,大案要案合一的发展趋势导致极大的政治、经济、社会、组织等多重社会后果,严重败坏了党风和社会风气,不仅给国家和人民造成了巨大的经济损失,而且严重损害了党和政府的形象,威胁着执政党的执政地位。其危害程度远远大于一般街头犯罪和简单的经济犯罪。"参见吴鹏森著《社会学与现代化发展难题》,人民出版社2007年版,第363页。这是一个简单的数据,所得出的结论也并不复杂,但像这样的研究方法在行政法教科书中寥寥无几,而这个研究课题本是行政法学的主题之一。

学科之中，另一部分属性则在行政法治之中。我们在前面已经指出，行政法分析学研究的对象是后规范问题，而后规范实质上已经进入到了行政法治的层面。我们可以想一下，如果在行政法分析学中对典则的结构、典则与社会的关系、典则执行中的阻滞等都能作出量的分析，这个分析结果必然要渗入到行政法治中去。难怪乎大桥洋一在本来探讨行政法学的结构性变革问题时，却用行政过程的动态分析阐述国土法中的行政指导、市区再开发与社会规划问题，而这个探讨并不只是行政法学结构变化，最为主要的是行政法治的变化。如其所言："除此之外，还存在以建设法领域为中心而逐步发展起来的行政合同。在此仅指出两点：一个是，行政合同是行使行政裁量的一种形态，另一个则是，实际上它在德国承担着作为吸收开发利益制度的功能。众所周知，一般性的吸收开发利益的制度的创设未能取得成功，其理由之一就是如果设计得精巧且公正，那么，该制度就会过于复杂。可以说，对于该问题，可以采取两种对应方法：一是，即便会以若干的不公平作为一种牺牲，也可以像瑞士那样，利用税收来弥补，通过该方法，就可以以较少的成本来使问题得到解决；另一个则是，以通过合同形成合意为中心来进行利益的吸收。在开发利益的吸收制度不完备并产生了社会性的不公正的我国，可以说，以合同为中心的制度化也是一个极富灵活性的解决方法。在我国，也可以看到，在广岛市西部丘陵城市建设项目中，广岛市与开发商之间的备忘录（1986年3月）等的例子，而且《大阪湾林海地区开发建设法》第15条中也规定了通过协商决定开发负担金的制度。"[①]从这个具体问题的分析我们可以看出，行政法学分析方法有时必然会渗入到行政法治之中。行政法分析学中的定量分析作为一种技术手段运用到行

---

① ［日］大桥洋一著：《行政法学的结构性变革》，吕艳滨译，中国人民大学出版社2008年版，第46—47页。

政法治中来只是一个时间问题和分析的深度问题。

二、法证实精髓

行政法分析学法证实元素表

元素 要旨	规范的证明	空间的证明	时间的证明
	(1) 行政法规范现实性的证明,即通过行政法分析学对行政法规范客观性,即是否符合事物之本质所作的证明。 (2) 行政法规范有用性的证明。 (3) 行政法规范可行性的证明。 (4) 行政法规范合理性之证明。	行政法规范的空间证明就是通过社会事实中的空间及其划分对行政法的实在性作出评判。 (1) 行政法规范空间覆盖的证明。 (2) 行政法规范空间平衡关系的证明。	时间的证明,即用时间的概念可以评判行政法规范的状况,进而证明行政法规范的合理性。 (1) 时间没有引起行政法规范变化的证明。 (2) 行政法规范以时间为转移的证明。

(一) 行政法分析学中的规范证明

法律必须得到证明,这几乎是所有法学流派的共识。所谓法律证明就是法律规范制定以后必须通过内部机制或者外部机制证明其合理性。然而,通过何种机制证明法律,并最终回归到法律中来,还是回归到社会中去却是不同流派争论的焦点。法律实证主义有两个基本的法律命题,一为"精心创造理论",二为"分离理论"。[①] 前一理论的内涵是

---

① [美]皮特·纽曼主编:《新帕尔格雷夫法经济学大辞典》,第二卷,许明月等译,法律出版社 2002 年版,第 612 页。

一国的所有法律都是由立法者创制的,即由人精心设计出来。法律既然是人的一种设计,这种设计是否合理就有需要进一步证明的必要性。而要进行这种证明,最大多数人的最大利益性是证明标准,被证明合理的法律还必须以正当形式回归到法律中来。后一理论的内涵则是法律既建立在客观事物尤其是事物的本质之上,又要受相应的道德准则制约。这样便有可能出现这样的情形,即法律与其所规制事物之规律的一致性与道德准则的一致性之间的矛盾。道德准则是法律的社会基础,而事物之本质及其规律是法律的自然基础。这两个基础的不一致就有可能是一种分离状态。法律实证主义者的法律证明,从最大快乐原则出发,法律应符合道德价值。同样,道德价值只是用以证明合法性的标准,最终还必须回归到实在法之中来。这个证明理论可以被称之为内部机制的证明理论。与这一理论相反的是外部机制的证明理论,这个理论的基本论点是:"法律是一系列公正行为演绎出来的消极规则,保护着每一位公民对他自己身体及资源的控制。在普通法法官的手中,对这些规则的技术的拟定不是由虚假计划而定,而是由与保持预期体系的持续性而定。这样就产生了法律实证主义者。他们固执地把法律这个概念用于精心建造的协会的内部秩序并把这个错误的概念用于国家的法律。结果便是在发达经济里的立法机构就具有了新的角色。他们并没有通过消除在公正规则里的不一致或异常现象来充当法官的良友,而是制造了法律的约束;支配和控制这个行业;建立了各种各样的官僚机构;以福利的名义重新分配财产。这样败坏了在开明世界伟大社会所依赖的市场的道德,自由主义。"[1]依此理论,法律本身已经不仅仅是制定法或实在法,而是一个既包括实在法,又包括法官法乃

---

[1] [美]皮特·纽曼主编:《新帕尔格雷夫法经济学大辞典》,第二卷,许明月等译,法律出版社2002年版,第612页。

至于行政主体之法的综合性法律。那些执行法律的法官和行政官同时亦有发展法律之能力。他们发展法律的过程实质上也是对实在法的一种证明。

上列两个关于法律证明的理论虽然有些抽象,甚至比较绝对,但是,在笔者看来,它们的区分只是关于法律的思想方法不同而已。事实上,它们都认为法律需要证明,无论这种证明的结果是回到法律之中,还是回归到社会之中,法律的证明都不是单元的,也都不是通过实在法可以完成的。这就像数理逻辑中的证明一样,此物的证明必须依赖于彼物,或者若干个彼物及其关系。德国法理学家魏德士提出了一个"复杂的法作为社会与政治制度的镜子"的命题,基本观点是"发达国家的法律制度非常复杂且让人捉摸不透。其原因是多方面的。在现代工业社会,众多生活领域中的迅速发展不断产生新的问题和利益冲突。因此,法律总是有漏洞的。许多重要的法律规则几十年来仅以法官法的形式体现出来,所以即使公民仔细地阅读全部的成文法,也找不到上述法律规则的出处。法官法的某些规则甚至背离了明确的法律规定和立法者的意图。例如,司法实践对动产的担保让渡的承认、交易基础概念的引入、或者金钱赔偿请求权在名誉损害中的采纳。这表明:'法官法掌握我们的命运。'对某些问题,即使立法者根本没有认识到,法院也必须找到符合现行法律制度的基本原则要求的解决办法并作出判决。由于法律必须以切实可行的、符合法律系统性的方式回应大量的、不断变化的问题与冲突,法就只能变得更加复杂并且捉摸不透。高度发展的法律制度难以理解并且'疏远人民',其本质的原因就在这里,而不在于语言问题。法的复杂性因此是现代国家的社会复杂性的镜子。"[①]他对

---

① [德]伯恩·魏德士著:《法理学》,丁小春、吴越译,法律出版社2003年版,第98—99页。

现代法律现象复杂性所作的分析从一个侧面佐证了法律需要证明的特性。行政法与其他部门法相比,规范需要证明会更加突出一些。这其中的原因在于,如果说其他部门法在其实现过程中较为复杂的话,那么,行政法则是最为复杂的。一些学者在讨论法律的复杂性时,常常忘记了行政法。但不争的事实是,行政法的复杂性超过了所有其他部门法。魏德士通过法官造法论证法的复杂性,而在法律治理的实际过程中,行政官员的造法远远多于法官的造法,在以管理法作为行政法特征的国家情况更是如此。因为,在这些国家的法律现实中,法官所能够执行的法律相当有限,而行政主体所执行的法律则要多出许多倍。行政系统的决定在国家政治生活中无疑是最主要的决定。

上列关于法律证明理论对于我们确立行政法分析学中法证实价值是有指导意义的。行政法分析学通过对行政法的分析,其中一个重要的功能就是证明行政法作为法的现实性、合理性。

第一,行政法规范现实性的证明。行政法规范现实性的证明是指通过行政法分析学对行政法规范客观性,即是否符合事物之本质所作的证明。孟德斯鸠在《论法的精神》一开始就有这样一段关于法的论述:"从最广泛的意义来说,法是由事物的性质产生出来的必然关系。在这个意义上,一切存在物都有它们的法。上帝有他的法;物质世界有他的法;高于人类的'智灵们'有他们的法;兽类有他们的法;人类有他们的法。有人说,我们所看见的世界上的一切东西都是一种盲目的命运所产生出来的,这是极端荒谬的说法。因为如果说一个盲目的命运竟能产生'智能的存在物',还有比这更荒谬的吗?由此可见,是由一个根本理性存在着的。法就是这个根本理性和各种存在物之间的关系,同时也是存在物彼此之间的关系。"[①]这个理论是对法之定性,其中也

---

① [法]孟德斯鸠著:《论法的精神》(上册),张雁深译,商务印书馆1982年版,第1页。

包括行政法。那么,这个定性还需要相应的量化标准来分析。行政法分析学的精髓之一就是探寻行政法与其规制之事物是否有本质上的关系。例如,有关环境控制的行政立法,是否能与环境作为自然因素的规律一致起来。这个证明如果不放在行政法分析学中就是无法完成的。

第二,行政法规范有用性的证明。在一国的行政法典则体系中,的确有相当一部分行政法规范,或者长期束之高阁,或者对社会所带来的是负面的有用性。规范的制定并不意味着就已经解决了行政法的所有问题。恰恰相反,一个规范的实际用途还需进一步证明。行政法分析学则可以对规范的有用性与否作出证明。因为,分析是对规范的综合解读,而不仅仅是对某些规范的解读,也不仅仅是对规范从正面作出解读。

第三,行政法规范可行性的证明。法律规范的可行性是指规范所确定的内容能否在社会过程中予以实现。行政法规范中的一部分来自于行政系统内部,有些甚至来自于地方行政机关。这些行政机关的立法行为有诸多价值取向,其中之一便是体现行政政策。自然而然地,以政策为导向的行政法文件便与地方行政长官的政绩等连在了一起,导致了政绩立法的出现。笔者在《科学立法科学性之解读》一文中认为:"当立法归入政治之中是符合政治学原理的,但是若将立法放在法学之内考虑,它已经不是一个简单的政治行为,至少在法学研究中其以单纯政治的同类立法必然致使立法走向它的另一面。"[1]在我国行政法治实践中不可行性的立法非常多见,与之相比,我们对这类立法的证明却相对较少。

第四,行政法规范合理性之证明。在我国行政法学科中,合理性是

---

[1] 关保英撰:《科学立法科学性之解读》,载《上海社会科学》2007年第3期。

一个重要的行政法原则,它单指具体行政行为在作出时除具有合法性外,还要具有合理性。然而,行政法本身的合理性却不是行政法学研究的问题,或者说,在我国传统行政法学科中,行政法合理性的理论尚未建立起来。所谓行政法合理性就是行政法规范必须符合法律规则以外的其他相关准则,如道德准则、技术准则、多数人认同准则,等等。由于行政法分析学将行政法规范与诸多社会因素结合起来进行考察,因此,其中对合理性的权衡指标必然是多元的。而每一个不同的指标都可以与其他指标组合成一个权衡与证明的体系。

第五,行政法规范合法性的证明。这个证明是在法律体系之间进行的。一方面,行政法与宪法的关系是证明对象之一,另一方面,下位行政法规范符合上位行政法规范是证明的第二个对象。这些证明看似简单,但在实际操作中并不是一个简单问题。另外,在任何一个实在法背后都有一个能够制约它的高级法,下级法典则与高级法的关系也是证明对象。

(二) 以空间为单位的证明

在行政法教科书中,一般都会涉及到规范与空间的关系问题。一是从法律效力的角度出发论述行政法的空间效力,即我国行政法在中华人民共和国境内有效,不论我国境内的中国人,还是外国人都要受到我国行政法规范的约束。而我国的船舶、航空器等是地域空间的延伸,其在国外发生的事情也适用我国行政法。二是从行政法规范覆盖行政事态的角度出发论证行政法规范应当对我国空间内的行政事态予以覆盖,而不能有调控过程中的疏漏。三是从行政法规范在不同空间有同一效力的角度论述。例如,《中华人民共和国行政诉讼法》在我国的每一个地方具有同等效力。上列有关行政法与空间的关系都应当说是正确的,这也是对行政法与空间关系的质的分析。然而,行政法在实际的调控过程中,究竟与空间有怎样的具体关系形式,却并不像我们抽象出来的上列理论那么简单。其与空间存在着非常复杂的关系形式,而这种复杂的关系若从深层次分析,便能通过空间的状况证明行政法规范本身的合理性、实用性、合法性,等等。在这里还有一个问题应当引起注意,就是行政法与其他部门法相比,与空间的关系本身就要复杂很多,即法理学中法律与空间关系的原理大多不适宜于对行政法规范的解释,而这一问题我们并没有引起足够的重视。在其他部门法中,法律规范与空间的关系符合法理学的解释,因为法制统一原则可以合理地用于一部统一的刑事法律典则和民事法律典则之中,但无法用到众多的行政法律典则之中。事实上,《中华人民共和国立法法》在规定地方立法权时已经将法制统一原则做了例外处理,因为既然允许每一个地方(以省为单位或较大的市为单位)有自己的立法权,那么,真正意义上的法制统一就无法得到证实。地方事物的多样性和具体性决定了每一个地方立法都应当有自己的质的规定性,在各自的质的规定性中,法制统一原则是没有实际意义的。如果我们真的能够用法制统一原则将各地的立法予以统一的话,那么,地方立法也就不复存在了。这一关键性的问题我国行政法学界却基本上没有探讨,即我们本应建立一个法制统一原则例外的行政法理论,但我们由于受法理学法与空间关系的影响,我们基本上放弃了对这一理论进行体系上的构设。

行政法规范的空间证明就是通过社会事实中的空间及其划分对行政法的实在性作出评判。这个证明至少有下列两个进路。

第一,行政法规范空间覆盖的证明。空间是我们从地缘学上对一定领土的称谓,在这个称谓之下有诸多构成元素,如一个空间中的人文要素,民族、群体、个人以及相关的文化权利都是人文因素的构成部分。一个空间中的自然因素,土地、山林、滩涂、河流等都是自然因素的构成部分。同时,人文因素和自然因素之间的关系也是空间所要涉及的问题。行政法规范是否能够将所有空间内的因素都予以调整,即是否能够全面覆盖空间中的人文因素和自然因素以及二者之间的关系,这样的覆盖是行政法完备性的最为基本的标志。然而,我们仅从行政法学科中对规范进行研究便无法看到规范与空间诸要素的关系,因为在传统行政法学中,我们所能看到的只是已经制定出来的规范,而看不到未制定的规范。行政法分析学的对象是社会事实,其中当然包括一定空间中的人文因素和自然因素,通过对这些因素的分析便能得出行政法规范是否已经覆盖了相关事态的结论,进而对行政法实在作出证明。我国近代思想家曾经给立法者提出了制定法律时对空间相关因素的熟谙理由,"所谓'以法法之'者,其事大关世道人心,如纲常伦纪,教养大典,则为立法以为准焉。是下有所趋,庶不陷于僻矣。然其不陷于僻,而登于道者,必又教法兼行。如设书信馆,以通各省郡县市镇公文;设新闻馆,以收民心公议,及各省郡县货价低昂,事势常复,上览之,得以资治术;士览之,得以识变通;商农览之,得以通有无;昭法律、别善恶、励廉耻、表忠孝,皆借此以行其教也。教行则法著,法著则知恩,于以民相劝戒,才德日生,风俗日厚矣。此立法善而施法广,积时久而持法严,代有贤智以相维持,民自固结而不可解,天下永垂而不朽矣。然立法之人,必先经磨炼,洞悉天下性情,熟谙各国风教,大小上下,源委重轻,无不了然于胸中者,然后推而出之,乃能稳惬人情也。若恐其久而有差,更当留一律,以便随时损益小纪,彰明大纲也。盖律法者,无定而有定,有定而无定,如水之软,如铁之硬,实如人心之有定而无定,世事之无定而有定,此立法所以难也;此生弊所以易也。然则如何而后可以立法?盖之质,在乎大纲,一定不易;法之文,在乎小纪,每多銮还。故小人坏法,常窥小者无备,而掠为己有;常借大者之公,以护掩己私。然此又在奉法执法行法之人,有以主之,有以认真耳。至立法一则,阅下自可心领灵会,而法在其中矣。"①

第二,行政法规范空间平衡关系的证明。行政法中的一部分立法是中央立法,其所面对的是我国的所有空间。另一部分是地方立法,其所面对的是区域空间。行政法学科只能对上列两个部分行政法文件与全部空间与区域空间的关系进行解读,而无法分析或者证明。中央立法虽是全部区域调控的立法,但在空间覆盖和调控中仍有证明的必要,如一个中央立法在实施中是否达到了区域之间的平衡,如果有不平衡又能说明什么问题等。② 因为这些问题的结论都必然与行政法治进一步的发展相关。地方法覆盖的事态具有地方性,而不同地方的地方立法所涉及的行政事态究竟有多大的差距,作为一个统一的法治国家,地方立法之间的不平衡同样是法治的内容,同样决定行政法治的进程。这些问题通过行政法分析学的具体分析都必然在行政法理论和行政法治中产生一种新的导向,进而反映行政法分析学的法证实精髓。

(三) 以时间为单位的证明

有法学家曾经指出,立法者在立法中应当有意识地对时间因素加以利用。"从法律制定到生效这段时间越短,就越能达到法的目的。缩短两者的过渡时间可以使有意识或无意识抵制社会变迁的因素尽可能地减少到最小程度。事实上,在拟制一部法律时无疑应该考虑变革所需要的时间因素,这是一个至关重要的问题。埃文的论述不免太概括和简单化了。他的这种解释显得有点缺乏说服力。一般来说,现代立

---

① 洪仁玕著:《资政新篇》,《中国近代史资料选辑》,三联书店1954年版,第131页。
② 以行政案件的发案率为例,同是县级法院,东南沿海地区的发案率要比西部地区高出许多倍,这些问题会直接制约一国的法治进程。还如行政处罚法规定的罚款数额,不同地方就有不同的反映,也有不同的实际承受能力,这同样是法律实施中的一个重要问题,亦是制约法治进程的问题。

法规定的法律条文须在颁布后某一时间起开始生效(如《1970年同工同酬法》),或者用一项行政命令,或者通过具体细则条例来实行该法律(如《1970年消费者信用卡条例》)。上述做法的理由是:对复杂的工业或商业惯例实行一项改革,应给与充分的时间以便适应这种变化过程,这时法律才能更好地发挥促进功能,减少破坏性作用。从某种意义说,'时间'给我们提供了一种延宕的方法。对'时间'作出恰当安排的策略依赖于以下的一些因素:法律带来社会变迁的复杂程度及其范围;法律要求达到改变社会习俗和社会制度的深度;立法者的价值判断,即以此达到保证迅速的变革和减少破坏性因素这两方面的重要性。如同任何按时间分阶段改变政府行为一样,法律变革的这种突出的时间安排使人确信变革是被牢牢控制着的,立法政策是审慎和有远见的。这也使法律制定过程能够从实行立法程序中积累的经验里吸收有益的东西(包括执行机构,受法律管理的居民和那些利益受法律保护的实践)。"① 这个理论是立法的技术问题,但同样是不可以忽视的问题。除了立法与时间有关联以外,法律的其他方面都与时间因素有关。行政法规范的合理性证明,时间同样是一个证明单位,即我们用时间的概念可以评判行政法规范的状况。

第一,时间没有引起行政法规范变化的证明。时间是一个有序化的过程,其有一定的节点,哲学上时间既无始又无终的命题对于行政法之分析没有意义。但在行政法中,规范的制定和运行都可以将自己作为基本的分析单位。就一个国家的行政法体系而言,其应当因时间的变化而发生内容上的变化。笔者在《现代行政法的终结与后现代行政法的来临》一文中讨论过这个问题,即我们从时间上已经进入了后现

---

① [英]罗杰·科特威尔著:《法律社会学导论》,潘大松等译,华夏出版社1989年版,第67—71页。

代,但我们的行政法格局还处在现代。时代精神的后现代与行政法格局的现代性的反差必然会降低行政法规范的规制力。一个行政法典则亦是这样,随着时间的变化其也应当有所变化。我国在此方面总体上讲是比较迟钝的。以我国行政诉讼法为例,已有20多年的历史,而在20多年以前我国还处在计划经济年代,国家权力行使的基本模式是政府的全面干预,行政法的本土格局与其全球化在20年之前与当代的反差是巨大的。然而,迄今为止,我们的行政诉讼法并不因为时间的变化而做出相应修改。时间的变化是否一定要引起行政法的变化,这在总的命题上是成立的,即行政法必须随着时间的变化而变化,我们通过对时间的分析,证明行政法规范原来内容的不合理性,进一步为变化提供依据。一个单一的行政法典则和一个具体的制度设计也许并不会因为时间的变化而发生相应变化,它的变与不变仍然有赖于从时间的角度进行证明。维拉曼特研究政府职能在当代的发展以后指出:"近来有种倾向在不断发展,即民主政府开始把从前也许是'机密'的,因而不让人民知道的信息透露出去。像拉尔夫·奈特这样争取政治公开的斗士,已经越来越成功地争得了对这样一项原则的承认:即如果政府要使一件事保密,那它有举证责任,即说服法院认为这一保密事项在事实上是必需的。在美国现在只承认几种限定的保密事项,除此之外,公民都有权知道。就这样,官僚们企图为蒙蔽公众视线,不让其知道自己决定而设的许多障碍都撤除了,这种过程还在继续下去。"[①]如果不通过深入的分析,恐怕难以得出这样的结论。

第二,行政法规范以时间为转移的证明。行政法典则与时间的对应关系是一个非常深刻的哲理层面的问题。一方面,时间的变化应当

---

① [澳]维拉曼特著:《法律导引》,张智仁、周伟文译,上海人民出版社2003年版,第406页。

引起规范的变化,或者说时间的变化必然会使规范发生变化;另一方面,有些行政法规范在一定时间段内,甚至可以说在相当长的一段时间段内应当保持它的稳定性,这也是一个正当的结论。用这个理论分析我国行政法状况,在笔者看来同样存在问题,因为我国有一些行政法规范的变化过快,常常超过了时间本身的承受力,即我国行政法规范变化的速率在一些方面大于时间本身的进程。笔者认为,我国规范政府行政权力的行政法在变化的总体格局上滞后于时间的变化,行政诉讼法、国家赔偿法的长期不修改就是例证。政府组织法前后虽有四次修改,但每一次的修改都没有触动行政体制和固有的权力分配模式。与规范政府权力的行政法规范相比,行政管理法的变化则快于时间的变化,包括这类行政法理念的变化、立法数量的变化,等等。当然,笔者的这一结论只是对我国行政法与时间关系的初步分析,其中一些具体内容还需要通过行政法分析技术作进一步的研究。

三、法实现精髓

(一) 行政法中的法实施与法实现

法的实现问题在法学理论中是一个较为生僻的问题,笔者注意到一些法理学教科书中有探讨法实现者,通常有法实施的概念、法遵守的概念、法服从的概念、法信仰的概念,等等。这些概念通常接近于行政法实现的概念,但是,它们还不能以法实现之概念而论之。法实现无疑是法治范畴的东西,即是说行政法的实现是行政法治范畴的东西。在行政法问题的研究中如何对待这一问题并无人给出一个答案,而在笔者看来,行政法实现作为行政法治问题只是视角之一。换言之,如果我们换一个视角,行政法的实现则是一个高难度的行政法哲学问题。行政法分析学在分析过程中难以逾越这个问题,当然,在行政法分析学中,对法实现的分析还达不到行政法哲学层面,只是从相对实证的状态证明一国行政法规范的实现程度。行政法分析学的结果之一便是提供一个国家行政法在其对社会的控制中是否最终得到了实现,而这个问题通过行政法学科是无法完成的,行政法学科通常也没有必要上升到这个层面去研究。行政法的实现乃至于遵守是其研究的最高境界。从这个意义上讲,行政法实现是行政法分析学的精髓之一。

行政法的实施是指行政法的适用主体将行政法的规定与相关的行政案件予以结合的行为。在一些教科书中行政法的实施也被称之为行政法的适用。其实行政法的实施与行政法的适用还是有一些微妙区别的,行政法实施是行政法制度范畴的东西,是特定行政法主体将行政法规范用来进行社会控制的过程,它的立足点在社会控制上。而行政法的适用则是指行政法主体将规范与案件事实予以结合的法律判断过程,其侧重点在法律判断方面。黑格尔对法的适用作了这样一个解释:"法律的纯粹实定性主要就在于把普遍物不仅对准特殊物,而且对准个别事物予以直接适用。对于犯了某一种罪的人,应否仗四十或四十减一,应否科罚金五元或四元二角三分,等等,应否处有期徒刑一年或三百六十四天,等等,又或一年零一天、二天、三天,究竟怎样才算公正,这就无法作出合理的规定,也无从适用湍源于概念的规定性来决定。可是多仗或少仗一下,多罚或少罚一元或一分,多判或少判一周或一日的徒刑,等等,就是不公正了。理性本身承认,偶然性、矛盾和假象各有自己的诚然是局限的领域和权力,于是并不企图把这些矛盾搞得平平正正。这里仅仅存在着实际适用的问题,即反正要作出规定的裁决,不论用什么方法(只要在界限之内)都行。作这种裁决属于形式的自我确信抽象的主观性,这种主观性可以完全坚持在上述界限以内予以解决,并为了确定而确定下来,不然,就坚持这是一个整数这样一种决定理由,或四十减一这一数字定可能包含的理由。"① 由此可见,法律适用的概念是法运用中的技术问题,其主要针对适用者对法律价值的判定。行政法的适用同样是这样一个问题。行政法实施不是一个技术问题,而是行政法主体的法律行为问题,更多的是制度范畴的东西。在法理学中,法律实施的概念是:"法律规范所确认的足以引起法律关系产生、变更和消灭的情况。"②

我们将法律实施与法律适用概念澄清以后,就应当转入对行政法实现概念的探讨。所谓行政法的实现是指行政法在其对社会事实规制中其规则和价值都已经社会化的过程,而这种社会化不单单体现于社会控制之中,最为重要的体现于社会心理机制的认同、接受和信奉之中。这是笔者对行政法实现所下的一个定义。这个定义可作进一步的解读。

一则,行政法的实现是对客观行政法与主观行政法关系的描述。主观行政法与客观行政法的区分在诸多行政法教科书中都出现过,③ 不同的学者对二者有不同的理解。当然,主观行政法与客观行政法之划分本身就是一个仁者见仁、智者见智的学术问题。笔者所指的客观行政法就是指存在于国家实在法之中的规范文本及其相关规则。主观行政法则是指存在于人们意识之中的行政法规范。这个区分虽然有些抽象,但是,在行政法实在中确实有主观方面和客观方面的区分。在行政法实施中,客观行政法可能被付诸实施,但主观行政法则不一定被付

---

① [德]黑格尔著:《法哲学原理》,范扬等译,商务印书馆1982年版,第222—224页。
② 《中国大百科全书》法学卷,中国大百科全书出版社1984年版,第102页。
③ 参见[德]汉斯·J.沃尔夫等著:《行政法》,高家伟译,商务印书馆2002年版,第191—374页。

诸实施。因为,行政法中的权利与义务履行有一个自愿与非自愿的问题,当行政法中的权利与义务被客观行政法所认同并得到了执行,我们便可以用实施的概念描述这一行为。反之,当行政法中的权利与义务同时在主观和客观方面都得到了执行,我们便可以用实现的概念予以描述。

二则,行政法的实现所反映的是一种社会心理价值。法律对社会的控制有行为控制和心理控制两个方面。在行政法学界,人们大多关注行政法对行为的控制,而不大去关注行政法对心理的控制。行政法实现的最高标准是社会主体的广泛认同,这种认同实质上是一种心理机制。进一步讲,当行政法规范达到对行为的控制时,我们便可以说这个行政法规范被实施了,此时,我们还不能说这个行政法规范得到了实现。反之,当行政法规范在对行为控制的同时,也控制了介入主体的心理,我们便可以说这个行政法规范得到了实现。而学界关于行政法问题的研究则常常不能深入到这种心理机制中去,这可能是各国行政法学研究存在的普遍问题,美国法律现实主义者就对法律理想主义者作出过这样的批评:"人们用不着在观念上转向怀疑态度就能发现,法律人对行政过程的传统讨论并没有什么启迪作用。例如,由普通法律论述唤起的对规范内容的关注就很容易让人怀疑,这种怀疑要比相关辞令所揭示的内容更加丰富。诸如,具有'开放结构'的理性或公平等术语怎么能够建构或约束行政行为?在策略性包装的情况下,尤其是当运用这些观念必须彼此'平衡'时,难道还有什么过程不能被说成是促进了行政法规范领域中某个或全部的观念吗?当然,这只是被作为安慰性意识形态的法律,而非作为能够得出控制行政行为的决定性过程的一套概念性工具的法律。人们用不着详细考察制度行为就可以怀疑,关于行政过程的规范性论述就实现其推定的政治或法律控制任务而言是不充分的。因而,无论其规范性假设有多复杂,行政法学术似乎都表现出某种天真性。在推进其解释性工作时,行政法学术往往会忽视它的概念是如何产生、建构与维持的这些行为问题。它未能提出这样的棘手问题,即它在意识形态方面的主张是否以某种方式与官僚治理的现实相关。"①

(二)行政法学中法实现分析的滞后

我国行政法学研究中,行政法实现的分析较之于行政法实施、行政法适用的分析要落后很多。造成这种现象的原因在于我国行政法学科中规范研究的总体格局。规范研究中法的社会心理机制是被排除出去的,与之相关的社会事实根本就不在我国行政法学科的视野之中。行政法实现分析滞后的表现可作出下列分析。第一,行政法学理论中基本上没有实现之概念。整个行政法学科的构建都没有将实现作为一个理论范畴或实践范畴确定下来。② 第二,没有分析行政法精神的实现与否。行政法的精神是指隐藏于行政法规范体系中的内在力量,它是行政法及其体系的精神实质,而不是单个的行政法规范。法律典则的具体内容与其精神在有些情况下是一致的,而在另一些情况下则是不一致的。进而言之,不是一国所有的行政法规范都能够与一国行政法之精神保持同步。再者,行政法典则的实现与行政法精神的实现也不是同一范畴的东西。那么,我国行政法精神究竟是什么,行政法精神是否在行政法的实施中同时得到了实现,这样的问题我们同样没有太多

---

① [美]杰里·马肖著:《贪婪、混沌和治理》,宋功德译,商务印书馆2009年版,第171—172页。
② 近年来,情况已经有所好转,一些学者开始关注行政法的实现或者行政法中某个范畴问题的实现,笔者就曾撰文探讨过行政法基本原则的实现问题。参见关保英撰:《行政法基本原则的实现初探》,载《时代法学》2006年第5期。

的分析。① 第三,没有分析行政法规范的社会预期。行政法规范的社会预期是指社会公众所预想的从行政法规范中获得益处的心理企求。行政法典则无论用何种立法程序其最终都形成于一国的政治机制之内,尤其形成于国家政权体系之内。② 因此,行政法典则中的预期基本上都是立法主体的预期和行政系统的预期,至少在制定阶段是如此。一旦行政法规范被公布以后,社会公众便有了预期,即其开始思考能够从行政法规范中获取什么。这种预期是一种典型的二次预期,就是说,是在行政法规范形成以后的预期。对于这样的预期进行分析是必要的。因为,它直接决定行政法的实施和实现,在我国行政法学科中这一分析同样没有被广泛运用。

(三) 行政法分析中的法实现指标

行政法实现与否通过行政法分析学的分析便能够得出一些结论,

---

① 我国行政法的精神的具体内涵究竟是什么,在行政法学界颇有探讨,但尚未构成体系、达成共识。笔者认为,行政法的精神应当与行政法治的精神实质联系在一起。关于法治之精神实质在国外有比较经典的表述,"法治包含有这种条件:假如任何种类的行为是应受法律制裁的,无论其出于何人,他总是应该受这样的制裁的。换句话说,国家所设立的制度,必须是不容例外或豁免的。譬如说,一人私人的铁路公司如因其职员的疏忽而对我有所损害,我便能向法律求得赔偿;那么,按法治原则,如果政府(或国家)因他自己官吏的过失而对我加有同样的损害,我就应该同样的能控诉政府。换句话说,国家本身在同一的情形下——就是她以法律的责任加诸他人的身上时所有的情形——也必须有她的法律的责任;并且这种责任,我们将来可以证明,丝毫没有与主张事实的主权学说不相符合之处。"参见[美]马季佛著:《现代的国家》,胡道维译,商务印书馆1937年版,第245页。将法治与自由之实现相等同的确是一个关于法治的非常好的说解。戴雪也认为法治是对权力及其滥用的治理,这一理念我国行政法学界已经接受,但法治与实现公民自由的统一性在我国却鲜有人提到。从我国宪法关于公民有那么多平等权和自由权的角度分析,行政法治与保持公民自由是一个事物。这也可以帮助我们理解我国行政法之精神。

② 西方国家采用的直接立法可能是一种例外,所谓直接立法就是"力主用公民投票来制止贪污或轻率的立法,制止不利于人民利益的立法。"参见[美]梅里亚姆著:《美国政治思想》,朱曾汶译,商务印书馆1984年版,第74页。可见,直接立法中,主体没有通过国家政权体系这种转换方式,而直接就是社会公众。

这是行政法分析学与行政法其他学科的最大区别。也许,在行政法分析中,人们不会去针对行政法的实现进行专门分析,但是,其他范畴的分析结论便会得出行政法实现与否的结论。基于此,我们可以说行政法分析学中的法实现只是行政法分析学的精髓,而不是行政法分析学的具体内容。这个精髓可以通过下列方面予以证明,我们将这些方面称之为行政法分析学中法实现的指标。

第一,行政法的社会安定性。行政法内容的实施与行政法的社会安定不是一个同步的东西,即在行政法被实施的情况下,不能够说行政法同时也塑造了一个安定的社会氛围。在行政法治实践中,有些行政法内容的实施同时带来了社会的安定,有些行政法规范的实施不但没有带来社会安定,反而造成了下一步的社会混乱,有的行政法规范的实施,没有在当下造成社会混乱,但却为社会今后的不安定埋下了隐患。行政法典则有消极与积极之分,有学者将其称之为积极行政法与消极行政法。[①] 所谓积极行政法是指能够促进社会发展的那些行政法,后者则是指仅仅在于维护社会秩序而没有去促进社会发展的那些行政法。一些台湾学者将治安管理之类的行政法都归到消极行政法之中,而将税收征收和社会救助的行政法归到积极的行政法之中。积极行政法与政府积极的作为有关,它的实施就具有明显的两面性,一面是造成社会的安定,另一面则可能制造下一步的社会混乱。以税收征收行政法为例,行政主体通过国家强制力向行政相对人征收税费,其有力地维护了税收征收秩序,但同时可能暗含着纳税人的不满情绪。我国在前些年对农业税就做了一定程度的调整,这个调整是在行政法的范围内进行的,调整之原因在于前些年对农民的税收征收虽然带来了财政上的好处,但同时增加了农村社会秩序中的负面效应。未实现之法就

[①] 张载宇著:《行政法要论》,台北汉林出版社 1977 年版,第 46 页。

是不安定之法,反过来说,不安定的也就是没有得到实现之法。行政法的社会安定性作为法实现的一个指标对于一国之法治具有非常重要的意义,我国的一些行政法,尤其一些地方立法本身就是一个不能创造社会安定性之法,这样的法律只有通过行政法分析学才能被清理出来。

第二,行政法的心理安定性。法的心理安定性是就公众对法的接受和服从的状态而言的。在不同的民族传统和民族文化中,法的心理安定性的表现有所不同,造成法的心理安定性与否的社会驱动力也不同。康马杰在《美国精神》一书中对美国公众的法律心理做了评价:"对法律的尊重以种种鲜明的方式显示出来。这种尊重表现为这样一种趋势,即在制定政策时以宪法上的考虑取代政治上的考虑——采用法学词汇来讨论一切问题,运用法律的技术细节来限定一切问题,并根据抽象的法治标准而不是根据明智的或有利的实用主义标准来判断议会的立法。对法律的尊重要求着重研究判例。根据对法律的确信比执行司法程序更重要的原则,遵守判例论是站得住的,然而即使在英国也不像在美国这样认真研究判例和这样频繁引证判例,而且即使在成文法的领域里,虽然从未正式接受过遵守判例的理论,但最开明的法官也感到自己受到以往判决的约束而不得不作出违反本人理性的表决。对法律的尊重证明,对庞德曾经称之为司法成规的那套做法采取宽容态度是正确的;庞德的司法成规系指延期审判、执行法律的技术细节、遵守礼节和仪式、保守诉讼程序的秘密以及重视案卷。对法律的尊重有助于说明几乎是目无法纪的人对立法工作的强烈爱好:只有深信在法律条文中可以找到解决一切问题的办法的人才会制定那么多的法律;要是说美国人指望实施他们的法律条文没有超过指望履行他们的宗教信仰,那么,他们获悉在法令全书上载有这些法律条文却如同获悉教堂在每个星期天开放一样感到安慰。"①这说明,在美国法律的心理安定并不成为法治实现的难题。毫无疑问,美国社会公众与我国公众在诸多方面存在差异,公众对法的心理安定可能要比美国复杂得多。这其中的深层次原因我们无法分析,但是,包括宪法在内的我国所有部门法,其秩序的安定与心理的安定是存在巨大反差的。这其中的原因若从辩证的角度分析可能存在于两个方面:一个是法本身的问题,即我国法律本身存在的瑕疵。二是社会公众对法的总的态度。在这两个原因中,前者是决定因素。行政法分析学由于重在法之社会事实,因此,对社会安定性的分析不存在任何障碍。

第三,行政法的长效安定性。行政法在静态上作为法群的现象,我们给予了充分注意,甚至将其作为行政法的一个基本特征写进了教科书。然而,行政法在动态上的多变性我们却没有给予注意。在笔者看来,行政法动态上的多变性与其静态上的法群性一样,也是一个基本特征。所谓动态上的多变性是指行政法的典则体系是多变的,在一个法圈之内规范之进与出的频率是最快的,在这一点上,行政法甚至已经超出了人们对法之稳定性原理之外。即是说,一般法律具有稳定性之特征的原理对于行政法是没有解释价值的。多变性反倒是行政法的一个基本特征。那么,我们是否能够说,行政法的多变性决定了行政法并不需要有其长效性,有其长效的安定性呢?回答是否定的。行政法在构型社会秩序的问题上与其他法律是没有区别的,而作为社会秩序所需要的便是长效性。行政法典则对一时一事的规制并达到安定是一个很直观的东西,对此也不需要去论证和研究。然而,多变的典则体系还必须对未来之行政事态有所作用,预期的时间越长,其长效的安定性也就越明显。一个典则只有一时一地的安定性就不能够视为已经实现或者

---

① [美]H. S. 康马杰著:《美国精神》,南木等译,光明日报出版社1988年版,第532页。

已经完全实现。

(四) 行政法分析学中法实现的价值

行政法分析学中的法实现是通过行政法分析对法实现状况的评估与证明,最高状态是对法实现的证明。这样的法实现证明具有非常重要的法治价值。质而言之,行政法在其调控中如果真正能够达到法实现的状态,它将能够证明行政法实在有下列方面的价值。

第一,理性法证明的价值。阿奎那在很早就探讨了法与理性的关系:"法是人们赖以导致某些行动和不作其他一些行动的行动准则或尺度。'法'这个名词[在语源上]由'约束'一词而来因为人们受法的约束而不得不采取某种行径。但人类行动的准则和尺度是理性,因为理性是人类行动的第一原理;这一点根据我们在别处的阐述可以看得很清楚。正是理性在指导着行动以达到它的适当的目的;而按照亚里士多德的说法,这就是一切活动的第一原理。像我们已经指出的,理性有从意志发展到行动的能力;因为理性可以依靠某种目的之被希求这一事实,指挥一切必要的力量去达到那个目的。可是,如果意志要想具有法的权能,它就必须在理性发号施令时受理性的节制。正是在这个意义上,我们应当理解所谓君主的意志具有法的力量这句话的真实含义在其他的意义上,君主的意志成为一种祸言而不是法。"[①]显然,法是理性的体现,其与理性应当是一致的。这个命题的对立面则是法律中的非理性或者非理性的法。行政法中的理性与非理性应当较之于其他部门法来得更为有效。非理性的行政法在行政法典则体系中的存在是不可避免的,这既与行政法自身的特点有关,又与人们对行政法事态认知的

---

① [意]阿奎那著:《阿奎那政治著作选》,马清槐译,商务印书馆1963年版,第104—106页。

程度有关。在行政法实施中,只有被实施和被适用的行政法,而没有被实现的行政法,那么,这样的行政法就必然是非理性的。因为,它在社会认同、与自然之关系以及其他方面都遇到了障碍,这其中行政法分析学的证明力是毋庸置疑的。

第二,良性法证明的价值。亚里士多德指出:"我们应该注意到邦国虽然有良法,要是人民不能全部遵循,仍然不能实现法治。法治应包含两重意义:已成立的法律获得普遍的服从,而大家所服从的法律又应该本身是制定得良好的法律。人民可以服从良法也可以服从恶法。就服从良法而言,还得分别为两类:或乐于服从最好而又可能订立的法律,或宁愿服从绝对良好的法律。"①这是有关良法与恶法理论的最早论述,后来一些西方学者从不同角度探讨了良法与恶法的问题。这个问题可以推论出诸多重大法学理论问题,如法的合法性问题、法的正义性问题、法的利益权衡问题,等等。无论如何,良法与恶法的理论不仅仅是理论问题,在一国法律制度之中不是所有的法律都可以归入到良法之中。良法与恶法可能有一系列的测评标准,但在笔者看来,还是要回到法的原初理论中来。即我们可以说某个法律与事物之本质相悖就是恶法,还可以说,某个法律若与道德准则相悖就是一个恶法,还可以说,某个法律只代表了少数社会群体的利益就是一个恶法,等等。在行政法中,恶法与良法之区分同样是行政法中的基本问题,尤其是行政法分析学需要解决的问题。未实现、难以实现、不能实现的法通过分析可予以发现,同时,这样的法亦可被划入恶法之中。实质之非为良法,这可以说是我们用行政法分析学得出的一个正确结论。

---

① [古希腊]亚里士多德著:《政治学》,吴寿彭译,商务印书馆1983年版,第199页。

第九章 行政法分析学的构成

在本书第六章我们已经将行政法分析学既作为一门学科看待,又作为一门科学看待。行政法分析学作为学科不会有什么争论,但其作为科学就不一定被普遍认同。原因在于人们将对社会问题的研究与对自然问题的研究常常予以区分,似乎科学仅限于自然问题的研究。同时,作为一门科学必须具备若干要件,如果没有相应的要件,或者要件不充分亦不可以归入科学的范畴之中。为了澄清这个问题,笔者有必要先揭示科学所固有的一般特征。在科学家看来,科学的特征可概括为下列方面。

第一,客观性。科学的源起在于对形而上学、神学等的否定,这些被否定的学科都应当说是主观的。而且在科学概念形成之前,这些带有极大主观色彩的学科是成体系的,有一整套理论和方法使其所带有的主观性的惯性一直到晚近还有很大的影响力。例如,爱因斯坦在给科学下定义时就指出:"相信有一个离开知觉主体而独立的外在世界,是一切自然科学的基础。"[①]依这个认识,自然科学的研究也具有很大的主观成分。而在现代科学研究中,人们逐渐否认了科学的主观性,而将客观性作为科学的基本特征。对于科学之客观性应当这样理解,即科学的功能在于认识客观世界,对于客观的存在物作一合理分析,这样自然世界和人类世界的定在就是它存在的基础,也是它发生作用的

---

① 《自然辩证法百科全书》,中国大百科全书出版社1995年版,第293页。

对象。

第二,体系性。人们对于自然问题和社会问题的个别研究还不能被上升为科学。正如我们在行政法学科中有个别分析,但这样的个别分析还不能称之为行政法分析学一样。科学是系统化的知识,即只有当某一研究成为体系以后,具有较大的系统性和规范性以后才能称之为科学,这是科学的第二个特性。

第三,精确性。在自然科学研究中,精确性是一个公认的特性,而在社会科学研究中是否要讲精确性却一直存在争论,造成这种争论的原因是由社会现象的多元性和复杂性决定的,例如,一个社会问题从两个对立的角度进行解释,这两种解释可能都能够成立。这在自然科学中是不可能的。笔者认为,科学研究作为对事物规律性的分析,不论用什么样的眼光观察,科学的范式都应当强调它的精确性。所谓精确性是指尽可能用定量分析的方法进行,同一问题不可能有两个以上的解释方法。

第四,开放性。"积极寻求新的答案和结果,探索新的发现是科学认识的一个显著特点。科学是以社会实践为基础的对客观世界的正确反映,社会实践是不断向前发展的,客观世界处于不断发展和变化的状态之中。因此,任何科学都不是处于静态之中,而是处于动态变化中。科学认识不是封闭的系统,而是不断发展完善的开放体系。科学不间断地、无止境地发展,表现为任何一代科学家都为补充、深化和发展前人的认识作出贡献,同时为后继人创造条件。"[①]这一关于科学属性的表述是非常有意义的,即在科学研究中既不能封闭,又不能固步自封,要不断探究新的问题,形成新的范式并得出新的结论。

第五,预见性。科学研究不仅仅在于解释客观现象,当然,解释是

[①] 《自然辩证法百科全书》,中国大百科全书出版社1995年版,第265页。

其功能之一,但不是惟一或重要功能。通过科学研究为人们未来的行动提供依据,为未来的决策提供参考方案,这就要求科学研究对未来之事应当有所预见。

科学研究的上列五个方面的特性与行政法分析学非常吻合,即在行政法学分析学中,我们将以客观性、体系性、精确性、开放性、预见性为特征,而这些特征又很好地与行政法传统学科作了界分。本章将从科学概念的这些基本特征出发,揭示行政法分析学的科学构成,从另一角度讲是学科的构成。但是,在这些构成的分析中,严格地按照科学概念的构成展开,在本书第一章等章节中就说到,科学概念包括主体、作用对象、方式、知识后果等部分,本章的分析也以此为线索。

一、主体构成

(一) 立法系统的行政法分析主体

行政法分析学的主体是指对行政法现象及其事实进行分析的研究个人和研究单位。这是行政法分析学的第一构成要件,该构成要件与科学概念中的研究主体相同。一则,行政法分析学的主体是由分析中的个人和组织两部分构成的。作为个人既可以是从事行政法学研究的专职研究人员,也可以是在立法机构或行政系统工作的人员。而作为组织则既可以是学术研究机构,也可以是从事立法或执法的工作机构。由于行政法是一个法律实在问题,分析的最主要的目的是对立法有所预见,因此,作为机构的分析单位主要应当存在于立法机构之中。二则,行政法分析学的主体在分析中是一种能动的分析行为,尤其在国家机构的分析单位以外的个人和组织。其运用自己的知识结构能动地对行政法问题进行分析。当然,设置于立法机构体系之内的分析主体,其行为则可能带有职务性,行为的职务性并不否认行为主体分析过程中的能动性。三则,行政法分析主体是行政法分析学构成要件中的核心,没有这个要件,行政法分析学的概念就不复存在,或者说,没有这一要件行政法分析过程就无从展开。如果一个国家的政权体系或其中的立法体系接受了行政法分析学这一学科,接受了行政法分析学的方法,便可以在正式的机构体系之内设立分析机构。还可以对存在于政权体系之外的分析主体予以承认。由此可见,行政法的分析主体可能存在于两个领域之中,一是学术领域的分析主体,包括学者和科研机构。二是实务领域的分析主体,包括设立在政府内部的研究机构和人员。这一点与行政法学科的学术主体形成较大差别。因为,在行政法学科中的研究主体专指学者和学术机构。

所谓立法系统的行政法分析主体是指设立在一国立法系统内的专职行政分析机构或人员。卢梭指出:"使一个国家的体制真正得以巩固而持久的,就在于人们能够这样来因事制宜,以至于自然关系与法律在每一点上总是协调一致,并且可以这样说,法律只不过是在保障着、伴随着和矫正着自然关系而已。但是,除过立法者在目标上犯了错误,他所采取的原则不同于由事物的本性所产生的原则,以至于一个趋向于奴役而另一个则趋向于自由,一个趋向于财富而另一个则趋向于人口,一个趋向于和平而另一个则趋向于征服;那么,我们便可以看到法律会不知不觉地削弱,体制便会改变,而国家便会不断地动荡,终于不是毁灭便是变质;于是不可战胜的自然便又恢复了它的统治。"[①]这个论断表明,法律在制定之前,即在前规范阶段就应当有一定的分析,就应当通过对相关社会事实确认以后形成典则。不言而喻,笔者在此处所讲的分析主体是对行政法制定以后的后规范进行分析的机构,不是对前

---

① [法]卢梭著:《社会契约论》,何兆武译,商务印书馆1982年版,第71—72页。

规范进行分析的机构。前规范的分析是立法行为的构成部分,而后规范的分析则是法实施和法实现的分析。前规范分析的机构在我国的立法系统以及行政系统中都是存在的,例如设立在全国人民代表大会的法律委员会,其专门研究前规范状态,并通过前规范的研究为今后的立法提供决策依据。行政系统的政府法制办是专门研究行政法典则在前规范中的情形,同时提供行政法规或者政府规章的立法建议。这种前规范的分析机构其职能是非常明确的,正如克拉勃所说:"随着法规的增加发生了如下的观念:立法是主权者的行为的'基础',而不只是主权者的天然权能的一种限制。这个观念发生后,主权者丧失了他的独立的一部分,因为他把立法看作一种帮助,因此他的主权者的性质已经丧失了。这个观念在所谓'法治国家'内完全实现。他在逻辑上含有这种意义:民众议会的合作是一个必要的条件,没有这个条件,主权者的意志不能够取得法规的性质。所以,照这个样子,立法这个名词,在决定民众议会的资格时,得到一个'实质的'意义。在把立法权委托于国王和民众议会的时候,不再想指派参与各种法律的机关,但是想指派一定的职务,即制定法律的职务。因此很明白,民众议会充作'法律的来源';至于主权者,在他保留一部分立法权的地方,也取得'法律机关'的性质,并且只在论及这个职务的时候才能认作主权者。"[①]这个机构的职责"即制定法律的职务"。我国有关法律典则对设立在立法机关的此类机构的职责和行政系统中此类机构的职责都有明文规定。与之不同,设立在立法机关的行政法分析主体,其职能一方面在于对行政法事实进行分析,另一方面对规范与事实的关系进行分析。作为后规范的分析,其所进行的分析过程既受立法思维的制约,又受行政法事实之客观状态的制约。其分析的结论不是导向于立法而是导向于整个法治,

---

[①] [荷]克拉勃著:《近代国家观念》,王检译,商务印书馆1957年版,第20页。

包括存在于社会公众之中的法服从等。这个机构之所以要设立在立法机构之中,主要原因在于立法机构的职能具有综合性,正如古德诺所定位的,立法机构具有政治机构的性质,它们履行的职责中很大一部分是政治职责。作为一种政治职责其便能够很好地将立法、执法、司法等予以有机结合。[①] 行政法的造法主体是多元的,那么,是否在每一个行政法造法主体内部都设立一个这样的分析机构,在笔者看来是没有必要的,因为这样的机构即使设立也难以对行政法作出科学分析,这是由分析本身的中立性和这些机构的行政偏向性之反差决定的。由于我国长期以来在立法体系中没有设立这样的分析机构,就使得我们的立法系统只有制定法律这种单一职能,而没有对法律的社会过程,尤其行政法的社会过程进行全面把握和调控的职能。从这个角度讲,我国的行政法治在后规范阶段处于真空状态中。因此笔者主张首先应当在立法体系之内设立行政法的分析机构,那么,为什么要专门设立行政法的分析机构而不设立其他部门法的分析机构呢?笔者一方面没有反对设立其他部门法的分析机构;另一方面,行政法与其他部门法不论是在质的方面还是在量的方面都存在巨大差异,如果某一机构专门分析行政法并能得出很好的结论就已经了不起了。

(二)研究机构的行政法分析主体

我国的行政法学研究机构有下列类型:一是设立于高等院校之内的行政法教研室或学科组。这类机构身兼行政法的教学和研究两个职能。其中教研室主要面对本科教学,而学科组则面对硕士和博士教学。

[①] 20世纪初,美国政治思想家古德诺出版了一部小册子《政治与行政》,他看来,表达国家意志的行为属于立法行为,这是在法律范畴内来论之的。但如果将视野拓展一下,表达国家意志的行为属于政治的范畴,而执行国家意志的行为则属于行政的范畴。这个论点对后来公法学的研究起到了一定的积极作用。

这类机构的行政法学研究任务是其一部分职能。[①] 在目前格局下,其主要是一个教学单位而不是真正意义上的研究实体。加之,我国社会科学的研究多是个体行为,因此,此类机构即便对行政法中的规范问题进行有组织的研究都难以实现,因此,让他们承担行政法分析学的任务实为不可能。二是设立在社会科学院等社会科学研究机构的行政法研究所。这类机构中的一些有硕士和博士的教学任务,但主要是从事行政法学的研究。其作为群体常常承担一些行政法学研究课题。显然此类机构作为群体承担行政法分析学的研究任务要优于高等院校的教研室。这类机构同样受到社会科学研究中行为个体化的影响,作为群体对行政法进行分析仍有一定障碍。三是设立于民间的或者半官方半民间的行政法学会。这类学会与前两类机构不同,或者纯粹民间、或者半官方半民间,其既没有财政拨款,又没有严格的行政隶属关系。同时,这类研究机构有的是综合性的,如中国行政法学研究会、设立于一些省市的行政法学研究会、设立于一些高等院校的行政法学研究会。设立于高等院校的行政法学研究会名称各有不同,有的叫公法研究会或所,有的叫公共政策与行政法研究会或所,等等。这类研究组织在我国非常多,他们相对较为松散。通常情况下,也没有群体的研究任务,只是常以群体的名义承担一些科研项目。我国上述行政法学研究机构所研究的主要对象仍是前规范研究或者规范研究,至今看来尚无以后规范作为研究对象的专门机构。显然,我国当下的这些研究机构不论从其体制上看,还是从其研究的传统定向上看还难以承担起行政法分析学的任务。从体制上讲,它们要么隶属于我国教育行政机构或者高等院校,要么隶属于半官方的控制机构,这样便决定了其在体制上只对行政

---

① 就目前各高等院校的情况看,它们没有作为一个机构的硬性研究任务,但在承担一些科研项目上则是群体的。总的来讲,教研室的研究职能越来越差,尤其作为一个机构实体的研究职能基本上不存在。

法规范的静态方面负责,而不对行政法作为社会现象这一客观事实负责,其不可能合并规范研究而专门进行后规范研究。从研究传统上讲,他们面对的是行政法中的一个一个问题,承担的是一个一个课题,而这样的问题和课题都是由官方或半官方的机构设计好的,让其进行行政法分析学的研究显然不大可能。基于此,笔者认为,我国学者应当自发地成立行政法分析学的民间研究机构,或者官方若认识到这一研究的重要性,就应当设立专门的行政法分析学研究机构。这样的机构一方面必须从传统行政法研究机构中独立出来,在体制上形成一套新的机制,在研究的价值取向上形成以后规范为核心的新的价值取向。国外诸多学科的迅速发展都与相应的研究机构的有效工作分不开。法国资产阶级革命前夕的"百科全书派"以及 20 世纪在哲学领域出现的法兰克福学派和维也纳学派就使人类在某些方面的思想体系和认知方式发生了巨大变化。

(三) 研究个体的行政法分析主体

行政法学作为社会科学的一个分支,其研究的格局亦难以从社会科学研究格局中完全游离出去。社会科学研究的特性之一就是研究行为基本上都是个体行为。加之社会科学研究中大多不采用实验的方法,甚至资料的搜集也不如自然科学那么复杂。因此,一个研究个体在闭门造车的情况下常常能够提出非常超前的见解。行政法分析学也不能例外,其在研究过程中的基本力量亦应当是行为个体的行政法研究人员。有时,行为的个体化与这些个体形成的研究群具有一定的关联性,但这些研究群常常是在不自觉的情况下形成的,如格老秀斯对罗马法学家的概括:"罗马法各大师,约可分为三派:第一派之著作,散见于各法典中。第二派中如阿可色斯及巴头鲁斯等,均在伊尔纳雷亚斯之后,久占司法界重要位置;第三派中则多于法学之外,兼习文学。吾与第一派学者最表信仰,此派学者,每能以极充分之理由,证明何者应属于自然法;又尝对于自然法与国际法有所论列,但惜其界限不甚分明耳。例如谓某法为国际法,而不知其仅为数国间通行之法,或系彼此模仿,或系偶然符合,并非由于共同承认也。至于事之属于国际法者,则又误与罗马法相混,例如将捕获法及继承法并作一题,即其明证。第二派学者,置古史及神法于不顾,一意专从罗马法及教会规律中,求一解决君民间冲突之道。但不幸限于所处时代,不能对于法律,获一正确见解。至于审查法律及公平之性质,则又富有见地,故可称之为新法之创订者,而非旧法之疏释者。至今读其书者,对于构成现代国际法之习惯,尤不能不三致意也。第三派之领袖,专攻罗马法,从未涉及国际法或自然法,故对于本书理论,贡献甚少。此派学者,有烦琐派之狡狯,复济之以法律及教会规律之知识,其中如斯宾纳德及卡法鲁维亚暨法斯克亚斯二氏,未尝不于君民间之冲突,放言高论,言辞虽有精粗,而判断幸能正确。法儒首从历史研究法律,以布丹及何托门最负盛名。"①即每一个学者的研究都是个体行为,但研究主体行为的相似性和方法的相似性使他们能够形成为一定的流派。格老秀斯对研究个体和群体关系的这个描述,对于我们整合行政法分析学中研究个体这一研究力量有很大的指导意义。

第一,我们应当将行政法学者与行政法工作者予以适当区分。我国的行政法学研究机构中的个体(包括高等院校中的个体和专职研究所中的个体)从其职业看所从事的是行政法学研究工作,他们也常常被称之为学者。但是,在我国这类人群中的相当一部分所从事的是行政法工作而不是行政法学研究。行政法工作和行政法学研究是可以进行区分的。作为行政法工作其任务是对行政法规范进行具体整合和操

---

① [荷]格老秀斯著:《国际法典》,岑德彰译,商务印书馆1930年版,第28—30页。

作。在实务部门的执法者所从事的是操作工作,而在研究机构工作的学者则从事的是整合工作。行政法学界直接承担行政立法任务的情形在我国多之又多,而这些行政立法任务早就有政府事先设定好的价值走向,整个整合过程也在政府的主导下进行。学者们在这中间既难以有自己的价值判断,更难以将自己的价值判断注入到需要整合的行政法规范之中。长此以往,我国行政法中的一些或者比较多的一些学者根本没有对行政法问题的理性见解,他们不懂得行政法的前规范问题,更不懂得行政法的后规范问题,仅仅知道行政法的规范。这样,其在行政法的知识结构上与行政法执法者并无二致。加之,他们在立法系统和行政系统较长的工作或合作时间,在诸多方面染上了实际部门的一些习惯或习气,根本无法坐下来静思行政法问题。① 如果按照目前我国行政法学者个体的研究格局,行政法分析学要在我国迅速成长,的确有一定难度。基于此,笔者认为,我国行政法学研究人员应当从行政法工作中走出来,将这些工作还是留给立法者和执法者去做为好,学者们则认真思考一些问题,包括对行政法进行分析。

第二,应当尽快形成行政法分析学流派。行政法个体的同类研究

---

① 笔者曾经在《法学家茶座》上以随笔的形式谈到行政法学研究中乃至于整个法学研究中学者与学究的关系,笔者认为,行政法学研究的真正学究太少,"作为研究人员而言其自身学术人格的塑造是最重要的。要造就所谓学术人格实际上是少不了'学究'气的。学术人格塑造一方面要具有独立思考不受外界干扰的超然心理。只有当一个人从不同的角度对他所有的知识进行反复思考并借助于事实加以比较对照的方法而将他所了解的知识联系起来时,才能真正完全理解它从而发挥知识的作用。否则一个人对他所不了解的知识是绝不可能达到深思熟虑的程度的。而这种独立思考的能力又不是轻而易举能达到的,它需要极强的自律性和抗干扰性。学术人格塑造另一方面要具有超阶层、超社群性的非感情色彩。学术研究属纯粹的科学探索,来不得半点主观、虚伪和做作的成份。学人在研究中应仅受所面对事物本身的内在规定性的制约,如果研究人员带有的非理性的、感情的东西多了,必然不能站在比较公道的立场上来认识一个事物,从而无法深入探究其本质,也就必然缺乏学术人格。学术人格塑造第三方面要具有淡泊名利的自我价值人格,等等。"参见关保英撰:《"学者"与"学究"》,载《法学家茶座》,山东人民出版社2006年版,第11辑。

在具备一定规模后就形成了流派,而学术流派的无形功能远远超过了其有形功能。罗马法学家正是由于有三个不同的流派才导致其走向繁荣并对后世法学研究产生了巨大的影响。在国外的行政法学研究中,流派化现象是较为普遍的,笔者在《比较行政法学》一书中提到了行政法认识范式上的三大主要流派。一是"以德国行政法学为首的给付行政的认识范式",其基本特征是:"第二次世界大战以后,前联邦德国在其宪法中标榜要建立社会法制国家,而在社会法制国家的核心之下,行政已不单单以维护社会秩序为目标,而必须将提供社会服务作为目标,而且目标的范围要由秩序行政向给付行政转化。显然,给付行政所要求的行政能够在维护公共秩序方面扮演次要角色,主要应当在像电力、煤气、自来水、公路、城乡建设等社会福利和社会救助方面做文章。"[①]二是"以美国行政法学为首的程序行政的认识模式",该模式的精神是:"在大陆法系一般强调对行政进行实质上的约束,这个关于约束行政的实质主义既是一些大陆法系国家的法律实践,也是一些学者对行政法问题认识的范式。而英美法系则在20世纪初期提出了程序公正的行政法学认识理念,由于其后来理论上的体系化和对其他国家的影响并最终影响行政法学认识范式。"[②]三是"以法国行政法学为首的国家补偿的认识范式",该流派的思路大体上是以"国家补偿理论是国家责任理论的延伸和具体化。国家权力是社会公共权力,从这个前提出发,诸多学者并不认为国家有对自己行为及其行为后果负责的义务。即是说,国家在权力行使中有着广泛的强制权力和非强制权力,这些权力是一种不证自明的权力。国家认为需要行使这样的权力时,就可以根据政治实体所作出的事实判断决定权力的行使方式和程度,而任何这样

[①] 关保英著:《比较行政法学》,法律出版社2008版,第13页。
[②] 同上,第14页。

的选择对于国家而言都是天经地义的。而在补偿的认识范式看来,上面的说法是不能成立的。其认为国家与其说是一个政治实体,还不如说是一个法律实体,其在法律上具有人格。这样,对于国家而言在一定条件下是权利主体,而在另一条件下则是义务主体。若其在义务主体情形下所为之的行为就有法律上的责任,而且这个责任具有相对广泛性。"[1]正是这些不同流派使其行政法学先进于其他国家。我国使用传统行政法认识范式形成流派还不可能有新作为。换言之,我们如果能够沿着后规范研究的思路对行政法事实进行实证分析,并形成一道独特的研究风景线,那么,我国的行政法学亦必然会在世界上具有一席之地。

二、目的物构成

(一) 法与人

行政法分析学中的目的物与行政法分析学的主体是相互对应的,它所指的是行政法分析学的对象,即我们通常所说的客体。由于客体的概念在法学和行政法学中广泛运用,而且在这些学科中客体已经具有相对确定的涵义,为了将行政法学中的客体与行政法分析学中的分析对象区别开来,笔者便使用了目的物的概念。在科学研究中,主体与客体是不可以分开的,主体是一个能动的存在物,而客体则是一个被动的存在物。但是,无论什么样的东西一旦被称之为客体它就具有客观性,是一个不依赖于意识的东西而存在的客观实在。科学研究的客体如果与主体相对应以后其范围就相当广泛,无论是自然界还是人类社

---

[1] 关保英著:《比较行政法学》,法律出版社 2008 版,第 14—15 页。

会,无论是物质生活还是精神文化都可以作为客体,供主体予以分析。它是主体发生作用的目的物,在行政法分析学中这些目的物可以作出如下概括。

行政法分析学的客体不是单纯的行政法典则或行政法规范,在前面已经强调过,如果我们把典则或规范作为分析的目的物就是我们的研究又回归到了传统行政法学科之中。但是,当我们对行政法问题进行分析时必须以规范作为一种形式,而且这种形式从一开始就制约着我们的分析过程。正因为如此,对行政法分析学中目的物的确定必须与规范结合起来。例如,从行政法分析学中的目的物之一来看是人,但纯粹的人的分析可能就脱离了行政法所确定和关联的社会事实。行政法分析学的第一目的物是法与人,即以行政法规范为框定标准的人。人作为一个客观存在物具有两个属性,即自然属性和社会属性。所谓自然属性是指人是自然界的一个组成部分,其身体构造等都与自然界中存在的相应元素有关。社会属性则是指人是在与其他同类发生各种各样的关系中存在的,离开了其他人,人就不是一个完全的人。正如雅斯贝斯所言:"人是作为某种社会环境的组成部分而生活着的,他通过记忆和展望的纽带而与这种环境联系在一起。人并非作为孤立的单元而生存。"[①]人作为社会动物是我们对其进行分析的理论基础。人在不同的社会环境中就有不同的特性,包括其诉求、生存方式和习惯,等等。在行政法分析学中,人已经不只是一个社会人,而是一个法律人。我们说,人是一个法律人是说行政法典则和制度在很大的程度上决定了人的行为方式,例如,生活在城市里的人,一旦驾驶机动车辆,若在英联邦国家就会自然而然地向左行,若在其他国家则会自然而然地在右方位

---

① [德]卡尔·雅斯贝斯著:《时代的精神状况》,王德峰译,上海译文出版社1997年版,第35页。

行车。其习惯并不是生来就有的,而是在模仿和学习中获取的。人进行模仿和学习的前提既有知识方面的东西,但更为主要的是规则为其设计的东西。在这里还有一点也需要强调,人作为自然性的一面在行政法分析学中也并非完全没有意义,相反,在一定情况下自然属性是对其法律属性分析的依据。例如,当某一行政法规范违反人的本性时,那么,这个规范就没有与其事实依据相对应,这样的典则经过分析可以被视为瑕疵典则。这是我们对人分析的第一层次,就是将人的自然属性和社会属性结合起来。另一层次就是站在相对较高的层次分析人在社会中的组合方式。我们知道,法律理论中的人除了自然人以外,还有法人,这是自然人的一种特殊转换形态,那么,这种转换是否还在继续呢?他还将朝着什么样的方向发展都是我们进行分析的客体。在民法学中,法与人的分析在古罗马时就已经比较具体了,查士丁尼在《法学总论》中有这样一段论述:"但若铁提和塞伊双方约定以利益的 2/3 和损失的 1/3 分配与铁提,而以损失的 2/3 和利益的 1/3 分配于塞伊,这种约定应否认为有效,有人提出疑问。昆特·牟企·斯凯伏拉认为这种约定违反合伙的性质,因此不应认为有效。然而塞尔维·苏尔毕企的相反意见却占优势。他认为是有效的,因为某些合伙人的劳务往往如此可贵,以致应该使他们在合伙条件中获得较优越的待遇。毫无疑问可以组织这样的合伙,一方出资,他方不出资,而利益仍由双方共同取得,因为一方的劳务往往等于金钱。通行的意见与昆特·牟企·斯凯伏拉的意见如此背离,甚至人们承认,可以约定一方只分享利益而不分担损失,塞尔维·苏尔毕企就是一贯抱这种见解的。这必须理解为,如果一次业务获利,另一次亏损,应通盘计算,只将纯利益视为利益。"[1]行政法学著作中像这样的分析少之又少。当然,我们此处只

---

[1] [古罗马]查士丁尼著:《法学总论》,张企泰译,商务印书馆 1989 年版,第 180—182 页。

是指出行政法分析学中的客体之一是法与人,而不是对这个问题展开分析。

(二) 法与事

"事"在行政法分析学的客体中可以有下列涵义:一是指事实,就是发生于行政法过程中的客观事实,包括某种客观存在物,如行政法规范所涉及的标的物。例如,《中华人民共和国药品管理法》第10条规定:"除中药饮片的炮制外,药品必须按照国家药品标准和国务院药品监督管理部门批准的生产工艺进行生产,生产记录必须完整准确。药品生产企业改变影响药品质量的生产工艺的,必须报原批准部门审核批准。中药饮片必须按照国家药品标准炮制;国家药品标准没有规定的,必须按照省、自治区、直辖市人民政府药品监督管理部门制定的炮制规范炮制。省、自治区、直辖市人民政府药品监督管理部门制定的炮制规范应当报国务院药品监督管理部门备案。"该条牵涉到好几个事实,如药品是一个事实,药品产地又是一个事实。这样的事实在行政法学科之中不是研究的对象,但在行政法分析学中是一个分析单位。

二是事件。指人与人之间发生的具有权利和义务关系的案件或其他事件。这是最具有法律意义的,人们在法学理论中,尤其在行政法关系的理论中,总是尽可能将其与实在法予以区分,即所谓法律与事实的区别,或者法律问题与事实问题的区别。其实很多发生于行政法分析学中的事实,都不能离开法律典则而存在,一旦它们离开行政法典则就不再是行政法上的事实了。《牛津法律大辞典》将二者的关系作了这样的讨论:"法律与事实的区别常常出现在法律问题和分析法律案例中,但是系统阐述这种区别是很困难的。例如,法院时常需要对法律和事实问题分别作出裁决;上诉案件通常是针对法律的适用而不是针对事实认定问题的;法律错误与事实错误的区别时常被提出,如此等等。一般说来,法律问题涉及的是法律制度中某些规则的存在、正确阐述和正确适用等问题;而事实问题所涉及的则是某些通过感官、证据或据以进行的推理而可认知的事物的存在、性质和状况等问题。例如,通奸是否构成离婚的基础是一个法律问题;而在一个特定案件中通奸行为是否发生则是一个事实问题。被告人是否干了某些事是个事实问题;他们是否构成杀人罪则是一个法律问题。法律问题与事实问题的最主要的而且具有实际意义的区别是:法律问题是法院或法官在考虑从权威性的法律渊源中提出的规范,并听取了法庭辩论之后决定的;而事实问题则是由陪审团来决定的,如果没有陪审团,则由庭审法官根据许可并对证据进行充分考虑之后决定的。由此可以得出结论:凡是法院或法官有权决定的事项便是法律问题;凡是委托给陪审团(如果有的话)或由法院代替陪审团决定的事项,则是事实问题。这些区分,对于辩护、作证、区分审判职能以及上诉、判例和已判决的事项,都是十分重要的。但是,这种区分不能总是过于严格。因为有关的事实可能在一定程度上取决于有关的法律规则,而有关的法律规则又部分地取决于正在争论的事实。在许多情况下,事实问题和法律问题交混在一起。例如,要确定某甲是否犯了所指控的罪行,就取决于法律的规定和对犯罪的调查。如果犯罪事实已经证实,而且陪审团裁决某甲犯有该种罪行,则作出的裁决就属于对事实的认定和对法律的认定融为一体的情形。"[①]行政法分析中的事要比这一解释中的事要宽泛得多,即没有进入司法程序仅与行政法规范有关的事都是分析的客体。

三是指一种状况。此一范围的事并不一定与一定的权利与义务有

[①] [英]戴维·M.沃克著:《牛津法律大辞典》,北京社会与科技发展研究所译,光明日报出版社1988年版,第520页。

关,但它是行政法规范面临的一个状况,例如,在行政法制定以后,其规定的诸多内容在施行中便遇到了新的问题,①这些问题事实上也是我们所讲的事。行政法分析中规范与事的关系同样是分析中必须注意的,那些与规范无关的事不能够成为行政法分析的对象,因为这些事的一大部分不是行政法所涉及的。至于规范与事在什么情况下作为分析客体应当予以处理,则是需要进一步探讨的问题。奥托·迈耶在《德国行政法》一书中就有这样一个分析:"随之发展起来的是警察权(jus politiae),这是邦国主权最新和最有前途的部分。警察是良好秩序和普遍性福利的全部保障,这是邦君主在司法所能承担的任务之外所能做到的。这也是自然法观念最有成效之处。要划分出什么是警察以及警察权的内容越来越困难。毕竟,警察权是一种包括全部可能性的总称。如果帝国法院常常无法提供保护,那么它就用更严格地保证同样适用于所行使权力的另一界限的遵守,即不滥用权力。主权在这一点上尤其敏感,依据自然法的观点,主权终归还是完全为了普遍的最善而授予邦君主,邦君主只能是为此目的而行使主权,否则就是滥用主权和违法。同样地,如果邦君主不遵守运用主权的方式、所适用的程序、详细规定的过程,或表现出了不必要的强硬,总之,如果他没有做到一个好的当权者所应做的那样,那也是不允许的。如果出现了这些情况,帝国法院也针对主权提供有效的保护。"②在这个分析中,他并不急于得出什么的结论,只是将事实与法之关系提出来。我们知道,奥托·迈耶的行政法思想可归于行政法哲学领域,即其是对行政法进行的前规范

---

① 法律典则与社会发展之间的关系是值得认真研究的,尤其在我国诸多法律规范的制定往往受到一些外围因素的影响,很多法律规范的出台令人惊奇得快。法律典则对诸多关系的调整常常并没有经过深刻的论证,这样便形成了法律典则和社会事态之间的代际差。这种代际差应当成为部门法学研究的对象之一,但在我国行政法学界,这样的研究基本上没有成为学科体系的构成。

② [德]奥托·迈耶著:《德国行政法》,刘飞译,商务印书馆2002年版,第32页。

研究,在这样的前规范研究中,他注意到了行政法与事的关系并进而作出分析,这个分析同样是个别性的,但就其对分析方法的运用来看,其已经认识到,如果不分析行政法规范与事的关系,诸多行政法规范问题乃至于前规范问题就无法得到解决。

(三) 法与人及事

行政法分析中的人与事作为两个独立之物都是行政法分析中的实在,对它们的单独分析都是有价值的,其价值既可以通过审视典则而体现出来,还可以置之于社会过程中而得到证明。但是,人与事组合以后又可以作为另一个分析单位,这个分析单位不是人的实在与事的实在的简单相加,而是具有了新的价值。换句话说,将人与事的结合作为一个新的分析单位就成了行政法分析学的另一个客体。庞德指出:"权利的第三要素就是事实;事实有二类,即事变(event)与行为(acts)。法家所谓事变,系指意志外之遭逢;所谓系指由意志发生又为其所控制的事实。然则行为只是意志的表示。以行为作前事,至于干涉法律所承认的利益(人群、公家或私家的),因之侵害绝对义务,或与某项权力相对待的义务,斯时必有法律责任随至以构成此项行为的结果。劈头第一问题,即是:行为者究竟有能力负责否？以英美法律言,同是一人,设使其侵犯绝对义务,可被赦免;设其侵犯私人权利,必令负责。例如癫狂人侵犯他人的对一般人之权利,法律必罚其不法行为,但刑事罪可以不同。行为中又有所谓法律处理(legal transactions)者,其行为所得之法律责任只以意思为标准。倘使行为出于有意,而法律又承认其意思为有效,即有法律结果随缘而至。约言之,以意思为前事,行为亦可发生后效。法律处理用以创作权利,权力,或特权。只需行为者之能力为完全,其处理方式又合规则,法律必加承认,且将执行其意思。举例言之,可得数事:(1)权利的转让及过渡;(2)契约;(3)代理人的委托。以法律处理的能力与责任的能力，前者被法律所限制较后者为多。譬如，孩童长及七岁，可以负责任，其未成年者在十四岁以上二十一岁以下，除非有特别欠缺，必须负责此为责任的能力所受之限制，至于法律处理的能力则以成年者为限；其未成年者随自行法律处理亦属无效。"①其对权利概念的解释看似对法律关系的分析，其实它从较深层次揭示了法律中人与事的关系。在行政法分析客体中，人、事以及人与事的表现形式是非常复杂的，有些情况下，人是单独的，具有独立价值。另一些情况下，人附着于事，只有事的存在人才有意义。反之，在其他情况下，事是单独的，具有独立的分析价值。情况置换以后，事只有与人联系起来才有意义，事在此种情形中附着于人。在这个问题上我们一定不能以形而上学的态度，以为人无法与事分开，而事亦无法与人分开。行政法中人与事的关联关系是最为复杂的分析单位。我们知道，行政法学分析客体的选择并非无关紧要，在我国行政法学研究中就经常出现将客体定错的情形，在客体错误的前提下进行下一步的研究，所得出的结论必然是不正确的。我国的行政法学研究中有诸多问题本身就是伪问题，而伪问题的形成大多是由研究客体的错误所致。我们注意到，一些西方学者在行政法分析中，已经充分注意到了人与事的关系。"允许公众在程序中充当原告，对于先前的自我管制体制来说当然是一个进步，但在治安服务的提供中，公众并未被看作顾问、参与者或合作伙伴。无论如何安排，对个别投诉的处理必然导致对抗性场景。如果从根本上说要给予个案来考虑问题，就没有机制保证对此问题由多方面的制度性回应。一个例证是，戈德史密斯曾主张此种投诉机制不应被理解为'替代性的内部问责机制'，而应理解为'有助于建设回应性警察队伍'的信

---

① ［美］罗斯科·庞德著，《法律肄言》，《西方法律思想史资料选编》，雷沛鸿译，北京大学出版社1983年版，第713—714页。

息来源。尽管安大略公众投诉委员会可以提出必要的建议,但是很明显,将社区观念融入治安实践及对裁量权力的约束的更直接有效的机制应是进行某种形式的规则制定活动。在规则制定程序中,有机会满足'更一般性的问题,即社区与警察的预期能够相互调和而达成一致'。"[1]这其中包括两个具有特殊身份的人,即公众和社会,也包括两个特殊的事,即治安服务与问责。正是人与事的结合使这个分析客体能够引申出一系列深层次的行政法问题。还应强调,人作为分析客体,事作为分析客体都必须与行政法典则或规范结合起来,同样道理,在人与事结合以后的分析中亦不能离开行政法典则或者规范。当然,在现代社会中,人及事的关系非常复杂,同是一个人与事的分析客体却常常与诸多部门法的典则有关,即其可能同时与行政法、刑法、民法等部门法都有关联,这当然为行政法学的分析增添了难度。

(四) 法与其他硬件、软件

行政法究竟涉及到多少硬件,行政法学界并无人系统研究过。从孟德斯鸠《论法的精神》所提到的基本硬件中看,民族、土地、气候、习惯,等等似乎都是其构成部分。当然,民族因素和习惯因素放在文化这一软件之中分析也算合适。有学者关于宪法中的硬件作了下列概括:自然人本体、社会人本体、公民本体、自然组合本体、社会组合本体、规范设计组合本体、宪法的本土覆盖域、宪法中的壳体筑构、宪法规制中的品级定位、宪法中的资源配置。[2] 不争的事实是,行政法中的硬件多于其他部门法,我们以 2008 年制定的行政规章《中华人民共和国海关

---

[1] [新西]迈克尔·塔格特著:《行政法的范围》,金自宁译,中国人民大学出版社 2006 年版,第 306 页。

[2] 参见张淑芳著:《宪法运作的实证分析》,山东人民出版社 2005 年版,第 3—225 页。

出境运输工具舱单管理办法》为例,所涉及到的硬件有运输工具、货物、物品、船舶、航空器、铁路列车、公路车辆,等等。

笔者将在本书中第十二章讲解行政法分析学"作为功能的分析范畴",其中涉及到对行政法文化功能的分析,行政法分析学中的软件也将在第十二章探讨,在此不再展开讨论。

三、意识构成

(一) 行政法分析的有意识性

意识条件是行政法分析学的主观要件,指行政法分析主体对行政法的分析是在一定意识支配下进行的,没有意识的支配就无法形成对行政法进行分析的行为取向。辩证哲学认为,意识具有下列一些特点。其一,自觉性。列宁认为:"在人的面前是自然现象之网。本能的人,即野蛮的人没有将自己同自然界区分开来,自觉的人则区分开来了。"[①]列宁所讲的自觉的人实则指有意识的人,言下之意,意识是一种自觉现象而非强迫所致,这是意识非常重要的特征之一,我们说行政法分析学具有有意识性,其实是将这一特性具体到行政法分析学中来而已。其二,目的性。在哲学中有一派哲学为目的论哲学,即将人的行为或客观事态的发生都定位为某种有目的的状态。这样将任何事物都与目的的最终决定联系在一起是不科学的。但就意识而论是有目的的,是人们对未来发生之事情的超前的反应。这一特性对于我们建构行政法分析学也有指导和决定价值。我们有意识地构建行政法分析学其目的就在于能够准确地把握我们尚未把握的客观的行政法现象和行政法事实,

---

① 《列宁全集》第 55 卷,人民出版社 1990 年版,第 78 页。

而不是漫无目的的研究行为。当然,我们说行政法分析学是有目的的,并不是说我们在分析以前先要设定某种具体的目的,就分析过程看是中性的。其三,知识性。在辩证哲学看来,意识是主观见之于客观的东西,在意识中形成的观念也罢,理念也罢都是对客观存在的反映。即是说,意识的决定因素还在于客观,其是对客观的东西所作的总结,是对客观物感知以后形成的知识体系。此一特性既为行政法分析学作为学科定了位,也从不同侧面证明了行政法分析学所产生的知识后果。其四,评价性。"人的意识不仅包含知识,而且包含着感情和情绪的因素,即人对外部世界的对象和现象的独特表示和感受到的关系(或态度),包含着由于人的需要、兴趣而引起的对世界上有意义的东西的体验。由于意识反映着人在生活和活动中所处的多种多样的关系和体验,所以在意识中就产生了动力的倾向和力量,产生了这样的能动性和选择性,使意识不仅是消极的反映,而且还是具有能动性的关系,不仅具有知识性,而且还有评价性。意识的评价性是:肯定或否定、满意或不满意、企求或被排斥、爱好或仇恨、赞成或反对,等等。"①上列诸特性均表明意识的最高境界是其创造性。换言之,我们在学术研究中的创造性活动建立在正确的意识之上。

行政法分析学是以意识为前提条件的,同时,意识也是它的构成要件之一。但从较大范畴的哲学命题上讲,行政法分析是一种有意识的活动。可以由下列诸点得到佐证。

第一,行政法分析学作为一门学科的构建是有意识的。我们知道,行政法学研究中已有一些个别的分析行为,这些分析行为如果我们不提升到学科或科学的高度,它就始终存在于行政法学科中。这样,即便行政法学科的分析有所拓展,也难以作为一门学科对行政法研究起作

---

① 《自然辩证法百科全书》,中国大百科全书出版社1994年版,第670页。

用。将其作为一门学科看待就是我们有意识而为之的。可以说,笔者提出行政法分析学的概念之前尚未有人提及,对行政法分析学科构建的无意识性就难以使这个学科形成。

第二,行政法问题的分析是有意识的。人们对行政法问题的分析(包括传统行政法学中的个别分析,也包括行政法分析学中的分析)是在有意识的情况下进行的。当然,我们可以说,在传统的行政法学中有些个别问题的分析是下意识的,即在学者们对某一问题还未上升到分析学的高度而进行的分析。但是,这种下意识是针对行政法分析学作为一门学科而言的。就每一个问题的分析来讲都应当是有意识的,如有学者对美国的行政特许问题从分析学的角度作了分析。"在20世纪60年代以前,公民的利益被分为权利和特权两种,权利受正当法律程序的保护,特权则除非创造此项特权的法律特别规定受正当法律程序保护才受正当法律程序保护,否则,政府可以不经正当法律程序而随意取消。执照和特许等许可证一直被认为属于特权领域不受正当法律程序的保护,政府可以任意撤销,不受正当法律程序的限制。法院则将个人领有的职业执照分为二类,对于受社会尊重而又需要专门学问的职业如律师、医师、建筑师等执照认为是个人权利,受正当法律程序的保护;而其他许多职业执照如出售烈性酒、啤酒、经营弹子房和舞厅等执照属于个人的特权,不受正当法律程序的保护。20世纪60年代以来,随着政府角色由消极管理者向社会福利提供者转化,特权理论越来越受到批评,许可证和社会福利津贴等被称为'新财产'(New Property),属于权利,应受正当法律程序的保护。"[①]行政法学科中的有意识分析,往往有一个规律性,即分析的问题由学者们自己选择和拟定,而所拟定

---

① 应松年主编:《行政程序立法研究》,中国法制出版社2001年版,第404页。

的问题由于没有受系统的分析学理论的指导，便匆匆得出结论。[①]

（二）法知识

行政法分析学的意识构成中，法知识是不可缺少的因素之一。所谓法知识就是人们关于法的本质、属性、内外在关系等的知识的总称。行政法分析虽然是以行政法为核心的，但是，行政法作为法的基本属性这一点毋庸置疑。当然，行政法与其他法律相比有着自己的特殊性，还如我们在前面讲到的，行政法这个概念中有两个词，一个是行政，一个是法。这与其他法律形成鲜明对比。在这两个词中最为核心的应当还是法而不是行政。而在目前的行政法教科书中，或者整个行政法学科中，人们对行政的知识似乎要多于法的知识。几乎所有行政法教科书中都专门讨论了行政以及行政权的相关问题，无一对行政法中的法作专门讨论。也许，在这些学者眼里，行政法中的法是一个不证自明的东西，是一个人人都熟知的东西。遗憾的是问题并不这么简单，之所以这样说是因为我国诸多行政法教科书在讨论行政法问题时，对法的理念

[①] 行政法分析学中的有意识性是纯粹主观的东西，从其正面看能够选定很多并且很好的分析点，并能够结合行政法之客观事实进行有效的分析。但是，这种主观性也常常带来一些弊论，如分析所得结论的武断性。这不仅是一般学者会出现的情形，一些思想大师也常常会得出较为武断的结论。以刑事古典学派的代表人物之一龙勃罗梭为例，其关于犯罪的分析就有这样的论断："奸淫调戏之案，与气候升降有关。尤为明显。财产罪盛于冬季，他季无大出入。偷窃与伪造罪，则盛于正月。此处气候之影响与前大异。盖需要物减少。则需要顿增。犯罪之原因，则在乎是矣。反之则过分之热。影响于犯罪者甚微。尤以湿热时为然。科利实地调查瓜达罗勃中一岛，谓热度最高时，罪案最少。个人罪尤其如此，若三月则犯罪极盛。此种反常之倒正与热度之影响于革命者相似。因过分之湿热带回抑性，而中等之寒冷带激刺性也。近年以来经济及政治上影响至大，气象的影响已退至第二位。譬如法国昔年温和气候，常影响于叛乱。近数年来，已见减少。欧洲北部，如丹麦，如俄罗斯，则在同此之气候内，而变故时作。然气候之非绝无效果，则又可断言也。"参见［意］龙勃罗梭著：《朗伯罗梭氏犯罪学》，刘麟生译，商务印书馆1928年版，第19页。这个分析的有意识性是明显的，其得出结论的可信度却是被广泛质疑的。我们之所以要强调构建行政法分析学，其目的之一就在于一方面鼓励学者们积极的有意识的进行行政法学分析，另一方面又将分析建立在科学之上。

似乎还有诸多误解。例如,我国行政法教科书几乎都有一个定论,叫行政权优先的理论,所谓行政权优先是指"行政主体及行政人在行使职权时依法所享有的种种优越条件。"①这个命题仅从行政的知识看是正确的,但从法律的知识看就是错误的,因为,行政权无论对于行政相对人而言,还是对于其他国家机关而言,其优先性都必须建立在法律的基础之上,即法律优先应当取代行政权优先。法的知识对于行政法学的分析极其重要,一定意义上讲,它是我们对行政法问题进行分析的理论前提。我们说,行政法分析学的对象是社会事实,那么,究竟法律以社会为基础呢?还是社会以法律为基础?这些问题都不是无关紧要的问题。行政法典则在对社会进行调控中,一要设定社会关系,即通过规范形成诸多社会关系。二要维护社会秩序,其在维护社会秩序中,也确立了一系列社会秩序的原则,这些原则实质上能够形成社会秩序。三要分配社会资源。这个问题我们在范畴篇中还要讲到。其对社会的上列功能常常使人们误以为社会以法律为基础,但是马克思以及经典作家都明确地告诉我们,法律应当以社会为基础,"但社会不是以法律为基础。那是法学家们的幻想。相反地,法律应该以社会为基础。法律应该是社会共同、由一定物质生产方式所产生的利益和需要的表现,而不是单个的个人恣意横行。现在我手里拿的这本 Code Napoleon(拿破仑法典)并没有创立现代的资产阶级社会。相反地,产生于18世纪并在19世纪继续发展的资产阶级社会,只是在这本法典中找到了它的法律的表现。这一法典一旦不再适应社会关系,它就会变成一叠不值钱的废纸。你们不能使旧法律成为新社会发展的基础,正像这些旧法律不能创立旧社会关系一样。"②由此可见,法的知识作为意识构成在

---

① 胡建淼著:《行政法学》,法律出版社2003年版,第152页。
② 《对民主主义者莱茵区域委员会的审判》,《马克思恩格斯全集》第6卷,人民出版社1972年版,第291—292页。

行政法分析中具有十分重要的意义,在笔者看来下列关于法的知识更加重要。

第一,法作为事物本质的知识。"法是由事物的性质产生出来的必然关系",孟德斯鸠的这个理论在后来的研究中有各种各样的解读,可以将它解读为自然法在法律体系中处于至高无上的地位,即在所有法律形态中自然法才是具有决定意义的。而自然法不仅适用于自然,同时也适用于人类:"罗马的法学家们竟使人类和其他一切动物都毫无区别地服从于同一的自然法,因为,他们宁可把自然法则这一名词,理解为自然加于其自身的法则,而不是自然所规定的法则。或者更确切地说,这些法学家们是从特殊的意义来理解法则这一名词,所以他们在这种场合,似乎是只用法则这一名词来表现自然在所有的富有生命的存在物之间,为了它们的共同保存而建立的一般关系。现代的法学家们则把法则这一名词,只理解为对具有灵性的存在物,也就是说对具有智慧和自由意志,而且在他与其他存在物的关系中最被重视的那种存在物所指定的一种规则,因此他们认为自然法的适用范围,只限于唯一赋有理性的动物,也就是说只限于人。"[①]还可以将它解读为法是从其规制事物的客观规律中归纳出来的,只有当其与规制事物的规律性相一致时才是正当的,等等。在笔者看来,究竟怎样解读是法理学研究的主题,作为行政法分析学而言,分析主体至少要有一种意识,即法与事物的本质必须一致,由于这一点法律规则讲求精确就应当是一个大的原则,对于一个规制事项而言,真正好的行政法规则只能有一个而不能有第二个。如果我们能够接受这个理念,我想我们就一定能够对每一个摆在我们面前的行政实在法做进一步的追问。

---

① [法]卢梭著:《论人类不平等的起源和基础》,李常山译,商务印书馆 1982 年版,第 64—65 页。

第二,法作为秩序构造的知识。法律与秩序的关系几乎是每一个法哲学家和法理学家都要涉及到的问题。在古罗马时,奥古斯丁就曾有这样的论断:"生命有限的人与永恒的上帝之间的和平是一种有秩序的服从上帝的丝毫无误地被忠实执行的永恒的法律。人与人之间的和平是一种相互协调;一个家庭的和平是在各成员间有一种有秩序的统治与服从。一个城市的和平是在公民之间一种有秩序的命令和遵守。在上帝之城的和平是上帝和上帝创造物之间达到最高度的有秩序的一致;万物的和平是一种被安排得很好的秩序。秩序就是有差异的各个部分得到最恰当的安排,每一部分都安置在最合适的地方;灾难的原因是失去秩序。"[①]这个论断为后来人们探讨法律与秩序的关系定了调子,人类社会需要秩序,而法律的功能就在于构造秩序。这个基本原理在博登海默的著作中讲得非常透彻。[②] 行政法同样与秩序有关,因此,行政法分析学对法的知识不能没有法构造秩序这样的知识。但是,关于秩序可以做出诸多方面的解读,如一些国家在行政权力的强力统治下,社会生活同样是有序的,而且在有些方面的有序性还超过了真正意义上的法治国家,第三世界的一些国家本无法治可言,但其国内社会的有序性却无可否认。可见,法作为秩序构造的知识同样有着深刻内涵,也有着不同的解释进路。这对于行政法分析至关重要,因为行政法所设计和构造的秩序是最为基本的秩序,是其他法律所维持秩序之基础。

第三,法作为统治制度的知识。法作为统治制度在现代法理学中似乎只是对法之本质进行分析的一个视角。然而,在一些经典作家看来,法作为统治制度则是法的本质,马克思主义经典作家关于法是统治

[①] [古罗马]奥古斯丁:《论上帝之城》,《西方法律思想史资料选编》,张学仁等编译,北京大学出版社1983年版,第91页。

[②] 参见[美]博登海默著:《法理学——法哲学及其方法》,邓正来译,华夏出版社1987年版,第206页。

阶级意志的体现的论断实质上是法之定性，而不仅仅是一个视角。法作为统治制度有诸多层面的涵义，一则，法是国家权力的必然结果，又是对国家权力的支持。二则，在一个国家中，法律之外的制度虽然也常常存在，但法律制度是其他制度的基础。三则，法所构造的制度是实现国家统治的核心手段。有学者对法作为统治制度在现代社会中的价值作过论述："国家诚有如社会生活之业已铺砌完成的大路，沿界竟是田园与城市。这是一条公共途径，供给他们大家使用的。生活上一切事业，都因为它的援助，才有做到的可能；沿此道而居的人们，也必须都要有贡献于它的维持。它是一切社会交通的基本孔道。所以，无论一个人在其他方面是什么，他'必须'是国家的一员，至少是个臣民；即令他不分负这个大道的责任，他至少也必须遵守它的规则。但是他却不在大道上居住，人类亦不为国家而生存。他的家庭乃在田园里或城市里，他将他劳力的收获都聚集在那里。在生活简单的时代，只有少数的房宇沿大道的两旁散布着，人们谈论它的时候，一直以为他们一切所有的都是归它所包容的。由此，公路的规程便成为一种暴虐政治，因为它的守望人自称有统制人们整个生活的权利。此后，他们却逐渐察知它的真实意义了。虽说他们对于这公路的维持都有应尽的义务，这种共有的责任并不能包括他们的社会生活：他们现在才逐渐地察觉这一点。田园与城市现在从大道上遐迩蔓延。因而社会生活的复杂关系业已显露明晰，不肯再为国家一层关系所包罗殆尽。"① 行政法分析学中对法作为统治制度的知识虽是一种法律之哲理，但其对于行政法分析中的制度分析意义重大。在我国行政法学理论相对浅薄的情况下，上列范畴的知识无疑会帮助我们充实行政法学研究，尤其能够很好地指导行政法之分析。

---

① ［美］马季佛著：《现代的国家》，胡道维译，商务印书馆1937年版，第448—449页。

(三) 背景知识

行政法的背景知识有很多方面,我们主要从两方面予以概括:一是行政法分析中的人文知识和自然知识。行政法所包含的人文因素是十分明显的,"英国和法国对待行政法的路径仍有许多差异。法国体制立基于单独的行政法院的运作,然而英国体制更依赖于高等民事法院。在两个体制下,司法控制的核心原则都是由法官创造的,而不是源于法典或制定法。但是在法国,独立的行政管辖权的代价是,一个区分民事法院和行政法院管辖权的复杂法律体系;管辖权的冲突问题必须通过权限争议法庭或立法得以解决。法国体制的优点在于行政法院发展出了一套程序规则和实体责任规则,这些规则考虑到了争端的公法背景。这些规则可以为行政机关设定特殊义务,而不只是豁免。"[1]行政法的人文因素还可以从其他方面予以观察。行政法的人文因素的对应物是行政法的自然因素,所谓自然因素是指制约行政法规范的各种技术要素,"计算机正在侵犯隐私权,数据的储存正在成为一种大规模的新工业,随之就需要新种类的控制。计算机增加了政府的组织能力和监督权力。它产生了数据越境的新法律问题(为了分理数据的目的而致数据流出国境线)。同计算机有联系的卫星通讯正联络而成了互联网的信息系统,这就打破了国界的影响。多国公司由于从计算机技术中获得的权力增加而促使本身扩张起来。大量传媒工具分理着信息,把信息转送给国家和国际大型联合企业,借助于昂贵的卫星通讯新技术、快速印刷和新闻传播,推进了自身的不断增长着的垄断权力。经济力量和宣传力量的这种集中,如果要归民主控制机构来掌握,那就得有国际

---

[1] [英]A. W. 布拉德利、K. D. 尤因著:《宪法与行政法》下册,刘刚等译,商务印书馆2008年,第534页。

和国家的控制组织。"①行政法的人文因素和自然因素决定了行政法的知识也必然具有人文知识和自然知识两个方面。

二是行政法分析中的本土知识与全球知识。关于法律的本土化，孟德斯鸠有过这样的经典论断："一般地说，法律，在它支配着地球上所有人民的场合，就是人类的理性；每个国家的政治法规和民事法规应该只是把这种人类理性适用于个别的情况。为某一国人民而制定的法律，应该是非常适合于该国的人民的；所以如果一个国家的法律竟能适合于另外一个国家的话，那只是非常凑巧的事。法律应该同已建立或将要建立的政体的性质和原则有关系；不论这些法律是组成政体的政治法规，或是维持政体的民事法规。法律应该和国家的自然状态有关系；和寒、热、温的气候有关系；和土地的质量、形势与面积有关系；和农、猎、牧各种人民的生活方式有关系。法律应该和政制所能容忍的自由程度有关系；和居民的宗教、性癖、财富、人口、贸易、风俗、习惯相适应。最后，法律和法律之间也有关系，法律和它们的渊源，和立法者的目的，以及和作为法律建立的基础的事物的秩序也有关系。应该从所有这些观点去考察法律。"②行政法作为法律体系中对社会生活覆盖面最广的部门法③在本土特性上超过了其他部门法，这是一个不争的事实。然则，行政法除了本土属性以外还具有世界化趋势。行政法的本土化与全球化是两个相互对应着的范畴，即本土化只有在全球化或世界化基础上进行讨论才有意义。反过来说，全球化也只有在本土化的前提下讨论才能确定其内涵。同时，本土化与全球化是一个在变数中

---

① [澳]维拉曼特著：《法律导引》，张智仁等译，上海人民出版社2003年版，第138页。
② [法]孟德斯鸠著：《论法的精神》，张雁深译，商务印书馆1982年版，上册，第4页。
③ 在有些国家将行政法的结构限定在单元之内，即只有规制政府行政系统的规则才是行政法，而政府行政系统用以规制行政相对人的不是行政法。而我国的行政法结构为二元结构，即将规范政府的规则和规范行政相对人的规则都视为行政法，这是管理法理论的必然结论，若从二元结构出发的话，行政法的覆盖面的确是最广的。

存在的事物。一方面,在不同的历史时期,行政法所占有的本土化比重与所占有的全球化比重有所不同,即在一时期全球化的倾向略占上风,而在另一时期则是本土化倾向略占上风。另一方面,将行政法作为一个历史过程来看的话,作为一个发展变化着的事物来看的话,总体趋势是全球化而非本土化,这是笔者对行政法本土化与全球化以及二者关系的理解。若笔者的这一命题恰当的话,那么,有关行政法的知识也可以分为行政法作为本土法度的知识与行政法作为全球趋同的知识。前者指有关行政法建立于一国各种客观基础之上并适应该国所有状况的知识,后者则是指有关行政法受到国际因素制约并趋于向全球一体化方向发展的知识。此处的知识既包括相关的行政法实在,又包括人们对行政法问题的主观认知。这两个方面都是行政法的背景材料。

四、技术构成

(一) 结构化处理

行政法分析学的构成之中本应有分析的行为构成,但在笔者看来对于分析行为的解读既没有太大的理论意义,也没有太大的实践意义,因为任何分析都必然要通过行为来完成,即便我们不专门探讨行为问题,读者们也不会遗漏对这个问题的认识。因此,笔者将行政法分析的行为构成转化成了分析的技术构成。一方面,分析的技术是行为的构成部分和行为的延伸。另一方面,分析的行为本身必须有技术上的支点,二者的此种关系使我们探讨分析的技术构成似乎来得更加实际一些。

行政法分析的结构化过程是指在行政法分析中有意识地将行政法

的规范体系及其与事态的关系以结构的形式予以处理，使呈现在我们面前的纷繁复杂的行政法现象具有一种内在联系，并形成诸多以联结规则为纽带的板块。① 一则，行政法分析中的结构化处理是对行政法及其事实进行整合的技术，该技术以哲学中的结构处理为前提。二则，行政法分析学中的结构化处理是对行政法事实的处理而不仅仅是对行政法典则的处理，在行政法学研究中行政法典则的结构化处理已有人进行过，而且在行政实在法中已经得到了认同。三则，行政法分析中的结构化处理是一个主观与客观相结合的过程，尽管我们在讲行政法的分析技术时，认为这是行政法分析学中的行为构成，但作为结构化处理的技术运用却是一个有意识的活动。对于行政法分析中的结构化处理而言，笔者认为主要是要实施下列两个行为。

第一，以行政法的调整对象为核心对规范进行结构化处理。目前我国行政法规范的结构化处理已经达到了一定的标准，这个处理已经在行政法典则中被运用。② 但是，我们应当看到，目前我国行政法典则的结构是以制定主体为依据形成的。换言之，当我们对行政法典则进行结构化处理时所依据的是行政法的制定主体，即不同制定主体制定的行政法文件形成不同板块。这样就使得行政法变成纯粹主观的东西。基于此，我们认为进入行政分析学中的结构化处理应以行政法的调整对象对典则结构加以确认。例如，行政法是调整行政关系的，那么，我们便可用行政关系的客观类型将典则的结构予以明确。至于这

---

① 在哲学中，结构是物质系统内部诸要素的秩序，是各种要素相互联系和相互作用的方式。包括各要素在空间上和时间上的相互影响。在哲学和社会学中，结构的类型很多，如空间结构、时间结构、静态结构、动态结构等等。在社会学和其它学科中结构分析已经被广泛运用。

② 《中华人民共和国立法法》首先对不同层次的法律典则作了命名，其次对它们之间的关系作了处理，再次对不同层次典则的规制事项作了规范。通过上列三个方面使我国行政法典则体系既形成了结构，又具有一定的层次。

其中的深层问题是今后研究中应当予以解决的,笔者仅从方法论的角度将问题提出来。

第二,以规范为核心对其形成的秩序所进行的结构化处理。行政法规范化分析在行政法分析学中是一个环节,而不是一个独立的分析对象。我们认为,行政法学研究的目的在于对行政法发生社会作用的状态进行判断,因此,规范的研究只有与其社会作用的研究结合起来才有意义。目前我国行政法学研究中,都以社会秩序作为研究的谓项而以行政法典则作为研究的主项,让社会秩序等为典则的任务,我国行政法典则体系的构建大多都是主项与谓项的倒置。在行政法分析学中,应当强调社会秩序作为主项的特性和行政法典则作为谓项的特性。作为谓项的行政法典则会对作为主项的社会秩序发生作用。行政法规则如何造就社会秩序的结构就是这一结构化处理的关键。庞德指出:"今天许多人都说法律乃是权力,而我们却总是认为法律是对权力的一种限制。社会控制是需要有权力的——它需要用其他人的压力来影响人们行为的那种权力。作为社会控制的一种高度专门形式的法律秩序,是建筑在政治组织社会的权力或强力之上的。但是法律绝不是权力,它只是把权力的行使加以组织和系统化起来,并使权力有效地维护和促进文明的一种东西。"[1]其中法律典则对权力秩序构造的理论就为我们分析典则对社会进行结构化处理提供了很好的思路。例如,我们是否能够通过这样的分析,将行政系统内部之秩序作为一个结构范畴,而将行政管理秩序作为另一个结构范畴。如果能够形成如此多的结构化处理的思路,必然大大拓展行政法学研究的空间。

---

[1] [美]罗庞德著:《通过法律的社会控制》,沈宗灵译,商务印书馆1984年版,第26页。

(二) 功能化处理

结构与功能在现代结构—功能主义哲学中是不可分开的,或者说二者处于一个统一体中。即是说,当我们对结构进行研究时也要对功能进行研究。所谓行政法的功能化处理是指在行政法分析中对行政法的内外在功能进行重新的理性整合的行为,它同时也是功能分析的技术。① 行政法分析中的功能化处理与结构化处理联系在一起,结构化处理主要是解决行政法的联系形式问题,并探讨行政法结构中的新模式。而功能化处理则主要是对行政法与社会事实之间的作用与反作用的关系进行确定。行政法之功能在分析学中主要见之于其对社会事实和社会关系的功能,而不是在规范系统内部对法律系统的功能。在西方的行政法学研究中,关于行政法功能的分析已经达到了一定的水准,诸多关于行政法功能的分析已经上升到了科学的高度。例如西方行政法中关于行政法的"红灯理论"、"黄灯理论"和"绿灯理论",其实是对行政功能的分析。在"红灯理论"中,行政法的功能在于使政府在介入社会生活领域中要有所收敛,即必须予以停止。"行政法的主要功能应当是控制一切逾越国家权力的行为,使其受到法律尤其是司法的控制。"②在"黄灯理论"中,行政法的功能则在于确定政府的适度干预。③而在"绿灯理论"中,行政法功能则是另一种情形,即它认可行政对社会生活的干预,这个理论中行政法功能的前提是"福利国家"。"任何公共

---

① 在哲学中,功能系指系统自身所具有的,以及在作用于外部环境过程中所表现出的能力。功能具有两个特性,一是它潜存于结构之中,依赖于结构而存在。二是系统的功能包含目的性。无论生物界还是非生物界,物质系统的运动及其功能的变化,总是趋向于某个目标或方向。

② [英]卡罗尔·哈洛、理查德·罗林斯著:《法律与行政》,杨伟东等译,商务印书馆2004年版,第92页。

③ 同上,第189页。

行为的唯一正当理由在于它所取得的公共福祉应当与行为所需要的强制力相称。不过要知道,这最终还是一个由我们每个人进行个人评价的问题;因此,在公民个人的主动性中注入了真正的推动力。机会留给了个人主义的贮备库,而这正是大量的社会福祉最终所仰仗的。"①上列分析实质上都是对行政法所进行的功能化处理,这样的功能化处理有助于行政法的理性价值选择。在笔者看来,目前我国行政法分析中的功能化处理最为根本的是对行政法进行功能整合。在功能定位上我国行政法至少有两个偏向:一是不清晰,即我们没有一个关于行政法功能的共识性论点,以《中华人民共和国行政诉讼法》为例,就有多种关于该法功能的观点,如控权的论点、保护行政相对人权益的论点、构建行政秩序的论点等。行政法作为一个部门法的功能的认识则更加复杂。二是缺少理念,即行政法功能究竟怎样进行整合,我们没有一个正当的法治理念。显然,在行政法功能不能确定的情况下,行政法的其他问题必然难以解决。行政法分析学如何对行政法进行功能化处理是一个需要在分析过程中尽快解决的问题。

(三) 人本化处理

行政法分析中的人本化处理是对行政法元素在行政法地位中的处理,又是对行政法之本质问题所作的处理。同时,它也是行政法分析中的一个技术。我们传统的法学研究大多从行政权出发对行政法元素之地位进行处理。近年来,有些研究从国家本位的角度确立行政法元素之地位。此一处理方式认为行政法中最为根本的元素是国家,国家既在行政过程中处于主导地位,也是行政法的核心要素。行政法的展开

---

① [英]卡罗尔·哈洛、理查德·罗林斯著:《法律与行政》,杨伟东等译,商务印书馆2004年版,第152页。

必须将国家作为本位;有些研究则将行政作为本位,其认为行政法就是解决行政问题的,因此,行政是行政法的核心,行政法必须以行政的状态为转移;有些研究则以公共利益为本位,认为行政法问题的解释和推理应建立在公共利益的基础之上,用公共利益解决行政法中的一系列难题;有的研究以人民政府为本位,认为行政法中的行政体系是人民对权力的转让,因此,他们必须对人民负责等。这些关于行政法中本位要素的研究不单单是对行政法问题的分析,更为重要的是对行政法进行定性。应当指出的是,这些定性大多没有运用分析学的原理,因为这些分析都没有充分地与行政法事实予以结合,有些分析是纯粹的定性研究。

行政法分析学中的人本化处理在方法论上由分析学的方法出发,紧密结合行政法事实向下推演。这个推演的结果必然是行政法中作为人的元素是最为基本和核心的。我们说,行政法是对国家意志的体现,是对行政权力的控制,等等,似乎都没有错,但是,一些抽象的实体在行政法中并无实质意义,因为这些实体是不可以有感知的,那么,若从功能主义的原理出发,是无法证明一个制度之优与劣的,这是由它们既无快乐感又无痛苦感所确定的。其实,我国行政法实在已经引起了对这个问题的重视,例如《全面推进依法行政实施纲要》就规定:"必须把维护最广大人民的根本利益作为政府工作的出发点。"这个规定确立了人民当家做主的地位,其中的最小元素和最有活力的元素是人而非实体。然而,我们的行政法学研究都忽视了这一规定的精神实质。对于这种人本化处理,笔者在《行政法的私权文化与潜能》一书中有过论证:"公共利益的概念在创造或者法律规则形成过程中有一定的合理价值,即我们以通过投票等多数规则的方式确定某种利益是否为公共利益。然而,一旦进入法律运作的层面,公共利益就是一个无法被证实的虚构命题。我们认为,利益或者公共利益只有通过个体的行为才能得到证明。

第一,利益应当是一种个人满足。对利益作出反应的各种欲望的主体是个人,是存在于现实社会中的具体的人,只有对具体个人欲望加以关照,这样的欲望才能得到实现,而所谓社会性的欲望可以说是不存在的。在现代社会中,最基本的权利是生存权,而生存权也只有个人才能享有,或者只有个人生存才会有社会的存在。也就是说,生存权的权利主体是指生活于社会中的具体的人,或者个别的人,作为一种制度所要维护的生存权也是个人的权利,发达国家社会保障制度解决的就是个人问题,当然通过个人问题的解决而影响社会的和谐则是另一层面的问题。

第二,利益应当是一种个人才智的发展。作为个人才智的拓展,它不存在于群体中,它是以个体的形式出现的。因此,公共利益的概念无法包括个体才智拓宽这一最大的利益内涵,进一步说明了利益不能通过公共理念予以证明,只能通过个体来证明。

第三,利益应当是一种较少约束。约束无论是来自立法的,还是来自立法之外的,它都是以个人为对象的。但有时政府可以通过规则对某种组织和群体作出规定,有时只能以群体的形式对个人作出约束,无论哪一种约束的结果都必然体现在个人身上,因为组织或者群体只是连续个人的一种方式,它本身并不存在约束与不约束的问题。这一点又表明利益只能通过个体来说明。

第四,利益应当是一种交流空间。利益还有一个深层次的含义那就是交流空间。关于这一点也被传统的利益概念所忽视,我们知道传统利益概念主要从物质或精神方面分析利益的含义,而在现代社会中,利益还包含着物质和精神不能替代的东西,这些东西要么是一种全新价值,要么是介于物质财富和精神因素之间的。它应当是一种具有独立价值的特殊利益内涵。这种利益主要与交流空间有关,而交流过程是以个人为主体的,即是说交流空间越大个人所获得的利益也就越大,反之,交流空间越小一个人所获得的利益也就越小,而对于群体而言,交流空间似乎没有什么意义,也就是说,只有通过个体才能证明。"① 上列三个范畴的技术构成只是笔者的一个提示,随着社会的发展,行政法分析中的技术处理还有一系列进路,如时代化处理,成本最低化处理,等等。

---

① 关保英著:《行政法的私权文化与潜能》,山东人民出版社2003年版,第342—348页。

第十章 行政法分析学的逻辑过程

行政法分析学的逻辑过程是行政法分析学基本原理中不可缺少的内容，是领会行政法分析学原理的关键点之一。在逻辑学中，基本的逻辑过程不外乎归纳和演绎两个基本方面。那么，行政法分析学作为一门学科其逻辑过程也不能例外，即不能走归纳与演绎之外的第三条路。当然，将归纳与演绎结合起来进行分析是否为一条新的路径是需要探讨的。但就逻辑学中的基本分析过程看，上列两个方面是普遍认可的。行政法分析学是对行政法现象的观察和认知，而行政法学是对行政法典则或者规范的观察和认知。这一点决定了行政法分析学的逻辑过程与行政法学的逻辑过程不完全相同。在行政法学科中，其逻辑过程也存在归纳与演绎等手段，而且这两个手段可以作为其逻辑过程的基本构成。但是，行政法学研究中，分析的对象是典则或者规范，因此，整个逻辑过程也是基于法典或规范展开的。又由于法典和规范都是既成的存在物，该存在物在学者们进入分析状态之前就已经是一种非常确定的法实在。这便导致行政法学研究中在归纳和演绎这两个基本手段的运用上以演绎为主，而以归纳为辅。归纳手段是演绎手段的辅助物。与之相反，在行政法分析学中，归纳手段是主要手段，演绎手段只是归纳手段的补充，这是二者在研究手段运用上的区别。当然，最为根本的区别在于，行政法分析学由于是对行政法现象的分析，所以整个分析的逻辑过程以行政法事实为基本单位，而不是以典则和规范为基本单位。典则和规范是分析过程中的次要单位。如果离开了丰富多彩的行政法事实,行政法分析学的逻辑过程就必然会回归到行政法学的逻辑过程中。黑格尔在给行政下定义时指出:"执行和实施国王的决定,一般说来就是贯彻和维护已经决定了的东西,即现行的法律、制度和公益设施,等等,这和做决定这件事本身是不同的。这种使特殊从属于普遍的事务由行政权来执行。"[1]由此可以看出,国家行政本身就是归纳与演绎两种基本行为方式。归纳是指国家对每一个具体事物的认识和控制,这个过程面对的是个别。演绎则是通过国家意志或典则使分散于社会中的个别现象予以普遍化,即个别从属于普遍、特殊从属于一般。国家行为的这个属性,实质上也是国家行为的逻辑过程。行政法分析学之所以亦有归纳与演绎的逻辑过程,与国家行为这一逻辑过程的决定作用是分不开的。这里存在着非常复杂的行政法事实与行政法典则或规范的关系处理问题。我们所构设的逻辑过程,首先以行政法现象为元素,再以事实归纳和规范演绎为两个逻辑序列,最后得出科学的结论。整个行政法分析学是这样一个逻辑过程,而行政法分析学中的每一次分析也以此为前提,只不过在不同的分析环节中,归纳和演绎运用的侧重点有所不同而已。

一、行政法现象

(一) 行政法是一个事物

行政法与行政法现象在学术界尚未有人予以很好的区分。在笔者看来,行政法的概念与行政法现象的概念是可以予以区分的。行政法学界所指的行政法是一回事,而行政法现象则是另外一回事。行政法

---

[1] [德]黑格尔著:《法哲学原理》,范扬、张企泰译,商务印书馆1961年版,第308页。

可以指一个国家行政法典则的体系,行政法现象则不仅仅指行政法的典则体系。在行政法现象的概念之下至少有三层意思:一是行政法是一个事物,这个事物与哲学上的客观事物是同一意义的概念,其具有客观性、有形性、可感知性;二是行政法是一个整体,在这个整体中除了包括相关的典则外,还有与典则相关的其他成分;三是行政法是一个过程,其在保证自身稳定性的同时,还有运动性和相对有恒性等特征。行政法现象是对行政法分析学逻辑过程进行研究的必要条件。换言之,如果不将行政法作为一个社会现象看,其分析过程是一种格局,而在这个格局中行政法学的研究基本上基于规范的解释,其分析的逻辑过程也是对规范进行解释的逻辑过程。正因为如此,我们有必要在探讨行政法分析学的逻辑过程时首先探讨行政法现象。

在行政法现象的命题中,行政法首先是被作为一个事物来看待的。我们说,行政法是一个事物,是说行政法与其他存在物一样,是一个不以人的意志为转移的存在物,这个存在物同样具有客观性,乃至于有规律性。从行政法产生的基础看,就具有不以人的意志为转移的客观性。人类进化的历史告诉我们,人一直生活在社会中,人的社会性是指人的生活范围远远大于由男性、女性以及子女组成的家庭。在以前的研究中,人们认为人类社会最原始的单位是家庭。然而,近年来的研究则认为,人首先是社会动物,其次才是家庭动物。正如有学者指出:"相反的定论也有其确凿的证据来支持,人类在由动物转变为真正的人类之初,与文明人相比,智力水平还是相当低下的,而他们是在相当长一段时间之后才开始过家庭生活的。人类这种动物是从一些以群居方式生存的低级动物群中演化而来的。"①这个研究结论对于我们探寻行政法现象

---

① [美]约翰·梅西·赞恩著:《法律简史》,孙运申译,中国友谊出版公司2005年版,第2页。

的根源意义重大。因为这个研究成果可以让我们明白,行政法的产生在所有部门法中可能是最早的,至少可以说行政法的历史根源是最悠久的。前些年,法学界普遍认为私法比公法产生得更早一点,诸多学者以罗马法的相对发达为例,尤其以罗马法以民事法律为主作为证据。且从法哲学的角度也可以得出同样结论。之所以这样说是因为一些学者以为,人作为社会动物,最早的社会形态,或者说最低级的社会形态是家庭,人将家庭作为社会生活的基本空间。那么,人与人之间发生的诸种关系既具有个体性,又逃不出家庭这个最小的社会单位。由此而形成的关系也就自然而然的是私法关系。上列结论则否定了这一传统论点。因为社会机制是一种不同群体之间的机制,或者社会个体与群体之间的机制。社会个体与群体之间关系的调整模式必然不属于私法的范畴,而属于公法的范畴:"法分为公法和私法。公法指导个人与社会团体的关系,私法指导团体中个人之间的关系。在最初的人类当中,私法没有存在的物质基础。没有属于个人或家庭的财产,当然也没有机会拥有任何财产,因此就不可能有小偷。没有房地产,没有合同,也没有涉及到损害财产的民事侵权行为,也就没有个人财产法;因为男女之间松散的关系不具备这种法律的存在基础,也就不会存在用以指导夫妻关系、父母与子女关系的家庭法;因为根本不存在个性的观念,也没有关于个性品质的法律。由于他们具有社会本能,这就决定了集体中的每个成员,都不可以做根据集体成员习惯和经验判断而危害社会存在的事。这种本能的必然结果,就是他们的行为的相似性。假如有谁不像他的同伴那样行事,将会被毫不留情地驱逐出集体。这种结局是灾难性的,对于一个被训练成为只会过社会生活的生物来说,一旦被逐出集体,它还能去哪儿呢?即使是那些有翅膀的公蚁能躲开那些处决它们的工蚁,也仍旧会毫不犹豫地、心甘情愿地接受死亡判决。由此可见,社会本能导致了根深蒂固的倾向性,驱使向其同伴的行为看齐,屈从于与其每日相处的同伴及群体共同的欲望。这种倾向极其简单,却绝对是所有社会动物的行为的指导规则。它是所有法律的基础。"①在社会团体与社会成员之间关系的规则中,占绝大多数的是行政法规则,尤其在宪法还没有具有近代意义的情况下,所有公法规则或者调整公共关系的规则都是以行政法的形式出现的。这一点说明,后来法律制度的发展,既包括公法制度的发展,也包括私法制度的发展都受到了行政法的影响。行政法作为其他法律发展之基础也由此得到印证。由此我们可以进一步将行政法的客观性予以强调,即人类如果不是社会动物,其自身状态就有可能不是现在的状况,其发生关系的形式也不是现在的形式,其形成的公法规则也就不是现在的规则。

总之,行政法是人类在社会状态下形成的智力结果。而这一结果则是通过人类在调整自身关系的过程中实现的,这是我们对行政法客观性的认识,而这个客观性足以使其成为一个独立之事物;行政法与客观性相适应的是其有形性。行政法是否为有形的东西,学界亦无系统探讨。我们从学者对行政法的描述似乎看不出来行政法究竟为有形之物,还是无形之物。学者们通常认为,行政法是从复杂的社会现象中游离出来的,其是对复杂的社会现象的一个抽象,既然是一种抽象它就应当是无形的。一些学者还将行政法与其他部门法相比,认为行政法是一个有关调整行政管理关系的法律规范的总称。② 其他部门法由于有专门的典则似乎是有形的,行政法由于无专门的典则因而是无形的。

---

① [美]约翰·梅西·赞恩著:《法律简史》,孙运申译,中国友谊出版公司2005年版,第15页。

② 例如前苏联学者马诺辛认为:"行政法作为一种概念范畴就是管理法,更确切一点说,就是国家管理法。"苏维埃行政法"调整苏维埃国家管理范围内的社会关系,即在社会主义和共产主义建设中为完成国家任务和行使国家职能而进行实际组织工作的过程中产生的关系。"参见[苏]B.M.马诺辛等著:《苏维埃行政法》,黄道秀译,群众出版社1983年版,第29页。

行政法学者在阐释行政法究竟为有形还是无形的问题上要么予以回避,要么保持非常谨慎的态度,要么否定其有形性。对行政法作出有形性回答的教科书非常少。

笔者认为,行政法作为一种客观事物,这种客观性同时决定了其有形性。当然,从哲学的角度讲,不一定所有客观的东西都必然是有形的。但行政法从公共社会中社会与个人关系而产生的客观性决定了其必然是有形的。一方面,行政法所连结的事物的有形性决定了行政法的有形性。行政法所连结的是一国行政体系与其相对人的关系,行政主体是有形的,而行政相对人也是有形的,对这两个有形之物确立新的关系形式的行为规则也应当是有形的。另一方面,行政法的外形是规范,或者由规范构成的典则体系。任何一个行政法规范都是一个有形的东西。例如,《美国联邦行政程序法》第705条复审期间的救济规定:"如果机关认为出于司法需要应推迟该机关行为的生效日期,以待司法复审,它便可以推迟生效日期。在必要情况下,为了防止发生不可弥补的损害,复审法院,包括可以受理上诉请求的法院,向复审法院下达调卷令和其他命令的法院,可以采取一切必要和适当的措施,推迟机关行为的生效日期,或在复审程序终结以前维持原状或保留权利。"① 该条文就是一个比较典型的以一定形式而出现的存在物。任何一个行政法典则也必然是有形的,例如,《西班牙行政程序法典》,② 其中的章、节、目等都是以较为标准的外形摆在人们面前的。③ 同时,与行政法规范

---

① 萧榕主编:《世界著名法典选编》(行政法),中国民主法制出版社1997年版,第8页。
② 参见萧榕主编:《世界著名法典选编(行政法)》,中国民主法制出版社1997年版,第292页。
③ 在现代法治国家,越来越强调行政法规范外形的标准性,以《中华人民共和国立法法》和《行政法规制定程序条例》、《规章制定程序条例》为例,其中关于行政法规范的外形作了较为严格的标准化规定。行政法规范中是否有无形的因素是需要探讨的问题。例如,在普通法系一些行政习惯可以成为行政法规范的内容,这些习惯究竟是有形的,还是无形的,是一个需要探讨的问题。

实施和实现有关的机制也是有形的。行政法规范的实施机制是一国的行政法治机构，主要包括行政系统及其司法系统。行政系统是行政法实施的当然主体，行政法的适用几乎都是在行政机构体系的行为下完成的。这些机构体系虽有类型上的划分，但它们共同构成了行政法实施的核心主体，该机构主体的整体及构成部分都是有形的，包括机构设置上的有形和人员构成上的有形等。行政法实施机构的第二类是一国的司法机构，它们不负责行政法中每一个规范的实施，只是在规范实施遇到障碍时发挥作用。应当说明的是在不同政权体系的国家，行政法实施过程中司法主体所起的作用有所不同。有学者将行政法的实施机制及其由此决定的行政法特征概括为三种，即法律一体主义、法律分立主义和法律监督主义。法律一体主义指其将行政法与其他部门法不作区分，一切法律问题都归于普通法的范畴之中。在这样的体制之下，行政系统遇到的行政法实施问题，尤其遇到的社会公众与行政系统的行政纠纷问题统一归于一般的法律程序和诉讼机制之中。一般法院也就成了行政法实施的机构。法律分立主义则将行政法问题与其他私法问题予以区分，一般的法律问题归一般法院管辖，而行政性的法律问题则归到行政法院中去，前提是在其政权体系中设定了专门的行政法院，其专门负责因行政法实施而引起的司法问题。在法律监督主义的机制之下，司法机关和立法机关都负责对法律实施的监控，行政法的实施既在立法机关的作用之下，也在司法机关的作用之下共同得以实施。① 上列三种模式对于行政法的性质和走向而言存在巨大差别，且会带来不同的影响。而它们也有共同的地方，即就是负责行政法实施的机构都

---

① 在行政法学理论中人们一般认为行政法实施是由行政机关进行的，我们认为，如果把行政法放在法律体系的机制之下，就可以看出，行政机关只是行政法实施的主要机构，立法机关和司法机关在行政法实施中都扮演着非常重要的角色，它们或者对行政法的实施起到监督作用，或者起到信息的提供和反馈作用，或者起到纠错作用。

是有形的。也正因为各自的外形不同，人们才对它们作出了区分。上列两个方面足以证实行政法是一个事物，作为事物行政法是可以被感知的。如何理解行政法的可感知性是一个需要进一步论证的问题，这个问题就其性质而言更接近于哲学范畴。因此，我们在这里暂不深层分析。

（二）行政法是一个整体

整体性是现代系统论的基本原则之一，是人类对事物性质认识的一个深化。依系统理论中的整体性原则，一方面，任何事物都是一个将整体与部分予以结合的存在物。另一方面，各个部分存在于整体之下，单就部分进行研究难以得出科学结论。① 行政法作为一个事物同样具有整体性，这是行政法学问题研究应当重点强调的。我们知道，行政法这一事物之中，其整体与部分的关系比任何其他部门法都复杂，正如前面指出的行政法是由若干元素构成的规范之总和。强调其总和性的原因就在于构成行政法的部分要多于其他部门法的部分。行政法构成部分的复杂性，甚至使人们对行政法作为一个整体事物常常产生怀疑，即是说，在行政法这个事物之下究竟包括什么样的部分，什么样的部分能够构成行政法的整体都有不同认识。我们可以将不同国家编纂的行政法典放在一起进行考察。例如，中国学者所编纂的行政法典则多以行

---

① 在系统论中，整体论的基本观点是：一则，一个事物在与外部发生联系时，它自身是一个整体，正是这个整体使该事物有了自己的特性并以之区别于其他事物。二则，在作为整体的事物中，存在若干不同的部分，而各个部分之间是相互联系的，如果将一个孤立的部分抽取出来进行研究就难以得出正确的结论。三则，整体在对外部事物的功能上大于各个部分的总和，即部分之间的简单相加并不能呈现出这个事物本身的功能。当然，大于部分之和的东西是在各个部分以某种方式相互作用之下进行的。四则，各个部分之间的性质不能与事物总体的性质同日而语，正是各个部分之间新的组合关系使该事物产生了新质。五则，整体性是一个过程，有其历史现状和未来，而且在这个过程之中不同阶段之间也存在相互作用的关系。这个关于事物整体性的原理对于我们分析行政法现象是有意义的。

政管理典则为主,而规范政府的典则所占的比重并不多。而美国学者编纂的美国行政法典则竟没有一个有关行政管理的行政法典则。① 行政法内涵上的巨大差异使人们常常疏忽了行政法的整体性这一基本原则。在笔者看来,行政法的整体性可以通过下列方面予以说明。

第一,行政法与其他部门法区别中的整体性。一国法律体系由不同的法律部门构成。不可否认,一国的法律体系本身是一个事物,其与其他事物予以区别。同时,在法律体系这个事物之中又存在着若干不同的部门法,至于部门法的多与少则要根据一国的法律文化和其他内外在因素而决定。通常情况下,一些基本的部门法是任何一国家法律体系中都具有的,如宪法、行政法、刑法、民法、诉讼法等。每一个部门法之间也可能存在交织,也可能存在相互之间界限上的相对模糊性,但每一个部门法都是一个相对独立的整体。当我们说一国具有民事法律部门、刑事法律部门时,我们实际上肯定了这个法律部门的独立性和其作为一个整体事物的特性。如果没有这样的整体性,这个部门法也许就不能存在。因为,我们无法将一个部门法中的部分元素拿来代替这个部门法的整体。行政法就是在与其他部门法的比较中将其整体性予以呈现的。在这个整体性上,行政法已经没有阶级的概念,国家的概念乃至于法系的概念,即当我们说行政法与民法不是一个法律部门,与刑法不是一个法律部门时,我们并没有将其限定在一个特定的国家和特定的法系之中。从这个意义上讲,行政法作为一个事物的整体性是一个放之任何一个国家都准确的问题。当然,不同国度的行政法,不同法系的行政法进行比较研究则是另外一个问题。

第二,行政法对其客体发生作用的整体性。泰·德萨米在《公有法

---

① 参见《世界各国法律大典》总编译委员会主持编译:《美国法典》(宪法行政法卷),中国社会科学出版社1993年版。

典》一书中指出:"确认、协调、批准、鼓励、活跃和促进工业、艺术和科学的发展,这将是法律的主要目的。指明、规定和管理共同的劳动和娱乐,制定实际的治安措施和卫生措施——所有这一切都属于法律的管辖范围。法律将不会是含糊不清、模糊难懂、模棱两可、暧昧不明、富有弹性、凭空臆断的,也不会是万能的。法律拥有行善的效力,而将无力为恶。因为不要忘记,一切章程和法令、一切决议和决定,都应该严格地、忠实地以根本法为依据,都只应是根本法的应用和发展,否则就被视作完全无效。"[①]这实质上是对行政法现象在社会过程中如何发生作用的分析。这个分析虽没有指明行政法在发挥作用中作为主体与客体之间的关系,但我们可以说,客观的社会事态,尤其由行政法所控制的社会事态就是行政法的客体,亦即行政法发生作用的客体。在泰·德萨米看来,行政法发生作用的社会事态不止一个两个方面,而是若干不同的方面。在现代社会中,行政法发生作用的社会事态之方面还在不断增加。我们说行政法发生作用的社会客体有上百个方面也都不为过。因为如果把行政法理解成行政管理法,其发生作用的领域的确有无数个客体和事态。然而,行政法作用客体及其相关事态类型的复杂性并没有改变行政法这一事物的整体性,即是说行政法面对其发生作用的客体时是以一个整体出现的。其客体的多样化都必然归结于行政法这个整体事物之下。

第三,不同法系或法圈区别中的整体性。行政法和其他部门法一样都存在于一个主权国家之下,这样我们便可以说一个主权国家的行政法相对于另一个主权国家的行政法是一个整体,这应当是没有争议的问题。同时,行政法还有法系和法圈的区分。法系指在法律发展过

[①] [法]泰·德萨米著:《公有法典》,黄建华、姜亚洲译,商务印书馆1982年版,第225页。

程中形成的不同法律特性和法律传统,人们一般将具有同一特性的不同主权国家的法律归于同一个法系之下。梅利曼在《大陆法系》①一书中将法系概括为三个,一是大陆法系,即在欧亚大陆诸国存在的法律制度;二是普通法系,即存在于英联邦国家的法律制度;三是社会主义法系,即存在于社会主义诸国的法律制度。② 不同法系不仅仅有一个原则上和整体上的区分,更为重要的是各个部门法在不同法系亦有不同的状况,行政法在不同法系亦有不同表现。当我们称谓不同法系的行政法时,我们是将某一法系的行政法作为一个整体看待的,王连昌主编的《行政法学》一书就对大陆法系的行政法和英美法系的行政法作了这样的区分:"从上述历史发展可以看出,两大法系行政法在许多方面存在区别。(1)在法律体系上的不同。在法律体系上,大陆法系行政法构成一个独立的法律体系,其行政法的内容广泛,既包括行政组织法,也包括行政活动方面的法,以及对行政权力监督与控制的法,自成比较完整的系统。英美法系无公法私法之分,行政法不构成一个独立的法律体系,其行政法的内容侧重于法院对行政行为的司法审查,以控制行政权力的越权和滥用为核心,有关行政组织方面的问题一般不作为行政法的内容。(2)在适用法律规则上的不同。在处理与解决行政案件上,大陆法系国家以适用行政法规则为原则,而适用一般法律规则为补充和例外。而在英美法系国家,则以适用一般法律规则(即普通法规则)为原则,适用特别的或专门的行政法规则为补充或例外。(3)在司法体制上的不同。在有关裁决行政案件的司法体制上,大陆法系国家设有完全独立于普通法院之外并与其并列的自成体系的行政法院,专门处

---

① [美]梅利曼著:《大陆法系》,顾培东等译,知识出版社1984年版,第3—5页。
② 在西方学者关于法系的分类标准中,有学者将世界各国法系分为:"罗马—日耳曼法系、社会主义法系、普通法系和宗教与传统法系"四大类。参见[捷克]维克多·纳普著:《当代学术通观》下,何林发译,上海人民出版社2004年版,第621页。

理行政案件,两套法院平行并列,互不从属。英美法系国家,行政诉讼和民事诉讼、刑事诉讼一样由普通法院按照普通法程序管辖,没有设立专门独立的行政法院系统。"[1]每一个法系的行政法都是一个整体。在法律分析中,除了法系的概念之外,还有法圈的概念。不同法圈的行政法进行区分亦将行政法作为一个整体而对待。现代系统论中整体与部分关系的原理使我们不得不在考量行政法分析逻辑的过程中强调行政法这一事物的整体特性。

(三) 行政法是一个过程

行政法作为一个过程的命题是对行政法现象所作的另一层面的认识,也是对行政法现象从另一个角度进行的解读。人们一般不会疏于行政法的静态特性,一国行政法体系及其典则构成上的相对稳定性就是其静态特性的体现。而行政法的静态特性只是其属性之一,甚至可以说不是其属性的核心方面。行政法存在于社会之中,社会过程从不同侧面决定了行政法过程。

一则,行政法本身就是一个历史现象,即是说行政作为社会现象的同时还是一个历史现象。所谓历史现象就是说行政法在社会发展的不同阶段有不同的特性,行政法学界关于古代行政法与现代行政法的论点就是对其历史性的肯定,就是基于历史特性而对其作出的划分。当然,笔者在前面已经指出行政法到现在为止已经超越了现代性而进入了后现代阶段。因为,在后现代阶段行政法有着它自己新的属性,新的时代精神。

二则,行政法的运行是动态的。我们通常所看到的行政法典则和行政法规范只是行政法在运行中所处的一个环节。由于认识上的偏

---

[1] 王连昌著:《行政法学》,中国政法大学出版社1994年版,第30—31页。

差,将行政法典则和规范凝固在一个特定的阶段上,并使其以静态的形式出现,更为可怕是竟将这个静态的凝固点称之为行政法,用它代替行政法之全部。毋须争论,一个摆在那里静止不动的行政法是不能称之为行政法的。"作为公理,有一个观点有必要在这里进行说明。在实施法律的条件形成之前是不存在法律的,并且法律也是不可能存在的。如果有这样的法律是不可想象的。"①由此可见,没有行政执法机关和其他法律主体的法律行为,行政法就是毫无意义的东西,进而推之,行政法作为一个过程,作为一个动态的事物是其又一基本属性。行政法作为过程的实现状况是行政法分析逻辑解读的关键点之一。应当指出,笔者对行政法现象上列三个方面属性的概括虽然是解决行政法分析学逻辑过程所必需的,虽然将其归入行政法规范之下研究是正当的,但不能否认的是上列三个判断具有哲学上的价值,它对于我们研究行政法问题具有重要的理论意义。

二、行政法现象中的事实归纳

(一)事实归纳的概念

应当说,有关法律问题的推论存在于三个不同的范畴之中,这三个范畴构成了各自的逻辑过程。第一个范畴是法律实施中由法律适用机关所进行的推理。这个推理以法律和案件事实的结合为最终。伯顿将这一范畴的推理概括为两种类型,即类比法律推理和演绎法律推理。存在这两种推理的原因在于,一国的实在法通常由两部分构成,一部分

---

① [美]约翰·梅西·赞恩著:《法律简史》,孙运申译,中国友谊出版公司2005年版,第29页。

是立法机关或行政机关制定的法律或法规,一般称之为制定法。另一部分是法官在他们的权限范围内通过对案件的判决造就的法,一般称之为法官法。当然,在行政法的适用中,由于行政主体亦经常面对诸多行政先例,这使得行政先例也与法官具有同样的性质,此一类型的法律也称之为判例法。在制定法适用的情况下,法律适用主体所运用的是演绎推理。"演绎形式的法律推理与从制定法出发的推理联系最为密切。制定法通常由一般规则组成,这种规则存在于各种官方法律文件之中,如宪法、法律、法典、法规和行政命令等。演绎法律推理在若干关键方面不同于类比法律推理。首先,它是以规则而非案件为起点的推理。在规则支配的案件具体发生前,规则就已经制定。第二,立法至上原则一般要求法官扮演一种从属于更具民主特色的政府机构的角色。因此,对一项制定法规则的权威性陈述在非司法的立法者修改或废除它前,仍然如同它被制定时一样,是稳定的。法院无权在解释规则的判例法产生过程中重新制定这些规则。法院也不能无视一项可以适用的制定法规则,因为在正常情况下它的权威高于任何不连贯的普通法。第三,对制定法规则的稳定的陈述,使得从这样一些规则出发的法律推理严重关切规则的解释问题。司法的任务是在由规则指定的一批批案件中对问题案件进行分类。"①演绎推理的情况下,制定法的规范和原则是大前提,法律适用主体通过三段论将案件事实与规范或法律原则予以结合,并使规范得到实施。类比推理是在法官法或判例法适用的情形下采用的推理手段。"普通法的核心原则是遵循先例:曾经在一个适当的案件中得到裁决的法律点或法律问题,不应在包含同样问题并属于同一管辖权的其他案件中重新加以考虑(除非情况有某种变更,证

---

① [美]史蒂文·J.伯顿著:《法律和法律推理导论》,张志铭、解兴权译,中国政法大学出版社1998年版,第50—51页。

明改变法律为正当)。因此,既决的法律点通常是有约束力或有权威的,并且被称之为法定依据。遵循先例原则支撑着普通法的判例学说,该学说把先前判决的案件当作此后案件的判决依据。判例学说下的推理主要是通过类比进行的,其基本要求是同样案件同样判决。这是形式主义的要求。"[①]非常清楚,先前的判例对以后同样案件具有同样拘束力。法律适用主体在类比推理中必须将当下发生的案件与先前同类案件的相同性找出来。其实,类比法律推理只是演绎法律推理的转化形式。因为在类比推理的情境下大前提同样是不可缺少的,整个过程亦带有强烈的三段论的色彩。是否可以说法律实施中的推理都是演绎推理的形式?在笔者看来,这样说似乎是有道理的。因为法律适用中典则或规范本身就是已经设定好的大前提。只要有设定好的大前提,后续的事情就是通过三段论得出一个案件结论。

第二个范畴是法学研究中由学者们进行的推理。这类推理由于是纯粹的学术研究活动,因此,推理方式也与其他科学研究中的推理没有本质区别。演绎推理和归纳推理也就成了此一范畴推理的两种基本手段。应当强调的是,此一范畴的推理具有纯粹的理论属性。即无论运用归纳的形式,还是运用演绎的形式,其结果都是把相关的理论问题予以澄清。行政法学研究中就经常使用归纳推理和演绎推理。由于我国行政法学研究以规范为核心,因此,行政法学研究中的推理演绎形式要多于归纳形式。虽然学者们在行政法问题的表述中并不说明其是通过演绎进行逻辑推理的,但其整个的推理过程都跳不出演绎的圈子。例如,在行政法问题的讲解中,一般教科书都先结合实在法介绍一个法律概念,然后再结合具体案件对这一实在法的条文进行注释,让案件的情

---

① [美]史蒂文·J.伯顿著:《法律和法律推理导论》,张志铭、解兴权译,中国政法大学出版社1998年版,第31页。

形与条文予以对应。

第三个范畴就是存在于行政法分析学中的推理范畴，这个范畴的推理是由有关的研究主体和有关的专职法治机构完成的。这一推理既不在于对具体案件进行法律适用，也不在于对已经确定好的行政法典则进行解释，而是对行政法在实施中的状况进行后续的推理。作为一种推理就目前人们的认知水准而言，仍然由归纳推理和演绎推理两个基本的推理方法构成，这两个方法也形成了行政法分析学的逻辑过程。我们说，这一范畴的推理区别于前两个范畴的推理，是说，一方面，这一范畴的推理其目的与前两个范畴的推理有所不同。其是对行政法典则的下行进路进行逻辑分析，而不是像上述第一种推理中对规范的具体实施进行推理。其目的是分析行政法规范在实施中的问题。也不像上述第二种推理中对规范进行解释，而是解释规范引来的后续问题。另一方面，这一范畴的推理其过程与前两个推理不同。前两个推理的过程都限定在一个相对狭小的空间之中，且都是一个相对单一的行政法域。而此一范畴的推理则范围相对宽阔，存在于规范及其与社会事实结合的广延领域之中，这个范畴的推理就很好地反映了行政法分析学的逻辑过程。

在行政法分析学的逻辑推理中同样有归纳推理和演绎推理两种形式，而且在这个推理过程中两种推理方法在不同的环节上扮演角色。我们先考察行政法分析学中的归纳推理。行政法分析学中的归纳推理是对有关事实的归纳，这些事实有些是行政法事实，有些属于最终会引起行政法问题的社会事实。归纳推理的基本原理是通过对大量个别事实的观察得出一个相对普遍的结论，从单个问题的归纳开始就成为这一推理的基本点。

其一，行政法现象中的事实归纳要求掌握行政法现象中的个别，并对个别进行逐一考察。那么，究竟什么是行政法中的个别是需要推理者解决的问题。个别可因每次推理设定的问题性质来确定,或根据每次推理的目标来确定。例如,我们可以把每一个行政法典则当成一个个别,我们可以把每个行政法案件当成一个个别,我们还可以将每个行政法适用过程当成一个个别。对行政法问题中个别的掌握是在绝对个别理念的支配下进行的。换言之,归纳行政法现象中的个别不能加进一般的东西,不能用既成的行政法指导思想和基本原则套用这些个别。如果不适当地套用这些个别则很可能使归纳推理变成演绎推理。

其二,行政法现象中的事实归纳要求掌握行政法现象中的细节。行政法现象中的细节是与行政法现象中的总体格局相对而言的。毫无疑问,摆在我们面前的行政法现象通常都不是细节,而是一个作为整体和宏观的事物。对整体和宏观的把握与对细节的把握具有极大的差异性。因为宏观上与整体上的合理性并不必然反映其在细节上的合理性。以《行政处罚法》为例,我们将行政处罚决定程序作为一个整体看,其有三个程序,即简易程序、一般程序和听证程序。其程序设计的宏观方面是较为完整的。然而,如果我们转入对细节的分析,就是另一种情形了,因为其中作为重要程序的听证程序只有两个条文支撑。进一步的归纳则会带来问题研究中的另一番景象。这正是行政法分析学的逻辑过程所强调的,也是它才能够做到的。

其三,行政法现象中的事实归纳要求掌握行政法现象中的具体。丹宁勋爵是英国著名法学家,其在公法学的研究中同样具有很深造诣。在笔者看来,丹宁的研究不可以归入行政法哲学之中,或者法律哲学之中,也不应当归入规范研究之中,其侧重点在法律和公法的问题方面。其善于发现法律问题并对这些法律问题进行多学科的分析。这样的研究非常接近于行政法分析学的研究方法,令笔者感到惊讶的是丹宁的诸多研究都在具体问题上,其不太侧重于将问题进行抽象,也不太侧重于把握问题的普遍性。其在《法律的训诫》一书中对行政法问题就作过这样一个具体分析:"三十年前,法律界所有的人都在司法的和行政的之间划了一条界限。假如某公共权力机关是在执行司法任务,那么法院就可以用调卷令和训令控制它的行为。但是,如果它是在执行行政任务,那么它的决定就完全不受法院的管辖,调卷令和训令对它不起作用,并且当时也没有人要求宣告令。在战时和战争结束时,这种界限曾屡屡被人提起。当时,法院极不愿意干预大臣们的自由裁量权——在战争中——补救这种自由裁量权造成的损害。"① 上列三个方面是我们把握行政法现象事实归纳的关键点,也是行政法现象事实归纳的精神实质。

(二)事实归纳的范围

在行政法学的规范研究中,归纳方法也是重要的推理形式。学者们通过归纳推理也能够得出一些合理的结论。需要强调的是行政法规范研究中的归纳推理受制于行政法典则和规范。因此,在归纳过程中进行归纳的元素是受到限制的。推理过程中的归纳范围对于研究者而言是被动的,其不可以人为设定归纳中的相关元素。在行政法分析学中,归纳的范围则可以由分析主体进行选择或者设定。因为行政法分析学中的归纳是对行政法事实的归纳,其远远超出了典则和规范的范围。具体地讲,行政法现象中事实归纳的范围包括:第一,对典则最小元素的归纳。行政法典则是由概念、判断等构成的。在法理学中,对典则的构成要素一般作出这样的解读:一是典则中具有假定条款,即设定一种问题状况。二是典则中具有处理条款,就是对假定条款中的问题进行处理。三是制裁条款,即以一定的法律制裁作为最后手段。② 上

---

① [英]丹宁著:《法律的训诫》,刘庸安等译,群众出版社1985年版,第77—78页。
② 参见王勇飞编:《法学基础理论参考资料》(下),北京大学出版社1985年版,第1350—1351页。

列三个内容实质上都是由概念、判断构成的。深而论之,行政法典则本身是一些文字,这些文字所反映的即是典则中的联系形式。典则背后的元素才是典则中具有实质意义的部分。行政法分析学中的归纳已经不是以典则的文字为推理对象,也不以典则中的概念、判断为归纳对象,而是以其后面的事实为归纳对象。这些事实是由一些最小元素构成的。例如,典则中的主体、客体、主体的权利和义务,等等。至于典则背后的元素如何选择,如何确定则是一个认知范畴的问题。即是说,我们对行政法现象的认知越深刻,所选择的元素也就越具体、越真实。反之,则是另一种情形。①

第二,对典则适用状态的归纳。行政法典则的适用是行政法实施

---

① 在行政法适用的推理中,西方一些国家已经不自觉地对有关行政法事实进行一定程度的归纳,而这个归纳已经超出了典则的范畴,其是构成典则的单位或元素。1964 年在《纽约时报》诽谤政府官员案的判决中法官就有这样两段推理:"在这个过程中,很可能会产生对政府和公职官员的猛烈的、尖刻的,有时甚至是令人不愉快的尖锐批评。广告作为这个时代对政治问题不满进行发泄的主要场所,很明显是受到宪法保护的。问题在于,是否由于广告中存在了一些虚假的内容,或是被宣称诽谤了某人的名誉,就会丧失受保护的权利。对第一修正案的权威解释已经明确拒绝对言论内容真实性的检测,不管是否有法官、陪审团,或是行政长官的命令,并特别提出不将这种解释真实性的责任强加给言论发表人。在自由辩论中,错误的言论是不可避免的。如果自由言论想要拥有'呼吸的空间','得以存活',则必须受到保护。言论对政府官员的名誉有损失并不意味着该言论就必须被镇压,因为这样将导致真正的错误。批评并不因为是针对政府官员的就不受宪法的保护,而且,政府官员的声誉也不会因为受到了一些批评而受损。""对诚实的错误言论的保护是非常重要的,其重要性无异于我们在判定一个售卖淫秽读物的书商有罪时必须有足够的证据一样。如果对批评政府行为言论一定要保证所有细节的真实性,那么肯定会导致'自我约束'。允许对真实性问题进行辩论,包括由被告负举证责任,都并不意味着要阻止虚假的言论。而如果按照州法律,民众对官员的批评会受到限制,即使它有可能是真实的,或者事实上就是真实的,因为人们对在法庭上提出证据有顾虑或者担心不得不为此付出代价。所以人们倾向于对'更宽泛的非法领域'做一些说明。这条法令因此而丧失了活力,限制了公共辩论的多样性,也与第一修正案不相协调。"参见邓冰、苏益群编译:《大法官的智慧》,法律出版社 2004 年版,第 254—255 页。这其中包含了诸多对典则背后行政法事实的归纳,其中提到了诸多构成典则的元素,如政府和公职官员、广告、言论自由、民众对官员的批评等。法官就是在对上述元素归纳的基础上对案件的结论作出选择。在行政法分析学中,归纳元素的状况应当比这个案件中的归纳元素更加复杂。

和实现过程中的基本法律行为。行政法适用与行政法体系以及行政法典则两者是不能同日而语的。良善的行政法典则可以在不良的适用机制中降低其品位。反之,良好的适用机制可能会在一定程度上弥补典则之不足。行政法的适用实质上是行政主体对其权力的运用。埃尔曼谨言:"从古代起,'西方人'便激烈而无休止地讨论着法律与权力的关系,这种争论奠定了法治观念的基础。法律是否仅仅是或主要是国家和社会中执掌权柄者手中的武器? 或者,存在着能使个人或团体对他人意志加以强迫的关系,法律是否总是要对这种关系加以干预? 一种希望既维持秩序又实施正义的法律制度应否为了效率的考虑而对权力加以分散或集中? 联邦制和多元制一类的技术为克服权力过于集中的危险而创造了多重权力中心。但是多大程度的分散化才不至于使法律失去其内聚力? 法律能够在多大范围内容纳对于不足之物的对立要求? 它能否对个人或集团先前获得的权利加以干预?"[1]行政法适用中的权力关系则更加明显一些。笔者之所以要突出行政法适用与行政权力的关系,在于说明行政法适用对于行政法治而言是一个独立的事物,而且是一个具有巨大研究空间的范畴。在行政法分析学中,对行政法典则适用的归纳是其基本内容,包括对适用率的归纳,适用过程中各种指数的评估等。我国行政法学界也有一些学者对行政法的适用问题进行研究。但是,绝大多数关于行政法适用的研究都将侧重点放在演绎研究上,而不太注重对适用过程中个别现象进行归纳。对行政法适用中个别现象的归纳是至关重要的。因为正是一个一个的行政法适用行为和状态反映了一国行政法治的动态进路。

第三,对典则发展进路的归纳。汉斯·沃尔夫对行政法近年来的发展趋势作过这样一个分析:"在统一的法典中系统规定法律规范有助

---

[1] [美]埃尔曼著:《比较法律文化》,贺卫方等译,三联书店1990年版,第92—95页。

于改善公民的法律知识、法律的统一性和安定性。问题是基本条件发生了变化,尤其是民主社会是否合法典化,辅助原则是否说明存在相反的趋势。这些理由说明现在还没有出现统一立法的特别需要。近年来行政法大法典化的呼声日渐沉寂。人们的注意力集中到行政法的非管制化,如协调、简化和加速等。行政法学的首要任务是对那些至今尚未调整的领域(公产法、赔偿法、组织法)进行概念整理和具体化。在法典化之前应当首先实现行政法的协调化。这并不意味着一般行政法'至今仍然停留在不成文法的水平',更不意味着应当优先考虑'通过案例法的个案发展'方式。"[1]沃尔夫的此段话是对人们企求行政法法典化的一个描述,但同时让我们看到其是对行政法发展进路的分析。这个分析虽然存在于行政法的规范研究之中,但沃尔夫通过对存在于德国的行政法典则以及与案件事实关系的分析得出了行政法法典化趋势的结论。行政法分析学中对典则发展进路的归纳是一个基本的逻辑过程。在这个归纳中同样具有非常大的研究空间,我们可以对一国行政法体系中历年废止的行政法典则和典则中的规范进行归纳,并对所废止的规范理出一个头绪。我们还可以对历年修改的行政法规范进行归纳并通过归纳得出行政法规范修改的进路。我们还可以对历年制定的新的行政法规范进行归纳,并明确行政法规范的发展趋势。在各国行政法学界也有对规范废止、修改和制定进行的研究,而这些研究中大多是以规范为核心进行的归纳,这与行政法分析学中所要求的归纳存在较大差距。在行政法分析学中,行政法典则废、立、改的归纳是基于社会事实而为之的,即当我们归纳一定历史时期废止的行政法规范时我们始终围绕规范赖以存在的事实背景而展开。例如,我们可以将国家

---

[1] [德]汉斯·J.沃尔夫、奥托·巴霍夫、罗尔夫·施托贝尔著:《行政法》,高家伟译,商务印书馆2002年版,第5—6页。

近年来废止的有关行政审批的行政法规范和政府规章与我国市场经济的深入结合起来,用市场经济的事实归纳行政审批废止的原因以及今后的走势。

三、行政法现象中的规范演绎

(一) 规范演绎的概念

规范与事实构成了行政法分析学中的两个基本范畴,行政法分析学就是要有效地将规范与事实的关系予以梳理,而不是像行政法学中仅仅关注规范那样。因此,行政法分析学的逻辑过程就是对行政法现象中的事实与规范进行处理。上面我们已经讲到,就归纳方法而论,其主要侧重点在事实之中,就是对相关的事实进行归纳。那么,从相对较大的哲学命题看,演绎方法主要针对行政法规范,如果演绎还存在于事实之中,其就会使行政法的分析变成一种相对宽泛的分析。显然,在相对宽泛的分析中,行政法问题的研究同样难以得出正确结论。正是基于这个考虑,笔者认为行政法现象中的演绎是对规范的演绎。应当说明的是对规范的演绎有两个进路:一是从行政法规范出发,对存在于行政法治中的行政法问题进行演绎。这个层面的演绎类似于行政法适用中的规范演绎。二是从有关的高层次原则出发对行政法规范进行演绎,这一部分演绎类似于行政法哲学的研究。这样说的原因在于通过这样的演绎我们能够弄清楚行政法规范的来龙去脉,更为重要的是能够辨识行政法规范的真与假、良与恶等。但是,从相关原则或理念出发对行政法规范进行的演绎还不能与行政法哲学的研究划等号。我们知道,行政法分析学是对行政法所进行的下规范研究,此点决定了我们即使从相对较高的原则出发对行政法规范进行演绎,其侧重点仍然在行政法规范之下,我们的目的是为了确定行政法规范在调控社会关系中的状况,而不是确定行政法规范作为一个事物的特性。由此我们可以进一步分析行政法现象中规范演绎的涵义。

第一,对规范体系向下推演。在演绎推理中,一般都有一个大前提,若大前提真实,推理过程正确,那么结论也就是正确的。在法律适用的推理中,通常不对大前提产生怀疑,即以确定规范的正确性为出发点,进而分析相关的法律行为和法律事实的合理性。在行政法分析学的演绎中,规范体系必须向下进行推演,就是把规范体系规定的状态向相关的社会事实进行推进,向存在于行政过程中的行政关系进行推进。而这个推进不单单以典则或规范的内容判断社会事实和行政关系的合理性(当然,这一部分判断是整个推理过程中的一个环节)。最主要的是在将规范体系向下推演的过程中,评判其与社会事实、行政关系等之间的关系形式,尤其要对规范的合理性做出判定。从这个意义上讲,对规范体系向下推演实质上是一种反向的演绎过程。沿着第一个演绎进路明确社会事实及行政关系与行政法规范的契合度。沿着第二个演绎进路确定行政法规范的客观合理性。笔者提出的这个演绎路径是对行政法学研究中传统演绎方法的一个拓展,这也是行政法分析学中演绎方法与行政法学研究中演绎方法的区别。

第二,对相关原则向下推演。在行政法体系中存在着两个不同层面的原则。第一个层面的原则是我们常常提到的原则,即行政法的基本原则。这个范畴的原则在不同国家的行政法体系中有不同的内容,例如,越权无效就是英国行政法的一个基本原则。韦德甚至认为它是英国行政法的核心原则:"公共当局不应越权,这一简单的命题可以恰当地称之为行政法的核心原则。在很大程度上,法院通过扩大和提炼这一原则发展了这一命题。这一原则发展了许多分支,它的某些方面是人为的。关键的问题是,这一原则应当适用到什么程度?如果授权法明确规定了权限,适用这些限制只是从文字上解释法律语言,进而适用于事实。如果土地只要不是公园,就可以被强制征用,那么在有争议的情况下,法院必须裁定所争议的土地是否是公园的一部分,然后作出判决。如果授权法说,只要部长认为它不是公园就可以强制征用,问题就不那么简单了。从文字看,法院只应弄清楚部长在事实上是否持这种观点。但是,如果部长下达命令,征用海德公园的土地,并且论证说这不是公园的土地,撤销这种滥用职权的行为则是十分重要。那么,如果部长恶意行事,不合情理,或毫无正当根据办事,法院就可以认定这种命令是越权的。这种结果是通过解释法律的艺术实现的。可以推断说,议会没有授予滥用权力的保障。这是总的原则,它体现在法治原则之中,它是解释法律的指导原则。不能指望议会在每部法律中都明确写明这一原则。这是不言而喻的,是每个法律都应当遵守的默示条件,法院可以从法律的字里行间把这一原则抽象出来。违反这一原则的行为应宣布为越权。实体法如此,程序法亦如此。法律的一个明显成就是发展了自然正义的原则。其中一个原则是在受到任何处罚之前必须给予他以公正审判的权利。这些原则也同样建立在默示的法定条件之上。应当推断:议会授权时旨在使此权力得到公正的行使,应当注意到行使此权对某些权益所产生的损害。事实上,议会立法考虑到了法官通过解释立法的背景,这种解释对政府权力加以必要限制,以保证这种权力公正、正当地行使,而不会专断地行使。"[1]汉斯·沃尔夫则将德国行政法的基本原则的核心概括为"行政合法性和法律保留",他指出:"在以实现和维护实质正义的法律状态为目的的国家(实质法治国家),所有公权力的合法行使都应当遵循作为'法律之法'的正义原则。根据

---

[1] [英]威廉·韦德著:《行政法》,徐炳译,中国大百科全书出版社1997年版,第43—44页。

基本法第 20 条第 3 款规定,实质合法性的要求对行政机关、法院、统治机关、立法机关来说都是一样的。它也是欧共体法的组成部分,欧洲法院以此为根据提出了一系列在作出和实施欧共体行为时应当遵循的法治国家原则。实质合法性的实现还只是一种理想,因人类本身的缺陷并没有完全实现。法院裁判和学理研究中的矛盾表明,对已经认定和明确的案件事实作出的裁判仍然可能存在问题,在以对未来社会生活的预测为根据时尤其如此。对维护法律的安定性即法律后果的可预测性来说,至关重要的是将典型利益冲突的权衡规则及其法律后果以法律规范的形式予以宣示,借以约束下级机关,发展其他尽可能合理的法律规则,从而促进尽可能平等的社会生活制度和争议裁决机制。"[①]在我国行政法中,合法行政应当是核心原则,正如《全面推进依法行政实施纲要》所规定的:"行政机关实施行政管理,应当依照法律、法规、规章的规定进行;没有法律、法规、规章的规定,行政机关不得作出影响公民、法人和其他组织权益或者增加公民、法人和其他组织义务的决定。"

  第二个层面的原则是建立在行政法典则体系之外的一国的法治原则和宪法所确定的公法原则。这一层面的原则制约着一国行政法的走向。沃尔夫甚至探讨了欧共体的有关宪政原则对欧洲各国行政法的意义:"欧洲法院提出了一系列作为欧共体原则或者基本原则的法治国家原则。这些原则属于原始欧共体法,在欧共体法的执行特别是行政程序中应当遵守:(1)依法行政原则;(2)法律安定性原则;(3)明确性原则;(4)信赖保护原则;(5)禁止溯及力;(6)比例原则;(7)行政裁量;(8)程序原则,法律听证原则,阅卷权,获得部长会议和执委会文件的权利,行政行为的废止和撤销原则,认真和中立的调查原则,说明理由的

[①] [德]汉斯·J.沃尔夫、奥托·巴霍夫、罗尔夫·施托贝尔著:《行政法》,高家伟译,商务印书馆 2002 年版,第 334—335 页。

义务;(9)诚实性保护;(10)良好行政运行原则。"[1]韦德在《行政法》一书中也讨论了英国宪法原则对行政法的作用。"英国宪法建立在法治基础之上。在行政法这一领域内,这一原则更为显著。法治有许多不同的含义和推论。它的基本含义是,任何事件都必须依法而行。将此原则适用于政府时,它要求每个政府当局必须能够证实自己所做的事是有法律授权的,几乎在一切场合这都意味着有议会立法的授权。否则,它们的行为就是侵权行为(例如征购某人的土地)或侵犯了他人的自由(例如不批准他人的建设计划)。政府行使权力的所有行为,即所有影响他人法律权利、义务和自由的行为都必须说明它有严格的法律依据。受到影响的人都可以诉诸法院。如果法律依据不充分,法院将撤销此行为,他就可以不去理睬它,而不会产生任何后果。"[2]法治和宪法原则对行政法的制约有两个方面。第一个方面是对行政法规范体系的制约,各国行政法典则都以宪法确定的原则作为基础。第二个方面是对行政法实施的约束。即行政法适用主体在行政法的适用中除了考虑行政法中的具体原则和规范内容外,还要考虑宪法原则,尤其宪法对行政权行使所确定的原则。行政法分析学中的演绎逻辑的内涵之一就是由上列两个范畴的原则向下推演。依第一个范畴的原则,推演其在行政法适用中的状态。依第二个范畴的原则,推演行政法规范本身的合理性与否。在对行政法规范合理性的推演中,宪法为行政法所确立的原则是进行推演的大前提。由于这些原则是宪法所确立的,也是一国宪政制度的构成部分。因此,在推演过程中这些原则是不能有所怀疑的。进一步讲,这一层面的演绎推理不具有双向性。

第三,对相关制度向下推演。行政法制度是指由行政法典则设计

---

[1] [德]汉斯·J.沃尔夫、奥托·巴霍夫、罗尔夫·施托贝夫著:《行政法》,高家伟译,商务印书馆2002年版,第126—127页。

[2] [英]威廉·韦德著:《行政法》,徐炳译,中国大百科全书出版社1997年版,第25页。

和确立的制度范畴,关于行政法制度本书前面章节已经有所涉及。典则中的制度是构成行政法秩序的前提之一,其比规范的内容要大一些。正由于此,如果某种制度在行政法中获得了地位,其就很难通过行政机关的行为或者其他机关的行为予以改变。这便提醒我们,制度的合理性与否是非常关键的。合理的制度比合法的规范对行政法社会控制的意义要大许多倍。同样道理,不合理的制度对行政法治的破坏作用也会比规范的不合理大许多倍。由于行政法制度在行政法体系中都是机制化的东西,对它的废止和改变也没有对规范进行调整那么容易。进而言之,在行政法分析学中,对制度的推演——或者由制度向下进行推演,或者由相关的原理出发对制度进行推演——是极其重要的,也是行政法分析学中规范演绎的又一内涵。总之,行政法分析学中规范演绎的概念仅仅存在于行政法分析学中,换句话说,行政法分析学中的规范演绎有它的特定含义,我们必须将其与行政法适用中的演绎区别开来,也必须将其与传统行政法学研究中的演绎区别开来。

(二)规范演绎的作用

我国学者在行政法学研究中有关规范的演绎可以概括为三种类型:一是把规范作为一个"真"的事物进行推演。行政法规范是实在法的组成部分,实在法是通过国家的造法机关制定出来的,它既是一国法律制度的构成部分,也是一国行政法制度的构成部分。基于此,绝大多数的行政法研究行为都将行政法规范推定为"真"的东西,进而对其进行推演。《德国普通行政法》就有这样一个论断:"根据德国法律,原则上公物并不享有特殊地位,而是民法中属于一公法人的财产。尽管奥托·迈尔作了相当的努力,仍未能使德国接受法国学说中的公产'domaine publique'(法国民法典第538条)的特别分类(尽管数个州的州道路法中也使用了公产的字眼)。公物原则上适用民事法律;但在某些方面,特别是公共使用上,又与公法约束相重叠。公共使用是指无需特别许可,任何人都可在一般法律(比较远程道路法第 7 条以及州道路法中的定义)规定的范围内使用的公物(街道,公园等)。依据公共使用这一特征,首先可将公物分为可供公用和不可供公用两类。后者又可分为具有其他不同于公共使用目的者(行政财产,例如行政机关,机构财产),以及无此类目的处于官方手上的公物(财政财产,例如有价证券,备用土地)。尽管辨认这种区别并不一定如此简单(如现金),这种划分仍为界定提供了实用的标准。"[1]其中充分肯定了不论德国私法还是德国公法都是一个为"真"的东西,法律适用主体和法律研究主体只能根据这个为"真"的东西进行法律推演。

二是把规范作为一个"假"的事物进行推演。在这种推演中对规范的内容提出疑问,并进一步否定依这个规范所进行的演绎推理。显然,在这个类型的演绎中规范作为推演的大前提是受到质疑的。因此,下一步的推论必然就不会得出正确结论。在传统行政法教科书中,对一国实在法作为"假"的推演来得较少,至少在我国行政法学科体系中,哪怕是一些具体的、个别的规范,学者们也很少怀疑其是一个"假"的东西。当然,在行政法问题的个别研究中质疑大前提倒是存在的。[2]

三是把规范作为一个中性的东西进行推演。即是说,在这个推演中先不对规范贴上为"真"或者为"假"这样的标签,而是根据规范在实际运行中的状况确立其"真"与"假"以及在社会调控中的有效性。在行

---

[1] [德]平特纳著:《德国普通行政法》,朱林译,中国政法大学出版社 1999 年版,169—170 页。

[2] 例如行政诉讼中不适用调解就有一个大前提,那就是国家行政权力不存在由某个主体进行处分的问题,即不能对这样的权力进行讨价还价。因此,在行政诉讼一审和二审程序中就不适用调解。但近年来,这个理论前提及依据这个前提形成的审判规则受到了越来越多的质疑,当然这个质疑首先是对国家权力不能处分的理论前提的质疑。在行政法学界,诸如这种类型质疑的状况还有不少,但它们都存在于个别研究之中。

政法分析学中,规范演绎应当属于第三种类型。因为,行政法分析是对行政法规范及其事实进行证明,既然是一种证明就必须符合证明的逻辑,必须通过正确的推理得到结论。一旦为"真"或者为"假"的大前提被确定下来,其实就已经有了正确与不正确、合理与不合理的结论。结论已经明确的推演已经不能辩证推演,而只是消极地为自己的结论寻找证据而已。对行政法规范以中性眼光来看待的推演应当具有下列作用。

其一,通过推演把握典则或规范的支撑因素。行政法的典则以及规范只是一种语言,正如上述,在这种语言没有相应背景材料的情况下其便是存在于纸上的文字。行政法现象中的规范演绎首先要寻求规范的支撑因素,包括规范存在的社会基础,包括支撑规范的行政法关系。正如凯尔森指出:"法律规范所调整的人的行为是由两种因素组成的:属事因素和属人因素,必须要作或不作的事以及必须要作或不作这件事情的人。法律规范在决定作为法律条件或法律后果的人的行为时,就决定了这两个因素。由法律规范构成的属人和属事这两种因素之间的关系,在德语和法语中就以最一般意义上的'资格'这一用语来称谓。一个人有'资格'为一定行为,意思就是只有在这一行为是由这个人作出时,才被给予法律条件或法律后果的质。……在文明人的法律秩序中,只有人才有能力为不法行为。在原始法律中却并不如此,那里的动物、植物甚至无生命的客体都被认为有为不法行为的能力。根据现代法律,甚至也不是所有的人都是不受惩罚的;儿童和精神病患者按例对任何制裁是不负责的,因此他们也就没有能力为不法行为。"[①]由此可见,规范中的支撑因素是非常复杂的,对于行政法而言这种复杂性则更

---

① [美]汉斯·凯尔森著:《法与国家的一般理论》,沈宗灵译,中国大百科全书出版社1996年版,第102页。

加突出。因为,行政法典则中的公与私本身就不是绝对的。

其二,通过推演把握典则或规范的运用状态。行政法典则及规范的存在是一回事,而其运用则是另一回事。进一步讲,制定出来摆在行政法体系中的每一个行政法典则及规范只是一个静态的存在物,其是否已经被运用若不通过一定的研究便不得而知。运用的典则与不运用的典则,运用频率高的典则与运用频率低的典则其自身并不能在法律体系中得到体现。目前,行政法学研究中似乎也没有为这个问题留下空间。行政法分析学是对行政法规范及其与行政法事实之关系的考察。因此,在行政法的逻辑推演中必然会涉及典则的运用状况,这也是行政法分析学与行政法学的一个巨大区别。当然,这个区别在有些人看来似乎并不重要。但是,在现代法治国家的立法体制中,人们已经越来越重视立法的成本问题和法律的资源问题。前者要求立法必须尽可能少地投入,言下之意,重复立法、多余立法是现代法治所不能容忍的。后者则将法律本身看成一种社会资源,作为资源其功能在于为社会控制提供能量。如果人们已经有非常多的投入,且已经制定出了大量的行政法规范,而这些规范并没有为社会控制提供能量,那么,就可以说这是浪费立法资源的行为。行政法分析学对规范运用状况的把握在一定程度上是依赖于规范演绎的。

行政法分析学导论

下

关保英 著

商务印书馆
The Commercial Press
2011年·北京

目 录

三 范畴

第十一章 作为法位的分析范畴 …………………………… 343
　一、行政法与宪法 ………………………………………… 344
　　（一）宪法典中的行政法规范 ……………………… 344
　　（二）行政法中的宪法规范 ………………………… 346
　　（三）行政法对宪法的具体化 ……………………… 350
　二、行政法在法律体系中的地位 ………………………… 354
　　（一）法律体系中的行政法 ………………………… 354
　　（二）行政法与其他实体法 ………………………… 360
　　（三）行政法与相关程序法 ………………………… 365
　三、行政法法源构成的分析 ……………………………… 368
　　（一）行政法法源中的比重 ………………………… 368
　　（二）行政法各法源的关系 ………………………… 371

第十二章 作为功能的分析范畴 …………………………… 373
　一、行政法的政治功能 …………………………………… 378
　　（一）行政法形成政治机制的政治功能 …………… 378
　　（二）行政法彰显政治价值 ………………………… 389
　　（三）行政法分配公共利益 ………………………… 395
　二、行政法的经济功能 …………………………………… 397
　　（一）行政法中的经济规范 ………………………… 397
　　（二）行政法对经济关系的设定 …………………… 402
　　（三）行政法对经济秩序的维护 …………………… 405

三、行政法的文化功能 …………………………………… 408
　　　　（一）行政法中的文化内容 ……………………………… 408
　　　　（二）行政法作为一国主流文化的形成因素 …………… 411

第十三章　作为调控模式的分析范畴 …………………… 415

　一、行政法凝炼行政权原则的分析 ………………………… 417
　　　　（一）行政权的特性 ……………………………………… 417
　　　　（二）行政权原则在宪法中的反映 ……………………… 422
　　　　（三）行政权原则的意义 ………………………………… 425
　　　　（四）行政权原则的确立方式 …………………………… 428

　二、行政法分配社会资源 …………………………………… 430
　　　　（一）行政法分配社会资源概况 ………………………… 430
　　　　（二）社会资源的界定 …………………………………… 433
　　　　（三）行政法分配社会资源的方式 ……………………… 435

　三、行政法设定社会关系的分析 …………………………… 440
　　　　（一）行政法与社会化 …………………………………… 440
　　　　（二）行政法设定社会关系的方式 ……………………… 442
　　　　（三）行政法设定社会关系与行政法的社会控制质量 … 447

第十四章　作为运作过程的分析范畴 …………………… 448

　一、行政法典则形成的分析 ………………………………… 451
　　　　（一）行政法典则形成机制 ……………………………… 451
　　　　（二）行政法典则形成中的政治 ………………………… 458
　　　　（三）行政法典则形成中的技术因素 …………………… 465

　二、行政法执行的分析 ……………………………………… 468
　　　　（一）行政法的执行机制 ………………………………… 468
　　　　（二）行政执法中的法扣除 ……………………………… 475
　　　　（三）行政执法中的外在因素 …………………………… 481

　三、行政相对人用法问题 …………………………………… 484
　　　　（一）行政相对人用法界定 ……………………………… 484
　　　　（二）行政相对人用法的法治盲区 ……………………… 494

（三）行政相对人用法对实现法治的意义 …………………… 506

第十五章　作为反馈系统的分析范畴 …………………………… 517
　　一、行政法跟踪机制分析 ………………………………………… 522
　　　（一）行政立法 …………………………………………………… 522
　　　（二）行政执法 …………………………………………………… 530
　　二、行政法调研机制分析 ………………………………………… 533
　　　（一）行政法调研机制的设置 …………………………………… 533
　　　（二）行政法调研机制的功能 …………………………………… 536
　　　（三）行政法调研机制与行政法反馈 …………………………… 538
　　三、行政法咨询机制 ……………………………………………… 542
　　　（一）行政法咨询机制与调研机制的比较 ……………………… 542
　　　（二）行政法咨询机制的构成 …………………………………… 544

四　方法

第十六章　统计的分析方法 ……………………………………… 549
　　一、行政法典则的统计 …………………………………………… 554
　　　（一）行政法典则的纵向统计 …………………………………… 554
　　　（二）行政法典则的横向统计 …………………………………… 561
　　　（三）行政法典则统计技术 ……………………………………… 565
　　二、行政法主体的统计分析 ……………………………………… 571
　　　（一）行政法主体的名称统计 …………………………………… 571
　　　（二）行政法主体的类型统计 …………………………………… 576
　　　（三）行政法主体的统计技术 …………………………………… 580
　　三、行政法执行的统计 …………………………………………… 584
　　　（一）行政执法的总量统计 ……………………………………… 584
　　　（二）行政执法的类型统计 ……………………………………… 587

第十七章　证明的分析方法 ……………………………………… 590
　　一、行政法中的统一性分析 ……………………………………… 593
　　　（一）典则内部的一致性 ………………………………………… 593

（二）执法方式的规范性 …………………………………… 599
　　　（三）行政行为的同一性 …………………………………… 603
　二、行政法中的实效性 ………………………………………… 608
　　　（一）行政法控制行政的有效性 …………………………… 608
　　　（二）行政法保护行政相对人的有效性 …………………… 613
　　　（三）行政法社会控制的有效性 …………………………… 619
　三、行政法中的进步性 ………………………………………… 623
　　　（一）行政法符合自然要素 ………………………………… 623
　　　（二）行政法符合社会要素 ………………………………… 627
　　　（三）行政法符合人性要素 ………………………………… 630

第十八章　综合与分解的分析方法 …………………………………… 634
　一、行政法体系中的目标分解与综合 ………………………… 637
　　　（一）行政法体系中的目标 ………………………………… 637
　　　（二）行政法体系中的目标分解 …………………………… 644
　　　（三）行政法体系中的目标综合 …………………………… 650
　二、行政机构体系中的目标分解与综合 ……………………… 656
　　　（一）行政法体系中的静态范畴 …………………………… 656
　　　（二）行政机构设置中的目标状况 ………………………… 661
　　　（三）行政机构设置中目标的价值 ………………………… 664
　三、行政执法中的目标分解与综合 …………………………… 667
　　　（一）行政执法中的目标分解 ……………………………… 667
　　　（二）行政执法中的目标综合 ……………………………… 671
　　　（三）行政执法中目标分解与综合的意义 ………………… 672

第十九章　解释的分析方法 …………………………………………… 674
　一、行政法中的规范解释 ……………………………………… 679
　　　（一）行政法规范解释的概念 ……………………………… 679
　　　（二）行政法规范解释的原由 ……………………………… 691
　　　（三）行政法规范解释的方式 ……………………………… 696
　二、行政法中的冲突解释 ……………………………………… 700

  （一）行政法冲突解释的概念 ………………………………… 700
  （二）行政法规范冲突的类型 ………………………………… 704
  （三）行政法规范冲突的解释机制 …………………………… 710
 三、行政法解释在行政法分析学中的地位 ……………………… 711
  （一）行政法解释作为一门独立学科 ………………………… 711
  （二）行政法解释作为行政法分析学的分支 ………………… 713

第二十章 经验的分析方法 ……………………………………… 716
 一、行政法中传统因素 …………………………………………… 720
  （一）行政法中传统的界定 …………………………………… 720
  （二）行政法中传统的价值 …………………………………… 724
  （三）行政法中传统分析方法的运用 ………………………… 728
 二、行政法中本土因素 …………………………………………… 732
  （一）行政法中本土的界定 …………………………………… 732
  （二）行政法中本土因素的价值 ……………………………… 735
  （三）行政法中本土分析方法的运用 ………………………… 739
 三、行政法中背景材料 …………………………………………… 741
  （一）行政法中背景材料的界定 ……………………………… 741
  （二）行政法中背景材料的价值 ……………………………… 745
  （三）行政法中背景材料分析方法的运用 …………………… 747

附 录

人名索引 ………………………………………………………………… 753
专业术语索引 …………………………………………………………… 758

图 表 目 录

行政法分析学与行政法学方法论比对 ……………………………… 36
行政法学分支图 ……………………………………………………… 61
行政法分析学与行政法哲学比较表 ………………………………… 77

行政法分析学与行政法史学关系图 ……………………………… 86
行政法分析学与部门行政法学类比表 …………………………… 95
行政法分析学与传统行政法学对比表 …………………………… 189
分析时代的价值趋向辐射图 ……………………………………… 214
行政法分析学定量与定性关系图 ………………………………… 244
行政法分析学法证实元素表 ……………………………………… 250
企业目标分解图 …………………………………………………… 666

三　范畴

第十一章 作为法位的分析范畴

行政法分析学作为一个学科的第三个板块是分析的范畴,即究竟哪些领域和客体可以成为行政法分析学的对象。笔者初步选择了五个方面:一是作为法位的分析范畴,二是作为功能的分析范畴,三是作为调控模式的分析范畴,四是作为运作过程的分析范畴,五是作为反馈系统的分析范畴。这五个分析范畴只是一个初步的选择,随着行政法分析学的发展,我们还可能有新的认识。

行政法作为一个事物是我们的一个基本判断,这个判断超越了传统行政法学。对于行政法作为法位的分析而言,对行政法的内部构成是不能不进行分析的,因为行政法的内部构成是行政法在网状的法律结构中不得不厘清其边缘,这些边缘能够从一个侧面反映行政法的法位。基于此,本章我们将分析行政法的法源构成和规范类型。行政法在一国法律体系中不是孤立的,如果一国法律体系有纵向上的排位的话,那么,行政法必然处在某一个层次上。如果一国行政法有横向上的排列与组合的话,行政法亦必然在其中占有一个横向的位置。这个特性决定了行政法法位的分析必须对其在法律体系中的地位作出分析。一国法律体系无论如何排列,其中宪法起着不可取代的作用,甚至可以说正是宪法和宪政制度决定了一国法律体系的具体状况,加之,从法学理论上讲,行政法与宪法都是公法,这样对行政法与宪法关系的分析也是法位分析的内容。笔者对行政法法位的分析似乎更像是行政法学应**当解决的问题而不应当是行政法分析学解决的问题,即将行政法法位**

问题的探讨放在行政法学中去研究是否更妥当一些？笔者认为，在一个较好的行政法学科的构建中，用一定的板块解读行政法在法律体系中的地位当然是可以的，但令人遗憾的是至少在我国的行政法学科体系中并没有为这个问题留下什么空间，最多是在给行政法下定义时指出其是公法而非私法等浅层次问题。再则，行政法分析学对行政法法位的分析与行政法学科中关于行政法地位的探讨还不一定是完全相同的，因为，行政法分析学的研究不在于解释规范，而在于确立规范与事实之间的关系。换言之，行政法学科中关于行政法在法律体系中地位的结论未必与行政法分析学中就同样问题得出的结论相同，这其中的道理是非常清楚的。行政法关于规范地位的确定以规范之状态为特征。与之相对，行政法分析学关于规范地位的确定是以规范与事实的关系为出发点和归宿的。例如，如果我们从行政法学的一般原理出发确定行政法在法律体系中的地位，会毫不犹豫地说行政法的地位低于宪法，宪法是根本法而行政法则是基本法或一般法。然而，一旦进入到行政法分析学领域，行政法的法位问题则是另一种情形，其与宪法的关系就不像在行政法学科中那样简单。宪法中存在的大量行政法规范就可以通过我们的分析被游离出来。同样，行政法体系中也有一些通过我们分析可以清理出来的宪法规范的内容。本章有关行政法法位的分析只是进路式的，也就是说，行政法法位的分析与行政法分析学中的其他问题一样，还有非常大的分析空间。

一、行政法与宪法

（一）宪法典中的行政法规范

行政法是小宪法的说法在行政法学界是一个普遍认同的论点，这个论点源于古德诺的理论,其在《比较行政法》一书中认为,宪法规定国家制度的基本轮廓,行政法则是对这个轮廓的具体化。[①] 这个理论的核心在于将行政法与宪法在法律体系中的位次作了区分,即宪法是根本法或者母法,在一国法律体系中处于最高层次。行政法则处于次一级的层次,在行政法与宪法之间是否还有连结它们的法律层次?对于这个问题理论界没有专门的探讨,但就古德诺和行政法学中的传统认识来看似乎再没有其他层次,即行政法仅次于宪法。这些关于行政法与宪法关系的传统论点,实际上通过行政法分析学的分析就会出现一定的疑问,就会引来行政法学研究中新的问题,甚至有关行政法与宪法关系的新的论点。例如,我们说行政法是仅次于宪法的部门法,那么如何解释行政法中由行政系统制定的规范的地位。不论法治发达国家,还是法治不发达国家,政府行政系统都有制定行政法规范的权力。以我国为例,国务院有权制定行政法规,而国务院的职能机构和直属机构还可以制定政府规章,地方一定层次的政府也有权制定政府规章。政府行政系统制定的法规和规章既不是基本法,也不是一般法,它们的地位比一般法还要低。这个事实说明,行政法仅次于宪法、行政法是对宪法确定的轮廓进行具体规定的说法和理论在逻辑上难以成立。当然,行政法体系中的一部分内容是对宪法轮廓的具体规定。但是,对宪法轮廓进行具体规定的行政法典则和规范在整个行政法体系中究竟占有多少比重,我们并没有进行定量分析。如果我们对这个问题进行定量分析的话,可能会得出另一个结论,因为行政法体系中直接作为宪法之下位法的所占的比重是非常少的。同时,我们肯定不能否定行政法仅次于宪法地位的这个基本理论。这样便提醒我们必须对行政法和宪法

[①] 参见[美]古德诺著:《比较行政法》,白作霖译,中国政法大学出版社2006年版,第5页。

关系理论进行深层次的思考,关于行政法与宪法在法治实践中的地位和意义进行深层次思考,正是行政法分析学的思维方式能够帮助我们对这些问题进行深层次的研究。行政法是宪法的下位法实质上肯定了两个部门法在性质上的差别,即根本法和一般法的差别,或者母法和子法的差别。然而,通过对行政法与宪法关系的进一步分析,我们还会带来新的困惑,因为在宪法典中有大量的行政法规范存在,而且是一些具体的、能够操作的行政法规范,这些规范可以概括为下列方面:宪法关于行政权与其他国家权力关系的规定;关于行政系统在国家政治体制中地位的规定;关于行政系统内部构成的规定;关于行政机关所能够行使的行政权的规定;关于公民权利义务的一些规定;关于行政区域划分的规定等。[①]

(二) 行政法中的宪法规范

行政法与宪法的区分既有形式上的区分,又有实质上的区分。所谓形式上的区分是指从典则的外形以及制定过程将二者予以区别。在这个区分中,宪法与行政法的界限应当是比较清楚的,一则,一国都有一个宪法典,这个宪法典就是对宪法内容的集中体现。我们可以从这个形式上的区分将反映在宪法典中的所有条文及规范都归于宪法之下。除了宪法典以外,一国还有一些宪法性法律文件,例如,我国官方所编纂的法律汇编,就将《反分裂国家法》、《中华人民共和国立法法》、《中华人民共和国全国人民代表大会和地方各级人民代表大会选举法》、《中华人民共和国香港特别行政区基本法》、《中华人民共和国澳门特别行政区基本法》、《中华人民共和国各级人民代表大会常务委员会

---

① 参见关保英著:《行政法教科书之总论行政法》,中国政法大学出版社2009年版,第124页。

监督法》等列于宪法性文件之下。① 同样,行政法也都有自己的典则或者典则体系,例如,《中华人民共和国行政诉讼法》、《中华人民共和国行政处罚法》、《中华人民共和国行政许可法》等都是典型的行政法典。基于典则的外形人们就能够将行政法与宪法予以区分。

二则,一国宪法有独特的制定程序,而行政法的制定程序则没有这么复杂,其只要符合一般的立法程序即可。当然,行政法典则的制定程序要根据行政法规范自身的地位来确定。法律层面的行政法规范与行政法层面的行政法规范的制定程序就有所不同。我们通过制定程序能够有效地将行政法和宪法区别开来。

三则,一国宪法有一套特别的实施方式,而行政法则与其他部门法的实施方式没有较大的区别。在诸多国家的政权体制中,设立了专门的宪法实施监督机构,而行政法则没有这样的实施机构。这种特别与一般的实施程序也能够使我们将宪法与行政法予以区分。②

所谓实质上的区分是指我们从规范性质上对行政法与宪法所作的区分。就规范性质而论,宪法是母法,其内容涉及的是一些根本性条款。我们通常将这种根本性条款定位为有关国家根本制度规定的条款,即宪法对一国国家性质的规定,例如,我国宪法第1条规定:"中华人民共和国是工人阶级领导的、以工农联盟为基础的人民民主专政的社会主义国家。社会主义制度是中华人民共和国的根本制度。禁止任何组织或者个人破坏社会主义制度。"有关国家政权组织方式的规定,

---

① 通常情况下我们将这些法律文件称为"宪法性法律"。学界对它的界定"指有宪法规范存在其中,但形式上又不具备最高法律效力以及严格制定和修改程序的法律文件"。宪法性法律是法律而不是宪法,它们与其它法律一样都是对宪法的具体化,但又与其它法律明显不同。

② 如西方国家普遍设立有"宪法法院"或"宪法委员会",其是为监督和保障宪法实施而设立的专门机构,1920年首创于奥地利,"二战"以后许多国家相继建立起来,如法国、德国等。

这一规定常常被称之为政体,我国的人民代表大会制就是政体的具体形式;对公民权利和义务的规定,主要涉及公民基本权利和义务的内容,因为公民的其他权利可以在下位法中作出规定;对国家结构形式的规定,如一国究竟实行单一制还是实行联邦制。宪法的上列内容都是实质性的。从理论上讲,这些实质性的内容只有宪法才能作出规定,或者换句话说,宪法对上列内容具有独占性和排他性。与宪法实质内容相比,行政法则是有关行政权行使的规则,更多的是具体规则。上列宪法与行政法实质上的区分具有非常重要的理论价值,这种区分已经超出了法律典则的形式。深而论之,我们可以将有关国体、政体、公民基本权利义务、国家结构形式的条款都归于宪法之中,而不管它是以什么形式体现出来的。如果打开了法律形式上的界域,就会出现另一种不同的景象,即行政法中也常常有一些宪法性的条款和内容。

其一,行政法中有关高层行政机关组织的规定是宪法性条款。我国行政组织法中有一个《中华人民共和国国务院组织法》、《中华人民共和国地方各级人民代表大会和地方各级人民政府组织法》,还有国务院制定的《国务院行政机构设置和编制管理条例》等。这些组织规则在宪法有关国务院的规定中也有所反映。从这些规则的调整对象看,其都涉及到国家行政机构体系的设置问题,属于政体的范畴,因而,作为宪法性条款从理论上更容易解释一些。但是,在一国的行政法体系中的确存在大量这样的规范,只不过行政法学界没有注意到这些规范作为宪法性规范的性质而已。

其二,行政法中有关行政机关与其他机关关系的规定是宪法性条款。在行政法典则中,有相当一部分涉及到行政机关与其他国家机关的权力分配关系。例如,《中华人民共和国行政诉讼法》第 3 条第 1 款规定:"人民法院依法对行政案件独立行使审判权,不受行政机关、社会团体和个人的干涉。"该法第 10 条规定:"人民检察院有权对行政诉讼实行法律监督。"这些规定中的内容是有关国家权力分配的事项,这样的事项从法律实质上讲应当由宪法规定。由此可见,在一国行政法体系中存在有关国家权力分配的条款是一个客观事实。①

其三,行政法中有关公民权利义务的基本规定是宪法性条款。任何一个部门法都必然要涉及到公民的权利和义务,行政法与其他部门法相比,所涉及到的公民权利和义务的范围更加广泛一些,这与行政法所涉及的公法范围相对较多有关。但是,以权利和义务的性质而论,行政法不应当对基本权利和义务进行规定。《中华人民共和国立法法》在有关法律保留的条款中规定,有关限制人身自由等的规定只能由法律进行规定。② 这实质上是对宪法的下位法对有关公民权利义务规定的限制。但是,在行政法实在中,典则所涉及公民基本权利和义务的条款是非常多的,我国相当一部分行政法可以就有关限制公民自由的事项作出规定,例如,国务院关于劳动教养的规定,关于对公民进行强制戒毒的规定,还有一些税收、收费等关系到公民财产权及其制度的规定等。这些规定反映在行政法体系之中,甚至成了目前行政法体系的基本构成部分,但从法理上讲,这样的条款都是宪法性的。

其四,行政法中有关国家结构形式的条款是宪法性条款。国家结

---

① 当然,在一般情况下,若宪法典和有关的宪法性文件能够将国家权力的分配关系确定下来就不需要给行政法留下这样的空间。在我国行政法规范中,有相当一部分都涉及到了国家权力的分配关系,有些甚至存在于政府规章层面之中,例如,我们常常会看到,政府规章规定对于在某方面构成犯罪的违法行为要由司法机关追究刑事责任,这实质上已涉及到不同国家机关的权力分配,因为司法机关职能的确定同样应当由宪法来完成。如《价格行政处罚程序规定》第31条规定:"价格主管部门负责人应当根据不同情况分别作出如下决定:(一)确有应受行政处罚的违法行为的,根据情节轻重及具体情况,作出行政处罚决定;(二)违法行为轻微,依法可以不予行政处罚的,不予行政处罚;(三)违法事实不成立的,不得给予行政处罚;(四)违法行为严重的,移交监察机关,依法追究行政纪律责任;(五)违法行为已构成犯罪的,移送司法机关。"行政法中这样的规定应当说是不适当的,但不争的事实是行政法中存在大量这样的权力分配条款。

② 参见《中华人民共和国立法法》第8条。

构形式包括在一个国家中地方政府与中央政府之间的关系,上级政府与下级政府的关系,还包括不同地方国家机关之间的关系。这些关系的处理都应当是宪法的任务,即凡涉及到这样的条款都应当反映在宪法典之中。而我国行政法文件有关国家结构形式的条款亦大量存在,这些规定有些反映在行政组织法中,有些则体现在行政行为法之中,例如《中华人民共和国行政处罚法》关于案件管辖中地域管辖的规定,《中华人民共和国行政诉讼法》关于行政诉讼地域管辖的规定。

(三) 行政法对宪法的具体化

行政法是对宪法的具体化同样是一个定论,指行政法将宪法有关的原则性和制度性的规定予以细化,从而使宪法的相对抽象规定能够变为具体的法律形态。行政法对宪法具体化的命题在行政法学科中鲜有详细解读者,之所以没有较为详细的解读,其主要原因在于行政法学科旨在揭示行政法的基本规范和制度,而且追求对规范和制度的形式解析。进入行政法分析学范畴,对行政法规范的下规范研究必然会将问题作进一步的深化,而不使问题停留在表层。通过分析,我们便会发现,行政法对宪法的具体化包括下列具体化的形式。

一则,通过列举行政相对人权利使宪法具体化。在宪法典中公民的权利既与基本权利有关,又与公民有关。即是说,宪法中规定的权利主体是公民,而公民的概念具有法律概念和政治概念两重属性。宪法中的权利是基本权利,这些基本权利要么是一些相对较大的权利范畴,要么是一些抽象的权利类型。在行政法中问题则发生了变化,一方面,权利主体已经由公民转化为行政相对人,即权利主体的政治属性已经不复存在,所呈现于我们面前的是权利主体的技术属性。这样的技术属性相对于权利享有者而言是十分关键的,这其中的逻辑毋须作深层论证。权利主体的形态转化看似一个形式问题,但这个转化将权利的承受对象针对化了。进一步讲，当权利主体是公民时，权利的承受对象是国家或政府，而国家或政府都是高度抽象的东西，权利主体的权利即使能够实现也是在相对抽象的场域下进行的。一旦权利主体被确定为行政相对人，权利的对象就是行政主体，其在行政法中是一个实体，是一个具体而实在的存在物。行政法将宪法中的基本权利转化为具体权利则更加关键，例如，宪法规定了公民诸多的自由权，到行政法阶段以后，行政相对人的自由权就可以包括相关行政部门法中规定的具体自由权利。①

二则，通过设定行政相对人的义务使宪法具体化。凯尔森对法律义务作了这样的定性："义务概念通常是与权利概念相对称的。如果权利是法律权利的话，它就必然是对某个别人的行为、对别人在法律上负有义务的那种行为的权利。法律权利预定了某个别人的法律义务。这在我们说对别的某个人的行为的权利时是不证自明的。如果债务人在法律上负有义务，有支付一定数目金钱的法律义务，那么债权人就具有要求债务人支付这笔钱的法律权利。但是我们也能讲只有在相应义务加在某个别人身上时才有关于一个人自己行为的法律权利。"② 在行政

---

① 这里有一个问题需引起学界的注意，即在宪法没有规定某些基本权利或权利的情况下，行政法能否创设新的权利的情形。从理论上讲，行政法是不可以超越宪法的，在宪法没有创设新的权利形态的情况下，行政法就不可以设置超越于宪法的权利。但是，在笔者看来，行政法对宪法基本权利的拓展应当是合乎理性的，宪法最为本质的东西是确立公民与国家之间的理性关系，即能够通过宪政制度保障公民的权利，从这个角度讲，行政法拓展宪法中没有的权利与宪法的本质是一致的。事实上，在一国的法治实践中，行政法拓展新的权利的情形并不是鲜事，我国行政法典则就拓展了公民的一系列新的权利，且是最为基本的权利。例如，我国宪法并没有提到公民享有程序权利这样的概念，也没有程序权利的专门条款，但是，后来制定的《中华人民共和国行政处罚法》、《中华人民共和国行政许可法》、《中华人民共和国行政复议法》等都肯定了公民的程序权利。我国行政法规范究竟拓展了多少属于宪法的基本权利，这种拓展对我国法治究竟起到了什么样的作用，同样是行政法分析学今后应当研究的问题。

② ［美］汉斯·凯尔森著：《法与国家的一般理论》，沈宗灵译，中国大百科全书出版社1996年版，第75页。

法中,义务同样是一个极其重要的概念,不过,笔者在此仅指宪法典中规定的公民的义务,即具体到行政法中就是行政相对人的义务,而不是行政主体的义务。行政相对人的义务是行政法上一个非常敏感的问题,近年来随着我国公众权利意识的提升,人们似乎更多地对行政相对人的权利予以关注,并使其成为行政法上的热点问题。而将行政相对人的义务似乎给予了一定的冷漠,使其成为我国行政法上的冰点问题。应当指出的是,在我国行政法学理论基础诸认识中,似乎只有平衡论还研究行政相对人的义务,因为平衡论认为行政法要最大限度地达到行政主体与行政相对人的平衡,既然是一种平衡那就必然通过权利与义务的机制进行调节,行政主体通过权力机制制约行政相对人的义务履行,而行政相对人则用权利机制制约行政主体的义务履行。其他理论则更多地关注行政法中行政相对人的权利问题,这在行政法学研究中是一个非常奇特的现象,也是平衡论引起政府部门重视的一个理由。行政法为行政相对人设定义务在我国的行政管理法中几乎成了一个定式,即每一个行政管理法,不论规章、行政法规,还是法律层面上的行政法规范,都为行政相对人设定了不少义务,尤其政府行政系统制定的规章和法规几乎以设定义务为立法之宗旨。我们可以翻阅2009年9月以前制定的部委规章,几乎无一不是以为行政相对人设定义务为主要内容的。例如,2008年制定的《娱乐场所治安管理办法》其中涉及的内容包括:备案、安全设施、经营活动规范、保安员配备、治安监督检查、罚则,基本上都是管理相对方的一些义务性规定。依现代法治原则,行政法只能对宪法规定的公民义务做具体规定,而无权为行政相对人设定新的义务。那么,行政法治实践的状况又是如何呢?仅凭直观我们就可以看出,行政法不但具体规定了存在于宪法中的公民基本义务,而且也拓展了一系列新的义务。这样的问题是需要通过行政法分析学做进一步分析的,如果我们不作这样的分析,行政法与宪法的深层关系形式就难以得到认知。

三则,通过表述行政法中新的关系形式使宪法具体化。洛克指出:"任何人放弃其自然自由并受制于公民社会的种种限制的唯一的方法,是同其他人协议联合组成为一个共同体,以谋他们彼此间的舒适、安全和和平的生活,以便安稳地享受他们的财产并且有更大的保障来防止共同体以外任何人的侵犯。无论人数多少都可以这样做,因为它并不损及其余的人的自由,后者仍然像以前一样保有自然状态中的自由。当某些人这样同意建立一个共同体或政府时,他们因此就立刻结合起来并组成一个国家,那里的大多数人享有替其余的人作出行动和决定的权利。……因此,当每个人和其他人同意建立一个由一个政府统辖的国家的时候,他使自己对这个社会的每一个成员负有服从大多数的决定和取决于大多数的义务;否则他和其他人为结成一个社会而订立的那个原始契约便毫无意义,而如果他仍然像以前在自然状态中那样地自由和除了受以前在自然状态中的限制以外不受其他拘束,这契约就不成其为契约了。"①这是其有关社会契约理论的一个原理。我们撇开其社会契约理论的内容不谈,仅就其对社会状态的表述看,人们生活在社会中若要过有序的生活就必须存在于一定的社会关系之中,即个人存在于社会关系之中,而无数个社会关系又形成了社会秩序,这样社会通过秩序得以保持和延续,而个人也从其中获取生存、安全等之需要。这个理论既是对社会契约论的经典表述,又是对社会过程的经典表述。宪法确立了社会关系的一般原则和一些基本的社会秩序,上面我们已经提到,宪法将一国国家政权体系与公民的关系予以处理,并通过宪政制度使公民认同一国的法律和政治制度。同时,宪法还留下了巨大的空间,还需要其他部门法设立新的关系。行政法对宪法的具体

---

① [英]洛克著:《政府论》(下篇),瞿菊农等译,商务印书馆1964年版,第61—62页。

化之一就是设立新的行政关系或者社会关系。行政法中设定的一些关系属于行政关系,就是通过政府行政系统控制的关系形式,另一些关系则是纯粹的社会关系,这些关系存在于社会公众之间。例如《中华人民共和国道路交通安全法》关于交通秩序和交通规则中的关系设定就是对社会关系的设定。如果将行政法定位为对宪法的具体化,那么,行政法所设定的关系就仅仅在于拓展宪法已经确立的关系,而不是新的关系。事实上,行政法设定的诸多关系都是宪法典不曾设立的,这里同样存在一个需要我们通过行政法分析学进行分析的问题,即行政法是否能够设立新的社会关系或行政关系,如果在行政法治实践中,行政法的确设定了一系列新的这样的关系,那这些关系究竟占社会关系数量之多少百分比,这个分析对于一国行政法治乃至于宪政制度的完善是很重要的。

二、行政法在法律体系中的地位

(一) 法律体系中的行政法

在法理学中,法律体系是这样被界定的:"法律体系通常指由一个国家的全部现行法律规范分类组合为不同的法律部门而形成的有机联系的统一整体。"①从这个定义我们可以看出,法律体系存在于一个主权国家之中,即只有将法律体系的概念与一个主权国家结合起来才有意义,这是一方面。另一方面,法律体系与法治不是一个有机联系的关系形式。即是说,在一个没有实施法治的国家也可以有完整的法律体系,而有健全法治的国家并不一定要有非常严格的法律体系,因为制定

---

① 《中国大百科全书》法学,中国大百科全书出版社1984年版,第84页。

法以外的规则也是法律的重要形式,但它并不在法律体系之内,或者说在有些国家不在法律体系之内。这一点非常重要,因为依这个论点来推论的话,法律体系并不是法治的必备条件。当然,法律体系的状况是一个国家法治状况的测评指标之一,这一点我们不能否认。再次,法律体系是一个国家实在法的总的体系,其中包括诸多的法律部门和不同的法律渊源。已经失效的法律规范虽然曾经在一国法律制度中存在过,但它不是一国法律体系的构成部分。法律体系是对实在法的一个总的称呼,其中分布诸多不同的规范。正如博登海默所言:"一个法律制度在指导私人行为与官方行为时所使用的规范,在形式上是极为不同的。它们可能——恰如上述这许多引语所论证的——变现为典型的规则形式,这种形式可以被描述为规范控制的方式,其特征是它们具有很高程度的精确性、具体性和明确性。它们也可采取原则形式,亦即旨在确保公正执行法律的一般准则,这些原则与规则相比,范围更广泛、阐述也更模糊;另外,这些原则往往还受制于广泛的例外。法律过程有时还受政策的指导,这些政策可被定义为旨在实现某种明确的社会、经济或意识形态等方面的目标的裁判标准。习惯与社会信念在法律生活中也起着某种作用。所有上述附加的行为与决策标准,同法律规则一样都具有普遍性的属性。它们都是由用以安排或裁定大量人类行为的模式或尺度构成的,而不是由用以处理单一的个别的情形的瞬变而特定的指令构成的。"[①]这个关于法律体系的理论对于我们认识行政法在法律体系中的地位是有指导意义的。我们说,行政法处在法律体系之中,某一个国家的行政法是其法律体系的构成部分。这个判断是一个关于行政法在法律体系之中地位的普遍判断。毫无疑问,这个判断将

[①] [美]E.博登海默著:《法理学——法哲学及其方法》,邓正来译,华夏出版社1987年版,第224—228页。

行政法作为一个整体事物看待并对法律体系发生着作用。同时,行政法在法律体系中有一个属于自己的位置,而这个位置与其作为部门法的事实有关。这就是传统行政法学理论关于行政法在法律体系中地位的认识。若我们用行政法分析学的眼光看待行政法在法律体系中的地位则可以有下列一些初步理解。

第一,以典则出现的行政法。法律体系中无疑排列着非常多的典则,[①]其是由有权的机关依法律确定的程序制定的,每一个典则都有一个符合法律调整对象的条文形式。在我国的法律体系中,究竟哪个层面的行政法典则可以算作构成部分,我们没有一个统一的论点,相关立法文件也没有一个统一规定。例如,各个地方制定的地方性法规和地方政府规章究竟算不算我国法律体系的构成部分。这些问题是法律体系理论的基本问题,在笔者看来,一个法律典则是否为我国法律体系的构成,要根据《中华人民共和国立法法》确立的名分来定。目前《立法法》中的最低法律名分是地方政府规章。也就是说只有地方政府规章以上的行政法文件才能作为我国法律体系的典则,而规章以下的行政法文件则不是。笔者这样确定的原因在于,《中华人民共和国立法法》是我国法律文件制定的程序条款(抑或一定的实体条款),其确定了每个层次法律文件的形式要求,若没在这个形式之内则不能算作法律,从

[①] 一个国家法律体系中究竟有多少典则,似乎很少有学者对其进行统计,尤其在我国这方面的研究少之又少。中共十六大报告提出到2010年要建成我国的市场经济法律体系,且在最近的全国人民代表大会上已经宣布我国的法律体系已经基本建成。笔者认为,在这个问题上,无论我国的立法系统,还是学术界都没有进行过深入研究。例如,当我们在十六大报告中提出要在2010年建成法律体系时,并没有定量分析我们已经有哪些法律体系的元素,我们距离法律体系的总数量还差多少。而当宣布我们已经基本建成社会主义法律体系时,也没有从数量上确立我们的各个法律部类都有多少典则作为支撑。就在宣布建成法律体系之后,我们每年或者每个季度还颁行一系列的法律典则,包括各个层面的法律典则,包括新制定的法律典则和修订的法律典则,等等。

而也不能是法律体系的构成部分。① 行政法中的典则都有其外形,因此,在行政法体系中我们看到的首要材料就是典则。

第二,以制度规则出现的行政法。法律体系中最为明显的存在物是相关的典则,但是,典则实质上只是形式意义的存在物。对于一国法律制度而言,具有实质意义的是由典则或者非典则构成的制度。行政法设置了宏观、微观、中观等不同类型的制度,例如,行政组织法就设置了行政法中的人事制度,其中包括公务员法和行政编制法等设置的制度。这些制度是行政法进行社会规制所必备,托马斯·戴伊对此就有深刻认识,他指出:"权力是社会体制中职位的标志,而不是某个人的标志。当人们在社会机构中占据权势地位和支配地位时,他们就有了权力。一旦他们占据这种地位,不管他们有所作为还是无所作为,都会使人感到权力的存在。他们有所作为或无所作为,都对其他人的行为有着很大的影响。"②即是说,在行政法的控制过程中,权力及其支撑权力的制度才是最具实质意义的。行政法的典则中最重要的莫过于其设立的相关制度。事实上,在行政法典则的制定中,人们首先想到的是制度,其次才是典则。例如,《行政处罚法》就是以行政处罚为依托设立的制度,整部典则都是由有关的制度构成的。以行政处罚中的简易程序

---

① 这个观点只是作者的一个认识,是否能够得到同行的认同还是有疑问的。因为在我国行政法治实践中存在着大量《立法法》规定之外的行政法文件,例如行政规范性文件就没有在《立法法》中取得地位,但它却大量存在于我国的行政法治系统中,行政规范性文件的制定主体多于任何一个其他的行政法文件。因为有规章以上制定权的行政主体亦有权制定行政规范性文件,事实上它们也确实经常性的制定行政法文件。确切地说,在我国只要某一行政机关享有行政主体资格,其就有权制定行政法文件,这从上海市等地方制定的有关行政规范性文件制定程序规定可以看出。例如,《上海市行政规范性文件制定和备案规定》第 6 条就规定:"下列行政机关可以制定规范性文件:(一)市、区(县)和镇(乡)人民政府;(二)市和区(县)人民政府工作部门;(三)依据法律、法规、规章的授权实施行政管理的市人民政府派出机构。"这些典则若不是我国法律体系的构成部分,那它们究竟是什么就必然会有疑问。

② [美]托马斯·戴伊著:《谁掌管美国》,张维等译,世界知识出版社 1980 年版,第 10—11 页。

为例，就设立了一系列制度，正是这些制度使行政处罚的简易程序得以体现和实施。应当说明的是，在法律体系中的制度除了以典则的形式出现外，还有诸多没有存在于典则中的制度。这些制度事实上构成了行政法中的潜在规则，例如，行政法中有些制度是由习惯形成的，在行政会议召开时，所参加的行政人员的座位，就没有行政法规范作出规定，没有通过典则确定这样的制度。但是，不同层次的行政工作人员究竟坐在什么地方是一个非常确定的问题，而且具体的座位排列是不可以出现混乱和具有随意性的，甚至包括行政人员参加重要活动的出场顺序也有一套制度安排。这些制度对于行政过程而言具有非常大的法律效力，一旦谁没有遵守就有可能构成政治事故，虽然法律没有具体的关于此类责任的追究方式，但带来麻烦的行政人员还是会以不同的方式被追究责任的。即是说，这样的制度已经成为法律体系的构成部分，而它们本身还没有在行政法典则中出现。其作为一种制度调整着行政权行使的过程却是不用质疑的。制度的另一个来源可能存在于法外，但他们作为一种制度却是法律体系的基本构成部分。一个国家政治制度由法内和法外两部分构成，无论在发达国家，还是在不发达国家都是事实。通常情况下，发达国家行政权力及其政治机制的法外运作相对少一些，而不发达国家行政权力和政治机制法外运作的情况多一些。但默认法外制度对政治体制和行政权行使的作用却是一个普遍问题。我国行政法中的一些制度就存在于法外，而又不是习惯形成的。例如，我国行政权的行使从法内讲，是由行政系统决定的，最高决定权应当在行政一把手手上。例如，一个行政处罚行为，尤其一个行政许可行为是否要作出，通常情况下是由行政系统的一把手决定的。但是，有些层面上的行政许可和处罚的决定权却不一定在行政一把手。各级人民政府对行政许可问题的决定就可能存在于党政联席会议上，或者存在于党政机构之中。这实质上已经成为一个重要的行政法制度进而存在于我国的法律体系之中。然而,这样重要的制度并不是由法律规范设定的。

第三,以条文形式出现的行政法。正如宪法与行政法的关系有形式上的区分和实质上的区分一样,行政法与其他部门法的区分亦有形式上的区分和实质上的区分两个进路。从形式上讲,凡存在于行政法典则中的法律条文都应当是行政法这一部门法的构成部分。凡存在于民法典则中的法律条文都应当是民法这个部门法的构成部分,依此类推。进入实质区分以后,则会呈现出另一种景象。即此一部门法的典则可能包容了彼一部门法的条文,而彼一部门法的典则则包括了此一部门法的条文。在法律典则发展的早期,不同法律部门在学理上就没有作出区分,因此,人们在制定法典时仅根据统治之需要和社会关系调整之需要,常常将所有部门法的行为规则都集中在一个法典之中,以《汉谟拉比法典》为例,其可以说包括宪法条款、行政法条款、民法条款、刑法条款、经济法条款等若干个部门法的条款。而且每一个部门法的条款所占的比重几乎是不分伯仲的。① 到了法治高度发达的现代国家,此一部门法的法典之中包括彼一部门法条文的情形仍然非常多见。以《法国民法典》为例,②其基本内容是民事权利与义务,但其中包括了不少行政法条款。我国法律文件中,不同部门法典则对其他部门法规范的包容同样非常普遍。行政法中就包括了大量有关民事法律关系的

---

① 《汉谟拉比法典》第5条规定:"倘法官审理讼案,作出判决,提出正式判决书,而后来又变更其判决,则应揭发其擅改判决之罪行,科之以相当于原案中之起诉金额的12倍罚金,该法官之席位应从审判会议中撤销,不得再置身于法官之列,出席审判。"这是有关司法公正的规定,属于宪法性条款。第22条规定:"自由民犯强盗罪而被捕者,应处死。"是一个典型的刑法条款。另外,该法典第127条—194条是关于维护奴隶制婚姻家庭关系的规定,属于民法范畴的条款。而第215条—241条是关于各行业管理的规定,属于行政法范畴的内容,等等。参见曲可伸主编:《世界十大著名法典评介》,湖北人民出版社1990年版,第4—22页。

② 《拿破仑法典》第650条规定:"为公共的或地方的便宜而设立的役权,得以沿通航河川的通道,公共或地方道路的建筑或修缮,以及公共或地方其他工事的建筑或修缮为客体。"第652条第一款规定:"此种义务的一部由乡村警察法规规定之。"参见李浩培等译:《拿破仑法典》,商务印书馆1997年版,第86页。

条款,例如《公安机关办理行政案件程序规定》第52条规定:"讯问未成年的违法嫌疑人时,应当通知其监护人或者教师到场。确实无法通知或者通知后未到场的,应当记录在案。"笔者在这里要澄清的问题不是行政法典则对其他部门法条款的包容问题,而是要指出在我国其他部门法中有诸多行政法条款。进而言之,在我国的法律体系中,行政法的地位通过行政法典则确立只是一个形式上的确立。若以调控行政关系作为实质进行推演的话,民事法律典则、经济法律典则乃至于刑事法律典则等都包含着行政法条文。这些条文在我国法律体系中起着作用,但他们所起的作用同样应归于行政法之中。这个分析如果回到对我国行政法学研究的审视上,那么,以典则和规范作为研究对象的传统行政法学就是较为残缺的,因为,依典则进行的研究必然会将存在于其他部门法中的行政法条款予以疏漏,也会对整个法律体系的认识产生误差。

(二) 行政法与其他实体法

实体法与程序法的区分是一个重要的法理问题,这个区分的形成对于人类法律认识和法治进步的意义是毋须论证的。在法理学中,通常认为在人类法律产生的早期实体法与程序法并没有得到明确的区分。这种现象表现在法理中就是没有程序法与实体法的概念。表现在法律规则的制定上则是将程序规则与实体规则统一规定在一个法典之中。实体法与程序法的区分在法律实在中常常是比较明确的,例如,行政法中的行政复议法、行政诉讼法还有行政程序法都是程序法,而部门行政管理法则都是行政实体法。但是,要从理论上界定实体法和程序法则并非易事。我们可以简单地说,法律规范中与实体权利有关的规则就是实体法,而与程序权利有关的规则就是程序法。那么,究竟什么是实体权利,什么是程序权利就需要作进一步的界定。事实上,在法治实践中，程序权利与实体权利绝非都是泾渭分明的。基于此，《牛津法律大辞典》对实体法和程序法作了这样试探性的界定："实体法是规定具体个人在具体情况下的权利和义务的，而程序法则是规定人们为获得适当的补偿而不得不采取的步骤以及不得不利用来确定、宣布或行使诉讼请求者的权利和被告人的义务的方法。"①这个定义虽然比较抽象，但基本上从哲学层面揭示了实体法与程序法的概念。实体法是在具体情况下对具体权利的确定，其中如何理解具体则是一个难题。因为宪法典则中规定了一系列权利和义务都不是具体的，但这些权利的确是实实在在的，我们无论如何都不能将宪法典中的权利义务条款理解成程序条款。就程序法而论，有广义和狭义之分。广义的程序法是与实体法相对的，例如在行政法中广义的程序法除了有关行政诉讼法、行政复议法等典型的程序条款之外，有关的行政程序法也是程序法，如行政处罚法与行政许可法所规定的程序内容。狭义的程序法仅仅指有关的诉讼条款。对程序法作广义和狭义理解同样是一个具有普遍意义的理解。

上面是我们对实体法和程序法概念的解释。行政法在法律体系中地位的分析必然要涉及到行政法与其他部门法的关系，其中既有行政法与其他实体法的关系，又有行政法与其他程序法的关系。关于行政法与其他实体法的关系我们将分析行政法与民法的关系、行政法与刑法的关系以及行政法与经济法的关系。

第一，行政法与民法的关系。行政法与民法关系的探讨若在前规范的情况下进行就是一个法哲学层面的问题，这个问题不同的学者会得出不同的结论。约翰·梅西·赞恩曾经有这样的分析："倘若用法律

---

① ［英］戴维·M. 沃克著：《牛津法律大辞典》，北京社会与科技发展研究所译，光明日报出版社1988年版，第521页。

的术语来解释这种现象,这种指导规则说明:个人对他人的行为必须符合常人的一般行为和习惯做法,都必须符合一般规则。这一规则适用于社会生活的蚂蚁,这已被以往的观察所证实。哲学家康德认为:每个人的所作所为应能使他自己的行为规则成为一般的法律,这是一切法律的基础。这正是任何社会动物的行为准则,原始人也正是这样做的。这是人生活于社会状态中这一条件下的发现。普通人的这种行为标准在许多方面从未改变过。""行为主义心理学家一直不清楚法律是如何产生的,虽然他们早已注意到社会生活中人的原始欲望并试图定义它,但他们却未认识到法律发展过程中极其重要的一点,那就是社会一致性的法则。社会一致性法则所要达到的根本效果是使人们产生羞耻反应,也就是现在我们所谓的羞耻感。羞耻感能不能产生,完全在于他人是赞成还是不赞成。人类早在能够自我意识之前就有原始的羞耻感,他会在其同伴面前感到羞耻。任何违背其同伴的习惯方式的行为都会使他觉得自己没能达到行为标准,做了别人不允许的事,从而产生羞耻感。"①依这个分析行政法典则体系的产生应当早于民事法律,因为法律产生的最早起因在社会过程中的行为同一性方面,而对行为同一性的追求在私有财产产生之前就已经形成了。民事法律产生的基础是私有制的产生。在下规范的分析中,行政法与民法有相互的依赖性。一方面,有关民事权利的实现必须借助于行政法典则的规定。另一方面,行政法上的权利也常常需要通过民事法律规范来确定。这是二者关系的第一个层次。同时,行政法与民法的交织也大量存在于我国的法治实践中,即一部分行政法的条文存在于民事法律典则之中,而一部分民事法律条文则存在于行政法的典则之中。笔者这里仅仅对行政法与民

---

① [美]约翰·梅西·赞恩著:《法律简史》,孙运申译,中国友谊出版公司 2005 年版,第 16—17 页。

法在下规范的关系分析中作一个提示,其中诸多深层分析还有待于今后的行政法分析学来完成。

第二,行政法与经济法的关系。行政法与经济法的关系长期以来都是行政法学界和经济法学界关注的热点问题,尤其经济法学界多年来一直重视将经济法的界限与行政法的界限划分清楚。笔者认为,行政法与经济法的关系同样有一个前规范研究和下规范研究的问题,前规范研究就是从法理学乃至于法哲学层面将行政法与经济法的理性关系予以澄清。在这个研究中向来有两种认识,一是将行政法与经济法视为两个事物,归于两个不同的部门法之中。诸多学者从调整和规制对象的角度切入,认为行政法调整行政关系,重在规制政府行政权。而经济法则调整经济管理关系,重在规制经济关系,这样二者的界限就非常清楚了。二是将行政法和经济法视为一个事物,认为二者都是以国家行政管理为调整对象的,不同的是经济法所调整的是具有经济内容的管理关系,因此,经济法的根子始终在行政法一边,即经济法作为一个独立事物的基础是不存在的。笔者认为,这是一个认识上的方法论问题,运用不同的认知方法就能够得出不同的结论。那么,行政法与经济法在下规范的情况下又是一个怎样的状况呢?一则,行政法典则与经济法典则在我国将管理法作为行政法理念的情况下是一个性质的典则。经济法所调整的是行政系统的经济管理关系,从这个意义上讲,经济法是行政法的一个分支,是部门行政法。事实上我国行政法学界有学者在行政法学领域中创立了经济行政法的学科体系。而且其中的诸多研究与经济法学的研究并无本质区别。只不过由于经济法的硬件方面(如大学里的经济法系、经济法学科点和前些年在人民法院设立的经济法庭等)的人为发展,使经济法在我国法律部门中迅速发展,而这个发展也从学科上促使了它的独立。经济法作为一个法律部门的存在其哲学基础究竟在哪儿,我们并不得而知。近年来,随着我国对政府管制的约束以及放松管制的法律规范的迅猛出台,使行政法和经济法在下规范之下融合的趋势非常明显,这是我们在行政法分析学中对二者关系的初步认识。

第三,行政法与刑法。行政法与刑法的关系在行政法教科书中基本上没有人去讨论,其原因在于,在大多数学者看来,行政法与刑法的关系是很容易区分的,二者在法律体系中起着完全不同的作用,是两个界限分明的法律部门。笔者认为,在行政法的前规范阶段,行政法与刑法的区别是非常明显的,我们可以用调整对象、规制内容、规范形式等将二者顺理成章地予以区分。但是,若从行政法分析学的角度考察,或者进入行政法的下规范以后,其与刑法的关系则会呈现出另一种情形。即二者是姊妹法的关系形式。依我国管理法的行政法理念,行政法是在行政管理活动过程中产生的,并调整行政管理活动,其管理是面向社会的。从这个角度看,行政法具有校正社会违法行为的功能。事实上行政法中的一系列制度就是用来校正大量存在于社会中的违法行为的,如行政法中的行政处罚制度、行政法中的行政强制执行制度、行政法中的行政处分制度,等等。单就行政处罚而论,我国几乎每一个行政管理职能部门都享有行政处罚权,每一个领域几乎都有一个既设定了违法行为,又确定了行政处罚手段的处罚法典,最为典型的是《中华人民共和国治安管理处罚法》。该法第23条至第78条用了56个条文规定了若干个违法行为及其处罚措施,如扰乱公共秩序的行为及处罚、违反危险物质管理的行为及处罚、对妨害铁路运行安全行为的处罚,等等。这些处罚典则所确定的违法行为及其类型弥补了刑法典在一定领域的剩余空间。我们知道,刑法是对达到一定社会危害程度的违法行为的处罚,即违法行为只有达到一定的量才会运用刑罚的手段进行制裁。这样二者的关系就很清楚了,违法行为的量相对较小时由行政法进行制裁,而违法行为的量相对较大时则由刑法进行制裁。① 行政法在适用过程中,诸多方面也依赖于刑法典,当然,这种依赖作用是无形的。我们可以想一下,如果没有刑法典中如此多的罪名及其制裁手段的规定,那么,行政法所确立的违法行为及其制裁手段在一定意义上会成为一纸空文,因为,行政法在大多数情况下确定的违法行为的性质及其制裁手段,行政相对人并非不可以承受。近年来,关于行政法与刑法关系的研究似乎出现了一个新的学科,即行政刑法学,这应当是一个新的研究进路,随着我国法学研究的深入,行政法与刑法关系的下规范分析的空间将会越来越大。

(三) 行政法与相关程序法

行政法中的法群现象是行政法学界普遍注意到的,因此,学者们在给行政法下定义时都谈到这一点。但是,行政法中的另一个现象却被人们疏忽了,即行政法既不是单一的实体法,也不是单一的程序法这一客观事实。毫无疑问,在行政法基本理论中,人们都下意识地将行政法划归到实体法的范畴之中,在我国存有三大实体法与三大程序法的论点,而且早已被司法部作为官方文件予以公布。② 可见,在人们的传统认识中行政法是一个与民法、刑法并列的实体法。行政法学界在给行

---

① 我国行政处罚中最严厉的是行政拘留,其最高期限为15日,而刑法中最轻微的处罚是管制和拘役,其最低期限是15日,在制裁的量度上二者是衔接在一起的,二者的姊妹关系也可以由此得到佐证。从其他方面分析,例如,我国刑法中诸多犯罪的确定要以行政法典则为前提,以《中华人民共和国文物保护法》、《野生动物保护法》等为例,这些法律是比较典型的行政法(归于部门行政法之中),其中关于文物保护类型和等级的规定,动物保护类型和等级的规定是刑法在此方面是否进行调整的前提,即如果没有这类行政法的规定,刑法在这一领域就无法发生作用。

② 所谓三大实体法就是民法、刑法和行政法,而三大程序法则是民事诉讼法、刑事诉讼法、行政诉讼法。90年代初,当高等政法院校还归司法部主管时,司法部教育司就提出高等政法院校的学生要学好三大实体法和三大程序法的建议。

政法下定义时也很少将行政法作为实体法的元和作为程序法的元予以同等关注。我们有时也谈到行政法是二元结构,但这个二元结构中的元不是就实体法和程序法而言的,而是就限制政府权力和进行行政管理的两个元而认识的。在笔者看来,这是我国行政法学研究中在理论层面上的一个缺失,这个缺失将行政法作为一个客观事物片面化了。客观事实是,在行政法的构成中,有一部分是实体规范,如行政组织法、部门行政管理法等。还有一部分则是程序规范,如行政程序法、行政复议法,还有行政诉讼法等。在行政法的这两个元素中,很难说实体法处于主导地位,还是程序法处于主导地位。有学者就认为美国行政法实质上是行政程序法。我们可以想象一下,在美国行政法中如果没有行政程序法其行政法体系还会有什么精华的东西。对于行政法这种将实体法与程序法统一于一体的客观状况必须给予充分注意。否则,对行政法诸多问题的分析就会陷入形而上学的思维程序之中。如果从这个前提出发,行政法与相关程序法关系就相对简单一些,因为,这样的话,重点是要解决行政法与民事诉讼法、刑事诉讼法的关系。为了使问题清楚起见,我们还是有必要从相对全面的角度分析行政法与相关程序法的关系。

第一,行政法与行政程序法。行政法与行政程序法的关系是否需要探讨本身可能就是一个有争议的问题,至少到目前为止尚未看到专门探讨行政法与行政程序法的论文,在行政法教科书中也没有人对其进行讨论。其中的原因是很清楚的,即行政法与行政程序法是同一的东西,行政程序法是行政法的一个分支,就好像行政组织法是行政法的一个分支一样。然而,事实并非如此简单,我们可以将问题向下推一步,即如果将行政程序法从行政法体系中独立出去,行政法这个概念还是否存在。如果行政程序法被独立出去以后,行政法这一概念就不存在了,在这样的情况下我们便可以说行政法与行政程序法是同一的事物。但是,现实状况是我们如果将行政程序法从行政法中独立出去,行政法仍然是一个存在物,既然如此,就可以说行政法与行政程序法的关系并不那么简单。这里的深层法哲学问题不是本学科关注的问题。因此,对于这个行政法哲理问题笔者在此不予深究。在具体的行政法过程中,行政法与行政程序法的关系尤其在规范构成上的关系有下列一些情形:一是在行政法体系中有些典则是实体法典则,有些典则则是程序法典则,行政组织法和部门行政管理法就是纯粹的实体性典则。而行政行为法大多是程序性典则。二是在一个行政法典则中既有实体条款,又有程序条款,例如公务员法、政府采购法、预算法等。三是有些行政实体法中包含了个别程序条款,如《中华人民共和国土地管理法》、《中华人民共和国草原法》等。四是有些行政程序法中包含了个别的实体条款,如《中华人民共和国行政处罚法》、《中华人民共和国行政许可法》等。五是有些行政实体法可以不依赖于行政程序法而存在,如行政组织法。六是有些行政实体法只有通过行政程序法才能实现其价值。总之,行政法与行政程序法的关系的分析还有非常大的空间。

第二,行政法与行政诉讼法。行政诉讼法是我们上面讲到的狭义程序法,而不是广义程序法,这是一方面;另一方面,行政诉讼法是程序法但不是行政程序法,因为行政程序法在行政法制度和行政法理论中已有定论,同时也有相应的法律实在。行政诉讼法不是行政程序法并不意味着它不是行政法的构成部分,即是说在行政法的概念之下包含着行政诉讼法。这一点与民法和民事诉讼法的关系、刑法和刑事诉讼法的关系大不相同。在民法体系中无法包容民事诉讼法,刑法也无法包容刑事诉讼法。而行政法则完全可以包容行政诉讼法。这其中的原因在于行政诉讼法是行政法运作不当的救济机制,因此,人们都将行政诉讼法归于救济的范畴之中。但没有人将刑事诉讼法和民事诉讼法归入于救济法的范畴。而在实际的法律适用中,情况也完全不同,刑法的适用主体是司法机关,民法的适用主体是亦是司法机关,而行政法的适用主体则是行政机关,正是这种主体上的差异导致民法和刑法适用主体特别需要与之相适应的诉讼法。而行政法的适用主体则对行政诉讼法没有任何兴趣。由此可见,理论界关于三大实体法与三大程序法的论点并不科学也不可取,因为它将两个不同的事物完全等同起来了。概括地讲,行政诉讼法是行政法的组成部分,其不可以作为独立的法律部门而存在,它是行政实体法在运行过程中的后续法,救济法的概括是对其较为准确的定性。

第三,行政法与民事诉讼法。行政法与民事诉讼法关系的探讨实质上是对归行政法体系中的行政诉讼法与民事诉讼法关系的探讨,因为,其他行政实体法与民事诉讼法在规范形式上没有太大关系。就行政诉讼法与民事诉讼法的关系而言,一方面,在行政诉讼法典颁布之前,民事诉讼法替代着行政诉讼法。这在民事诉讼法典中是有规定的。另一方面,行政诉讼法制定以后,一些大的诉讼原则还要根据民事诉讼法的规定为之。即是说,在行政诉讼法的适用中,如果有法律规定上的疏漏和空缺就通过民事诉讼法规定的基本原则和制度解决之。例如,行政诉讼法没有关于行政诉讼法律文书送达的规定,在司法实践中,行政诉讼的送达程序就依民事诉讼的程序为之。

三、行政法法源构成的分析

(一) 行政法法源中的比重

行政法法源的分析对于弄清行政法在法律体系中的地位同样是非常重要的。行政法的法源指行政法的法律渊源。人们对行政法的研究大多限于对行政实在法的研究,因此,在行政法教科书中关于行政法渊源的表达基本上都在正式渊源的层面上展开。所谓正式的行政法渊源是指体现在正式行政法文件中的那些渊源形式。① 其实,无论成文法系国家还是普通法系国家,行政法渊源中都少不了非正式渊源。非正式渊源是指没有体现在正式的行政法文件中但对行政权起着规范作用的那些渊源形式。② 应当说明的是行政法的非正式渊源与行政法的"非成文法"不是一个对等的概念,在法理学中非成文法具有非常深刻的内涵,克拉勃就认为:"'非成文法'这个名称表示从一个民族的正义意识的作用得到的一种规则——在没有一定的机关表示它的时候。下述观念本来非常流行:法律必须多少是实际的和固定的,因为有人主张,倘使法律不包含在成文法里面,它必须至少表现为一种习惯;但是,这个见解忽略了事实上实施的法律的一部分。因为有法院的判决和行政裁判,这些是不根据习惯而以法律为基础的。所以,研究的结果发现还没有成为习惯法的一个特别广泛的范围——非成文法。因此法律的基础变得更远了。没有人对立法者的意思继续表示满意,并且拿一种以习惯为根据的法律去补充也是不充分的。一切非成文法——习惯法和不以习惯为根据的法律——必须记在心上。在便宜、公正、合理、道德和社会行为这种种名称之下——但是不依赖成文法或习惯——正义意识直接决定裁判官或行政部在解决一种利害关系冲突时所下的判决。在这种情形下,起诉者或裁判官遇到一种比在法律更明确的情形下更微妙的问题。为了寻找法律,他们必须明了有关的利益所属的社会团体的法律概念,必须使他们的判断或行为适合支配这个团体的那些意见。高思特斯(Kosters)特别主张这是裁判官的义务,尤其是在探

---

① 关保英著:《行政法教科书之总论行政法》,中国政法大学出版社 2009 年版,第 120 页。
② 同上。

求习惯法的时候。'倘使人民的正义感觉并不积极地由习惯表现出来，那么裁判官必须用任意的方法——用专家的言论、文献、人民的伟习等——替自己解决这个问题。社会福利——裁判官为谋求社会利益而执行他的职务——包含在其他事物内，所以裁判官不能不考虑这个社会的舆论。他必须遵照支配这个社会的见解，尤其要遵照有关当事人所属的团体的见解来执行判决，倘使这种见解是同秩序和道德一致的。'一个瑞士法学家关于这个见地发表的一般言论，可以在依格尔斯校长就任演说内看到。他在讲到瑞士民法典的时候说：它含有承认广泛判决范围的许多条款，但是这种范围并不是说裁判官可以有私见，而主要是说，参照'社会成员的见解及其优良的社会意识'。所以，倘使要实施的规则的内容是从社会生活产生的，那么非成文法即使不在习惯内表现出来，也有一种客观的性质。"[1]非成文法中的一部分内容是行政法的非正式渊源，还有一部分内容则是行政法的正式渊源。行政法法源构成中的比重分析，首先要分析行政法体系中正式渊源与非正式渊源的比重。我们知道，无论行政法的正式渊源，还是行政法的非正式渊源，它们的功能都在于对行政权的行使进行规制，那么，我们就可以根据其规制行政权的状况确定其在整个行政法体系中的比例关系，即正式的行政法渊源在规制行政权中占有多少比例，非正式的行政法渊源占有多少比例。笔者在《行政法教科书之总论行政法》中探讨了行政法非正式渊源的范畴及其法律地位，但由于行政法教科书不是对行政法的下规范研究，因此，没有对行政法正式渊源与非正式渊源的比重作任何分析。这个分析在行政法分析学中是必不可少的，但这样的分析需要付诸更多的努力，因为定量的分析方法在其中的运用必不可少，而定量方法的运用在我国行政法学研究中还没有成为自觉的行为。其

---

[1] [法]克拉勃著：《近代国家观念》，王检译，商务印书馆1936年版，第63—65页。

次,要分析行政法正式渊源中各不同层次规范的比例关系。例如,法律层面的行政法在行政法体系中所占的比重,以及这个比重是否能够对整个行政法体系进行有效统摄;行政法规层面的行政法的比重,以及它在行政法体系中的作用;地方性法规层面上的行政法比重,以及在行政法体系究竟占多少;政府规章层面上的行政法的比重,以及在行政法体系中扮演的角色;法律解释层面上的行政法比重,以及对行政法的价值。总之,正式行政法渊源中的各行政法形态都应当进行定量分析。再次,还要分析行政法非正式渊源中各不同类型规范的比例关系。

(二) 行政法各法源的关系

在行政法的正式渊源中,各法源的关系应当是非常清楚的,《中华人民共和国立法法》对行政法的法源的关系作了明确规定,包括二者正当的法律地位和适用中的关系形式。如《立法法》第 79 条规定:"法律的效力高于行政法规、地方性法规、规章。行政法规的效力高于地方性法规、规章。"第 80 条规定:"地方性法规的效力高于本级和下级地方政府规章。省、自治区的人民政府制定的规章的效力高于本行政区域内的较大的市的人民政府制定的规章。"依《立法法》这些规定,行政规章处在行政法体系的相对较低的位次上。同时,《立法法》关于各个层次的行政法规范的规制事项也作了明确规定,例如有些事项只能由法律作出规定,有些事项只能由行政法规作出规定,还有些事项只能由地方性法规作出规定。这实质上使行政法不同层次法源在规制事项上形成了一个层级性的结构,各个不同层次的行政法法源只能包容层级性的行政事务,如果行政规章包容了地方性法规规定的事项,包容了行政法规规定的事项就构成了层级性越权。但是,这些关系都是应然关系。在行政法规范转入下规范以后,行政法各渊源之间的关系是否还是这样就是需要予以分析的。在我国行政规章的内容中这样的层级性越权并不少见。例如,《中华人民共和国行政处罚法》是法律层面的行政法规范,具有非常高的法律效力,有关该法的实施细则只有行政法规才可以作出规定,然而,在法治实践中,一方面,一些地方政府制定了本地方有关行政处罚法实施的办法;另一方面,一些职能部门或直属机构制定了本部门实施行政处罚法的具体规定,这实质上是一种层级越权。同时,规章本身也有一个层级关系,如有省、自治区、直辖市政府制定的规章,有市级政府制定的规章,这两类规章规制的行政事项是有区别的,即是说应当由省级政府规章规定的事项,市级政府就不能涉及,如果市级政府的规章侵占了省级政府规章的权限就是一种层级越权。在我国的行政法文件中,在规章之下还有行政规范性文件等行政法渊源,规章作为行政规范性文件的上位法渊源是否能够规定本该由行政规范性文件规定的事项是一个值得探讨的问题。我国政府组织法对此没有作出规定,在行政法学界有一种学说认为上级对下级政府具有行政上的包容权,如果这种说法成立的话,行政规章规定本该由行政规范性文件调整的事项则不构成越权。但是,若依行政权行使的层级结构来分工,上级行使下级的权力是违反行政管理的一般原理的,依此而论,行政规章规定本该由行政规范性文件调整的事项同样是超越层级权限的行为。

第十二章 作为功能的分析范畴

　　法之功能的研究在法哲学层面和法规范学层面都是不可缺少的内容，是法之理论的基本问题。任何一部法哲学和法理学的经典著作似乎都不回避这个问题。例如，卢梭在《社会契约论》中就高度概括了法的基本功能："事物之所以美好并符合于秩序，乃是由于事物的本性所使然而与人类的约定无关。一切正义都来自上帝，唯有上帝才是真正的根源；但是如果我们当真能从这种高度来接受正义的话，我们就既不需要政府，也不需要法律了。毫无疑问，存在着一种完全出自理性的普遍正义；但是要使这种正义能为我们所公认，它就必须是相互的。然而从人世来考察事物，则缺少了自然的制裁，正义的法则在人间就是虚幻的；当正直的人对一切人都遵守正义的法则，却没有人对他遵守时，正义的法则就只不过造成了坏人的幸福和正直的人的不幸罢了。因此，就需要有约定和法律来把权利和义务结合在一起，并使正义能符合于它的目的。在自然状态中，一切都是公共的，如果我不曾对一个人作过任何允诺，我对他就没有任何义务；我认为是属于别人的，只是那些对我没有用处的东西。但是在社会状态中，一切权利都被法律固定下来，情形就不是这样的了。"①这个论点表达了法的秩序功能和社会契约功能。贝卡利亚在《论犯罪与刑罚》中指出："法律之唯一目的在谋'最大多数之最大幸福'。法律之功用在使散沙一般的民众团结起来，而各人

---

① ［法］卢梭著：《社会契约论》，何兆武译，商务印书馆1980年版，第48—49页。

行为之最高目的在谋得自己利益之实现。故其思想以个人为出发点。法律的力量,惟在联合散漫的人民而成社会"①这是对法之功利目的,或者功利原理对法的功能所做的概括。哈耶克认为:"不论何时,只要我们说'贯彻一项法律',那么我们在这里所说的'法律',就不是意指一项内部规则,而是一项外部规则,亦即指定某人做特定事情的外部规则。因此,颁布必须加以'执行'的法律的'立法者'与那些必须执行这些法律的人之间的关系,完全不同于那种规定正当行为规则的立法者与那些必须遵守这些规则的人之间的关系;上述第一种规则只对我们称之为政府的组织的成员有约束力,而第二种规则则会限定所有社会成员的许可行动的范围。"②这是对法作为行为规范及其强制功能的分析。庞德在《通过法律的社会控制》中提出了法律的预防诸功能:"法律用惩罚、预防、特定救济和代替救济来保障各种利益,除此之外,人类的智慧还没有在司法行动上发现更多的可能性。但是惩罚必然会局限在很有限的范围,它在今天只能适用于为实现那些确保一般社会利益而设定的绝对义务。预防性救助的范围必然是狭窄的。在损害名誉、损害情绪和感情——也就是损害'某人思想和情感方面的平静和舒适'——的案件里,在能够援用任何预防性救助之前,即使不牵涉其它种种困难,加害行为往往已经完成。特定救济只有在涉及各种所有权和某些牵涉纯经济利益行为的情况下,才有可能。一个法院能使一个原告重新取得一方土地,但是它不能使他重新获得名誉。法院可以使一个被告归还一件稀有的动产,但是它不能迫使他恢复一个妻子的已经疏远的爱情。法院能强制一个被告履行一项转让土地的契约,但是

---

① [意]贝卡里亚著:《论犯罪与刑罚》,黄风译,中国大百科全书出版社 1993 年版,第 43 页。

② [英]弗里德利希·冯·哈耶克著:《法律、立法与自由》,邓正来等译,中国大百科全书出版社 2000 年版,第 202 页。

它不能强制他去恢复一个私人秘密被严重侵犯的人的精神安宁。因此,在绝大多数场合下,金钱赔偿办法乃是唯一的方法,而这也已成了法律在任何时候的主要救济手段。"①其提出了法律的预防功能,又指出了法律的纠纷解决功能。彼德·斯坦指出:"法律规制的首要目标,是使社会中各个成员的人身和财产得到保障,使他们的精力不必因操心自我保护而消耗殆尽。为了实现这个目标,法律规则中必须包括和平解决纠纷的手段,不论纠纷是产生于个人与社会之间,还是个人与个人之间。在某些法律领域,法律规则只不过规定了某种限度。利益相互冲突的个人或集团在进行非暴力形式的斗争时,不得超越这个限度。宪法本身也是一套法律规则。人们根据宪法规定进行政治斗争,改进政治体制,使政府秩序井然地实现更迭。如果废除了这些规则,那么,政治斗争和政府更迭必然采取暴力革命的方式。劳动法的目的与此相似。它承认雇主与工人之间存在利害冲突,并力图保证这种冲突只以和平的方式进行;一旦发生特殊的争议,则由一个双方都尊重其权威的法庭来予以解决。"②保障社会各个成员的人身和财产则是法的主要功能。上述关于法的功能的论点都是非常深刻的。除这些论点之外,还有诸多关于法律功能的认识和理论。这些论点是法哲学和法理学层面上的,行政法学作为对规范的研究也常常有关于其功能的理论,这基本上是每个行政法教科书都必须回答的问题之一。英国公法学家布拉德利在《宪法与行政法》一书中专门辟有行政法的功能一节,并对行政法的功能做出这样的阐释:"法律的重要功能之一是,保证政府的任务能够完成。行政机关是依法设立的,并且被赋予了代表国家和公共利益

---

① [美]罗·庞德著:《通过法律的社会控制》,沈宗灵等译,商务印书馆1984年版,第31—32页。
② [英]彼得·斯坦、约翰·香德著:《西方社会的法律价值》,王献平译,中国人民公安大学出版社1990年版,第41页。

执行公共政策的权力。法律的第二功能是,调整各不同公共机构之间的关系,如大臣和地方政府间或两个地方政府间的关系。法律的第三项功能是调整公共机构或其他组织履行其任务所需的法律权力,立法者因此设定了控制措施,这是因为,机构没有被允许超越其权力范围之外开展活动。权力的授予既要受制于明确的条件或限制,也需要符合默示的要求,例如善意且不腐败地行使权力的义务。授予权力的范围应当反映社会所认可的社会、经济和政治价值体系。个人在许多方面会受到行政权力的影响,这种影响有时是一种利益,有时是一种侵害。个人的权利很少是绝对的,因此,当需要占用一个土地所有者的农场以修建一条新公路时,他不享有绝对的权利,来阻止基于社区公共利益的这种征用行为。举个非常棘手的例子,若没有临床诊断结论的建议,父母也没有绝对的权利让身患重病的孩子在国家健康护理处接受医疗,反过来说,公共机构自身的权力也不应被看做是绝对的。当个人、地方社区和少数群体面对国家强制权力时,他们拥有获得法律保护的权利,这一点很少有人否认。难题在于,如何决定这种保护的形式和程度,以及这些争端凭此被解决的根据。个人受到影响的权力越是基本,保护的程度就应该越高。"[1]这个分析是比较全面的,而且是基于现代行政法的规范事实而得出的结论。

我国学者在行政法学科中通常会注意到行政法的下列方面的功能。一是为行政管理设定秩序的功能。这是基于行政法作为管理法的事实和作为管理法的理论基础而作出的判断,在我国第一部统编行政法教科书中就明确指出了行政法的这一功能。[2] 二是使行政主体为公众服务的功能。我国有学者认为行政法的理论基础是为人民服务,即

---

[1] 〔英〕A. W. 布拉德利、K. D. 尤因著:《宪法与行政法》,刘刚、江菁等译,商务印书馆2008年版,第529—530页。

[2] 参见王珉灿主编:《行政法概要》,法律出版社1983年版,第1页。

政府行政系统必须为社会整体服务是我国的宪法理论，依据这个宪法理论，行政系统的职责就是为行政相对人服务，行政法功能就在于保障服务过程的顺利展开。三是控制行政权的功能。控权理论是英美法系行政法的理论基础，我国有学者认为这个理论基础具有普适性，即同样适合于解释我国的行政法现象，依此解释我国行政法的功能亦在于有效控制行政权，为行政机关的活动提供规范和程序。四是平衡功能。依我国 20 世纪 90 年代在行政法学界流行的平衡论，行政法的功能是在行政相对人与行政主体之间寻求一种平衡，在这个理论看来，平衡既是行政法的精神，同时也是行政法的功能，等等。上列关于行政法功能的分析都与行政法哲学和规范行政法学有关，即在行政法哲学中研究行政法的功能和在行政法学中研究行政法的功能，上列诸理论都是一种客观存在，也较为客观地表述了行政法的功能。那么，行政法学中关于行政法功能的理论能否取代行政法下规范的功能概括呢？在笔者看来还存在一定的实践上和理论上的困难。在实践上讲，行政法哲学上和规范行政法学上的功能概括，要么基于行政法的理想化思考，要么基于行政法规范的内容构造，它们都是在行政法未进入实现状态的情况下对其功能作的分析。行政法一旦进入下规范之后，原来的功能必然会发生进一步的变化，这种变化既是行政法的实现机制所使然，又是行政法规范自身的理想状态所使然。而从理论上讲，行政法哲学上和行政法规范学上的功能是行政法在未实现阶段的功能，如果行政法功能及其认识与其阶段有关系的话，那么进入行政法下规范阶段的功能认识和具体的功能状况必然是另一种状态。同时，即便行政法哲学上的功能认识，行政法学科中的功能认识即使是科学的、合理的，其也需要通过行政法分析学进一步的证明和证实。因此，行政法分析学中有关功能的分析是行政法分析学中的基本范畴之一，这个分析不论对于行政法分析学的构成而言,还是对行政法科学走势的把握而言都是不可缺少的。

一、行政法的政治功能

(一) 行政法形成政治机制的政治功能

法律与政治的关系本是法哲学回答的问题之一。事实上,不同的法律哲学关于法律与政治的关系都形成了属于方法论范畴中的认识。笔者将这种认识概括为这样一些论点。一是泛政治的论点。所谓泛政治的论点是指其将法律与政治作为同一事物看待,或者说任何法律都具有政治功能,既是政治机制的构成部分,又是实现政治价值的工具。马克思主义关于法是统治阶级意志体现的法的定义就充分肯定了法的政治属性。进一步讲,泛政治论对法不做分类,对法与政治的关系不作定量分析,只要是法就必然具有政治属性。不论法归之于哪一个部门或部类。

二是非政治论的论点。该论点与上个论点是对立的,其认为政治属于政治机制的范畴,法律则属于法律机制的范畴,由于二者分属于两个范畴,因此,凡法都应当与政治予以区别,凡法都不应当具有政治属性。法之非政治化的论点有不同的认识流派,在萨维尼看来法之所以没有政治性,因为其是民族精神的体现,是一国民族历史的产物:"在人类信史展开的最为远古的时代,可以看出,法律已然秉有自身确定的特性,其为一定民族所特有,如同其语言、行为方式和基本的社会组织体制。不仅如此,凡此现象并非各自孤立存在,它们实际乃为一个独特的民族所特有的根本不可分割的禀赋和取向,而向我们展现出一幅特立独行的景貌。将其联结一体的,乃是排除了一切偶然与任意其所由来的意图的这个民族的共同信念,对其内在必然性的共同意识。"①而在自然法学派看来,法是自然力作用的结果,既然是自然力的作用其就与政治没有必然联系。现代社会中关于法之非政治化的论点主要表现为法是一种社会关系的调控手段,是一种调控社会关系的技术规则,它存在于整个社会机制之中,而不单单存在于一国的政治机制中,正如英国学者布朗所言:"孟德斯鸠的理论却可以被看做是对整个社会体系进行描述的理论。社会生活中的所有特征在这种理论看来,都是相互关联从而结成一个整体的。作为一名法理学家,孟德斯鸠主要关注的是法律,他试图向人们展示一个社会的法律是与组成社会的其他要素结合在一起的。这些要素包括:政治制度、经济生活、宗教、气候、人口规模、生活方式、习俗以及被他称作总体精神而被后来一些学者们称为社会'精神'的要素。虽然像'社会静力学基本法则'这样的理论法则与经验法则不同,但理论法则仍旧可以指导调查研究。如果我们对社会生活特征之间的相互进行系统的调查研究,那么我们就有理由认为我们可以提高对人类社会的理解。"②

三是部分政治化的论点。孟德斯鸠从法与事物的关系出发,将法律分成三类:一类是调整民众与国家关系的法律,他将这类法律叫做政治法。另一类是调整公众之间关系的法律,他将这类法律叫做民法。还有一类是调整不同国家之间关系的法律,他将这类法律叫做国际法。在这三种分类中,他明确提出了政治法的概念,如果政治法的概念成立的话,那么法律体系中有一部分是非政治法的范畴,还有一部分则是政治法的范畴。这个关于法律具有部分政治属性或部分法律具有政治属

---

① [德]萨维尼著:《论立法与法学的当代使命》,许章润译,中国法制出版社2001年版,第7页。

② [英]A.R.拉德克利夫—布朗著:《原始社会的结构与功能》,丁国勇译,中国社会科学出版社2009年版,第8页。

性的理论在公法与私法关系划分的理论中同样有所反映。我们知道，公法与私法划分的理论是一个非常古老且持续时间很长的一个理论进路，即便在当今法学著述中，都还有沿着这个进路继续探索的倾向。康德关于公法的概念和范围有这样一段论述："公共权利包括全部需要普遍公布的、为了形成一个法律的社会状态的全部法律。因此，公共权利是这些法律的体系，公共权利对于人民（作为组成一个民族的一批人）或者对于许多民族，在它们的相互关系中都是必须的。人民和各民族，由于他们彼此间的相互影响，需要有一个法律的社会组织，把他们联合起来服从一个意旨，他们可以分享什么是权利。就一个民族中每个人的彼此关系而言，在这个社会状态中构成公民的联合体，就此联合体的组织成员作为一个整体关系而言，便组成一个国家。（1）国家，从它是由所有生活在一个法律联合体中的具有公共利益的人们所组成的，并从它的形式来看，叫做共同体或称之为共和国（指这个词的广义的含义而言）。有关这方面的权利原则构成公共权利的第一部分：国家权利或者民族权利。（2）其次，国家，如果从它和其他人民的关系看，叫做权力，由此产生主权者的概念。从另一方面来看，如果组成国家的人民的统一体假定是一代一代传下来的，那么，这个国家便构成一个民族。在那公法的普遍概念下，除了个人状态的权利外，又产生另一部分权利（法律），它构成了'万国权利'（法律或万国公法）或称国际权利。（3）再其次，地球的表面不是无止境的，它被限制为一个整体，民族的权利（法律）和国际的权利必然最终地发展到人类普遍的法律观念之中，这种法律可以称之为世界的权利（法）。民族的、国际的和世界的权利，彼此关系如此密切，以至在这三种可能的法律关系形式中，如果其中任何一种不能通过法律体现那些应该用来调整外在自由的基本原则，那么，由其他两种公共权利来建立的立法结构也将同样被破坏，整个体系最终便将瓦解。"①首先，公法是与一国政治体制有关联的法律。其次，公法包括三个范畴的内容，而决定这三个范畴的是有关国家的权力关系。即是说只有与国家权力关系有关的法律都是公法，这些公法既然与国家权力关系有关就必然是政治法的范畴，或者具有政治的性质。与公法相对应的是私法，私法所调整的关系决定了它基本上不具有政治属性。可以说，公法与私法的区分其最初的理念就在于前者具有强烈的政治属性，后者则没有这样的政治属性。当然，后来随着人们认识的不断深化，公法与私法及其它们与政治的关系便有了新的认识，一方面，公法与私法的区分是相对的，这便决定了公法中的政治属性也是相对的，而私法中的非政治属性同样是相对的。"它们各自的目的和手段性质的标准外，别无其他可以接受的标准，因为它只能处于关系的主体或它实行的手段之中。如果差异在于个人的或政治的主体，那么逻辑的结论即是说，以国家为首道德的实体，将不能以任何方式参加私法，但同时在许多例证中，它们与个人却有传统的关系，并且在它们的特殊性质的容许程度以内，做私人主体的行为。如果它在于动作中，由一种私人的动作和保护的关系是个人的，而受一种公众行动所保护的关系是个人的，而受一种公众行动所保护的关系是公众的，我们就有了一种极外表的标准，即给法律以力量的方法，这种力量在没有设想出实现手段以先，无所谓公与私。我们所曾着重的特殊的及普遍的目的，在罗马人对私法及公法的定义上并不完全陌生，前者建筑于私人福利之上后者建筑于公众福利之上。私人的或一般的功利，常包括于统御人类世界的目的原理或目的论标准之中。要把私法的范围，归为对真正的和适当的福利作一种合理的统制，那是不可能的，因为公法亦抱有同样的目的。由比例平均化或者一种租税的规定而得的权利，伸及真正的福利

---

① [德]康德著：《法的形而上学原理》，沈叔平译，商务印书馆1991年版，第136页。

和一种财产,法律服务的权利或义务。福利为私法的唯一质料,基本上关涉一种财产价值的权利。无论其主体之为一私人,一道德的实体或一国家,它给予法律关系以特殊的特征,例如,一个公民对不公正支付的税有要求赔偿的权利,如国家得享有出卖或出租某种东西的价格,因为在两种例证中,都是一种有经济价值的福利的问题。选举权、良心的自由,和国家征纳税收的权利,都不是私权,不含经济的福利,而是广义的福利或利益。这是加巴的理论,他指出相信私权仅出自自愿的和契约的行为之错误。它由这种行为所产生,但它的起源,却亦见于单独的合法及不合法行为中甚至见于公法中。损害一经发生,即使是超契约的,在受害者中即产生一种私权;赔偿的责任,(如果国家收用时,国家为公众福利应负责任)与一个财货被剥夺的人具有私权或经济权利相应。"[1]这是一个关于公法与私法及其性质的非常辩证的理论,如果我们回到正统的马克思主义的法律理论中,法律的政治性是一个普遍性判断,但不同的部门法与政治的关系有不同的形式,凡属公法范畴的法律都与政治有直接关系,凡属私法的范畴的法律则与政治有间接关系。行政法是公法的有机部分,因此,行政法与一国之政治的关系非常密切,其密切之程度仅次于宪法。

在法哲学上我们可以作出上列的分析,那么,在行政法下规范状态之中情况又如何呢?笔者认为行政法的政治功能在行政法下规范之下则有更加突出的特性,我们试做下列论证。

第一,行政法中的国家权力。亨廷顿指出:"权力是一种需要被动员、发展和组织的东西。它必须被创造出来。美国人经常对共产主义者或若干其他敌对的集团会在落后国家和现代化中国家'攫取'权力的现象忧心忡忡,实际上,这完全暴露了美国人的无知。权力并不是某种

---

[1] [意]米拉格利亚著:《比较法哲学》,朱敏章译,商务印书馆1940年版,第196页。

储藏在国会或总统府地板上,可以让一群阴谋家随时潜入,将它们偷走的东西。实际情况是,这些国家的政治体系常常缺乏权力,它们根本没有多少权力可以被抢被偷,它们所拥有的一点权力得来容易,失去也容易。主要问题不在于攫取权力而在于创造权力,在于动员和组织社会集团参与政治。这个过程需要时间,也需要斗争,这就是共产党领导人对政治变迁的看法。"①其较为科学的概括了权力运作的逻辑,尤其在社会主义国家运作的逻辑过程。依这个逻辑过程,权力既是被创造出来的,又是在有组织的机制中运行的。依据前者,权力需要通过法律来创造,或者通过宪法典则,或者通过行政法典则。当然,究竟是法律创造权力还是权力创造法律,不同的论者有不同的认识。即是说,一些论者认为法律是由权力创造的,依这个论点法律是权力的附属物。从法律能够被制定,并依不同的政权体制而改变的状况看,这个论点是对的,因为法律的制定过程是权力的运行过程。另一些学者则认为,权力是法律的产物,整个权力机制要通过规则体现出来,没有规则就无法使权力存在一种有序性。从权力运行的法律形式看,此论亦是正确的。这个问题可能是一个鸡生蛋或蛋生鸡的关系问题,即很难形成一个人们能够普遍接受的结论。不过,现代社会中的权力似乎都有其存在的法律形式,尤其存在于国家政权体系中的诸种权力,如立法权、行政权、司法权都有其宪法和其他法律上的依据。因此,说权力是法律的创造物是有理论和实践依据的。行政法典则之中就充斥了大量的国家权力,以我国《地方各级人民代表大会和地方各级人民政府组织法》为例,其就包含了属于地方政府行使的国家权力的内容。该法第 59 条规定:"县级以上的地方各级人民政府行使下列职权:(一)执行本级人民代表

---

① [美]亨廷顿著:《变革社会中的政治秩序》,李盛平等译,华夏出版社 1988 年版,第 141 页。

大会及其常务委员会的决议,以及上级国家行政机关的决定和命令,规定行政措施,发布决定和命令;(二)领导所属各工作部门和下级人民政府的工作;(三)改变或者撤销所属各工作部门的不适当的命令、指示和下级人民政府的不适当的决定、命令;(四)依照法律的规定任免、培训、考核和奖惩国家行政机关工作人员;(五)执行国民经济和社会发展计划、预算,管理本行政区域内的经济、教育、科学、文化、卫生、体育事业、环境和资源保护、城乡建设事业和财政、民政、公安、民族事务、司法行政、监察、计划生育等行政工作;(六)保护社会主义的全民所有的财产和劳动群众集体所有的财产,保护公民私人所有的合法财产,维护社会秩序,保障公民的人身权利、民主权利和其他权利;(七)保护各种经济组织的合法权益;(八)保障少数民族的权利和尊重少数民族的风俗习惯,帮助本行政区域内各少数民族聚居的地方依照宪法和法律实行区域自治,帮助各少数民族发展政治、经济和文化的建设事业;(九)保障宪法和法律赋予妇女的男女平等、同工同酬和婚姻自由等各项权利;(十)办理上级国家行政机关交办的其他事项。"第61条规定:"乡、民族乡、镇的人民政府行使下列职权:(一)执行本级人民代表大会的决议和上级国家行政机关的决定和命令,发布决定和命令;(二)执行本行政区域内的经济和社会发展计划、预算,管理本行政区域内的经济、教育、科学、文化、卫生、体育事业和财政、民政、公安、司法行政、计划生育等行政工作;(三)保护社会主义的全民所有的财产和劳动群众集体所有的财产,保护公民私人所有的合法财产,维护社会秩序,保障公民的人身权利、民主权利和其他权利;(四)保护各种经济组织的合法权益;(五)保障少数民族的权利和尊重少数民族的风俗习惯;(六)保障宪法和法律赋予妇女的男女平等、同工同酬和婚姻自由等各项权利;(七)办理上级人民政府交办的其他事项。"应当说明的是行政法典则的国家权力不单单在行政组织法中有所体现,在部门行政法中亦有大量内容。

行政法典则中的国家权力是一个确定权力与不确定权力的统一。即是说,有些体现于行政法中的权力是确定的,不会在权力行使者与权力承受者之中产生误解。有些权力则是不确定的,这类权力常常会在权力行使者与权力承受者之间产生争执,行政主体的自由裁量权就属于此类。不论确定的权力还是不确定的权力都有在下规范进行分析的必要。例如确定的权力在行政法典则体系中究竟有多少就是需要进行分析的,不确定权力在行政法治运作中就更有进行分析的必要。就后者而言,国家权力的运作与一定的政治体系和行政体系有关,其是在组织下运行的。不同类型的行政机构体系行使不同的权力就是这种组织化的静态方面,而每一个权力运行都必须依程序为之,则是这种组织化的动态表现。①

第二,行政法中的政治实体。行政法中的政治实体是绝大多数行政法教科书中回避了的问题。我们知道,行政法理论中有行政主体的理论,当学者们使用行政主体理论的概念时是在法律技术的角度考虑的。而没有将行政主体与政治实体及其有关的理论结合起来,其实,行政主体,无论其类型如何都是政治实体在行政法中的表现。对于这个问题卢梭早就作过深入研究,他认为一切自由的行为都是由两种原因的结合而产生的,一是精神的原因,另一是物理的原因。精神的原因是决定这种行为的意志,物理的原因则是执行这种行为的力量。而两种原因最后都会化为一种力量,这个力量的结果则是国家权力的产生,归于精神原因的力量是立法,而归于物理原因的力量则是行政。这两种

---

① 我国行政法关于行政权力的数量大体上分成三个层次:第一层次是国务院行使的职权,共有 20 项。第二层次是县级以上地方行政机关,共有 10 项。第三层次是乡镇人民政府,共有 5 项。我国政府组织法将省级人民政府的权力和县级人民政府的权力合在一起规定,这在立法技术上讲是不科学的,因为省级人民政府和县级人民政府的权力性质存在较大差别。参见关保英著:《行政法教科书之总论行政法》,中国政法大学出版社 2009 年版,第 200—213 页。

公共力量都必须有一个适当的代理人把它结合在一起,并使它按照公益的指示而活动。"他可以充当国家与主权者之间的联系,他对公共人格所起的作用很有点像是灵魂与肉体的结合对一个人所起的作用那样。这就是国家之中所以要有政府的理由;政府和主权者往往被人混淆,其实政府只不过是主权者的执行人。那么,什么是政府呢?政府就是在臣民与主权者之间所建立的一个中间体,以便两者得以互相适合,它负责执行法律并维持社会的以及政治的自由。这一中间体的成员就叫做行政官或者国王,也就是说执政者;而这一整个的中间体则称为君主,所以有人认为人民服从首领时所根据的那种行为绝不是一项契约,这是很有道理的。那完全是一种委托,是一种任用;在那里,他们仅仅是主权者的官吏,是以主权者的名义在行使着主权者所托付给他们的权力,而且只要主权者高兴,他就可以限制、改变和收回这种权力。转让这样一种权利既然是与社会共同体的本性不相容的,所以也就是违反结合的目的的。因此,我把行政权力的合法运用称之为政府或最高行政,并把负责这种行政的个人或团体称之为君主或行政官。"[1]卢梭从相对概括的原理解释了行政系统作为政治实体的理论。其实,在现代社会中,作为政治实体存在于行政系统之中主要通过行政法予以表现出来。我们知道,行政系统是由等级化的结构体系构成的,"其中的要素从最高级到最低级不平等地依秩序排列。在一种有组织的等级制度中,权威分配使功能(与声望)的区分在上司与下属之间形成井然有序的等级。印度的种姓制代表了社会宗教组织与价值的典型等级形式,与西方平等主义、自由主义价值形成鲜明的对比。"[2]这种等级化的排列实质上是由行政法设计的,这是从大的方面讲行政法中的政治实

---

[1] [英]卢梭著:《社会契约论》,何兆武译,商务印书馆1982年版,第75—78页。
[2] [英]肯尼思·麦克利什著:《人类思想的主要观点》中册,查常平译,新华出版社2004年版,第671页。

体。而从小的方面讲,诸种政治力量在行政法中的状况都与其行为以及行为规则有关,正如布拉德利对部门中的公务员所做的分析:"部门中的高级公务员是常务大臣(Permanent Secretary)。在常务大臣之下,部门事务由许多司局或者科室处理,由代理大臣、副大臣和助理大臣控制(按照资历由浅至深排序),这些职位共同组成了1996年以来创建的高级公务员系统。大臣的特别顾问也发挥着关键作用,这一职位的数字自1997年以来开始不断增长。当部门内部存在委托模式时,它们一般不会影响部门或处理相关事务的局外人的法律地位。如果影响个人的自由裁量权被授予大臣,则部门内的官员一般可以代表大臣做出决定(所依据的是卡尔托纳原则),除非授权的法规施加了明示的或者暗示的限制。在一起刑事案件中,法庭认为内务大臣从来都没有批准过1973年《道路安全法》所要求的酒精测试计,上诉法院法官威杰里则表示:'大臣没有必要对所有议会的授权都亲自做出决定。如果决定是由他的一位官员代表他作出的,在宪法上就是大臣所作出的'。至于国务大臣根据《1971年移民法》所享有的权力,法庭认为,基于卡尔托纳原则,移民官(相关权力由立法明确授予)同样有权代表国务大臣行使有关驱逐出境的决策权。"① 依这个论点我们可以看出,凡存在于行政法中的行政主体乃至于行使权利的个体(公务员)都是一种人格化的东西,该人格化所反映的正是政治实体的属性。行政法分析学中对于行政系统主体的分析必须超越行政主体的概念,必须在政治实体的理念中分析这些主体,因为,这些主体在行政法中的价值取向不单单具有行政性,而更具有政治性。

第三,行政法中的政治运行。20世纪90年代,在美国有这样一起案

---

① [英]A. W. 布拉德利、K. D. 尤因著:《宪法与行政法》,刘刚、江菁等译,商务印书馆2008年版,第535—536页。

子:"罗纳德·里根总统颁布了行政命令12291号。那个命令要求所有机构负责人递交提议的规则时,在开始规则制定过程之前,如果对于经济有1亿美元或更多的成本影响,必须附带一个成本效益分析送交管理与预算办公室(OMB)。OMB(Office of Management and Budget)是一个职员(幕僚)机构,而不是一个直线(职能)机构。因为OMB的惟一功能是给总统咨询,OMB不能禁止机构规则或标准的颁布。然而,因为OMB如此接近总统并且是总统的顾问,OMB不批准一个提议的规则或标准就等同于总统不批准(即使总统可能实际上对于正在发生的事情并不知情)。这些机构领导或各部首脑(他们的工作依赖于总统的持续支持)可能与OMB达成妥协。里根和布什总统对于法令权威很大程度上依赖于1980年《文书工作裁减法案》,允许OMB对机构规则制定施加其意愿。《文书工作裁减法案》的通过是为了减少要求的文书数量。职业安全与健康局(OSHA)主任提议一项规则,称作《危害物沟通标准》,其初始意图是要求所有雇主对于工作场所危害物的暴露警告员工。里根总统、里根的主要幕僚、劳工部部长和OMB主任不愿意将《危害物沟通标准》施加给工商业。当提议的规则如行政命令12291号递交给OMB时,OMB反对,随后开始了商谈。OSHA(Occupational Safety & Health Administration)将规则局限在仅仅适用于制造业。一组消费者导向的利益集团和劳工工会成功地在1983年在法院挑战了这个范围缩小之后的规则,并强迫OSHA采纳一项能够运用于所有经济部门和所有工作场所的新规则。新规则送回OMB,OMB再一次提出了反对,1987年OMB与OSHA的商谈产生了另一个修改后的规则,该规则不适用于建筑行业。1987年采纳的规则立即受到了美国联合钢铁工人协会以及一个拉尔夫·纳德组织在法院的挑战。1990年,美国最高法院裁决在多尔①案中,OMB在《文书工作裁减法案》中缺乏法律权威阻

---

① 那时的劳工部部长伊丽莎白·多尔(Ehzabeth Dole)。

止该项和其他项机构规则或标准。法院决定,《文书工作裁减法案》立法意图并不提供法律权威以要求 OMB 评审机构规则。因为宪法不授予 OMB 在总统事务上的评审权力,国会在《文书工作裁减法案》中没有授予这样的评审权,总统没有权力要求 OMB 评审,如该案的机构规则。《共和党与美国签约》(广泛被声称共和党对于控制 1994 年选举负责)的一条为修正《文书工作裁减法案》。尽管共和党人事实上没有选战,他们想修改《文书工作裁减法案》的理由是取消或推翻最高法院在多尔案中的判决。1995 年《文书工作裁减法案》是《与美国签约》几项内容之一,它实际上通过了国会两院并由比尔·克林顿总统签署为法律。上文例证中提到的《文书工作裁减法案》过期作废了,因此国会通过了新的法案。该法案制定了每年度联邦政府减少文书工作的目标(到 2001 年减少 40%)。它使得法案运用于所有联邦工作的要求(应对法院对最初法案的狭隘解释),并授权 OMB 之下的一个部门——信息与规制事务办公室——行使文书工作提议中对于机构规则的控制。这样,总统对于机构规则制定的控制(至少在文书工作方面)已经恢复到多尔案之前的水准。"①这个案件的终审判决书非常清晰地阐述了行政法运作中的政治以及司法权在对行政系统发生作用中的政治判断。其中关于行政法中的政治运行是非常精辟的,对此我们再毋须从理论上探讨了。上列诸方面都说明行政法在形成政治机制中的作用,而在我国行政法下规范中对于其形成政治机制的分析少之又少。

(二) 行政法彰显政治价值

在行政法的历史断代中,有古代行政法与现代行政法之分。所谓古代行政法指资本主义制度建立以前的行政法。当然,在古代是否存

---

① [美]史蒂文.J.卡恩著:《行政法原理与案例》,张梦中等译,中山大学出版社 2004 年版,第 24—25 页。

在行政法的问题上向来就有激烈争论。一些学者认为行政法是资产阶级革命以后的产物,其与现代宪政制度是联系在一起的。正是现代宪政制度才使行政法具有存在的政治基础。另一派学者则认为,行政法既然是调整行政管理关系的法律,在古代同样存在大量的行政管理关系,而这些关系亦需要行政法规范来调整。即便将行政法定性为对政府权力进行组织和规范的部门法,古代同样存在行政法。例如,我国的《唐六典》就是一个典型的古代行政法典则。笔者认为,古代是否存在行政法并不是一个有与无的问题,关键在于我们如何理解行政法的定义。仅从规范性质看,说古代存在行政法是有道理的,因为像《唐六典》以及其他在古代形成的行政法典则我们如果不把它们归入行政法就将无法再做别的归类。深层而论,古代行政法与现代行政法的历史断代实质上是对行政法政治特征的一个判定,对行政法不同政治价值的判定。古代行政法的政治价值是社会管理的价值,这种管理不论内部管理与外部管理的区分,还是作其他类型的区分,其都以国家权力对社会进行控制为政治取向。现代行政法则不同,一方面,其同样具有明确的政治价值取向;另一方面,这个政治价值取向以现代宪政为核心。无论从宪政的角度所做的解释,还是从法治的角度所做的解释都不能否认行政法作为宪政政治价值的事实。[1] 其实,上列分析针对于宪政而

---

[1] 我们所指的宪政的角度是以戴雪为代表的,戴雪在《英宪精义》中提出了宪政制度下法律主治的理念,依戴雪的理念,法律主治有三层思想。一是所有权力都必须受到法律的约束,法律要对权力行使主体的权力尽可能进行细化,不能够让权力主体享有过分庞大自由裁量权。二是所有主体在法律面前都应当保持平等地位,不但要做到法律面前人人平等,还要做到法律面前政府机关和公民也要保持平等。三是宪法是公民权利的结果,而不是公民权利的渊源。这个理论具有非常深刻的哲学内涵。它提出了普通法与宪法具有同等重要地位的理念等。这个理论之所以具有宪政的性质,因为在戴雪的理论之下,行政法其实亦与宪法没有质的区别,它的运行更不能游离于普通法之外。我们所说的法治角度是以奥托·迈耶为代表的,他认为随着社会法治精神的发展,作为动态的行政法在国家政治生活中的地位越来越突出,而作为相对静态的宪法之作用将会有所缩小。这样行政法就有取代宪法之强势性,学者们将其概括为宪法死亡,行政法复活。

言并无完全对立的内容,只是宪政和法治在法律进路上的微妙区别而已。现代行政法与现代宪政的关系使其具有了一种相对隐形的功能,就是彰显一国政治价值之功能。不同政治体制和意识形态之下行政法的区别就是这种理念价值彰显的理论基础。这种彰显在行政法典则和行政法运行中的体现是双重的。我们在传统的行政法学科中对于行政法政治价值的彰显是有所注意的,正如我国一般行政法教科书对我国公务员制度所做的分析。但是,我们在行政法规范进入运作状态中对政治价值的彰显则没有给予足够的重视。行政法政治功能的分析不能回避这个问题。就我国行政法规范及其行政法下规范而言,其至少具有下列政治价值,下列诸方面也是其彰显政治价值的表现。

第一,行政法中的公正政治价值。公正的概念究竟作何解释似乎并无定论,在笔者看来其是正义概念的一种形式,是从正义这一相对较大的概念中延伸出来的。在正义的概念之下可以有公正、公开、公平等具体的涵义。而这每一个具体涵义的确定似乎比正义概念的确定还要难一些。柏拉图在解释法律的起源时就是从正义的概念入手的,他指出:"作不正义事是利,遭受不正义是害。遭受不正义所得的害超过干不正义所得的利。所以人们在彼此交往中既尝到过干不正义的甜头,又尝到过遭受不正义的苦头。两种味道都尝到了之后,那些不能专尝甜头不吃苦头的人,觉得最好大家成立契约:既不要得不正义之惠,也不要吃不正义之亏。打这时候起,他们中间才开始订法律立契约。他们把守法践约叫合法的、正义的。这就是正义的本质与起源。正义的本质就是最好与最坏的折衷——所谓最好,就是干了坏事而不受罚,所谓最坏,就是受了罪而没法报复。人们说,既然正义是两者之折衷,它之为大家所接受和赞成,就不是因为它本身真正善,而是因为这些人没有力量去干不正义,任何一个真正有力量作恶的人绝不会愿意和别人订什么契约,答应既不害人也不受害——除非他疯了。因此,苏格拉底啊,他们说,正义的本质和起源就是这样。"① 这不仅仅是对正义起源的探讨,更重要的是探讨了法律之起源就在于人们对正义之选择。公正作为正义概念的延伸几乎是所有法律彰显的价值,当然,在所有部门法中对公正价值的彰显都带有政治属性。行政法在其规范体系中常常就有公正价值的基本判断和追求。我国制定的主要行政法典都非常明确地提到了公正的概念。例如,《中华人民共和国行政处罚法》第4条规定:"行政处罚遵循公正、公开的原则。设定和实施行政处罚必须以事实为依据,与违法行为的事实、性质、情节以及社会危害程度相当。对违法行为给予行政处罚的规定必须公布;未经公布的,不得作为行政处罚的依据。"《中华人民共和国行政许可法》第5条规定:"设定和实施行政许可,应当遵循公开、公平、公正的原则。有关行政许可的规定应当公布;未经公布的,不得作为实施行政许可的依据。行政许可的实施和结果,除涉及国家秘密、商业秘密或者个人隐私的外,应当公开。符合法定条件、标准的,申请人有依法取得行政许可的平等权利,行政机关不得歧视。"《中华人民共和国治安管理处罚法》第5条规定:"治安管理处罚必须以事实为依据,与违反治安管理行为的性质、情节以及社会危害程度相当。实施治安管理处罚,应当公开、公正,尊重和保障人权,保护公民的人格尊严。办理治安案件应当坚持教育与处罚相结合的原则。"这些有关公正概念的规定实质上都彰显了公正的政治价值。虽然,我国法律并没有对公正的概念做出进一步的解释。但是,在笔者看来,公正与公平具有一定的对应性,通常情况下,公平所反映的是不同平等主体之间的关系,而公正则反映的是不对等主体之间的关系。例如,行政主体在行政处罚中对不同当事人同等对待是公平价值之要求,而其出于公心对待每一个当事人,并建立与当事人之间的理性关系则

---

① [古希腊]柏拉图著:《理想国》,张竹明等译,商务印书馆1986年版,第46页。

是公正价值的体现。行政法典则中对公正价值的规定只是行政法彰显公正价值的一个方面。更为重要的是行政法在实施和实现中应当尽可能地体现公正价值。我国的行政法在实施和实现中究竟在多大程度上彰显了公正价值就是需要进行分析的。①

第二,行政法中的民主政治价值。行政法与民主的关系在当代行政法学研究中只是一个冰点问题,学者们之所以不去关注行政法与民主的关系,可能基于两个方面的考虑。一是人们可能会认为行政法与民主的关系是无须讨论的,因为行政法与宪法一样其产生就是民主的必然结果,正如宫泽俊义所言:"近世初期欧洲的绝对君主制,这个意义的主权在君主(君主主权主义),政治方式采取最终由君主的意志来决定的原则。为反对绝对君主制而兴起的民主主义,把这个意义的主权从君主之手扩大到一般国民的手中,主张政治方式最后由全体国民意志决定这一原则(国民主权)。18 世纪末从英国独立出来的美国各州强烈主张这种国民主权,1776 年 7 月的独立宣言和在此前后的各州的宪法,都已明文规定了这一宗旨,1789 年 8 月 26 日法国的人权宣言,也规定了这一点。从此以后随着民主发达的同时,国民主权也越来越有影响,第一次世界大战后的德国威玛宪法(1919 年)规定'国家权力是来自国民'(这里的'国权'是'主权'的意思),从此国民主权以致成为世界大势所趋。"②由于民主与行政法的关系已经成为一个不言而喻的事实,故而,讨论二者之间的关系已没有理论上的必要性。二是人们可

---

① 这里有一个法哲学上的问题,那就是究竟如何确定正义的内涵。自古以来,正义之标准就是法学家关注的问题。但可以说,至今还没有一个公认的关于正义的具体标准。有些情况下,合乎理性可能就是正义的;有些情况下,合乎自然可能就是正义的;有些情况下,合乎大多数人的利益可能就是正义的;有些情况下,保护少数人的权利可能是合乎正义的。在笔者看来,如果不用相关的实在法来规范正之标准,这个问题就永远难以形成共识。

② [日]宫泽俊义、芦部信喜著:《日本国宪法精神》,董璠舆译,中国民主法制出版社 1990 年版,第 28 页。

能会基于这个问题的敏感性,因为一谈到民主就必然会涉及到一国的政治体制问题,一国的人权问题,一国政府与人民的关系问题等,这些问题的讨论常常会引起政府权力系统的不悦,因此,学者就回避了对这个问题的讨论。上列两个方面的原因可能都具有一定的道理,都成为人们回避行政法与民主关系的理由。那么,行政法与民主的关系究竟如何呢?在笔者看来,总的理论前提是行政法既是民主的产物,又能够通过行政法典则彰显民主价值。然而,进入行政法规范的运行之中,行政法与民主的关系则需要进行分析,即行政法是否非常好地彰显了民主价值,体现了行政法在此方面的政治属性则需要用分析学的方法做出确定和判断。例如,马克斯·韦伯讲到现代国家政权体系中的官僚制问题。不须多言,现代官僚制是行政法赖以实施的制度基础,其在帮助行政法的实施方面具有重大意义。但是,在官僚机制体系的运作中,行政相对人的民主及其与宪法规定的自由权有关的权利则并不显得具有实现中的畅通性。通过这样的分析是否能够得出一个新的结论,即行政法中的民主价值必须有所转换才在现代行政法运作中有实质性意义,这些问题都是现代行政法中的深层理论和实践问题,在规范行政法学的层面是无法得到解决的。

第三,行政法中的平等政治价值。我们上面列举的若干行政法典都规定了平等的政治价值,在有些行政法典中它是行政法的原则,在另一些行政法典中则是行政法的规则。行政法典则中的平等价值与行政法实施和实现中的平等价值同样不是一个具有完全对应性的事物。进一步讲,典则中的平等若进入实施和实现层面则可能失去平等意义,甚至会带来新的不平等。阿奎那从哲学意义上指出了平等的相对性:"在那些取决于意志的内在活动的事情上,人并无对人服从的义务,而只有对上帝才负有这种义务。固然,关于肉体的外在的活动方面,人必须对人服从,因为所有的人在天地间都是平等的。就维持肉体的存在和生儿育女而论，情况就是如此。所以在缔结婚姻或誓守贞操等问题上，奴隶毋需服从主人，子女也毋需服从父母。但是，在有关人类事务和行动的指挥问题上，一个臣民必须因其上级具有某种权威而服从他们：例如士兵在战争问题上服从他的将官；奴隶在分派给他的任务方面服从他的主人；儿子关于家庭生活的纪律和管理方面服从他的父亲，等等。"①无论平等在法律价值上的绝对性，还是在法律实施中的相对性都是需要进行分析的问题。

（三）行政法分配公共利益

利益问题在它的初始含义中似乎更多的倾向于经济方面或者说与财产有关的问题才可以谈论利益。正如圣西门所分析的，其认为在法律涉及的内容上有问题位次的区分，即有些法律的内容在整个法律体系中属于第一位次，在它看来规定所有制的法律就是第一位次的法律，因为所有制与人民的经济利益和福利至关重要。而第二位次的法律才是有关权利的法律，即规定社会公众享有其他权利的规则，这些权利是建立在所有制的基础之上的。第三位次的法律是规定政府形式的法律，如在法律典则中确立权力分立和代议制的法律。② 圣西门的这个论点虽不免偏颇，但足以说明利益关系的经济属性和财产属性。然而，在近年来的行政法学乃至于整个公法学的研究中，公共利益则成了一个普遍的概念，它的涵义也由财产和经济转向了更加宽泛的方面，即凡是人们能够得利益的东西几乎都成为利益的内涵。公法与公共利益的关系之所以密切，就是因为公法本身是对公共利益的确定和分配。《联邦党人文集》的作者们就曾指出："每部政治宪法的目的就是，或者说应

---

① ［意］阿奎那著：《阿奎那政治著作选》，马清槐译，商务印书馆1982年版，第147页。
② 参见［法］圣西门著：《圣西门选集》第二卷，董果良译，商务印书馆1983年版，第188页。

该是,首先为统治者获得具有最高智慧来辨别和最高道德来追求社会公益的人;其次,当他们继续受到公众委托时,采取最有效的预防办法来使他们廉洁奉公。用选举方式获得统治者,是共和政体独有的政策。依靠这种政体,用以预防他们腐化堕落的方法是多种多样的。最有效的一种是任期上的限制,以便保持对人民的适当责任。"① 说明包括宪法和行政法在内的公法建立的基础是公共利益,而公法之主体则是能够为公共利益的实现创造条件者或为社会公众带来福祉者。这个理论到了 20 世纪被发展为公共选择理论,该理论是由美国经济学者和公法学者布坎南等提出的,该理论具体到公法中是这样的分析进路:一方面,公法的产生是怎样在公共选择的过程中形成的,在形成中作为公共利益之主体的社会公众的意志占有多大的比重。另一方面,一项由政府行政系统实施的公共政策,究竟怎样代表了公共利益和在多大程度上代表了公众利益。再次,政府行政系统的供应本身就是一种公共利益。"如果任何一个人可以享有政府的好处的话(不论这些好处是什么),那么每个人都可以享有。因此,公共选择理论只是考察(而且迄今没有解释)政府是怎样产生的。同样,公共选择理论关于院外集团提出的第一个问题是'这个院外活动集团到底为什么会存在,为什么每个人都不能坐享其成?'奥尔森的著作深深地影响了精英主义者和多元主义者之间的争论,他们都荒唐无益地争论着问题,从利益的存在直到利益集团的存在。院外活动集团和政府可以由政治精英们提供,研究他们的活动类似于研究经济精英们的活动。"② 公共选择理论有一个非常具有震撼力的观点,就是政府行政系统及其公职人员不是经济的阉人。

---

① [美]汉密尔顿、麦迪逊著:《联邦党人文集》,程逢如等译,商务印书馆 1989 年版,第 290 页。

② 戴维·米勒、韦农·波格丹诺著:《布莱克维尔政治学百科全书》,邓正来译,中国政法大学出版社 2002 年版,第 661 页。

其意思是说,在政府行政系统制定公法或作出公共政策时,除了考虑社会公众的利益之外,他们本身就是一个利益实体。甚至于在一定条件下是一个利益集团。作为一个利益群体或利益集团其必然使自身的利益以公法的形式合法化为公共利益。这正是公共利益之所以变得非常敏感的一个重要原因。[①] 总之,行政法中的公共利益以及与公共利益概念有关的国家利益、集体利益、社会利益、政府利益、集团利益都需要从行政法分析学的角度进行探究,一方面,将不同的利益概念界定清楚,将不同的利益主体游离出来。另一方面,对公共利益在行政法的分配中进行定量分析并得出一个合理的结论。这些问题在行政法学研究中几乎无法予以澄清,只有进入规范分析阶段这些问题才能得到解决。

二、行政法的经济功能

(一) 行政法中的经济规范

行政法与经济的关系本应当是行政法学理论中的一个基本问题。但是,这个问题同样在行政法学理论中缺乏系统研究以至于是一个冰点问题。我们从法理层面上可以构设出行政法与经济的下列关系形式。其一,行政法作为上层建筑对经济具有反作用,即其或者促进经济的发展,或者阻滞经济的发展。这个关于行政法与经济的理论显然具有高度的抽象性,只能作为在操作层面进行分析的指导原则。其二,行

[①] 基于此,我国学者近年来从不同侧面对公共利益在公法中的地位进行了探讨,不同的学者提出了不同的论点,笔者亦曾撰文提出了公共利益必须进行法律限定的理论,即究竟何为公共利益必须由法律作出限定,而不是简单的界定。笔者提出了下列一些限定标准:以多次认同作为标准、以实质性受益作为标准、以可持续发展作为标准、以科学论证作为标准、以全球趋同作为标准。参见关保英撰:《论公共利益的法律限定》,载《学术研究》,2006年第4期。

政法能够设置经济制度。如果把行政法理解成行政管理过程中的法律的话,行政法对经济制度的设置是其基本的功能之一。在各国的行政管理法律规范中都能够看到非常广泛的经济制度,例如,我国有关经济内容的部门行政管理法都不同程度地设置了经济制度,以《中华人民共和国土地管理法》为例,其就设置了大量的土地管理制度,而这些制度都具有经济属性。其三,行政法能够调整经济管理关系,我国学者构设的经济行政法及其体系,就是以这些法律能够调整经济行政管理关系为前提的,某个行政法规范能够成为经济行政法规范的原因就在于它能够调整一定的经济管理关系。与行政法对经济制度的构设相比,行政法调整经济关系的规范则更多一些,一些具体的经济管理事项常常都是政府行政系统通过行政法典完成的。在政府立法层面上讲,有关经济管理的典则占的比重并不少,进入21世纪之后国务院部门制定的政府规章中经济性规章所占的比重最多。其四,行政法作为一种行为规则对经济秩序具有维护作用。行政法与社会秩序的关系是非常清楚的,即其能够有效的维护社会秩序,这里也包含着对经济秩序的维护。上列诸方面是我们对行政法与经济之关系的概括,行政法分析学中,其与经济关系的分析范畴应当包括行政法中的经济规范、行政法对经济关系的设定、行政法对经济秩序的维护等方面。

行政法中的经济规范有三个类型。

第一,经济管理规范。在我国官方编纂的法律法规大全中,经济法律法规有800多件,[①]这些经济法规范为行政法分析学留下了巨大的分析空间,之所以要进行分析,魁奈的理论可以帮助我们予以理解和认识。"涉及国家整个经济制度的一切有效法律,对国家每年财富再生产

---

① 参见最高人民检察院政策法规室编:《中华人民共和国法律法规及司法解释大全》,方正出版社2010年版,目录。

的自然进程起着作用；这些法律要求立法者运用法律者具有非常广博的知识和作非常周密的考虑，其结果必须能明显地说明君主和国家的利益，特别是君主的利益，这种利益必须经常显示出来，以促使君主做好事。幸而君主的利益，只要理解得正确，总是和人民的利益一致的。因此，立法委员会和运用有效法律的法院必须很好地了解法律对国家每年财富再生产进程的影响，以便在决定颁布新法律时，必须知道该法律对上述自然现象的影响。甚至国家的精神方面的社团，即知识分子，也必须知道这种影响的梗概。因此政府的第一个实际行动，应该是设立学校来学习这方面的知识。"①

第二，反垄断规范。罗素认为经济权力与军事权力等权力不同，它不是原始的，固有的，而是派生的。所谓派生的是指它是由另一种权力产生的新的权力。② 如果罗素的论点成立，那么，包括行政权力在内的一切政治权力乃至于军事权力都可以派生出经济权力来。同时，这个论点也为从法律上对经济权力的限制提供了理论基础。换言之，经济权力可以由其他不同权力派生，那么，经济权力应当是一个社会中最容易发生膨胀的权力，或者在平等的经济主体之间膨胀，或者在政府行政系统中膨胀，或者在其他的社会主体中膨胀。基于此，控制经济权力的膨胀就成了现代法律的基本内容之一。反垄断法就属于这个范畴的法律，世界各发达国家都不乏此法的事实就充分证明了这一点，我国在2007年也制定了《反垄断法》，当然，由于有经济法这样一个法律部门，因此，人们都会非常自然地将这个法律归入到经济法之中。然而，以政府对经济权进行控制的眼光观察，反垄断法是一个较为典型的行政法，它其中既包括了行政法法律主体的要素，也包括了行政法法律事实的

---

① ［法］魁奈著：《魁奈经济著作选集》，吴斐丹、张草纫译，商务印书馆1983年版，第400页。

② 参见［英］伯特兰·罗素著：《权力论》，吴友三译，商务印书馆1991年版，第90页。

要素。我们可以将《反垄断法》所规定的内容梳理一下。第一部分为垄断协议;第二部分为滥用市场支配地位;第三部分为经营者集中;第四部分为滥用行政权力排除、限制竞争;第五部分为对涉嫌垄断行为的调查;第六部分为法律责任。这些内容无一能够从行政法体系中剔除出去。① 第三,从经济角度的限权规范。行政法是限制政府权力的法,这是西方国家基本的行政法理念,也是其对行政法模式的一个选择。那么,行政法如何限制政府权力就需要具体分析,其中从经济的角度对政府系统及其公职人员的权力进行限制就是一个非常好的限制方法,如各国的反腐败法,公职人员收入分配的法律等,这些法律不能与一般意义的经济法相等同,但其以经济的角度对行政权力限制的事实使我们有理由将其归入经济法之中。我们可以用马布利的经济分析论证这一问题,马布利首先指出,政府作为一个体系其应当受到经济或财政规则的限制:"如果我们想使执政者公正,就应该使国家的需要不多,而为了使执政者更习惯于公正,就应当使法律不给予执政者以可以比其他公民有更多需要的条件。……因为活动受到限制的政府,在国家的需要有节制的条件下,不可能使财政管理发生混乱;因为受到取缔豪华法律限制的执政者们,要想使自己幸福,并不需要积累大量财富;因为政府

---

① 反垄断法是对经济进行调节的法律,而对经济进行调节通常都是政府行政系统的天然职责,正如柯立芝总统在就职演说中所讲到的:"和平最大的一项危险,在于人民发现他们自己所遭受到的经济压力。因此,在这个世界上,对保障和平最切实可行的一件事,就是寻求解除这种压力的办法。这样不仅可以再造机会,而且可以恢复希望。必须有一些保障以使奋斗和努力之后能有所成功和繁荣。在这方面作出有关计划和资金调节,对美国来说不但是一个机会,而且是一种实际的责任。这需要我们以自己的忠告和资源作出反应。必须为人民提供条件,以使他们能够生活并能克服困难。但还有更重要的因素,缺少它将不可能有永久的和平,这个因素存在于人类的内心之中。除非内心怀有和平的愿望,除非友爱这一基本的自然的因素,被培育到最高的程度,所有人为的努力都将是无效的。只有当人们认识到,处于法律的统治之下,和平才会到来,基于正义和四海之内皆兄弟的宗教信仰,才能希望有一个完善而满意的生活。文件与武力都将失败,唯有人的崇高天性能够成功。"参见岳西宽等译,《柯立芝总统就职演说》,《美国总统就职演说》,北方文艺出版社 1990 年版,第 325 页。

在需要不多的条件下一直会感到富裕，易于保持原来的习惯，即执行自然界的使命，施行德政。在其他地方，国家在使公民破产；而在这里，国家援助遭受损失的人民，帮助公民重建被火烧掉的住宅，对不幸遭到雹灾和其他天灾的农民补助他们所受到的损失，把由于贫穷而不得不蹲在家里挨饿的贫困的居民送到海外去谋生。"①他进一步指出公职人员亦应当用收入分配的手段予以限制："公务人员放弃了自己家庭的工作，所以由国家来报答他们是公正的；我认为，这是管家的口吻。如果叫公务人员担负过重的工作，这是共和国的过失；共和国要把公务人员的工作规定得使他们轻松愉快。在公务人员方面，也可能有错误。即使他轻视自己的私人利益，但不能得到同胞的颂扬和尊敬时，法律也将认为他没有资格充当公务人员。但是，有人又转弯抹角地反驳说，公务人员应当生活得体面一些，具有一定程度的奢侈和华丽；您所说的代表职责不就是这样吗？——我们的哲学家忍着笑对我说。只有庸俗腐化的人才会这样说，在他们的眼里，仆人、华丽的服装、马车、宅邸和漂亮的桌椅，比他们的职务重要得多。为使全国人民不沾染这种庸俗的观点，法律必须采取措施，不准许公务人员的需要多于普通公民。扬·德·维特带着一个年轻仆人到海牙去，只用一支蜡烛照明，难道他的同胞和欧洲的强大君主们就因此不尊重他吗？如果他的马厩里有二十匹马，前厅里有三十名仆人，这就能增加他所享受的荣誉吗？如果联省共和国的这个基础，即生活俭朴不复存在，我很想知道由此会产生什么后果？提高参议员的报酬，一定会使我们政府变坏；只有在我们的子孙能把我们对参议员的付酬行为看成是他们祖先的野蛮行为时，他们才能真正幸福。"②笔者上面所列诸点只是在初步分析中的一个尝试，其中诸多问题还需要进一步从分析学的角度予以求证。

---

① ［法］马布利著：《马布列选集》，何清新译，商务印书馆1983年版，第54页。
② 同上，第58—59页。

(二) 行政法对经济关系的设定

经济关系是范围巨大的概念,凡是涉及到经济事项的关系都可以归到这个关系范畴中来。毫无疑问,一国经济关系中的根本关系和基本关系是由宪法设定的,例如,《中华人民共和国宪法》第6—18条都是对经济关系进行设定的条款。应当说明的是这些条款是在确定经济制度的基础上对经济关系进行设定的。仅靠宪法的十几个条文是不能够完成对一国复杂的经济关系设定这一任务的。因此,作为对宪法进行细化的行政法就承担起了这个任务。行政法大体上是从三个方面对经济关系进行设定的。

其一,设定所有权关系。马克思在《〈政治经济学批判〉导言》中指出:"法律可以使一切生产资料,例如土地,永远属于一定家庭。这些法律,只有当大土地所有权适合于社会生产的时候,如像在英国那样,才有经济意义。在法国,尽管有大土地所有权,但经营的是小规模农业,因而大土地所有权就被革命摧毁了。但是,土地析分的状态是否例如通过法律永远固定下来了呢?尽管有这种法律,土地所有权却又集中起来了。法律在巩固分配关系方面的影响和它们由此对生产发生的作用,要专门加以确定。"[①]依马克思的论点,一方面所有权是通过法律设定的;另一方面,设定所有权的法律并不一定必然就是宪法。事实上,我国所有权的具体规定都在行政部门法之中,几乎每一个有关经济内容的部门行政法典都设定了一个或者一组所有权关系。例如《闲置土地处理办法》第8条第一款规定:"收回的集体所有的闲置土地,应当采取以下方式利用……"。

其二,设定分配关系。所有权关系与财产的分配关系密不可分。

---

① 《哲学的贫困》,《马克思恩格斯全集》,人民出版社1972年版,第121—122页。

当然,二者在经济学上的相关原理是关系设定的基础,但法律规范必须将存在于社会中的经济分配关系予以设定。我国诸多行政法规范都承担这样的职能。例如,《闲置土地处理办法》第3条规定:"市、县人民政府土地行政主管部门对其认定的闲置土地,应当通知土地使用者,拟订该宗闲置土地处置方案,闲置土地上依法设立抵押权的,还应通知抵押权人参与处置方案的拟订工作。处置方案经原批准用地的人民政府批准后,由市、县人民政府土地行政主管部门组织实施。处置方案可以选择下列方式:(一)延长开发建设时间,但最长不得超过1年;(二)改变土地用途,办理有关手续后继续开发建设;(三)安排临时使用,待原项目开发建设条件具备后,重新批准开发,土地增值的,由政府收取增值地价;(四)政府为土地使用者置换其他等价闲置土地或者现有建设用地进行开发建设;(五)政府采取招标、拍卖等方式确定新的土地使用者,对原建设项目继续开发建设,并对原土地使用者给予补偿;(六)土地使用者与政府签订土地使用权交还协议等文书,将土地使用权交还给政府。政府应当依照土地使用权交还协议等文书的约定供应与其交还土地等价的土地。"

其三,设定财产流转关系。财产流转关系是指不同财产的所有者对财产在市场中进行交换的关系形式。一方面,法律必须鼓励财产交易,而不能限制财产交易;"对权利交易的禁止,保护了各种权利和制度免遭市场的侵蚀,然而它们也可能被市场操纵,将不平等、压迫和等级制度隔绝于公开讨论之外。历史上,等级地位、封建职务、地产继承以及行会会员身份,一直是金钱不能买卖的。这些禁令既助长经济的非效率性,也助长着不平等。确实,纵观原始、古代、中世纪和现代社会,与保障多数人的平等权利相比,历来受到更经常限制的是市场对少数人的不公平的权力、地位的保护。暴君、武士、宗教狂以及独裁者显然在他们控制的社会里也只能默认市场的竞争。听任市场自然存在的社会,其后果可能好也可能坏,这取决于社会其他方面的状况,让社会更多地充满平等权利,是民主社会的独特性质。"①表明财产交易若向上推进一步就是一个社会民主问题,即由经济问题变为了政治问题。我国自推行市场经济以来就取消了一系列关于禁止财产交易或流转的禁令,这也是行政法对流转关系的肯定。另一方面,法律必须确立具体的财产交易关系形式。即为财产的流转提供规则,这种财产流转关系也基本上是由行政法设定的,我们同样可以举出诸多例子。财产流转关系需要用行政法设定是行政法对经济进行调控的方式,即便在市场经济下这种调控也是必须的,即是说,不能实行无原则的市场经济,不能在市场经济中不确定任何财产流转和交易的原则。阿瑟·奥肯批评了在美国这种高度发达的市场经济国家中,金钱的万能性和交易的无原则性;"事实上,金钱可以买到很多我们民主社会里原本不出售的东西。现实状况与抽象原则大相径庭,市场实际上侵犯了每一项权利。金钱购买了法律服务,以此可以在法律面前得到偏袒,金钱购买了讲坛,以此使讲坛占有者的言论自由有了格外的分量;金钱收买了有权势的组织选举的官员,从而损害了一人一票的原则。市场甚至被允许来裁决一个人的生死,譬如,可以完全有根据地说,美国穷人家庭的婴儿死亡率比中等收入家庭要高一倍到一倍半。尽管金钱一般不能直接购买到权利的额外帮助,但在事实上,它能够买到各种服务,这种服务可以产生更多、更好的权利。譬如,有些形式的政治游说,通过令公众厌恶的社会活动来'伪造'选票。"②这从一个侧面证明行政法对财产流转关系进行设定的必要性。

---

① [美]阿瑟·奥肯著:《平等与效率》,王奔洲译,华夏出版社1987年版,第17页。
② 同上。

（三）行政法对经济秩序的维护

西方有学者认为马克思和马克斯·韦伯关于法律的理论在一个根本问题上是有共通之处的，这个根本问题就是法律与经济的关系问题。他们在分析资本主义制度时，其中心问题是建立在经济体制和经济活动的具体形式之上的社会现象，这些社会现象都以资本主义的法律作为具体形式，因此，对法律与资本主义经济的探讨就成了马克思和马克斯·韦伯法理学的主题。当然，他们的研究既存在理论上的共通性，也存在较大差异，其中共通性在于资本主义的经济秩序具有法律的形式，因而具有可预见性。其实，这种可预见性就是由法律长期形成的经济秩序，反过来说，法律维护了已经形成的秩序。这个问题使我们想起我国行政法学界近年来对信赖保护原则的探讨，其实质就是对法律秩序状态的企求。需要说明的是，信赖保护不单单是一个经济秩序的问题，它包括了社会公众对政府行为的全面预期。其中的差异性在于马克斯·韦伯所理解的资本主义是理性的，即资本主义主要不是剥削与被剥削的关系"实质上是目的在于市场交易的合理的企业家活动"。所以，在分析法律时，韦伯所强调的是："法律的重要意义在于促进形成资本家、企业家基础的合理预算和合理计划的形成。"[①]而马克思理解的资本主义则是非理性的制度形式。但就资本主义的法律而论，其无论在马克斯·韦伯看来，还是在马克思看来都在于维护资本主义的经济秩序。"法律对于资本主义的经济基础——即促进资本主义赖以建立的社会活动模式——以及对扶植和表现资本主义社会中社会生活合理化更为普遍的推进过程，都有着极为重要的意义。法律之所以在现代西方社会被接受，并不是因为它体现了人们珍视的道德观念和价值观

---

① ［英］罗杰·科特威尔著：《法律社会学导论》，潘大松等译，华夏出版社1989年版，第176—177页。

念,也不是因为国家具有压倒一切的制裁权力;既不是出于传统思想的力量,也不是由于领袖人物的感召力。其实,法律的被接受,仅仅因为法律构建了一个可预见的规范体系,它是通情达理和包罗万象的。由于这些规范存在,使个人能够实现目标合理的社会行动。更简单地说,法律可以使个人以合理的方式,实现她或他的自身利益。"[①]这个论断非常深刻地指出了法律对经济秩序的作用。显然,在这个法律概念之下,行政法所占的比重是最大的,这是毋须证明的事实。那么,行政法对经济秩序的维护从哪些方面表现出来呢?笔者认为有如下:

第一,扰乱经济秩序的行为需要行政法予以设定。经济秩序一旦形成就必须深得法律的维护。毋庸置疑,设定经济秩序的行政法与维护经济秩序的行政法是两个范畴的法律现象,我们至少可以从理论上将二者予以区分。例如,宪法典则就有一系列设定经济秩序的条款,但宪法中并不一定包括维护经济秩序的条款,尤其是宪法典则中不包括相应的制裁条款。我国大多数维护经济秩序的法律典则都是以行政法形式出现的。例如,《保险公司管理规定》、《农业生产资料市场监督管理办法》、《广播电视广告播出管理办法》等,这些设定主要是针对行为的。

第二,维护经济秩序之主体及其职责需要行政法予以设定。在我国行政系统内部就设立了诸如工商行政机关,技术监督行政机关,税务行政机关等专职管理经济的机关,行政法在设立这些机关时就指明了其职责范围,明确了其维护经济秩序的具体职责。例如,《水域滩涂养殖发证登记办法》就规定了县级以上地方人民政府渔业行政主管部门的具体职责。

第三,扰乱经济秩序行为的行政法制裁需要行政法予以设定。对经济违法行为的制裁是行政法制裁中的主要内容之一,在我国金融违

[①] [英]罗杰·科特威尔著:《法律社会学导论》,潘大松等译,华夏出版社1989年版,第176—177页。

法的制裁,财政违法的制裁,税务违法的制裁都在这个范畴之内,而且在此方面的制裁或措施也非常多,例如,《商标代理管理办法》第13条规定:"商标代理组织有下列行为之一的,由其所在地或者行为地县级以上工商行政管理部门予以警告或者处以一万元以下罚款;有违法所得的,处以违法所得额三倍以下,但最高不超过三万元罚款:(一)与第三方串通,损害委托人合法权益的;(二)违反本办法第五条、第七条规定的;(三)损害国家和社会公共利益或者其他代理组织合法权益的;(四)从事其他非法活动。"行政法对经济秩序的维护具有巨大的分析空间,目前笔者所做的分析基本上是从规范的静态方面进行的,进入到规范实施和实现之中还可以再做深入分析[①]。

[①] 美国作为判例法国家,法官在处理案件时,尤其有关的经济案件或行政案件时常常给人感觉法官们本身就在进行着分析,而且是用行政法分析学的方法分析案件的适用进路,例如在1977年"哈德森中心电力公司禁止做促销广告案"中,终审判决书中就有这样一段分析:"在商业性言论的案件里,一般可分四个部分进行分析。首先,我们必须确定这种言论是否受到第一修正案的保护。受到保护的言论至少必须涉及到合法行为,或是没有误导成分。接下来,我们需要弄清监管是否维护了政府实质性的利益。如果这两种调查都能得到精确地回答,我们就必须确定监管是否直接有利于政府的利益,以及它是否超过了必须保护的利益范围。现在用这四个步骤来分析商业性言论与公共服务委员会反对促销广告的禁令。A. 由于上诉人(电力公司)在其服务领域内拥有电力的垄断销售权,因而州法院认为公共服务委员会的禁令对任何商业言论都不形成限制,这个推理与上诉人的广告不是(受第一修正案保护的)商业言论的说法不符,这种说法认为既然对某种产品实行了垄断,就不需要再对它提供保护以免受替代品的竞争。电力公司与燃油及天然气供应商在几个市场上进行竞争,例如家庭取暖或工业动力。对于这些市场中的消费者,电力公司广告的价值等同于不受管制企业的广告。B. 公共服务委员会称,保护联邦能源这个国家利益足以支持对鼓励电力消费的广告进行管制。简单地说,即政府所要维护的利益是实质性的。C. 接下来,我们注意到联邦利益和广告禁令的关系。电力需求与广告之间是存在直接的联系的。因此,我们发现联邦利益与公共服务委员会的禁令之间也是有直接的联系的。D. 最后,我们关注本案中的关键性调查:这些一般来讲受到第一修正案的保护的言论,委员会对于它们彻底的压制,是否扩大了联邦保护能源利益的必要的监管范围。这项禁令涉及到所有的促销广告,而没有考虑到对综合使用能源的冲击。但是,尽管能源保护非常重要,也并不能成为压制电力广告信息的理由,因为这样将不能带动能源总需求的增长。除此以外,也没有证据表明,对促销广告更小规模的限制,就不足以保护政府的利益。上诉人坚持,要不是这项禁令,它将宣传有效利用电力的产品和服务,包括已经被部分承认为电热的一大进步的电热泵,和作为太阳能的后备力量的电热与其他热源。由于缺乏有力的相反证据,我们必须相信,在某种情况下,电热有作为有效的替代品的可能性。"参见邓冰、苏益群编译:《大法官的智慧》,法律出版社2004年版,第261页。这个分析是非常微观的,在行政法分析学中如何将分析原理运用到个案中是需要我们在这个学科的构建中进一步注意的。

三、行政法的文化功能

(一) 行政法中的文化内容

行政法与文化的关系与行政法和政治、经济的关系相比,似乎更加没有引起学界的普遍关注。不过,由于在行政法体系中,有专门规定与文化有关的法律文件,就使我们对有关行政法的文化问题并非完全陌生。行政法中专门规定文化的典则包括对相关的文化事业规定的规范,例如,《中华人民共和国文物保护法》就是一个专门规定文化问题的法律,在我国编纂的行政法典则中,有关文化的法律和法规常常都是一个必设的部分,且构成了自己的系统。例如,《中华人民共和国法律法规及司法解释大全》中对文化行政法的体系作了这样的排列:文物与文化遗产;广播电视;新闻出版;网络电子等。[①] 此外对教育事业进行规定的行政法文件也被认为是文化行政法的内容。这可以说是一种广义的文化行政法概念,或者是对文化概念做的广义理解。科技行政法常常也是文化行政法的构成部分,其中包括了科学规范和技术规范。行政法的文化功能中此种直接规范专门文化的典则肯定是其基本组成部分之一。但是,它并不是行政法文化功能的全部,因为文化本身是一个具有深刻内涵的概念,《现代思潮辞典》对文化有这样一个界定:"一个共同体的'社会遗产':由一个民族(有时是故意的,有时是通过未能预见的相互联系及其结果)在他们特殊生活条件下不断发展的活动中创造并且(虽然经过各种程度不同的变化)从一代传向一代的物质手工艺品(工

[①] 参见最高人民检察院政策法规室编:《中华人民共和国法律法规及司法解释大全》,方正出版社 2010 年版,目录。

具、武器、房屋、劳动、崇拜、政府、娱乐场所、艺术品,等等),集体的思想和精神制品(各种象征、思想、信念、审美观念、价值标准,等等的体系),以及各种不同的行为方式(各种制度、群体、仪式、组织方式,等等)的总体。"[①]由这个定义我们清楚地看出,文化是一个极其复杂的概念。

一则,文化与一定的社会体系有关,这个定义中所提到的共同体实质上所指的是一个社会,而社会的通常定义就是指将不同的个体按照不同的联结方式组织在一起的机制或体系。每一个主体在社会机制中占据一个相对确定的位置,扮演着一定的角色,并按照社会中已有的生活方式活动。有学者认为社会的概念与文化的概念本身就无法分开:"社会语言学不仅吸收了社会学的研究成果,而且还吸收了心理学的研究成果,它所关心的是语言的社会和文化因素和功能,以及由于语言与社会的相互作用而导致的许许多多问题。像方言学、混杂语与混合语、语言计划、双语现象和语言适应理论等问题,都足以表明人群对语言形式的影响,反之亦然。这一领域尤其在研究语言和阶级关系的方面取得了重大的进展。社会语言学虽然是一个学术性很强的学科,但由于其所收集的丰富多彩的资料、研究方法的变化多端,以及理论视野的广阔弘通,因此这个学科常显得极为驳杂不纯。但是,所有的社会语言学家在下面这一点上却是高度一致的,即拒绝那种将语言与塑造了语言的社会影响完全割裂开来的语言研究方法。那种割裂语言与社会的方法与乔姆斯基有关,他称语言学惟一应该关心的是揭示每一个说话者都了解的语法体系或语言能力。相反,社会语言学大量的研究工作主要是针对语言的应用,因为它有意识地强调人们说话中的巨大的异质性。例如,它指出,甚至在名义上只说一种语言的人说这种语言的方式

---

① [英] A. 布洛克、O. 斯塔列布拉斯著:《现代思潮辞典》,中国社会科学院文献情报中心译,社会科学文献出版社1988年版,第142页。

也是千差万别,因为口音的差异而导致不同的说话者之间的差异,同一个人在不同的社会语境下说话方式也各不相同,例如从正式的语言风格转向非正式的风格,这些差异交相混融。实际上,存在着大量的导致语言差异性的因素,这取决于社会因素的变化多端,例如社会阶层、地理区域、性别、年龄、社会和自然背景以及教养程度等。"①

二则,文化与一定民族有关。即文化存在于一定的民族之中,例如中华民族就是一个承载一定文化要素的文化实体,离开了民族的概念,文化的概念也难以得到分析。

三则,文化具有历史的继承性,从上一代传到下一代手中,其精神气质保持前后的连贯性是文化的另一特性。

四则,文化具有一定的形式,如思想,信念、审美观念、价值标准,等等,甚至还包括一些有形的东西,如工具、武器、房屋、劳动等等。文化中的这些硬件也是具有软件属性的硬件,而纯粹的硬件在文化概念中只具有十分次要的地位。正是这些软件决定了文化的实质,决定了文化在不同民族之间的较大差别,日本思想家福泽谕吉就认为:"衣服饮食器械居室以至政令法律,都是耳目可以闻见的东西。然而,政令法律若与衣食居室相比,情况便有所不同,政令法律虽然可以耳闻目见,但终究不是可以用手来触摸或者用金钱可以买卖的东西,所以汲取的方法也较困难,不同于衣食房屋等物。所以,仿效西洋建筑铁桥洋房就容易,而改革政治法律却难。我们日本虽然已经有了铁桥洋房,但是政治法律的改革直到现在还未能实行,国会未能很快地成立,其原因即在于此。至于更进一步想要改变全国人民的风气,更是谈何容易,这决不是一朝一夕能奏效的。既不能单靠政府命令来强制,也不能依赖宗教的

---

① [英]肯尼思·麦克利什著:《人类思想的主要观点》,查常平译,新华出版社2004年版,第1364—1365页。

教义来说服,更不能仅仅通过衣食房屋等的改革从外表来引导。唯一方法是顺应人民的天性,消除弊害,排除障碍,使全体人民的智德自然发展,使其见解自然达到高尚的地步。假使这样能够打开改变人心的端绪,则政令法律的改革,文明的基础才能建立起来,至于那些衣食住等有形物质,必将随自然的趋势,不招而至,不求而得。"①这个理想对于我们理解和领会行政法的文化功能有非常大的指导意义。一方面,一国之所以会形成自己的行政法典则以及行政法治的状况是由其文化决定的。其作为一种软件决定了行政法制度。另一方面,行政法典则又可以通过自己对社会的规制形成新的文化。乔·柯尔曾经指出:"民族的真正价值是文化价值。文化价值不要求拥有绝对的政治主权,也不要求拥有不顾及更广大的共同利益的经济自决权。文化价值要求在那些影响个人日常生活及与别人的重要关系的事情上有自治权。文化价值要求在社会以及私人事务中都使用民族语言,要求用民族文化和传统的知识教育孩子,要求自由地庆祝民族纪念日和用各种人文学科和生活礼节教养民族的天才,要求对于所有在民族范围内能有效地处理的事情都由人民实行地方自治权。文化价值要求办理民族事务的公务员说民族语言和遵守民族思想习俗,要求对犯罪者由本民族来处罚和由具有同样民族传统的人来审理。"②这个论断使得行政法的文化功能显得十分复杂,因为文化功能与一定的民族精神有关,其既是一定民族精神的产物,又能够进一步强化民族精神。

(二)行政法作为一国主流文化的形成因素

一国主流文化的形成决定于两个因素:一是历史因素,即存在于这

---

① [日]福泽谕吉著:《文明论概略》,北京编译社译,商务印书馆1959年版,第13—14页。
② [英]乔·柯尔著:《费边社会主义》,夏遇南、吴澜译,商务印书馆1984年版,第88—89页。

个国家的文化传统。① 二是现实的因素,即一个国家现实的政治制度、经济基础、民族习惯以及法律规则。这些因素都能够不同程度地决定一国的主流文化。在所有这些因素中,行政法是一个不可低估的因素。即是说一个国家的行政法制度是该国主流文化形成的决定或影响因素之一。如果说每个部门法对于一国法律文化都有一定意义的话,那么,行政法无疑是所有部门法中最有意义的,这可以从下列方面予以说明。

第一,行政法设置了一国文化管理体制。文化管理体制是指一国对文化事业进行管理的组织和指挥系统,这个系统是一国文化事业的主体因素,也是文化事业运行和发展的发动机。一国宪法典能够设置政治体制和经济体制,但常常没有设置具体的文化管理体制。文化管理体制的设置主要是由行政法完成的。我国设置文化管理体制的行政法典则包括:《中华人民共和国文物保护法》、《中华人民共和国水下文物保护管理条例》、《文物出境鉴定管理办法》等若干个。它们所设置的文化体制大体上是这样的,在中央层面有一个文化部和其他管理文化事业的职能和直属机构,而地方上有文化厅、文化局等。这些主体所实施的行政行为都是文化管理行为,其在形成新的文化格局方面起着重要作用。②

第二,行政法确立了一国的文化方略。文化方略是文化形成和发展的重要因素之一,这些方略大多都体现于一国的行政法典则之中,例

---

① 我们知道,在西方国家的法律进路中,有大陆法系和普通法系之分。两个法系在法律文化方面是泾渭分明的,摆在我们面前的是两种现实存在的法律文化。然而,两个不同的法系的形成和发展都经历了非常长的历史,例如大陆法系的法律特性最早可以追溯至古罗马,其是罗马法律传统的延续。这种法律文化的历史积淀具有巨大的历史惯性,即便是强调法律全球化的西方发达国家,在法系的传统承载上仍然没有失去各自的特色。

② 应当说明的是在我国除了行政系统之中的文化管理体制对文化有决定和影响作用外,执政党内设置的宣传机构也是文化管理体制的组成部分,就目前来讲,这个体制行政法还无法调整。

如,《中华人民共和国文物保护法》第4条就有这样的规定:"文物工作贯彻保护为主、抢救第一、合理利用、加强管理的方针。"其他与文化有关的行政法典则也规定了各领域的文化方略,例如,《营业性演出管理条例》第3条规定:"营业性演出必须坚持为人民服务、为社会主义服务的方向,把社会效益放在首位、实现社会效益和经济效益的统一,丰富人民群众的文化生活。"我国的正式的行政法渊源对文化方略的设计只是一个方面,在诸多非正式的行政法渊源中,亦有文化方略的内容,例如,中共中央关于文化的政策就有诸多是关于文化方略的。笔者认为,一国通过法律确定文化方略对于文化的形成和发展具有决定作用,因为这个方略将一些其认为不适当的文化予以否定,而将其认为合适的文化予以肯定,其决定了何种文化可以生存,而何种文化不可以生存。我国解放前具有绝对影响力的文化现象就被新中国的行政法治所否定,进而将其排除在法律规范之外。当然,一国文化方略在行政法中的地位究竟如何,行政法所规定的文化方略对文化的形成和发展所起的作用与其他外在因素所起的作用相比究竟如何,还需我们通过对行政法的分析进行确定。

第三,行政法维护了一国的文化管理秩序。文化秩序是社会秩序的重要组成部分,一定意义上讲,其与政治秩序、经济秩序处于平行地位。与政治秩序、经济秩序相同,文化秩序也是由一国宪法和行政法设置的,所不同的是文化秩序中有一部分存在于法律规范之外,且存在于法律规范之外的这一部分秩序有时会决定文化发展的主流,这是由文化在有些方面的无形性决定的。无论如何,法律之内的文化秩序还是存在的,我国规定文化秩序的行政法典则大量存在,例如《娱乐场所管理条例》、《乡镇综合文化站管理办法》等,其大多设置了一种文化秩序。我国文化秩序维护中法内因素与法外因素的关系同样需要通过行政法分析学予以具体的分析。

广义的文化还包括了科技与教育两个方面,因此,我们在分析行政法的文化功能时不能遗漏科技与文化的分析。由于在我国部门行政法中,包括了教育行政法和科技行政法,从学科归属上讲,它们在部门行政法之中,因此,笔者在本著述中不再作深入探讨。当然,我们可以用分析行政法文化功能上的原理分析行政法的教育功能和科技功能。

第十三章 作为调控模式的分析范畴

行政法调控模式既是行政法的一个政治属性问题,又是行政法的一个技术属性问题。作为一个政治问题其在不同的国家政权体系之下有着不同的行政法治走向。正如我们前面已经提到的,有人将行政法作为政治属性的模式概括为法律一体主义、法律分立主义和法律监督主义三种模式。[①] 这三种模式的理论是基于一国的法律体系乃至于政治体制的传统而划分的。例如,在普通法系的法律传统中,由于强调公法与私法的对等价值,因此,便将行政法与其他普通法一体化于整个法律体系之中,"这是普通法制度的传统观念,最初起源于英国,但现在已为美国和很多英联邦国家所接受。"[②]可见,法律一体主义的形成与一国的法律传统和政治体制有关。可以说,行政法调控模式作为政治属性的分析和考察是从比较法的角度对不同政权体制和法律传统的行政法调控方式的概括。与之相反,行政法模式的技术属性的分析则是从一国行政法对社会发生作用的状况中予以分析和确定。在有关模式的分析中,很可能与行政法功能的分析有所交织。因为,行政法调控模式与行政法功能本身就是一个很难划清界限的东西。但是,从理论上

[①] 参见[英]戴维·米勒、韦农·波格丹诺主编:《布莱克维尔政治学百科全书》,邓正来译,中国政法大学出版社2002年版,第10页。
[②] 同上。

讲,行政法功能与行政法调控模式是两个事物,反映了行政法中两个不同层面的问题。行政法功能是就行政法在国家政权体系中的作用而论之的,其与行政法的价值联系密切。在有些论著中行政法的功能与行政法价值是同一事物。在笔者看来,功能是一个带有价值判断的命题。行政法调控模式则是行政法对社会发生作用的方式,其更多是在工具层面上认识的。就是说,行政法的调控模式是指行政法在对社会发生控制作用时的表现形式。这种表现形式体现了行政法作为国家统治工具运用的具体状态。既然行政法的功能与行政法的调控模式是可以予以合理区分的,那么,行政法调控模式的分析与行政法功能的分析就必然有所不同。这是我们在行政法调控模式分析之前必须首先澄清的问题。当然,行政法的调控模式就其作为工具或技术层面而论也有诸多的认识进路。在以行政诉讼制度为行政法最高价值理念的国家,行政法很可能被作为权利救济的控制模式予以肯定。如果有其他的模式,其也必然附属于这一模式。而在以行政程序为最高理念的国家,行政法的调控模式则是使一国行政行为尽可能有序化,而不在权利的救济方面。在将管理理念作为行政法最高价值的国家,对行政管理秩序的设定、维护等则是行政法的主要调控模式。① 本章对行政法调控模式

---

① 有人将现代社会中的法律,尤其是行政法——的调控模式概括为下列方面:其一,社会融合。所谓社会融合是指法律通过创造一种社会权利将所有社会成员都统一到社会过程中来,"法律为人们能够在社会中共同生活创造了可能性;它组织了社会及其划分,并保障了社会的融合与稳定"。其二,行为控制。即法律通过设定的权利与义务控制人的行为,使人的行为都能够符合统一的模式,进而形成有序性。其三,解决争议。通过法律解决发生在人与人之间、人与组织之间、组织与组织之间的争执,"新法律的颁布也可以服务于争议的解决。"其四,社会统治的合法化。任何社会统治都是政治统治,所谓政治统治就是说在统治过程中往往会运用强制性的国家权力,那么,国家强制权力运用的合法化就是政治机制必须解决的问题。所以,任何一个法律规范或典则尤其公法上的典则都具有使社会统治合法化的特性。这也可以被理解为是一种模式。其五,保障自由。"对社会统治的法律限制,也包括为个人创设并保障行为空间,使其能够在其中自主地生活、发挥自己的个性以及运用自己的主动性,从而创造经济财富和通过这种方式保障自己的未来。这里也包括创造刺激——比(接下页注)

的分析是基于技术层面上的分析,即将行政法作为一个社会控制工具来认识,并以工具价值分析行政法的调控模式。笔者确立了四个关键的调控模式,即行政法凝炼行政权原则、行政法分配社会资源、行政法设定社会关系、行政法确立社会角色等方面对行政法的调控模式作出初步分析,并为今后行政法分析学在这个问题上的进路提供框架。

一、行政法凝炼行政权原则的分析

(一) 行政权的特性

行政权特性是行政法分析学不能不面对的问题。在行政法学理论中关于行政权特性的揭示是一种情形,而在行政法分析学中行政权特

接上页注 如价格、税收优惠或是国家补贴,从而使所希望的公共目的通过私人的主动性得到促进。在西方式的政治和经济开放的社会中,构造一个人们能够在其中自主活动的法律框架条件,是法律的中心任务之一。"而要完成这一任务就必须创造一种合法模式。其六,生活条件的构造。这一认识是非常独到的。我们在先前的关于法律控制模式的分析中看到过秩序控制等理论,但从生活条件构造的角度谈法律控制模式的并不多。事实上,行政法的诸多内容与社会公众的生存和生活关系密切,其构造一种生活条件应当说也是一种有效的控制模式。"国家和社会不再能满足于仅仅为了当前而对共同生活进行调整,而将其他部分都交给个人的生活设计领域,而是必须还要预先考虑到未来。那些关于为公共任务——如为抵御外敌或建设堤坝——而听候召唤的义务性规定,从来都属于法律的基本功能。今天,无数关于生存保障、经济和当代社会福利国家的任务,也加入其中成为法律的任务。法律是除了金钱以外,对经济和社会进行政治调控的最重要的手段。"其七,社会教育。法律通过对合法行为的确认和对违法行为的禁止,能够为人们提供一种思维和行为方面的指导思想和原则,而这个指导思想和原则就有进行社会教育的信条。在行政法中,"关于任何药物都要附带有关其使用和可能产生的副作用的提示性规定,是希望教导病人负责任的使用药物;在香烟广告中关于对抽烟的健康损害的警告,是希望教育人们戒烟。前民主德国的很多法律,都不遗余力地把社会主义的教育作为其目的来进行宣传。此外,被许可和不被许可的行为之间的区别,在年轻人的社会化及其依照社会要求从事行为的人格成长中,也扮演着重要的角色。"上列关于现代法律调控模式的分析是非常深刻的,这些论断超出了一般法理学的论证。即是说只有上升到分析学的高度才能够得出上述结论。参见:[德]托马斯·莱赛尔著:《法社会学导论》,高旭军等译,上海人民出版社 2008 年版,第 170—173 页。

性的揭示则是另一种情形。笔者在《行政法教科书之总论行政法》中也曾经揭示过行政权的特性，指出："行政权是指法律对其范围加以规定的国家管理权能，它以国家统治权为基础，以行政机关为主体，具有强烈的组织性能。对于行政权的这一定义要从两个方面进行分析：一方面，行政权是由人设计的，它是人的一种劳作。行政权在全世界范围内并没有一个绝对确定的概念，当我们在谈到我国的行政权时，与美国宪法中规定的行政权有实质上的差别。在一个国家之内，不同地区行政权的概念也不是相同意义的。如我国大陆的行政权就是以四权为基础的行政权，而中国台湾地区则是以五权为基础的行政权，中国澳门和香港的行政权也都不能和中国大陆与中国台湾的行政权同日而语。就是说当一个国家或政府在建构政权体系时，从理论上把国家权力进行了分类，在分类过程中不同的认识可以产生不同的分类结果，在确定行政权概念时不同的设计者所接受的行政权的信条是有所不同的。即便人们关于行政权有相同的认识，但是由于体制设计的不同、行政权所处的政体背景的不同等都会使行政权在不同的政府结构形式下有不同的表现。造成这种现象的根本原因在于行政权发生作用的过程是对人的一种组合，是在人与人之间的关系中发生作用的，而对人进行组合的方式是多种多样的。另一方面，行政权有着一定的质的规定性。尽管人们可以对行政权进行设计，但同时人们在设计行政权的过程中必须遵循一些共同的规则，这些共同的规则便使行政权有了一定的共性。"[1]笔者将这些共性概括为下列五个方面，即行政权范围是由法律规定的、行政权是归属于国家的权力、行政权是管理国家事务的权力、行政权是由行政机关行使的权力、行政权是具有强烈组织性能的权力等五

---

[1] 关保英著：《行政法教科书之总论行政法》，中国政法大学出版社2009年版，第31页。

个方面。在规范行政法学的体系中,这五个特性的揭示是合乎理性的,也与实在法的规定是相统一的,或者说这五个特性就是从实在法中推论出来的。然而,若用分析的方法确立行政权的特性,上述诸概括除个别具有真实性之外,绝大多数都是难以成立的。我们可分别予以讨论。

其一,关于行政权范围是否由法律规定的问题。毫无疑问,在行政权未进入运作层面,法律对其作了范围上的框定,而且诸多框定都非常具体。行政权一旦运行起来,其范围就可能存在这样的情形,一方面法律没有对某一行政事项作出规定,但行政机关必须对这方面的行政事项进行处理,这时行政权实质处于一种法律上的真空状态,正如博登海默在《法理学——法哲学及其方法》一书中所举例说明的,一国要派一支南极考察队对南极进行考察,这个行为与一般的行政行为有很大差距。因为一般行政行为都存在于一国行政管理的范围之内,而南极考察的行为并不是一般意义上的行政行为,在立法对这样的问题作出规定之前,行政主体是无权为这样的行为的。但是,任何一个国家的立法都不可能预见到这样的问题,也不可能针对一次具体的国家行为而进行立法。从一国的国家战略或者国际战略看,南极考察甚至于外层空间的科学研究都是必不可少的,行政主体当然要采取这样的行为。但从行政法理上讲,行政权应当是由法律规定的,这个没有具体法律规定的行政行为就成了法律上的真空。在一国的行政法实践中,此种真空地带几乎是一个普遍现象。另一方面,行政主体即使在日常的行政管理中,也常常会遇到行政法之外的行政事项,而需要采取一定的行政行为。随着社会的发展,行政事务的复杂性决定了有相当一部分行政权的行使并不一定在行政法规范之内。所以,行政权是由法律规定的行政权特性就必须进入行政法分析学之中。当然,所分析的结果以及分析所得出的结论是另一个范畴的问题。

其二,关于行政权是归属于国家的权力的问题。宪法典则将行政权主体作了三个方面的处理。第一个方面的处理是从国家的阶级本质上的处理,即从国体上的处理。我国的国体是工人阶级领导的以工农联盟为基础的人民民主专政的国家。而且宪法第 2 条将国家的一切权力的归属定位为人民,那么,从国体上讲,行政权的主体是人民。第二个方面的处理是从政体上的处理,即从国家政权组织方式上认为行政权是归属于国家的权力,宪法典则在表述每一个具体的行政权范围时基本上都使用的是国家的概念。例如,第 9 条规定:"矿藏、水流、森林、山岭、草原、荒地、滩涂等自然资源,都属于国家所有,即全民所有;由法律规定属于集体所有的森林和山岭、草原、荒地、滩涂除外。国家保障自然资源的合理利用,保护珍贵的动物和植物。禁止任何组织或者个人用任何手段侵占或者破坏自然资源。"此条所指的国家及其职权主要是行政权,进一步讲,行政权力是归属于国家的。这是关于行政权的宪法形式的规定,也是我们从行政法上研究行政权的基点。第三个处理方式是从行政权的行使上的处理。行政权的行使是由行政系统进行的,宪法第 89、107 条等都作了具体规定。这些规定的法律形式是明确的,即不会引起争议和分析上的麻烦。但是,如果让问题深入一步的话,就会出现不同的认知进路,即行政系统作为行政权行使主体与行政权归属于国家的关系。我们说,行政权归属于国家或者归属于人民,但在行政权行使中行政主体既有权决定行政权相对较大的范围,如国务院通过行政法规确定行政权的范围,国家的职能机构和直属机构通过政府规章决定行政权的范围。而在一个具体的行政权行使中,行政主体对其权力都有决定作用,这实质上让人们无法弄清行政权究竟归属于国家还是归属于行政系统。这同样是分析所得出的认识,而这个认识必然对传统行政法中行政权归属于国家的表述提出质疑,这种质疑的进一步发展则可能会有不同的结果。

其三,关于行政权是由行政机关行使的权力的问题。我们假定行政权的归属主体和行政权的行使主体的关系问题得到了很好的解决,即合理地划分了归属主体和行使主体的关系形式。但是,即便这种问题得到解决,在行政法治实践中,行政权由行政机关行使同样经不起进一步的分析。因为,一方面,行使行政权的主体不只行政机关一个,一些非国家机关的组织在一定范围内也行使着国家行政权,随着国家权力社会化趋势的日益发展,这种现象还会进一步扩张,行政职权的剥离就是被认可的佐证了这一点。① 另一方面,一些机关在行使其他权力的同时,也行使着一定的行政权。在我国的政治体制中,政党体制处于核心地位,其对国家一系列重大事务有决定权,这些决定权中有关行政事务的决定权占有非常大的比重,一些决定被转化成了行政立法,另一些决定则直接转化为了行政行为。同时,有些决定就是一个比较典型的行政行为。② 上述分析说明,行政权的特征若进入行政法分析学中,就必须进行新的定位,本章的任务不在于对行政权特征的确立。再说,在行政法分析学中对行政权特征的确立也不是通过我们这样的直观就

---

① 与计划经济年代相比,我国行政系统所揽之事务已经少了很多,但是与发达国家相比,我国行政系统所管理之行政事务仍然非常膨胀。发达国家将行政职权由行政系统剥离到社会组织的成功经验值得我国研究和借鉴。

② 从中共十一届三中全会以来,在一些重大问题上都有一个相应的决定,这些决定中的每一个都与行政权的行使有关。例如,《中共十七大报告》指出:"加快行政管理体制改革,建设服务型政府。行政管理体制改革是深化改革的重要环节。要抓紧制定行政管理体制改革总体方案,着力转变职能、理顺关系、优化结构、提高效能,形成权责一致、分工合理、决策科学、执行顺畅、监督有力的行政管理体制。健全政府职责体系,完善公共服务体系,推行电子政务,强化社会管理和公共服务。加快推进政企分开、政资分开、政事分开、政府与市场中介组织分开,规范行政行为,加强行政执法部门建设,减少和规范行政审批,减少政府对微观经济运行的干预。规范垂直管理部门和地方政府的关系。加大机构整合力度,探索实行职能有机统一的大部门体制,健全部门间协调配合机制。精简和规范各类议事协调机构及其办事机构,减少行政层次,降低行政成本,着力解决机构重叠、职责交叉、政出多门问题。统筹党委、政府和人大、政协机构设置,减少领导职数,严格控制编制。"可见,行政机关以外的组织行使行政权是比较普遍的。

能完成得了的。因此,笔者在这里不再对行政权在行政法分析学中的特征作出确定。当然,行政法分析学也没有必要得出行政权特征的结论,因为行政法分析学的下规范研究决定了其功能在于对有关现象的描述。

(二)行政权原则在宪法中的反映

一国宪法中既确立了基本的公法制度,又对所有的国家权力作了原则上的规定。在有些国家的宪法典中关于行政权原则的规定非常具体,其将行政权作为宪法中的一个专门问题进行规定,必然要对行政权的原则进行表述。例如,《俄罗斯联邦宪法》第四章就对俄罗斯联邦总统的权力行使原则作了比较详细的规定。[①] 我国宪法关于行政权的规定相对比较笼统,而且分散在不同的条文之中,第3条规定:"中华人民共和国的国家机构实行民主集中制的原则。……国家行政机关、审判机关、检察机关都由人民代表大会产生,对它负责,受它监督。中央和地方的国家机构职权的划分,遵循在中央的统一领导下,充分发挥地方的主动性、积极性的原则。"第27条规定:"一切国家机关实行精简的原则,实行工作责任制,实行工作人员的培训和考核制度,不断提高工作质量和工作效率,反对官僚主义。一切国家机关和国家工作人员必须依靠人民的支持,经常保持同人民的密切联系,倾听人民的意见和建议,接受人民的监督,努力为人民服务。"这一条的规定似乎是对行政权原则的专门规定。但是,其并不是针对行政机关作出的专门规定,还包括其他国家机关的权力行使原则。而且这些原则不单单是权力行使原则,还有相关的组织原则。同时,宪法对国务院和地方人民政府有专门

---

① 参见萧榕主编:《世界著名法典选编》(宪法卷),中国民主法制出版社1997年版,第463页。

的章节进行规定,在这些章节中也有行政权原则的内容。由此可见,我们要从宪法典中对我国行政权原则作出确定就必须对宪法典则中有关行政权的内容甚至于有关公民权利和义务的内容放在一起进行综合分析,这样的分析也不是传统意义的行政法学可以完成得了的。通过分析,笔者认为我国宪法对行政权原则的规定贯穿了辩证哲学中的两点论,即正题与反题两个方面对行政权的行使原则作出了规定。例如,在强调行政权独立行使的同时,要求行政权必须受到一定的监督和制约。笔者将这些原则表述为下列方面。

第一,独立性与受控性相结合的原则。《中华人民共和国宪法》第3条第3款规定:"国家行政机关、审判机关、检察机关都由人民代表大会产生,对它负责,受它监督。"此条实质上是一个非常辩证的条款。一则,行政权与其他国家执行权相比具有独立地位,如行政权与审判权、检察权是平行关系,在这个平行中行政权要保证它的独立性:"行政权的独立性是指行政权由国家行政机关行使,行政机关对行政权的行使具有排他性,即除行政机关之外,任何组织和个人都不得直接行使行政权。"①其在保持独立性的同时,还必须受到人民代表机关的监督和控制。笔者称此为行政权的受控性:"所谓行政权的受控性是指行政权在行使过程中要受到权力机关的控制,依我国的政权体制,权力机关除行使立法权外,还有权监控其他国家权力的行使,其中包括对行政权的监控。"②行政权的独立性与受控性是行政权原则中一个原则的两个方面,这两个方面就行政权的总体格局而言是不可以分开讨论的。这个原则应当说是行政法原则的静态方面,这个静态方面虽然是我们通过

---

① 关保英著:《行政法教科书之总论行政法》,中国政法大学出版社2009年版,第33页。
② 同上。

分析所得出来的,但其在对行政权行使中的指导则是需要再进一步分析的。也就是说,进入行政法分析学阶段以后,宪法所确立的行政权原则还必须再作动态的考察。

第二,执行性与指挥性相结合的原则。"所谓执行性是指行政权从总体上来讲是执行国家意志和国家法律的权力,它的权力性质是由立法权派生出来的,是对立法权的一种逻辑发展。就单个行政机关而论,其在履行行政职能时具有明显的执行色彩,其行为过程都是在一定规则下进行的,而不是完全超乎法律和规则之外的。所谓指挥性是指行政权为了能够有效运行,行政主体必须有管理行政事务的高度权威,其是从国家人格中演绎出来的一种权力。行政机关在宪法和法律规定下具有其他国家机关和社会组织所没有的权力就是这种权威性的体现。执行性与指挥性是一致的,行政机关处在法律规则与社会事态联结的链条中端,处在国家和公民连接的链条中端。正是其所处地位的特殊性决定了它既具有执行性,又具有指挥性。两个方面同样是辩证的统一。"[①]这个特性也指明了行政权在运作过程中的指导原则。要求行政主体在行政权行使中真实地执行人民代表机关的意志,而为了能够有效执行这个意志,还必须有强有力的行政手段。这个原则对行政权运行的控制程度同样需要分析,如我们可以根据行政机关行政行为的状态分析行政机关在行政权行使中侧重了指挥性能,还是侧重了执行性能。

第三,责任制与集体管理相结合的原则。"责任制的内容有三个方面:一是行政首长有权对有关行政事务作出决策或行政决定;二是行政首长对已经决定的行政事项有权指挥实施;三是当行政事务在实施中

[①] 关保英著:《行政法教科书之总论行政法》,中国政法大学出版社 2009 年版,第 33—34 页。

发生了有悖法律的状况,行政首长必须首先承担法律责任,如行政处分责任、向受害人说明理由并道歉的责任等。"①这个原则在操作中的法治走向是行政法分析学必须确定的内容。

第四,专业化与社会化相结合的原则。"行政权专业化与社会化从表面上看似乎是矛盾的,但从本质上分析,社会化和专业化具有高度的统一性,只不过二者的侧重点有所不同而已。行政权在行使过程中,尤其在具体的运作中必须符合现代技术准则,符合各个方面行政管理事态的客观规律,其对技术准则的追求和客观规律的遵守也就代表了广大社会成员的意志和利益。"②行政权的专业化与社会化本是行政法哲学讨论的范畴,在19世纪,黑格尔提出了行政权专业化的理论,并因此提出了公职人员知识化的行政权原则。而马克思针对黑格尔的理论提出了行政权社会化的理论,并且还提出了公共行政职务轮流履行的原则。笔者以为,这两个关于行政权特性的理论都是正确的,二者的合致可成为现代行政权的原则。一则,行政权必须对社会负责,依社会意志而运行,另一方面,行政权必须在精巧的行政机构体系中运行,行使行政权的公职人员在专业知识的指导下完成行政行为。这个原则既是分析的结果,又必须在行政法治中进一步分析。

(三) 行政权原则的意义

行政权原则与行政法原则不能作为同一事物来看待。行政法原则与行政法的典则体系有关,其大多反映在行政法典则之中,既包括行政法典则所贯穿的立法原则,也包括行政法对行政活动过程所确立的调

---

① 关保英著:《行政法教科书之总论行政法》,中国政法大学出版社2009年版,第34页。
② 同上。

适原则。行政法的原则与行政法典则的机制关系密切。与行政法原则相比,行政权原则则相对复杂一些,因为行政权原则中有一部分是行政权行使的科学原则,这些原则是基于行政权的技术要素而确立的。即便将行政权的这一部分复杂的技术原则除外,行政权的法律原则亦比行政法原则复杂。正如上述,一国宪法典则在对国家之权力体系进行划分时,对行政权的原则就常常作一些规定。一些原则是较为宽泛的,其涉及到行政权的体系及其价值判定问题。行政权原则中也有一部分是针对行政职权的行使而规定的,此类行政权原则不带有国家权力分立中的价值属性,它的主要作用在于规制具体的行政职权的行使。行政权原则的上列两个范畴决定了我们对其价值的研究必须相对概括一些。笔者认为,行政权原则应当具有下列意义,这些意义的确立是基于行政权的运作过程及其价值判断两个层面确立的。

第一,统一行政权的意义。行政权原则虽然有不同的内容,正如本章第二部分所列举的我国行政权的四大原则八个分项那样。但是,这些原则都具有统一行政权的价值。所谓统一行政权就是指其为庞大的行政权力系统确立了相对一致的价值取向。不论在单一制国家,还是联邦制国家,行政权力都有一个区域布局的问题,都有一个不同职能部门布局的问题。区域布局与职能布局是不以人的意志为转移的,两个方面的布局使行政权作为一个整体只存在于理论层面,只存在于较高层次的典则体系中。行政权行使过程中的区域化和职能化是其天然趋势,这里我们可以举一个行政权区域化的例子,我国关于计划生育的行政管理就存在区域化的问题,一些地方贯彻的是严格的一对夫妇只生一胎的原则,另一些地方则是相对松弛的原则,至少将一对夫妇生育一胎的原则在执法中做了变更规定,有些地方对于第一胎女孩的作了松弛化的处理,即还可以再生一胎。而对第一胎为男孩的则作了严格的控制等等。行政权的职能化在我国的表现则更加突出一些。例如,《中华人民共和国行政处罚法》出台以后，各职能部门都制定了行政处罚法在本部门的实施规定，而各个部门的规定都有非常大的出入。例如，《农业行政处罚程序规定》、《食品卫生行政处罚办法》、《价格行政处罚程序规定》，等等。这样的规定对于行政权的总体性而言，所表现出来的是相对分散的行为取向，而这在诸国行政权行使中都有较大的相似性。行政权原则一旦确立就要求行政权在一国政权体系中保证统一性和一致性。如果说，一国行政权行使相对分散化的特征相对明显一些的话，那么，其行政权原则就必然是不清晰或没有得到有力执行的。反之，一国行政权行使相对统一的话，那么，其行政权原则就是清晰的，且这些清晰的原则也得到了执行。

第二，整合行政权力。行政权力在国家权力体系中是最为复杂的，我们知道，国家立法权能够在立法机关的预期行为中得到定量，即一个立法机关在其任期之内的行为都可以作出定量分析，可以用数字统计的方式予以说明。司法行为虽然较立法行为复杂，但同样可以进行定量分析。总之，立法行为和司法行为都是有限度的，尤其司法行为还常常被定性为相对被动的行为，即行为的发生不是决定于行为主体，而是决定于外在因素，不告不理的原则就是对司法行为特性的一个较为科学的描述。行政权的行使则要求行政主体必须主动为之，这进一步加大了行政权力行使的复杂程度。因为它要求任何一个行政机关在权力行使中都不能消极等待，而应当积极的将行政权力予以运用，或者利用这种权力促成行政战略的实现，或者利用这种权力将分散的社会因素予以集中。行政权力行使的积极性是一把双刃剑，从对行政权有利的方面看，它使国家权力的实现带有极大的主动性，而从不利的方面看，则可能会使行政权的体系中存在多元化的倾向，在一国地方机构体系较多的情况下，这种不利性的存在是一个现实问题。行政权原则如果**能够有效地使每一个行政机关都知晓，能够有效地制约每一个行政机**

关,其就起到了整合国家权力的作用。

(四)行政权原则的确立方式

行政权原则的确立方式应当具有唯一性,即一国应当在其法律制度中用相对统一的方式确立行政权的原则。例如,我们上面分析的,有些国家在其宪法典则中对行政权原则作了明文规定,我国也在宪法典中对行政权原则作了规定,虽然这些规定是相对分散的。当然,一国也可以选择不在宪法典中确定行政权原则,只在这个根本法中规定行政权行使的指导思想。然后再在其他下位法中规定行政权的原则,宪法之下的下位法对行政权原则作统一规定同样能够达到让行政权原则唯一化的目的。但是,在行政权原则确立的实践中,这种唯一性却常常不复存在。笔者对我国有关调整行政权的法律典则以及其他能够影响行政权行使文件的分析,发现我国确立行政权原则的文件形式有下列一些。

其一,宪法典则。我们在前面已经做了论述,宪法的这些规定应当具有唯一性,但是在行政法治实践中,除了宪法之外,一些下位法也规定了行政权行使的原则,这大大降低了宪法典关于行政权原则的地位。

其二,行政法律。有关行政权行使的法律对行政权原则的规定非常普遍,在我国大多体现于部门行政管理法之中。我们可以列举一些部门行政法典的规定。例如,《中华人民共和国教育法》第 3 条规定:"国家坚持以马克思列宁主义、毛泽东思想和建设有中国特色社会主义理论为指导,遵循宪法确定的基本原则,发展社会主义的教育事业。"第 4 条规定:"教育是社会主义现代化建设的基础,国家保障教育事业优先发展。全社会应当关心和支持教育事业的发展。全社会应当尊重教师。"第 6 条规定:"国家在受教育者中进行爱国主义、集体主义、社会主义的教育,进行理想、道德、纪律、法制、国防和民族团结的教育。"其中确立了行政权力在教育行政管理中的原则。《中华人民共和国对外贸易法》第 4 条规定:"国家实行统一的对外贸易制度,鼓励发展对外贸易,维护公平、自由的对外贸易秩序。"第 5 条规定:"中华人民共和国根据平等互利的原则,促进和发展同其他国家和地区的贸易关系,缔结或者参加关税同盟协定、自由贸易区协定等区域经济贸易协定,参加区域经济组织。"我国每一个部门行政管理法都有行政权原则的规定,这些规定是否是对宪法关于行政权原则规定的具体化是一个需要再做分析的问题。

其三,行政立法。行政立法是指行政系统制定的有关行政法文件。我国行政系统制定的行政法文件主要有行政法规和政府规章两大类。行政法规中的行政权原则在我国非常多见。例如,《中华人民共和国进出口关税条例》总则部分就确立了一系列原则。当然,对行政权原则作出集中规定的是国务院 2004 年制定的《全面推进依法行政实施纲要》,该纲要规定的行政权原则如下:(1)合法行政。行政机关实施行政管理,应当依照法律、法规、规章的规定进行;没有法律、法规、规章的规定,行政机关不得作出影响公民、法人和其他组织合法权益或者增加公民、法人和其他组织义务的决定。(2)合理行政。行政机关实施行政管理,应当遵循公平、公正的原则。要平等对待行政管理相对人,不偏私、不歧视。行使自由裁量权应当符合法律目的,排除不相关因素的干扰;所采取的措施和手段应当必要、适当;行政机关实施行政管理可以采用多种方式实现行政目的的,应当避免采用损害当事人权益的方式。(3)程序正当。行政机关实施行政管理,除涉及国家秘密和依法受到保护的商业秘密、个人隐私的外,应当公开,注意听取公民、法人和其他组织的意见;要严格遵循法定程序,依法保障行政管理相对人、利害关系人的知情权、参与权和救济权。行政机关工作人员履行职责,与行政管理相对人存在利害关系时,应当回避。(4)高效便民。行政机关实施行政管理,应当遵守法定时限,积极履行法定职责,提高办事效率,提供优质服务,方便公民、法人和其他组织。(5)诚实守信。行政机关公布的信息应当全面、准确、真实。非因法定事由并经法定程序,行政机关不得撤销、变更已经生效的行政决定;因国家利益、公共利益或者其他法定事由需要撤回或者变更行政决定的,应当依照法定权限和程序进行,并对行政管理相对人因此而受到的财产损失依法予以补偿。(6)权责统一。行政机关依法履行经济、社会和文化事务管理职责,要由法律、法规赋予其相应的执法手段。行政机关违法或者不当行使职权,应当依法承担法律责任,实现权力和责任的统一。依法做到执法有保障、有权必有责、用权受监督、违法受追究、侵权须赔偿。

其四,行政政策。笔者此处所讲的行政政策是一个泛称,指执政党和国家机关为行政权行使所确立的政策及其体系。如前所述,我国行政权的行使不仅仅受国家立法机关的制约,还要受执政党的领导,执政党至少在一定时期会给行政权的行使规定相应的原则。这些原则在一定程度上对行政权行使的制约要大于法律典则中确立的原则。显然,我们在行政法学科中很难对行政权原则作出上列分析。同样,我们上面的这些分析还远远不够,还需在行政法分析学中再作进一步细化。

二、行政法分配社会资源

(一)行政法分配社会资源概况

行政法究竟是一种"范",还是一种"器",在学术界尚未有将二者放在一起研究者。在传统行政法学理论中,行政法是"范"的论点是非常普遍的。所谓行政法是"范"是指行政法是一种行为规则,为人们的生活和社会秩序提供范式,从有关行政法定义中可以得到证实。例如,有学者就明确提出:"行政法是关于行政权的授予、行使以及对行政权进行监控和对其后果予以补救的法律规范和原则。"①与行政法作为"范"相比,理论界似乎还没有人将行政法作为"器"来看待。所谓行政法是"器"是指行政法是人们获取社会资源以及具体财富的一种实用利器,或者说是获取财富和地位的一种力量。在法学界,有关法律作为"器"的理论大多存在于民事法学理论中,正如孟德斯鸠所言:"政治法使人类获得自由;民法使人类获得财产。我们已经说过,自由的法律是国家施政的法律;应该仅仅依据关于财产的法律裁决的事项,就不应该依据自由的法律裁决。如果说,个人的私益应该向公共的利益让步,那就是荒谬悖理之论。这仅仅在国家施政的问题上,也就是说,在公民自由的问题上,是如此;在财产所有权的问题上就不是如此,因为公共的利益永远是:每一个人永恒不变地保有民法所给予的财产。西塞罗认为,土地均分法是有害的,因为国家的建立只有一个目的,就是要使每个人能够保有他的财产。那么,就让我们建立一条准则吧!它就是:在有关公共利益的问题上,公共利益绝不是用政治性的法律或法规去剥夺个人的财产,或是消减哪怕是它最微小的一部分。在这种场合,必须严格遵守民法;民法是财产的保障。因此,公家需要某一个人的财产的时候,绝对不应当凭借政治法采取行动;在这种场合,应该以民法为根据;在民法的慈母般的眼里,每一个个人就是整个的国家。如果一个行政官吏要建造一所公共的楼房,或修筑一条新道路的话,他就应该赔偿人们所受到的损失;在这种场合,公家就是以私人的资格和私人办交涉而已。当公家可以强制一个公民出售他的产业,并剥夺民法所赋与他的'财产不得被强迫出让'的重要权利,这对公家来说,就已经很够了。"②

---

① 杨海坤、章志远著:《中国行政法基本理论研究》,北京大学出版社2004年版,第24页。
② [法]孟德斯鸠著:《论法的精神》(下册),张雁深译,商务印书馆1982年版,第189—190页。

这个论点表明作为获得财产利器的法律是民法,而行政法则不是一种器,只是一种"范"。而在笔者看来,行政法作为"器"的属性要比民事法律显得更加突出一些。之所以这样说,是因为在法律体系中行政法作为公法范畴的法律部门,是相关私法的基础,没有作为公法的行政法形成具体的有关财产的配给制度,民事法律中的所有权和使用权也就无从存在。民事法律与财产和财富等有直接关系,这是不容争议的。但也正是这一点使人们将其与公法的关系搞混淆了。公法的外在形式更加接近于"范",因为它具备了作为"范"的所有要素,如秩序、关系安排、制度设计等。民事法律由于与财产直接有关使其更接近于"器"。而在法治实践中,"范"与"器"存在着必然的逻辑关系,在"范"没有形成的情况下,就没有"器"可言,即是说,"范"是"器"存在的基础,"器"以"范"作为存在的前提条件。我们知道,古罗马法律以民事法律见长,即其在法律理论中,"器"是其基本的理论定向,即法律是获取财富的手段。然而,当我们阅读古罗马法学家的著作时却常常会发现另一种论点,如查士丁尼在《法学总论》中所指出的:"依据自然法而为众所周知共有的物,有空气、水流、海洋,因而也包括海岸。因此不得禁止任何人走近海岸,只要他不侵入住宅、公共建筑物和其他房屋,住宅房屋不像海洋那样只属于万民法的范围。一切河川港口是公有的,因此大家都有权在河川港口捕鱼。海岸延伸到冬季最高潮所达到的极限。公共使用河岸也属于万民法的范围,如同公共使用河川本身一样;因此任何人得自由靠岸停船,系缆索于河岸的树上,卸载货物,如同在河上航行一样。但河岸的所有权属于其土地与河岸相连的人,从而生长在河岸上的树木亦属于他们所有。公共使用海岸也属于万民法的范围,如同公共使用海洋本身一样。因此任何人得自由在海岸上建筑小房以供栖息,以及在海岸晾晒鱼网和从海中拽起鱼网。海岸可以说不属于任何人所有,它与海以及海底土地和泥沙属于同一法律的范围。属于团体而不属于个人的物,例如戏院、竞赛场和其他城市全体所共有的类似场所。"①其将诸多公共物确定的法律并没有简单的归到民事法律里边去,而是归到万民法之中,而查士丁尼所提出的万民法并不是我们今天所理解的作为国际法的万民法,而是作为宪法、行政法等公法的万民法。在这个关于法的相对初始的理论中,已经将作为公法的行政法定性为一种"器"。因此,我们可以说行政法分配社会资源有着深远的历史基础。那么,在行政法制度和行政法运行中,其是否还有分配社会资源的特性呢,回答是肯定的,不论从法学理论层面,还是从法实证层面都可以得到合理论证。

(二) 社会资源的界定

社会资源包括社会的物质资源和精神资源两个方面。由于本书中笔者关于行政法与文化的关系已经做过探讨,因此,此处所讲的社会资源主要是就物质资源而论的。作为物质资源其是有形的,在马克思主义的著作中将社会的物质资源概括为生活资源和生产资源两个方面。所谓生活资源是指支撑人们生活的那些有形资源,它们由生活必需品构成,衣、食、住、行需要的所有物质品都是生活资源的范畴。所谓生产资源则是人们为了扩大再生产或者获取生活资源时需要的那些作为工具的有形物质。传统经济学理论中的社会物质资源主要是上列两个方面。在现代社会中,信息作为一种无形的物质也被视为社会资源的组成部分。应当指出,信息虽然是无形的,其无形性的特点使人们很容易将其与精神资源相等同,事实上,信息的功能主要在物质财富方面。一个信息革命可以产生一系列有形的物质资源。即是说,现代社会中可归于物质形态的社会资源包括生活资源、生产资料和信息三个有机部

---

① [古罗马]查士丁尼著:《法学总论》,张企泰译,商务印书馆1989年版,第48—49页。

分。作为社会资源来讲,其有下列属性,这些属性决定了社会资源的自然属性,但不决定社会资源的法律属性。

一是其为生命所必须。生命在哲学意义上是与死相对应的,它是自然界物质运动的一种高级形式,"地球上化学进化到一定阶段才产生的,主要由核酸与蛋白质组成的能进行自我更新的多分支系统。它具有自我调节、自我复制和对体内外环境选择性反应等属性。"[①]这是生命的一般定义,我们所讲的生命是就人的生命而言的,是与人的死相对应的概念。人要能够维持其生命也就必须能够进行自我更新、自我调节和自我复制等。而这需要有相应的蛋白质和其他化学元素的补充,能够补充这些元素的物质就是生命所必须的,例如空气、水等等。

二是其为生存所必须。生存与生命相比是更加高级的概念,指人们能够以一种客观的存在物在社会过程中予以延续,如果说生命所必须的东西更加原始和自然的话,那么,生存所必须的东西则有所超越,例如,住房不一定是人的生命所必须的,但它却是人们的生存所必须的。

三是其为生活所必须。生活是人们生存活动的形式化,即是说人们的生存是通过一定的生活方式体现出来的,在人们生存的概念之下,没有人种学和地理学等方面的外在要素,但一谈到人们的生活就必然和相关的外在要素联系在一起。如生活中的民族性、区域性,等等。生活与生存、生命一样也必须有相应的物质作为支撑,所不同的是生活中的物质支撑可能需要更为高级的物质资源。

四是其为生养所必须。生养是人作为高级动物的一种特殊需要,指人们在生命、生存、生活的基础上的自身能力的进一步强化,既是人们对生活质量的一种追求,也是人们对生存和生活中美的状态的一种

[①] 《自然辩证法百科全书》,中国大百科全书出版社1994年版,第444页。

追求。此一范畴同样需要社会物质资源的支撑,而且此一层次的社会物质资源常常有着非常特别的意义。凡勃伦在《有闲阶级论》一书中指出,人们对奢侈品的追求是促成经济发展的重要动因。对奢侈品的追求实质上是人类对生养的追求。

上列四个方面的需要决定了社会资源必然具有稀缺性,这种稀缺性甚至可以说是法律制度存在的基础,尤其有关资源分配的法律制度存在的基础。

(三) 行政法分配社会资源的方式

罗伯斯庇尔在《革命法制和审判》中指出:"在确定自由这种人类最高福利和天赋的最神圣权利时,你们公正地指出了,别人的权利是自由的界限;为什么你们不把这一原则应用于只是一种社会制度的所有权呢?难道自然的永恒法则不像人们的契约那样不可侵犯吗?你们增加了条文数目来保证行使所有权的无限自由,却未说一个字来确定这个权利的合法性质。因此,你们的宣言好像不是为了一切人,而只是为了富人、采购商、股票投机者和暴君们制定的。我建议你们改正这些缺点,把下列真理巩固下来:所有权是每个公民使用和支配法律保障他享有的那部分财产的权利。所有权也和其他权利一样,受到尊重他人权利的义务的限制。所有权不能损害我们周围人们的安全、自由、生存和财产。违反这个原则的任何占有、任何交易,都是不合法的和不道德的。"[①]这表明即便像所有权这样重要的民事法律概念,也应当通过公法予以分配。可见,公法分配社会资源不单单是个理论问题,其本身就具有可行性。在笔者看来,行政法分配社会资源的方式有两种,一是间

---

① [法]罗伯斯比尔著:《革命法制与审判》,赵涵舆译,商务印书馆1985年版,第134—135页。

接对社会资源予以分配,二是直接为社会资源予以分配。这些问题在传统行政法学研究中几乎都没有给予关注。进入行政法分析学以后,这样的技术问题是必须予以考虑的。

我们首先考虑行政法间接对社会资源的分配。其一,行政法通过确定社会结构间接分配社会资源。社会结构的形成有两个机制,一是法外的机制,即一国的历史传统及其习惯所决定的机制。这个机制没有实在法的作用,但其对一国社会结构的形成有不可低估的作用。一国的社会分层大多不一定在法律规范之内,而是由历史传统和习惯决定的。二是法内的机制,即一国宪法和其他部门法所决定的机制。宪法典则在规定一国行政法制度、经济制度、文化制度以及其他制度的同时也形成了相应的社会结构。宪法只是形成一国社会结构的法律典则之一,而且其由于规范的概括性,也只能对社会结构的基本轮廓作出规定。宪法之下的下位法则是具体社会结构形成的法律典则。社会结构有纵向和横向两个范畴。纵向上包括社会的若干分层,如社会体系中管理阶层与被管理阶层的划分就是一种社会结构。社会中知识阶层和非知识阶层的划分同样是一种纵向上的结构。我们通常所讲的白领和蓝领的划分是劳动阶层中存在的社会结构。横向上的社会结构若以行政管理的部门来划分则有若干平行的系统,每一个系统都是结构的一个体现。例如,我国行政法治系统中的公安、工商、教育、海关、贸易、城乡建设、交通、资源、能源、环境保护,等等。这些横向的结构划分是现代社会结构的基本有机构成,而且在每一个这样的部类中又有纵向排列的系统。行政法设计和形成社会结构从表层观察似乎并没有分配社会资源。但是,若从深层来看,每一个社会结构的设计都间接分配了社会资源,因为现代社会中的社会资源都存在于一定的社会结构之中。我们试想一下,一个社会成员若离开社会结构,其还有获取社会资源的机会吗,回答是否定的,即其一旦离开社会结构就不再有获取社会资源的机会。

其二,行政法通过确立社会地位间接分配社会资源。社会地位是指人们在社会机制中所处的地位,社会地位与社会结构是联系在一起的,正是由于社会结构的存在才使整个社会机制中存在无数的角色分配,这些角色分配将人在社会机制中予以定格,处在不同位置的人既扮演着不同的社会角色,又在获取社会资源方面有不同的行为取向。即是说,不同社会地位的人获取社会资源的机会是有所不同的。当然,如果有社会地位的概念,人们就有地位高低之分,那么,行政法是否有确定社会地位的功能呢?笔者认为,行政法在现代社会中对社会地位的确立程度远远超过了包括宪法在内的其他部门法,公务员法典就是一个确立社会地位的基本法典,其创立了人们在社会中的政治地位,能够进入公务员系统的人则处于相对较高的社会地位,对此许多经典作家都有深入研究。① 除了公务员法这个较为典型的法律典则外,部门行政管理的法律典则都有确定社会地位的功能。《中华人民共和国教育法》在社会地位的确定中就具有典型性,该法第 21 条规定:"国家实行学业证书制度。经国家批准设立或者认可的学校及其他教育机构按照国家有关规定,颁发学历证书或者其他学业证书。"第 22 条规定:"国家实行学位制度。学位授予单位依法对达到一定学术水平或者专业技术水平的人员授予相应的学位,颁发学位证书。"第 34 条规定:"国家实行教师资格、职务、聘任制度,通过考核、奖励、培养和培训,提高教师素质,加强教师队伍建设。"我们可以举出无数个部门法律关于公众或者自然人从事某一行业的设计的诸多规定。虽然,这些典则没有明确规

---

① 正如马克斯·韦伯在描述西方国家公务员的政治地位时所言:"官僚机构的成员拥有其部门的权威,享有终身职业和社会的尊重,并以独有的方式掌握着权力的操纵杆,这使官僚机构成为一种巨大的势力,一种常常无法抵御的势力。"参见[美]詹姆斯·Q.威尔逊著:《美国官僚政治》,张海涛等译,中国社会科学出版社 1995 年版,序,第 1 页。

定其是对公众社会地位的确定,但无论如何,这种确定社会层次的法律典则实质上都是对公众社会地位的确定。现代行政法对社会进行分层的功能在传统行政法学研究中没有引起足够的重视。事实上,如果我们以规范行政法学构建行政法学科体系,就无法对行政法社会地位的确立给予注意,因为解读每个规范的研究方法所看到的只是规范本身,而不是规范与社会及其结构的关系。行政法一旦确定社会地位以后,其便为不同社会角色的成员提供了获取社会资源的机会。显然,处在不同社会地位的社会成员获取社会资源的容易程度就必然有所不同。我国计划经济年代下在企业管理中设置的八级工资制的行政制度就是非常典型的。

我们再来考察行政法对社会资源进行直接分配的情形。在法治不成熟的政治格局中,社会资源的分配常常由政府通过行政手段直接为之。实践证明,不以行政法进行调控,没有明确的行政法规范对社会资源进行分配是难以得到合理预期的。即使是在美国这样的法治文明程度较高的国家,政府的资源分配也常常不成功。20世纪30年代,罗斯福总统推行新政时就试图用行政手段对社会资源进行重新分配和整合,其结果并没有得到社会公众的普遍认同,而且在一些方面带来了一系列社会问题,正如有学者所指出的:"在美国,40年来,通过政府行动来解决社会问题,从来就没有一次获得过成功。但是,独立的非盈利机构在这方面却一直有很好的成就。在相同的社区、种族与族群,都同样有着来自破碎家庭的学童,然而,都市公立学校(像纽约、底特律、芝加哥等地的公立学校)的办学绩效早就亮起了红灯,而教会学校(特别是天主教学校)却一直有着卓越的成就。反酗酒、反吸毒等诸如此类的运动,一直都是由民间自主组织,如救世军、福音会等在进行。密歇根的妇女收容中心,一直在帮助靠社会救济过活的女人(多半是黑人或拉丁美洲人的未婚妈妈),帮助她们摆脱困境,重返工作岗位,过上正常的家庭生活。在保健领域，如心脏病、精神病的预防治疗，这方面的进步大部分也要归功于民间自主组织。例如，美国心脏病协会和美国精神病协会就一直大力资助科学研究，并且发起对医学团体及社会大众的治疗预防教育。"① 因此，将社会资源分配回归到法律典则中来就是大势所趋。一方面，行政法要确立相关的社会救助制度，通过对穷人、弱势群体、无助者等的行政法救助使这一部分人直接获取有关的社会资源。在我国经济和社会转型期越来越多的人需要社会救助，行政法可以通过制度设计对需要救助的人群进行救助。我国近年来在此方面制定了一系列行政法规范，例如，《城市居民最低生活保障条例》、《残疾人就业条例》等。它们的功能并不仅仅在于救助一部分社会成员，最为主要的是对社会资源的分配。另一方面，通过行政法把社会资源的分配工作予以外包，而调整这些外包关系的典则都有直接分配社会资源的功能。有人将20世纪以前的政府，尤其我国行政系统叫做保姆政府，即政府所扮演的角色是直接为社会公众进行资源配置。这种保姆式的资源配置方式难以保持社会公平。近年来，便发明了行政外包制度，即政府行政系统不再直接履行资源配置的职能，"政府机关必然是个'官僚'机关，必须先讲社会程序，才能谈到生产力问题；必须先讲程序手续，才能谈到效率。发达国家的政府官员中，人数最多的是传递服务与社会服务的员工。政府要在社会领域中获得成功，也同样必须将社会工作外包出去。"② 而调整这种外包关系的法律典则就是行政法，其直接分配社会资源的功能也由此得到体现。还应指出，部门行政管理法中都有资源分配的具体内容，包括资源分配程序等。例如，《中华人民共和国

---

① [美]彼得·F.德鲁克著：《后资本主义社会》，傅振焜译，东方出版社2009年版，第134—135页。
② 同上，第134页。

土地管理法》、《中华人民共和国森林法》、《中华人民共和国水法》、《中华人民共和国草原法》、《中华人民共和国矿产资源法》等等,都有社会资源分配的具体内容。当然,行政法典则分配社会资源在行政法的实施中还需要进一步分析,因为法内的资源分配是否能够覆盖资源分配的全部同样不能下一个武断的结论,这同样为行政法分析学的拓展留下了空间。

三、行政法设定社会关系的分析

(一)行政法与社会化

　　行政法是对社会发生作用的,这是毋须从理论上予以证明的。然而,行政法究竟是如何对社会发生作用的则是一个需要进行分析的问题。这实质上也涉及到行政法的调控模式问题。笔者认为,某种意义上讲,行政法对社会的调控其最高功能在于使存在于社会中的人和人群予以社会化,使他们能够以法律典则的方式归化于社会之中。法律的政治功能都必须以社会功能的实现为前提条件,如果没有法律典则对社会成员的社会化,也就无法进一步实现其政治功能。所谓社会化简单地讲就是指让社会个体和群体在其行为取向中接近于社会已经形成的价值判断和相关的政治或文化理念。若我们上升到哲学的高度进行分析,社会化是行政法的一个文化功能,因为社会化最终使人们的行为接近社会已经形成的文化准则。一旦进入法学的分析层面,社会化则由文化价值转化为规范价值,"正是通过社会化,一个社会中的个体才可得到社会规范(对在特定情境下的举止进行引导的规则和指南,如衣着方面的规范)和价值(关于什么东西需要,什么东西有价值的更具抽象性的观念),社会化还为特定的社会角色提供了恰当的行为指导

(如何作一个称职的父母或夫妻)。社会化的动因有家庭、伙伴关系、学校、大众传媒、工作等。在所有文化中,家庭都是孩子在幼年时期得以社会化的首要场所,学校教育降低了家庭的影响力,在学校中,孩子被有意识地教给知识和技能,但不少东西是在课外学会的。大众传播的发展极大地扩展了社会化动因的范围,其中电视的影响尤其强大。在人的一生中,社会化的过程一直在持续进行。社会学家区分了三种类型的社会化:初始的、次级的和成人的。初始的社会化指幼儿在家庭中的社会化;次级的社会化指孩子进入学校后的社会化;成人的社会化指当成人进入新的社会情境或担当新的社会角色时继续进行的社会化。"[1]行政法促进社会化的功能在行政法学研究中一般都没有涉及到,因为行政法促使社会成员的社会化是其深层功能之体现,法律典则对社会个体和社会群体的作用主要在于对行为的规范上,我们这里所提到的社会化的功能解释似乎更像是行政法哲学范畴的东西。但是,从行政法的具体适用和对人的行为的调整来看,社会化是最高的价值判定。如果我们没有注意到这一点,就无法对行政法治的走向作出相对较高的价值企求。当然,行政法在促成社会化过程中始终与社会关系联系在一起,其通过一定的社会关系或者通过对社会关系发生作用而促成社会化。社会关系是一个意义非常广泛的概念,依马克斯·韦伯的理论,只要是人与人之间的结合,不论这种结合的外在条件和内在形式如何,其都形成了社会关系。这样,我们便可以将社会关系作出这样的概括:

一是政治社会关系。就是涉及有关国家权力和公众权利的社会关系形式。这一层面的社会关系在行政法中是普遍存在的,行政法有关

---

[1] [英]肯尼思·麦克利什著:《人类思想的主要观点》下卷,查常平译,新华出版社 2004 年版,第 1359—1360 页。

公众对政府知情权以及其他权力而引起的关系形式都具有政治社会关系的属性。

二是经济社会关系。就是指公众之间形成的,公众与行政系统形成的具有经济内容的社会关系,此类社会关系在现代行政法中是极为重要的,现代行政法中的一系列典则就具有直接的经济内容。

三是文化社会关系。指具有文化内容的社会关系,我们在行政法文化功能的探讨中已经对行政法中的文化关系作过一些讨论,其也是行政法不能回避的内容。除了上列三大范畴的社会关系外,我们还可以概括出其他相对系统的关系形式。行政法通过设定上列关系,给介入者或参与者的行为指明方向进而使存在于社会中的个体和群体予以社会化。这其中的逻辑关系是需要认真领会的,行政法分析学在对下规范进行分析时,上列技术指数是必须予以考虑的。

(二)行政法设定社会关系的方式

行政法所涉及的社会关系有下列范畴:一是国家行政机关与经济、文化、社会诸事务之间的关系。"行政法产生的直接原因是国家管理和由它产生的各种关系。因为管理所面临的首要任务就是对本国的经济、文化、社会事务发生作用。一则为这些事务设计基本的价值规则。国家行政机关常以法规或规章的形式规定某一方面的管理事务。二则处理由这些事务引起的各种关系。包括以国家权力出现的关系和以私人权利出现的关系。三则纠正上述关系中出现的偏差,以理顺各种具体关系。上述三方面的关系是行政法规范存在的前提条件。"[①]二是一般社会关系。"国家管理从自然方面来讲,是对经济、文化、社会事务发生作用的;从社会学的角度讲,则是对人起作用的。社会中个人与个

[①] 关保英著:《行政法教科书之总论行政法》,中国政法大学出版社2009年版,第3页。

人、组织与组织、个人与组织等之间的关系直接决定着国家管理的方向。如果把国家管理理解成社会控制的话，它无疑是对各种复杂社会关系的调整，使各种社会关系呈现出一种良性循环的状态。一般社会关系是一个极其复杂的概念，包括被强化的关系形态和没有被强化了的形态，前者受国家权力的直接约束，后者则主要以非权力性准则来约束。还可以包括大规模的关系形态和小规模的关系形态。凡是人与人之间以某种方式相联系、相结合的模式，行政法学都应给予必要的关注。"①三是个人、组织与国家政权体系尤其与行政系统的关系。"个人、组织与国家政权体系、行政系统是现代国家中两个相互依存、相互对立的方面。任何一者都不能脱离另一者而存在。二者共处于国家这一统一体中，既有相互依赖性，又存在一定程度的冲突。有人认为，国家权力是一个永恒的概念，但权力分配则在经常的变化中，这种变化就体现在上述两点中，此一主体权力的消长必然意味着彼一主体权力的反向变化。可见，现代国家行政管理绝对离不开对个人、组织与国家政权体系尤其行政系统关系的处理，这自然要求行政法学必须对它进行研究。"②四是国家行政系统与国家政权体系其他方面的关系。"国家政权体系是一个大的概念，包括行政系统、立法系统、审判系统、检察系统等，各系统都行使一定范围的国家权力。政体形态不同，各系统之间关系就有不同的表现。"③这个范畴的关系是社会关系在国家政权体系的体现，其与行政法最为密切。五是行政系统内部诸关系，行政系统内部的关系包括：行政系统的纵向关系，即高层行政机关与低层行政机关、上级与下级之间的关系；行政系统的横向关系，即平行机构之间的关系，如业务机关与服务机关，主管机关与非主管机关，综合机关与智

---

① 关保英著：《行政法教科书之总论行政法》，中国政法大学出版社 2009 年版，第 3 页。
② 同上。
③ 同上。

能机关等；行政机关与公务员之间的关系。公务员是行政机关的构成分子，行政系统设立许多行政职务，通过行政职务把公务员和行政机关联系在一起，公务员与行政机关的劳动关系，代表行政机关行使权力的各种关系等都是行政系统内部非常重要的关系。这些关系既与行政组织法有关，也与行政编制法有关，同时公务员法也起着一定的调整作用。

上列五个方面是行政法涉及的主要关系范畴。这些关系使行政法必须通过行政法典则进行强化，并通过行政法的实施将一定的社会关系强化为行政法关系。具体地讲，行政法是通过设定社会关系才使本来存在于法律之外的关系而内化为行政法关系，这种调整以下列方式表现出来。

第一，行政法认可自然关系。自然关系在法学研究中是一个非常重要的概念，其与一定的法律学说有关。例如，自然法的学理作为一种法律学说就从自然关系的概念入手解释法律现象。同时，在人们通常回答有关法律的问题时也将自然关系作为一个概念来使用，并使一系列法律问题得到了很好的回答。但是，自然关系究竟是一种什么样的关系，其本质和属性究竟如何都很少有定论，一些学者从理性的角度解说自然关系，即凡合乎理性的关系形式就是理性关系，一些学者则从存在领域解释自然关系，即存在于自然界的就是自然关系。还有一些学者则从关系的特性来解释，即如果某种关系具有其内在的规定性，这种关系就是自然关系，等等。霍布斯从理性、自然律、归责等概念的结合上对自然关系有这样一个概括："自然律是理性所发现的戒条或一般法则。这种戒条或一般法则禁止人们去做损毁自己的生命或剥夺保全自己生命的手段的事情，并禁止人们不去做自己认为最有利于生命保全的事情。谈论这一问题的人虽然往往把权与律混为一谈，但却应当加以区别。因为权在于做或不做的自由，而律则决定并约束人们采取其中之一。所以律与权的区别就像义务与自由的区别一样,两者在同一事物中是不相一致的。"① 在行政法中自然关系可以说是这样一种关系,其存在于客观事物内部并按一定的组合规律有序排列的关系形式。行政法常以或明或暗的方式认可自然关系,通过认可使本来属于法外的关系转化成法内的关系。例如,《中华人民共和国自然保护区条例》第10条规定:"凡具有下列条件之一的,应当建立自然保护区:(一)典型的自然地理区域、有代表性的自然生态系统区域以及已经遭受破坏但经保护能够恢复的同类自然生态系统区域;(二)珍稀、濒危野生动植物物种的天然集中分布区域;(三)具有特殊保护价值的海域、海岸、岛屿、湿地、内陆水域、森林、草原和荒漠;(四)具有重大科学文化价值的地质构造、著名溶洞、化石分布区、冰川、火山、温泉等自然遗迹;(五)经国务院或者省、自治区、直辖市人民政府批准,需要予以特殊保护的其他自然区域。"第18条规定:"自然保护区可以分为核心区、缓冲区和实验区。自然保护区内保存完好的天然状态的生态系统以及珍稀、濒危动植物的集中分布地,应当划为核心区,禁止任何单位和个人进入;除依照本条例第27条的规定经批准外,也不允许进入从事科学研究活动。核心区外围可以划定一定面积的缓冲区,只准进入从事科学研究观测活动。缓冲区外围划为实验区,可以进入从事科学试验、教学实习、参观考察、旅游以及驯化、繁殖珍稀、濒危野生动植物等活动。原批准建立自然保护区的人民政府认为必要时,可以在自然保护区的外围划定一定面积的外围保护地带。"这个关于自然保护区的条件以及自然保护区的类型划分都是对此方面自然关系的认可,而认可的基础是关系所具有的自然属性。

第二,认可道德关系。行政法与道德的关系笔者认为,一方面,道

---

① [英]霍布斯著:《利维坦》,黎思复译,商务印书馆1986年版,第97页。

德关系可以作为行政法关系存在的基础,这也是我们经常所理解的行政法乃至于整个公法的高级法之一是有关的道德准则。另一方面,行政法关系中就包含了一定的道德关系,行政法规范在这种情况下与道德关系具有重合性。例如,《农民承担费用和劳务管理条例》第13条规定:"对收入水平在本村平均线以下的革命烈军属、伤残军人、失去劳动能力的复员退伍军人和特别困难户,经村集体经济组织成员大会或者成员代表会议讨论评定,适当减免村提留。"第15条规定:"农村义务工和劳动积累工以出劳为主,本人要求以资代劳的,须经村集体经济组织批准。对因病或者伤残不能承担农村义务工、劳动积累工的,经村集体经济组织成员大会或者成员代表会议讨论通过,可以减免。"以农民收入决定提留有非常深刻的道德基础。在行政法典则中,有诸多典则,或者一些典则中的重要条文就直接把本来属于道德范畴的东西法律化了。

第三,认可传统关系。传统关系是我们对一个国家长期存在的社会关系的总称。法律与民族文化的联系是非常密切的,同一行为在有些国家的行政法典则中是被禁止的,而在另一些国家的行政法典则中则可能是被许可的。造成这种现象的原因就在于不同国家有着不同的传统。行政法对一国传统关系的认同构成了行政法典则中的又一重要内容。例如,在我国行政法体系中有一个部类是有关人民调解的规定,这个范畴的行政法规范在我国有一定的规模,其内容完整、体系性强。[①] 而在其他一些国家的法律制度中则没有这样的典则,尤其行政法体系中并不包括有关人民调解的内容。之所以会在我国行政法体系中有一个人民调解的部类是由我国传统上存在的纠纷化解民间化或非

---

① 正是由于该领域有长期的理论和实践积淀,我国的《人民调解法》已于2010年8月正式出台。

官方化占一定比重的历史特点决定的。当代行政法也就认可了这种传统的关系形式。

第四,设立新的技术关系。现代社会关系中技术关系所占的比重越来越大,由技术关系决定的一些技术规范在行政法典则中所处的地位亦越来越高,有学者就对行政法中的技术规范的发展进行过研究,并得出了技术规范具有明显的法治化走向的结论。① 技术规范是由现代社会技术决定的,例如,随着因特网的普及,原来属于网络技术范围内的准则逐渐转化为行政法准则。社会技术规范转化为行政法规范的原因还在于社会技术规范作为特殊社会关系的产物具有明显的社会性。

(三) 行政法设定社会关系与行政法的社会控制质量

行政法的社会控制质量是不能够在规范行政法学中得到证实的,这其中的原因我们在本书的多个章节中都做过论证。然而,行政法作为一个部门法对社会关系的调控程度必须由相应的主体予以支撑。若不能对行政法的这种调控进行把握,那么,一国的行政法治就会迷失方向。行政法分析学由于超越了行政法传统学科,其能够对行政法设定社会关系的问题做出科学分析。行政法设定社会关系的方式以及行政法设定社会关系的范围在行政法规范之内是一种状况,在行政法实在中则可能是另一种情况。深而论之,一国的行政法规范是否能够覆盖社会关系的全部,而不在具体的关系调控中有所疏漏,留下一定的空间。这些问题就需要用行政法分析学的手段予以解决,通过行政法分析学把握行政法设定社会关系与其调控社会的质量。这个问题的提出,对于我国行政法的走向有指导意义。

---

① 参见张淑芳撰:《论技术规则对行政法规范的渗入》,载《湖北警官学院学报》2005年第4期。

第十四章 作为运作过程的
分析范畴

　　行政法学科所关注的是对行政法典则及其规范构成的研究,因此,其研究重点在规范的静态构成方面,对于行政法作为动态的过程则基本不予涉及,这样的研究实质上将行政法非常生动的一部分从学科中剥离了出去。① 进入后现代以后,随着对行政法中问题分析的深化,运作已经成为行政法学研究中不能回避的问题。行政法的运作较之其他部门法的运作要复杂得多,这主要由行政法的客体与其他法律的客体之差异所决定的。在其他法律中,客体本身是不一定能够运作的,例如,民事法律面对的民事当事人及其权利义务关系,其基本上都是静态的关系形式,当事人之间并不能够通过一定的方法进行运作。行政法的客体如果被定位为行政权的话,在行政法介入之前,其客体就是一个

---

① 应当指出,在法理学中,人们已经引起了对法律运作行为的注意,美国著名法理学家布莱克就曾著有《法律的运作行为》一书,在本书中,其非常深刻地将法律当成一个鲜活的存在物来看待,并从分层、形态、文化、组织性、社会控制等方面分析了法律运作过程中的一些基本问题。作为法理学的研究,它对其他部门法运作的分析有非常重要的借鉴意义。参见[美]布莱克著:《法律的运作行为》,唐越等译,中国政法大学出版社1994年版。正是受这个法学理论的影响,我国其他部门法的研究近年来有关注运作及其运作行为的倾向,2005年张淑芳出版了《宪法运作的实证分析》一书,从本体、实在、行为、过程等四个范畴分析了宪法的运作过程。参见张淑芳著:《宪法运作的实证分析》,山东人民出版社2005年版。这些研究对于法学来讲具有转型的效果。与之相比,行政法学在此方面则有所滞后,为什么会在行政法学领域中形成这种格局是一个需要进一步探究的问题,在笔者看来,行政法学研究从现在开始,关注运作行为为时并不算迟,问题的关键在于我们必须对行政法的运作给予必要重视,并运用一套适合于行政法学的方法关注行政法的运作。

能够运作的存在物。事实上,不论行政法介入与否,行政过程是一国的一种必然存在,这个行政过程无论如何都不是静态的,而是在一个机制下进行运作的。《布莱克维尔政治学百科全书》对行政下了这样一个定义:"从广义上讲,行政就是对生活进行管理。在一个军营、煤矿或医院里,行政机关大楼就是管理文书的地方。这有别于这一场所的实际工作:如练兵、掘煤或治疗病人。同样,专业人员势必要把他们工作的一部分(他们常常称之为行政)与他们'实际上'所从事的工作区分开来。诸如'文书'之类的行政工作是一种普遍的实际活动,不管叫它们什么,也不管实际上是否涉及文书。如果我们想对一个中型或大型组织的文书档案工作进行较为正式的分析,以便使各种工作清楚地显示出来,我们有几种方法可以这样做。例如,通过对'组织的总计划'进行分析:分析书信或信件、记事本、备忘录、笔记或其他信息;印刷好的表格或票据,总账本的项目以及类似的东西——或者在目前通过电子计算机所作的以上的同类工作。通过对'内容'进行分析:文书工作涉及一个组织的商品和劳务的产生;或涉及金融问题,涉及采购或供货、销售;或公共关系研究或发展;或人事调配——招聘、提升、培训等;或涉及保存设备和组织结构。通过'功能'来分析:文书档案工作处理,一个组织应做什么,它的目标及标准、指标及程序的规则(指示性信息),处理在组织之内或之外正在发生什么,报告、记录和'反馈'信息(检测性信息),或处理内部指示,工作的流动、定额。协调及'生产'的衔接(执行性信息)。"①这个定义表明行政有三个不能分开的环节,一是组织的总的计划,就是一个行政机构体系从事活动的启动因素。二是行政事务需要实在的具体内容,它是组织计划的承载物。三是功能及其实现,这里包

---

① [英]戴维·米勒、韦农·波格丹诺著:《布莱克维尔政治学百科全书》,邓正来译,中国政法大学出版社2002年版,第7页。

括相关的指标及程序规则等。

　　上列三个环节在行政机制之中是环环相扣的,如果将它们放置在一起就是一个有机的运作过程。行政的这个机制化的过程在行政法对其进行调控以前就已经存在了,这说明行政法所面对的目标一开始就是一个运作机制。也许,正是作为行政权自身动态机制的特性才使人们忘记了行政法的运作过程,因为,要使行政权作为动态机制缓和化就需要静态的法律进行调整,以静制动的道理是否就在行政法的调整中得到了体现,我们无法作出哲理上的分析,行政权机制的动态性和行政法机制的静态思考都是我国行政法的一个客观实在。那么,行政法的应然状况又究竟如何呢?即行政法究竟应当是一个静态的东西,还是一个呈现为运作机制的东西,在笔者看来后者是正确的。即是说,行政法本身就是一个处在运作状态下的存在物。一方面,行政过程的动态性决定了行政法典则及其规范体系亦必然具有一定的动态性,因为行政法的调控必须随着其客体状况的变化而变化。另一方面,行政法对行政权的调控是在一定的机制下进行的,行政法是我们对这个社会现象的一个泛称,即是说,行政法的概念之中包括了行政法的制定、行政法的执行、行政法的适用、行政法的遵守、行政法的运用等若干具体的环节,行政法现象离开上列环节中的任何一个都是残缺不全的,都不是一个完整意义的概念。同时,还应指出,行政法无论是在立法阶段还是执行阶段甚或在实现阶段都是以机制化的形式存在的,它们中的每一个自身就是一个机制,一个处在运作状态的体系。布拉德利对行政法运作的整体性做了这样一个概括:"政府必须根据法律而行为,这一原则意味着,政府在其运作过程中所做的任何行为都必须有法律的授权。这种授权经常是明示或默示地来源于制定法,或者有时来源于王室特权。而且,依据普通法,政府和其他私人一样,有同样的订立合同和拥有财产等权利。对于公共机关而言,当其行为(例如征税)对私人的权利或利益产生不利影响的时候,尤其有必要表明自己是依据法律授权而行事。在特殊情况下,公共利益原则要求政府向法院表明其决定是合法的,即使个人并未受到影响,个人只是作为普通大众的成员受到了影响。"[①]在笔者看来,行政法作为动态事物的论证应当是行政法哲学解决的问题,尤其在作为动态事物的理念确立上在行政法哲学中就应当予以澄清。但是,一旦到了行政法问题的具体实施阶段——是指行政法的制定、行政法执行、行政法遵守等——的动态化研究就应当归到行政法分析学之中。在我国行政法哲学还没有真正建立起来的情况下,我们在行政法分析学中运用一些哲学原理,或者从哲学层面回答一定的行政法问题,并不显得多余。因此,本章对作为运作过程的分析范畴是将下规范研究与上规范研究予以结合,望读者们在阅读本章时予以注意。对行政法运作过程作为范畴的分析有两个基点,一是行政法运作过程是行政法分析学的范畴之一,即其是行政法分析的重要范畴,与行政法法位、行政法功能、行政法调控模式等范畴相平衡,如果没有这个范畴,行政法分析学的范畴就是不完善的。二是行政法运作过程由四个有机联系的环节构成,即行政法典则形成、行政法执行、行政法遵守、行政法运用等。我们的分析以各个环节为单位展开,并指明这些范畴在今后的分析走向。

一、行政法典则形成的分析

(一) 行政法典则形成机制

法社会学家托马斯·莱塞尔指出了实证法学在立法中应用的重要

---

① [英]A. W. 布拉德利、K. D. 尤因著:《宪法与行政法》下册,刘刚、江菁等译,商务印书馆2008年版,第543—544页。

性,他指出:"法社会学对立法有着重要的意义。其中它在涉及民法学、犯罪学和行政法学方面的法律事实研究对立法有着最重要的实际意义。如果立法者想制定一部具有坚实事实基础的法律,而且该法律应该代表社会中的主流立法思想,他们就必须充分掌握相关的实际情况,考虑各种不同的意见。因为这些情况和意见是其立法的基础,其制定法律也将对此产生影响。"①其在使用法社会学的概念时是以我们认为的分析学为视角的。即是说,实证法学对立法的研究是一种分析,其将视野予以扩大并超越规范本身的研究方法恰恰就是行政法分析学的精髓。这个分析没有任何哲学意义上的价值判断,只是要求立法者在制定法律时必须以充分的社会事实为依据。笔者在这里没有使用行政立法的概念,而是用了行政法典则形成的概念,学者们可以将行政立法与行政法典则形成的描述视为同一事物,但是,在笔者看来,行政法典则的形成比较科学地揭示了行政法规范的产出过程。一个行政法典则的制定并不是简单地由立法者予以颁布就算完成,更为重要的是一个典则在形成过程中会有诸多复杂的因素对其产生影响。事实上,绝大多数法律典则的形成都是通过一个很长的过程才完成的。② 法律典则形

---

① [德]托马斯·莱塞尔著:《法社会学导论》,高旭军等译,上海人民出版社 2007 年版,第 17 页。
② 在一国的行政法规范制定时,立法过程是一个非常有趣的东西,有些典则需要数年甚至数十年才能制定出来,还有一些通过数年或数十年还制定不出来,例如我国的新闻行政管理法《出版法》就一直没有制定,笔者早在 1987 年就看到过一个由学者们草拟的新闻行政管理法草稿,在当时条件下,诸多人认为这个部门行政管理法的出台不会超过三年,然而,从那时到现在已有 20 多年,这个管理法还没有立法上的规制和设计。因为,这个法律的制定有背后关涉着诸多极其复杂的利益关系。但是,有些行政法典则在社会没有任何准备,政府在没有准备的情况下,一夜之间就公布了,此种法律的公布常常以某种社会事件为背景,社会过程的实际需要是此类法律公布的最主要条件。例如,2002 年我国制定的一个重要行政法规就在前后不到半年的实践颁布施行了,这个行政法规就是《突发公共卫生事件应急条件》。总之,法律典则是在复杂的社会背景下形成的,这种形成有时是很自然的,有时则有很强的主观性。我们用立法的概念并不能恰当地表现法律典则形成的过程。

成的复杂性是由形成过程的机制化所决定的。我们可以把行政法典则形成的机制概括为下列方面。

第一，法外的机制。所谓法外机制就是一国政治中宪法和法律之外的那一套机制。在行政法典则的形成过程中，法外的机制是一个不可忽视的因素。一则，在一国政治制度和法律体系形成的初期，整个政治制度和法律体系的形成都是在法外运作的，因为这时还没有形成宪法和法律。法律典则的形成是在纯粹的政治机制的作用下进行的，这种纯粹的政治机制之所以纯粹是因为其与法律典则没有任何联系。例如，我国建国初期对《共同纲领》的制定就是通过纯粹的政治机制完成的。这个机制存在于政治协商之中，而当时的政治协商并不成为一种制度，也没有宪法上的依据和运行中的法律规则。这个第一次政治协商会议中形成的一系列法律典则实质上也是政治的产物，是由法外的运作机制决定的。在一国制定宪法和其他基本法以后，法外的机制就不具有纯粹性了，因为其为后来的立法运作提供了法律规则，而这种法律规则就确立了初步的法内机制。二则，一国宪法和法律即便建立起了立法运作的机制和体系，也不能完全排除法律典则形成中的法外机制。这其中的原因是非常复杂的，而这个现象不是某一个国家所独有的，正如有学者所指出的："行政过程不可能单单从法律的视角进行描述。存在许多任务（如预算、协调和计划），对此，法律并不是首要的考虑。执行机构的创设，和文官领域的许多发展一样，一直就没有得到立法的授权，而是被看作实质上属于各部管理的一种形式。许多政治家和行政人员倾向于从工具主义的立场出发看待法律，把它当作一种实现社会或经济政策的手段。在诸如税收这种政府领域，详细的规则存在于制定法或解释制定法的司法判决中。即使这样，这些规则也不能提供一幅完整的画面，这是因为，在一种议会和政府都无法预料的情况下，税收机关常常需要行使超法律的自由裁量权，来免除赋税的缴纳。

但是,如果授予超越法律规定的权力这种妥协的做法变得普遍起来,它将违背依法课税的整个目的;借助这种税收妥协,它可以逃避法院的挑战。"①这个揭示说明法外制度的存在既是由法律自身的缺陷决定的,又是由行政法所调整事态的复杂性决定的。不过,法治文明的进程表明,在法治相对较为发达的国家尽可能减少行政法典则形成中法外机制的作用,而在法治化程度较低的国家,一个典则的形成受法外机制的影响要相对大些。法外机制是一个非常复杂的概念,它是所有非法内因素的综合。一国的利益集团、政党,等等都以法外因素决定一个法律典则的形成。②法外机制在我国行政法典则形成中的地位究竟如何是需要通过行政法分析学作出研究的。

第二,法内的机制。托克·维尔在一百多年前对美国进行了深入研究后得出一个结论:"联邦的安定、繁荣和生存本身,全系于七位联邦法官之手。没有他们,宪法只是一纸空文。行政权也依靠他们去抵制立法机构的侵犯,而立法权则依靠他们使自己不受行政权的进攻。联邦依靠他们使各州服从,而各州则依靠他们抵制联邦的过分要求。公共利益依靠他们去抵制私人利益。而私人利益则依靠他们去抵制公共利益。保守派依靠他们去抵制民主派的放纵,而民主派则依靠他们去抵制保守派的顽固。他们权力是巨大的,但这是受到舆论支持的权力。只要人民同意服从法律,他们就力大无穷;而如果人民忽视法律,他们就无能为力。在目前,舆论的力量是一切力量中最难驾驭的力量。因为无法说清它的界限,而且界限以内的危险,也总是不亚于界限以外的

---

① [英]A.W.布拉德利、K.D.尤因著:《宪法与行政法》下册,刘刚、江菁等译,商务印书馆 2008 年版,第 544 页。

② 在现代社会中,有诸多民间的、跨国家的社会组织,这些组织从其活动原则和章程上讲都是理性的,其所从事的业务活动范围也非常独特,一般以技术为特色,例如,国际环境保护组织、世界卫生组织、绿色和平组织等,都从事游说活动,它们的游说活动都是在法外进行的,但是,这些法外组织却在诸多方面推进了一些现代行政法典则的形成。

危险。"①将所有有关纠纷处理的问题都交于司法并由司法作出最后裁判的事实显然是对美国法治状况相对发达的一个描述,但这个描述并不具有完全的可信性,因为在美国社会中还存在诸多不可进入司法权的纠纷,例如一个法律典则形成中就有诸多的利益争执,这些争执同样是纠纷的一种,但它不可以归入司法机制之中,那么,是不是说这样的纠纷解决机制都在法律典则之外呢?回答是否定的,因为美国除了司法的法内机制以外,还有立法的法内机制。行政法典则的形成大多就是在这样的法内机制之中,这样的机制在一国宪法体系和其他法律典则中都有规定,例如,《美国联邦行政程序法》就将规章层面的行政法典则的形成作了法内机制的规定,如第553条第三款规定:"行政机关在按本条要求发布通告以后,应为利害关系的当事人提供机会,让他们提交书面资料、书面意见,进行口头辩论或仅让其提交书面辩词,通过这种方式使他们参与规章的制定。"②《中华人民共和国立法法》规定了我国行政法形成中的法内机制,第22条规定:"法律草案修改稿经各代表团审议,由法律委员会根据各代表团的审议意见进行修改,提出法律草案表决稿,由主席团提请大会全体会议表决,由全体代表的过半数通过。"此条是对有关行政法律形成中的法内机制的规定。第58条规定:"行政法规在起草过程中,应当广泛听取有关机关、组织和公民的意见。听取意见可以采取座谈会、论证会、听证会等多种形式。"此条是对行政法规形成中的法内机制的规定。毫无疑问,法内机制是行政法典则形成的主要机制,其在行政法典则形成中起着决定性作用。法内机制形成行政法典则同样需要进行分析,因为法内机制中的因素排列是不一样的,这些因素对行政法典则形成的意义也是不一样的,这些都是行政

---

① [法]托克维尔著:《论美国的民主》,董果良译,商务印书馆1988年版,第169页。
② 萧榕主编:《世界著名法典选编》(行政法卷),中国民主法制出版社1997年版,第5页。

法分析学的很好空间。

　　第三,法内机制与法外机制的交织。行政法典则形成中的法内机制和法外机制不能完全割裂开来,二者是一个事物的两个方面,具有相互依赖和相互补充的属性。即是说,没有法外机制的概念也就没有法内机制的概念,反之,没有法内机制的概念也就没有法外机制的概念,就行政法典则的形成而言都起着各自的作用。美国学者多姆霍夫对美国《全国劳动关系法》的形成过程作过这样的评析:"1970年,企业共同体在另一项关于劳工议题的立法上再度败北,即工作场所的健康和安全。尽管这一法案不会像《全国劳动关系法》那样产生如此大的后果,但是企业领袖及其商业组织还是强烈地反对它。直到当时,职业安全和健康议题还控制在他们手上,控制的途径则是由企业资助的私人组织所组成的网络,其中最有影响力的是国家安全委员会(National Safety Council)和全美标准研究所(American National Standards Institute)。尽管这一私人组织网络为工作场所订立了一些最基本的标准,但是这些标准是自愿执行的,也经常被忽略。其强调的中心则是清除据称有事故倾向的工人,和宣称安全操作是工人自己的责任。由于20世纪60年代末的社会动荡、环保运动和紧缩的劳动力市场,以及越来越多的科学证据证明石棉和某些工业制剂对工人有害,职业安全和健康得以进入立法日程。林登·约翰逊总统让他的手下就这一议题起草新的法案,为他1968年再度竞选连任做准备,接着,尼克松总统也决定支持一个较弱的草案,以作为他赢得共和党的蓝领工人选民的策略的一部分。企业共同体手下的全美标准研究所创立的标准被作为起始点写进了立法提案。尽管得到尼克松政府的肯定,并且他们自己曾立法批准过这些标准,但是企业共同体还是对法案表示反对,认为这是对政府管制权利的扩大,且很有可能为工会组织者所用。美国商务部甚至危言耸听地说,这个新的机构可能会雇用一些被解雇的工人,这些人在实施标准时将对企业采取报复。尽管工会运动整体上没有对这个法案的发展给予关注,但是此时,却有很多工会强烈地游说它的通过。就在职业安全和健康监察局慢慢地试图制定它自己的标准时,企业共同体采取封锁信息、拖延和诉讼等策略发起反击。企业领袖还发起强大的意识形态攻势,将近期的经济生产率的衰退归咎于政府管制,但是公共舆论却仍然支持安全和健康管理。在 20 世纪 80 年代,监察局的强制力却被司法修正案、预算削减和法院判例等给削弱了。再一次证明,法案在立法上获得通过不能告诉我们故事的全部。当职业安全和健康监察局在两年之内第一次颁布了新标准时,企业共同体在 2000 年 11 月发起了一次大规模的示威活动。新的条例旨在减少重复性的压力损伤,比如背部拉伤和腕骨综合症,覆盖了 600 万家工厂的 1.02 亿工人。美国商务部、制造商协会以及很多商会声称新标准时克林顿总统送给有组织劳工的离任礼物,尽管创建这些标准的意愿是于 1990 年由一位共和党总统首先宣布的,然后在 1995、1996 和 1998 年的国会中通过立法修正案一再拖延。经过了一场企业——保守派联盟发起的强力游说之后,新标准在 2001 年 3 月的国会上被推翻。尽管很难想象职业安全和健康监察局还能变得比过去更加无效,但是这一倒退却在 21 世纪的最初 4 年里真的发生了。例如,一系列试图阻止肺结核病发生的工作场所准则被取消了,同时被取消的还有一些没有完成的新管制方案。对申诉的处理过程也比以前要花更长的时间,而且强制行动更少了。"[1]这个评析非常具体生动的描述了这个行政法典则在形成过程中法内机制和法外机制的交织。应当指出,法内机制与法外机制交织以后就形成了一种新的机制,这个新的机制既不是法外机制可以取代

---

[1] [美]威廉·多姆霍夫著:《谁统治美国》,吕鹏、闻翔译,译林出版社 2009 年版,第 363—364 页。

的,也不是法内机制可以取代的。因此,我们可以说,行政法典则形成的机制有三套,即法内机制、法外机制和法内法外的混合机制。法内机制与法外机制的混合也是我国近年来行政法典则形成中的一个独立机制,它以自身固有的特点对行政法典则的形成起着作用。那么,对于行政法典则的形成而言,在上列三个机制中究竟哪一个是更为可取的,换言之,我们应当选择哪一种机制呢?在笔者看来,应当尽可能选择法内机制。当然,在以法内机制形成行政法典则时,可以对法外的因素予以考虑,但就机制本身而言还是法内的机制更为理性一些。

(二)行政法典则形成中的政治

不论法律体系相对稳定的国家,还是法律体系尚在形成和完善中的国家,政治因素都会以不同的方式介入到行政法典则的形成中。我们说美国有良好的法律体系和理性的法律传统。若从理论上分析,美国的行政法典则形成中应当不受政治的制约,即行政法典则的形成只是一个纯粹的法律问题,而不具有政治的内涵。然而,客观事实却远远不是这样,《谁统治美国》一书就从分析学的角度把美国社会中的行政法典则形成的政治因素作了入木三分的分析。谁统治美国这个概念的提出就让人感到迷惑,因为从美国宪法典则和法律制度看,谁统治美国的问题本来不应当成为问题,因为美国社会中的立法权、司法权、行政权都各有其主,不需要从正面回答就可以看得清楚。在相关的公法教科书中关于美国社会中诸种权力的行使主体都讲解得非常透彻,行政法典则形成这样的基本问题更是毋须深究就可以肯定地说,立法机关有一部分行政法典则的形成权,行政系统有一部分行政法典则的形成权,而且行政法典则的形成在美国都是法律问题而不是政治问题,我们可任举一例美国的公法教科书就可以明白这一问题。① 但在笔者所提到的上述著作中,均指出美国行政法形成中公法典则以外的若干非法律主体的作用和地位。其所列出的这些主体:企业共同体、社会上层阶级、权力精英、公共舆论、政党、政府任命的官员、利益集团等若干主体,它们之中的每一个都在行政法典则形成中起着作用,而且其作用依其在社会上占有资源的不同而不同,依其社会活动的能力不同而不同,依其笼络人数多少的不同而不同。例如,"对于理解权力精英对政府政策的支配来说,民主党在从 1932 到 1994 年的大部分时间里正式控制着众议院这一事实并没有什么意义。在整个 20 世纪里,一个强大的保守多数派被选进了国会,围绕着与阶级冲突有关的议题,他们总是在投票时行动一致。当然,对于这一概括,也有两个重要的例外,那就是 30 年代中期和 60 年代中期,亦即社会动荡的时期。20 世纪 30 年代工人们的行动主义导致了工会立法的通过,而 60 年代的民权运动则产生了 1963 年的《民权法案》和 1965 年的《投票权法案》。"②进入 21 世纪以后,美国社会的这种政治格局不但没有缓和,反而在剧烈的变迁。"规模最大、持续时间最长、也最广为人知的社会运动,是 20 世纪 50 年代和 60 年代的民权运动,它不仅改变了南方美国黑人的生活,使全国范围内黑人中产阶级的成长成为可能,而且还改变了美国权力机构的潜在本质。它为未来开创了新的政治空间。特别是,1965 年的《投票权法案》是非裔美国人能够在南方的民主党预选时挫败公开的种族隔离者和其他极端保守主义者,使得后者被迫投向了共和党一方。这反过来又为将全国层面上的民主党施加的压力,加上"二战"之后南方逐渐

---

① 参见[美]R.道格拉斯·阿诺德著:《美国国会行动的逻辑》,邓友平译,上海三联书店 2010 年版,第 21 页。

② [美国]威廉·多姆霍夫著:《谁统治美国》,吕鹏、闻翔译,译林出版社 2009 年版,第 297 页。

工业化,使得南方的企业共同体与它北方的同行们更加相似。当民主党再也不能满足其保持黑人地位的历史功能时,富有的白人保守主义者投向共产党的阵营就显得十分顺理成章了。尽管对白人富人来说,南方变化的政治经济使得对黑人的完全压迫变得不再那么重要,民权却并不是那么轻易得来的,也不是简单地通过改变公共舆论就可以实现,虽然大多数美国人到了1964年几乎都已支持黑人对公民权利的诉求。实际上,如果没有这场运动激发的社会动荡,1964年和1965年的《民权法案》就不会通过,因为尽管存在着道德上的压力,以及舆论对黑人的明确支持,保守主义投票阵营还没有准备好妥协。北方共和党在这一议题上也一直没有打算抛弃南方民主党,直到面对国内各个城市即将到来的社会骚乱时,权力精英才决定采取行动让南方与全国其他地方在对待黑人的问题上保持一致。也只有到了这个转折点上,才有足够多的共和党人最终与南方民主党决裂,从而结束了为期13周的冗长发言——这也是参议员的历史上最长的一次。"① 可见,行政法典则形成中的政治在美国是广泛存在的,并有进一步强化的趋势。毫无疑问,在法治进程较慢的国家,行政法典则形成的政治化只能是有过之而无不及,这其中的原因在于法制不发达的国家中,政治机制对法律典则形成的影响更大一些。不发达法治国家中的政治与发达法治国家的政治存在着较大差别。如果说,法治发达国家的政治是一种理性化的政治的话,那么,不发达国家的政治则是非理性化的。这种理性与非理性的区别可以从政治的方式、机制、程序、主体等各个方面的比较中作出区分。在现代社会中对行政法典则形成能够起到作用的有下列方面的力量,它们之间在行政法典则形成中的博弈实质上就是行政法形成中

---

① [美国]威廉·多姆霍夫著:《谁统治美国》,吕鹏、闻翔译,译林出版社2009年版,第387页。

的政治。

第一,行政法典则形成中的政治力量。我们此处所讲的政治力量是指存在于国家政权体系之间对行政法形成起作用的力量。国家政权体系的构成主体本来都是法内的因素,因为它们在宪法和法律典则中取得了相应的地位。但是,它们的行为方式都不一定是法律性的,诸多行为方式其实是政治性行为方式。"与税收形成对照的是,在政府的许多领域,法律框架有意地只提供一个纲要,以使政府在推进法律规则未作出规定的政策时,拥有广泛的自由裁量权。这样,负责促进国际开发的部就拥有广泛的权力,借以为海外国家提供经济或人道援助,这种权力可被用来推进各种各样的不同政策。在政府的许多其他领域都存在着广泛的自由裁量权,例如对移民的控制,或者授予土地开发的许可。原则上,自由裁量权的行使要受到法院的控制。但在实践中,自由裁量权的行使更经常地受到大臣的政策决定或规定官员如何运用权力的部门规则的严密控制。在一段时期内,这些政策和规则经常秘密保存,不允许在白金汉宫之外公布,但是,如今针对政府的更加公开的路径要求,在个案中,与决策制定相关的所有政策和规则都必须公布。"[①]这说明政府行政系统及其官员的法律行为只是其行为的一部分。

第二,行政法典则形成中的经济力量。多姆霍夫提出了"结构性经济力量"的概念,即在一个社会中的企业共同体依企业的规模、地位、经济实力等不同而形成的一种以追求经济利益为目标的社会体系,它是一种推动力。在现代社会中这股社会力量显现出日益强劲的功能,其不单单能够影响具有经济内容的法律典则的形成,更为重要的是他们

---

① [英]A.W.布拉德利、K·D·尤因著:《宪法与行政法》下册,刘刚、江菁等译,商务印书馆2008年版,第545页。

还可以影响行政法典则的形成,在有些情况下还能够直接影响政府部门乃至官员的行为。"从组织理论的角度来看,企业共同体和政府之间存在一种不确定的关系,因为没有什么东西可以保证,在所有的经济条件下,基层的民众和政府官员都会接受公司所有者的观点。于是,在经济萧条中,如果企业的主管拒绝投资或仍然十分消极,那就会带来危险。因此,企业共同体的领导们感到,有必要对公众和政府官员发挥直接的影响力。为了实现这些目标,他们已经想出了许多方法。正如一名企业的高层领导所表现出来的那样,当他被告知他的公司也许已经具备了足够的结构性经济力量,从而毋须再努力影响民选官员时,他回答道:我不太肯定,但是我并不愿意看到你说的这些内容。"①

第三,行政法典则形成中的社会力量。社会力量是一个泛指概念,指存在于社会之中受社会环境和文化等决定的那些社会群体,他们既不是政治力量的构成部分,也不是经济力量的构成部分。这一部分力量在任何社会中都处于社会底层,或者是社会成员中的大多数,我们可以用社会公众的概念表述这一部分人,我们还可以用弱势群体的概念表述这一部分人,有些情况下,我们还可以用社会舆论或媒体表述这一部分人。社会力量在《谁统治美国》一书中显然没有被划归到能够统治美国的那一部分人之中,但他们对行政法典则的形成具有一定的影响力,这些影响力以间接方式表现出来。多姆霍夫指出了"公共议程"的概念:"一个支持教育券计划(school vouchers)的保守派倡议团体,在1999年发布了一个报告,称大多数人对特许公立学校(charter schools)知之甚少,但是一旦向他们解释清楚了,就有68%的人赞同特

---

① [美国]威廉·多姆霍夫著:《谁统治美国》,吕鹏、闻翔译,译林出版社2009年版,第97—98页。

许公立学校。这一调查将特许公立学校描述为对预算、人员和课程享有更多控制以及更少受现有规定制约的公立学校。全国经济教育委员会用来证实'经济文盲'时使用的一些问题,也存在同样微妙的误导。比如,在它的考试里,关于什么是'衡量经济状况的最好指标','失业率'和'消费者价格指数'都被当作是错误的答案,尽管在一般人看来这是两个非常有效的衡量标准。正确答案被规定是'国内生产总值',也就是本国所生产的全部商品和服务的货币价值。民意调查还可以被用来显示在某一议题上实际并不存在的公共舆论这并不意味着人们没有大概的观点,而是说这些民调常常在人们对某个关于政策偏好的特定问题做出回应时,虚构出公共舆论。关于平权措施或石油钻探的问题如果以一种方式被组织,那么就会有一种回答,但如果它们以另外一种方式被组织,就有另外一种回答,对于那些没有相关知识或固定观点的受访者来说,尤其如此。这就使得倡议团体在进行某一项调查时可以相对轻松地拿到它们想要的结果。以上所述表明,关于某一议题的所谓公共舆论有时只是一个神话(它们往往基于报纸上的问卷调查的结果)。在这种情况下,媒体所报道的公共舆论只是自由派——劳工联盟和企业——保守派联盟之间相互争吵的又一个工具而已。尽管在很多对普通美国人而言非常重要的议题上,存在着可以感觉到的公共舆论,但是正如严肃的调查研究所显示的那样,公共舆论也有混乱和被操纵的一面。"① 公共议程的概念究竟如何理解可能是需要再作出概念确定的一个问题,但是,社会舆论、民意测验、全民公决等手段是"公共议程"进行的有效手段。这个力量在一些国家的行政法形成中具有不可忽视的作用,一些国家将政府重要的行政决定纳入到全民公决的公共议程

---

① [美国]威廉·多姆霍夫著:《谁统治美国》,吕鹏、闻翔译,译林出版社2009年版,第284页。

之中,就必然使公众有决定典则形成的权利。

第四,行政法典则形成中的学术力量。在行政法非正式渊源的理论构建中笔者提出了"辅助权威"作为非正式渊源的重要性,所谓"辅助权威"就是指有关学者对行政法问题的具有普遍意义的带有权威性的论点和见解。[①] 这些论点作为行政法的非正式渊源能够为行政机关的活动提供行政法上未规定的依据。"辅助权威"的占有主体是存在于社会中的学术机构及其学者,它们的理论既然能够成为行政法的非正式渊源,那么,它们的学术论点也是行政法典则形成的重要决定因素,是一国不可忽视的力量。事实上在一些行政法典则的形成中"学术力量"起了决定性作用,以我国1989年制定的《中华人民共和国行政诉讼法》为例,这个典则的启动是由行政法学界的极少数学者首先发起的,当他们的论点和方案被立法机关接受以后,其就从深层次上影响了中国行政法治的进程。1946年《美国联邦行政程序法》也是由学术力量推动的。

上列四个方面的力量仅就一种力量而论可能还不具有政治上的价值判断,即我们把其中某一股力量推进行政法典则形成的事实还不可以称之为典则形成中的政治,但是,当四股力量中的若干个予以结合时,政治属性就非常明显了,因为这使得一些典则的形成带有强烈的讨价还价的性质,而无原则的讨价还价和立足于自身利益的主张本身就是政治的而不是法律的特性。事实上,行政法典则的形成在上述四股力量之间常常并不存在共识,诸多共识的形成需要在复杂的博弈中才能实现。以我国《道路交通安全法》中的诸多条款为例,经过若干次的

[①] 参见关保英著:《行政法教科书之总论行政法》,中国政法大学出版社2009年版,第142页。

讨价还价才形成今天这样的制度。①

（三）行政法典则形成中的技术因素

行政法典则在其运作过程中有诸多技术方面的要求，这些要求都是中性的，即没有政治价值和其他带有利益色彩的价值标准。

一则，行政法典则在对行政事态的规制上应当具有周延性。所谓周延性是指行政法在对行政事态进行规制时，不造成规制事态上的疏漏和相关的规范空缺。就一国行政法体系而言，不能有典则构成上的偏失。一个典则所涉及的事项不能有做出两种以上解释的二难规范，等等。行政法典则的周延与否是行政法典则形成中的重要技术因素，我们在对行政法典则形成进行分析时，这是一个不可缺少的技术上的分析范畴，典则的这一技术会直接影响到它的实施和实现，德国学者卡尔·恩吉施就曾指出："一个抽象的或具体的行为，同时显得是被要求的和不被要求的，或者是被禁止的和不被禁止的，或者完全是被要求的和被禁止的。作为例子，我们只能取那个多次提到的情况，一个法律准则同时要求绝对遵照上司的命令和禁止为具体的可刑罚的行为（杀人，

---

① 20世纪90年代之前，我国道路交通管理尚未有一个完整的理念，因此对于一些尚比较模糊的交通规则都能够予以接受。到了90年代以后，随着车辆的增多，交通拥堵越来越明显，一些人认为道路交通拥堵影响了城市形象，且将拥堵的原因归到行人身上，认为行人乱穿马路是造成拥堵的根本原因。这个论点马上被交通管理部门和机动车一方所重视，在这股力量的作用下，90年代中期以前诸多城市都制定了机动车撞人以后，如果能够证明行人横穿马路，就由行人负全责而机动车不负任何责任，这在当时被称之为"撞死人白撞"规则。进入21世纪以后，人们逐渐对无证驾驶更反感，在广大社会公众的呼吁下，取消了"撞死人白撞"规则，使整个交通规则向行人这一社会主体倾斜，《道路交通安全法》规定，只要机动车和行人或者非机动车发生事故，一般由机动车负全责，甚至也没有附加一些条件。后来在机动车和其他主体的作用下，一些地方确立的交通规则对《道路交通安全法》中的一些条款作了对机动车有一定利益的具体规定，如若机动车能够证明行人有故意违法行为，行人便要承担一部分法律责任。这个行政法典则的确立过程充分说明了行政法典则形成中的政治是不可忽视的。像这些精细的问题我们必须上升到行政法分析学中才能把握行政法在下规范情况下的脉络。

剥夺自由等）。当上司命令枪杀俘虏时,那么,下级认为可能夹在相互矛盾的规范中间：不声不响地执行命令或放弃故意杀死一个人。"① 在行政法上同样要求典则中的无矛盾性,在一个典则相冲突的情况下,它对社会事态的规制就是不周延的。二则,行政法典则在效力上的周延性。行政法典则的效力是一个非常特殊的问题。我们知道,在刑事法律典则中都包含着相应的制裁条款,而民事法律典则中也有明显的责任条款。但是,行政法典则则不一定都包含责任条款和制裁条款,例如《中华人民共和国国务院组织法》、《中华人民共和国地方各级人民代表大会和地方各级人民政府组织法》就没有任何责任条款。行政法典则中的一些由于缺少制裁条款和责任条款就使其法律效力表现得较为复杂,如某一行政主体若有违反地方政府组织法的情形,它究竟应当承担怎样的法律责任,如果无法承担法律责任,这个行政法的效力又当如何体现。行政法典则体系中此种效力上的不周延状态还有许多。毫无疑问,从法理上讲,任何法律典则都应当有效力,任何法律典则的效力都应当保持自己的一致性和连续性,我国行政法典则形成中如何处理效力问题同样是需要分析的。上列两个方面的周延性决定行政法典则形成中的条款处理、文字处理等技术细节是必须通过行政法分析学进行研究的,这个问题对行政法治而言是至关重要的,我们可以通过一个案件予以说明。

"2003年底,洛阳市中级法院在一份民事判决书中,认定《河南省农作物种子管理条例》的有关内容无效,河南省人大常委会主任会议认为,该法院在其民事判决书中宣告省人大常委会通过的地方性法规有关内容无效,超出了人民法院审判权,其行为违背了宪法规定,要求有

---

① [德]卡尔·恩吉施著：《法律思维导论》,郑永流译,法律出版社2004年版,第200页。

关方面处理直接责任人和主管领导。据《法制日报》一篇题为'小官司引出的大问题'的报道,事情的经过是这样的:2003年1月25日,河南省洛阳市中级人民法院开庭审理了伊川县种子公司委托汝阳县种子公司代为繁殖'农大108'玉米杂交种子的纠纷,此案的审判长为30岁的女法官李慧娟。在案件事实认定上双方没有分歧,而在赔偿问题上,根据河南种子条例第36条规定,种子的收购和销售必须严格执行省内统一价格,不得随意提价。而根据《中华人民共和国种子法》的立法精神,种子价格应由市场决定。法规之间的冲突使两者的赔偿相差了几十万元。此案经过法院、市人大等有关单位的协调,法院根据上位法做出了判决。然而,判决书中的一段话却引出了大问题:种子法实施后,玉米种子的价格已由市场调节,《河南省农作物种子管理条例》作为法律阶位较低的地方性法规,其与种子法相冲突的条(原文如此)自然无效……。此案的判决书在当地人大和法院系统引起了很大的反响。为此,河南省高级人民法院在关于此事的通报上指出,人民法院依法行使审判权,无权对人大及其常委会通过的地方性法规的效力进行评判。目前在河南省人大和省高级人民法院的直接要求下,洛阳中院已初步拟定撤销李慧娟审判长职务,并免去助理审判员的处理决定。对该案引起的反响和产生的后果,《法制日报》配发的编者如下描述:'河南一位年轻的女法官在判决书中大胆地宣布地方的某一条款无效,如同在平静的湖水中投入了一石,激起了连天涟漪,引起了各方面的强烈反响。根据我国的法律规定,法官无权宣布某项法律无效,法官的判决显然突破了法律的界限,但是法官是否就必然要受到被免职的处分,从法官的困惑中我们是否可以管窥我国法律制度和司法实践中一些需要完善与变革之处呢?'"[①]此案说明,行政法典则形成中的些许疏漏就会给

[①] 孔祥俊著:《法律方法论》,第一卷,人民法院出版社2006年版,第173页。

行政法治实践带来麻烦。行政法典则形成中的政治分析牵涉到有关人文因素和社会利益关系,因此,分析的难度相对要大一些。而作为技术因素的分析则很少涉及利益关系,因此,分析的难度相对较小。但是,由于我国包括行政法典则在内的立法技术还普遍不高,这便要求我们在行政法分析学中,对于典则形成中的技术因素的分析必须给予高度关注,因为它直接关系到行政法治的质量。

二、行政法执行的分析

(一)行政法的执行机制

近年来行政法的执行在我国有一个专有名词就是行政执法。这个概念的产生在行政法学界引起了高度关注,诸多学者认为行政执法概念在我国的出现以及在行政系统中的规范化是我国行政权行使中的一个变革。之所以这样说是因为在行政执法的概念出现之前,我国行政权的行使叫做行政管理,而这个行政管理并不是简单地与行政管理学中行政管理的概念相等同,而是政府行政系统对社会公众在行政权力行使中的权威性和全面干预性。在行政管理的概念之下,政府行政系统是一个权力主体而不是一个法律主体。其既是有关法律实施的权力主体,又是制定行政法规范的权力主体。行政执法概念的出现则使行政系统的角色定位发生了置换,即由原来的权力主体变为现在的法律主体,其只是法律关系的一方当事人而已,如果行政主体是法律关系当事人的角色,那么,行政权的行使就是一个权利主体对其自身权利的主张,在有些情况下其还可以成为义务主体,因为其与另一方主体是相互对应的关系形式。这种把行政主体权力转化为权利的法学哲理是至关重要的。"权利是个法律概念,它表示通过法律规则授与某人以好处或收益。早古希腊哲学和罗马法中,权利似乎与正确和正义一致。后来,有时从自由意志的基本论据中推导出权利,有时认为,权利实质上是根据两者之间的法律关系,由法律决定并通过法律认可和保护,有时被看作是受法律公正地承认和保护的某种利益。在此模式中,每个概念都被说明是于其上或下垂直的概念具有法律关系的。在此关联中,一端的概念之存在含有另一端的概念之存在。在每一方阵中,每一组垂直关系中的每一概念,都是对角线上与其相对的那个概念之法律上的对立概念,在此对立关系中,一方概念之存在,表示与其自身相对的概念之不存在。后来的研究揭示,在每个方阵中,上面的成对概念和下面的成对概念即水平方向连接的概念可以被认为是法律上的矛盾因素。在此矛盾关系中,一方的两上概念中任意一个之存在,表示另一方中的矛盾因素之不存在。"[①]总之,"在权力——义务关系中,主要是双方身份的彼此相对:我要求——但必须;在享有特权——没有权利关系中,为我可以——你不能;在享有权利承担责任关系中,为我能够——你必须接受;在享受豁免权——无资格关系中,为我能泰然免受惩罚——你不能。四种不同权利的举例可以如下:支付债务的权利与偿还债务的关系;某人享有带伞的特权或特惠与别人无权阻止他这样做;发布命令的政治权力与必须服从之责任;在专职特权情况下,某人有作诽谤供述的能力而无被告之倾向与受诽谤者无控诉之资格。霍尔菲德称这八个概念为法律上的最低公分母。"[②]这些理论表明,行政法学界之所以接受行政执法的概念而不喜欢行政管理的概念之原由。

行政执法的概念在我国的出现已经成为一个普通问题,其已经由

---

① [英]戴维·M.沃克著:《牛津法律大辞典》,北京社会与科技发展研究所译,光明日报出版社1988年版,第773—774页。
② 同上。

学术概念转化为了法律概念，2004年所制定的《全面推进依法行政实施纲要》正式确立这个概念的法律地位，该《纲要》指出：全面推进依法行政"与完善社会主义市场经济体制、建设社会主义政治文明以及依法治国的客观要求相比，依法行政还存在不少差距，主要是：行政管理体制与发展社会主义市场经济的要求还不适应，依法行政面临诸多体制性障碍；制度建设反映客观规律不够，难以全面、有效解决实际问题；行政决策程序和机制不够完善；有法不依、执法不严、违法不究现象时有发生，人民群众反映比较强烈；对行政行为的监督制约机制不够健全，一些违法或者不当的行政行为得不到及时、有效的制止或者纠正，行政管理相对人的合法权益受到损害得不到及时救济；一些行政机关工作人员依法行政的观念还比较淡薄，依法行政的能力和水平有待进一步提高。这些问题在一定程度上损害了人民群众的利益和政府的形象，妨碍了经济社会的全面发展。解决这些问题，适应全面建设小康社会的新形势和依法治国的进程，必须全面推进依法行政，建设法治政府。"行政执法是行政法运作过程中承上启下的环节。因此，在行政法分析学对行政法运作过程进行分析时，不能不分析行政执法问题。在我国有关行政法的执行是一个机制，即在我国的政治制度和法律制度中存在着行政法的执行机制。与行政法典则的形成相比，笔者认为行政法的执行机制同样有两个形式。

一是法外的机制。在行政法典则体系中虽然没有行政法执行中法外机制的规定，但是，就行政法执行的客观情况看，法外机制是不可否认的。一方面，我国诸多主体承担着行政法执行的职能，而这些主体的行政法执行职能既没有法律的授权，也没有得到行政机构的委托。我国政权体系中存在着一系列特殊的社会组织，一些社会组织具有半官方性和半民间性的特点。说它们具有半官方性是说它们是国家政权系统中的合理存在物，说它们具有半民间性则是说它们并不是正式的行政机构体系,甚至不是任何意义上的国家机关。例如,我国的全国总工会、全国妇女联合会、共青团中央和地方组织,这些组织的形成有其历史源流,其是一个合理乃至于合法的存在物。它们实质上是在很大范围内直接行使行政权即进行行政执法活动。① 另一方面,我国行政系统的执法活动经常要受到非行政系统因素的决定,这些非行政系统的因素包括诸多方面,最为典型的是我国的各级政党组织对行政执法活动的影响。我们知道,我国行政执法的类型非常多,如笔者曾经以"执法的起动因素"为标准,将行政执法分为"政策起动的执法和法律起动的执法"。执法起动因素是指引起行政主体行使一定行政行为的原始动因。在行政执法实践中,一般来说任何行政主体的执法行为都是基于一定起因的,只不过合法正当的执法行为正确贯彻了这种起动因素的意图,而违法或不当的执法行为歪曲了这种起动因素的意图。"所谓政策起动的执法指行政主体的行为是为了贯彻党和国家的大政方针或上级行政机关的命令指示等,如国务院指示地方各级人民政府必须加强行政综合执法,那么地方国家行政机关所开展的行政综合执法工作就是以此政策为动因的。法律起动的执法就是行政主体为了贯彻实施国家法律而为的执法行为。行政机关作为权力机关的执行机关,其主要职能就在于将立法运用于具体的社会事务,而使法律规范的内容得以实现,法律规范的效率得以体现。应该说行政主体大多数情况下的执法行为都是以法律为起动因素的。"② 笔者还以"执法的社会效果"为

---

① 在我国,这些组织的地位非常特别,通常情况下,它们应当是社会组织,其职能主要体现在社会事务方面。但它们的机制和行为方式又具有非常明显的行政性,它们的内部章程对于其成员来讲具有与行政法一样的拘束力。除了内部章程以外,它们还制定一些外部行为规范,这些规范其约束力与行政法也没有非常严格的区别,如果说有区别最多也仅在救济方面。

② 关保英著:《行政法教科书之总论行政法》,中国政法大学出版社2009年版,第498页。

标准,将行政执法分为"在社会上造成声势的执法和处理个别问题的执法"。"所谓造成社会声势的执法是指该执法行为主要是营造一种社会氛围并在社会上造成一种声势,使相关的社会成员引起足够重视,如行政机关在社会治安综合治理中的执法,工商行政管理总局通过3·15在央视上造成打假声势的执法。此种执法并不算计一城一地的得失,而是要面对广大的社会成员造成影响。由于我国法律制度中有教育为主的原则,所以此类执法在行政执法中占有重要地位。而处理个别问题的执法一般就事论事,其对社会的影响仅在于个别环节甚至个别成员等狭小方面。"①还有常规执法和突击执法等特殊的行政执法形式。表明我国行政执法过程中一部分执法是受到法外因素制约的,在有些情况下,法外因素对行政执法所起的导向和决定作用比法内因素还要强烈。这种法外的因素是法外机制的重要组成部分。当然,行政系统以外的主体中有些是法内主体,但其不是行使国家行政权的机关,例如,我国人民代表机关在理论上不行使行政权,不履行行政执法的职能,但在其日常活动中,一些行为就带有明显的行政执法性质,这个因素究竟是法内的机制还是法外的机制是需要进一步探讨的。

自古德诺提出政治与行政二分法的理论以后,行政执法的概念和范围就成为一个有争议的问题。在古德诺看来,表达国家意志的行为应当集中于立法之下,而执行国家意志的行为则应当集中于行政之下。但是,常常存在作为表达国家意志的立法主体履行着一定的执行职能,而执行国家意志的行政系统有时也在一定范围内作出表达国家意志的行为。当然,这个深层次的理论问题,我们可以不去探讨,但在行政执法实践中,其他国家机关也完成着一定的行政执法行为,这是我们分析

---

① 关保英著:《行政法教科书之总论行政法》,中国政法大学出版社2009年版,第502页。

行政执法机制时应当引起注意的。同时还应指出,行政系统及其公职人员在行政执法时其行为方式亦不完全在法内,它们这种存在于法外的执法行为也应当算作行政执法的法外机制。"许多官员关注的是执行政府的政策而不是法律。而且,我们也很难在现在政策之执行和新政策之制定间作出区分。当一个部门在行使自由裁量权,而且一个具有新特征的案件出现时,基于该情形的决定将会作为未来相类似决定之先例。这样,与先前存在的政策相比,这一过程导致了一个更详尽的政策的形成。"①这是我们对行政执法法外机制的描述和分析。

二是法内的机制。行政执法的法内机制是指存在于行政法制度之中的执行行政法的机构体系。我国行政机构体系是一个金字塔式排列的组织系统,从最高层到最低层排列着若干等级。② 每个等级之间究竟是包容关系还是严格的法律关系,在我国法律典则中并没有作出明确规定。这实质上对于行政法的执行而言带来了困惑。例如,我国究竟哪些层次的行政机关是决策机关,哪些层次的机关是执行机关,决策机关是否还有执行的职能,执行机关是否还有决策的职能等问题都需要在行政法分析学中给予厘清,对于行政法分析学而言,与之相关的分析就是非常必要的。我国行政机构的体系设置极其复杂,以行政强制的享有权而论,有些行政机关享有这样的权力,有些行政机关则没有这样的权力,从目前行政法的授权看,似乎只有公安机关和国家安全机关享有直接行政强制的权力,而其他绝大多数机关则没有强制权力。行政处罚权行使的情况亦较为复杂,从行政部门法的授权看,绝大多数享

---

① [英] A. W. 布拉德利、K. D. 尤因著:《宪法与行政法》下册,刘刚、江菁译,商务印书馆 2008 年版,第 545 页。

② 这个等级以大的方面讲有四级,即国务院,省、自治区、直辖市,县、市、乡、镇、民族乡等。由于我国近年来机构改革频繁,加之行政机构设置中诸种内部关系较为复杂,我国行政系统内部究竟有多少级别是需要用相关法律重新进行确定的。

有行政执法权的机关都同时享有行政处罚权。但是,我国还有一些行政机关并不享有行政处罚权,这样的机关同样是行政执法机关,例如,作为科技行政管理机关的科委办等机关就没有行政处罚权。行政许可权的行使也大体上是相同的情形。一个行政职能系统与另一个行政职能系统之间是法律上的平行关系,然而,它们却享有着不同的行政执法权力,这从理论上究竟作何解释,在行政法治实践中又会带来什么问题,同样是内部行政执法机制中需要进行分析的问题。总之,内部行政执法机制与外部行政执法机制相比,同样非常复杂,笔者曾对内部行政执法作过一些分类,如以行政执法是否能够进入诉讼程序为标准将行政执法分为可进入诉讼程序的执法和不能进入诉讼程序的执法。"行政权是国家政权体系中一个较为独立的权力,其在国家政治生活中所起的作用是巨大的,甚至超过了其他国家权力。难怪乎有人将现代国家称之为'行政国',这是一个方面。另一方面,现代民主进程要求行政权必须受到其他国家权力的约束,司法审查就是对行政权约束最为典型的手段。这样便产生了行政权自身的价值与行政权社会价值之间的张力。那么,理性化的解决问题的方法便是正确处理对行政权进行司法审查的范围,换句话说,无论如何都不可能将所有的行政行为或者所有的不当行政行为都纳入司法审查的范围。据此,我们便可以将行政执法分为可进入诉讼程序的执法和不能进入诉讼程序的执法。前者是指司法机关可以进行司法审查的执法行为,后者指司法机关不能够进行司法审查的执法行为。加入 WTO 以后,一些传统的不能进行司法审查的执法行为则要逐渐地被纳入司法审查的范围,对此行政主体必须有一个清醒的认识。"[①]还以行政执法的财政来源为标准,将行政执

[①] 关保英著:《行政法教科书之总论行政法》,中国政法大学出版社 2009 年版,第 503 页。

法分为财政拨款制行政执法和独立核算制行政执法。"行政执法必须以一定的经济基础和物质条件为前提,没有相应的经济基础和物质条件行政执法便无法展开。据有关学者调查,越是现代化的国家行政执法中的经济消耗就越大,即经济现代化和行政执法的消耗是一种正向的比例关系。那么,从行政执法中行政主体的财政来源看,便有两种类型的行政执法:财政拨款制行政执法和独立核算制行政执法。前者指行政主体的财政来源是由国库支付的,通过一定的财政制度将行政执法所需要的费用拨给行政机关。后者指执法过程中行政主体所需经费由行政主体自己通过一定的渠道解决,一般以先前的执法行为养后续的执法行为。在罚没收入与行政机关的经济核算挂钩的体制下,行政执法便是独立核算制。应当说,在这两种执法方式中,前者是合乎执法规律的,而后者是不妥当的,行政执法中的腐败现象等都可以从独立核算制的行政执法格局中产生。"[①]内部行政执法机制的分析重在合理化建构,而外部行政执法机制的分析则在于理顺一国政权机制与行政机制之间的关系。

(二) 行政执法中的法扣除

依据严格的行政执法概念和法治精神,行政执法是以对法的执行为核心的,其中的核心要素是法。然而,在行政执法的实践中则存在一种对行政执法具有致命制约作用的情形,那就是行政执法主体对法的扣除。所谓行政主体对法的扣除就是指行政主体在行政执法中有意或无意地克减了法的内容,而以非法的手段处理有关行政事务的行为。行政主体对法的服从是天经地义的,笔者认为:"行政执法中的法服从

[①] 关保英著:《行政法教科书之总论行政法》,中国政法大学出版社2009年版,第502页。

是行政主体在行政执法过程中的一种行为取向,这种行为取向以对法律的认识、判断,是以内涵的确定为始点,以行为过程对相关法律规则的认可和遵从为终点。简而言之,行政主体的法服从是在对法律存在自我判断的前提下无条件遵循法律而为之的一种行为状态。行政主体法之服从与行政主体行为过程中法之遵守不是同一意义的概念,二者的主要区别是:行政主体的法律遵守是就行政主体与法律规则的单一关系出发的,行政主体若认同法律,依法律规则中的权利义务而行为就是法律的遵守,而行政主体对法律的服从是一个中介概念,即一方是法律规则,另一方是行政管理相对一方当事人,在其中间的就是行政主体,因此,法律服从是一个对他人后续权利有影响的概念,而法律遵守的落脚点则仅仅在行政主体一方;法律遵守从遵守者的主观意志看是一种自我而为的意志状态,是由自我意志支配的,故此,在法的遵守状态下行政主体的行为是主动的,而法律服从之中却隐含了行政主体意志的被动性,该被动性也带来了其行为不同程度的强迫性;行政主体在法的遵守状态下其对法律的规定没有异议,也不会提出异议,在法律服从状态下,行政主体对法律规则存有一定的认识保留。"[①]从这个意义可以看出行政执法中的法服从要求行政主体必须服从特定的法。"行政执法中的法服从的规则是特定的行为规则,不是所有能够规制行政执法人员行为的规则。法律形式层面上,《中华人民共和国立法法》所规定的行政法渊源的体系以及层级之间的效力关系是法服从的普遍性规则,或者说,大的方面必须以该法规定的法的体系构成作为行政主体法服从的首要参照系,对服从过程中冲突性规则的选择该法也作了明文规定。可以说《中华人民共和国立法法》所规定的行政法渊源以外的

[①] 关保英著:《行政法教科书之总论行政法》,中国政法大学出版社2009年版,第506页。

相关规则,即使其有规制执法行为的功能,也不能作为法服从中的行为规则,如道德准则、政策准则、国际惯例等,至少这些东西不能成为我们在此研究的对象。行政主体在执法过程中常常存在上下级之间的微妙关系,上级对下级的命令指示以及与命令指示相关的行为规则更不是行政主体法服从的行为规则,这是毋须证明的。行政执法是发生在特定场合的行政行为,是对特定事件而为之的行政行为,这就存在一个空间和时间方面的限制条件,只有在特定空间和特定时间段的行政执法行为才是确定法服从的要素,而行政法中的行为规则也都有着强烈的时空属性,即是说一些行为规则仅在此一空间和时间内有意义,而另一些行为规则则在彼时间和空间内具有意义,那么,行政主体法服从中的行为规则仅是某一单一执法行为中存在或发生法律效力的行为规则,这是必须强调的,因为不强调这一点,行政主体便可以以服从法律规则之名而为对抗法律之实。行政主体法服从中行为规则的特定性还表现在该规则是与行政主体此次执法行为的行为属性相对应的行为规则。法律或法是一种行为规则,这里所突出的就是行为和规则两个概念,便自然而然地引申出行为和规则的关系,规则是行为存在之归宿,并通过行为体现它存在的价值,而行为是以规则为逻辑前提的,规则既可以演绎行为,也可以制约行为,甚至决定行为的方向。这就是说,行政执法中法服从的规则与行政主体当下的行为必须有强烈的对应关系,对应的规则才是行政主体法服从中的准则。"[1]

法服从的概念与法扣除的概念是对立的,在法扣除的情况下,行政主体既没有选择理性的法,也没有将自己的行为框定在法律典则的范围之内。有学者认为,我国行政主体的法中执法行为与我国行政法的

---

[1] 关保英著:《行政法教科书之总论行政法》,中国政法大学出版社2009年版,第507页。

立法行为相比,具有非常大的滞后性。我国官方文件中已经肯定地说,我国的法律体系已经建立起来,这其中必然包括行政法在内,即是说行政法作为法律体系构成部分其基本典则和体系也已经建立起来了。若要实现法治国家,立法上的问题已经得到了解决,依这个逻辑,我国作为法治国家已指日可待。但是,我国法治实践的状况,尤其行政法治的状况却表明我国距离法治国家还有非常大的差距。这其中的根本问题出现在法的执行方面,即当我国已经建成法律体系的状况下,法治国家还没有完全实现的根本点就出在法的执行方面,这是一个不难进行推理就可以得到证明的问题。行政执法之所以制约了行政法治的完全实现,就在于行政执法主体对法律典则的扣除上。① 行政主体的法扣除与其对法律认识的误区有关,美国第31任总统胡佛在就职演讲中有过这样一段精辟之辞:"如果执行人员只是有选择的执行法律,若果公民只是有选择的支持法律,那么,我们自治政府的整个体制就必然崩溃。"② 可见,行政主体的法律扣除对于行政法治而言是致命的。法扣除在行政法治实践中应当有下列一些形式。

其一,以政令为指导原则的法扣除。我国行政执法中经常存在专项执法、突击执法、集中执法等非理性的执法方式,这些执法方式的本质是执法过程受到了政令的制约,执法主体往往在法律规则之前还要选择一个指导法律规则的政令,这个政令既可能是政策,也可能是长官意志。"尤其阶段性政策、土政策、长官意志对行政执法中法服从的制约所导致的后果更为严重,常常使行政主体的法服从没有一个行为上

---

① 我国某省委党校曾经做过这样一个调查,所得出的结论是令人吃惊的。"在我国行政系统中,系统学过《行政诉讼法》、《行政处罚法》的不足一半,学过《行政复议法》的仅为26%,学习过《国家赔偿法》的仅为20%。"参见关保英著:《行政法教科书之总论行政法》,中国政法大学出版社2009年版,第512页。

② 岳西宽等译:《胡佛总统就职演说》,《美国总统就职演说》,北方文艺出版社1990年版,第338页。

的连贯性。若政令导向在经济方面,那么法服从也就转向经济事务方面,整个执法活动的侧重点也在经济事务方面;若政令在社会秩序的稳定方面,这时执法主体便会放弃经济行政行为中的法服从,而选择维护社会秩序的法服从。如我国一些地方曾经在引进外资、西部大开发的政令指导下,在执法过程中以破坏生态环境和良好的社会秩序为代价;而在严打和综合治理的政令指导下,便舍弃行政相对人的经济权等。"[1]这是法扣除的最主要形式。

其二,不理解诸法层次的法扣除。行政法的层次性结构我们在前面已经提到过,上下位法律之间的关系是一个重要的法律机理,也是指导行政执法行为的基本准据。位次越高的法律就越应当成为执法人员选择的依据。即是说,行政执法人员应当根据法律位次的高低选择所适用的法律,应当从最高位次的法律规范选择起,尤其在下位规则与上位规则相矛盾的情况下,必须无条件地选择上位规则。而目前我国行政执法中法扣除的形式之一就是违背法律的效力导致人为选择行为规则,如有的执法主体认为区域性、地方性、职能型规则更具有操作性,因而舍弃与之冲突的上位规则,此种扣除法律的情形若不从深层分析,就会将其扣除法律的执法行为等同于合法行为。

其三,未领会法之精神的法扣除。"法律规则在实施过程中有两个重要因素,且是法律自身的、不以人的意志为转移的因素,执法者在执法过程中必须予以考虑。第一个因素是即成的法律规则是一定时代的产物,它在制定过程中考虑更多的是自己所处时代的背景,而对未来的情势只能做出有限的预测,这样便很可能导致法律规则与现实社会情况不一致之弊害。执法者一味追求法律在制定时的考

---

[1] 关保英著:《行政法教科书之总论行政法》,中国政法大学出版社2009年版,第509—510页。

虑,而忽视现实状况,便会适得其反。这就要求执法者必须领会立法者在制定这一法律规则时的主观愿望,即通过这一规则旨在达到什么样的目的,那么,执法者对立法者意图的把握就是对法律精神的一个理解。若执法者一味考虑规则本身的机械内容,以前一时代处理方式处理新的时代的社会关系,尽管从形式上讲服从了法律,但仍然是对法律服从的一个误解。第二个因素是法律规则中的一些规则具有抽象性,尤其行政事态的多变性、复杂性使得行政法规则中的此种现象更为明显一些,此时便要求行政执法主体在法律服从中考虑法律精神。正如列宁指出:'我已经说过,法令责成公社帮助附近农民。要在法令中用多种方式表明这种意思,要在法令中写出具体的指示是不可能的。我们本来就是规定一般的原则,希望各地有觉悟的同志们忠实地去执行,并且善于想出多种办法,按照各地的具体经济条件实施这个法令。'列宁的话表明执法者在执法过程中对法律的服从最主要的是对法律精神的服从,而不单单是对规则的机械理解。而我国行政执法中法服从的一大误区就是在没有领会法之精神的情况下,生搬硬套具体的操作条款。"[①]

其四,限制服从主体的法扣除。行政执法是整个行政系统的行为,相对于立法机关而言,行政系统中无论哪一个行政主体都是执法机关,例如国务院就是全国人民代表大会的执法机关,整个行政机构体系都有义务执行法律。然而,在行政执法实践中,法扣除的另一种情形是在行政系统内部认为的限制服从主体,常常将低层行政主体作为法服从的主体,而将高层主体排除在法服从之外,我国行政法制度中的相当一

[①] 关保英著:《行政法教科书之总论行政法》,中国政法大学出版社 2009 年版,第 510 页。

部分就是根据身份关系确定服从与否的。① 行政执法中法扣除在传统行政法学理论中尚未有这个概念,我们通过建构行政法分析学,可以在这个新的学科中研究这个概念系统,并作为对行政法问题进行有效分析的工具。

(三) 行政执法中的外在因素

行政执法中的法外因素是一个客观存在,是各国行政法所面临的问题。这些法外因素是非常复杂的,其在不同的国家有不同的状况,例如在美国,权力精英不但对行政法典则的形成具有影响作用,而且常常影响行政系统的执法行为。"权力精英立基于他们结构性的经济权力,他们储备的专家政策意见,以及在选举领域中,他们能够就其关心的议题成功地主导联邦政府。通过关于某些特定公司或商业部门相关的特定议题,就主要议题提供新政策导向的政策研制网络,以及对执行这些政策的高层政府官员的任命等来影响政府,来自各公司、律师事务所和商会的院外活动家扮演了关键性的角色。"②

---

① 行政执法中的法服从是行政主体的法服从,即只要你是行政主体,只要你承担行政执法职能,你就有服从法之义务。法律面前人人平等的原则在行政执法中同样具有非常重要的意义,在行政主体一方,要求不论何种类型或者何一层次的行政主体在行政执法过程中均有平等的服从法律的义务。限制服从主体的法服从的误区则在行政执法主体中区分不同的服从对象。具体而言,对不同地位的行政机关有不同的法律服从之要求,如一般在讲行政执法中法律服从时大多强调低层行政机关的法律服从,似乎高层行政机关没有服从法律之义务,如在行政复议中对规范性文件的审查仅仅限制在部委颁布的规范性文件以下,而对最高行政机关的规范性文件则不可以提起审查请求,其所颁布的规范性文件即使在违背法律的情况下也是如此;对不同身份的行政机关有不同的服从法律之要求,例如《中华人民共和国行政处罚法》关于行政听证作了较为严格的条件限制,在大量行政处罚行为中只有一小部分处罚行为可以被纳入听证程序之中,最严厉的行政拘留则不可以进行听证,这种区分给人的印象是以行政主体的身份关系确定听证的范围。除此之外,对服从主体的限制还表现在其他方面,如行政主体所发生关系的场合,行政主体行使权力的性质等。这一误区人为造成了行政主体之间在法服从上的不平等关系,使行政主体法律服从具有较大的片面性。

② [美]威廉·多姆霍夫著:《谁统治美国》,吕鹏、闻翔译,译林出版社 2009 年版,第 323 页。

法外因素对行政执法的影响直接关系到行政法实施的程度。基于此,各国行政法制度都对法外因素影响行政执法在法律上采取了一定的措施。美国行政法制度中就有对行政自由裁量权进行规制的制度。其实,在美国法律传统中,不仅仅自由裁量权的行使容易受制于法外因素,即便在非裁量性的行政执法中同样有法外因素。但是,由于美国行政法理念中有一个根深蒂固的理念,那就是行政法就是用来控制行政自由裁量权的,美国学者们撰写的行政法教科书中几乎都有对行政自由裁量权进行控制的理论。正因为如此,其将法外因素对行政执法的影响重点放在对行政主体行政自由裁量权控制的探讨上,施瓦茨的主要著作《行政法》一书中指出:"如我们说由某当局在其自由裁量之内做某事的时候,自由裁量权意味着,根据合理和公正的原则做某事,而不是根据个人意见做某事;根据法律做某事,而不是根据个人好恶做某事。自由裁量权不应是专断的、含糊不清的、捉摸不定的权力,而应是法定的、有一定之规的权力。英国法官的这段话,表明了法官对于行政裁量权所持的传统态度。科克报告的一个判例涉及到最早的一个行政当局——下水道管理委员会,此判例关于委员们必须合理地行使他们在制定排水计划方面的广泛权力,因为自由裁量权是一种明辨真与假、对于艺术和判断力,而不以他们的个人意愿和私人感情为转移。英美法院之所以有权命令合理地行使自由裁量权,都导源于这个共同渊源。"[1]其还提出了滥用行政自由裁量权的诸种情形,"它们是指:1.不正常的目的;2.错误的和不相干的原因;3.错误的法律或事实根据;4.遗忘了其他有关事项;5.不作为或迟延;6.背离了既定的判例或习惯。"[2]在其所列举的诸种滥用行政自由裁量权的情形中,绝大部分是

---

[1] [美]伯纳德·施瓦茨著:《行政法》,徐炳译,群众出版社1986年版,第568页。
[2] 同上,第571页。

法外因素在行政自由裁量权的行使中的不当考虑。由于美国行政法治的标准相对较高,因此,其将法外因素的分析主要与行政自由裁量权的理论和实践结合起来。而在我国行政法治水平还不太高的客观状况下,行政执法的法外因素主要不在行政自由裁量权的理论和实践中,而在于一般意义的行政执法中。

在行政执法中,对于行政主体而言,法外因素有两类,第一类是应当予以考虑的法外因素。行政执法在相对严格的理念之下,应当完全依行政实在法而为之。但是,行政法的执行常常会遇到行政实在法无法给出标准答案的情形,在行政实在法无法提出标准答案的情况下,行政主体就应当考虑法外因素。有些情况下,即使行政实在法能够提供标准答案,但由于外在环境或其他因素的变化,执法者必须对一些法外因素予以考虑。这个考虑的理论基础在于法律规范与其他规范的相互交织性。正如狄骥所言:"社会规范在某种程度上所包括的三个部分,这三个部分是依照一种上升的等级累积下来的,它们是相互贯穿的,而各个部分的领域则按时间和空间,可以不断地发生变化,但这三个部分却经常可以被观测者所觉察。从整个社会规范来说,包括经济规范、道德规范和法律规范,而法律规范则构成社会规范的最高部分。……一种经济规则或道德规则,当它在组成一定社会集团的每个成员的自觉意识上充满了这种想法,认为集团本身或在集团中握有最大强力的人们为制止这种规则遭受违犯得以出而干预时便成为法律规范。"[①]以此理论,行政执法中法内因素的考虑不能够被绝对化。第二类是不应当考虑的法外因素。在对行政自由裁量权控制的理论中,有一个准则叫不能考虑不该考虑的因素,即是说,行政执法中,如果法律典则有明确

---

① [法]狄骥著:《宪法论》,《西方法律思想史资料选编》,张学仁等编译,北京大学出版社 1983 年版,第 613—614 页。

规定就应当依法律典则的规定为之,而不能从法律典则之外考虑法律的执行问题。行政执法中法内因素与法外因素的分析是至关重要的,因为它会对一国法治质量产生积极影响。

三、行政相对人用法问题

行政相对人用法是指行政相对人作为社会个体对有关国家法律和法规予以有意识运用的行为。行政相对人用法从其实质看,所反映的是行政相对人与法的关系乃至于行政相对人与政府的关系。亚里士多德在《政治学》一书中就有这样的论述:"全称的公民是凡得参加司法事务和治权机构的人们。"① 由此可见,行政相对人与法的关系是一个极其严格的法哲学命题。在不同的政治体系和法律制度中,行政相对人与法有着不同的关系形式。

(一)行政相对人用法界定

在行政相对人用法的概念之下,法是一个全称概念,而行政相对人也是一个全称概念。这是我们研究行政相对人用法的逻辑起点。那么,究竟应当以什么作为切入点具体解读行政相对人用法的概念呢?我们认为下列方面是最为基本的:一则,行政相对人用法与行政相对人守法、知法的概念是不同的。在我国传统的法律理论和法治理论中,行政相对人知法与守法的概念和理念是普遍存在的,而且各个概念和理念中都有相对确定的内涵。例如,在行政相对人知法的概念之下就包括了行政相对人对宪法与法律或法规必须予以知晓,懂得法律的具体

---

① [古希腊]亚里士多德著:《政治学》,吴寿彭译,商务印书馆1983年版,第109—113页。

内容和一般法治精神。在这个理念的驱动之下,我国曾经进行过数十年的普法运动,这个运动也使行政相对人知法由理念而实践,由抽象而具体。还如,在行政相对人守法的概念和理念之下,就包括行政相对人应当自觉遵守实体法和程序法的规定,我国也已经形成了一套有关行政相对人守法的机制。二则,行政相对人用法所反映的是一种法治理念,而不仅仅是行政相对人将法作为一种工具在追逐私利中予以使用,而不在追逐私利中予以放弃的情形。作为一种法治理念,一方面,在国家法治层面上,意味着法治进入了相对较高层面,是对传统法治理念的升华或拓展。甚至意味着法治机制进入了后法治时代①。另一方面,在行政相对人与法关系的层面上,意味着行政相对人与法进入了一种新的关系形式,该新的关系形式的本质在于行政相对人与法的融合,行政相对人精神与法律精神的一体化。至少在笔者看来,行政相对人用法使一国的行政相对人精神中包容了法治精神,而在行政相对人守法的情况下行政相对人精神之中并非必然包容了法治精神。因为,行政相对人守法很可能包括行政相对人对恶法的遵守,而当一个政治社会中行政相对人毫无选择地遵守恶法时,这个政治体系的法治精神还不能说已经形成了。上列两个方面是界定行政相对人用法概念必须清楚的。对于行政相对人用法的概念我们可以作出如下具体分析。

第一,行政相对人用法是行政相对人的个体行为。法律与行政相对人的关系有两个分析进路:一是将行政相对人作为一个整体分析其与法律的关系。例如卡贝关于行政相对人与法律的关系就有这样的分析:"在共产制度下,法律是由整个社会和全体人民制定的,甚至风俗习

---

① 后法治时代的命题如果能够成立的话,它应当有下列精神实质:一是法律形式主义被法律实用工具主义所取代;二是法治主体的多元化倾向;三是法律主体的社会化倾向和法律典则的多元化倾向。这三个方面的精神实质都将公众以及社会机制中的其它构成部分纳入法律过程之中。

惯、公众舆论也是体现着整个社会和全体人民的意志。这些法律总是以自然和理性为依据,从人民的利益出发,而且都是经过大家的讨论,每个人都了解法律草案的目的所在,在得到普遍的赞同以后才制定的;这种为人民所拥护、反映了人民愿望的法律,人民当然总是怀着愉快甚而自豪的心情来执行。"①在这个关于行政相对人与法律关系的分析中,行政相对人的概念实质上已经被化为人民的概念,行政相对人个体在这其中已经被作为人民的整体概念所取代。二是将行政相对人作为一个个体分析其与法律的关系。"公民对法律的支持和政府对现存法律的执行同等重要。任何伟大的国家都依赖公民对责任的认识,即通过拒绝参与和谴责所有的非法行为,来揭露犯罪并使其非法化。如果执行人员只是有选择性地执行法律,如果公民只是有选择性地支持法律,那么,我们自治政府的整个体制必将崩溃。对某些法律忽视所造成的最大危害,就是破坏了对所有法律的尊重,如果为公民提供保护的某一特别法律受到妨害,那么,他们的处在其它法律保护之下的保障生命、家庭和财产的这些正当要求,就会被破坏。公民们若不喜欢某一项法律,作为一个正直的人,他们的责任是阻止它的侵害,并有权公开地去废止它。"②在这个分析中,行政相对人已经不是上列分析中的人民,而是作为社会个体的行政相对人。

上列分析可以运用于不同的场合,甚至可以被作为同一的事物来看待。然而,就行政相对人用法的概念而言,第一个分析进路是没有太大意义的,因为抽象的用法是不存在的,当我们说法律被某种主体运用时,是说这个法律处在实际的运行状态中。如果没有它作为行政相对

---

① [法]埃蒂耶纳·卡贝著:《伊加利亚旅行记》第二卷,李雄飞译,商务印书馆1982年版,第133—134页。

② 岳西宽等译:《胡佛总统就职演说》,《美国总统就职演说》,北方文艺出版社1990年版,第338页。

人个体的对法律的运用行为,行政相对人用法的概念就会是非常抽象的。在诸多经典作家的著作中,当提及法律被运用的状况时,似乎都立足于作为整体的行政相对人概念。当然,这个概念是一个法理价值问题的分析,在我们对法律进行定性和价值判断时,法与行政相对人整体的关系就必须作为分析的进路。法律的运用或使用在任何情况下都是个别化的,是一个特殊相对于普遍的事物,具体相对于抽象的事物。毫无疑问,行政相对人用法的概念包括了法律与行政相对人乃至于与人民关系中的价值判断,然而,这个价值判断是第二性的;是建立在行政相对人个体用法这个第一性的基础之上的。行政相对人用法中的行政相对人个体行为是指行政相对人对法律的运用是通过自己的个体行为使法律由抽象规则变为具体的权利义务关系,并通过这种权利与义务关系在社会过程中形成为各种法律事实。至于行政相对人用法是否在为追求私利的过程中为之的,却是一个否定的答案。即是说,当行政相对人个体运用或使用法律时,它也可能是为了追逐私利而用之,也可能是为了追逐公共利益而用之。应当说,在绝大多数情况下,行政相对人用法概念中对法律的运用并不必然与其个体利益相关,若某种用法行为完全与社会个体的私利相关,那么,这一用法行为很可能与法律遵守行为相重合,这其中的哲学基础是非常深刻的。我们只有对这些哲学基础作出很好的解读,才能使行政相对人个体的用法行为与不包容私利的用法价值判断予以有机的统一。

第二,行政相对人用法是行政相对人作为法律主体的行为。法国公法学家莱昂·狄骥对法律主体作了这样的界定:"法律人格和法律主体是意义相同的东西。这是一种纯粹思想的创造物。自知其行为的个人被理解为某种事物的要求者,被了解为自由意志,他行动起来好像是自由的,他当然不是一种法人,一种法律主体。只有在人类思想本身认为他是一种法律主体时,他才是法律主体。法律主体是一种纯粹思想上的概念作用,由于这样并且也只能由于这样,它才是一种法律的现实。这一点肯定之后,个人自己便不是自在地并以本身直接为法律主体的。他也只是因为思想上的概念作用才会这样;他唯有由于人的思想对法所形成的概念才是一种法律主体。"①在界定了法律主体的概念之后,他又进一步阐述了法律主体的意义,指出:"法律主体的意义一般用来指可以成为主观权利执掌者的分子而言(我特别尽量使用最普遍的名词)。法律主体的问题就是要明确一个分子必须具备哪些条件才能成为主观权利的执掌者;要弄清楚是否客观法可以任意限定这些条件,或相反地,不论客观法上如何规定,是否有某些条件,能使一个分子成为主观权利的执掌者,当然这些一定是不能缺少的。"②这个关于法律主体概念的分析是非常经典的。其表明,一方面,法律主体是一个相对主观的东西,甚至是法律思想范畴的东西。即是说,人们在法律思维中若将某个主体作为法律主体来看待,其就是法律主体。反之,若在法律思维中没有将某个主体视为法律主体,其就不是法律主体。而这样的法律思维常常是由一国总体上的法律意识,即主流法律意识决定的。另一方面,法律主体与一定的主观权利相关。即是说,某一主体若掌握有某些主观权利,或者说它是主观权利的拥有者,其便是法律主体。反之,当某一主体没有获取相应的主观权利时,他便不具有法律主体资格。我们从狄骥的论述中已经隐约发现,其所说的主观权利是有关实施法律和执行法律的权利,如果这个思维成立的话,法律主体与法律的实施机构是同一意义上的概念。总之,法律主体此二层面的含义对于我们确定法律主体的身份以及法律客体的状况意义重大。我们所说的

---

① [法]狄骥著:《宪法论》,《西方法律思想史资料选编》,张学仁等编译,北京大学出版社1983年版,第630页。
② 同上,第629页。

行政相对人用法,是对行政相对人与法关系的一种新的阐释。进一步讲,在我国长期以来的法治理念中,虽然我们没有明确讲行政相对人仅仅是法律的客体而不是法律的主体,然而,我们将法律的最高功能定位为造就一种社会秩序、设立一种社会秩序、维护一种社会秩序的思维定式则充分反映了在法律主体与客体的关系中,国家以及代表国家行使权力或执行法律的机构才是法律主体,而作为社会秩序组成部分和社会秩序元素的行政相对人个体或其他社会主体只是法律的客体。我们所说的行政相对人用法与行政相对人守法,与传统的仅仅将行政相对人作为法律秩序客体的思维方式有巨大差别,新的思维方式是将行政相对人作为法律主体而论之的,即行政相对人在运用或使用法律中,不论出于何种目的,就算为自己而用法,或为公益而用法,其都是法律的主体,而不是法律的客体。作为法律主体其自然而然地具有法律人格,更为重要的是法律上主观权利的享有者。行政相对人作为主观权利享有者的身份及其与国家法律实施乃至于制定主体的关系有学者作过这样的分析:"人们在结成社会时所规定的法律、契约或协议,是规定他们的权利和义务的一般法律;只要没有找到更合理的法律,行政相对人就应当遵守它们;但是,当公民被理性启发和改进之后,还应当使自己为谬见而牺牲吗?如果公民们定出了荒谬的协议,如果他们建立了不能维持法制的政府,如果在寻找幸福的途中走向相反的方向,如果他们不幸地叫无知和背信的引路人领上了不应走的道路,那么,您能够毫无人情地叫他们永久成为错误和谬见的牺牲品吗?有了公民的名称就应当不要人的品格了吗?为人帮助理性和维护我们的自由而创造的法律,应当降低我们的身份和把我们变成奴隶吗?为了便于满足人们的需要而创造的社会应当使人们不幸吗?我们的追求幸福的渴望,经常反对那些不能给社会带来所期望的东西的法律呢?难道我的理性向我说:

我不应当对自己和对我所属的社会履行任何义务吗?"①

　　第三,行政相对人用法是行政相对人对法的主动性行为。法作为一种行为规则与德作为一种行为规则在中国历史上向来就存在价值判断上和约束程度上的巨大差异性。而且这种差异性处于相互对立的两个极点上。中国古代法家之思想崇尚法律之治。"法为客观的标准。对法家而言,治国的原则是:统治者应当凭借法律,而不是凭借智慧;应当倚靠法律,而不是倚靠自己。合乎逻辑的结论是,法律必须是客观的且遵循绝对的标准以求获得人们的信赖。在法家思想中正义的观念只有在有了绝对客观的法的时候才有可能实现。对法家而言,正义只有通过统一的法律,通过不考虑个人身份的一赏与一罚,不承认超越于法律之上的个人的影响,才有可能获得。韩非子把个人的德行看作不可饶恕的罪恶。其理由是大多数人处于不同的等级,从而个人情感就会产生偏心,也就会导致灾难。必须只有一个权威和一个标准。这个标准取决于统治者一人。根据成文法典,人民以法为教,以吏为师,此外不需要任何其他的东西,以求言行必轨于法,动作者归之于公。法家与主张礼治的儒家不同,反对这种等级规则的实施,而坚持把法作为所有同类人的客观标准并一断于法。"②而儒家则崇尚德行之治,即用道德或礼仪的手段进行社会治理。然而,在中国数千年的传统文化中,儒家的德治思想占了主流,而且这种积淀已久的传统文化在当今仍然具有影响力。具体地讲,在我国行政相对人法律规则和道德规则的认知中,对道德规则的认知要远远强于对法律规则的认知。行政相对人在对自己行为所遵循的行为规则的选择上,更愿意选择道德规则,而不愿意选择法律规则。这就使行政相对人对法律的态度一向是一种相对被动的

---

①　[法]马布利著:《马布利选集》,何清新译,商务印书馆1983年版,第106—107页。
②　[美]金勇义著:《中国和西方的法律观念》,陈国平等译,辽宁人民出版社1989年版,第12页。

心理。在我国社会主义的法治理念中,法律的管理功能要比法律的权利保障功能强许多倍,有学者曾对我国中央层面的法律规范作过统计,发现在我国已经形成的法律体系中,对行政相对人进行管理的法律占到法律总量的70%以上,而规范政府权力的法律规范仅占到43%。从这个法律体系的格局就可以清楚地看出,我国行政相对人在法律面前基本上是一个相对被动的状态。因为当一国法律规范的体系把作用基点放在对行政相对人的社会调控上,那么,这些行政相对人必然就与这个法律体系处在两张皮的关系形式之下。法律对行政相对人越是施行管理之能事,行政相对人对待法律的态度就越被动。当我们强调行政相对人必须遵守法律时,我们的基本命题便是行政相对人必须受到法律规范的限制和约束,这其中相对被动的关系是毋须进一步论证的。在丹宁勋爵看来,行政相对人在法律面前的被动态度并不是一个错误的命题,他指出:"我认为,执行国家法律大都是警察局长的职责,就像它是任何一位警察局长的职责一样。他应当采取行动派他手下的人出去侦察出犯罪行为,以保证公民在和平的环境中从事他们的活动。他必须决定是否对涉嫌者进行起诉,如果有这种必要,就应由他本人或在他的监督下这样做。但是,在做所有这些事情的时候,他应该忠实地依法行事,而不听命于任何人。即使是王国政府的大臣也不能命令他一定要或一定不要对这个地方或那个地方进行监视、对这个人或那个人进行起诉。没有哪个警方的权力机构可以在上述事情上左右他,他的职责是执行法律,他所遵从的东西是法律,并且仅仅是法律。"① 即是说法律应当在行政相对人之上。然而,从现代法治精神的实质看,法律之价值并不一定必然高于社会公众。如果把法律作为行政相对人运用之东西来看的话,行政相对人在法律面前不应当是相对被动的,而应当是

---

① [英]丹宁著:《法律的训诫》,杨百揆等译,群众出版社1985年版,第101页。

主动的。换言之,行政相对人能够自觉地运用法律来争取自己的权益和整个社会的权益。只有当行政相对人在法律面前表现出极大地主动性时,法律才能够真正被运用。进一步讲,行政相对人服从法律只是现代法治理念的内容之一,而不是全部。运用法律、使用法律与服从法律是法治的又一层面的涵义。一个法治社会中,行政相对人若能够有序地运用法律,那么,专职法治机构就可能真正成为法治的对象,而将专职法治机构作为法治对象是现代法治理念的核心之一。

第四,行政相对人用法是行政相对人对法的综合性行为。行政相对人用法的概念所包含的内容要比行政相对人守法所包含的内容复杂得多。正如前述,行政相对人用法的概念之下可以包括行政相对人守法的概念,而行政相对人守法的概念则不能够包含行政相对人用法的概念。行政相对人用法所反映的不仅仅是行政相对人与法的关系,更为重要的是它能够反映行政相对人之间、行政相对人与国家政权体系之间的深层关系,卢梭就在《社会契约论》中提到了公民与公民、公民与主权者、公民与行政体之间的关系形式。"无论从哪个方面来说明这个原则,我们总会得到同样的结论,即社会公约在行政相对人之间确立了这样的一种平等,以致他们大家全都遵守同样的条件并且全都应该享有同样的权利。于是,由于公约的性质,主权的一切行为——也就是说,一切真正属于公意的行为——就都同等地约束着照顾着全体行政相对人;因而主权者就只认得国家这个共同体,而并不区别对待构成国家的任何个人。可是确切说来,主权的行为又是什么呢?它并不是上级与下级之间的约定,而是共同体和它的各个成员之间的一种约定。它是合法的约定,因为它是以社会契约为基础的;它是公平的约定,因为它对一切人都是共同的;它是有益的约定,因为它除了公共的幸福而外就不能再有任何别的目的;它是稳固的约定,因为它有着公共的力量和最高权力作为保障。只要臣民遵守的是这样的约定,他们就不是在服从任何别人,而只是在服从他们自己的意志。要问主权者与公民这两者相应的权利究竟到达什么限度,那就等于是问公民对于自己本身——每个人对于全体以及全体对于每个个人——能规定到什么地步。"① 这里提到若干在现代法理学中经常运用的一些概念,如平等、公意、合法性等。其中关于合法性的涵义就揭示了法律的最后价值就是要反映各社会主体之间相互联结的规则的由来。即任何能够作为法律的规则就是在公众的相互约定中形成的,而约定过程中产生的规则和与规则有关的实体,如主权者、行政体等只是规则的产物,是以规则为根据而存在的。因为这一切都是在行政相对人的约定中形成的。依此而论,规则的产生与规则的后续性能都是以行政相对人的行为为前提的,是行政相对人作为个体的行为的结果,也是行政相对人作为个体的行为的继续。行政相对人服从这些规则只是规则引起的后续行为之一。因此,行政相对人运用法律是行政相对人与这些规则从产生到后续行为的综合过程。具体地讲,行政相对人用法是行政相对人对法的综合性行为。一方面,行政相对人运用法律形成社会机制,形成政权体制,形成政府形式,甚至于形成社会过程中的适法主体,上列诸方面的形成对于一个国家相关制度的构建是处在一定的时间结点上的,正是这种时间结点让人们忽视了规则形成过程中的行政相对人,更是忽视了行政相对人在这一阶段实质上就运用着法律。另一方面,行政相对人用法使社会机制在有序的条件下运行。一个社会中社会秩序的有序化可以说是这个社会中行政相对人的最高要求,没有像行政相对人那样希望秩序稳定的主体对法律更加期待了。当行政相对人在下意识的或有意识的运用法律时,其实质是对社会秩序的维护,而在此方面他比别的社会主体更加期待。美国第 30 任总统柯立芝在就职演说中有这

---

① [法]卢梭著:《社会契约论》,何兆武译,商务印书馆 1982 年版,第 44 页。

样一段关于公民与法综合关系的论述:"在一个共和国中,首要的规则是指导行政相对人服从法律。在一个专政政体下,法律可以施加在人民身上。人民不但在法律制定过程中没有发言权,在其实施过程中也无法加以影响,这里的法律并不代表人民。在一个自由政体下,公民制定自己的法律,选择的确能代表他的行政管理者。在宪法和法律之下,凡是希望自己的权利被尊重的人,都应该首先以身作则,遵守宪法和法律。固然,文明程度较高的人有时也会犯法,但野蛮人和不良分子则经常犯法。无视社会规则的人,并不表明比别人更聪明,也并不能促进自身的自由和独立,更不会沿着文明的道路前进。相反的,这只是显示出无知、奴类性和野蛮的特征,是在迈向倒退,回到丛林生活的道路。"①总之,行政相对人用法是行政相对人对法的综合性行为,而不仅仅是用法律维护个体权益的行为。如果我们将行政相对人用法仅仅理解为行政相对人运用法律进行维权就大大降低了行政相对人用法概念的地位。在行政相对人运用法律维权的情况下,行政相对人所关注的是自身瞬间的、暂时的、眼前的利益,其适用的法律也是仅仅具有形式主义的法律。因此,我们无论如何不能将行政相对人用法的概念等同于行政相对人运用法律维权的概念。

(二) 行政相对人用法的法治盲区

亚里士多德最早提到法治概念,也最早探讨人治与法治关系,他指出:"由最好的一人或由最好的法律统治哪一方面较为有利?主张君主政体较为有利的人说,法律只能订立一些通则;当国事演变的时候,法律不会发布适应各种事故的号令。任何技术,要是完全按照成文的通

---

① 岳西宽等译:《柯立芝总统就职演说》,《美国总统就职演说》,北方文艺出版社1990年版,第338页。

则办事,当是愚昧的。在埃及,医师依成法处方,如果到第四日而不见效,他就可以改变药剂,只是他倘使在第四日以前急于改变成法,这要由他自己负责。从同样的理由来论证,很明显,完全按照成文法律统治的政体不会是最优良的政体。但,我们也得注意到一个统治者的心中仍然是存在着通则的。而且个人的意旨虽说可以有益于城邦,凡是不凭感情因素治世的统治者总比感情用事的人们较为优良。法律恰正是全没有感情的;人类的本性(灵魂)便谁都难免有感情。这里,主张君主政体的人可以接着强调个人的作用;个人虽然不免有感情用事的毛病,然而一旦遭遇通则所不能解决的特殊事例时,还得让个人较好的理智进行较好的审裁。那么,这就的确应该让最好的(才德最高的)人为立法施令的统治者了,但在这样的一人为治的城邦中,一切政务还得以整部法律为依归,只在法律所不能包括而失其权威的问题上才可让个人运用其理智。"① 其在人治与法治的选择中选择了法治而没有选择人治。当然,他也指出:"法律所涉及的问题或法律虽有所涉及而并不周详的问题"在法治之下的解决方法等。其关于法治的理论,关于人治与法治关系的理论对于后世法治概念的确定奠定了基础。然而,在笔者看来,如果法治没有澄清治理过程中的主体及其关系形式,那么,法治概念中的精神实质就没有得到充分展示。进一步讲,不论亚里士多德选择用法律治理社会也罢,还是选择用法律规范政府权力也罢,实质上都没有将法治主体中的人民性予以凸显。从这个意义上讲,行政相对人用法问题的讨论必须与法治的概念予以有效结合或整合,只有通过这样的整合,法治中主体的身份和地位才能予以明确。而目前我们理解的法治概念中,尤其我们的法律制度所确立的法治概念中,基本上没

---

① [古希腊]亚里士多德著:《政治学》,吴寿彭译,商务印书馆1983年版,第162—171页。

有包括行政相对人用法的问题,即行政相对人用法在我国法治中还是一个盲区。我们没有使用误区的概念,而是用盲区表达目前的状况。所谓盲区就是人们视力所不能达到或不能予以顾及的区域。行政相对人用法在法治概念之中基本上是法治之视野中所没有的,也许,行政相对人在其权益的维护中经常存在运用法律的不自觉的行为,但这些行为还不能被框定在法治的视域之中,即处于人们无法看见的情境之下。这种作为盲区的状况比通常我们认为的作为误区的状况更加危险,因为某种东西或者认识在误区之中,其至少已经引起了人们的关注,而某种东西或认识尚处于人们无法关注的情况之下,其就必然处在被冷落的尴尬状态中。那么,究竟如何看待行政相对人用法作为盲区的状况呢?我们可以从下列方面予以分析。

第一,我国法治中强调了执法机关的用法行为疏忽了行政相对人的用法行为。我们知道,1999年宪法修正案之前我国的法律精神是法制精神而非法治精神。这个法制的基本涵义被人们解读为刀治,即用一种单向度的思维方式治理社会。这还不是问题的根本,问题的根本在于我们法制中的法是国家的法,法制的实施主体是国家,更确切地讲是国家机关。法制的概念和内涵的形成是有一定的历史传统的,也是受相关的理论指导的。从历史传统的角度看,我国数千年有关治理国家的模式就是国家机器及其相关的制度模式。在这个模式之下,国家的地位是至高无上的,而国家同时通过一定的制度对其臣民进行规制,这些臣民只是国家统治的对象,只是制度的作用客体。从理论依据的角度看,社会主义国家的政权体系是用来进行阶级统治的工具,国家虽是一种工具,但国家本身的地位是至高无上的,这在马克思主义的国家理论中表现得尤其突出,国家与法几乎是同一个事物。上列传统文化和理论基础都使国家或国家机器成为治理的主体。那么,法律的使用和运用就必然归之于该主体,其他主体只是法律的元素之一。尽管

1999年宪法修正案规定:"中华人民共和国实行依法治国,建设社会主义法治国家"。这个命题对治国方略中的法治选择是不可否认的。但是,正如有学者所指出的,在这个概念中仍然没有包含治理国家或者法治的主体,即是说,究竟谁是治理国家,建设社会主义法治国家的主体并不明确。中华人民共和国是一个主体,但作为法治主体而言应当是具体的,而不是抽象的,只有对"中华人民共和国"概念之中的元素再作分解,从中分离出法治主体才是明确的。由于该修正案没有作出恰当分解,因此,进入法律的实施和执行层面以后,能够运用法律和能够使用法律的仍然是国家机关。在国家机关用法的问题上,我们的理念是清楚的,这从有关民事和刑事法律的实施制度中能够得到证明,在有关的法律的制定、实施和执行中更是能够得到证明。① 我国关于行政相对人用法的概念在民间可能存在过,一些社会公众经常谈到懂法与用法的问题,但作为政府法治层面的用法概念,到中共十七大才出现。由此我们可以说,当我们强调国家机关的用法行为时,当我们强调行政相对人的守法行为时,我们在法治中已经出现了盲区,这个盲区就是行政相对人作为社会个体的用法行为。

---

① 这个问题可能不仅仅是我国或者社会主义国家的问题,在一些法治较为发达的国家似乎同样看重国家机关的用法问题,而不十分看重行政相对人的用法问题。例如,美国建国初期,《联邦党人文集》的作者就指出:"政府意味着有权制定法律。对法律观念来说,主要是必须附有制裁手段;换言之,不守法要处以刑罚或惩罚。如果不守法而不受处罚,貌似法律的决议或命令事实上只不过是劝告或建议而已。这种处罚,无论是什么样的处罚,只能用两种方法来处理:由法院和司法人员处理,或者由军事力量来处理;行政上的强制或武力上的强制。第一种方法显然只能应用于个人;后一种方法必然要用来对付政治团体、社团或各州。显然没有一种司法程序能够作为强迫遵守法律的最后手段。对渎职者可以宣判,但这类判决只能用武力来执行。当总的权力限于组成这种权力的社团的集团机构时,每次违反法律必然造成战争状态;武力强制执行必然会成为人民遵守法律的唯一工具。这种事态当然不配具有政府的名义,任何慎重的人也不会把自己的幸福托付给它。"参见[美]汉密尔顿等著:《联邦党人文集》,程逢如译,商务印书馆1989年版,第75页。此段论述中,运用法律的主体是诸种国家机关而不是行政相对人。

第二,强调了行政相对人的守法意识疏漏了行政相对人的用法意识。行政相对人遵守法律是一个非常古老的话题乃至于论题,早在苏格拉底时代就展开了对法遵守的讨论。苏格拉底将人们遵守法律视为一种美德,视为生活于社会中之人们的义不容辞的责任和义务。可以说,从苏格拉底开始,遵守法律就一直成为法律制度或法律治理的一个主旋律。学者们对遵守法律与信仰法律的理论基础作了深刻论证,日本法学家穗积陈重就曾指出:"兹之所谓潜势法者,即指为人民公的行为之基础之社会力,虽有发动可能性,然仍伏于法之主体中,尚未形成法规之体裁者也。在国家初期,人民唯从其所属团体之常习,以营共同生活,遇有神意启示或元首命令,不可不绝对服从之;此种服从心理,即所谓广泛之公共的义务感是也。故于此时代,若欲强求法规,渺不可得;所能得者,仅有不可不绝对服从之民意、神意、君意而已。"①应当说,主流的法律意识和法律理念是对法的绝对遵守和尊重,乃至于对法律的信仰。当然,其中亦有学者对法的遵守与法的关系作了论证,即是说,当社会公众遵守法律时必须对法律本身作出判断,如果一个被统治者定位必须信仰的法律是一个恶法,那么,对此便可以选择不遵守这样的法律。"再没有什么比应当遵循法律精神这一公认的公理更危险了。这等于把能够阻挡随便说出的意见的洪流的堤坝毁掉。这个真理,对我来说,已经是得到证明的。但对于平凡的头脑来说,这却是奇谈怪论,因为目前的微小困难,比谬误的原则能产生的致命性的,但还遥远的后果——它已在民族中生了根——更能使他们感到惊奇。我们所有的知识、观念都是互相联系的;它们愈是复杂,它们之间的关系也就愈多。每个人都有自己的观点,在不同的时间,每个人的观点也是不同的。因此,法律的精神就会取决于法官的逻辑性的强弱,取决于他的消

---

① [日]穗积陈重著:《法律进化论》,黄尊三等译,商务印书馆1929年版,第8页。

化的好坏,取决于他的精力是否充沛,取决于他的弱点,取决于他同被害人的关系,取决于能改变人们容易变化的头脑中的每个事物形象的各种极微小的原因。正因为这样,案件经过不同的法院处理时,公民的命运是不同的,而不幸的人便成为法官错误的论断或一时的情绪的牺牲品,因为法官把从他的头脑的模糊概念中作出的不可靠的结论,当作了公正的解释。正因为是这样,同一的法院对同一的犯罪行为,在不同的时间会判处不同的刑罚。因为它不是以确切不变的法律的词句为根据,而是容许作出令人迷惑的变化无常的解释。"① 这是刑事古典学说的创始人贝卡里亚关于不遵守恶法的论断。我们应当注意,其前提是恶法。就是说,如果法律是优良的,那对于社会公众来讲就是必须遵守的。行政相对人必须遵守法律这个法制理念是普遍的,几乎不论政体如何,统治者的秉性如何都对此没有太多的否定。我们认为,我国在1978年十一届三中全会选择的社会主义法制原则同样少不了这个法治理念。我们当时确立的社会主义法制原则是:"有法可依,有法必依,执法必严,违法必究。"这个法制原则所体现的是一种法制理念。我们对于这个理念可以作出诸多的精神解读,而在笔者看来其中最为关键的是在社会过程中或者说是在政府对社会的管理过程中,塑造行政相对人的守法意识,即行政相对人遵守法律的意识。笔者注意到,关于行政相对人的守法问题,我们不仅仅在宪法中作了严格规定,在改革开放以来历届党和政府的文件中我们都强调了行政相对人遵守法律的问题。强调行政相对人守法是社会主义法治理念不可或缺的,对此我们不能有所非议。但是,与此对应的有关行政相对人用法我们则在相同的背景和相同的条件下忽视了。以上面提到的社会主义法制原则为

---

① [意]切查列·贝加利亚著:《论犯罪和刑罚》,西南政法学院刑法教研室翻印 1980 年版,第 12—14 页。

例,它的诞生意味着我国已经有了良好的法律背景,在这个背景下行政相对人用法与行政相对人守法应当同步进行。换言之,当我们要求行政相对人守法时,亦应同时要求行政相对人用法。遗憾的是行政相对人用法的概念既没有与行政相对人守法的概念同步进行,也没有赋予行政相对人用法概念与行政相对人守法概念同比性内涵。那是不是说,在行政相对人守法意识中就已经包含了行政相对人的用法意识,我们不能将行政相对人用法从行政相对人守法中独立出来呢?笔者认为,回答应当是否定的。守法与用法的概念存在质的区别,我们在界定行政相对人用法概念时已经提到了二者之间的区别,本质上讲,行政相对人用法与行政相对人守法之区别在行为的主动性与行为的被动性方面,而我们恰恰疏漏了法治中行政相对人作为主动者的一面而强调了行政相对人作为被动者的一面,这是一个非常大的盲区的表现。

第三,强调了法治的社会化疏漏了法治的个体化。社会法学派将法与社会结构和社会过程紧紧地联系在一起,甚至认为法律就是社会机制的组成部分,或一种客观的社会机制。正如庞德所言:"今天许多人都说法律乃是权力,而我们却总是认为法律是对权力的一种限制。社会控制是需要有权力的——它需要用其他人的压力来影响人们行为的那种权力。作为社会控制的一种高度专门形式的法律秩序,是建筑在政治组织社会的权力或强力之上的。但是法律决不是权力,它只是把权力的行使加以组织和系统化起来,并使权力有效地维护和促进文明的一种东西。"[①]即法律既是文明社会的产物,又是文明社会中进行社会控制的一种形式。庞德在《法律史解释》中进一步阐发了法律与社会控制的关系形式。"法律必须稳定,但又不能静止不变。因此,所有

---

① [美]罗·庞德著:《通过法律的社会控制》,沈宗灵等译,商务印书馆1984年版,第26页。

法律思想都力图使有关对稳定性的需要和对变化的需要方面这种相互冲突的要求协调起来。一般安全中的社会利益促使人们为人类行为的绝对秩序寻求某种确定的基础，从而使某种坚实而稳定的社会秩序得以保障。但是，社会生活环境的不断变化，则要求法律根据其他社会利益的压力和危及安全的新形式不断作出新的调整。这样，法律秩序必须稳定而同时又必须灵活。人们必须根据法律所应调整的实际生活的变化，不断对法律进行检查和修改。如果我们探寻原理，那么我们既要探索稳定性原理，又必须探索变化原理。因此，法律思想家所致力于解决的首要问题，就是如何将法律固定化的思想（不允许留有个人任意的空间）与变化、发展和制定新法的思想相协调，如何将法律理论与立法理论相统一，以及如何将司法制度与司法人员执法的事实相统一。"①毫无疑问，法律的社会控制是一个复杂的过程，在这个过程中需要诸多的行为方式，但无论哪种行为方式，依法社会学派的论点，法都被融入了社会之中。

马克思主义的法律理论虽然不能与法社会学的理论同日而语，因为，在马克思主义看来，法是统治阶级的统治工具，而不是社会过程中的控制。社会过程中的社会控制更加中性一些，而法律作为阶级控制的手段则带有明显的价值取向。然而，在笔者看来，马克思主义经典作家在将法律的阶级价值作为根本价值的同时，也认同了法律的社会控制及其特性，无论公法还是私法。"如果说国家和公法是由经济关系决定的，那么不言而喻，私法也是这样，因为私法本质上只是确认单个人之间的现存的，在一定情况下是正常的经济关系。但是，这种确认所采取的形式可以是很不相同的。人们可以把旧的封建法权形式的很大一部分保存下来，并且赋予这种形式以资产阶级的内容，甚至直接给封建

---

① ［美］罗·庞德著：《法律史解释》，曹玉堂、杨知译，华夏出版社1989年版，第1页。

的名称加上资产阶级的含意,就像在英国与民族的全部发展相一致而发生的那样;但是人们也可以像在西欧大陆上那样,把商品生产者社会的第一个世界性法律即罗马法以及它对简单商品所有者的一切本质的法律关系(如买主和卖主、债权人和债务人、契约、债务,等等)所作的无比明确的规定作为基础。这样做时,为了仍然是小资产阶级和半封建的社会的利益,人们可以或者是简单地通过审判的实践贬低这个法律,使它适合于这个社会的状况(普通法),或者是依靠所谓开明的满口道德说教的法学家的帮助把它改造为一种适应于这种社会状况的特殊法典;这个法典,在这种情况下即使从法学观点看来也是不好的(普鲁士国家法);但是这样做时,人们也可以在资产阶级大革命以后,以同一个罗马法为基础,创造像法兰西民法典这样典型的资产阶级社会的法典。因此,如果说民法准则只是以法律形式表现了社会的经济生活条件,那么这种准则就可以依情况的不同而把这些条件有时表现得好,有的表现得坏。"① 马克思的这个原理对于后来社会主义制度下法的价值的确定起到了非常重要的指导作用。当前苏联以及其他一些社会主义国家强调法和法治的价值时亦给了法之社会价值以很高的地位。以前苏联的公法为例,其基本的立足点是国家管理关系,国家对社会秩序的构建,以及绝大多数公法典则对社会关系的调整。法治在实施和实现中究竟落脚于社会秩序,还是落脚于构成社会的分子之中,我国长期以来的选择是前者而不是后者。这从2004年我国制定的依法行政的纲领性文件《全面推进依法行政实施纲要》的规定中可以看出:"行政管理体制与发展社会主义市场经济的要求还不适应,依法行政面临诸多体制性障碍;制度建设反映客观规律不够,难以全面、有效解决实际问题;行

---

① 《路德维希·费尔巴哈和德国古典哲学的终结》,《马克思恩格斯选集》第4卷,人民出版社1972年版,第248—249页。

政决策程序和机制不够完善;有法不依、执法不严、违法不究现象时有发生,人民群众反映比较强烈;对行政行为的监督机制不够健全,一些违法或者不当的行政行为得不到及时、有效地制止或者纠正,行政管理相对人的合法权益受到损害得不到及时救济;一些行政机关工作人员依法行政的观念还比较淡薄,依法行政的能力和水平有待进一步提高。这些问题在一定程度上损害了人民群众的利益和政府的形象,妨碍了经济社会的全面发展。解决这些问题,适应全面建设小康社会的新形势和依法治国的进程,必须全面推进依法行政,建设法治政府。"[1]当然,之所以要建立法治政府就在于法治与社会的诸多不和谐,而不是法治与行政相对人精神存在的不和谐。应当指出,这个纲领性文件符合现代法治中对政府权力进行有效限制和约束的理念,但当我们确立这个概念的理论前提时我们所突出的社会中的若干不和谐关系,而不是社会个体呈现于社会之中的不和谐关系。深而论之,我国法治在突出社会化的同时,大大疏漏了个体化。即我们没有把存在于社会之中的行政相对人个体作为确立法治意识的元素,更没有将其作为立足点,也没有将这些行政相对人个体作为确立法治进程的依赖者。我国法治中关于行政相对人个体的最高表现在《全面推进依法行政实施纲要》第5条第3项规定:"行政机关实施行政管理,除涉及国家秘密和依法受到保护的商业秘密、个人隐私的外,应当公开,注意听取公民、法人和其他组织的意见;要严格遵守法定程序,依法保护行政管理相对人、利害关系人的知情权、参与权与救济权。"[2]这也可以说是目前我国公法制度中关于行政相对人个体法治化的最高规定,这个规定中行政相对人

---

[1] 《全面推进依法行政实施纲要》,《行政法配套规定》,中国法制出版社2006年版,第2页。
[2] 《全面推进依法行政实施纲要》,《行政法配套规定》,中国法制出版社2006年版,第3页。

个体是在行政机关实施行政管理中表现出来的,这些个体的权益只有在法律保障的情况下才能体现法治的精神。换言之,行政相对人个体在我国的法治中还不是一个独立的存在物,尤其不是左右法治进程的独立存在物,这是我国法治疏于行政相对人盲区的又一表现。

第四,强调了国家治理的进路疏漏了行政相对人自治的进路。国家治理与行政相对人自治是治理国家的两种截然不同的模式。国家治理是指将国家作为治理的主体和主要的依靠力量对社会进行管理和约束,从而形成一种有序的社会机制。《东西方的经济计划》一书将此种由国家治理的机制叫做由理智指导的社会,在这样的社会中,社会生活的格局由国家设计和确立,国家能够设定新的法律关系,确立新的社会秩序。马克思在《德意志意识形态》中指出:"那些决不依人'意志'为转移的个人的物质生活,即他们的相互制约的生产方式和交往形式,是国家的现实基础,而且在一切还必需有分工和私有制的阶段上,都是完全不依个人的意志为转移的。这些现实的关系决不是国家政权创造出来的,相反地,它们本身就是创造国家政权的力量。在这种关系中占统治地位的个人除了必须以国家的形式组织自己的力量外,他们还必须给予他们自己的由这些特定关系所决定的意志以国家意志即法律的一般表现形式。这种表现形式的内容总是决定于这个阶级的关系,这是由例如私法和刑法非常清楚地证明了的。"① 这便是国家治理与法治关系的内涵。与国家治理相对应的是行政相对人自治的概念,《东西方的经济计划》一书将此称之为爱好指导的社会,即是说,在这样的社会中,整个社会秩序不是由来自它的权威设计的,而是由社会个体所进行的自我选择。社会公众对政府政策和社会秩序的形成都享有一票的表决

---

① 《德意志意识形态》,《马克思恩格斯全集》第 3 卷,人民出版社 1972 年版,第 377—378 页。

权。此两种社会治理模式究竟哪一个更好一些,在笔者看来后者优于前者,恩格斯在《家庭、私有制和国家的起源》中给我们提供了答案。"这种十分单纯质朴的氏族制度是一种多么美妙的制度啊!没有军队、宪兵和警察,没有贵族、国王、总督、地方官和法官,没有监狱,没有诉讼,而一切都是有条有理的。一切争端和纠纷,都由当事人的全体即氏族或部落来解决,或者由各个氏族相互解决;血族复仇仅仅当作一种极端的、很少应用的手段;我们今日的死刑,只是这种复仇的文明形式,而带有文明的一切好处与弊害。虽然当时的公共事务比今日更多,——家庭经济都是由若干个家庭按照共产制共同经营的,土地乃是全部落的财产,仅有小小的园圃归家庭经济暂时使用,——可是,丝毫没有今日这样臃肿复杂的管理机关。一切问题,都由当事人自己解决,在大多数情况下,历来的习俗就把一切调整好了。不会有贫穷困苦的人,因为共产制的家庭经济和氏族都知道它们对于老年人、病人和战争残废者所负的义务。大家都是平等、自由的,包括妇女在内。他们还不曾有奴隶;奴役异族部落的事情照例也是没有的。"① 这虽然是一种理性状态,但其基本精神在于肯定社会自治要优于国家为主体的社会治理机制。当然,这是在没有国家机器情况下的良好状态。那么,在现代社会中,任何一个能够称之为国家的政治实体中,都存在一个强大的国家机器。我们是否可以说在国家机器存在的社会机制中就没有行政相对人自治的存在空间呢?回答是否定的。在西方较为发达的超现代或后现代国家,其治理机制都经过了由国家治理机制向行政相对人自治机制这样一个转化过程。在一定阶段要体现政府的强势,就要求政府对社会生活全面的干预,而后来便发展为社会的治理过程由行政相对人个体自

---

① 《家庭、私有制和国家的起源》,《马克思恩格斯选集》第4卷,人民出版社1972年版,第92—93页。

行决定,政府在通常情况下不要介入到社会生活中去,哪怕是一些最基本的介入都要慎之又慎。这是国家治理和行政相对人自治格局发展的大背景。我国与世界诸发达国家的此种大背景并不在同一个变奏之下。我们所强调的是国家治理,这既可以从我国的经济计划到其他方面的社会设计中看出,又可以从我国进入法治国家以后政府行为模式看出。我国进入法治国家的时间表被认为是1999年将"依法治国"写进宪法的那一刻,正如前述我国所提的法治国家是在国家政权对社会生活设计的这一大前提下的法治国家。我们的法治国家概念中并不包含行政相对人的自治,包括我国宪法和其他公法在内的法律规范没有从任何一个层面认同行政相对人自治。行政相对人在没有自治权利的情况下,就不会成为法律的运用主体,这其中的逻辑关系还可从更深层面进行分析。总之,我国行政相对人用法在法治概念中是一个非常大的盲区而不是误区,这个盲区实质上已对中国法治进程带来了麻烦。我们在探讨行政相对人用法时对于目前此种盲区的表现还可以再作出梳理。

(三) 行政相对人用法对实现法治的意义

在罗尔斯之前的法治概念可以说是静态的法治概念,有关静态法治概念的集大成者是英国公法学家戴雪,其对此论作了若干层面的内容构设,如法律面前公权力与私权力平等,公权力的规则应当与私权力的规则相同,在任何一个组织或行政相对人面对法律时人人平等等。[①]戴雪的法治观对后世的法治理念的完善产生了深刻影响,其历史功绩是不能低估的。同时,我们亦应看到戴雪的法治观是有历史或时代局限性的,即是说,在他所在的时代只能产生那样的法治观。这个法治观

---

① 参见[英]戴雪著:《英宪精义》,雷宾南译,中国法制出版社2001年版,第244页。

若用一个简单的词来概括的话就是静态法治观。就是说,其没有将法治放置于社会过程之中进行考察,没有通过社会过程及其社会过程中行政相对人个体的权益互动关系来确立法治的内涵。罗尔斯在《正义论》一书中改变了戴西的静态法治观而代之以动态法治观。罗尔斯将法治置于社会及其社会个体的互动关系中,再将这种互动关系拓展至公权与私权的能量交换中。在其看来法治解读的关键词是自由以及法治与自由的关系,他指出:"法治和自由显然具有紧密的联系。对于这一点,我们通过对一个法律体系的观念以及它与作为规则的正义所规定的准则的紧密联系的考察就可以看到。一个法律体系是一系列强制性的公开规则。提出这些规则是为了调整理性人的行为并为社会合作提供某种框架。当这些规则是正义的时,它们就建立了合法期望的基础。它们构成了人们相互信赖以及当他们的期望没有实现时就可直接提出反对的基础。如果这些要求的基础不可靠,那么人的自由的领域就同样不可靠。当然,其他规则也具有许多这类特征。游戏和私人交往的规则也是向理性人提出,以实现他们的活动。假定这些规则是公平的或正义的,那么一旦人们进入这些安排并接受它们所产生的种种好处,由此产生的种种职责便构成合法期望的一个基础。法律体系的特色在于它的广阔范围和调节其它交往的力量。它所规定的立宪机构一般来说至少对较极端的强制拥有绝对的法律权利。私人交往中使用的各种强迫手段则受到严格的限制。此外,法律秩序对某个已很确实的领域行使一种最后权威。它也具有这样一些特征:控制大范围内的活动和保护利益基本性质。这些特征直接反映了以下事实:即法律确定了那种所有其它活动都在其中发生的社会基本结构。"[①]其在进一步

[①] [美]约翰·罗尔斯著:《正义论》,何怀宏译,中国社会科学出版社1988年版,第225—229页。

的解读中认为法治有下列层面的意思:"一是法治要求禁止的行为应该是人们合理地被期待去做或不做的行为;二是立法者既是法治的裁判者又是法治的实施者,其不能游离于法治之外;三是在法律的实施中各方主体都是应当真诚的,在真诚面前没有权威可言;四是这个准则表达这样的要求,即一个法律体系应该把执行的不可能性看成是一种防卫或至少作为一种缓行的情况。在规范的实施过程中,不能把无力实行看成是一件无关紧要的事情。"① 这是罗尔斯关于法治内涵之非常具有时代精神的构设。从这个构设我们可以看出,其所强调的是法治在社会过程中的现实化和具体化,这是罗尔斯对法治理论的重大贡献。在我们看到其理论优势的同时,也要看到罗尔斯确立了动态的法治观之后,关于怎样实现动态的法治,或法治在动态过程中的具体内涵则没有作进一步的揭示。即是说,法治必须能实施或实现,而实施和实现是在动态化的过程中完成的,这个命题是清楚的。而实现的具体路径却没有一个完整的、成体系的答案。我们认为,行政相对人用法已经将法治纳入到了动态的法治理念之中,如果从更加微观的角度分析,行政相对人用法也是实现法治的基本路径。之所以这样说,有下列方面的理由。

其一,行政相对人用法能够使法回归于社会。法回归于社会的理论基础是法与社会存在着非常密切的关系,是社会过程的构成部分。关于法与社会的关系可以从三方面进行分析和论证。一方面,法能够形成社会秩序,正如伯特兰·罗素指出:"社会秩序容许多大程度的自由,这是一个不能拿抽象理论来解决的问题。在抽象的理论上只能说:当自由要受到干涉的时候,若没有维护集体决定的专门理由,就必须有

---

① [美]约翰·罗尔斯著:《正义论》,何怀宏译,中国社会科学出版社 1988 年版,第 225—229 页。

维护公共秩序的某种坚强理由。在实行民主政治的地方，如果少数人企图用武力攫取权力并煽动这种企图，那是可以合乎情理地加以禁止的，理由是守法的多数人有权利享受宁静的生活。假如他们能够获得这种生活的话。一切并非煽动破坏法律的宣传都应该容许，而且法律要宽大，其宽大程度应该适应于技术的功效和秩序的维持。"① 依这个论点法律本身就是一个社会秩序，至少可以说法律能够形成社会秩序。这个论点在统一法理学的代表人物博登海默的著作中有过分析，其认为人类社会与自然界一样，有序的状况总是占统治地位的，总是有序压倒无序。而任何一种有序化的东西都是依靠规则形成的，有序性之中就包含了规则以及规则与规则之间的连结。所不同的是规则在自然界的状况与在人类社会的状况有所不同，自然界中的规则是客观的，是自然力作用的结果。人类社会的规则是主观的，是人的因素作用的结果，马克思关于法是统治阶级意志的论点就证明了这一观点。规则构设了秩序，秩序之中包含了规则，这是法与社会关系第一层面的意思。另一方面，法能够设定社会关系。此论在法社会学的著作中表述得非常精细，其认为人们在社会过程中都扮演不同的社会角色，而角色与角色之间形成了丰富的关系，这些关系都是依规则而构设的，庞德在其《通过法律的社会控制》一书中对此论证得非常精道。同时，也就是法与社会第三个方面的关系形式就是法可以解决社会问题，就是通过法律规范把存在于社会过程中的社会问题予以解决。列宁在《第九届全俄中央执行委员会第四次常会上的演说》中就对前苏联在建国初期制定《土地条例》一事作了这样的说明："我来谈谈你们所通过的土地法典的问题。在这一方面你们知道，我们的法律与任何法律不同，我们在著名的1917年10月25日的第二天，就马上公布了土地条例。这个条例在技

---

① ［英］伯特兰·罗素著：《权力论》，吴友三译，商务印书馆1991年版，第198页。

术上、也许在法学上是很不完善的,但是它把农民所绝对必需的、能够保证工农联盟的一切主要东西,都规定下来了。从那个时候起,不管我们在连年战争的这五年中是多么艰苦,我们从来没有忘记使农民在土地上得到最大的满足。如果你们现在通过的法律在某些方面还须要修改,那么我们会毫不勉强地接受进一步的修改和改善,正像你们现在接受我国刑法典的修改和改善一样。土地问题,即如何安排绝大多数居民(农民)的生活的问题,是我们的根本问题。在这方面我们已经使俄国农民认识到,凡是有关改善旧法律的建议,向来没有受到我国最高立法机关的阻扰,而是得到它的支持和欢迎。"[1]法对社会问题的解决是法与社会关系的又一不可忽视的内容。上列三个方面都说明,法之回归社会是法由与社会相左的因素向社会转化的过程。我们认为,我国的法律尽管是调整社会关系的,但我国法律与其说是社会化,还不如说是国家化,还不如说是政府化。即法律在绝大多数情况下都是由国家所独有,由政府所独占,尤其在法律执行和实施方面更是如此。行政相对人用法将法的主体由国家以及相关的政治实体之手部分地转移到行政相对人之手,行政相对人虽然是以个体的身份享有权利的,但行政相对人概念本身就是人们对社会成员在社会机制中的一个定位,行政相对人资格也只有在复杂的社会关系中才能够确定。因此,行政相对人用法必然使法回归于社会。在动态法治观看来,社会是法价值存在和体现的承载体,从这个意义上讲,行政相对人用法使法回归于社会的同时,充分体现了法治精神,并进而真正使法治之内涵得到了实现。

其二,行政相对人用法能够改变政府的法治角色。在我国的法律

---

[1] 《在第九届全俄中央执行委员会第四次常会上的演说》,《列宁全集》第33卷,人民出版社1957年版,第353页。

理论中有一个法律人的概念,所谓法律人就是指与法律的制定、执行、监督等有关,并存在于国家法治机构及其体系中的人员。[①] 在法律人的概念中,不能没有专职的法律或法治机构,法律或法治机构作为一种实体是法律人存在的基本单位。有学者把我国的法律人概括为:一是立法机关工作的人员。在地方上则包括权力机关从事法律监督的公职人员。二是司法机关工作的人员,指在人民法院和人民检察院工作的人员。三是行政机关工作人员。这一部分人在有些学者看来不是法律人的范畴。近年来随着我国公务员法制度的不断完善,这一部分人作为法律人的身份已经得到了多数人的认同。四是在上述机关之外专门从事法律事务的人员,他们包括律师、公证员等非国家机关从事法律工作的人员。此外,有些学者也将专门研究法律或者在法律院系从事法律教育的人也归在法律人的范围。上列方面似乎表明,法律人的概念已经非常广泛了。然而,若从整个社会机制中的人群的分布看,法律人在社会公众的比例中占的人数仍然少之又少。这其中的根本原因在于我们将法律人与国家政权体系中从事法律工作的人基本上视为同一概念。这个概念的源头出自有关国家权力分立的理论,即在国家权力被分为立法权、行政权、司法权以后,这些权力的行使也就具有了类属性,法律就存在于诸种国家权力之中,如我们习惯于把立法活动与立法机关的立法权结合起来,把法律的执行活动与行政机关的行政活动联系起来,将法律的适用活动与司法机关的审判活动结合起来,正如卢梭所言:"政治生命的原则就在于主权的权威。立法权是国家的心脏,行政权则是国家的大脑,大脑指使各个部分运动起来。大脑可能陷于麻痹,

---

[①] 法律人的概念和范围是一个相对意义的概念,在专制政权体制的国家,法律人可能仅仅指与刑事法律实施有关的主体,而在市民社会的法治理念下,法律人则会由原来的刑事法律人拓展到民事法律人之中。而在后法治时代,法律人可能包容了所有介入到法律过程乃至于行政过程中的相关主体。

而人依然活着。一个人可以麻木不仁地活着;但是一旦心脏停止了它的机能,则任何动物马上就会死掉。国家的生存绝不是依靠法律,而是依靠立法权。过去的法律虽不能约束现在,然而我们可以把沉默认为是默认,把主权者本来可以废除的法律而并未加以废除看作是主权者在继续肯定法律有效。主权者的一切意图一经宣布,只要他没有撤销,就永远都是他的意图。人们何以会那样地尊敬古老的法律?那就正是因为这个缘故了。人们愿意相信,唯有古代的意志的优越性才能把那些法律保存得如此悠久;如果主权者不是在始终不断地承认这些法律有益的话,他早就会千百次地废除它们了。这就是何以在一切体制良好的国家里,法律不但远没有削弱,反而会不断地获得新的力量的原因;古代的前例使得这些法律日益受人尊敬。反之,凡是法律愈古老便愈削弱的地方,那就证明了这里不再有立法权,而国家也就不再有生命了。"①卢梭作为一个激进的民主主义者竟然也承认没有政府的法律活动国家就没有生命了。何况在普通的国家权力行驶者的眼里。不言而喻,在我国政府是主要的法治角色,政府之外的民间组织和社会公众基本上不是法治角色,法律人的概念非常清晰地传递了这个信息和说明了这个理论。而将政府作为法律角色或法律主体的法治理念已经不是法治理念的全部。行政相对人用法使法律人的概念和范围有所扩大,即不单单存在于立法、司法、行政等国家机关或专职法律机构的人是法律人,其余的行政相对人,只要存在于一国的法治体系之中也必然是法律人。在一定意义上,他们是最为基本和最为基础的法律人。当然,如果我们不将行政相对人作为用法的主体,仅仅将行政相对人作为守法的主体,我们就得突出行政相对人也是法律人的概念。如果我们再向更深层面走一步,行政相对人是法律的运用主体,那么,原来存在于国

---

① [法]卢梭著:《社会契约论》,何兆武译,商务印书馆1982年版,第117—118页。

家机关中的法律人很有可能由法律人角色转化为另一种角色。在一个法律被运用的具体案件中,这样的转化是完全可能的。如通过行政相对人作为法律主体运用法律对国家机关进行监督的行为,就很有可能将原来这些专职的法律人变为法律客体。这样的转化在一国的法治进程中若能经常出现,那么,这个国家的法治必然是动态的、立体的法治。

其三,行政相对人用法能够提升公众的法治认同度。我们可以设想,在一个政治实体中,如果公众对法律说三道四,甚至有选择地遵守法律,那么,这个国家就不会有真正意义上的法治。即便有法律规范规制人们行为的情形,那也最多是国家用制定法对行政相对人生活的控制。当然,苏格拉底的法律信仰是对法律的一种相对较高的境界。但是,我们必须看到这样的境界也只能是那个时代的产物。换言之,行政相对人对法律的信仰与行政相对人运用法律和使用法律还不能同日而语。在信仰法律的情况下,行政相对人毫无疑问是认同法律的,而此种对法律的认同在笔者看来只是一种相对被动的认同。要让行政相对人能够理性地认同法律,其就必须在个体行为中充斥法律元素和法律精神,其能够作为法律的主动者而驾驭法律的制定和法律的实施过程。我们说,在行政相对人用法的概念中行政相对人能够驾驭法律,是说行政相对人对法既能作出理性的判断又能够理性地用法律处理相关的行为和事件。绝对不能将行政相对人驾驭法律的概念理解为行政相对人可以超越法律、可以在法律之外从事某种行为。我国行政相对人的法律认同度并不算高,这可以用行政相对人遇到需要处理的事情时选择何种方式处理这一简单问题予以说明。例如,我国行政相对人在权益受到侵害时想到的是政府机关的保护或来自其他方面的关照,遇到与他人的纠纷时想到的多是私了而非通过有效的纠纷解决机制解决之。更为重要的是,我国行政相对人对法律以外的行为规则的了解要多于对宪法和法律规则的了解。对伦理准则的遵行多于对法律规则的遵行。我们经常谈到在我国诸多事情的处理上潜规则的作用不能低估,有些情况下潜规则对社会关系的调整和对行政相对人行为的约束甚至要强于明文的法律规则。行政相对人用法对提升公众的法治认同度意义重大,对此我们还可以从其他方面进行讨论。

其四,行政相对人用法能够使法由支流变为主流。法治的大前提有下列方面:一是在一国治理国家的行为规则中不能没有法律,即是说法律的存在是法治的首要前提这一点是非常容易理解的。例如,在皇帝或国王当政的国家,最高统治者的命令就是治理国家的行为规则,尽管我们有时将这样的命令称之为王法,但事实上这些所谓的王法根本就不是法,因为它缺少现代法律的一些最基本的特性,如没有系统性、没有稳定性、没有规范性,等等。由于这样的国家没有现代意义的法,因此,在这样的国家就不可能存在法治。二是在所有调控人们行为的规则中,法律规则是占首要位置的,法律规则是所有其它规则之首。一些学者通常认为,法律是最低层次的规则,就是说,在法律背后有诸多规则比法律规则的地位更高,如道德规则和决定法律的自然规则,等等。这从理论上讲是正确的。然而,最低层次的规则却不一定是效力最低的规则,往往是作为最低层次的法律规则它的效力却是最高的。三是法律规则必须具备法律规则的特征,这是法律规则在规范效力上和规则地位上与其他规则的根本区别,"严格意义上的法律要求行为应有稳定性和一致性。根据这种稳定性和一致性,使得这些隐喻法常常得到出色地运用。由于制裁对人们的意志和愿望所产生的作用,使受法律约束的人们必须按照法律的规定调整自己的行为。因此,无论在哪里,我们见到许多件事秩序井然,或相互共存的现象秩序井然,虽然我们提出的情况不涉及制裁或义务一类东西,但我们却很容易于将这种秩序归功于立法者制定的法律。例如,当我们说无生命物体的运动是由一定的规律决定的时候,……我们指的是,它们是按照一定的共同方式运动,并很愉快地按照制定法律和义务的人们所规定的,以统一的方式运动一样。此外,我们说低级的没有理性的动物的行动由一定规律决定,虽然它们不能懂得规律的内容和目的,也不可能以制裁来约束它们遵守法律,或者说他们的行为应该由义务或责任来支配。这时,我们指的是,它们按某种统一的方式活动,或者是出于本能,或者是由于来自经验和观察而得到的提示;再者,因为它们行为的一致性是神的意志的结果,所以它非常类似于立法者为那些慑于制裁的人们所规定的法律,约束力促成行为的一致性"[1]如果在一个国家法律规则符合上列三个方面的前提就为其作为主流行为规则奠定了基础。换句话说,我们要判断在一个国家法律规则究竟是支流还是主流就必须从上列三个前提出发。我们认为,若用上列三个前提分析,我国法律规范在控制社会的行为规则中一直是支流而非主流。一方面,我国法律规则在诸多方面还存在巨大的空缺,诸多社会关系我们有比较完整的习惯能够对其进行调整,但我们却没有相应完善的法律对其进行调整。另一方面,在我们国家调整人们行为的规则体系中,法律规则并不是占绝对统治地位的。若用另一种眼光去分析和观察,我们便发现在我国法律的形成和运行常常是第二性的东西,而不是第一性的东西。例如,包括我国宪法在内的法律规范的制定和修改是由在它之外甚至之上的另一种机制决定的,例如我国的政治机制和政党机制便是决定宪法和法律制定和修改的原动力。以1992年我国推行市场经济为例,正是《中共中央关于建立社会主义市场经济的若干决定》形成了当时宪法修改的主格调,在此次修改之前我国宪法并不承认市场经济。在社会公众的日常生活中,调适其行为的亦并非法律占主导地位,有些情况下道德准则强

---

[1] 肖金泉主编:《世界法律思想宝库》,中国政法大学出版社1992年版,第556页。

于法律规则,另一些情况下,社会习惯强于法律规则,还有一些情况下,政策强于法律规则,等等。在我们强调法治国家的今天,诸多社会关系的调整所依靠的仍然是法律规则以外的行为规则,对此我们毋须再作论证。那么,在我们强调行政相对人用法的法治格局之下,法律必然会在社会关系的调适中由支流而主流。因为一旦行政相对人能够熟练运用法律时,其对法律的熟悉程度必然强于其对法律之外的其他行为规则的熟悉程度。其有关法律的知识就必然多于法律之外的其他行为规则的知识。不须进一步论证,当法律成为调整社会生活的主流规则时真正的法治也就实现了。

第十五章 作为反馈系统的分析范畴

　　行政法分析学关注的最为实质的问题是行政法的实现问题,正如笔者在前面一些章节讲到的,行政法的实现不是行政法典则和规范简单的贯彻与实施,而是行政法在一国社会机制中的同化问题。所谓行政法在社会机制中的同化是指行政法在社会过程中被社会公众自觉和自愿认同、接受和感悟的情形。这种认同、接受和感悟既存在于社会公众之中,也存在于行政法实施主体之中。一国的法治系统必须对行政法在社会机制中实现的状况有所掌握,否则,行政法治即便实现了形式上的合理性,也不能说它已经达到了实质的合理性。而实质的合理性是建设法治国家的必备条件。行政法反馈系统的分析就是把握行政法在社会机制中实现与否的核心环节。当然,反馈机制的最本质任务是,能够对一国社会公众的行政法信仰作出评价,并能够通过分析促成全社会形成一种行政法信仰。公众的行政法信仰以及国家政权体系对其所作的评估是一个至关重要的问题,一方面,法律典则的完善性以及法律典则执行机制的完善性并不能证明法律信仰就必然在一国形成;另一方面,如果国家政权体系对行政法信仰没有真正把握,那么,就等于说其根本不知道该国行政法治的进程。在法治的历史中,就存在这样的情况,一些政治实体的法律典则完善且规范规定的内容较为具体,而另一些政治实体的法律典则相对简洁且规范内容较为抽象。若我们用法律形式主义的观点分析上列现象,就必然能够得出前者的法治化程度高于后者的结论。然而,真正客观的情况常常是后者法治化程度可能会高于前者,因为在后一种情形之下,公众更容易形成法律信仰。有思想家就对早期以色列共和国和英国的法律以及法律信仰作过这样的比较:"以色列共和国的法律文字不多,简短扼要,鲜明有力,因此,只要公职人员和人民服从这些法律,管理工作就可以顺利进行。但是,英国在国王时期颁布的法律(无论是在天主教时期或者在新教时期颁布的)为数众多,而这些法律又是用法文和拉丁文写的,这就造成了英国的两大祸害。第一,在人民中形成了严重的愚昧状态,引起了极大的纠纷。人民由于缺少知识而产生了严重的谬误,这就使他们在诉讼方面花费大量的金钱;很多人被关进监狱,被鞭打,被驱逐,失去土地和生命,这都是他们所不了解的那条像鞭子一样抽在他们背上的法律所致。这是人民的一大祸害。第二,人民不熟悉法律而造成很多纠纷,当两个人发生争吵,其中谁也不想侮辱另一个人的时候,每一方都会以为他自己的行为是正当的,因而双方都想使用法律。有时,他们就到法学家那里去,给法学家钱,要他告诉他们,究竟是谁违反了法律。法学家看见有机会维持自己的职业,自然感到高兴,于是就东拉西扯地拖延时间,等到他们把钱几乎都快用光,才告诉他们把这一案件交给自己邻居去处理,让邻居为他们调停,而这件事本来一开头就应该这样做的。可见,法律和法学家的一切活动只是一种圈套,他们引诱人们去上这个圈套,并用欺骗的方法从他们手里把土地夺去;法学家维护征服者的利益,支持他们对人民的奴役,国王看到了这一点,就把一切诉讼案件都交给他们办理。这一切都美其名曰为审判,其实只不过是给人们带来痛苦的祸害而已。如果法律比较少,文字又很简短,并且经常宣读,那就会预防这种祸害的产生。每个人知道了他的行为哪些是好的,哪些不好,他在言论和行动上就会十分谨慎,从而就可以根除法学家的欺骗。以色列共和国的摩西法律就是这样,人民上床、起床和走路的时候,都在谈论法律，他们把法律带在身边，就像把手镯戴在自己手上一样，所以他们都精通这些和平所系的法律。但是这也说明，英国式陷入圈套的盲目的国家，它的领袖由于高傲和贪婪而把它引入迷途，甚至由于缺少法律知识而把它引向灭亡，法律的知识把决定生与死、自由与奴役的权利掌握在自己手中。但是，我希望将有美好的未来。"[1]这个问题提醒我们包括行政法在内的法律信仰的评估是十分重要的。当然，行政法信仰的评估建立在对行政法反馈系统的分析上。一般情况下，行政法信仰有三个主体：一是行政系统及其公职人员的行政法信仰，它们对行政法的信仰不直接与行政法的实现有关联，但与行政法的实施有关联。二是社会公众的行政法信仰，他们既包括行政执法过程中的行政相对人，也包括其他社会成员，他们对行政法的信仰与行政法实现有直接的关联性。三是立法系统及其立法者的行政法信仰，其与行政法的实施有直接关系，与行政法的实现也有间接关系。行政法信仰问题在我国行政法学研究中还是一个空白，在我们的行政法学科中还没有有关行政法信仰的概念。在笔者看来，行政法信仰是行政法遵守的原动因。在某个主体不信仰行政法的情况下，其若遵守行政法那也是一个短暂行为，也是一个非自愿行为。在这种情况下，这个守法者自身就是法的一个新的不安定因素。

我们可以把法律关系主体的守法原因归于下列方面。

一是因法的合理性而守法。即法律规范本身包含了正义的价值或者其他自然理性或者社会理性的价值，而这个价值对于法律关系主体而言其就认为是正当的，因此，其就选择遵守认为正当的法律。如果法律主体认为法律本身不具有合理性，其就很难选择遵守法律，正如埃蒂

---

[1] ［英］温斯坦莱著：《温斯坦莱文选》，任国栋译，商务印书馆1982年版，第193—195页。

耶纳·卡贝所言:"在穷人心目中,法律只是非正义和压迫的产物,他们又怎么会热爱和尊重法律呢?因此,贵族们虽然从自己的利益出发不断地宣扬法律如何神圣,要求人们尊重和服从法律,却完全是徒劳;事实是人人都在千方百计地规避法律,只有施加威胁,运用刑罚,采取暴力,法律才勉强得到执行。"①在其不认同法的合理性的情况下,其就不会信仰法律,进而就难以遵守法律。

二是因正当预期而遵守法律。所谓正当预期是指人们认为既定法律虽然对其行为和自由有一定限制,但是,它通过遵守这样的法律而以便在以后获得更大的利益,而且这种利益的获得是他通过分析而作出的判断。正如奥古斯丁所指出的:"为了帮助一个人去达到小善而失去较大的善,那是不值得的,更不应该由于无知而宽容了小的错误,而让它发展成大错。人人有责任不让愚昧无知的人去伤害任何人,还要尽他的力量去约束邪恶,尽力改正别人的邪恶。犯罪者的改正也许对他本人有好处,犯罪者的例子对其他人也是一种可怕的教训。"②在这种情况下,守法者不见得信仰法律,但这个正当预期就会迫使其选择守法。

三是因法律的国家强制性而守法。法律是当权者意志的体现,即是说,手中握有权力的人将自己的意志上升为法律,同时,其用国家强制力保证法律的执行。违法行为就必然带来相应的强制后果,当然,不同的部门法所包含的强制力有所不同,但从总体上讲不包括强制力的法律是不存在的。马克思主义经典作家把法作为统治阶级意志而看待、作为统治阶级实现法治的手段而看待就生动地表明了法的这个属

---

① [法]埃蒂耶纳·卡贝著:《伊加利亚旅行记》第二卷,李雄飞译,商务印书馆1982年版,第32页。
② [古罗马]奥古斯丁著:《论上帝之城》,《西方法律思想史资料选编》,张学仁等编译,北京大学出版社1983年版,第95页。

性，而这个属性所带来的就是法律在社会控制中的威慑力。在奴隶制和封建制的法律体系之下，公正的理念，公平的理念，等等，是很少存在的，但社会公众还会选择服从法律，至少在绝大多数情况下选择遵守法律，其根本原因就在于法律的强制性。有学者对中国古代法家的法治思想作了这样的分析："法为客观的标准。对法家而言，治国的原则是：统治者应当凭借法律，而不是凭借智慧；应当依靠法律，而不是依靠自己。合乎逻辑的结论是，法律必须是客观的且遵循绝对的标准以求获得人们的信赖。在法家思想中正义的观念只有在有了绝对客观的法的时候才有可能实现，对法家而言，正义只有通过统一的法律，通过不考虑个人身份的一赏与一罚，不承认超越于法律之上的个人的影响。才有可能获得。"① 其将法之遵守既与法之强力结合起来，又与法之正义结合起来，而在笔者看来，法家关于法治之本质实际上是由法之强制力所实施的统治。行政法的遵守原因中有一个亦可通过国家强制性而得到解释。显然，在因国家强制力而遵守法律的情况下，法治是难以真正实现的，而且法治的价值和其他统治机制和手段的价值便成为两张皮。

四是因绝对信仰法律而守法。谈到绝对信仰法律的问题时，人们都必然要谈到苏格拉底。其被合法的法庭判处死刑，并被关押在狱中，苏格拉底知道这个判决是不公正的。对于这个不公正的判决，他可以选择从狱中逃跑，但他认为选择逃跑是错误的，之所以这样认为，原因在于他相信法律具有独立的权威，而且法律的权威是绝对的，是不可以有所怀疑的，不论这个法律是否是正义的，只要是正式颁行的法律就应当具有自己的权威。如果他选择了逃避法律的判决，就违反了法律之

---

① ［美］金勇义著：《中国和西方的法律观念》，陈国平等译，辽宁人民出版社1989年版，第12页。

精神。"确实,他并没有明确表示同意遵守法庭的判决,但是这个协议可以从他一生始终居住在雅典这个事实中推论出来。由于他居住在雅典,接受了雅典公民权,因此,他默示了遵守雅典的法律。苏格拉底把作为一个公民而对国家所负的义务与作为一个儿子对父亲所负的义务作了比较。公民对现政府的服从使得以纯理性的术语进行的抽象分析变得毫无意义。正如儿子必须服从父亲所做出的不恰当的惩罚一样,公民也必须服从国家对他的约束。如果个人对法庭的判决置之不理,那么国家也就无法生存。不能由个人来选择哪些法律应当服从、那些法律不应当服从。苏格拉底宁愿死,服从法律而死,也不愿过一种导致雅典城解体的无法律的生活。"[①]在绝对信仰法律的情况下,遵守法律自然而然地是自觉地、自愿地。上列四种情况中,第一种和第四种都是在信仰法律的情况下对法律的遵守。显然,此二种情况下的法律遵守是法治所真正需要的。

上列这些问题在行政法的实施和实现中是具体而实际的,而这些深层问题的探究和解决必须依赖于对行政法反馈系统的分析。这也是我们开辟这一章的理论基础。笔者将从行政法的跟踪机制、调研机制、咨询机制等方面对反馈系统的分析范畴作出初步确定。

一、行政法跟踪机制分析

(一)行政立法

行政法跟踪机制是行政法反馈系统的组成部分,指有关主体对行

[①] [英]彼得·斯坦、约翰·香德著:《西方社会的法律价值》,王献平译,中国人民公安大学出版社1990年版,第60—61页。

政立法、行政执法、行政守法等所进行的后续观察行为。行政法跟踪机制的主体应当是国家政权体系中的组织,这个组织如果能够在一国政权体系中存在,其就是行政法跟踪的正式主体。与这个正式主体对应的是非正式主体,如学术研究机构和人员可以在行政法问题的研究中跟踪行政立法、行政执法和行政守法。由于这样的主体存在于国家政权体系之外,应当被视为非正式的跟踪主体,跟踪主体是行政法跟踪的第一要素。行政法跟踪的对象是行政立法、行政执法和行政守法。三个范畴都应当有相应的跟踪。上列三个范畴既可以分别作为跟踪的对象,也可以作为整体而被跟踪;行政法跟踪是由一定的行为构成的,即跟踪是通过一定的行为进行的,如果是以国家政权体系的跟踪主体为主的,就是一种法律行为,若是非正式主体的跟踪就不是法律行为,因为非正式主体的跟踪不产生相应的法律后果。在行政法的反馈系统中,跟踪是第一个环节,也是一个独立的有关行政法的反馈行为。

行政立法跟踪是指相关的跟踪主体对行政法制定行为所进行的跟踪。应当指出,我们此处所讲的行政立法是从广义上使用的,即行政法典则和规范的制定行为都包括在行政立法跟踪的范畴之内,行政系统内部制定行政法规范的行为是行政立法跟踪的内容之一。行政立法包括行政法典则形成中的所有制定行政法规范的行为,近年来有法律概念化之趋势。所谓法律的概念化是指:"律师和法学理论家在法律论证中存在的缺点,例如,在系统陈述法律条文时把普通名词和范畴当做具有不变的完全明确的意义的词来使用,从而把它们应用于特定情况时就以为只要简单地作演绎的推论。对于这种观点,人们曾蔑称为机械法学或概念法学,有可能简单地通过查考定义或分析一般名词和范畴来确定任何真实的或想象的案例是否符合某个法律条文的范围。法律概念论被认为是使法律在司法方面适应社会变革的一个障碍,有时也是造成作出不合理或设置不公正决定的原因。"[1]法律的概念化在行政法这个部门,法律也是一个客观存在。进一步讲,我国行政法典则和规范形成以后,基本上都变成了一个机械的典则范畴,这个典则范畴在立法机关的认知中是一个静态的存在物,在行政法学研究者的眼中则是一个名词和概念。之所以会出现概念化的倾向,与我们没有建立起行政法的跟踪机制有关。典则形成以后,人们所关注的就是典则及其规范设计,而对形成典则的主动的存在物置之度外,对于典则的进一步运行不予继续观察。与法律的概念化的弊端一样,行政法概念化的弊端也非常明显。而要克服因概念化引起的行政法问题就必须建立起对行政立法的跟踪机制。行政立法跟踪机制是行政法的活生生的分析范畴,它至少包括下列可跟踪的因素。

第一,对立法主体的认知跟踪。行政法的制定对于相关主体而言应当有相应的行政法认知,不管我们是否注意到行政法认知的存在与否,不以人的意志为转移的事实是立法主体作为一个客体也罢,作为一个主体也罢,其都有一个对行政法的认知问题。这个认知应当由两部分构成,一部分是有关行政法的伦理认知,这部分的认知与其叫做认知,还不如叫做良知。正如卢梭所言:"为了发现能适合于各个民族的最好的社会规则,就需要有一种能够洞察人类的全部感情而又不受任何感情所支配的最高的智慧,它与我们人性没有任何关系,但又能认识人性的深处;它自身的幸福虽与我们无关,然而它又很愿意关怀我们的幸福;最后,在时世的推移里,它照顾到长远的光荣,能在这个世纪里工作,而在下个世纪里享受。要为人类制订法律,简直是需要神明。"[2]这是指立法者在制定法律时的良知,行政法与其他部门法相比,立法者的

---

[1] [英]A.布洛克、O.斯塔列布拉斯著:《现代思潮辞典》,中国社会科学院文献情报中心译,社会科学文献出版社1988年版,第119页。

[2] [法]卢梭著:《社会契约论》,何兆武译,商务印书馆1982年版,第53页。

良知则更加关键一些,这是由行政法典则和规范的多元性、具体性所决定的。另一部分是有关行政法的技术知识,这一部分知识是行政法典则在制定时的真正意义上的知识,尤其在行政法典则与一些技术元素有关时,它显得特别突出。亚里士多德在《尼各马可伦理学》中指出:"一个人是从哪里又是怎样得到立法知识的呢?也许如其他行业一样,是从专家那里,在此是从政治家那里得来的。因为,人们认为它是政治学的一个部分。然而,政治学和其他科学及专业并不一样,在别的专业里,这个专业的传授者同时也就是它的现实活动者,例如,医生和画家。但政治学则不同,智者们声称传授政治学,却没有人去实践。政治活动家进行活动,然而他们的实践活动更多地是来自经验,而不是来自理智思考。他们既不写也不讲有关这个专业的事情(虽然他们的活动,比那些法庭上的辩护辞和公民大会上的讲演稿似乎更有价值些),同时我们也看不到,他们使自己的儿子和朋友中的任何一个成为政治家。但如若他们能够的话,我们期望他们这样做,因为他们没有比这样做更好的东西留给城邦了,也没有比这种政治才干更好的东西留给自己,传于儿孙了。不过经验的作用在这里似乎也不应忽视,不然经常从事政治活动的人就成不了政治家。所以,那些想知道什么是政治的人还得依靠经验"①他谈到了立法者对事态的认识问题,谈到了立法者的经验问题。这实质上是说立法者应当具有立法的技术知识。显然,与立法者的良知相比,技术知识是中性的,是真正意义上的立法知识。上列两个范围的知识对于行政法的制定主体而言同样具备,那么,我们是否能够通过正式的机制或者非正式的机制把握行政立法者的知识状况呢?行政立法跟踪就可以把握这个问题,在一个行政法典则制定中应当有一

---

① [古希腊]亚里士多德著:《尼各马可伦理学》,苗力田译,中国社会科学出版社 1990 年版,第 233—234 页。

个制定主体之外的主体对行政立法者上列两个方面的知识构成作出评估,并进而跟踪其在行政法典则制定以后在上列两个方面的知识变化。立法者制定法律时的知识状况与法律实施以后的知识状况是否是等同的,回答应当是否定的。之所以这样说,我们可以用一些行政法典则制定以后,在很短的时间内就被修正乃至于更正的事实说明,而修正和废止这一典则的还是原来的主体。在主体身份没有变化的情况下,能够发生变化的唯一要素就是其对行政法典则认知的变化。当然,大多数情况下,立法者的认知具有相对的稳定性,如果我们通过对其认知的跟踪能够得出认知不高的结论也是有收获的。

第二,规范评价的跟踪。卢梭指出:"使一个国家的体制真正得以巩固而持久的,就在于人们能够这样来因事制宜,以至于自然关系与法律在每一点上总是协调一致,并且可以这样说,法律只不过是在保障着、伴随着和矫正着自然关系而已。但是,如果立法者在目标上犯了错误,他所采取的原则不同于由事物的本性所产生的原则,以至于一个趋向于奴役而另一个则趋向于自由,一个趋向于财富而另一个则趋向于人口,一个趋向于和平而另一个则趋向于征服;那么,我们便可以看到法律会不知不觉地削弱,体制便会改变,而国家便会不断地动荡,终于不是毁灭便是变质;于是不可战胜的自然便又恢复了它的统治。"[①]这个论断表明法律典则制定出来以后并不意味着其就带有天然的合理性和科学性。即是说,典则与自然之间是否保持和谐关系即便在其制定出来以后,同样还是一个需要进行观察的问题,这是一方面。另一方面,法律典则是否能够被公众所接受也是需要进一步观察的。不论行政法典则的制定采取多么民主的程序,制定本身只是一个立法行为,是一部分社会成员参与的行为。即使实行了听证制度,介入法律典则制定过

---

① [法]卢梭著:《社会契约论》,何兆武译,商务印书馆1982年版,第71—72页。

程的主体仍然只是一小部分社会成员。当然,西方一些国家实行的直接立法制度除外。因此,行政法典则制定颁行以后,对规范评价的跟踪就是不可缺少的。我们所说的规范评价的跟踪不是指立法者对规范的评价,而是指一个规范颁布于社会以后来自社会的评价。评价的跟踪是作为一种中性的技术行为观察人们对规范的态度,这个跟踪行为和其他跟踪行为一样不带有价值导向。如果立法者在某个典则制定以后,用价值导向跟踪这个典则,并通过这个跟踪劝说人们对这个典则积极认同,这样的行为不在法律典则跟踪的范畴内,因为带有价值导向的跟踪行为是法律执行中的一种宣传行为,其既不可以发现典则存在的问题,也不会对问题典则的解决有积极态度。①

第三,规范调控效果的跟踪。仅从行政法典则和规范设计社会秩序和控制社会冲突的角度看,任何行政法典则颁行以后都有控制效果问题。一个典则如果能够很有效的设定社会关系,很有效果地控制规制事项中的社会冲突,那它就是有效的,反之,就是无效的,或效力低下的。法律典则在社会控制中的效力问题是一个至关重要的问题,因为任何一个典则的制定既投入了一定的社会控制成本,又在整个法律体系中扮演一定的角色。无用的典则一方面浪费了社会成本和法律资源,又使整个法律体系的质量有所下降。圣西门对规定国家预算的法律的经济控制功能以及其进行控制的机理作过下列深层次的表述:"规定国家预算的法律,是一切法律中最重要的法律,因为金钱在政治机体

---

① 可以肯定的讲,我们对于生效时间很长的旧法可能有一个评价的跟踪行为,但对于刚刚颁行的新的法律典则一般不会有评价跟踪行为,更谈不上评价跟踪机制。而且往往是某个典则引起的社会反响越多,其所规制的行政事态越敏感,我们越堕于对这个典则社会评价的跟踪。可以说,我国目前对行政法典则社会评价的跟踪基本上都存在于民间,即存在于非官方的学术机构或专职的行政研究人员。例如,有学者对自2003年以来,国务院废止的行政许可事项这一立法行为进行了社会评价上的跟踪,结果发现大多数社会成员或利益关系人都得出了这样一个评价,那就是有关部门所停止的行政许可行为大多是多少年不用的许可事项,这样的社会评价在正式的法律主体中是很难听到的。

中的作用,就像血液在人体中的作用一样。身体任何部分,一旦血液停止循环,就会衰弱和很快死亡;同样地,任何一个行政管理机关,一旦无人缴纳税款,很快就不复存在。由此可见,财政法是最普遍的法律,其他一切法律都由此产生或应当由此产生。如果不曾如此,那是因为账目不够精确,或者是因为各种开支的条款规定得不够周密。在法国和英国是由谁来制定财政法呢?是议会吗?不是的!这项主要职能只由三权之一的机关在排除其他两权的条件下行使,即由下议院行使。由此可见,只有下议院真正拥有全部政治权力。如果说法国和英国的下议院至今从未行使过这项重大的权力,这仅仅是因为在法国和英国的下议院中,迄今至少仍是效忠于政府的人士占极大多数,他们遵从来自政府的指示,按照政府的意图表决预算。因此,舆论认为下议院的这项权力大大低于政府的权力,但有大大的高于议会的其他两项权力。"[①]

那么,对一个典则有效性与否的跟踪就不单单是一种法律研究行为,而它本身就应当是立法行为的有机构成部分,甚至在一定意义上讲,这个行为是一国政治机制内的行为,当然,圣西门将这个问题的探讨深化了,以至于将法律问题尤其行政法问题拓展到了政治机制的问题之中了。我国行政法调控效果的跟踪是至关重要的,至少其比其他部门法调控效果的跟踪显得更为重要,因为其他部门法的实施机制是单一机制,如民事法律和刑事法律的实施都在司法系统之内,而且司法系统的价值取向也只有一种单一的法律责任的价值取向。行政法的实施正如我们前面所分析的,其既有法内机制也有法外机制,不仅仅机制上是二元的,就连机制内的价值取向也是二元的。因为行政法的实施主体基本上都受两种理念的制约,一个理念是法律理念,而另一个理念则是政

[①] [法]圣西门著:《圣西门选集》第 2 卷,董果良译,商务印书馆 1982 年版,第 193—194 页。

策理念。一旦政策理念被运用到行政法典则的实施中来,好的行政法典则也可能会表现出效力上的疲软性。由此我们可以说,行政法调控效果的跟踪比其他部门法调控效果的跟踪更加需要和重要。

第四,规范与事态的跟踪。任何一个国家要想让其政治统治长久都必须对其法律典则进行经常性的更新。这是龙勃罗梭的著名论点。"一国政体之所以能就存者。由于宪章与法律,易于改变,以适用于新情状。瑞士之事,最可援引,以明此原理。该国自 1870 年至 1899 年以来,各郡宪法之有更改者 150 处,联邦宪法之有更改者三处。故虽国中种族不同,风俗互异,而仍与统一无碍。惟更改不可太骤。康士丹特曰:'制度之属于人民者,宜适合于人民观念,方可稍垂久远。罗马之倐废奴隶制,与德法之倐废田产制,因其不公平,不得不如此也。中世纪财产归僧侣把持,偷漏租税,阻碍经济与政治之进步,不能不改变。民有亦同此理。然改革之时,已不能无困难,以与守旧之律违背也。守旧之习尚,不容有速变,虽适当之改革亦然。复议权即博访人民意见之法。关于采用此制之国家,其政府与人民代议士之观念,往往相去甚远。可见复议权实为教育人民之惟一要具。盖人民因此不得不研究情彼决断之法律,觉悟自身责任之重大,了解彼应尽之政治上职务也。"①立法之所以要经常不断地更新,其根本原因在于法律典则与其规制的社会事态之间的关系在一定情况下是不对称的。在所有部门法中,行政法典则与其所规制之行政事态的不对称性应当说是最为突出的。这主要是由行政法所调整的社会事态的复杂类型和多变性所决定的。行政法典则制定中的社会参与是受到限制的,在社会不能广泛参与行政典则制定的情况下,一个行政法典则是由立法系统或者高层次的行政

---

① [意]龙勃罗梭著:《朗伯罗梭氏犯罪学》,刘麟生译,商务印书馆 1938 年版,第 312—313 页。

系统制定的,他们只能根据自下而上的逻辑对某一法律典则规定的行政事态进行了解和信息的把握。立法中的信息是需要进行加工和处理的,在这中间就存在一个立法和事态信息之间的时间差。具体地讲,立法者进行立法时所掌握的事态信息是先前形成的,而根据这些信息所制定的行政法规范要作用到以后的行政事态之中,这就必然存在依旧的信息制定的行政法规范要作用于新的行政事态之中。从这个意义上讲,行政法典则与其调整的事态之间的不完全对称几乎是一个天然现象。立法跟踪对此一范畴不应当有所疏漏。

(二) 行政执法

行政法的执行是行政法体系中的关键部分之一。正因为如此,各国行政法制度中都对执行问题给予了必要重视,一般都用一些原则和制度来规范行政执法问题。各国行政程序法典的主要功能也在于规范行政执法行为。马布利以政治机制的眼光看待行政主体行为与法律的关系,认为:"如果我们想使执法者公正,就应当使国家的需要不多,而为了使执政者更习惯于公正,就应当使法律不给予执政者以可以比其他公民有更多需要的条件。因为活动受到限制的政府,在国家的需要有节制的条件下,不可能使财政管理发生混乱;因为受到取缔豪华法律限制的执政者们,要想使自己幸福,并不需要积累大量财富;因为政府在需要不多的条件下一直会感到富裕,易于保持原来的习惯,即执行自然界的命令,施行德政。在其他地方,国家在使公民破产;而在这里,国家援助遭受损失的人民,帮助公民重建被火烧掉的住宅,对不幸遭到雹灾和其他天灾的农民补助它们所受到的损失,把由于贫穷而不得不蹲在家里挨饿的贫困的居民送到海外去谋生。"[①]正因为相关主体在执法

---

① [法]马布利著:《马布利选集》,何清新译,商务印书馆1983年版,第54页。

中坚持法律理念的重要性,诸多学者用依法行政的基本原则对行政法的执行提出了要求,一些国家也在其行政法制度中确定了这个原则。它的基本内容是,行政权不得与法律相抵触;行政权没有法律依据不得为人民设置义务。行政权没有法律依据不得剥夺人民的权利;行政主体的赋权行为需受法律限制;行政权的自由裁量须受法律限制;行政权的适用行政主体必须主动为之。① 这些原则在一开始是一种关于行政权行使的理论,后来随着行政法治的发展,它在诸多国家的行政法制度中得到了体现,我国在2004年制定的《全面推进依法行政实施纲要》中对行政执法的原则、要求等作出了具体规定。从这些规定看,在我国,行政执法跟踪应当包括下列内容:

第一,行政执法总体格局。行政系统依宪法典则的规定是行使国家行政权的主体,而行政权的行使是一个意义非常广泛的概念,行政机关实施有关行政管理的行为也可以视为是行政权的行使,行政机关制定有关行政法规范的行为也可以被界定为对行政权的行使。但是,这两个范畴的行为还不能叫做行政执法,这在其他国家的行政法理论中也基本上是相同的。在这些行为之外,还有专门的法律执行行为,行政系统及其职能部门实施行政管理法规范的行为都可以归入到典型的行政执法中去。在西方行政系统中,从主体上区分行政执法与行政管理以及其他的非执法行为相对容易一些,因为其有政务官与文官之分,他们各自从事的行为在法律上是有依据的。"要是高级文官在制定政策上并不行使巨大的权力,他们的思想和政治倾向就不会那么举足轻重了。但是他们确实运用自己的巨大权力,把管理国家的'官僚'和大臣形容为仅是其高级'顾问'的意愿的执行者,那显然是言过其实了。但是,把文官描绘为仅仅是毕恭毕敬、唯命是从的行政人员,那就是甚至

---

① 参见张淑芳撰:《依法行政构成要件新探》,载《法商研究》1999年第1期。

更加不确切了。在英国,高级文官组成了一个令人生畏的权力集团,他们紧密团结,人才济济,为政府的任何其他组成部分所不能相比,也许唯有内阁除外,但也只有在它团结一致,决心自行其是的时候才是如此。文官不得不同政客打交道,因为普选制、党派关系以及首相为了实现其谋略和办事方便而采取的措施已使文官不能规避那些政客。由大臣们负责各部事务这样的缘由不可能在文官心中产生多大的畏惧心理。他们所受的教育和业务工作的经验导致他们以'公共利益'的卫士自居,如果有必要起来反对追求选票的政客的话,专业行政人员往往倾向于蔑视民主的压力。在这方面,正如像在其他任何隐蔽的官僚政治中一样,贯穿着一种强烈的睥睨一切的家长作风。有关人员都深切地意识到政府事业单位的极端错综复杂,相信它们在处理行政事务上必须表现出一定程度的谨慎小心,不偏不倚的态度并有卓越的见解,而对于大多数民主派政客来说,他们即使不是不可能也是很难具有那样的见解。因此他们并不怎样重视这种政客。"[1]尽管在法治实践中两者的行为有一定的交织和相互影响,但在行政系统中将行政管理与行政执法予以区分还是有根据的。我国由于没有这样的区分,因此,我们只能通过分析和跟踪确定行政管理、行政立法与行政执法在行政法治实践中的状况。

第二,行政法适用。行政法适用是指行政主体将行政法规范与行政管理事态予以结合的行为。任何一个行政法适用行为都是行政执法的范畴,所不同的是行政法的适用是行政执法中具有技术色彩的问题。基于此我国有关行政法规范对行政法的适用作了专门规定。《中华人民共和国行政处罚法》自第 22—29 条都是对行政处罚如何适用的规

---

[1] [英]拉尔夫·密利本德著:《英国资本主义民主制度》,博铨、向东译,商务印书馆 1988 年版,第 123—125 页。

定,这些规定都是行政处罚执法的技术问题,例如第 24 条规定:"对当事人的同一个违法行为,不得给予两次以上罚款的行政处罚。"此条要求行政处罚的适用必须坚持一事不再罚原则。第 25 条规定:"不满 14 周岁的人有违法行为的,不予行政处罚,责令监护人加以管教;已满 14 周岁不满 18 周岁的人有违法行为的,从轻或者减轻行政处罚。"此条的技术特点更加明显。第 27 条规定:"当事人有下列情形之一的,应当依法从轻或者减轻行政处罚:(一)主动消除或者减轻违法行为危害后果的;(二)受他人胁迫有违法行为的;(三)配合行政机关查处违法行为有立功表现的;(四)其他依法从轻或者减轻行政处罚的。违法行为轻微并及时纠正,没有造成危害后果的,不予行政处罚。"该条确立了行政处罚执法中的若干原则和需要考虑的技术细节。有关执法过程中法律适用的准则则由诸多技术要素构成。行政执法的跟踪还包括法律适用中对技术准则运用的评价。

二、行政法调研机制分析

(一) 行政法调研机制的设置

行政法调研是行政法反馈系统中不可缺少的组成部分,因此,有关调研机制就应当成为行政法分析学的基本范畴。行政法调研不能等同于一般意义上的行政法研究。我们通常所说的行政法研究是对行政法从哲学上、法理学上以及其他学科上所作的探讨,它以行政法典则为研究的核心,并回答行政法的有关理论问题。行政法调研则是对处于运行状态的行政法所作的跟踪和评估。任何一个国家都有专门研究行政法问题的机制,如综合大学的法学院以及专职的政法院校都是研究法律问题的专门机制,我国还有一些其他的法律研究机构专门研究行政法问题,这个研究还不能与行政法调研机制相等同。所谓行政法调研机制是指对正在生效或处在实施状态的行政法进行跟踪和评价的整个研究系统。近年来,在西方一些国家建立起了专门的法律调研机构,其"根据1965年法律委员会法令成立的一个委员会,以考虑法律的改革并对政府提出关于法律审查和改革的建议。委员会向大法官提出了有关审查法律的不同部分的各种方案,有些方案已由委员会本身或其他机构加以实行。委员会出版了有关它的活动和建议的年度情况报告,委员会还负责为调整和修正成文法而准备立法。"①它的职能主要是跟踪法律实施中出现的问题,而不是对部门法进行法律机理上的研究。美国也有"美国法律研究所",这个研究所是由法律界而非法学界的人组成的,即其中既有学术机构的人员,也有法律实务部门的精英,是1923年2月23日在华盛顿特区成立的。其出席者中有三位美国最高法院的法官,27位州法院的法官,21位美国律师协会总理事,21位专员,23位法学院院长。从其人员构成看,其有半官方性,即民间的法律研究者和官方的法律研究者共同组成,这样的人员构成便决定了其职能不是纯粹的学术研究机构,即是说其活动主要是对美国实在法及其制度进行调研,这个研究机构实施的第一个研究项目是对普通法中的原则和规则进行重构,这是一项巨大的研究工程,涉及到普通法的十个方面的主题。正如有学者对其后来的研究这样的概括:"甚至在首个重述项目完成之前,包括其他主题的第二项重述工程在1952年开始并完成于20世纪80年代,而更雄心勃勃第三次重述目前正在进行中——ALI(美国法律研究所)当前是兵分几路。早期的项目包括刑事过程法典(1930),一个关于管理刑事诉讼法中一罪不两罚(Double

---

① [英]A.布洛克、O.斯塔列布拉斯著:《现代思潮辞典》,中国社会科学院文献情报中心译,社会科学文献出版社1988年版,第317页。

Jeopardy rule)的报告(1935),少年犯教养局法案(1940),以及一个证据法典样板(1942)。在40年代研究所还主持起草了基本人权的声明。后来它成为联合国人权声明的蓝本。显然 ALI 最成功的和最重要的特别重述工程是统一商法典(UCC1963)(草案完成于1952年,1963年发表了最终版本)和模范刑法典(Model Penal Code,MPC)(1962)。UCC 是一个相当全面的规则,本意在于通过立法后颁布使用。它远远超出了早期管制银行业务、证券交易和销售等行为的统一销售法案。MPC 就是一个改革刑事诉讼和感化法律的雄心勃勃的模型。UCC 和 MPC 取得了巨大的成功;美国每个州都全部或部分采用了 UCC(路易斯安那州尚未采用其中的销售条款),而 MPC 则成为多数州和联邦政府刑事诉讼法改革的模型。"[1]其研究项目表明,它所从事的是对实在法的调研,是对美国法律在其适用中所作的反馈,而该反馈将法律实务与法律理论作了很好的结合。还应指出,美国的官方法律机构中也有类似于"美国法律研究所"这样对法律问题进行跟踪的机构。我们知道,美国行政系统中设定了四个支系统,它们是司法、国务、国防和财政。司法在其行政体系中占了1/4的比重,这个司法部门不是法院和检察系统中的司法部门,而是设立在行政系统专门负责法律实施和实现的机构。在美国的司法部中有一个机构叫"法律意见办公室",其由一名司法部长助理领导,负责编写司法部长的官方意见。其有一个重要的职能就是对涉及"行政官员的宪法特权的事项发表法律建议"。由此,我们可以说,美国的司法部中有专门调研行政法问题的机构。我们认为,如果能够在我国建立起行政法分析学这个学科,那么,我们也可以用这个学科推动在政府机构中建立对行政法的调研机构。在这个机

---

[1] [美]克密特·L.霍尔著:《牛津美国法律百科辞典》,林晓云译,法律出版社2008年版,第20页。

制还不能尽快建立起来的情况下,存在于民间的行政法研究机构也可以对行政法问题进行跟踪,使行政法的反馈不论在民间还是在官方都有相应的调研机制。

(二) 行政法调研机制的功能

法律体系是一个相对的东西,尤其就一个实在法而言将其置于社会生活之后,其就不再有典则规范内容上的绝对合理性和准确性。"人们在结成社会时所规定的法律、契约或协议,是规定他们的权利和义务的一般法律;只要没有找到更合理的法律,公民就应当遵守它们;但是,当公民被理性启发和改进之后,还应当使自己为谬见而牺牲吗?如果公民们定出了荒谬的协议,如果他们建立了不能维持法制的政府,如果在寻找幸福的途中走向相反的方向,如果他们不幸地叫无知和背信的引路人领上了不应走的道路,那么,您能够毫无人情地叫它们永久成为错误和谬见的牺牲品吗?有了公民的名称就应当不要人的品格了吗?为人帮助理性和维护我们的自由而创造的法律,应当降低我们的身分和把我们变成奴隶吗?为了便于满足人们的需要而创造的社会应当使人们不幸吗?我们的追求幸福的渴望,经常反对我们所受的欺骗和暴力。我为什么不能有权反对那些不能给社会带来所期望的东西的法律呢?难道我的理性向我说:我不应当对自己和对我所属的社会履行任何义务吗?"[①]马布利的这个论断表明法律典则的非绝对性可能会带来一系列后果,甚至包括公众对法的不服从,这就要求国家政权体系必须经常性地对法律体系和法律典则进行调研。依此而论,法律体系的调研或者调研机制的功能应当有下列方面。

第一,调研行政立法。我们在讲解行政法跟踪机制时讲到了行政

---

① [法]马布利著:《马布利选集》,何清新译,商务印书馆1983年版,第106—107页。

立法的跟踪问题,同样,在行政法调研机制中也要对行政立法进行调研。行政立法的跟踪是对行政法典则作出初步评价,而行政立法的调研则是要从深层次分析行政立法中的是与非。我国目前的立法调研开展得并不普遍,而且大多数立法调研都存在于民间。我国一些重要行政立法的改变是由民间调研机制首先得出正确结论。以行政立法中将《城市流浪乞讨人员收容遣送办法》转化为《城市生活无着的流浪乞讨人员救助管理办法》的立法过程看,调研活动是由民间率先搞起的,①好在这个调研的结论最终由立法部门采纳了,而诸多好的立法调研可能仅永远存在于民间。

第二,调研行政执法。就是对行政法执行状况的调研,其与行政执法跟踪相比,同样深了一个层次,因为行政执法调研所得出的结论的正确性要比行政立法跟踪所得出结论的正确性更高一些,因为调研本身就是研究的结果,而不是简单枚举后得出的初步结论。②

第三,调研行政守法。行政守法问题我们在本章一开始就作过一些理论上的探讨,并认为其是行政法分析学中对反馈系统进行分析的关键点。行政法调研的核心内容之一就是对行政相对人守法状况的调研,这个范畴的调研可以有法形式的调研和法实质的调研两个方面。

---

① 《收容遣送办法》在实施过程中由于"孙志刚案"而首先引起了法学界的关注,后来由几位法学博士在对该问题进行研究的基础上,向国家有关部门提起了立法建议,国务院很快采取了相关的立法行动。在这个过程中,民间的关注和研究起了基础性作用。当然,我国立法中诸如这样的逻辑进路并不十分多,这是应当重视的一个问题。

② 有学者在对我国一些地方的执法进行调研后就得出了一个这样的结论,即一些地方执法讲究主客场。"陕西洋县的西瓜久负盛名。可是今年,这里却卖不出去。记者通过暗访后发现,这与运输司机的遭遇不无联系。西瓜车进入四川广元境内,先后被路政、交警几次罚款;进入端阳境内,又一连几次挨'宰'。相反,四川本地的货车即使超载也不罚款。对此,有执法者说省里有文件,不敢对本地车罚款,怕追究责任。而对于外地货车,只能加大执法(罚款)力度。对此,他们还振振有词:'球赛还有个主客场之分,更何况执法呢?'"参见关保英著《行政法教科书之总论行政法》,中国政法大学出版社2009年版,第513页。这个调研是对我国行政执法的一个非常好的分析。

前者指对公众遵守行政法所作的形式性分析,如其遵守行政法的数量,违反行政法的数量等。后者则是指对公众遵守行政法所作的实质上的分析,如公众对行政法的态度,服从行政法的心理机制等。美国社会心理学家琼·塔帕在总结认知心理学理论的基础上,提出了社会个体从其童年开始对法律规则态度的发展阶段和层次:"第一层次(惯例前的)包括遵守法律只是为了避免惩罚的阶段和遵守法律以获得利益的'享乐主义'阶段;第二个层次(惯例的)遵守法律规则,仅仅因为它们是规则而已。最初表现出为了讨好他人,随之是为了'履行自己的义务'或者对权力的尊重;第三个层次(惯例后的)是与来自权力的任何要求无关的对道德准则的支持的层次。在它的'社会契约'阶段,涉及到拥护立宪主义和保证社会稳定及变迁有秩序进行变革阶段;它的最终阶段(虽然大多数人无法达到这一境界)是只有当法律完全反映道德标准,人们才自觉地遵守法律的阶段。所以,法律被看作是形成成年人世界观的广泛社会化进程中的一个要素。同时,社会化渗透到法律秩序中,也取决于认识和道德发展的程度。这些理论家提出了对公民法律教育的具体规划,作为提高个人在法律秩序中的地位和对法律秩序的认识和支持的实际要求。"①这样的深层次调研是我国行政法分析学所应当承担的任务。

(三) 行政法调研机制与行政法反馈

法律的研究活动在其初期是存在于官方机构之中的,法学研究人员也是一些社会上层。"在共和时期,法学家属于元老院僚属,常居执政官和行政长官等要职。在古罗马时期,法学家是公认的上层人士,多

---

① [英]罗杰·科特威尔著:《法律社会学导论》,潘大松等译,华夏出版社1989年版,第165—166页。

数在元老院任职,许多还在帝国政界中服务和担任地方行政官。那些具有法律解答权的人由帝国授权而位居官职。所有这些人都就法律问题提出建议,提供咨询,对实际问题的阐述和判决向执政官和诉讼当事人提供指导。很多人也就法律问题广泛著述,内容几乎都是一些与日常问题密切相关的实际问题和事项,只是偶尔涉及一些理论问题"[1]法学研究机构和人员的这种初始状况是值得引起我们思考的。如果我们把这个现象作一推论的话,那么,便可以说在法律制度产生的初期,对实在法的研究活动就应当是法律行为的一部分。即是说,人们为了很好地实施法律,才在法律机构体系内部或者统治机制内部建立起了法律研究的机构或确立了专门的研究人员。后来为什么法律研究机构从官方而转入民间,民间之所以存在大量的法律研究机构和人员可能与法作为一个社会现象的普遍化有关。法律现象的普遍化也使法律成了一种文化现象,民间对于法律的研究也大多是从文化的角度出发的,人们用形而上学的方法和其他思辨方法解释法律现象的事实证明了这一点。这个现象固然是非常好的,因为它将干巴巴的法律典则和法律规范变成了理性思辨的对象。然而,当人们在将法学作为一种美学进行欣赏时,却忘记了法律既是一种文化现象,又是一种政治现象这一事实。政治机制中不去探讨法律现象的原因也在于过分强调了法的政治性和工具性。其实,法律作为政治因素也罢,作为工具也罢,它的实施和实现才是至关重要的。而要很好地实现法律,对其实现过程中的问题进行研究就应当是法实现本身所必须的。民间存在的大量法律研究机构和人员已经成为一个不可逆转的事实,当然,存在于民间的法律研究机构和人员的研究成果也可以为官方的法律机构所适用。但是,官

---

[1] [英]戴维·M.沃克著:《牛津法律大辞典》,北京社会与科技发展研究所译,光明日报出版社1988年版,第493页。

方对其法律实施和实现的调研同样是不可缺少的。之所以这样说,是因为,一方面,民间的法律研究是对法的相对较高层次作的理性思辨,这些研究的大部分是法的关系问题,而不是法的实效性问题。另一方面,官方可以针对法在实施和实现中出现的问题进行针对性研究,调研性的研究就带有这样的属性。通过这样的研究对法的实施与实现予以反馈,从而使政治系统和法律系统自身就能够认知法之状况,修正法之状况。从这个意义上讲,法的调研就是法进行反馈的组成部分。这是最基本的理论问题,就行政法而言,调研与反馈之间的关系就更加密切了。我们上面已经指出,行政法体系与其他法律体系相比,具有法圈性、法层性、法阶性,而这三个属性又决定了行政法体系中的动态成分和因社会事态变化而变化的成分更多一些。这就使其在调适社会关系的过程中的复杂程度要大于其他部门法,如果政治体系和法律体系没有对行政法的这种特性有所认识,对行政法不能调适社会关系的状况没有把握,行政法就会既阻滞社会发展,又阻滞行政系统对权力的有效行使。因此,我们认为行政法的调研以及行政法的调研与反馈是至关重要的。那么,行政法调研为什么又是行政法的反馈呢?

其一,行政法的调研能够指出诸多行政法问题。所谓行政法问题,就是指行政法在其产生和实现过程中遇到和出现的需要解决的那些问题。行政法问题包括行政立法问题、行政执法问题、行政守法问题等若干方面。国家政权体系必须经常性地认识和把握行政法问题,行政法在其实施和实现中才会少些问题。调研能够发现问题,这对于行政法的正式主体而言是对行政法在运行中状况的把握,也是对行政法实施以后若干状况的跟踪,从这个意义上讲,行政法的调研实质上就是行政法的反馈。

其二,行政法的调研是一种事后行为。我们所讲的行政法调研是对行政法这个既成的社会现象的调研,即是说,我们在调研行政法之前,行政法体系就已经存在,行政法典则就已经存在,行政法的运行就已经展开。这与行政法研究不同,在行政法研究中有些在于揭示行政法的哲理,有些在于通过对相关社会问题的研究发现行政法典则和行政法体系之间的关系。调研基本上都是对行政法施行以后的调查和分析。作为事后的调研行为必然是一种反馈,因为如果研究发生在事前就不是反馈了而是一种决策。

其三,行政法的调研在于搜寻行政法的不足。哈特在《惩罚与责任》一书中有这样一个论断:"改造与刑罚的个别化观念(如:矫正性训练、预防性拘禁)自1900年以来,日益被采纳入英国的刑罚措施中,它们即便不是同时走到了上列两条公正或比例原则的反面,也显然与后一原则背道而驰。有人担心也有人希望这些思想的继续蔓延会最终导致以专家们的'治疗'取代法律上的惩罚。但是,重要的是要确切地弄清改造之于刑罚的关系是什么,因为其拥护者常常对此作了错误的表述。'改造'作为一项目的无疑是十分含糊的。它现在包括加强罪犯的守法倾向和守法能力,这种加强是有意识地通过人的努力来完成,而不是求助于对刑罚的恐惧。改造方法包括劝导罪犯悔改、认识道德罪过、使他更加明确社会的特点与要求、提供广义上的教育、职业训练与心理治疗。许多人看到了传统刑罚的无益性及其实在的有害性,他们的言论听起来似乎是,改造能够且应该成为整个刑罚措施的总目的或刑罚之最主要的目的。"[①]这是一个关于刑罚的哲学问题,即刑罚的目的是对违法行为的矫正,而要矫正违法行为就必须发现存在于社会中需要矫正的行为,即是说刑罚是需要从社会中反馈出违法行为的类型的,否则,则无法建立起有效的刑罚制度。换言之,我们只有在行政法付诸实施以后发现行政法存在的问题,或者发现行政法与社会事态之间不和

---

① [英]H.哈特著:《惩罚与责任》,王勇等译,华夏出版社1989年版,第25页。

谐的问题,我们才能将真正意义上的行政法体系建立起来,调研而发现行政法问题对于行政法体系的建构而言当然是一种反馈。

三、行政法咨询机制

(一) 行政法咨询机制与调研机制的比较

行政法咨询机制是行政法反馈系统的组成部分,其与我们通常讲的法律咨询机构是有一定区别的。在现代法治国家或者有存在于法制系统内部的法律咨询机构,或者有存在于民间的法律咨询机构。《法律辞典》对法律咨询下了这样一个定义:"指律师和其他法律工作者对于国家机关、企事业单位、社会团体或公民个人就有关法律问题的询问进行解释、说明,以及提供解决该问题的意见、方案、建议的一种业务活动。法律咨询业务包括两方面内容,即一般法律咨询和经济法律咨询,前者指律师就来访者关于社会生活、家庭生活等领域中的一般性法律问题进行的口头解答;后者指律师就国家机关、企事业单位、公民等就生产、流通、经营、管理等事务中发生的经济法律问题予以解答的业务,一般以法律意见书的方式进行。"[①]这个关于法律咨询的界定是对目前我国有关法律咨询机构及其行为的一个表达。由这个定义我们可以看出,我们通常将法律咨询是作为一种法律行为看待的,而不是作为一种法律制度来看待的。我们所讲的法律咨询是发生于法律运作阶段的,而不是发生在法律典则的制定和完善阶段的;我们所讲的法律咨询是由法律系统中的法律人实现的,甚至可以说法律咨询是一种官方的法

---

① 中国社会科学院法学研究所法律辞典编委会编:《法律辞典》,法律出版社 2003 年版,第 141 页。

律行为。当然，这个传统的法律咨询的概念已经形成共识，我们应当接受这个传统意义对法律咨询内涵的揭示。但是，在行政法分析学中，有关行政法的咨询机制则具有超越于传统法律咨询的内涵。

一则，行政法咨询机制与行政跟踪机制和行政法调研机制是相互并列的，三个机制共同对行政法现象起作用，而不是对行政法某个环节的问题起作用，从这个意义上讲，行政法咨询机制是行政法反馈系统中的一个环节，我们不能将这个环节简单等同于一般的法律咨询行为。进一步讲，行政法咨询机制并不是为当事人提供某一个行政法答案，而是从客观上把握一国行政法现象，自然而然地这个答案是给国家立法和执法系统提供的。美国就有一个专门为司法部门提供资料和信息的机构，名为"联邦司法中心"，其"不直接参与联邦法院的管理，而是负责收集并分发关于司法运作的资料和讯息。中心主要的功能是作为一个'思想库'。中心由最高法院首席大法官选任的一名主任负责。中心设有一个咨询委员会，由最高法院首席大法官主持。中心负责人员较少，但也同私人或其它政府机构订立契约，以从事某一具体问题的研究。"① 我们所讲的行政法咨询机制既是指在官方设立的为行政法实施和实现提供资料和信息的机构，也包括存在于民间的能够为行政法运行提供资料和信息的组织。显然，行政法咨询机制与行政法调研机制是有所不同的，调研机制主要以官方机制为主，而咨询机制则主要以民间机制为主，凡能够为行政法现象提供有价值之资料和信息的组织都可以成为咨询机制的组成部分。行政法调研具有强烈的针对性，常常是对一些行政法典则的跟踪研究，而行政法咨询机制则是对行政法现象的全面研究，其能够为行政法方方面面的问题提供资料和信息。行

---

① ［美］彼得·G.伦斯特洛姆著：《美国法律辞典》，贺卫方等译，中国政法大学出版社1998年版，第57页。

政法咨询机制与我们通常讲的法律咨询机制的根本区别在于行政法咨询机制是对行政法现象提供资料和信息,而不是就行政相对人或行政主体的某一行政法难题提供法律知识。深而论之,行政法咨询机制是一个从宏观上把握行政法在其运行中出现问题的组织实体,而不是为行政法关系主体提供法律服务的组织。①

(二) 行政法咨询机制的构成

行政法咨询机制在法治发达国家存在于两个体系之下,一是法律体系之内,二是法律体系之外。前者是国家政权体系在法制系统之内特意设置的,如美国的法律研究中心等。后者则是存在于国家政权体系之外的民间咨询机构,如美国的蓝德公司、深蓝公司等也常常为政府法制提供咨询。如果我们把上列两个方面的行政法咨询机构的构成综合一下的话,那么,行政法咨询机制应当由下列方面构成。

第一,立法机构中行政法咨询主体。立法机构体系是一个较为复杂的系统,其中有诸多委员会或者其他相关的机构。一些机构负责对立法进行调研,一些机构则负责法律典则的草拟。笔者认为,我们可以在对国家立法机构中设立专门的立法咨询机构,它们的职能可以相对超脱一些,其行为不要带有明显的政治倾向,只负责对有关法律的实现和实施提供资料和信息。

第二,行政系统中的行政法咨询机构。行政权的行使由五个环节

---

① 行政法系统中的咨询应当包括立法问题咨询和执法问题咨询两个范畴,执法问题咨询就是在行政法实施中有关主体对行政法疑难问题提供解决方案的行为。这个咨询在我国已经普遍存在,法律实务部门和一些研究机构都有这样的任务。立法咨询是指对一国行政法体系及其在运行中存在问题提供资料和信息的咨询行为,它的目的和功能在行政法典则和行政法体系方面,主要是为行政法的发展和完善提供有效资料。显然,我国有关行政法的立法咨询还没有建立起来,本书所讲的行政咨询就是从行政立法咨询的角度言之的。

构成,即决策、执行、咨询、信息、监督等。① 每一个环节都是行政权行使机制中不可缺少的,那么,是否根据这些环节建立相关的行政机构,一直是一个有争议的问题。即是说,我们是否将行政权的行为中五个不同的职能予以分开,使不同的机构承担不同的职能呢？在笔者看来,行政机构的职能划分是相对的,这种相对性决定了行政机构的设立不一定与智能的划分完全对应。但是,行政管理中的咨询作为行政管理的环节是较为特殊的,其相对较为独立,其他几个方面的环节都在一定程度上依赖于咨询机构。基于此,笔者认为,在行政系统中建立咨询机构不但不会影响行政权行使的连续性,反而会使行政权行使的其他环节较为完善。行政法咨询机构显然不能与行政管理的环节对应起来,显然与行政管理中的咨询环节不是同一意义的概念,但我们通过在行政系统中建立一个行政法咨询机构的创意,必然会使行政法治的问题在行政系统中得到全面的资料和信息。并为行政立法的自我完善提供一手资料。

第三,研究机构中的行政法咨询机构。在研究院所设立行政法咨询机构既不会有体制上的障碍,又是现代行政法治的必然。②

第四,其他纯粹社会性的行政法咨询机构。西方一些发达国家,有诸多存在于民间的信息提供和咨询机构,这些机构不从事其他行为,专门提供相关的信息,显然,它们基本上都是商业机构,提供信息是一种有偿的市场经营活动。由于这些机构笼络了大量的人才,并有着丰富

---

① 参见贾湛、彭剑锋主编:《行政管理学大辞典》,中国社会科学出版社 1989 年版,第 236 页。

② 我国的行政研究机构已经相当多了,如高等院校中的行政法院系、行政法研究中心,还有各地的行政法学会等等,然而我国的这些机构在行政法一般问题的研究上是起到积极作用的,但它们在行政法咨询方面的作用则是比较小的,这既有体制上的原因,也有其他方面的原因,如何发挥这些机构的行政法咨询职能是我们应当引起注意的问题,否则,就会促成学术研究咨询上的浪费。

的信息提供的经验,因此,它们的咨询常常都是非常可信的。我们知道,1950年美国出兵朝鲜时,蓝德公司就可以为军方提供了一个非常好的咨询意见,如果当时美国接受了这个咨询意见,其就不会在"一个错误的时机、一个错误的地点,打了一场错误的战争。"[①]我国民间近年来也出现了诸多这样的高质量具有全方位业务的咨询机构,我国有关部门应不惜经济成本获取这些机构提供的资料和信息。

行政法咨询无论存在于民间还是存在于官方,其职能都在于为行政法的实施和实现提供资料和信息。从这个意义上讲,行政法咨询本身就是行政法分析学的构成部分。笔者本部分是对行政法分析学范畴的讨论,行政法反馈系统无疑是行政法分析学的基本范畴,而行政法咨询又是行政法反馈系统中不可缺少的手段和环节,因此,我们认为行政法咨询问题作为一个范畴,是行政法分析学的构成部分。同时,笔者认为,应当对我国目前行政法的咨询问题进行深入分析,包括在行政立法中信息收集和处理状况的分析,和在行政执法中如何运用行政法信息的分析,等等。

---

① 黄达强、许文蕙主编:《中外行政管理案例选》,中国人民大学出版社1988年版,第83页。

四　方法

あとがき

第十六章　统计的分析方法

行政法分析学中的方法是对行政法问题进行分析时所采用的方法，它不是法律方法论，在这个问题上我们必须有非常清楚的观念。法律方法论是由法律人，即法律实施者和适用者掌握的方法，这个方法对于法律人来讲是十分重要的，正如卡多佐所言："你们所获得的知识，不仅是一些纯粹有关原则、规则和先例的知识。这些东西数量巨大，种类繁多，即便你们利用现代法学院的全部设备以及你们为了掌握它们而展示出全部勤奋和热情，最终还是会发现只能触及它的皮毛。你们学到的更为重要的东西，是以法律方式思考问题的能力——对司法过程借以运行的方法和技术的理解力。事实上，它是一个令人着迷的过程，扑朔迷离，变幻莫测，它的外表千变万化、类别繁多，而且它对胸怀宽广、雄心勃勃的年轻人的心灵、意识和精神的吸引力，也是千差万别。一代又一代新人给他们自己带来新问题，新的问题呼唤着新的规则，需要按过去的规则把它们模式化，但又要适应彼时彼刻的社会需要和正义。你们的任务就是把这些规则表述得条理清晰，我们虽已尽力做好，如今也只能卸下这副重担了。只有集历史学家和预言家于一身的人——把这两种品质融为一个完美的整体——才能圆满完成这项任务。"[1]法律人所应当掌握的这些方法既不是行政法学科中的方法，也

---

[1] ［美］本杰明·内森·卡多佐著：《法律的生长》，刘培峰等译，贵州人民出版社2003版，第155页。

不是行政法分析学中的方法。行政法分析学中的方法由行政法分析者,即行政法问题进行分析性研究的人所掌握,其运用于行政法问题的分析过程中。这个方法与其他任何方法一样是不受固有的定式所制约的,即是说,凡是经常用来分析行政法问题的方法都是行政法分析学的方法。但是,就行政法分析学的研究过程和分析过程来看,一些基本的方法是这个学科所应当具有的,而且其具有一定的独立性。笔者认为,行政法分析学中最为基本的方法有五个:一是统计的分析方法;二是证明的分析方法;三是综合与分解的分析方法;四是解释的分析方法;五是经验的分析方法。这五个方法作为一个整体共同构成了行政法分析学的方法论体系。当然,在这五个基本方法之外,其他方法若能够解决行政法实施和实现的问题也是行政法分析学的方法。正如笔者在本书第一篇所言,方法和方法论本身就是应当受到原则限制的。正因为如此,现代自然科学和社会科学取得的所有有效的方法和方法论都可以在行政法分析学中找到地位。

统计的分析方法是行政法分析学中最为基本的方法。统计一词在希腊文中为"status",其在词源学上的意思是反映国家情况的材料。那么,如果从这个原始意义出发的话,统计的方法就应当是收集、分析与国家有关情况有关的方法。统计的这一辞源学上的独特含义,使我们能够将这个貌似自然科学中的独特方法完全有理由运用到社会科学中来。在权威性的哲学辞书中对统计方法是这样定义的:"一种收集、处理、分析资料数据的数学方法。统计把研究的对象称为总体,总体的一个成员称为个体,从总体中选取的一部分个体称为样本。统计方法就是讨论如何抽取样本,如何从样本来推断总体的情况。通常把它分为取样和推断两类:取样是指如何从总体中选取样本;推断是指取得样本后如何处理分析,作出相应的判断。很明显,这两者的关系是极密切的,取样问题比较复杂和难以处理,传统的统计方法往往只是考虑推断。取样的方法可以是非随机的或随机的,不论用哪种取样方法,都是想用少量的人力物力取得有足够代表性的资料,以便作出可靠的判断。"①从这个定义可以看出,统计的方法是与数学研究有关的,即运用有关数和数学的原理对所研究问题的把握;统计方法中包括对总体与其部分关系的认识,这个认识也许是形式上的,但离开了总体与部分关系的分析,统计的方法就不会得出很好的结论;统计方法中包括了抽样和取样的问题,即在统计中有关样本的选择不可缺少;统计的最终后果是得出一定的结论,就是对所统计和分析的问题形成判断,这就是统计方法的基本内涵。毫无疑问,统计方法并不高深和复杂,其中并没有在专职自然科学家的作用下才能进行的种种主客观限制。换句话说,只要具有一般的知识结构和学术研究的素养就可以运用这个方法。

那么,这个方法在我国行政法学研究中的状况如何呢?笔者认为,我国传统行政法教科书和学科体系都没有普遍使用统计方法,即便在外国学者的行政法学研究中也很少使用统计的方法。有些学者在对行政法学方法进行概括和归类时,也将统计方法排除在行政法学方法论之外。② 由于缺少统计的方法,行政法中的一系列问题都只有抽象意义的概念和某种价值导向。美国学者在研究公共舆论对政府政策的影响时指出:"在一个国土面积 350 万平方英里、人口 2.8 亿的国家,人们理解公共舆论这样空泛和模糊的东西,很大程度上通过民意测验实现的。不过,民意测验只能提供一个关于人们在想什么的大概情况,因为测验结果受很多因素的影响很大,尤其是问题的次序及其语言表达的方式。电话访问时由于缺乏社会情境同样也会导致很多问题的答案十分可疑。因此,如果仅仅依赖民意测验的话,很难知道就某一议题而

---

① 《自然辩证法百科全书》,中国大百科全书出版社 1994 年版,第 547 页。
② 目前行政法学研究方法中尚未有人将统计的方法作为一种专门的研究方法来看待并予以运用。

言,公共舆论到底怎样。讽刺的是,民意测验对权力精英们却最有价值,他们对民意测验的结果进行分析,以决定如何在字词、句子和形象上包装他们力图推行的政策。民意测验甚至可能被用来制造一种民众倾向于这种或那种政策的印象,虽然事实上并不存在一个对该议题的固定的公共舆论。另外,就如同一位公共关系专家所说的那样——通过划定公共辩论的界限,以及影响记者对政策进行报导的方式,民意测验僵化和结构化的特性可能缩小了公共讨论的范围。在对政治家最为有用的一个问题上,民意测验的效果最佳,那就是:不同群体的人们在下一次选举中将投票给谁?"[1]这个论断实质上是对某种价值判断之抽象性结果的担忧。换言之,如果能够以一定的方式对民意测验进行统计并分析统计结果,舆论对政策的影响就是一个可以充分把握的实在问题。行政法学以及政府的行政法后续工作中对于统计方法的疏漏,其后果是非常严重的。例如,我国的行政法典则中的冲突究竟有多少,这些冲突的数量是否足以危害行政法治,等等。如果我们没有统计,那么,在这个问题上我们的发言就是苍白无力的。试设想一下,一国行政法体系中的冲突只是极个别的现象,我们还有必要对这种冲突大书特书吗?反之,如果一国行政法体系中的规范冲突占到了50%以上,甚至更多,我们还能够对这样的法治状况不问不闻吗?显然,我国学者中研究行政法规范冲突的并不在少,但似乎没有一个人能够用统计的方法指出规范冲突的数量,也正因为如此,这个问题就没有引起立法部门和行政部门的重视。

由此可见,只有当我们能够用数量的方法说明行政法问题时,行政法学才算是一个优美的学科,行政法治也不会像我们目前这样茫然。

---

[1] [美]威廉·多姆霍夫著:《谁统治美国》,吕鹏、闻翔译,译林出版社2009年版,第254—255页。

行政法分析学中的统计方法不单单是行政法学研究的问题,其更是一个关系到行政法运用的问题,即统计应当体现于行政法实现的过程中。事实上,一些法治发达国家的法律实现机制中,统计是一个基本的法律问题,正如有学者在点校《新译日本法规大全》中指出的:"统计报告,含13个规范性文件。其中具有统计组织法意义的是明治二十七年(1894年)颁行的'定统计主任之件',规定'以主管编制各省院厅之统计或报告之大臣官房或局课之高等官为主任统计。常与内阁统计局协议,以图事务之便利。'国情统计由明治三十五年(1902年)颁行的'调查国势之件'规定,'调查国势,每十年在国内施行一次。调查之范围方法及经费,由国库与地方分担。'其他具体统计,如人口统计、内政事务报告、土木、税务、农商务分别由明治三十一年(1898年)的'人口统计材料统计规范',明治二十三年(1890年)的'内务报告例',明治三十二年(1899年)的'应经由土木监督署之禀伺及报告等事项之指定',明治三十六年(1903年)的'税务统计台帐制作规程',明治二十七年(1894年)的'农商务统计报告规程'等述明。通过这些规范性文件,厘定了统计事务的组织、人口统计、内务报告和农商务统计报告的具体规则,明确统计法在国家经济行政管理中的地位与作用。尤为值得提及的,如在'人口统计材料征收方法审查报告书'中规定:'户籍吏管掌之簿册,为国之公簿册,无论何人,皆能阅之。'明确统计资料的公开性原则,民众平等地享有阅览统计资料的权利,这些规范均突破封建法的秘密性与等级性,体现近代法制的特色。"[1] 从这个角度观察,统计是关系到法律实现的基本手段。上面是我们对统计方法内涵的解读以及我国行政法学研究中统计方法现状的评价。

---

[1] 南洋公学译书院初译,上海商务印书馆补译校订:《新译日本法规大全》,王兰萍点校,第4卷,点校前言,商务印书馆2008年版,第2—3页。

一、行政法典则的统计

（一）行政法典则的纵向统计

　　行政法典则统计的统计方法是行政法分析学中的基本环节。一定意义上讲，对典则进行统计既是行政法分析学方法论的适用范围，也是方法论的具体运用。所谓行政法典则的纵向统计是指对行政法典则体系从排列顺序上所进行的统计。我们前面已经讲过，我国行政法是一个金字塔式的结构，从行政法律乃至于宪法一直排列到政府规章甚至于行政规范性文件。作为统计方法在典则体系分析中的运用来讲，必须把握行政法体系的总体构成，这既是指将行政法典则作为一个整体事物进行的统计，也包括对各个领域行政法典则状况的统计。这个统计如果离开典则的实质性内容，仅进行典则形式上统计的话，统计方法的运用将是非常简单的，我们只需要将不同层次行政法立法机关制定的典则的量算出来即可。然而，这种形式的统计对于行政法体系和行政法治的把握并没有太大意义。因此，我们将统计方法运用于分析行政法的典则时，我们必须考虑诸多实质性内容，如典则与事态的关系等。总体上讲，行政法典则的纵向统计由下列方面构成。

　　第一，法典总体的纵向统计。行政法典则存在于行政法体系乃至于整个国家的法律体系之中。行政法典则的总体与行政法典则体系不是同一意义的概念。行政法典则体系是指一国行政法体系的总体构成，包括行政法中正式渊源和非正式渊源的构成等。在一国行政法体系中，正式渊源与非正式渊源的数量统计是对行政法体系的分析。由于我国是行政成文法国家，非正式的行政法渊源还没有得到法律制度的普遍认可。至少到目前为止，我国还没有一部行政法典对行政法非正式渊源作过界定,也没有对行政法非正式渊源的类型作出列举,更没有对不同的非正式渊源的效力等级作出排序。因此,我们此处所讲的典则总体的统计是对正式的行政法渊源而言的。一方面,我们应当统计出不同层次的行政法正式渊源在行政法体系中的数量,如法律层面的行政法典则有多少,其在行政法典则体系中占有多大的比重,行政法规的数量有多少,其在行政法规范体系中所占的比重,规范性文件的总体数量有多少,其在行政法体系中所占的比重,等等。我国是成文法国家,因此,行政法典则体系中的上列统计并没有难度,而且这个统计只是一个法律形式的统计,遗憾的是就连这个法律形式的统计我国行政法学研究中也并没有完成,我国政府法治部门似乎也没有作这样的针对性工作。

法律体系总体的纵向统计是要把握行政法典则体系在形式和实质两个方面的结构性,这其中有诸多的可供选择的分析样本。孟德斯鸠指出:"人类受到种种法律的支配。有自然法;有神为法,也就是宗教的法律;有教会法,也叫做寺院法,是教会的行政法规;有国际法,可以看做是世界的民法;——在这意义上每个国家就好比一个公民;有一般的政治法,表现人类创造了一切社会的智慧;有特殊的政治法,关系每个特殊的社会;有征服法,是建立在一个民族想要、能够或应该以暴力对待另一个民族这种事实上面;有每一个社会的民法,根据这种法律,一个公民可以保卫他的财产和生命,使不受任何其他公民的侵害;末了,有家法,这是因为社会分为许多家庭,需要特殊的管理。因此,法律有各种不同的体系。人类理性所以伟大崇高,在于它能够很好地认识到法律所要规定的事物应该和哪一个体系发生主要的关系,而不致搅乱了那些应该支配人类的原则。"[①]这说明,我们在对行政法典则作总体

---

① [法]孟德斯鸠著:《论法的精神》(下册),张雁深译,商务印书馆1982年版,第173页。

上的纵向统计时,典则的样本选择有很多进路,例如,行政法典则体系中有关行政相对人权益的典则主要分布在哪一个层次的行政法规范之中,其具体数量有多少。奥斯丁指出:"准确意义上的法,具有命令的性质。如果没有命令的性质,无论何种类型的法,自然不是我们所说的准确意义上的法。从广义的角度来看,法包括了准确意义上的法,以及非准确意义上的法。我们可以将这些广义而言的法,相应地划分为如下四类:一、神法或者上帝法,即上帝对人类设定的法;二、实际存在的由人制定的法,即我们时常迳直而且严格地使用'法'一词所指称的规则,这些规则,构成了普遍法理学的真正对象,以及特定法理学的真正对象。三、实际存在的社会道德,也即实际存在的社会道德规则,或实际存在的社会伦理规则;四、隐喻意义上的法,或者比喻意义上的法,亦即人们仅仅在隐喻或比喻的意义上使用'法'一词所指称的对象。"[1]在行政法体系中以正式法文本出现的典则与以法规命令出现的典则都可以成为统计的对象。

第二,法典规制事态的纵向统计。行政法典则中的人与事是两个不可缺少的组成部分,即是说,任何一个行政法典则都离不开人这个存在物,例如,《中华人民共和国建筑法》第 13 条规定:"从事建筑活动的建筑施工企业、勘察单位、设计单位和工程监理单位,按照其拥有的注册资本、专业技术人员、技术装备和已完成的建筑工程业绩等资质条件,划分为不同的资质等级,经资质审查合格,取得相应等级的资质证书后,方可在其资质等级许可的范围内从事建筑活动。"第 29 条规定:"建筑工程总承包单位可以将承包工程中的部分工程发包给具有相应资质条件的分包单位;但是,除总承包合同中约定的分包外,必须经建

---

[1] [英]奥斯丁著:《法理学的范围》,刘星译,中国法制出版社 2002 年版,导论,第 2—3 页。

设单位认可。施工总承包的,建筑工程主体结构的施工必须由总承包单位自行完成。建筑工程总承包单位按照总承包合同的约定对建设单位负责;分包单位按照分包合同的约定对总承包单位负责。总承包单位和分包单位就分包工程对建设单位承担连带责任。禁止总承包单位将工程分包给不具备相应资质条件的单位。禁止分包单位将其承包的工程再分包。"这两个条文中有些"人"是直观的,如"专业技术人员",有些"人"则是隐含的,如"设计单位"、"承包单位"等。任何一个行政法典则也都离不开一定的事,例如,《中华人民共和国森林法》第26条规定:"各级人民政府应当制定植树造林规划,因地制宜地确定本地区提高森林覆盖率的奋斗目标。各级人民政府应当组织各行各业和城乡居民完成植树造林规划确定的任务。宜林荒山荒地,属于国家所有的,由林业主管部门和其他主管部门组织造林,属于集体所有的,由集体经济组织组织造林。铁路公路两旁、江河两侧、湖泊水库周围,由各有关主管单位因地制宜地组织造林;工矿区,机关、学校用地,部队营区以及农场、牧场、渔场经营地区,由各该单位负责造林。国家所有和集体所有的宜林荒山荒地可以由集体或者个人承包造林。"第35条规定:"采伐林木的单位或者个人,必须按照采伐许可证规定的面积、株数、树种、期限完成更新造林任务,更新造林的面积和株数不得少于采伐的面积和株数。"这两个条文中的事是非常多的,如"植树造林"、"个人承包造林"、"森林采伐",等等。行政法典则中的"人"与"事"是典则的较小单位,它们共同构成了"事态",而一个行政法典则就是针对一个或一类或一些行政事态的。这样就使典则与事态的关系成为行政法分析中不可或缺的东西,对典则与事态关系的统计就成为另一统计内容。卢梭指出:"为了规划全体的秩序,或者说为了赋予公共事物以最好的可能形式,就需要考虑各种不同的关系。首先是整个共同体对于其自身所起的作用,也就是说全体对全体的比率,或者说主权者对国家的比率;而这个比率,我们下面就可以看到,是由比例中项的那个比率所构成的。规定这种比率的法律就叫做政治法;并且如果这种法律是明智的话,我们也不无理由地称之为根本法。因为,如果每个国家只能有一种规划秩序的好方法,那么人民发现它之后,就应该坚持它;但是,已经确立的秩序如果很坏,那么人们为什么要采用这种足以妨碍他们美好生活的法律来作为根本法呢?何况,无论在什么情况下,人民永远是可以做主改变自己的法律的,哪怕是最好的法律;因为人民若是喜欢自己损害自己的话,谁又有权禁止他们这样做呢?第二种关系是成员之间的关系,以及成员对整个共同体的关系。这一比率,就前者而言应该是尽可能地小,而就后者而言又应该是尽可能地大,以便使每个公民对于其他一切公民都处于完全独立的地位,而对于城邦处于极其依附的地位。这永远是由同一种办法来实现的,因为唯有国家的强力才能使得它的成员自由。从这第二种比率里,就产生了民法。我们可以考虑到个人与法律之间有第三种关系,即不服从与惩罚的关系。这一关系就形成了刑法的确立;刑法在根本上与其说是一种特别的法律,还不如说是对其他一切法律的制裁。在这三种法律之外,还要加上一个第四种,而且是一切之中最重要的一种,这种法律既不是铭刻在大理石上,也不是铭刻在铜表上,而是铭刻在公民们的内心里,他形成了国家的真正宪法。它每天都在获得新的力量,当其他的法律衰老或消亡的时候,它可以复活那些法律或代替那些法律,它可以保持一个民族的创制精神,而且可以不知不觉地以习惯的力量代替权威的力量。我说的就是风尚、习俗,而尤其是舆论;这个方面是我们的政论家所不认识的,但是其他一方面的成功全都有系于此。"[1]上列四种关系是卢梭从社会关系的角度对法律典则(包括行政法典则)与事态关系的分析。这个理论上的分析为我们进行

---

① [法]卢梭著:《社会契约论》,何兆武译,商务印书馆1982年版,第72—73页。

统计提供了样本，即我们可以以关系形式为样本统计行政法典则体系中事态的数量，典则与事态对应的数量。这一统计在西方一些国家的行政法学研究中已经广泛采用了。例如，美国关于放松管制的行政法典则就有比较精确的数字统计。①

第三，法典设计制度的纵向统计。行政法典则是由条文堆砌起来的，没有条文的行政法典则几乎是不存在的。② 不言而喻，行政法条文与其他部门法的条文一样，都是较为冗长的，我国每部规范政府行政行为的行政法典则最少的也有35个条文(《中华人民共和国国家赔偿法》、《中华人民共和国行政处罚法》则有119个条文)。行政法对社会事态的调整从一定意义上讲，是要对某一方面的行政管理进行简化，这种简化既是法律的本质特征之一，又是法律调控社会关系中的技术。那么，如何用冗长的条文将社会管理关系予以简化呢？有效地办法就是用法律典则设计一定的制度，使人们通过制度了解条文的含义，了解政府在某一方面对社会进行控制的方式。然而，行政法典则对制度的设计是一个严肃的法律问题，不是任何一个典则都可以随意设立这样和那样的制度的。因此，从总体上统计行政法典则设计制度的情形就是必须的。有学者就对私法设计的总的制度作过这样的概括："关于私法三分法的最后一种观察，由该雅斯所提出而为查士丁尼所着重，即认为法律之全体可分为属人的部分，属物的部分，属诉讼的部分。有许多次曾经指出，它并无理性的价值，因为它并不根据于法律关系的基本性

---

① 参见宋世民著:《美国行政机构改革研究》,国家行政学院出版社1999年版。
② 依《中华人民共和国立法法》的规定,哪怕是规章这样的行政法典则也都应当有一定的结构,其中最小单位应当是条文。这也可以从其他国家的行政法典则中看到。但是,我国有些行政法典则却不一定有条文,至少不一定有法律形式的那种条文。例如,我国国务院的政策性行政法规范,常常由一些部分构成,每一个部分或者有一些段落,或者有一些问题,2004年颁布的《全面推进依法行政实施纲要》就很具有代表性。这种现象是我国行政法体系的一个特色。

质,而有把家族关系并入私人权利,把遗传并入财产权利,把程序并入行为法则的弊病。但三分法对于制度前来源之法律区分,却有很大的历史价值。"①可见无论多么复杂的私法典则,其在制度设计上难以超出三个范畴,即属人的部分,属物的部分和属诉讼的部分。我国行政法究竟设立了哪些制度是需要我们进行统计的,这个统计对于提高一国行政法治的质量是不可取代的。

第四,法典有关行为规则的纵向统计。斯宾诺莎揭示了法律规则形成的原动因:"要一个人永远对我们守信,那是很笨的,除非我们也竭力以使我们所订的契约之违犯于违反者害多于利。这件事对于国家之形成应该及其重要。但是,假如人人可以易于仅遵理智以行,能够认清对于国家什么是最好的与最有用的,就会没有不断然弃绝欺枉的人……。但是并不是所有的人都不难只循理智以行;人人都为其快乐所导引,同时贪婪、野心、嫉妒、怨恨等等盘踞在心中,以致理智在心中没有存留的余地了。所以,虽然人们以作出诺言表面上好像是信实的样子,并且答应他们要践约,若是后面没有个什么东西,没有人能绝对信赖另一个人的诺言。人人有天赋之权以作为,不履行契约,除非有某一更大的好处的希望,或某一更大的祸患的恐惧以羁勒之。"②该论点虽然有些极端,但它说明人类需要行为规则予以规范的事实。行政法典则无疑存在非常普遍的行为规则,我们完全可以说,在所有部门法中,行政法典则所确立的行为规则是最多的,甚至超过了其他部门法之总和。几乎每一个部门行政管理的行政法典则都设立了一系列的行为规则,例如,交通运输方面能够设立行为规则的行政法典则就有若干部类,如道路交通安全、公路、铁路、航空、航运,等等。而每一个部类又有

---

① [意]米拉格利亚著:《比较法哲学》,朱敏章译,商务印书馆1940年版,第202—203页。

② [荷]斯宾诺莎著:《神学政治论》,温锡增译,商务印书馆1963年版,第136页。

至少数十个以上的具体典则。行为规则与行政法典则有着密切联系,有些行政法典则只能设置这样的行为规则,而不能设置那样的行为规则,反之亦然。那么,行政法典则体系的纵向关系中,行为规则是如何设计的就需要统计。

(二) 行政法典则的横向统计

行政法典则的横向结构与行政法典则的纵向结构是两个认识论范畴的东西,后者是对行政法体系金字塔构造的认识,前者则是对行政法体系不同板块的认识。在其他部门法中,横向的排列和组合关系也许不太重要,因为,一些部门法就只有一个或一些典则。而行政法则不同,横向排列十分要紧,因为行政法典则的部门如同蜘蛛网一样交织在一起。其中一个板块的认识不足或在实在法中的失衡都会影响到整个体系的功能。因此,统计的方法也存在于行政法典则的横向分析中。

第一,行政法涉及部门的统计。行政法涉及的领域在一国的行政法制度和行政法典则中是应当有所规定的。然而,综观各国行政法典则和体系,几乎没有一个国家用一个行政法典将行政法涉及的部门规定下来。实在法上的空缺究竟出于什么原因我们不得而知,也许可以从行政法哲学的角度去解释这个问题。对行政法分析而言没有必要去探讨实在法不予规定的原因,但行政法分析学必须对一国行政法涉及的部门进行统计。在西方一些学者的研究中已经注意了这个问题,例如,德国学者平特纳就将行政法作了普通行政法与特别行政法的区分。不过,其所指的普通行政法是就行政法的一般理论而言的,而不是在一般意义上对行政法部门的划分。其所讲的特别行政法则是对部门行政法的认识,他认为德国的特别行政法是指:"地方法规、警察法;公务员法和其他公职法规;经济行政法和营利事业法;建筑法和计划法;道路法和交通法;教育法、青少年法和文化法;社会法和救济法;卫生法;税务行政法;财政和预算法。这些领域之间不存在清晰的界限,而是如公路网络一般相互交错。普通行政法如同民法典的总则部分是从行政法各个领域中抽象出的一般学说。特别行政法中某些领域与普通行政法联系甚微,而自成一体(特别是税务行政法与社会保障法)。"① 这可以说是对行政法涉及部门的统计。同是对德国行政法的认识,而汉斯·沃尔夫则对行政法涉及的领域采取了另一个认识路径。其从政府行政权的类型认识行政法涉及部门的划分。他对行政活动作了下列分类:一是内部、中间和外部行政;二是秩序行政、给付行政、计划行政、可持续发展行政、后备行政、经济行政;三是私法行政和公法行政、羁束行政和裁量行政等。在第二个分类中其对每一个行政作了解释,如解释给付行政和担保行政:"给付行政是指为共同体成员提供或者改善生活条件,通过给付直接或者间接的协助或者追求利益的行为。另外,还包括以间接方式建设公共设施、提供服务或者与行政机关合作的机会、共同执行行政任务等。具体而言是:(1)基础设施行政。指通过各种设施为共同体成员整体提供工业技术文明的基本发展条件,例如,交通、通讯、能源、教育等。目前还没有有关基础设施行政的定义,这也许是多余的,因为这种特殊的给付行政有待进一步发展。基础设施行政通常是指为全体或者若干社会成员提供政策性给付的设施和措施,如计划、财政支柱和建设、维护或者发展有关的设施。公众对经济和社会结构的需要决定了社会国家和以生存照顾为表现形式的公共行政。(2)担保给付行政。指为了实现共同福祉,以管制、参与或者监督等形式为设施建设提供各种保障。它与基础设施行政的区别在于将行政任务限于协调,限制使用干涉有关设施和给付的行政措施,设置放弃执行性、事务

---

① [德]平特纳著:《德国普通行政法》,朱林译,中国政法大学出版社1999年版,第3—4页。

性或者强制性的管理人物。就此而言,担保给付行政实际上是协调行政和监控行政,是行政任务的私有化或者公共行政的松动化的相应表现形式。(3)社会行政。指为共同体成员个人提供预防性的生存保险,尤其是社会保险、社会保障和社会救助。(4)促进行政。指为了实现特定的商业、经济、社会、环境或者文化的政策目标,采取措施改善特定生活领域的结构,如提供补贴刺激经济增长。就此而言,促进行政实际是刺激行政。(5)信息行政。指通过提供设施、数据和其他知识促进或者简化交流、行政活动和决策过程,提高行政的透明度,构筑'信息社会'。给付行政可能构成强制和侵害,例如设定成员义务或执行设施使用规章,并非——像通常理解的那样——是侵害行政的对称概念。给付只能在特定的条件下提供,可能构成对第三人的负担,例如,给竞争对手提供的补贴。截然划分给付行政与侵害行政是不可能的。给付行政的形式多种多样,可能采取行政决定的形式,也可能采取非正式的事前准备行为形式。"[1]依沃尔夫的解释,行政法涉及部类的划分和统计是一个高深的行政法分析学问题,因为每一部部类的行政法部门中还有诸多具体的划分。我国行政法涉及部门的统计鲜有人专门研究,笔者曾在《行政法教科书之总论行政法》中,初步划分了我国行政法的41个具体部门,这应当说是对我国行政法涉及部门的一种统计。

第二,部门制定行政法的统计。所谓部门制定行政法就是指我国每一个行政管理部门所制定行政法规范的情形。除去行政管理规范性文件的制定行为,我国能够制定行政法的部门包括直属机构以上的国家行政机关。他们大体上有:职能机构有29个,直属机构16个等。上列所有部门行政管理机构制定的行政法典则的数量就需要统计,就一

---

[1] [德]汉斯·J.沃尔夫、奥托·巴霍夫、罗尔夫·施托贝尔著:《行政法》,高家伟译,商务印书馆2002年版,第31—33页。

个部门而言,其制定的行政法典则绝对数的统计并不难,但是,要将所有部门制定的行政法典则都统计出来并作出类型上的划分,就不是一件容易的事情了。① 之所以这样说,是因为我国行政部门的划分不单单是中央一级的,在行政权的行使中,地方政府机关也有职能划分。他们不能直接享有行政立法权,但是,我国地方上能够制定地方政府规章的行政机关,其立法创意都是由职能部门起动的。这样便决定了地方性法规的制定机关和地方政府规章的制定机关的立法行为都是由职能部门决定的。我们以某省五年立法规划的制定为例,其中规划的编制是由某省各厅局级单位提出的,如有关各省农业的规章或地方性法规由农业厅拿出立法规划甚至立法草案,有关公路管理的则由交通机关拿出立法规划和立法草案。由此可见,部门制定行政法的统计是行政法分析学的难题之一。

第三,行政法涉及地域的统计。一国行政法典则与地域的关系至少在我国行政法学界没有引起普遍关注。事实上,行政法典则即便是中央机关制定的也存在地域上的周延与不周延问题。进一步讲,一些行政法典则是面向全国制定的,其能够覆盖每一个区域,另一些行政法典则亦是面向全国制定的,但不一定能够覆盖每一个具体区域。例如,《中华人民共和国草原法》在我国一部分省市就没有客观上的规制力,因为这些省市本身就没有草原,还如矿产资源法、水土保持法等。还有一些行政法典则在制定时就是针对某一个特定地区的,但它仍然是中央层面的行政法规范,例如,有关经济特区的立法,有关沿海开放城市的立法,有关较大城市的立法等都只对个别地方适用。行政法涉及地域适用的不周延问题,从表层观察似乎是无关紧要的。但是,若以行政

---

① 据统计,仅从规章制定情况来看,其数目也是庞大的,如从 2007 年 1 月 1 日—2009 年 12 月 31 日,三年内商务部就制定规章 23 件;卫生部 14 件;农业部 27 件。

法理观察其必然涉及到立法成本问题、法的效力范围问题、法对社会关系调控的质量问题，等等。基于这一点，我们认为，行政法涉及地域同样是需要进行统计的。

第四，区域制定行政法的统计。我国地方政府在一定范围内享有行政法典则的制定权，这就为区域行政法制定的统计提出了问题。一方面，我们要依现行立法体制的状况对享有地方性法规制定权的地方机关和享有政府规章制定权的地方机关制定的地方立法进行统计。如可以以省为单位进行统计，可以以较大的市为单位进行统计，还可以以省政府所在地的市为单位进行统计。这一部分统计是相对容易的，因为仅仅通过法律形式就可以对此作出准确统计。另一方面，对不同区域在立法上的相似性进行统计，例如，东南沿海地方可以作为一个统计单位，中部可以作为一个统计单位，西部可以作为一个统计单位，等等。这样的统计对于行政法学研究而言是较为艰难的，但其所统计的实际效果对于从总体上把握我国行政法治的进程有很大好处。

（三）行政法典则统计技术

统计方法作为一种科学方法是不断发展的，例如，由初期的国家情况的材料收集和分析，发展到19世纪数学理论在统计中的广泛运用以及统计中对概率论原理的运用，使统计有了方法论上的合理说明和依据。随着大工业的发展，统计方法由理论观察方法转变为管理领域的主要手段，如在工业、农业、商业行政管理中得到广泛拓展，并迅速形成了统计方法中的一些分支，其中法学研究中的统计就是统计方法分支化的结果。20世纪50年代以后，电子计算机的技术大大提高了处理数据、整合资料、分析模型的能力，涌现了诸多新的统计方法。例如，在物理学研究中就有了统计规律的概念。"统计规律是指由大量客体或子系统组成的复杂系统所满足的宏观规律，其主要特征是出现不可逆性。子系统或个别客体仍然遵从一定的动力学规律。同时,整个系统的行为可用一批宏变量来刻画。宏变量如能量、压力、体积、温度、液体中某块小体积的流动速度等,其数目远远少于子系统的动力学变量。宏变量遵从的定律也表现为完全确定的数学关系,其中与时间有关的方程,不再保持时间反演不变性。这恰好反映自然界中客观存在的物质运动和演化过程的不可逆性。热力学定律和流体力学方程组是统计规律性的代表。"[①]统计方法的不断发展以及新近出现的统计规律的理论对于我们在行政法典则统计中完善统计技术有很大的启迪作用。在笔者看来,行政法典则统计中下列技术是十分重要的。

第一,规范与事实关系的统计。行政法规范与行政法事实的关系是不可分割的,即任何行政法规的内容都决定于相应的行政法事实,这应当是一个法哲学命题。我们在行政法规范的统计中应当从这个哲学命题出发,寻求规范与事实之间的客观关系。或者说,我们要用统计的方法将没有事实依据的行政法规范列举出来并进行量化。我国的行政法规范由于立法技术上的原因和我国行政法作为公法所具有的一定的纲领性的特点,导致我国行政法规范中有相当一部分并不曾有事实的支撑。[②] 通过统计,我们可以确定一些选择,如行政法典则中没有事实根据的统计,行政法典则中规范与事实完全对应的统计,行政法典则中规范与事实悖反的统计,行政法典则中规范阻滞事实发展的统计,等

---

① 《自然辩证法百科全书》,中国大百科全书出版社1994年版,第548页。
② 我国部门行政管理法中,每一个典则几乎都有一个总则,根据笔者的观察,总则中的条款,除个别外,都是有关纲领性条款。所谓纲领性条款就是指其没有实质性的权利与义务,不可以直接操作,只指明一些抽象行动的方向。例如《中华人民共和国教育法》第4条规定:"教育是社会主义现代化建设的基础,国家保障教育事业优先发展。全社会应当关心和支持教育事业的发展。全社会应当尊重教师。"第5条规定:"教育必须为社会主义现代化建设服务,必须与生产劳动相结合,培养德、智、体等方面全面发展的社会主义事业的建设者和接班人。"这些条文中提到的教育与现代化的关系、教育与接班人、教育与德、智体全面发展的关系都缺乏基本的法律事实。

等,通过这样的选项进行统计,必然能够使统计客观而准确。法律规范与法律事实的关系是法哲学家们关注的基本问题之一,他们常常谈到法律规范的存在基础问题,正如狄骥所言:"不论我们用什么作法律的基础,法律是由一种法律规范即一种命令和禁止所规定出来的。没有也不可能有授予什么的法律,而只有也只能有命令什么或禁止什么的法律。在这里无论法律有什么条文,不过是禁止任何人妨碍他人作出上述的一种行为。这是一种禁止,而不是授予什么东西,我们也看不出对某些人所作的禁止怎么就会构成对他人授予一种权利。……必须经常记住这种基本的观念:客观的法律包含有一种命令或一种禁止,此外就没有别的东西了。因此,如果一个人作出一种实质的行为,而这种行为从其对象和目的来说是符合客观法律的话,那么它即使对他人造成一种损失也是不违法的。但这却不是他行使一种权利的结果,这乃是他不违犯法律的一种结果。行使权利的人不侵害他人,这个古训是错误的。必须说,当人们不违犯法律的时候,既不发生惩罚,也不发生赔偿。但在任何一种形式下,自由抗拒履行一种符合客观法的行为的人,他便违犯法律规范。于是就产生依法申诉,以便制止这种违犯行为。某些人通过声请将处于决定提起依法申诉的地位。"[1]我们如果能够准确地对我国行政法规范与行政法事实之间的关系作出统计,就必然会有利于我国行政法去掉虚的东西,而保留实的东西。

第二,规范外因素的统计。行政法规范外因素的统计不是对行政执法中法外因素的统计,而是对行政法典则所涉及的其他行为准则关系的统计。我们认为,行政法典则是由诸多复杂的成份构成的。在法理学的视野中,行政法典则的构成要素包括自然法的元素,就是从自然

---

[1] [法]狄骥著:《宪法论》,《西方法律思想史资料选编》,张学仁等编译,北京大学出版社1983年版,第626页。

准则上升为行政法准则的那些元素,查士丁尼将自然法定义为:"自然法是自然界交给一切动物的法律。因为这种法律不是人类所特有,而是一切动物都具有的,不问是天空、地上或海里的动物。由自然法产生了男与女的结合,我们把它叫做婚姻;从而有子女的繁殖及其教养。的确我们看到,除人而外,其他一切动物都被视为同样知道这种法则。"[①]在行政法典则中有相应一部分就是这种类型的,例如,《中华人民共和国陆生野生动物保护实施条例》第 23 条规定:"从国外或者外省、自治区、直辖市引进野生动物进行驯养繁殖的,应当采取适当措施,防止其逃至野外;需要将其放生于野外的,放生单位应当向所在省、自治区、直辖市人民政府林业行政主管部门提出申请,经省级以上人民政府林业行政主管部门指定的科研机构进行科学论证后,报国务院林业行政主管部门或者其授权的单位批准。擅自将引进的野生动物放生于野外或者因管理不当使其逃至野外的,由野生动物行政主管部门责令限期捕回或者采取其他补救措施。"

  道德的元素,行政法典则中的一些准则是对固有的道德规则的认可。"法律是福利之标准或均衡,它予人以命令或禁止。它由命令而规定什么所应该作的,因而可以得到均衡,法律的命令同时是积极的消极的。它要求人的尊敬,允许它享有属于他的,禁止他有违犯的行为。福利的平衡,如没有个人及社会人的观念,和人格的原理,决不能成功。在命令与禁止之间,有一容许带,受排斥、命令和禁止所承认,它归根并不需要一种理性法则的公式。一种准许法的可能性,见环境现行法之中,后者取消了禁止而准允独立的权利,或者准许在某种可疑的法律权利中有所行动。因之莫特士狄纳斯的话,法令是绝对的命令,可以指现行法,但仅能一部分应用于哲学法则。当法律最后分析起来是命令或禁止时,

---

[①] [罗马]查士丁尼著:《法学总论》,张企泰译,商务印书馆 1989 年版,第 6 页。

它只是为一个人规定决定的权利的数量和品质,用此权利他可以达到他基本的目的。它建立了个人的'他的必要的范围'。"①而在笔者看来,道德亦是以福利为标准的,即是说,法律和道德在诸多方面是相通的。行政法典则中相当一部分条款就直接由道德准则转化而来,例如,《国家公务员法》关于公务员义务和纪律的规定就是对道德准则的具体化。

科技准则元素,就是体现于科学技术之中的禁止的或提倡的那些行为准则。有关技术方面的行政法规范都有这样的元素,例如,《医疗机构管理条例实施细则》第15条规定:"条例第十条规定提交的设置可行性研究报告包括以下内容:(一)申请单位名称、基本情况以及申请人姓名、年龄、专业履历、身份证号码;(二)所在地区的人口、经济和社会发展等概况;(三)所在地区人群健康状况和疾病流行以及有关疾病流行以及有关疾病患病率;(四)所在地区医疗资源分布情况以及医疗服务需求分析;(五)拟设医疗机构的名称、选址、功能、任务、服务半径;(六)拟设医疗机构的服务方式、时间、诊疗科目和床位编制;(七)拟设医疗机构的组织结构、人员配备;(八)拟设医疗机构的仪器、设备配备;(九)拟设医疗机构与服务半径区域内其他医疗机构的关系和影响;(十)拟设医疗机构的污水、污物、粪便处理方案;(十一)拟设医疗机构的通讯、供电、上下水道、消防设施等情况;(十二)资金来源、投资方式、投资总额、注册资金(资本);(十三)拟设医疗机构的投资预算;(十四)拟设医疗机构五年内的成本效益预测分析。并附申请设置单位或者设置人的资信证明。申请设置门诊部、诊所、卫生所、医务室、卫生保健所、卫生站、村卫生室(所)、护理站等医疗机构的,可以根据情况适当简化设置可行性研究报告内容。"这些条文中的内容都是一些技术准

---

① [意]米拉格利亚著:《比较法哲学》,朱敏章译,商务印书馆1940年版,第189—190页。

则。在现代行政法中一些技术准则直接转化成了行政法准则。除上述外,人们日常生活中的习惯、行政主体的行政惯例等都是行政法的元素。这些元素有些成了行政法的条款,有些则没有成为行政法条款,而继续存在于行政法之外,那么其与行政法究竟保持了怎样的关系,行政法中究竟包括了哪些这样的元素都是需要统计的。此种统计在行政法分析学中的难度虽然较大,但对于行政法治而言其作用不可低估。

第三,动态的统计。古希腊哲学家爱比克泰德认为,一个单一主体即便是在静态的情况下也不具备认知自然的能力。"我们会发现,在我们身上具有的各种能力中,没有一样是能够进行自我认知、自我观察的,所以也就没有一样是能够针对自己的活动表示赞同或者否决的。"①这是一个哲学命题,即真正的认知常常来自于外在的东西,而非内在的东西。行政法典则的统计也是这样,法律主体对其难以有正确认知,他们即使掌握了典则中的一些数据也大多是静态的数据。毫无疑问,静态的数据只能在静态的时间段和部分问题上有意义,对于行政法现象而言,统计必须是动态的,即是说,既要对行政法的现实问题进行统计,也应当对行政法的过去问题进行统计,还应在统计中坚持动态化的原理和方法。我国法律体系中的静态统计并不少,例如,中国法学会2008年就有一个《中国法治建设年度报告》,该报告有一系列统计数字,在立法工作的统计中有:"2008年,中国积极推进科学立法、民主立法。根据经济社会发展客观需要,全国人大常委会通过了7件法律,审议了17件法律草案,国务院制定了30件行政法规,有立法权的地方人大及其常委会制定了230多件地方性法规,朝着2010年形成中国特色社会主义法律体系目标迈出了重要步伐。"②这种统计的直观性、静态

---

① [古希腊]爱比克泰德著:《爱比克泰德论说集》,王文华译,商务印书馆2009年版,第7—8页。
② 中国法学会编:《中国法治建设年度报告》,新华出版社2009年版,第4页。

性较为明显,其很难得出中国法治今后进一步发展的结论。我国有关行政法问题的统计也大多停留在这样的层面上。因此,改善行政法统计技术是行政法分析学构建中不可缺少的部分。

二、行政法主体的统计分析

(一) 行政法主体的名称统计

行政法主体是指参加到行政法中来的人、组织和机关,作为法律主体其是被行政法规范人格化了的个人或组织。在现代行政法中,主体的人格化是非常必要的,也是进行法律调控的手段之一,正如罗杰·科特威尔所分析的:"法人或法律主体——被法律承认由一定权利和义务的'人'——正如怕苏卡尼斯明确地承认的,在某种意义上它是所有法律意识形态的基石。这是一个使法律原理能以错综复杂的方式来解释社会关系的概念。因为法律对人下定义时可以不考虑对经济状况、社会形势以及个人特质的解释所持的各种对抗的观点。例如儿童、奴隶、精神病患者、囚犯或已婚妇女在特殊的社会和时代可以部分或全部地在法律中抹去;他们在订立契约、占有财产、进行诉讼方面仅有被限制的法律能力,他们根本不被当作人来考虑,就像是'无行为能力的人'。这样,穿过历史长河我们可以看到,法律不是仅仅定义社会关系的,而且还定义卷入社会关系中的人的本质,宗教和其他形式的意识形态皆为个性特征服务的。"[①]通过法律典则将介入到法律过程的个人或组织予以人格化,使法律所关注到的是抽象的人或组织,而不是特定的人或

---

① [法]罗杰·科特威尔著:《法律社会学导论》,潘大松等译,华夏出版社1989年版,第144页。

组织,这便是行政法主体的意义。行政法主体是参加到行政法中的人和组织乃至于机关的泛称。它包括行政主体、行政相对人、第三人等相关形态,这三个主体的概念本身是从学理上对不同身份的人所作的人格化处理。即是说,在一个具体的行政过程中,我们所见到的是某某行政机关、某某自然人、某某企事业单位等。我国学界关于行政主体、行政相对人、第三人等概念基本上抽象和概括了行政法主体的类型,对于我国行政法学研究和行政法治的进步起到了积极作用。之所以这样说,是因为如果我们不通过这样的抽象将行政法中的相关主体人格化,就无法搞清楚行政法关系的走向,也无法将行政法中的权利和义务准确地分配下去。例如,在我国行政法中有关公务员的概念就有不少于十几个称谓,如公务员、国家公务员、行政人员、行政机关工作人员、国家机关工作人员、国家公务人员、行政公职人员、国家干部、行政干部、行政管理人员等。这样的称谓在《国家公务员法》出台之前似乎都是合理的。显然,混乱的主体称谓是不利于法律主体承担责任和享受权利的。我国学界关于行政法主体称谓的统一化对行政法的发展具有重要意义。然而,行政法主体进入行政法分析学以后,同样具有进一步研究的必要性,对行政法主体进行统计就是这种研究的一个很好开端。

　　行政法主体的名称是需要进行统计的,行政法学界用行政主体、行政相对人以及行政第三人等概念概括了行政法主体,使这些主体在行政法理论中人格化了。但是,法律理论上的人格化并不能等同于行政法治过程中的人格化。换言之,我国行政法实务中还没有将相关的行政法主体予以人格化。① 正因为如此,行政法主体的统计分析是非常

---

① 我国1989年颁布的《中华人民共和国行政诉讼法》用被告的称谓代替行政机关和其他行使行政权的组织,用原告代替公民、法人和其他能够起诉行政机关的组织,这可以说是一个比较严格地将行政法主体人格化的法律尝试,但是,这个尝试仅仅在行政诉讼阶段有意义,即便在其他行政救济制度中,行政主体的人格化则是另一种情形,如行政复议中的被申请人和申请人等。也就是说,对于整个行政法而言,行政法主体的人格化还没有形成,这也是制约我国行政法治的一个因素。

必要的。我们将从行政法主体的名称、行政法主体的类型、行政法主体的统计技术等方面予以探讨。

行政法主体的名称统计是指对我国行政法治中存在的行政法主体的称谓所进行的统计,我国行政法典则基本上没有将行政法主体的名称予以统一,因此,我们有必要将存在于不同行政部门法中的行政法主体名称统计出来。

第一,行政主体的名称统计。在行政法学界行政主体是形成共识的概念,指"具有管理公共事务的职能,以自己的名义实施公共行政管理活动,并能独立承担由此产生的法律责任的组织。"[1]它的名称似乎也是确定的,即行政机关和法律法规授权的组织。也就是说,我们从理论上将行政法主体的名称统一在行政机关和授权组织这两个称谓之下。然而,在行政法治实践中,行政主体的名称则要比我们的概括复杂得多,我们先看一下有关行政部门法的规定,《退耕还林条例》第6条规定:"国务院西部开发工作机构负责退耕还林工作的综合协调,组织有关部门研究制定退耕还林有关政策、办法,组织和协调退耕还林总体规划的落实;国务院林业行政主管部门负责编制退耕还林总体规划、年度计划,主管全国退耕还林的实施工作,负责退耕还林工作的指导和监督检查;国务院发展计划部门会同有关部门负责退耕还林总体规划的审核、计划的汇总、基建年度计划的编制和综合平衡;国务院财政主管部门负责退耕还林中央财政补助资金的安排和监督管理;国务院农业行政主管部门负责已垦草场的退耕还草以及天然草场的恢复和建设,有关规划、计划的编制,以及技术指导和监督检查;国务院水行政主管部门负责退耕还林还草地区小流域治理、水土保持等相关工作的技术指导和监督检查;国务院粮食行政管理部门负责粮源的协调和调剂工作。

---

[1] 杨海坤、章志远著:《行政法学基本论》,中国政法大学出版社2004年版,第94页。

县级以上地方人民政府林业、计划、财政、农业、水利、粮食等部门在本级人民政府的统一领导下，按照本条例和规定的职责分工，负责退耕还林的有关工作。"在这个条文中就有许多可以成为行政主体的机关或组织，如国务院、西部开发工作机构、林业行政主管部门、地方人民政府、本级人民政府，等等。请注意"部门"与"机关"的概念究竟是不是一回事，我们可以用行政主体的概念代替机关，那么，我们是否还可以用行政主体的概念代替部门呢？代替人民政府呢？等等。这说明，学理上的行政主体用"行政机关"和"授权组织"反映其外延并不准确。在一些行政法典则中使用的概念则更加模糊，如"国家"这一概念究竟在不在行政法主体的概念之下都是需要用统计等方法予以澄清的。《中华人民共和国种子法》第 4 条规定："国家扶持种质资源保护工作和选育、生产、更新、推广使用良种，鼓励品种选育和种子生产、经营相结合，奖励在种质资源保护工作和良种选育、推广等工作中成绩显著的单位和个人。"第 6 条规定："国务院和省、自治区、直辖市人民政府设立专项资金，用于扶持良种选育和推广。具体办法由国务院规定。"第 4 条明确使用了"国家"的概念，毫无疑问，当立法者在使用这个概念时是要求有关的主体在种子管理过程中承担法律责任的，作为"国家"的主体究竟是谁？必须有一个正确的说法，否则，这个法律条文中的权利和义务就无法实现。还有国务院、省、自治区、直辖市人民政府等与一般意义上的行政主体或行政机关是否为同一概念，都是值得探讨的问题。狄骥指出："法律人格和法律主体是意义相同的东西。这是一种纯粹思想的创造物。自知其行为的个人被理解为某种事物的要求者，被了解为自由意志，他行动起来好像是自由的，他当然不是一种法人，一种法律主体。只有在人类思想本身认为他是一种法律主体时，他才是法律主体。法律主体的性质是一种纯粹思想上的概念作用，由于这样并且也只能由于这样，它才是一种法律的现实。这一点肯定之后，个人自己便不是自在地并以本身直接为法律主体的。他也只是因为思想上的概念作用才会这样;他唯有由于人的思想对法所形成的概念才是一种法律主体。"①这种用法律人格框定法律主体概念的理论思辨是很有价值的,但是,法律人格如何将存在于我国行政实在法中的复杂的行政法主体的表达方式统一起来,是一个很大的难题。总之,行政法主体名称的统计是行政法分析中所必须的,如何完成这样的统计是我们在行政法分析中要正确面对的。本著作只将这一问题提出来,具体的统计还须在学科构建中进一步完成。

第二,行政相对人的名称统计。与行政主体的概念一样,行政相对人在我国行政法学界也已经形成共识,指"行政管理法律关系中与行政主体相对应的另一方当事人,即行政主体的行政行为影响其权益的个人、组织。"②这个定义同样是学理上的,即是说我国行政实在法还没有用行政相对人概念代替与行政机关处于相对地位的个人和组织。在行政实在法中,有些典则将这个概念用公民、法人和其他社会组织的概念予以统一。如果这个统一符合行政法治的实际情况,那么,行政相对人名称的问题就简单了。然而,在行政法典则中并不是都用公民、法人和社会组织的概念统一所有的相对人,我们同样可以用行政实在法的规定说明这个问题。还以《退耕还林条例》为例,其关于相对人就有若干名称如:"退耕还林者"(第51条)、"龙头企业"(第53条)、"移民农户"(第54条)、"土地承包经营权人"等。一个行政法典则中就有五花八门的行政相对人的称谓,就整个行政法体系而言的状况便可想而知了。笔者在《行政法教科书》中将行政相对人概括为下列各类,即自然人、企

---

① [法]狄骥著:《宪法论》,《西方法律思想史资料选编》,张学仁等编译,北京大学出版社1983年版,第630页。

② 姜明安著:《行政法与行政诉讼法》,北京大学出版社、高等教育出版社1999年版,第128页。

业、经济联合体、事业单位、社会组织、社会利益集团、外国国家机构、国际组织等。① 从《退耕还林条例》所使用的名称看,笔者所作的上列概括仍然是学理上的。在行政法治中如何运用统计的方法将行政相对人的名称梳理出来是我们需正确面对的问题。

第三,行政相关人名称的统计。雪莱从相对宽泛的角度对法律中人的权利和义务作了讨论:"每一个人必须有权以某种方式进行活动,在这种活动成为他的义务之前,在他应该这样做之前,必须让他这样做。每一个人有权按他的理性去思考;他对他自己有义务进行自由的思考,以便可以根据他的信念来活动。每个人都有权享受无限制的讨论自由。谎言是自己会毒死它自己的蝎子。每个人不仅有权表明他的思想,而且这样做,正是他的义务。"② 这个理论表明,法律关系中权利人的权利不完全是相同的,即权利是可以作出量上的区分的。我们是否能够根据这个理论把行政法关系中量大的权利人称之为行政相对人,而将行政法关系中量小的权利人称之为行政相关人。当然,即使我们不从理论上作这样的区分,在行政法治实践中,第三人的概念还是存在的,只不过在不同的行政法规范中这种第三人的称谓不同而已,有些典则将第三人称之为利害关系人,有些典则则直接称之为第三人。行政相关人的理论在行政法研究中还没有建立起来,其在行政法治中已经是一个非常普遍的现象,因此,对行政相关人的名称进行统计同样非常重要。

(二) 行政法主体的类型统计

行政法主体的类型在行政法学界似乎也已经形成共识,人们将行

---

① 参见关保英著:《行政法教科书之总论行政法》,中国政法大学出版社2009年版,第100—102页。

② [英]雪莱著:《雪莱政治论文选》,杨熙龄译,商务印书馆1982年版,第67页。

政主体作为一个类型,将行政相对人作为一个类型,将行政相关人作为一个类型。但在笔者看来,行政法学界关于行政法主体类型的认识有简单化之嫌。换言之,在行政法治实践中,行政法主体的类型并不这么简单。例如,在行政法治中,立法机关究竟属于哪一种类型,我国立法机关对行政法治而言承担两种职能,一是通过立法行为为其提供行政管理中的规范,二是通过行政监督行为对其行政活动进行一定程度的约束。当立法机关为行政系统提供规范时,它在行政法中算什么样的主体类型,其既不是行政主体,也不是行政相对人,更不是行政相关人。对此我国行政法学界基本上都采取了予以回避的方式。当立法机关对行政系统进行监督时,其是什么样的行政主体类型,我们也无法作出回答。如果我们将行政法主体作上述三种类型概括正确的话,那么,每一个主体之下还有许多的类型,例如,日本行政法学家盐野宏关于行政法主体就有这样一段描述:"与国家及地方公共团体等所谓普通行政主体不同的、在制定法上特别作为行政主体而赋予其地位,故服从特别规范的特别行政主体;根据制定法被委任给行政权限的法人(委任行政);基于公益上的必要而服从制定法上规范的行政主体。"[1]即行政法主体就有三个类型,而其进一步的分析让我们觉得问题更加复杂,即他将特别行政主体的类型又作了细化,其中谈到了特殊法人、公共组合、地方公社等非常特别的特殊行政法主体类型。这足以说明行政法主体类型的统计并非易事,笔者试提出如下统计思路。

第一,以规制对象为标准的类型统计。行政法的规制对象在不同类型的行政法制度中是有所不同的。例如,在控权法的行政法制度中,其规制对象主要是行政主体,而在行政管理法的行政法制度中,规制对象主要是行政相对人。我国行政法是以二元结构为特征的,这就决定

---

[1] [日]盐野宏著:《行政法》,杨建顺译,法律出版社1999年版,第587—588页。

了我国行政法的规制对象较之于其他国家要复杂得多。我们可以根据我国行政法的规制对象对行政主体的类型进行区分，并进而作出统计。行政主体与行政相对人的划分实质上就是以行政法的规制对象为进路的，我们可以依此统计具体的行政法主体的类型。

第二，以规制形态为标准的主体类型统计。行政法对相关社会关系的规制常常是通过设定权利与义务的方式实现的。事实上，行政法典则中的一些是赋权典则，而其他的则是设定义务的典则，我们便可以用权利义务在行政法典则中的地位确定行政法的规制形态。从而对行政法主体作出权利主体和义务主体的类型区分。凯尔森指出："正因为个人的权利只有在与另一人的义务发生关系时才有可能，所以，所有的权利都是相对权利。然而，所有的义务，却只是就个人在对另一个人负有作一定方式行为的义务而论，才是相对的，这另一个人可能是但并不必然是相应权利（狭义的、技术意义的权利）的主体。可是当人们区分绝对义务和权利以及相对义务和权利时，'绝对'和'相对'这些术语却是在另一种意义上了解的。相对义务是指个人具有与一个被指定的人有关的那种义务，而绝对义务则是指个人具有与不定数目的人或其他所有人有关的那种义务。不杀人、不偷窃、不干预别人对其财产的处理，都是绝对义务。一个债务人向其债权人归还借款的义务是相对义务。这种狭义的相对权利就是一个和某些被指定人的义务相应的权利，而绝对权利则引起不定数目的人的义务。典型的相对权利就是债权人对债务人的权利：债权人只能从债务人那里要求归还借款的权利。财产是一个典型的绝对权利：所有权人有要求每一个人不干扰其拥有财产的权利。绝对义务与绝对权利相适应；相对义务与相对权利相适应。"[①]

---

① ［美］汉斯·凯尔森著：《法与国家的一般理论》，沈宗灵译，中国大百科全书出版社1996年版，第96页。

依这个论点权利义务在法律关系中是相对的,但这个相对性的前提还在于权利与义务的区分,也在于权利主体与义务主体的区分。我们用这个原理可以对行政法中的权利主体作出统计,对行政法中的义务主体作出统计。

第三,以其他方式为标准的主体类型统计。行政法关系主体的复杂性超出了我们的想象,当我们用行政法原理统计和分析行政法主体的类型时,我们并不知道行政法主体的类型还有诸多外在因素,其或者存在于行政法典则之外,或者存在于整个法律体系之外,我们从法内对主体类型进行统计必然会遗漏这些外在因素及其决定的行政法主体的类型。有学者对美国高层行政官员的任命作了研究,并得出这样的结论:"总统在人事任命上依赖企业领袖和政策团体的专家,这一点在克林顿和小布什政府身上都可以看出来。克林顿总统的第一任国务卿是洛克希德马丁公司、南加州爱迪生公司和第一洲际银行公司的董事,同时也是卡耐基公司的理事、外交关系委员会的副主席,最后,他还是一名注册的公司律师。第二任国务卿是移民到美国的前捷克斯洛伐克外交官、后来成为丹佛大学的研究生院院长之女,她与一个巨富之家结婚,拥有国际关系的博士学位,为民主党募捐,在多个外交政策团体中表现活跃。第一任国防部长,出生于威斯康星州的一个商人家庭,在就任之前做过教授和长期的国会议员。第一任财政部长从他的牧场主父亲那里继承了万贯家财,然后在德克萨斯州开了一家保险公司。他的接任者是华尔街投资银行高盛公司的一位董事,同时也是卡耐基公司的理事,其在1992年的净资产是5000万到1亿美元。第一任中央情报局局长是一个公司律师,也是马丁公司的董事,这是一家大的军火商,后来同洛克希德公司合并。"①这样的状况几乎成为美国高层人事

---

① [美]威廉·多姆霍夫著:《谁统治美国》,吕鹏、闻翔译,译林出版社2009年版,第330页。

任免的一个潜规则。"小布什政府的高层官员与企业共同体休戚相关的程度更是前所未有。总统本人,毕业于菲利普·安德沃中学、耶鲁大学和哈佛商学院,1977年事业起步时,在他的一位叔叔的帮助下,用从华尔街筹来的钱在德克萨斯州创办了一家小型石油公司——阿尔布斯托公司。这个公司因经营不善被七色公司吞并,后者的老板是老布什的一位朋友,他给了小布什10%的股份,还让他做公司董事会主席。这家公司后来也不行了,被布什家族的另几位朋友开的哈肯能源公司给收购了,小布什又成为新公司的顾问和董事会成员。离开石油行业时,小布什将手中的哈肯公司股份卖掉,获利88.5万美元,他加入了一个他在耶鲁读书时的密友所领导的投资团队,他们收购了一支名为"德州骑警队"的棒球队。同样是这位好友(他后来成为一支名为富裕的纽约民主党人),把小布什推进了银屏公司(Silver Screen)的董事会,这个公司赞助了超过75部迪斯尼电影。1990年,小布什进入凯特航空(Cater air),一家航空供餐企业的董事会,直到它被凯雷集团(Carlyle Group)收购,而布什家族的朋友在这个基金中地位显赫。"①这实质上表明,行政法主体的类型统计只有放在法社会学层面上才能更加科学。这也正是行政法分析学在对行政法问题阐释中的优势。

(三) 行政法主体的统计技术

行政法主体在现代国家政权体系中具有诸多特征,一方面,行政法主体是政治机制的组成部分,其所反映的是一国之内诸政治总体和政治元素之间的关系,作为政治关系其利益特性非常明显;另一方面,行政法主体是法律体系的组成部分,其之所以能够成为合法存在物,都有

---

① [美]威廉·多姆霍夫著:《谁统治美国》,吕鹏、闻翔译,译林出版社2009年版,第331—332页。

实在法上的依据，并通过实在法而获取了法律地位。对于行政法主体的这种多元特性我们应当依马里旦的原理进行认识，他认为："国家只是政治体系中特别的，与维持法律、促进共同福利和公共秩序以及管理公共事务有关的那一部分。国家是专从事于整体利益的一个部分。它并不是一个人或一批人，它是联合成一个最上层的机构的一套制度，这种艺术创造物是由人所建立的，他使用人的脑力和精力，并且如果没有了人，它也就不存在了，但是它卓越地体现了理性，构成一种不具人格的、持久的上层建筑，这种上层建筑的作用可以说在次要的程度上是理性的，因为在其中受法律和一个普遍条例体系约束的理性活动，同我们个人生活中的理性活动相比，是更加抽象、更少掺有经验和个性的偶然因素，同时也更加冷酷。国家并非像黑格尔所相信那样，是理念的最高体现；国家也不是一种集体的超人；国家不过是一个有资格使用权力和强制力，并由公共秩序和福利方面额度专家或专门人材所组成的机构，它不过是为人服务的工具。使人为这一工具服务，是政治上的败坏现象。人作为一个个体是为政治体服务的，而政治体是为作为一个人的人服务的。但人决不为国家服务。国家是为人服务的。"[①]依这个理论国家是一个被想象出来的相对多元的概念，其由若干法律主体和政治实体构成，在现代法治国家，任何一个政治实体若要在公法上取得权益就必须被法律化，或者更深层次地被法律人格化。该理论提醒人们，行政法主体的统计是一个带有强烈技术色彩的行为。为了能够准确地对行政法主体作出统计，下列技术因素是需要予以考虑的。

第一，区分法内主体与法外主体。我国有一些政治实体虽然不是行政法关系主体，但它在行政权的行使中扮演着法内主体的角色。还

---

① ［法］马里旦著：《人和国家》，《西方法律思想史资料选编》，张学仁等译，北京大学出版社1983年版，第676页。

有一些主体是法内主体,其行为却常常是法外行为。这是我国政治过程和法律过程中的一个特有现象,对于这个现象我们在行政法主体的统计中应当予以注意。例如,我国如果能够将法外主体介入行政法的数据统计出来,将这些主体的类型统计出来,那就必然会构造一种新的行政法主体的格局。

第二,区分正式主体与非正式主体。关于国家与法人组织的关系问题,美国学者马季佛有一段经典论说:"国家并不制造法人组织,不过只取缔它的法律性质。团体——有如一种职业结合,或一种信仰相同的集团——的存在,与国家的存在没有关系,而且是在它之先的。大半说起来,国家不能创造它,亦不能毁灭它。国家能解散一个托拉斯,但是至多亦只能变更一种组织的方式,即如此亦且不免有极大的困难,且须在特殊的情形之下。各种大团体在社会的领土之上,与国家本身是一样的土著。国家是否要承认它们,差不多都不是国家所能决定的问题。诚有如梅特兰之所言,国家在事实上是受有束缚而必须承认一般假集团形式而图活动的团体的法人性质的权利与义务的;而且它的正式的承认,对于它们的性质,是没有多大的影响的。那么,国家既不是这些法人组织的创造人,它至少也有高于它们的地位吗?它取缔它们,划定它们的界限,并禁止他们有逾越这些界限的行动;并且遇有逾越范围的情事,还能对它们加以约束与惩处。国家岂不毕竟是它们的主人吗?国家诚然没有优先的地位,它又怎能履行它的统治与调整的职责呢?既只有国家是有强制权力的,这种事实岂不表示它与法人之间是有天渊悬殊的吗?这一项法律上的事实,岂不是反映着一种更深切的真理吗?——就是说一切法人组织都是代表局部的利害关系的,而国家乃是人类的普遍利害关系的保护者与代理者?"[①]这虽然是对国家与

---

① [美]马季佛著:《现代的国家》,胡道维译,商务印书馆1937年版,第440—441页。

一种特殊组织关系的讨论，但它折射出存在于国家之内的政治实体和法律主体与国家的微妙关系，这些实体可以自然生成，也可以由国家所创立，其正式性究竟来源于自然生长，还是来源于国家的创立就是实在法要解决的问题。这就提出行政法主体的显性和隐形的关系问题，显性的行政法关系主体是正式的，而隐形的行政法主体则是非正式的，它们在法律过程中的地位则与其隐形或显性没有必然联系。行政法主体统计中诸如此类都是技术问题。

第三，区分作为个体的主体与作为结构的主体。行政法主体中的一些是单一个体，如自然人、企事业单位。另一些则是结构化的主体，例如，政府行政系统中的一级人民政府和一些职能部门。一级人民政府作为行政主体在行政法治中是普遍存在的，而且这些主体的行政法行为也非常多。作为一级政府的行政主体其实是一个结构化的主体。因为一级政府之中是由若干不同部门构成的，这些部门有的是层级性区分，有些则是职能性区分。个体的行政法主体与结构化的行政法主体在行政法治中的行为方式必然有所不同。在结构化的行政法主体之中，尤其在行政系统内部，本身就存在一个权力分配问题。还如，我国行政系统作为一个整体是不是行政法主体也需要分析，甚至需要以统计的方式对其行政活动作出统计。我国诸多的行政决定是行政系统对整个社会和其他主体作出的，从这个意义上讲，行政系统应当是行政主体的一个特殊形态。行政主体的统计还有诸多方面的问题需要引起注意，托克维尔在对美国政府体制进行研究时试图区分政府集权与行政集权，他指出：''集权是现在人们常用的一个词，但一般说来，还没有人给它下个精确的定义。实际上有两种非常不同的集权，对此必须分辨清楚。有些事情，诸如全国性法律的制定和本国与外国的关系问题，是与全国各地都有利害关系的。另一些事情，比如地方的建设事业，则是国内的某一地区所特有的。我把第一类事情的领导权集中于同一个地方或同一个人手中的做法称为政府集权。而把以同样方式集中第二类事情的领导权的做法叫做行政集权。这两种集权有些地方界限不清,但从总体上来观察它们各自管辖的对象时,便不难把两者区别开来。显而易见,如果政府集权与行政集权结合起来,那它就要获得无限的权力。这样,他便会使人习惯于长期和完全不敢表示自己的意志,习惯于不是在一个问题上或只是暂时地表示服从。因此,它不仅能用自己的权力制服人民,而且能利用人民的习惯驾驭人民。它先把人民彼此孤立起来,然后再个个击破,使他们成为顺民。"[1]这样的探讨实质上具体到美国行政主体的类型问题以及不同主体与社会角色的关系问题,这些有关的理论对于我们统计行政法主体都有指导意义。总之,笼而统之、概而论之的行政主体理论已经很难有效解决行政法治问题,对行政主体及其类型进行统计并作出适当的技术处理是行政法学的趋势之一。

三、行政法执行的统计

(一) 行政执法的总量统计

行政执法与行政立法(广义)之间在逻辑上应当是后果与前因的关系,即行政立法是行政执法的前提,而行政执法则是行政立法的结果,这个逻辑关系从理论上讲是成立的。因为一定的立法必须转化为执法才有实际意义,同样道理,一定的执法是对一定立法的执行。然而,在行政法治实践中,执法与立法是否有必然的对应关系则是需要进行分

---

[1] [英]托克维尔著:《论美国的民主》上卷,董果良译,商务印书馆1988年版,第96—97页。

析乃至于统计的问题。① 行政执法的统计应当有三个范畴,即行政执法的总量统计、行政执法的类型统计和行政执法满意度的统计。

行政执法的总量统计就是指我们对一定时期行政执法行为的总体状况做出数量上的确定和评估。

第一,行政执法总数的统计。行政执法的总数统计在我国官方文件中从来就没有公布过,有关部门是否作过这样的统计我们不得而知。我国是一个法制统一的国家,因此,我国中央执法部门从总体上把握行政执法的数量是十分必要的。可以以一年为单位甚至以一季度乃至一月为单位统计行政执法行为的总数。由于我国行政系统有诸多职能部门或类似于职能部门的行政管理部门。由每一个部门对本系统行政执法行为在一定时期的总量作出统计是完全可行的。我国行政系统和西方实行严格公务员制度的行政系统不同,每一届政府都有自己的任期,在自己的任期之内把握行为的总量应当说是一个基本职责,如果一个行政部门或一级政府在自己任期之内不知道自己完成了多少总量的行政执法行为就应当视为行政失职,因为在其不知晓自己行为的情况下很难说其是负责任的。若每个行政管理部门能够完成自己行政执法的数量统计,作为国家层面的统一统计就不会有障碍。笔者在撰写《行政法教科书》时曾对某市工商和社会保障部门的执法总数作过调查,这些部门对其行政执法的总体情况还是清楚的。如该市工商行政管理局在2001年办理的违反消费者权益的行政执法案件547件,办理的违反产品质量法的案件37件,办理的违反企业经营管理的执法案件5576件,

---

① 我国制定的每一个行政法典则是否都已经得到了执行,每一个行政法的执行行为是否都有一个依据等问题我们似乎还没有专门的统计和研究。单就行政许可而论,国家立法设立的行政许可中有一些就长期以来没有被运用过,有些则常常使用。这说明立法与执法在理论上与在实践中的关系形式还存在较大反差,解决这个问题的方法就在于我们必须用统计的手段将实践中存在的问题揭示出来。

办理的走私贩私案 292 件,办理的违反不正当竞争案件 1180 件,办理的违反广告法的案件 1200 件等,全年行政执法的总数 12762 件。[①] 事实上,每一个行政机关都可以对自己的执法行为作出这样的统计。

第二,行政执法涉及领域的统计。行政执法所涉及的领域不单单是一个行政执法问题,更是一个社会秩序的风向标问题。进而言之,凡是行政执法数量较大的领域,都是社会秩序存在一定阻滞的领域,至少是公众对某一方面行政管理有较多反映的领域。我们知道,我国行政执法部门中,有些机关就常常受到公众的好评,有些机关则常常遇到公众的反对和质疑。我们习惯于将公众质疑的行政执法部门叫做敏感部门。在笔者看来,行政执法中的敏感部门之所以会敏感,与其执行法律的质量不无关系。例如,城市房屋动拆迁近年来就是一些正在发展中的大中城市的社会问题,有关动拆迁部门也成了行政执法的敏感部门,之所以如此,其中一个原因是这些部门的行政执法总量要高于其他部门,还有一个原因就是我国动拆迁补偿中政府利益和公众利益的反差。那么,我们对行政执法的领域做出统计就是规范执法的前提之一。目前这样的统计大多存在于学术研究机构中,即存在于民间,我国政府行政系统关于行政执法的领域的数量统计似乎还没有进行,至少没有向社会公布行政执法分布领域的状况。

第三,行政执法依据的总量统计。笔者曾以"执法的依据为标准"将行政执法分为:"依法律、法规、规章的执行和依规范性文件的执法。在我国现行的立法体系中除宪法因为过于原则还没有成为行政执法的直接依据外,法律、行政法规、地方性法规和行政规章都可以成为行政执法的直接依据。还有大量的行政执法是以规范性文件为依据的。依

[①] 关保英著:《行政法教科书之总论行政法》,中国政法大学出版社 2009 年版,第 495 页。

法律的行政执法指行政执法行为是依据全国人大或全国人大常委会即最高国家权力机关制定的法律而作出的；依法规的行政执法指依国务院的行政法规和地方国家权力机关根据本行政区域的特点和需要而制定的地方立法作出的行政执法；依规章的行政执法则是指依据地方各级人民政府所指定的地方规章或国务院各部委制定的部委规章而进行的行政执法；而依规范性文件的行政执法是指依各类国家行政机关为实施法律、执行政策在法定权限内制定的除行政法规、行政规章以外的具有普遍约束力的决定、命令及行政措施而为的行政执法行为。"[1]事实上，行政执法除了上列依据外，还有其他依据，如依行政法非正式渊源的执法也是其依据之一。行政执法统计中的总量必须考虑执法依据，如可以确立一定时期内多少行政执法行为是依据法律而为，多少行政执法行为是依据规章而行，多少是依据行政法非正式渊源而为，这个总体数字的掌握既是必须的又是十分重要的，因为一国行政法治的状况便可由此而知。

（二）行政执法的类型统计

行政执法的类型划分向来就是一个行政法难题，日本学者室井力在《日本现代行政法》一书中对行政作用作了如下概括：一是行政裁判，二是行政立法，三是行政行为，四是行政调查及行政上的即时强制，五是行政契约，六是行政指导，七是确保履行行政上的义务的手段，八是行政程序。[2] 韩国学者金东熙则概括了下列行政作用：一是行政立法，二是行政计划，三是行政事实行为，四是行政契约，五是行政法上的确

---

[1] 关保英著：《行政法教科书之总论行政法》，中国政法大学出版社2009年版，第496—497页。

[2] 参见［日］室井力著：《日本现代行政法》，吴微译，中国政法大学出版社1995年版，第49—178页。

约，六是行政行为，七是行政程序，八是行政信息公开等。[①] 他们对行政作用的理解各不相同，行政作用的构成不同必然会决定行政执法的不同领域。即是说，行政作用认识上的复杂性必然使我们对行政执法类型的划分及其统计会遇到难题。笔者在《行政法教科书之总论行政法》中用35个标准对行政执法作了类型学上的划分。应当说明的是，划分是为了从理论上全面认识行政执法而作的探讨，这个划分是纯粹学理性的，因为在作出这种划分时没有考虑不同标准所划分类型之间的交叉性和重合性，而这样的交叉性和重合性对于我们进行科学统计是不利的。若仅仅为了从类型学上对行政执法进行统计，那就要求每一个类型与其他类型都具有排他性，即一个执法行为只能归到一个类型中去，若其既存在于此一类型中又存在于彼一类型中，就难作出科学统计。基于此笔者认为，行政执法的类型学统计应当考虑下列因素，或者应从下列类型入手对行政执法作出科学统计。

第一，法律所规定的执法类型统计。有些行政执法是法律作出严格规定的，行政主体只能根据法律的规定实施其执法行为，例如，我国各个部门行政管理都有一个或者一群典则，行政主体对这些典则的执行就属此类，我们可以先对此类典则执行的数量作出统计，如执行《中华人民共和国土地管理法》的行政执法一定时期内有多少，以此类推。

第二，行政主体实施的涉法执法的类型统计。有些行政法典则是由行政系统自己制定的，但行政主体制定这样的典则有一个上位法律上的依据，或者就是上位法的实施细则，如《中华人民共和国文物保护法实施条例》、《中华人民共和国药品管理法实施条例》、《中华人民共和国传染病防治法实施办法》，等等。行政执法中有一部分是由行政主体

---

① 参见[韩]金东熙著：《行政法Ⅰ》，赵峰译，中国人民大学出版社2008年版，第103—297页。

实施的但其又是涉法的，这是行政执法的一种单独形态。我们可以对此作出统计，以确定此一类型的数量。

第三，以行政主体为依据的执法类型统计。此一类型是纯粹从行政主体的角度进行统计的，例如，我们将行政主体作出职能或区域上的区分，再统计每一个这样的行政主体在一定时期实施的行政执法行为。这个划分虽然与前两个类型在一定程度上有交织性，但这个统计是最为基本的。

第四，以行政行为为依据的执法类型统计。这是我国行政执法统计中经常采用的类型划分，即是说，根据我国现行法律所确认的行政行为的类型，统计出每个行政行为被实施了多少次，如行政许可行为每年的实施有多少，一个行政系统实施了多少次。行政许可行为的总量有多少等等。这个统计是较为方便的，但是，由于我国没有统一的行政程序法典，行政行为的分类极其混乱，通过这个统计方法只能对一些主要的行政行为进行统计，而无法将所有行政行为都包括进来。在目前情况下，以行政行为为依据对行政执法进行统计还是有意义的。因为，每一个行政系统一般都有一些主要的行政行为，如行政处罚大多由公安、工商、税务、物价、环保等行政机关实施，行政救助大多由民政部门实施。通过上列四个类型划分并作出总体统计，我国行政执法大体上就可以尽收眼底。

第十七章 证明的分析方法

在本书第八章我们探讨行政法分析学的精髓时指出,行政法分析学的精髓之一是法证实精髓,即通过对行政法的分析必须能够对行政法的相关属性作出证明,以求得行政法典则及其规范中的真与假。基于此,行政法的分析方法中就应当有一个证明的分析方法。所谓证明的分析方法是指我们通过对行政法在实施和实现过程中法律事实和事件的分析能够还原行政法规范的固有状态,还原行政法规范的原貌。行政法规范的原貌与行政法实在是两个概念,即是说,凡是行政法实在不一定都符合行政法的原貌,行政法的原貌不必然与行政法实在相对应,是否对应必须通过行政法事实进行反映。之所以会造成行政法实在与行政法原貌的不吻合,可能会有很多决定因素。

一则,行政法原貌应当最大限度地符合自然法,或者直接由自然法而来。但是,自然法在转化为行政实在法时会遇到诸多滞障因素,一方面,自然法是需要认知的,它不是现成的存在于我们面前的。另一方面,自然法一旦进入立法体制之中就不一定再具有自然的属性,由自然性变为复合性也是有可能的,有时甚至是无法避免的。斯宾诺莎在《神学政治论》中的一段分析对于自然法转换中的人为性理解是有帮助的。"律这个词,概括地来说,是指个体或一切事物,或属于某类的诸多事物。遵一固定的方式而行。这种方式或是由于物理之必然,或是由于人事的命令而成的。由于物理之必然而成的律,是物的性质或物的定义的必然结果。由人的命令而成的律,说得更正确一点,应该叫做法令。这种法律是人们为自己或别人立的,为的是生活更安全,更方便,或与此类似的理由。例如,有一条定律,凡事物碰着较小的物体,其所损失的运动和传给这较小物体的运动相等。这是一条物体普遍的定律。这是基于自然的必然性。一个人记起一件东西,马上就记起与之相似的另一件东西,或本来同时看见的另一件东西。这条定律是由于人性不得不然。可是,人必须放弃,或被迫放弃一些天赋的权利,他们自行约束,有某种生活方式。这是一条给予人事命令的律。那么,虽然我坦白承认万事万物都预先为普遍的自然律所规定,其存在与运行都有一固定的方式,我仍然要说,我方才所提到的律是基于人事的命令。(1)因为,就人是自然的一部分来说,人构成自然力的一部分。所以,凡不得不遵从人性的必然性的(也就是遵从自然本身,因为我们认为自然的作用因人而显)也遵从人的力量。所以这种律的制裁大可以说是依赖人的法令,因为这种制裁主要是依赖人的心的力量;所以人的心知觉事物准确或不准确,很可以说是不具有这种律,但是具有我们前面所说明的那种必然律的。(2)我已说过,这些律依赖人的法令,因为最好是用事物的直接原因来说明事物。关于命运和原因的连续的一般思考,对于我们考量特殊问题,没有多少帮助。不但如此,说到事物的实际上的协调同连结,也就是事物的构成和连结,我们显然是一无所知的。所以,认为事物是偶然的对于处世是有益的,而且对于我们是必要的。关于律从理论上就讲到这里为止。那么,律这个字好像只是由于类推用于自然现象,其普通的意义是指一个命令,人可以遵守或不遵守,因为它约束人性,不使超出一定的界限,这种界限较人性天然的范围为狭,所以在人力所及以外,并没有规定。所以,详细说来,律是人给自己或别人为某一目的立下的一个方案。这样给律下定义是方便的。"①

---

① [荷]斯宾诺莎著:《神学政治论》,温锡增译,商务印书馆1982年版,第65—66页。

自然法与人为法的交织反映到实在法中就是另一种情形,斯宾诺莎进一步说:"但是,因为只有少数人知道立法的目的是什么,大多数人虽然为法律所限制,却无法知道立法的目的何在,立法者为使大众所信守,深谋远虑地另外悬一目的,这一目的与法律的本质所必含的目的有所不同。凡遵守法律的人立法者就许给他们以大家所企望的,犯法的就有大众所恐惧的危险。这样想法尽可以约束大众,就好像马衔着马嚼一样。因此之故,法律一名词主要用于一些人的威权加之于人的生活方式;所以守法的人可以说是受法律的管辖,使他们不得不从。实在说来,一个人因为怕上绞刑架对人无所侵犯,这不能说他是一个有正义的人。但是有一个人因为知道为什么有法律的真正理由与必要,出自坚定的意志自愿地对人不加侵犯,这样才可以说是一个正直的人。我想这就是保罗的意思,他说凡为法律所辖制的人不能因为守法即为一公正之人,因为公正普遍的定义是指尊重别人权利的一种恒常的意志。所以所罗门说(《箴言书》第十一章第十五节):'公正的人做正事是一种乐事,但是坏人做正事是可怕的事。'"① 这表明,实在法一旦被实施就必须再次进行证明。

二则,行政法所反映的是行政权归属主体和行使主体之间的关系,其是行政权归属主体与行政权行使主体的一种约定规则,作为行政权行使主体来讲,其是行政权归属主体所投下的一个成本。依此而论,行政权只有完全符合行政权归属主体的意志才是合理的。但是,在行政法制度中,典则和规范的形成并不像合同的订立那样是在第三者的监督下,或者是在应约方与要约方的平等协商中形成的。各国行政法典则的形成几乎都是在国家政权体系之内进行的,行政权归属主体只以

---

① [荷]斯宾诺莎著:《神学政治论》,温锡增译,商务印书馆1982年版,第65—67页。

转换了的方式介入到行政实在法的制定中。① 那么,制定出来的行政法典则是否是行政权归属主体与行政权行使主体的理性关系形式,在典则内部是无法看清楚的。证明典则的状况就成为行政法分析中的必然。严格地讲,证明是逻辑推演中的一个过程,而不是一个类似于统计方法的科学方法。但是,由于行政法实在与行政法之理想,或者行政法之本来面目是需要通过一定的方式确立其关系的,我们用其他方法来概括这种确立过程的特性似乎都不甚妥当,基于此,笔者认为证明的方法是最能够说明问题的。我们在证明方法中选择了下列一些主要命题作为证明方法的标准,一是统一性,二是实效性,三是民主性,四是进步性。如果行政法实在通过证明能够与这些命题保持一致,其就是合理的,反之,则是不合理的。显然,证明的方法由于是对行政实在法与行政法之本来面目关系的分析,这个分析就必然与行政法的实施和实现有关,既是说一个行政法体系、一个行政法典则、一个行政法规范的理性化与否必须通过其实现而证实之,在其处于相对静态,或者尚无实施和实现的状态下,就无法进行有效证明。这是读者们在领会本章涵义时需要考虑的另一个因素。简而言之,在纯粹行政法规范的状态下,行政法体系和行政法典则是无法得到证明的,只有在行政法分析学的路径下才可以证明行政法实在这一事实。

一、行政法中的统一性分析

(一) 典则内部的一致性

法的统一性是一个主权国家法律制度所必须的,在单一制的国家

---

① 参见关保英著:《行政法的价值定位》,中国政法大学出版社 2003 年版,第 29 页。

结构形式之中通过这种特性的要求则更高一些。行政法的立法权既有纵向上的层级划分,又有横向上的地域划分。前者指除中央机关可以创立行政法之外,地方机关亦有一定的行政立法权。后者指不同地方的国家机关可以根据地区的特性创立行政法规范。这两个特性,尤其后一个特性是否表明,在我国强调其他部门法的一致性时,可以在行政法的一致性上采取另外一个标准。对于这个问题至少在我国只能作出否定的回答。《中华人民共和国立法法》第4条规定:"立法应当依照法定的权限和程序,从国家整体利益出发,维护社会主义法制的统一和尊严。"这是对我国立法统一性在法律原则上所作的限制。由此可见,行政法典则在我国不因层级立法和区域立法的存在而改变它的统一性特质。行政法的统一性实质上是行政法权威性的体现,是公民服从它的重要哲理基础,正如彼得·斯坦所言:"公民遵守法律的默示保证并不是没有任何保留。他们这样假设:法律,至少作为一个整体而言,是对社会有利的,不能因为法律所规定的个人利益和义务不够公平,就以此认为法律违反公平,为了使这个假设成为现实,制定法律的人必须由大多数公民授予权力,这样,制定法律的人所做出的决定就会近似于大多数人的意愿。在这种情况下,可以认为应当接受这样一个初步的推理:凡是经过法律详细规定的,对一切个人都具有约束力。立法者比一般公民更富有知识,因此有能力从整个社会利益的观点出发解决有关的问题。"[①]行政法的统一性首先表现在典则内部的一致性上,一致性问题的提出就是一个非常辩证的问题,我们这样说的理由在于,行政法典则在外在形式上不是"一"而是"多",如行政法典则是"一"的话,一致性的问题也就不会被提出。在哲学史上关于统一与多样的关系认知也经

---

① [英]彼得·斯坦、约翰·香德著:《西方社会的法律价值》,王献平译,中国人民公安大学出版社1990年版,第60—61页。

历了不同的阶段,有学者就曾这样描述哲学中统一与多样的功能:"统一与多样的关系是哲学家不断探讨和争论的重要问题。在欧洲哲学史上,最先明确提出统一(即'一')与多样(即'多')对立的是毕达格拉斯。他把一与多的对立作为他所规定的十对范畴中的一对。但他对统一与多样的理解,不仅是二元论的,而且也是非辩证的、静止的。柏拉图对一与多的论述,比毕达格拉斯前进了一大步。他认为一与多既相互包含又相互转化,统一既是统一又是多样。但柏拉图对统一与多样之间的关系的阐述还不够辩证,因为他不是从统一或多样的必然性中推论出多样或统一,而是一开始就把它们加以并列和结合。黑格尔不满意柏拉图的阐述。他认为'一'是形成'多'的前提,在'一'里已经含有其自身为'多'的必要性;'多'又是形成'一'的基础,在'多'中已含有建立为'一'的必然性;有'一'便有'多',通过'一'自己排斥自己便建起'多',有'多'便有'一',通过'多'自己排斥自己便建立起'一','一'和'多'既是对立的又是统一的。黑格尔对'一'与'多'即统一与多样关系的分析是符合辩证法的。统一与多样既相互区别又密切不可分。统一离不开多样,多样也离不开统一。统一是差别的统一,多样的统一;多样是'一'表现出来的'多',是统一中的多样。统一包含着展开,其自身多样的必然性。多样包含着统摄于其自身同一性的必然性。统一通过多样的形式而存在和表现出来,多样的性质和形式又受统一的制约和规定。统一与多样还依一定条件相互转化,统一就更大的系统而言又是多样的一种表现形式,多样就其自身包含的要素来说又是一种统一。统一与多样的这种辩证性质,使整个自然界成为一个具有无限层次和统摄关系的、纵横交错和相互制约的立体网络体系。"[①]在行政法中应当作出这样的理解,行政法典则一致性的要求是由典则的多样性

---

① 《自然辩证法百科全书》,中国大百科全书出版社1994年版,第548—549页。

决定的,还是大量多样化的典则的存在,我们才需要强调典则之间的一致性,即使说行政法的典则和规范可以保持多样性,但行政法体系则必须保持一致性。笔者认为行政法典则的一致性至少有下列三个方面的要求,这些方面也是对典则内部一致性的证明。

第一,典则是否相互支持的证明。行政法典则无论是全局性的,还是区域性的,无论是中央层面的,还是地方层面的,其相互之间都应当有所支持,即不能存在典则之间相互否定和相互冲突的情形。黑格尔指出:"法一般来说是实定的,(一)因为它必须采取在某个国家有效的形式;这种法律权威,也就是实定法知识即实定法学的指导原理。(二)从内容上说,这种法由于下列三端而取得了实定要素:(1)一国人民的特殊民族性,它的历史发展阶段,以及属于自然必然性的一切情况的联系;(2)一个法律体系在适用上的必然性,即它必然要把普遍概念适用于各种对象和事件的特殊的、外部所给予的性状,——这种适用已不再是思辨的思维和概念的发展,而是理智的包摄;(3)实际裁判所需要的各种前后规定。"①法律形式上的理性,法律与民族精神之适应,法律对象和事件之间的相互联系等都是对规范相互支持的要求,也是规范是否相互支持的测评标准。我国行政法典则之间是否相互支持是需要证明的,这个证明在我国的法律体系内部似乎还没有一个机制。不过,近年来我国司法实践中,一些案件的处理已经使我国行政法规范相互不支持的个案显现出来。一些司法机关本着法制统一的原则有效地处理了相互不支持的法律规范。例如,1993年3月11日,最高人民法院有这样一个复函,即《关于人民法院审理行政案件对地方性法规的规定与法律和行政法规不一致的应当执行法律和行政法规的复函》就解决了法律适用中冲突规范的选择问题。例如,

---

① [德]黑格尔著:《法哲学原理》,范扬、张企泰译,商务印书馆1982年版,第4页。

《×省盐业管理条例》第21条第1款规定:"运输食盐,应当按照规定办理准运证,严禁无证运输。任何单位和个人发现无准运证运输食盐的,应及时向盐业行政主管部门举报。"第2款规定:"违反本条例第21条第1款规定的,由盐业行政主管部门没收违法运输的盐产品,对货主和承运人分别处以违法运输的盐产品价值1倍以上3倍以下的罚款。"而作为上位法的国务院制定的《食盐专营办法》第25条规定:"违反本法第18条的规定,无食盐准运证托运或者自运食盐的,由盐业主管机构没收违法运输的食盐,对货主处以违法运输的食盐价值3倍以下的罚款,对承运人处以违法所得3倍以下的罚款。"显然,上述该省的处罚性条款要严厉于国务院的规定,"违反运输的食盐价值"与"违反运输的盐产品的价值"不是同一意义的概念,后者的范围要大于前者。法院在处理这样的案件时,应当选择上位法的规定。应当说明的是,相互冲突的法律规范以及因此而带来的法律麻烦并不必然要进入到司法程序中。在行政法治实践中,大多数不相互支持的行政法规范或者存在于行政执法之中,或者存在于行政相对人的守法之中。对于此二范畴中的行政法相互不支持就需要我们运用分析学的方法去发现和证明之。

第二,典则是否相互补充的证明。凯尔森指出:"决定另一个规范的创造的那个规范为高级规范,根据这种调整而被创造出来的规范是低级规范。法律秩序,尤其是国家作为它的人格化的法律秩序,因而就不是一个相互对等的、如同在同一平面上所立的规范的体系,而是一个不同的诸规范的等级体系。这些规范的统一体是由这样的事实构成的:一个规范(较低的那个规范)的创造为另一个规范(较高的那个规范)所决定,后者的创造又为另一个更高的规范所决定,而这一(回归)以一个最高级的规范即基础规范为终点,这一规范,作为整个法律秩序的效力的最高理由,就构成了这一法律秩序的统一体。"①这个表达实际上准确地描述了行政法典则体系的上下位规范之间的补充关系。除此之外,行政法体系中不同门类的规范也存在补充关系,如有关税务方面的行政法规范与有关工商管理的法律规范就不能不保持平衡和一致。不同行政法规范的相互补充的前提是任何一个规范对于行政法体系而言只是一个分支或相对较小的部分,它的完整性与行政法体系的完整性通常不是必然对等的。不同规范之间的依赖关系,一个规范与整个行政法体系之间的依赖关系才是最为重要的。再则,行政法典则体系中有实体规范与程序规范之分。不论重实体轻程序的体系状况,还是重程序轻实体的体系状况都会使行政法体系本身不健全。上列范畴的相互支持关系在我国行政法治中同样需要证实,我们可以将不同层次的行政法典则排列在一起,看其是否存在不支持的情形;我们还可以根据行政法调整的部类,将不同部类排列在一起看他们之间是否均衡,②我们可以将我国的行政实体法典则和行政程序法典则排列在一起,并寻求二者之间是否为内核与外壳之关系形式。毫无疑问,我国行政实体法的典则要比行政程序法的典则多出上百倍,至少我们还没有创立出一个能够统摄所有行政程序规则的程序法典,而像一个行政管理部门都有一个能够统摄该领域的行政实体法典。在西方一些发达国家,行政体系中最为显眼的是行政程序法典则,而非行政实体法的典

---

① [美]汉斯·凯尔森著:《法与国家的一般理论》,沈宗灵译,中国大百科全书出版社1996年版,第141页。

② 事实上,我国不同部类的行政法典则之间并非是平衡关系,例如,我国公安行政管理部类的典则,行政法规以上的就有17件,而行政监察部类的典则只有2件,还如,有关税收行政管理部类的典则有16件,而有关商品检验的典则只有4件,有关医药卫生管理的典则有17件,而有关劳动管理的典则只有2件。(参见万鄂湘、张军主编:《行政法官必备法律司法解释解读》,人民法院出版社2008年版)。当然,我们所列举的这些典则的数量只是一个直观,不是说每一个部类之间的典则都要保持相同的数量,但在我国行政法部类中的确存在典则分布不均衡的状况,而典则的不均衡就很难使它们之间存在相互支持的关系形式。

则。笔者这个分析表明,我国行政法典则的一致性是不能被证明的。

第三,典则是否结构化的证明。我国行政法典则体系的结构化是一种什么样的实然状态,我们不得而知,是一种什么样的应然状态,我们更是无法知晓。其根本原因在于我们没有一个理论能够表达我国行政法结构化的状况。当然,《立法法》将行政法规范的位次作了排列,似乎从这个位次中我们能够知晓我国行政法典则体系的应然结构。然而,行政法典则上下位之间的排列只是其结构化的一个方面。作为一种结构,若依系统论原理,一方面必须有若干分层,另一方面必须有相对规范的连接方式,正是规范的连接方式使其内部是一种有序状态。而我国行政法规范内部的连接方式究竟如何呢?我国有学者对我国行政法规范的援用作了系统研究,其概括了我国行政法典则之间规范援用的诸种情形,如实体与程序援用、主法与从法援用、此层与彼层援用、后法与前法援用、行政法与其他部门法援用、单向援用与交叉援用、明显援用与概括援用。[①] 由此可见,我国行政法结构化的特征也不能得到证明。

(二) 执法方式的规范性

行政法之统一性证明除了反映在典则之间的关系上外,还要反映在行政执法及其与典则的关系上,这里存在两个较大范畴的问题,一是行政执法如何对待典则,而是行政执法方式如何在一国统一的行政法体系中保持一致性。就第一个问题而言,其涉及到下列事项。

第一,行政执法中必须保持法律的优先。所谓法律优先是指当行政权和法律发生关系时,以法律规定为先,行政权必须服从法律并不能同实在法相抵触。同时,行政执法对法律的遵守必须有法律上的选择,

---

[①] 张淑芳著:《行政法援用研究》,中国政法大学出版社2008年版,第86—95页。

上位规则有规定的优先选择上位规则。这是保持行政法统一性的有效方法,也是依法行政原理所要求的。

第二,不法之法只能有限规制行政执法。不法之法通常被认为是恶法,所谓恶法是指:"举凡法令中,有侵害人民基本权益者,或不能配合时代进步与条件变迁,而使人民权益受到损害或妨碍人民追求合法权益者,或足以提供政府行政机关为一己之便利,片面恣意行使公权力而违反公平、正义、理性之机会者,或与宪法规定不符或违反宪法精神——民主原则、权力分立原则、法治国原则者,皆足堪任。"[①]行政执法机关如何面对恶法一直是一个有争议的问题。在这个问题上有三种认识,一种论点认为,"恶法亦法",即是说即便是恶法,其作为实在法就具有与其他法律同样的效力,因为恶法是否为法是需要相关的法律审查机关认定的,在审查机关作出认定之前,恶法亦应当由行政执法机关执行之。这个论点还从法的安定性原则出发的,所谓法的安定性就是指一国法律所制定之秩序应当保持它的稳定性,法律一经公布就应当具有确定力和公定力。否则,法律秩序就难以形成,最终由法律之不安定带来社会秩序的不安定。另一种论点认为,"恶法非法",即如果一个法律既与公众权利保护相悖,又与社会进步相悖,在这样的情形下这个法律所规定的状态就应当是无效的。既然恶法不是法,行政执法机关也就没有遵守此等法律之必要,在这中间法的正义性的价值判断要高于法的安定性的价值判断。第三种论点是对上列两论点的折衷。我国台湾学者李震山就是第三种论点的秉持者,他分析道:"若任令行政得执行实质'不法执法',因而明显侵害人民基本权利,或反噬权力分立等宪法原则,恐非良制。在两难困境下,行政机关纵难秉持'执法如果有违正义,应该让法律冬眠'之信念,仍应善用执法技巧,使暂时仍需存

[①] 李震山著:《行政法导论》,三民书局2008年版,第43页。

在之不法之法的恶害尽可能减低。此时宪法中对权力间类似龃龉,实需再斟酌架构足够宽容或犹豫之空间。首先,恐须在公务人员法制中涉及公务员延迟执行不法之法,或质疑上级不法指令之认定空间,并架构针对该争议之快速救济及处理机制(暂时性措施)。再者,在大法官审理案件中,应明白规定释宪之保全制度,让司法有效介入行政与立法之争议。依释字第五八五号解释之见解:'本院大法官行使释宪权时,如因系争宪法疑义或争议状态之持续、争议法令之适用或原因案件裁判之执行,可能对人民基本权利或宪法基本原则造成不可回复或难以回复之重大损害,倘依声请人之声请于本案解释前作成暂时处分以定暂时状态,对损害之防止事实上具急迫必要性,且别无其他手段可资防免其损害时,即得权衡作成在暂时处分之利弊,若作成暂时处分显然利大于弊时,自可准予暂时处分之宣告。'另以释字五九九号解释文:'司法院大法官依据宪法独立行使宪法解释及宪法审判权,为确保其解释或裁判结果时效性之保全制度,乃司法权核心机能之一,不因宪法解释、审判或民事、刑事、行政诉讼之审判而异。如因系争宪法疑义或争议状态之持续、正义法令之适用或原因案件裁判之执行,可能对人民基本权利、宪法基本原则或其他重大利益造成不可回复或难以回复之重大损害,而对所害之防止事实上具急迫必要性,且别无其他手段可资防免时,即得权衡作成暂时处分之利益与不做成暂时处分之不利益,并于利益显然大于不利益时,依声请人之声请,于本案解释前作成暂时处分以定暂时状态。'就该等案件声请释宪期间之停止执行效力,应采原则停止例外不停止之配套,方能发挥其功效。若案件系属于法院,依释字第五九〇号解释:'法官因声请释宪,而裁定停止诉讼或非诉程序后,原因案件已不能继续进行,若遇有急迫之情形,法官即探究相关法律之立法目的、权衡当事人之权益及公共利益、斟酌个案相关情状等情事,为必要之保全、保护或其他适当之处分,以贯彻上开宪法之旨趣。'综上,需有良好的配套措施,特别是有效的急速处理机制,才有条件追求实质法治国理想。若无打破恶法亦法之强烈意识,自然没有积极创造得以实质依法行政之空间之动力,对人民与行政而言,皆非有益。透过合乎民主程序制定之法律仍有瑕疵法律存在之可能性,若完全否定自然法理念,将会动摇法律追求正义的价值体系。吾人似可将自然法理念适度实证化(如人性尊严之保障),加强适用法律一般原则,突破法规则局限性,肯人法体系对道德的开放性。此外,多运用公平正义之理念诠释法律概括条款中之不确定法律概念,强化人民权利救济之功能,但这必须是法文化品质相当高的社会,而且有良好的司法制度,方能日起有功。"[①]笔者认为这种处理执法与恶法关系的方式是可取的,前两种处理方式都不利于行政法治的统一。

第三,执法中立法精神的贯彻。笔者在《比较行政法学若干问题探讨》一文中曾经提到某人民法院在对一个行政案件的处理中如何适用已经滞后的法律,案情是这样的:我国在80年代初期创立了一个政府规章是有关农转非的规定,其对农转非作了严格的条件限制。之所以有这样的严格条件限制,是因为在20世纪80年代以前,农转非对于被转的当事人而言是能够带来巨大利益的,城镇户口是以商品粮为生存方式,国家对商品粮户的居民有多种经济优惠,包括公费医疗,等等。然而,随着我国改革开放的深入,城镇居民再没有商品粮的概念,生活在城市市郊的有地农民要比城镇中的待业人员有更好的生活保障。某市公安局在对市郊某村被征地农民的处置中,采用了强制办理农转非的做法,所适用的是80年代的政府规章。依据这个规章是可以将被征地农民作农转非安排的,因为表面上农转非是给农民带来益处的行为。然而,自90年代以后,郊区农民农转非仅仅意味着其失去了自己的耕

[①] 李震山著:《行政法导论》,三民书局2008年版,第45—47页。

地,此外,再无其他任何利益。这个过时的规章与其调整的社会关系之间形成了代沟,这种代沟使这个典则滞后于时代。这就提出一个问题,即执法者在执行法律时如何领会法律之精神,在这里正义原则应当是至上的,对此罗尔斯有精彩评断:"虽然一个社会是一种对于相互利益的合作的冒险形式,它却不仅具有一种利益一致的典型特征,而且也具有一种利益冲突的典型特征。由于社会合作,存在着一种利益的一致,它使所有人有可能过一种比他们仅靠自己的努力独自生存所过的生活更好的生活;另一方面,由于这些人对由他们协力产生的较大利益怎样分配并不是无动于衷的(因为为了追求他们的目的,他们每个都更喜欢较大的份额而非较小的份额),这样就产生了一种利益的冲突,就需要一系列原则来指导在各种不同的决定利益分配份额的契约。这些所需要的原则就是社会正义的原则,它们提供了一种在社会的基本制度中分配权力和义务的办法,确定了社会合作的利益和负担的适当分配。"①关于执法方式在行政法统一体中的一致性问题我们在前面多处已经作过探讨,在此不作进一步分析。上列这些深层次的行政法问题对于行政法统一性证明既是至关重要的,又提出了一系列新的课题。单就行政执法的依据而论我国行政执法者的法律选择就无法证明法之统一性。因为,相当一部分执法者在执法选择中只选择较低层次的规范和有利于行政系统自身利益的规范。

(三)行政行为的同一性

行政行为同一性是实现行政法统一性的具体环节。可以说,部门执法和地方执法的自主权越大,行政法的同一性就越容易受到挑战,我

---

① [美]约翰·罗尔斯著:《正义论》,何怀宏译,中国社会科学出版社1988年版,第2页。

国行政行为的同一性在市场经济条件下的状况不容乐观,正如笔者注意到的:"行政法律制度化、体系化这一大的社会主义法治趋向还没有得到全面实现,就受到了市场机制、利益多元化、竞争原则的冲击,使本来体系化程度就不高的行政法制受到了强烈的震撼。地方化、区域化、分散化、多样化的行政法制观点几乎占了主导地位。与之相适应行政法制度统一和行政规则亦被忽视。"①我国近年来颁布了一系列行政法文件,专门用以指导和规制行政执法,这些法律典则也强调行政行为的统一性和连贯性,但是,这些典则没有设立行政行为同一性的证明和评估制度,即是说,我国行政行为是否同一,我国现在的行政法体系内是无法证明的。那么,用什么样的标准和法律原则证明行政行为的同一性就是我们必须予以探讨的问题。

笔者认为,行政行为同一性是对行政行为从下列方面所作的要求。

一是义务设定同一。"行政执法中的义务设定统一,要求行政机关和行政执法人员要以统一的义务标准对待同一类型的义务人,不论部门、地区、行政环境等。当然有些客观上的限制因素可以例外。我们认为,大体相同的区域,大体相同的时间段,大体相同的义务行为应在全国范围内有同一的义务设定标准。绝对不能使管理相对一方当事人在不同环境、不同地区对行政法制有完全两样的感受。从客观上讲,义务设定统一的全面实现还须行政法规范乃至法律规定来完成,但就执法人员来讲,至少应保证自己在义务设定行为中的前后连贯、一视同仁。"②

二是权利赋予同一。"行政机关应首先遵循法律,尤其要以 1992

---

① 关保英著:《行政法教科书之总论行政法》,中国政法大学出版社 2009 年版,第 517 页。

② 关保英著:《行政法教科书之总论行政法》,中国政法大学出版社 2009 年版,第 518 页。

年市场经济号角吹响以后,出台的法律,行政法规为行为指南。如果各地行政机关都以这两个主要的行政法源赋予相对一方当事人权利,就会使权利赋予统一在绝大地区得到运用。应当说明的是,各地在地方性法规和地方规章的制定中应谨慎处理行政机关权利赋予行为。甚至有必要限制规章以下行政管理规范性文件对行政机关权利赋予行为的认可。"[1]

三是后果承受同一。法律上的后果一般是指自己的行为触犯了某个法律条文或法律而造成了相应的社会损失对此当事人所应承担的民事上、刑事上或行政上的法律责任。显然法律后果是与当事人的违法行为和损害结果以及由此而应承担的责任联系在一起的。行政执法中,行政机关及其工作人员会每日每时地遇到相对一方当事人违反法律的行为。并且有可能每日每时地追究违法行为者的行政法律责任。尤其与管理对象直接打交道的政府职能部门,其基本职责就是要校正出现的违法行为。行政机关及其公职人员在履行此类管理职能、实施行政行为时与司法部门对于人犯的责任追究有很大的相似性,某种意义上讲,这种行为既是行政行为又是司法行为。其作为一种司法性行为对于当事人社会权益、法律权益乃至政治权益有很大影响。此点表明行政机关的责任追究行为比其它行政行为有更大的敏感性,更大的社会效果和政治影响。因此,相对一方当事人对于法律后果的承受应有统一的标准,这就是行政执法中后果承受同一的基本含义。就行政执法的现状来看,行政处罚、行政强制以及其它行政制裁中的法制不统一多于其它类型的行政行为。以行政处罚为例,由于国家没有统一的行政处罚法典。一些行政机关在实施行政处罚行为时,对于不同地区、

---

[1] 关保英著:《行政法教科书之总论行政法》,中国政法大学出版社2009年版,第519页。

不同地位、不同身份、不同环境等有同一违法者往往采用不同的处罚尺度,如对于同类行为的外地当事人加重处罚,对于该行为的本地当事人则重点保护。市场经济条件下,由于经济方面横向联合的剧增,地区之间的交流日益频繁。个别地区的行政机关或个别行政机关常常制定有地方色彩和狭隘团体利益的土政策。采取对内对外两套标准的手法,结果严重影响了市场经济的健康运行。对于承受后果的同一除了用立法标准来实现外,加强行政人员的经济意识、法律意识也是不能忽视的。

四是裁量尺度同一。行政自由裁量权的理论我们在前面已经提到过,其是现代行政法关注的焦点问题之一,用什么样的标准规范行政自由裁量权,使其在行政法治中最大限度地达到同一是各国行政法要解决的问题,我国行政法中关于行政自由裁量的规定仅仅存在于《全面推进依法行政实施纲要》这个法律文件中,其中规定:"行政机关实施行政管理,应当遵循公平、公正的原则。要平等对待行政管理相对人,不偏私、不歧视。行使自由裁量权应当符合法律目的,排除不相关因素的干扰;所采取的措施和手段应当必要、适当;行政机关实施行政管理可以采用多种方式实现行政目的,应当避免采取损害当事人权益的方式。"这个规定并没有为行政自由裁量权的行使确立实实在在、可以操作的基准。至于具体采用何种基准使行政自由裁量权予以规范是我国行政立法应当解决的,但总体上的要求是行政裁量尺度应当保持同一。

上列行政行为同一性的涵义在行政法治中若要得到实现就需要通过一定的证明机制来保障。笔者认为,下列证明机制是不可缺少的。

第一,前后的同一性证明。行政主体实施行政行为是可以作出时间段位上的划分的,在行政法治实践中,行政行为的时间段位是一个客观存在,即一个行政主体在不同的时间段内实施了相似或不相似的行政行为。其不可能在同一时间段内实施多个行政行为。我们可以以年份确定这个时间段位,也可以以季度确定时间段位,还可以以月份确定时间段位。前后的同一性要求行政主体今年的行政行为应当与去年同样类型的行政行为保持同一,此一季度的行政行为与彼一季度同样行政行为保持同一。我国行政执法常常受到政策精神影响,专项执法、突击执法、集中执法等特殊的执法方式使行政行为不能保持时间段位上的同一性。前后不同的行政行为必然会使行政相对人丧失对行政行为乃至于政府法制的正常预期。因此,行政行为前后同一性的证明是必要的。

第二,区域之间的同一性证明。在科学发展观的理念中有一个理念就是区域之间的协调发展,这个理念之所以会成为科学发展观的内涵之一,在笔者看来,主要原因是我国区域之间诸多方面存在的不协调状态。以行政执法为例,诸多行政行为在不同区域就有不同的行为方式,这可以用为什么一些地区此类行政行为的运用高一些,而另一些地区彼类行政行为的运用高一些来证明。当然,不同行政行为在不同地区的差异只是行政行为不同的一个方面,更为重要的是一个行政行为在一地方是一种行为方式,而在另一地方则是另一种行为方式。例如,同是交通检察行为,在我国不同地区的处罚就有所不同。行政行为区域之间的不同,同样是对行政法统一性的否定。我们应当在行政法体系中建立区域同一性的规制机制,有一套证明理论对此作出有效证明。

第三,部门之间的同一性证明。我国不同部门都有一套自己的执法体系,大多也都有适合自己的执法依据。当然,在每一个部门之上有统一的行政法典则,例如《行政处罚法》、《行政许可法》、《行政复议法》是每一个部门都必须予以适用的,只要每一个部门都严格依一般行政法典则行使行政行为,他们之间就可以实现行政行为上的同一性。然而,不同部门在行政行为的同一性上存在较大问题,以各部门所制定的行政处罚程序规则为例,很多部门就不一样,最终导致不同部门行政行为的不同一。这个问题前些年引起了理论界和实务部门的广泛关注，一些学者用部门保护主义概括这种现象。总之，我们应当在行政法体系中构造一种保持部门行为同一性的制度，应当能够用一种机制对此作出证明。

二、行政法中的实效性

（一）行政法控制行政的有效性

行政行为实效性的概念在行政法学理论中有之，韩国学者金东熙在《行政法》一书中就提到了行政行为实效性的概念，指出："当行政行为的对象没有履行此行政行为所设定的义务时，行政厅根据法律规定，可以自行强制其履行义务；行政厅可以对义务违反者实施一定的制裁（行政处罚）以确保其履行义务。行政厅依据自力强制和制裁力，能够保证行政行为内容的实现，这就是行政行为的实效性。"① 这个理论对于行政行为理论和实务来讲是至关重要的，因为行政行为的其他理论最终都应当落脚到实效性。这个理论作为一种价值理念应当推广到整个行政法的理论之中，也就是说，我们既然能够强调行政行为的实效性问题，我们为什么不从更高层面强调行政法的实效性呢？在行政法分析学的证明方法中，对行政法实效性的证明应当是一个基本的证明方法。笔者将从行政法控制行政的有效性、行政法控制行政相对人的有效性和行政法社会控制的有效性等方面对实效性证明方法予以探讨。

格劳秀斯在《国际法典》中关于法之本质有这样一个论断："霍拉斯曰：'功利者，公理与法律之母也，'斯言误矣。自然法之母，厥为人性，

---

① ［韩］金东熙著：《行政法 I》，赵峰译，中国人民大学出版社 2008 年版，第 178 页。

乐群之念,即生于是,非以他故也。夫遵守契约者,法律之母也,而自然法者,又契约拘束力之所从生,故谓自然法为法律之祖,亦无不可。有人性然后有自然法,有自然法然后有法律。自然法者,集人群为社会,得功利乃益彰。盖造物之意,务使生人脆弱而多欲,非合群不足以图安乐。然法律之作,莫不因缘功利,盖缔盟以合群,订约以定份,其始皆以功利之故,是则负立法之责者,不可不于被治者之利益,三致意也。"①依格劳秀斯的理解,无论自然之法,还是人为之法均以追逐利益为本质。这个理论也成为后来法律功利主义的思想源泉。若以此论推之,任何部门法的实效性是一种客观存在,而这种实效性以功利原则为评判之最高标准,即凡是能够带来利益的法律就是有实效的,反之,凡不能带来利益的法律就是没有实效的。这个理论为我们提供了探讨行政法实效性的思路,即对行政法实效性的探讨必须和有关的利益满足结合起来。这从理论上是讲得通的,但是,若具体到对行政法实效性的测评上则有许多困扰。我们知道,行政法是行政权归属主体与行政权行使主体的约定规则,那么,行政法的功利在行政权归属主体一边是什么状况,而在行政权行使主体一边又是什么状况,即是说,用功利标准证明行政法实效性无法将两主体统一起来,基于此,我们应当将行政法的实效性分而论之。对于行政权行使主体而言,行政法实效性在于能够有效地提供行政权行使的规则,能够有效控制行政过程。这种有效性应通过下列三个方面予以证明。

第一,行政主体法意识的证明。法国学者迪韦尔热对现代官僚体制的权力行使方式作过这样一个分析:"提到有关官僚体制可以削弱权力带来的不平等、依附和统治的看法。譬如,认为法国行政机构的基础主要是不许执政者和下属之间有任何直接关系。处长同必须执行其决

---

① [荷]格老秀斯著:《国际法典》,岑德彰译,商务印书馆1931年版,第9页。

定的客源从无来往。在他们之间存在着中介人，但科员们不能责怪这些中介人，因为他们也必须听命于上级领导人，而后者可以随心所欲地把执行决定的责任推到他们头上。这样，权力便融合于机构之中，机构使权力易于接受，因为机构在下属同上司从不接触的情况下，抹掉了下属对上司的屈辱地位感。"①一则，现代官僚体制中的机构，即一般意义上的行政机构都是行政主体，其与行政权力有着天然联系。二则，他们处在一个体系之中，这个体系在很大程度上带有政治机制的属性。三则，行政机构的诸多意识中权力意识占了上风，即用支配与被支配的思维方式结合上下级之间的关系。那么，就行政法实效性而论，行政主体的权力意识是应当予以否定的，要求行政主体必须具有法律意识。行政法提供了大量行政权行使的规则，也为行政行为确定了具体依据，然而，行政法是否同时塑造了行政主体的法律意识我们不得而知，作为证明的分析方法，就是能够通过有效方式证明行政主体法律意识的状况。

第二，公职人员法信仰的证明。与行政主体相比，公职人员是以个体的身份出现的，其是行政权行使的最小单位。行政系统中有关决策的做出和行为的行使最终都要落到公职人员身上。行政法的实效性体现在他们身上就是对行政法的信仰，或者对包括宪法在内的所有法律的信仰。所谓信仰法律就是从内心深处信仰法律典则和法律规范的内容以及它们所确定的社会关系。公务人员的法律信仰即便在法治发达国家也是困扰人们的一个问题，正如安德森对美国之状况所作的分析："如果说各委员会处于决定立法命运的关键地位，那么选择哪一个委员会来考虑一项议案同样会决定该项议案的命运，就拿关于残疾人搭乘

---

① ［法］莫里斯·迪韦尔热著：《政治社会学》，杨祖功、王大东译，华夏出版社1987年版，第174页。

公共车辆的立法来说，福利委员会倾向于更多地从残疾人的角度考虑这类问题；交通委员会则更多地从运输系统负担的角度考虑问题。这样，有关管辖权的决定将有力地影响立法的结果。议案往往以特殊的方式起草，以达到送交这个或那个委员会考虑的目的，一项法案有关管辖权的具体条款往往会影响该法案列入的各款内容。例如，环境保护论者一直犹豫不决，不能确定是否要设法提出征收污染费而不是制定环境政策规章标准的议案，因为他们唯恐这种改变会引起环境立法管辖权的转移：由通常送交的支持环境保护的各委员会转移到反对环境保护的各税制委员会。"[1]表明公职人员的行为方式首先不是对法律的信仰，而是对其所在整体的利益的信仰。事实上，即便是马克斯·韦伯所讲的现代官僚机构其也应当以法律的信仰为宗旨，因为官僚机构本身就去除了非人格化的东西。深而言之，将现代官僚机构构筑起来的是法律，而使官僚机构处于运行状态的调节剂也是法律，正如清水澄所概括的："官制与法律之关系者，谓以敕令设置官厅之际，法律以某特别之事务，属于官厅之权限，得以敕令废止官厅与否之问题也。格来土、土田谷等诸氏论曰比问题因事务之种类，与官厅之性质，推测立法者之意思而决定。若立法者特别注重官厅之权限，而委任事务之际得以敕令废止之，此时法律委任事务，与其官厅本来之权限，得移转于他官厅。若注重官厅之组织及性质而委任之际，以敕令废止官厅，不许移转委任事务。虽然，此论犹有未尽者，若官厅废止之结果，即处理法律委任事务之官厅，已绝对消灭，必生以敕令变更法律之虞。故不得以敕令废止官厅，若废止官厅，于他官厅处理其事务，则得以敕令废止之。或有谓绝对不能以敕令废止官厅者，若从此说有法律侵官制制定权之虞，故不

---

[1] [美]史蒂文·凯尔曼著：《制定公共政策》，商正译，商务印书馆1990年版，第39—42页。

采之。试再进论管制制定权与法律之关系,凡以法律设置官厅,其官厅之组织权限以敕令定之者,其法律之废止,官厅亦当然消灭与否,亦一疑问。然对此问题,宜以消极的断定,何也,法律规定之结果。惟对敕令使负官厅设置之义务,而后法律废止。不过官厅设置之义务解除。非谓官厅之当然消灭也。然以法律新设之官厅。直接定其组织权限之际,若法律废止,官厅自当然消灭也。"① 处于行政机制中的公职人员信仰法律就是天经地义的。我国公职人员在行政职权的行使中,究竟信仰法律还是信仰其他东西就需要我们用一定的方法进行证明。

第三,行政体系公信力的证明。行政法对行政权控制的核心、控制标准在一些学者看来是对行政公信力的培植和构造。所谓行政公信力是指行政权的行使和运行被社会公众信服的行政状态。一方面,行政公信力是行政权的一种状态,在这种状态中行政系统与社会公众之间保持了相互信任的关系形式。另一方面,行政公信力反映了行政权行使主体和行政权归属主体的理性关系,在公信力已经形成的情况下,社会公众对行政行为的认可是自觉的,行政的强制性已经不再重要。在西方法治发达国家,行政公信力的构造一直是其行政法追求的目标。"毋须岔开去进行讨论,我们就注意到戴维斯开放行政程序,使决策公开并且允许公民参与'一个小规模的民主程序'的愿望。这里,戴维斯反映的是美国的经验,美国的规则制定程序是正式的,并且受特别法或者1946年《行政程序法》管制。该法规定对提议制定的规则进行公告,并规定了公开听证。为利害关系人提供参与听证的机会,所有提出的观点的简要说明构成记录的一部分。'通告和评论'的建议程序适用于非正式的规则制定。……从那时起,美国通过公布两部法律而走得更

---

① [日]清水澄著:《宪法》,卢弼、黄炳言译,政治经济社光绪三十二年(1906年)版,第356—357页。

远,一部是 1966 年联邦《信息自由法》,放开了获得公共文件的途径;一部是 1976 年《阳光下的政府法》,规定了进入会议的途径。笼统言之,在美国,这些规定对于在公共事务中培育一种公开和参与的文化起了很大的作用。"①行政公信力的重要性表明,在我们对行政法进行分析时,对我国行政公信力的证明必不可少,我们应当有一套机制能够测评行政的公信力。②

(二) 行政法保护行政相对人的有效性

行政法对待行政主体与对待行政相对人的进路是有所不同的。在控权的行政法理念和制度之下,行政法对行政主体采取的是控制的理念和进路,对行政相对人采取的则是保护的进路。反之,在管理的行政法理念和制度之下,行政法对行政主体采取的是权利赋予和保障的进路,对行政相对人则是规范和管理的进路。如果一国行政法的确有上列明确的理念的话,情况必然是这样的。我国行政法在计划经济年代下,是以管理为理念和制度模式的,这便决定了计划经济体制下,行政系统的全面干预进路和对行政相对人普遍控制的进路。改革开放以后,尤其我国全面推行市场经济以后,我国行政法模式发生了变化,我们选择了二元结构的模式,即行政法将对行政主体的控制与对社会的

---

① [英]卡罗尔·哈洛著:《法律与行政》上卷,杨伟东译,商务印书馆 2004 年版,第 219—220 页。

② 笔者认为,我国行政公信力的状况仅直观而论是不容乐观的,因为我国行政权的行使相对于其他国家而言其难度要大一些,发达程度也要高一些。在一些国家行政权办不了的事在我国就有办成的可能性。以我国的体育机制为例,举国体制是我国体育机制运行的特征,这种机制能够完成其他国家体育管理部门完成不了的任务,我国行政权的这种强势性在一些事务的处理上很有优势。但是,还应看到,强势的行政权与多变的行政方式是联系在一起的,行政多变性在行政系统内部是无所谓的,但这种多变性进入社会机制以后,就有可能使行政相对人和社会公众失去对行政的正常预期。事实上,我国一些地方政府行政的正常预期率很低,这必然使行政公信力受到阻滞。

管理结合了起来。近年来,我国有关规范政府行政系统的行政法的迅速发展就是例证,因此,我国行政法对行政相对人的主要法律进路应当是保障,而不是计划经济体制下的管理。① 行政法对行政相对人保障的有效性与否同样是需要用分析学进行分析的,在这个分析中证明的方法是最为有效的。行政法与行政相对人的关系在我国尚未有深入研究,毫无疑问,就行政相对人违反行政法与遵守行政法的数量关系来讲,前者无论如何都是占少数的,后者无论如何都是占绝对多数的,如果数据是相反的话,这个国家的行政秩序进而社会管理秩序就不会存在。那么,我们能否用这个数据就说明行政法与行政相对人之间的关系是理性的、和谐的。在笔者看来,我们不能简单地得出这样的结论。因为,行政相对人遵守法律是基于诸多原因的,例如,行政相对人可能因为对制裁的恐惧而遵守行政法,还可能因为对政府权威的盲目服从而遵守行政法。我们说行政法保障行政相对人需要证明,是基于行政法与行政相对人之间的理性关系形式,即行政相对人处于对行政法的理解和认知而自觉地遵守行政法,如果情况是这样,那么,就可以说行政相对人被行政法所保护,进而言之,行政相对人是否被行政法所保护是需要通过下列命题进行证明的。

第一,行政相对人对社会秩序的认同。人们生活在当下的社会中,不论其在认知和行为上多么超脱,都不能离开社会秩序给他的基本定位,包括对其社会角色的定位、对其社会地位的定位、对其在社会中占有的资源的定位,等等。这些秩序大多不是由行政相对人自己选择的,也不是在其参与下形成的。深而论之,既成的、当下的社会秩序的形成,一方面决定于历史,即我们生活于其中的社会机制大多是由历史留

---

① 这个进路与我国新的历史条件下的执政理念也是一脉相承的。我们知道,我国在新的历史条件下的执政理念是以人为本、实现人的全面发展。在这样的执政方略下,行政法对社会个体和组织只能以权利保障为进路。

给我们的,是我们前辈或者先人就已经给我们设计好的,有些秩序可能会追溯至久远时代,有些则是相对较近的前人留给我们的。对于前人留下的这些秩序我们是否有遵守和服从的义务向来是有争议的,托马斯·潘恩在其《常识》一书中就批评了前人为后人设计之制度而使后人不能选择的不合理性。当然,从传统和习惯看,人们对前人留下的秩序之遵从似乎并无争议,这个问题是一个高深的理论问题,我们在此不须再作进一步探讨。另一方面决定于法律制度设计。前面我们已经讲到,一国社会秩序设计的主要部门法是公法,尤其是宪法和行政法。即是说,行政法和宪法将人们当下生活的主要社会秩序都已经设计好,使我们所处其中的社会秩序实质上是一种行政秩序,古德诺指出:"行政法之规则,为完全发表国家之意志者,即向人民可为特别事件或不可为之无条件的形式命令,而犯此规定者处以罚金或禁锢等制裁之条令是也。然于法律之普通分类法,可不谓之刑法,亦可不编入于刑法成典中。盖刑法非如行政法及私法,为由法律之他部区别之之特种法律,乃适用于特定法律之各部,为强行之制裁的法律,已于以前唤起读者之注意矣。然则以保护人权及财产权为目的之刑事上规定,虽编入于刑法成典中,然以确实行政法之强行为目的之刑事的法律,则多与以保护为目的之行政法各部相关联。可散见于条令书中。此可举一二例证明之。试观税关行政法,其条款务必由刑事的规定之形式,即命其输入者及船主,必以某方法为业务,又不可不用某方法登陆其船舶及货物证券,并不可不于某时卸货,不从此规定者则以刑罚胁迫之是也。犯此行政法之规定,必附带以刑罚者,并非减杀其行政的性质,惟为立法部确定其以某方法经营货物输入业务之方法。盖由以上之方法输入货物,则征收输入货物之关税为较易也。又往往有立法部因保护人民,使不生事变,采用同一之方法,总之为警察法律。例如大都会中因不注意之构造与有害卫生之建设所致之火灾疾病,而命个人从某方法建造家屋以避之是也。因使个人强行其从法律规定之方法建造家屋,故破坏此警察法律之条款者,有附加之刑罚。此种警察法律,虽往往由刑事法典加以制裁,以破坏之之行为为轻罪,然不须编入刑事法典中或分为刑法之一部也。此种行政法之规则,其为完全发表国家意志之他一例,则即关于种种间接税赋课征收之行政法诸规则是也。如关税行政法,法律规定一切纳间接税者经营业务之方法,犯其条款则加以刑罚。盖以纳间接税者由法律规定之方法经营业务,则易于赋课征收也,此即由政府购买印纸,帖付于课税品以为纳税之方法。此等仅为从形式的发表行政法规则之一例。各国则皆以其行政法,务为纯然无条件的命令之形式。何则?由直接之命令处罚于犯者,其强行为最易故也。此际适用法律之个人与行政部,冲突之机会绝少,以适用此种法规,不过为搜索犯者监视其行刑罚故也。国家之意,完全表示于法律,行政部仅执行之,殆无任意处分之必要。"[1]可见,社会秩序是行政秩序的一种形式。从行政相对人对待社会秩序的态度直接关系到其与行政法的关系。我们知道,大多数设计好的社会秩序都是在行政相对人没有介入的情况下进行的,行政相对人既没有直接决定社会秩序的状况,甚至也没有在一定社会秩序的设计中发表过什么见解。但是,他们遵守社会秩序的行为取向却是其行为取向的主流,如果他们出于其他原因遵守社会秩序,就不能说其与行政法建立了和谐关系,进而也很难说其与政府建立了和谐关系。因此,必须通过行政相对人认同社会秩序这一事实证明行政法已经对他们进行了保障。换言之,在行政相对人不认同社会秩序和行政秩序的状态下,我们不能认为行政法对他们进行了保障,足见这一证明的重要性。

---

[1] [美]古德诺著:《比较行政法》,白作霖译,中国政法大学出版社2006年版,第256—257页。

第二,行政相对人对法律的忠诚。行政相对人作为社会公众的一个特殊部分和形态,其对法律的态度并不是一个简单问题,从统治权能的角度看,行政相对人忠诚于法律,统治机制就是良好的,因为统治不仅仅构造了社会秩序,还构筑了一国的民族气质和社会个体的精神气质。反之,行政相对人不忠诚于法律,统治机制也就是受到质疑的,统治者除了运用强制手段则别无选择。从社会机制的角度看,行政相对人忠诚法律是社会秩序理性化的衡量标准,也是社会心理机制健康化的衡量标准。正因为如此,有学者也作了这样的论断:"一个道德高尚的人正遵循正义的法律时,他是自愿地这样做的。他自由地选择与法律规定相一致的行为,因为,法律要求他做的事情是他愿意去做的事情,这是基于他自己的认识——他认为正义法律所要求的行为是正当的行为。他是因为该法律的正义性而相应该法律对他具有的权威性,并不是因为该法律的强制力量和蒸发的威胁被迫地去遵循法律。道德败坏的人遵循法律时,他并不是自由地去行动,他是因为缺乏道德意志力因而'只是'迫于法律的强制力量和出于担心为逮住后受惩罚。他抑制住自己而不去犯罪,这种做法是出于压力,而且'只是'一种权宜之计。他'只是'响应法律的强制力量,而不是响应法律的权威。一旦他克服了这种恐惧感,而且认为违背法律只是一个权宜之计时,他这种违法行为也就不再是他个人自由的表示,而是一种放纵的便利。不管是遵守法律规定还是违法,他的行为都是他判断为权宜之计或不得已的结果,而不是他认为这是正义或非正义的结果。在法律和正义方面,实证主义观点把所有的人都看成是处在缺乏道德意志力的人的地位。如果法律无所谓正义或非正义,那么,除了法律的强制力量以外,没有什么可以驱使我们去遵循法律,我们是遵循法律还是违背法律,这种决定完全取决于我们对放纵的便利的考虑。当我们违背法律行事时,我们的善恶观可以不受到任何冲击,而且,如果我们很聪明,甚至这样做了也不会被逮住和惩罚。"①总之,一个社会机制中的道德与不道德、正义与非正义都与作为公众的行政相对人对法的忠诚有关。反过来说,行政法有效性的证明之一就是公众对行政法忠诚的指数。在公众不是出于忠诚法律而守法的情况下,那么,行政法就没有达到保护行政相对人之目的。

第三,行政相对人对行政权威的认可。行政权威并不是行政法范畴的东西,但它与行政法的关系同样非常密切。因为,行政法的实施和实现不能离开行政权威。换言之,在没有行政权威的政治机制之下,行政法的执行中的可靠系数就会相对小些,反之,在有行政权威的政治机制之下,行政法执行中的可靠性系数则相对大一些。这也充分说明了行政法运作中行政法律关系的重要性,即离开了行政法关系,行政法的实施和实现就无法进行,而在每一个行政法关系中都或多或少有行政权威对行政相对人的作用。行政权威是指行政系统在社会公众中的威慑力,或者是其对社会公众的一种主导作用,或者是其对社会公众的一种控制作用。权威与权威的认同是两个概念,即是说,不是所有存在于行政法中的权威都是得到认同的。在行政权威没有被认同的情况下,权威的作用仍然是存在的,但权威可能只改变了行政相对人行为而没有改变行政相对人的心理。毫无疑问,行为常常是一次性的,而心理则不是一次性的,一个心理状态可以派生诸多的行为。由于行政权威是否被认同涉及到行政法对行政相对人保护中的实质性要件,因此,较为明智的权力行使者在塑造自身权威的同时,还常常塑造社会主体对其权威认同的心理机制。作为哲学家和政治思想家的美国第四任总统麦迪逊就曾精辟地说:"以友好协商与理性调停的方式解决分歧,而不诉诸武力,消除对所有国家不利并对自由国家有害的阴谋与偏见,培养独

---

① [美]摩狄曼·J.阿德勒著:《六大观念》,陈珠泉、杨建国译,团结出版社1989年版,第212—213页。

立精神，使其公正而不致侵犯他人权利，使其自重而不放弃自身权利，使其自由而不致沉溺于毫无价值的成见，并使其高尚而不轻视他人，以国家团结作为和平幸福的基础，支持用来巩固联邦的宪法，拥护其原则与权威；尊重国家和人民所拥有的权利，你那是构成整个社会的一部分，也是整个社会得以成功的基本要素。避免干涉合理的权利或宗教，即可免除民事裁决，尽力维护私人权利、人身权利和出版自由的条款；公共开支要厉行节约，偿还公共债务，开发公共资源；在必要范围内保持后备军事力量，时刻不忘受过良好训练的国民军是维护共和体制的坚强堡垒，没有常备军队，自由将遭受危害，大多数人的安全也会受到威胁。提出合理的方案改进农业、工业，以及国内外商业；用类似的方式促进科学发展和知识普及，将其做为真正的自由的最佳滋养品。"[1]

（三）行政法社会控制的有效性

行政法的有效性证明除了对行政主体的控制和对行政相对人保障两个方面外，还必须放在社会机制之中，即通过对社会的控制状况进行证明。行政法与社会公众的关系是行政法分析学关注的焦点问题，也是行政法分析学与行政法学区别的关键之点。若将行政法放置于社会机制之中，我们便会发现其至少有下列社会功能。

一则，行政法能够帮助一国形成社会机制。在一些发达国家，行政法对公用事业的调整很容易说明行政法在形成社会机制中的意义。"公用事业面前人人平等。这项原则只是公民在法律面前、政府面前一律平等普遍原则在公用事业领域的落实，无疑具有重大意义。然而，这项原则并不表明，情况不同的企业就应当服从不同的制度，可参见最高

---

[1] ［美］麦迪逊著：《麦迪逊总统首任就职演说》，《美国总统就职演说》，岳西宽等译，北方文艺出版社，1990年版，第39页。

行政法院1997年3月28日关于巴克斯特案的判决(载Rec.,p.114)。按照平等原则,公用事业对所有用户同样负责,也可以要求用户同样付酬。任何人一旦符合法定条件,便有权获得公用事业提供的各项服务,不得对用户有任何歧视,不得因用户地位不同或共同利益要求不同而导致服务价格不同。关于滥用支配地位来强行规定价格的实例,请参见最高行政法院2002年7月29日的塞热丹案判决(载AJDA,2002,第1072期),由尼善斯基解释。但是,一所音乐学院可以根据使用者或其家庭的收入情况,合法地规定不同价格。关于严重违反平等原则的实例,请参见最高行政法院1999年10月13日关于法国航空公司诉巴黎机场案的判决(载AJDA,2000,p.86,关于调整机场使用费问题)。另一方面,公用事业实际活动诸如营业时间等事项的调整,所有用户均可参加意见,最高行政法院提醒人们注意此事。司法判例还将平等准则扩大到对待公用事业合作者的态度上。"① 这就是行政法形成社会机制的一个例证。现代法治国家的基本社会机制都可以从行政法上找到依据,应当指出,笔者此处所讲的社会机制是广义的,而不是仅指社会行政法所规范的那些社会机制,即是说凡是社会关系形成中的所有相关机制都是社会机制的构成部分。例如,通过税务行政法对税务社会机制的形成,通过交通行政法对交通管理社会机制的形成,等等。而这些行政法通常不包括在社会行政法的范畴之内。

二则,行政法能够促成一国社会的发展。社会发展与法律的关系在法学界认识有所不同,人们常常用法律总是滞后于时代的论点来证明法律对社会发展会起到迟延作用,这个判断在法哲学层面上讲是对的,因为法律必须保持它的程序性和连续性。法律作为人的劳作与社会发展的自然决定是形成反差的,即是说,社会的发展是由法外的自然

---

① [法]让·里韦罗著:《法国行政法》,鲁仁译,商务印书馆2008年版,第457—458页。

因素或者其他人文因素决定的,这些自然因素和人文因素是自然或自发形成的。它们的产生和出现不可以预测,而由人设计的法律常常是根据先前的自然因素和人文因素制定的。这样,人为设计的法律典则之外壳就不能包容活跃的自然因素和人文因素,这样便出现了法律对社会发展的阻滞。然而,这个普遍性命题对于一个单一的行政法典则、单一的行政立法行为而言则不是绝对正确的。就是说,诸多行政法律典则的制定,在其制定过程中以及在后来的生效中都有促进社会发展之功效。正如魁奈所言:"涉及国家整个经济制度的一切有效法律,对国家每年财富再生产的自然进程起着作用;这些法律要求立法者和运用法律者具有非常广博的知识和作非常周密的考虑,其结果必须能明显地说明君主和国家的利益,特别是君主的利益,这种利益必须经常显示出来,以促使君主做好事。幸而君主的利益,只要理解得正确,总是和人民的利益一致的。因此,立法委员会和运用有效法律的法院必须很好地了解法律对国家每年财富再生产进程的影响,以便在决定颁布新法律时,必须知道该法律对上述自然现象的影响。设置国家的精神方面的社团,即知识分子,也必须知道这种影响的梗概。因此政府的第一个实际行动,应该是设立学校来学习这方面的知识。"[1]魁奈认为,行政法典则在其制定过程中,除了一些程序典则外,大多数实体性典则都以促进社会的发展为立法动机,尤其涉及有关社会事务的行政法典则,即便是最保守的立法者也不愿意使自己的立法贴上阻滞社会发展的标签。

三则,行政法能够调适社会过程。社会的发展和运行是在社会过程中进行的,而社会过程与社会冲突等是有机的联系在一起的,即任何

---

[1] [法]弗朗斯瓦·魁奈著:《魁奈经济著作选集》,吴斐丹、张草纫译,商务印书馆1983年版,第400页。

社会的社会过程都有这样那样的矛盾与冲突,行政法常常会根据社会冲突的状况而进行调适。行政法体系中"公物法"的出现就很能说明问题。在行政法发展的初期并无"公物法"的内容,但随着社会的发展,尤其在社会福利普遍化的社会状态之下,公物如何使用就成为人们关注的问题,为了阻止公物使用中的矛盾和冲突,"公物法"就规定了一系列关于公物使用的限制原则,我国台湾学者将这些原则概括为"融通性之限制",指"公物必须直接供公众使用,其融通性受有限制,公物管理机关不得将之私有化。但私有公物(例如既成道路)难得移转所有权,惟就公物既存之权利,于妨碍公物固有目的的范围内,仍不得行使之"①;"强制执行之限制",指"公物,债权人不得为强制执行。惟私有公物,例如'既成巷道',则不妨对之执行,只是拍定人取得公物所有权后,除有特殊情况,仍应作为公物使用。最高法院即认为,'公用物属于私有者,如附以仍作公用之限制即不妨碍原来公用之目的,亦得作为交易之标的物'"②;"取得实效之限制",指"公物是否得为民法上时效取得之标的,学说上颇有争执。通说认为公物即为供公共利用,自不许他人因时效而取得。最高法院72年度台上字第5040号判决认为:'公有公用物或公有公共用物具有不融通性,不过用民法上取得时效之规定。'然公物既不妨为私有,从宪法财产权之'价值保障'观点而言,财产权之保护应包括对公物之时效取得所带来之交易价值。故公物所有权时效取得以后,如未废止公用,只是仍受公用之限制而已。"③"征用征收之限制",指"公用征收仅对私有物因公益特别牺牲以补偿为代价而剥夺私人所有权之制度。公物之征收应从用途之更改着眼。土地法第220条规定:'现供第208条各款事业使用之土地,非因举办较为重大事业无

---

① 李惠宗著:《行政法要义》,元照出版社2008年版,第217页。
② 同上。
③ 同上,第217—218页。

可避免者,不得征收之。但征收只为现供使用土地之小部分,不妨碍现有事业之继续推行者,不在此限。'此条文仅针对行政财产而规定者,换言之,台湾对行政财产是否可被征收系采'限制说'。现属公共用之公物,除先废止其公用外,应不得对公共用公物进行征收,例如将原属道路之土地,改为公园、图书馆用地或学校。"①非常生动地表达了行政法在社会过程中的调适作用。行政法对社会的上列方面的作用,都可以成为证明行政法有效性的标准。

三、行政法中的进步性

(一) 行政法符合自然要素

罗尔斯在《正义论》中指出:"正义是社会制度的首要价值,正像真理是思想体系的首要价值一样。一种理论,无论它多么精致和简洁,只要它不真实,就必须加以拒绝或修正;同样,某些法律和制度,不管它们如何有效率和有条理,只要它们不正义,就必须加以改造或废除。每个人都拥有一种基于正义的不可侵犯性,这种不可侵犯性即使以社会整体利益之名也不能逾越。因此,正义否认了一些人分享更大利益而剥夺另一些人的自由是正当的,不承认许多人享受的较大利益能绰绰有余地补偿强加于少数人的牺牲。所以,在一个正义的社会里,平等的公民自由是确定不移的,由正义所保障的权利决不受制于政治的交易或社会利益的权衡。允许我们默认一种有错误的理论的唯一前提是尚无一种较好的理论,同样,使我们忍受一种不正义只能是在需要用它来避免另一种更大的不正义的情况下才有可能。作为人类活动的首要价

---

① 李惠宗著:《行政法要义》,元照出版社2008年版,第218页。

值,真理和正义是决不妥协的。"①这是一个有关制度价值的论断,笔者认为行政法作为广义制度的内容亦应符合罗尔斯的原理,即行政法应当具有进步性。在行政法学体系中,典则与规范的进步性与否是无法进行分析和评判的,因为行政法学作为对实在法体系的评介,不会涉及法律体系自身的质量。行政法分析学除了要证明行政法的统一性、实效性以外,还必须对行政法的进步性作出证明。行政法的进步性是指行政法典则及其规范其精神气质是积极的、向上的,其应当包含现代社会体系中的诸种正当价值,如正义的价值、民主的价值、平等的价值,等等。因此,行政法还不能与相关的自然因素相冲突,违背自然规律的行政法无论从哪个角度讲都是消极的。基于这些原理,笔者将从行政法符合自然要素、行政法符合社会要素、行政法符合人性要素等对行政法的进步性证明作出探讨。

"罗马的法学家们竟使人类和其他一切动物都毫无区别地服从于同一的自然法,因为,他们宁可把自然法则这一名词,理解为自然加于其自身的法则,而不是自然所规定的法则。或者更确切地说,这些法学家们是从特殊的意义来理解法则这一名词,所以他们在这种场合,似乎是只用法则这一名词来表现自然在所有的赋有生命的存在物之间,为了它们共同保存而建立的一般关系。现代的法学家们则把法则这一名词,只理解为对具有灵性的存在物,也就是说对具有智慧和自由意志,而且在他与其他存在物的关系中最被重视的那种存在物所指定的一种规则,因此他们认为自然法的适用范围,只限于唯一富有理性的动物,也就是说只限于人。"②此论表明,法律在其认知的早期就与自然因素分不开,当然,自然法的基本理论将法的自然属性绝对化了。但是,

---

① [美]约翰·罗尔斯著:《正义论》,何怀宏译,中国社会科学出版社1988年版,第1页。
② [法]卢梭著:《论人类不平等的起源和基础》,李常山译,商务印书馆1982年版,第64—65页。

包括行政法在内的所有法律符合自然因素是一个绝对的命题,不论在哪一个时代对抗自然的行政法其生命力是不长久的。那么,行政法符合自然要素具体内涵究竟如何理解呢？笔者认为下列方面是至关重要的,这些方面也成为行政法进步性的证明标准。

第一,行政法由客观事物本质产生的证明。行政法由客观的行政事态所决定是我们在前面提到的一个命题,即是说,行政法是在相关事态的决定下形成的,其与所决定事态的本质的关联性决定了行政法的状况。凡关联于事物本质的行政法典则和规范就是进步的,反之,凡与所规制事物的本质无关联的典则或规范就是非进步的。当然,黑格尔从较为宽广的视野谈论法律与事态之本质的关系,"自然法或哲学上的法同实定法是有区别的,但如果曲解这种区别,以为两者是相互对立、彼此矛盾的,那是一个莫大的误解。其实,自然法跟实定法的关系正同于《法学阶梯》跟《学说汇纂》的关系。关于本节第一点所列举的实定法的历史要素,孟德斯鸠曾经指出真正的历史观点和纯正的哲学立场,这就是说,整个立法和它的特别规定不应孤立地、抽象地来看,而应把它们看作在一个整体中依赖的环节,这个环节是与构成一个民族和一个时代特性的其他一切特点相联系的。只有在这一联系中,整个立法和它的各种特别规定才获得它们的真正意义和它们的正当理由。"[①]其实,行政法与其事态本质之关系毋须拓展得如此之远,一个具体事态的本质就足以决定一个行政法典则和规范的状态。例如,有关公路管理的行政法规范是以公路作为事态基础的,公路作为一种自然物的本质,公路所具有的自然属性的本质决定了公路行政法的状况。[②] 行政法典

[①] [德]黑格尔著:《法哲学原理》,范扬、张企泰译,商务印书馆1982年版,第5页。

[②] 公路究竟应当具有哪些本质可能是一个有争议的问题,但是,任何人都不能否认公路的最大本质是其畅通性和平稳性,如果公路管理的行政法规范违背了这样一些属性,这个规范就是阻滞进步的,甚至可以归入恶法的范畴。例如,在公路连续设置收费站,并用低下的效率收取费用,使本来能够畅通的车辆一到收费站就拥堵。那么,毫无疑问,公路设卡收费的规则是非进步的。

则符合自然属性的证明是一个技术问题,典则一旦生效就具有确定性和稳定性,这使人们习惯于将即使不进步的典则也误认为是进步的典则。在这里就向我们提出究竟用什么方法做出具体的证明是一个需要探索的问题。

第二,行政法尊重客观事物本质的证明。行政法由客观事物本质中产生,是指一个行政法典则的制定不应当有过多的人为因素。进一步讲,如果客观事物内部已经有某种不成文的规则,那么,这些规则就应当自然而然地上升为行政法规范。例如,电脑病毒日不能开启电脑本是一个由客观事物自行决定的规则,该规则在行政法规范认可之前只是一个自然规则。行政法规范应当将这一规则直接吸纳进来。一个国家的行政法体系中,由自然规则变为行政法典则的情形越多,行政法规范的科学性、进步性就越强。当然,在绝大多数情况下,客观事物内部并不必然有现成的规则,但其内部存在某种必然联系,行政法典则应当最大限度地尊重这种联系。正如梅因所言:"有一个例子非常明显地说明了自然法理论对现代社会的影响,并且声明这些影响是如何的深而且远。我以为人类根本平等的学理,毫无疑问是来自'自然法'的一种推定。'人类一律平等'是大量法律命题之一,它随着时代的进步已成为一个政治上的命题。罗马安托时代的法学专家们提出:'每一个人自然是平等的',但在他们心目中,这是一个严格的法律公理。"[①]即是说平等在包括行政法在内的法律典则中的出现是其尊重人类关系客观性的基础上形成的。

第三,行政法作用于客观事物本质的证明。行政法作用于客观事物之本质是指行政法在人们认知某一客观事态的本质以后,为促成此一事态根据其本质的发展而做的行政法上的规制。行政法的发

---

① [英]梅因著:《古代法》,沈景一译,商务印书馆1984年版,第53页。

展过程就证明了这一点,例如,在行政法中,契约性规则占了相当大的比重,即人们不再用简单的强制方法管理行政事务,而用契约的方法管理行政事务,使行政相对人与行政主体之间建立起平等的关系形式。显然,契约在行政法中的广泛运用是对行政主体与行政相对人理性关系的促进,这只是我们从行政法发展进路上对行政法作用于客观事物本质的分析。在一个具体的行政法调控中,作用客观事物本质的行政法越来越多,例如,有关艾滋病方面的立法、有关强制戒毒的立法等都尽可能依事物的本质而起调控作用。我国行政法与客观事物本质的关系是需要在分析中予以证明的。如果我们对此不作证明,那我们就永远无法把握我国行政法典则和规范的进步性与否。

(二)行政法符合社会要素

"每个人都紧紧地被社会行为束缚着,这一点并不是所有人都很明白的,因为我们已经十分习惯于服从社会规则,以至于感觉不到有什么束缚,就像我们感觉不到某些物理压力(例如地心引力)一样;更因为一般来说,这些规则的特性完全符合我们的思维和感觉方式。确实,留给个人意志的活动范围,哪怕是在最为自由的法律制度中,也是微乎其微的。这种现象甚至在某些法律部门中也有反映,人们往往认为在契约法的范围内,自由是最为完整的。诸多著作家认为在这个范围内盛行的是'意志的自主'。实际上,正如人们有力地说明的那样,这一'自主'只能在最为狭窄的范围内活动,而约束着个人的社会环境则反对任何独特的行动和重要的创新。只有限制性规定——实践中固然重要,但理论上却没有多大意义——可由契约双方自由决定。契约的结构是由集体通过法律或习惯的规定固定下来,一直到该集体改变看法时才会起变化。"①与法律自然属性一样,法的社会属性同样是不可忽视的。法律与一个民族的民族文化有关,与一个国家的历史传统有关,与一个国家所处的发展阶段有关,等等,都说明了法的社会属性。行政法基于其调控的社会关系的广泛性这一事实,其社会性要比其他部门法更加突出。行政法的社会属性要求行政法必须与其所处的社会保持同步才能体现其进步性。那么,从行政法符合社会要素的进步性来讲,应当从下列方面予以证明。

第一,行政法与社会规律一致性的证明。社会规律是指社会发展的客观规律,它与自然规律是相对的。所不同的是,自然界的规律是人们普遍承认的,而社会规律是否有规律性却有不同理论,例如,不可知论就不承认社会内部的规律性。但是,马克思主义经典作家关于社会的规律性却是肯定的,一方面,社会发展有它整体的规律性,如社会矛盾决定社会运动和发展等。另一方面,每一种社会现象的发生都有自己的规律性。有关对纯粹社会关系进行调整的行政法应当符合其所调整之社会关系的规律。各国行政法在一些相同的社会关系的调整上基本上采取了相同的规则,这个事实说明一旦某种社会关系的规律被人们认识,其就成为各国行政法制定的依据。古德诺在《比较行政法》一书中对行政法的一些重要方面做了比较分析,并得出了一些重大行政法问题上各国存有共通制度的状况。例如,其认为:"在宪法国,不能全禁立法部与行政之事业。国家编成之根本的法律,各国无不于最重要行政行为之几分,设立法部施行之条款,即采用分权说之国亦然。则厉行分权主义之一除外例,即以国家负担义务,不可不依立法部承诺或发译规定于宪法是也。有时担负如是义务,政府不能为,必限于有宪法制

---

① [法]亨利·莱维·布律尔著:《法律社会学》,许钧译,上海人民出版社1987年版,第18—19页。

定权者。又列国之宪法,多以政府费用之预算确定权予立法部。凡此行为或以为立法部之行为,或因得其承认而有法律上之效力,不拘其具备法律案之形式与否,其实皆行政的行为也。何则?其通常类似立法部之行为,不如类似行政部之行为之甚也。故虽宪法国,纯然之立法行为,必以行政部形式的公布之。而此则并无须行政部形式上之公布,而始有效力。实际上,亦无形公布之形式者。虽此行为,于其形式,决非行政的行为。故注重于分权说之学者,不称之为实质的条令,而谓之形式的条令。"① 行政法是否与社会规律相一致的前提是我们在制定某一行政法典则时必须对其规制社会关系之规律有所认识,在不认识某社会关系规律的情况下就制定相应的典则,就必然难以保证该典则的进步性。行政法典则调控社会关系失败的比率就是一个非常好的证明。

第二,行政法与社会和谐的证明。所谓行政法与社会的和谐是指行政法与社会保持了一种正向的关系形式。一则,行政法有效地促进了社会和谐,二则行政法与社会处于正当的能量交换中,如社会机制中存在的规则能够很好的转化为行政规则,而行政法规范与社会规范没有实质性的冲突。存在于社会中的道德准则与存在于行政法之中的伦理规范应当是一致的。当然,在政府制定行政法时是否一定要考虑道德的因素则是另一个问题。从行政法规范效力长久性、稳定性的角度考量,任何一个行政法典则和规范都应当有道德基础。依神学大师奥古斯丁的理论,行政法与道德的区别应当是外在规则与内在规则的区别,即是说,行政法是一种外在规则,而道德准则是一种内在规则。行政法是靠国家强力等予以执行和实施的,而道德准则则是依靠人们的自我约束来实施的:"德性自身,不是自然底原始事务,它只是由于学习的结果而承受着这些东西的。纵使它在人类善的事物中有最高的地

---

① [美]古德诺著:《比较行政法》,白作霖译,中国政法大学出版社2006年版,第15页。

位,但它的职责,没有什么别的,只有永久地和恶习作斗争——不是在我们以外的,而是在我们以内的,不是他人的,而是我们自己的——这是一种希腊人叫做'自我控制',我们叫做节制的德性所从事的斗争,这种斗争控制着肉欲而组织心灵趋向恶业。我们一定不要幻想在我们自身没有恶习,因为如使徒所说的:'肉欲之所欲,反抗心灵',而相对于恶习,又有一种相反的德性;这位使徒不是又说吗?'心灵之所欲反对肉体。'他又说:'它们彼此相敌,使我们不能够愿做我们愿做的事情'。……我们在现世里无论如何不能够达到至善的。让我们靠上帝的帮助,至少做到这样的事情:去阻止灵魂屈服于和它相违逆的肉体,而使我们自己不至安于犯罪作恶吧。"① 这个理论对于我们在制定行政法时处理道德的关系是有指导意义的。一些行政法规则若能通过人们的内部行为就能进行调适,我们就不一定将其上升为行政法规范,或者用国家强力保证其执行。

第三,行政法过程社会满意的证明。行政法过程包括行政立法、行政执法乃至于行政司法等由国家机关实施和实现行政法的若干环节。这些环节应当通过社会评价机制进行证明。一则,我们可以对立法机关的行政立法行为进行社会评价,弄清社会主体对此行为的满意程度。二则,我们可以对行政执法行为的满意度进行社会评价,弄清行政执法的社会满意度,我们还可以对行政司法行为进行社会评价等。我们在上一章讲到了统计的分析方法,在对行政法与社会关系的评价中,我们也可以用统计方法进行定量分析。

(三) 行政法符合人性要素

法国《人权宣言》第 1 条规定:"在权利方面,人们生来是而且始终

---

① [古罗马]奥古斯丁著:《论上帝之城》,《西方法律思想史资料选编》,张学仁等编译,北京大学出版社 1983 年版,第 87 页。

是自由平等的。只有在公共利用上面才显出社会上的差别。"第2条规定:"任何政治结合的目的都在于保存人的自然的和不可动摇的权利。这些权利就是自由、财产、安全和反抗压迫。"①这就是著名的天赋人权的理论,这个理论表明现代政治制度和公法的存在是以人的解放和全面发展为目标的。天赋人权中的人是个体的人,而不是存在于一定抽象理念中的人或人格化。天赋人权的理论产生以后,发达法治国家在公法的制定和完善中都对个体的人做了充分的考虑,例如,《美利坚合众国宪法》规定:"人民有保护其身体、住所、文件与财产的权利,不受无理拒捕、搜索与扣押,此为不可侵犯的权利。除有可能之理由,以宣誓或代宣誓言确保,并详载制定搜索之地,拘捕之人或押收之物外,不得颁发搜索状、拘票或扣押状。"②法国《1791年宪法》规定:"组成国民议会的法国人民的代表们,认为不知人权、忽视人权或轻蔑人权是公众不幸和政府腐败的唯一原因,所以决定把自然的、不可剥夺的和神圣的人权阐明于庄严的宣言之中,以便本宣言可以经常呈现在社会各个成员之前,使他们不断地想到他们的权利和义务;以便立法权的决议和行政权的决定因能随时和整个政治机构的目标两相比较,从而就更加受到他们的尊重;以便公民们今后以简单而无可争辩的原则为根据的那些要求经常针对着宪法与全体幸福之维护。"③行政法典则的制定也充分贯彻保障人权的思想。例如,《美国联邦行政程序法》第552条第3款第7项规定:"为执行法律而编制的调查档案,但此档案的公开应以不产生下列情况为限:(1)干扰执法秩序;(2)剥夺一个人受到公正审判或

---

① 萧榕主编:《世界著名法典选编》(宪法卷),中国民主法制出版社1997年版,第103页。
② 《美利坚合众国宪法》,《外国法制史资料选编》,北大出版社1982年版,第496页。
③ 《法国1791年宪法》,《外国法制史资料选编》,北大出版社1982年版,第540页。

者公正裁决的权利;(3)构成对私人秘密的不当侵犯;……。"①这说明行政法符合人的要素是行政法进步与否的又一重要标准。

遗憾的是,我国的公法理论在很长一段时间并不认同作为个体的人的重要性,"大公无私"的理念就是公权凌驾于作为个体的私权之上的证明。自2003年我国非典这一突发事件出现以后,政府重新审视了公共行政和公法的价值理念,将以人为本思想写进了官方文件。这样,我们就可以理直气壮地用人的要素分析行政法问题,即我们可以断言,在行政法违背人的本性的情形下,该行政法典则或体系就不具有进步性。那么,如何用符合人性要素证明行政法典则和规范的进步性呢?

笔者认为,第一,行政法典则应当符合人性。人性在不同场合会有不同解释,在公法和政治理论中,人性可以用戴雪的理论解释和界定:"捍卫自己的人身,自由,或财产,以对抗暴力,自是个人所应具有的权利。"②即把人性和人所应具有的天赋权利联系在一起,笔者认为这种解释人性的方法是符合公法原理的。行政法典则必须与人的自由、平等以及其他权利有机的结合起来。概而言之,凡是限制人的自由和剥夺人的平等权的行政法典则就是非进步的。这个标准如果能够得到确立,行政法典则在实施中的进步性就相对容易证明了。

第二,行政法典则应当捍卫人的尊严。笔者认为,行政相对人诸多权利中应当有一种权利叫做尊严权,即行政相对人在整个行政法过程中应当受到来自于政府的尊重,行政法制度是否捍卫人的尊严是行政法治文明的体现。我们在行政法分析学中应当设定一定的标准,用以证明行政相对人的尊严的捍卫程度。

第三,行政法应当促进人的全面发展。人的全面发展是我国新的

---

① 萧榕主编:《世界著名法典选编》(行政法卷),中国民主法制出版社1997年版,第4页。

② [英]戴雪著:《英宪精义》,雷宾南译,商务印书馆1930年版,第48—49页。

行政理念之一,也是科学发展观的重要内容。所谓人的全面发展就是指人在物质、文化、身体、智力等方面予以全方位进步的情形。具体来讲,人的全面发展有两个关键词,一是发展,即要使人在其运动过程中层层提升,而不是保持静止或下降。二是全面,即人的发展是全方位的,而不是某一局部的发展。行政法的进步与否可以用其在对待人的全面发展中所起的作用来证明之。若一国行政法制约了人的发展,就可以说这个国家的行政法制度还不是进步的。同样,若其仅仅实现了人在某一方面的发展,同样不能用进步来评价该国的行政法制度。例如,有些国家的行政法在保护国民财产权方面有较大作用,而没有同时保护国民的文化权利和其他精神权利,该国行政法同样与进步理念不相一致。行政法与人的全面发展的证明在行政法分析学中是一个难题,但是作为行政法进步性证明机理其价值是不可忽视的。

第十八章　综合与分解的分析方法

在自然辩证法的原理中,有一个合目的性的原理,指"生物有机体、人类活动以及人造自动控制系统在结构、功能、行为等方面所表现出来的适合于某种目的的性质和能力。"①从这个合目的性的定义可以看出,合目的性存在于非常广泛的领域之中。首先是生物有机体,即任何构成有机体的生物都具有一定的合目的性,这种目的性既是内在的又是外在的,作为外在的合目的性是指生物有机体首先必须能够适应环境,一定意义上讲,环境是生物有机体存在的目的,因为某种生物有机体一旦与环境相对立,一旦不能适应环境的要求,其就有可能被淘汰,达尔文的生物进化理论也揭示了外在合目的性的重要性。作为内在的合目的性是指生物内部诸元素应当具有共同的目的性,生物体内部结构是在结构的目的性整合中予以存在的。显然,生物体的合目的性是在自然选择的作用下进行的,是通过自然选择过程的积累巩固下来的。其次是人,人是生物进化的最高产物,人的本能的生命活动具有生物合目的性的一面。同时,人与一般生物体又有质的区别,如人有意识、有思维、能劳动等,这样便使人的合目的性在一定情况下超越了生物体的合目的性。"人的目的是在观念中事先建立的关于活动的未来结果,它反映人们在一定社会历史条件下产生的客观需要,同时又以客观现实的客观规律为前提。目的是指导、控制、调节人的活动的自觉因素,并

---

① 《自然辩证法百科全书》,中国大百科全书出版社1994年版,第157页。

作为规律决定着人的活动的方式和性质,从而使活动成为一种有序的、合目的性的整合系统。"① 显然,人的合目的性是人的个体合目的性与人的群体合目的性的统一。人的合目的性同样具有内在与外在之分,人的内在合目的性与生物的内在合目的性可以作相同解释,其不具有社会学研究中的价值和意义。人的外在合目的性是指人对赖以存在的环境的适应,显然,这个环境不单单是自然环境,更为重要的是社会环境,人如果不能与社会环境相适应,其就不能与社会过程的要求保持同一,因此也会被排斥在主流社会机制之外。再次是人类社会诸系统。自然辩证法原理将这个系统称之为人造自动控制系统。即是说人根据自然现实和社会现实在社会机制中设立的无数系统都是这个系统的构成范围。一方面,每一个系统都是独立于其他系统的,具有一定的单一性,另一方面,不同的独立系统又在社会机制中组成了社会大系统。每一个独立系统对社会大系统而言就有一个合目的性的问题,其在系统构建、功能、行为等方面合乎社会大系统的要求就具有外在的合目的性,反之,其若不能适应社会大系统就不具有合目的性。每一个独立系统也存在一个结构、功能、行为等与系统整体的适应性问题,这种适应性就是其内在合目的性的问题。

上列诸方面是哲学中合目的性的存在范畴,我们可以把行政法视为社会过程中的一个整合系统,这个系统亦必然具有合目的性的问题。一是行政法与社会大系统之间的关系,即外在的合目的性问题,二是行政法自身的合目的性问题,就是行政法中诸元素与行政法体系及其行政法治体系之间的关系。自然辩证法认为,合目的性的实质在于:"目的是指导、控制、调节人的活动的自觉因素,并作为规律决定着人的活动的方式和性质,从而使活动成为一种有序的、合目的性的整合系统。

---

① 《自然辩证法百科全书》,中国大百科全书出版社1994年版,第158页。

在实现目的的活动中,合目的的运用手段有极端重要的意义,借助于一定的手段实现一定的目的,是人的合目的性运动的一个根本特点。人的合目的性活动是一个自觉的负反馈控制过程。在现代,人们愈来愈广泛地利用人工自动控制系统的负反馈调节机制来实现自己的目的。这是把人的合目的性的活动对象化于自动控制的技术系统之中,但其意义归根到底还是为了实现人的目的。一般地说,人的活动都是有目的的。但是,由于人们提出目的的出发点和根据不同,在实现目的的过程中又往往受到种种条件的限制,因此,有目的的活动所达到的实际结果并不一定符合预定的目的,甚至会同预定的目的相反。人类活动的具有深刻意义的合目的性,应该符合一定的自然发展和社会发展要求和现实条件,并以对现实的客观规律和发展趋势的自觉掌握为基础。"①表明任何事物都有其目的,而目的决定着事物之中其他要素的价值,即是说,对于目的而言,其他因素都是实现目的的手段,若手段的运用与目的不一致,这样的手段就是不合目的的。同时,合目的性是一个可以通过人的行为予以整合的,而人们根据目的的特性对手段及其系统中的其他要素进行塑造、调整和整合。在这个调整和整合过程中有诸多复杂情况,如负反馈就是一种特殊情形,这说明合目的性的实现即便在一个简单系统中也并非是一件容易的事情。上列内容就是我们对自然辩证法中合目的性理论的简释。这个理论是一个哲学理论,或者说这是一个非常重要的哲学原理,具体到某一事物之中就是对目标的分解与综合问题。

行政法分析学中的具体分析方法应当给目标的分解与综合一席之地。我国行政法治系统是一个存在于社会系统和社会法治系统中的独立系统,其与社会大系统,与我国的法治系统有着密切联系,社会大系

---

① 《自然辩证法百科全书》,中国大百科全书出版社1994年版,第158页。

统以及法治大系统都是行政法治系统的外在环境,行政法治系统的外在合目的性必须通过上列系统得到证明,即是说,如果我国的行政法治系统与社会大系统不一致,与我国法治系统不一致,那么,行政法治系统本身就已经违背了合目的性的原理,其就有被淘汰的危险。行政法治系统作为一个独立系统,内部有一个总的价值定向,其价值定向就是行政法治系统的目的,进而也是行政法中其他元素的目标,行政立法、行政执法、行政司法以及其他行政法律行为,若与行政法之目的不一致就必然违反了目标原理。我国行政法中的上述方面是否与行政法目的相一致便是行政法分析学必须解决的问题之一,基于此,综合与分解的分析方法也就成了行政法分析学中不可缺少的方法之一。

一、行政法体系中的目标分解与综合

(一)行政法体系中的目标

彼得·斯坦在《西方社会的法律价值》一书中提到了法律规则的目标问题。"法律规则的首要目标,是使社会中各个成员的人身和财产得到保障,使他们的精力不必因操心自我保护而消耗殆尽。为了实现这个目标,法律规则中必须包括和平解决纠纷的手段,不论纠纷是产生于个人与社会之间,还是个人与个人之间。在某些法律领域,法律规则只不过规定了某种限度。利益相互冲突的个人或集团在进行非暴力形式的斗争时,不得超越这个限度。宪法本身也是一套法律规则。人们根据宪法规定进行政治斗争,改进政治体制,使政府秩序井然地实现更迭。如果废除了这些规则,那么,政治斗争和政府更迭必然采取暴力革命的方式。劳动法的目的与此相似。它承认雇主与工人之间存在利害冲突,并力图保证这种冲突以和平的方式进行;一旦发生特殊的争议,则由一个双方都尊重其权威的法庭来予以解决。"①不论其关于法律规则目标的具体确定如何,至少有关法律规则目标本身就可以构成一个非常重要的法律理论问题。我们也可由此去推论,任何法律体系都是有目标的,任何部门法体系也都是有目标的。在笔者看来,彼得·斯坦关于法律规则和法律体系具有目标的理论是成立的,而这个理论可以被适当的运用到行政法及其体系中来,即是说,任何行政法体系都有自己的目标,不同的行政法体系往往可以通过因素的差异予以区分。在不同理念的行政法体系之下,其确定目标的方式和方法是不同的。综观各国行政法体系的状况,关于行政法目标的确定大体上可以概括为下列方式。

一是依法的目标确定行政法的目标。此种目标确立方式将行政法视为法的组成部分,一国法律体系具有什么样的目标,行政法也就具有什么样的目标,行政法不能超越一国法律体系的总体目标,我国台湾行政法学家就普遍认为行政法是法律之一部,其具有法律的一般属性。依这种方式的目标确立,行政法不能有法律体系之外的目标,这个理论在博登海默的行政法认识中是同样存在的。还如他所指出:"如果说行政法的任务是列举和阐述授予政府官员与行政机构的自由裁量权,那是不正确的。行政法所主要关心的是法律制度对这种裁量权而未同时限制或限定该权力行使的成文法规定,因此而丧失了法律规定所具有的特性。"②此种关于行政法目标的确立方式是有一定道理的,因为它赋予了行政法以法律的性质,对于行政法体系的构建以及行政法的适用都有非常好的指导意义。但是,我们应当看到,若将行政法的目标等

---

① [英]彼得·斯坦、约翰·香德著:《西方社会的法律价值》,王献平译,中国法制出版社 2004 年版,第 48 页。
② [美]E.博登海默著:《法理学——法哲学及其方法》,邓正来等译,华夏出版社 1987 年版,第 353 页。

同于法的目标,或者把法的目标套用到行政法的目标中去,有处理方式上的简单化之嫌疑,而且使行政法的目标显得抽象了一些。

二是依政治机制的运行确定行政法的目标。有学者对行政法的目标就作过这种概括:"在20世纪至为关键的中间几十年里,当时法律思想意识中占统治地位的对立法和行政的认识,是将政府视作一个秩序井然的投入/产出机器。投入机器的是社会问题和政治价值,从机器产出的则是使社会现实符合社会理想的立法法案。新能动主义国家是果断和实干型的。集体意志/公共利益的观点,经由选举和立法辩论的宏观过程塑造。而目标的具体实现,则是通过被委任到不同政策领域的行政者实际运用其掌握的专门知识的结果。然而,行政法并不是都能灵活地去顺应即刻的行政激情。司法审查被用以保证行政人员在权限范围之内行使职权,并使其服从于立法和选举问责制等宏观政治过程中所表达出的价值与目标。此外,以司法强制为后盾的对个人和团体的程序保护,强化了公民是新行政国中权力拥有者的图景,并支持了公民对行政这一微观政治过程的参与。对政府功效的理想目标和自治或参与型治理的理想目标之间张力的调和,为行政法以及行政法学人界定出了核心问题。虽然这些发展可用一个令人联想到自由主义法制的术语来描绘(如驱使行政人员向法律体制的实体要求和宪法及行政程序法的程序要求负责)我们所采用的特定的控制形式还有其他的规范性基础。行政法上的程序主义特性与当前流行的伊利的宪法裁决功能论具有微观政治上的相似性。依此观点看来,司法审查之所以正当,是因为它保证了所有群体都有参与政治过程的合理渠道,而这种政治过程的民主特征恰恰在于它对那些群体愿望的回应或潜在的回应。同样地,行政过程的规范、多元论把程序设计和司法对程序设计执行的监督主要看成是为相关的政治力量或利益提供参与政策的手段。行政法制要求政策制定在发展实体规则时仔细考虑这些利益问题,从而顺应它们的需要。"①其将行政法的目标确定放在立法、司法与行政的关系之中。显然,使行政法的目标确定具有明显的政治属性。行政法在所有部门法之中与政治机制的关系是最为密切的,除了涉及到行政系统与公众的政治关系外,还涉及到政治体制中不同实体之间的政治关系,正因为这一点,诸多国家的行政法体系的目标确定都与一定的政治因素有关,或者与政治事件有关,或者与政治过程有关,或者与政治行为有关,等等。②

三是依行政权之目标确定行政法的目标。行政法与行政权的关系我们在本书其他部分已经讨论过,行政法或者是对行政权运行的控制,或者是对行政权的具体运用,等等,不同的行政法学派有不同的认识。一些学者从行政权与行政法的关系出发确立行政法的目标,有学者指出:"行政机构具有主动行为的能力,因为它满足了我们法律中长久以来的一种需要。在对权利主张作裁决时,将政府干预限定在裁判者的地位上,并要求其在各方所确立的记录的基础上来决定是非曲直,这种做法假定的是当事人在各自获取事实的能力方面是平等的。如果缺乏这种平等性,有些规则便转移举证责任,在事实和法律上确立表面推定甚至是结论性的推定。在有些领域中,缺乏平等经济权力非常普遍,司法过程中的居中裁判论几乎必定会失灵。"③其肯定了行政权行使的主动性,该主动性并不是行政法的目标,但它对行政法的目标确立有非常重要的指导意义,因为依这个理论,行政法的目标要根据行政权运作的具体状况来确立,行政法要在一定条件下根据行政权的本质和价值确

---

① [美]彼得·H. 舒克著:《行政法基础》,王诚等译,法律出版社2009年版,第65—66页。
② 美国1946年联邦行政程序法之创立就与新政这一行政行为有关,对此有学者曾经做过非常深刻的分析。参见姜明安著:《外国行政法教程》,法律出版社1993年版,第229页。
③ [美]彼得·H. 舒克著:《行政法基础》,王诚等译,法律出版社2009年版,第12页。

立其目标和价值。① 这个理论涉及到的行政法哲学问题是非常丰富的。但是,在现代法治国家之中,无论如何都不可以承认以行政权的价值确定行政法目标的理论和实践。因此,这个理论我们不能接受和认可。

四是依社会之目标确定行政法体系的目标。这个理论将行政法置于现代社会之中,认为行政法是社会过程的组成部分,社会之价值体系直接决定行政法之价值,正如有学者指出的"行政法一词指立法部门为了实现国家政策而对行政机构的授权,这些行政机构受托基于公共利益管理社会经济与社会事务。我们的先辈不制定这种授权,它出现在越来越复杂的社会中,其起因是立法者专业能力不足,不能满足处理不断分化和专门化的领域内人类活动的需要。那时,法院被认为应当限于它们的传统专业领域即民法和刑法领域,不适合在涉及大量公民的经济领域,特别是社会领域中发挥领导作用。这些发展导致的核心问题是:如何界定行政机构与司法部门之间的适当关系。"② 社会中的公共利益关系是行政法目标确定的核心因素。笔者认为,以社会目标确立行政法之目标是现代行政法学的基本理念,近年来我国学者也普遍

---

① 行政法与行政权的关系虽然在现代行政法理论中得到了不同程度的解决,但是,如果将行政法和行政权都放在宪政体制之下进行考察,二者的关系就类似于鸡生蛋与蛋生鸡的关系。即从行政法对行政权控制的角度讲,是行政法生成了行政权,行政法在先,行政权在后。然而,在宪政制度中,行政权的界定和划分并不首先由行政法完成,而由宪法典则完成,从这个意义上讲,行政法生成行政权的理论就不能成立。而且从各国的行政法治实践看,行政法体系中的诸多规则的确是行政权的产物,即是说行政权可以产出行政法。但若从法治国家的理念出发,行政权无论如何分配,无论有多高的地位其都必须依法产生、依法运行,从这个角度看行政权产生于行政法,诸国的法治实践也充分证明了行政权的绝大多数规则是从行政法来的,例如行政组织法产生行政体制,行政行为法产生行政行为等等。显然,依行政权确立行政法目标的理论认为行政法是由行政权产出的,这个理论的哲学原理究竟如何是需要探讨的。

② 〔新西兰〕迈克尔·塔格特编:《行政法的范围》,金自宁译,中国人民大学出版社2006年版,第357页。

赞同这一理念，例如，社会行政法概念在我国的普遍重视就是例证。社会行政法之理念在一定程度上讲是行政法发展水准的一个重新认识。上列是我们对行政法体系目标之确定的理论概括。不论人们从何种角度认识和框定行政法体系的目标，不可否认的是一国行政法体系都有自身的目标，行政法中的静态因素和动态因素都以行政法体系的目标为转移。令人遗憾的是，有关行政法体系的目标理论在我国行政法学研究和行政法实践中并没有引起足够的重视，对于这种不重视我们可以从下列方面予以证明。

其一，行政立法的相对不统一化证明了对行政法目标的些许偏离。行政法体系的状况首先反应在行政立法方面，此处所讲的行政立法是广义的行政立法。我国行政法体系是由不同层次的行政法规范构成的，是由不同的立法主体的立法行为共同完成的。法律形式的多元化和立法主体的多元化是行政法体系的形式要素。换言之，就一国行政法体系的实质而言应当是统一的，统一诸多元素的应当是行政法本身所具有的目标。然而，近年来，我国行政立法中存在一定程度的不统一倾向，这其中既有上下位法之间的不统一，也有部门立法之间的不统一，还有地方立法之间的不统一等等。这些不统一都不同程度的对行政法之目标有所触动，使行政法体系中的诸多规范不再与行政法的总体目标相一致，这是我国不重视行政法目标的首要表现。

其二，行政机构体系设置的膨胀化证明了行政法目标的些许偏离。行政机构体系在现代国家都需受到行政法规范的调整。再说，现代行政机构体系都存在目标问题，笔者曾经在《行政法教科书之总论行政法》中指出："行政系统中机构设置和人员定额也是以行政目标的分解与综合为基础的。我国每次的机构改革都要对机构和人员进行调整，例如1998年的机构改革将国务院的40个职能机构改为29个，总数额砍掉了11个，砍掉这些机构的实质在于使这些机构所管理的行政事态的目标或者已不复存在或者可以存在于其他行政机构的目标之下。即是说,行政机关的目标决定了部级行政机构的编制只能有29个数额。我国现在所设置的行政机构在诸多方面仍然存在很大问题,包括机构名称与数量等方面都存在不合理现象,行政机构存在这些不合理现象的根本原因是机构的目标分解不合理。从我国行政机构改革的历史看,真正意义上的目标分解,或者受科学原则指导的全方位目标分解并不曾出现过。"[1]行政机构的不规范与其设置的目标偏离有巨大关系,而这个目标偏离实质上是对行政法目标的偏离。

其三,行政执法中的诸种保护主义的泛滥证明了行政法目标的些许偏离。行政执法与行政法的实施和实现有直接关系,在形式上看,行政执法与行政法体系是两个范畴的东西。但是,从实质上讲,行政执法应当成为行政法体系的构成部分。我们知道,在现代法治国家法律体系已经由静态向动态发展。进一步讲,静态的法律体系是法律典则和法律规范的堆积,而动态的法律体系则将法律规范和法律典则放置在实施和实现的过程之中,没有实施和实现的动态过程法律体系就只有真正的形式意义。当我国在1999年宪法第13条修正案中确立了建立社会主义法治国家的治国方略后,我国的法律体系就不再是一个静态的东西。法律体系的动态化使执法和其他实施法律的行为不能偏离法律体系的固有目标。就一个行政法体系而言,其总体上的目标只能有一个而不能有第二个。我国行政执法中出现的部门执法保护、职能执法保护、地方执法保护都使行政法体系的目标不再是一个,而是若干个。毋需证明,行政执法中目标的多元化必然动摇行政法体系总目标的价值,必然使行政法体系的固有目标不再是一个,而进行了人为的分

---

[1] 关保英著:《行政法教科书之总论行政法》,中国政法大学出版社2009年版,第287页。

割。由此可见,行政法体系中的目标理论与行政法分析学的研究方法有着密切关系。进而言之,如果我们不采用目标原理分析行政法学问题,就难以从法的价值的角度确立行政法治的走向。

(二) 行政法体系中的目标分解

行政法体系的目标分解可以基于两个范畴而进行,第一个范畴是将行政法作为一个整体事物对其进行的目标分解,在这个范畴的分解中,我们可以以法系、法圈、政治体制等作为参照因素而进行。例如,不同法系的行政法在目标确立上常常是有所不同的。我们这样说是基于不同法系行政法的价值定位和运转模式而论之的。行政法究竟有多少法系在行政学界没有做过专门研究,在笔者看来,行政法作为一国法律体系的组成部分,应当受制于整个国家的法律体系,在人们对法系进行划分时,所依据的是一国法律体系的总体状况。具体地讲,行政法还不能作为法系的具体分析单位,其必须存在于法系的总概念之下。

关于法系的范畴有学者做过这样的区分,一是大陆法系,主要指存在于欧洲大陆的法律体系和法律制度,这一体系也被称为"罗马—日耳曼法系",也有称之为民法法系,其是在罗马法的基础上发展起来的。此一法系的特征主要是崇尚成文法,我们在本书的其他章节已经提到过。这一法系的行政法也以成文法为主要渊源,行政法所寻求的主要目标是行政权及其行政行为在法律上的实在性,即任何行政权的行使都应具有实在法上的依据,实在法就为该法系的总体目标确定好了基调。显然,在大陆法系的行政法目标之下,行政权的自由裁量等就不应当是行政法关心的焦点,因为实在法已经将行政权及行政行为的运行模式确定得非常具体了。

二是普通法系,也被称为英美法系,"这种法系是以法官创制法的存在为特征的,除了英国以外,还包括其法律是在直接承受英国普通法

(有时还有衡平法)的基础上,或是在英国法和美国法律思想影响下发展而来的国家。"①普通法系最大的特征就是判例在法律体系中的地位非常重要,它可以作为直接的法律渊源,在有关诉讼的法律制度中,法官有造法的功能。存在于这一法系的行政法也必然具有大体上相同的特征,即行政判例是行政法司法审查中的重要法律渊源。那么,行政主体在这样的法律制度中是否有制造行政法的功能,学界似乎没有进行深入探讨。但是,不争的事实是,在普通法系,行政法主要用来控制行政自由裁量权的理论却是普遍承认的,深而论之,行政主体在日常的行政执法和行政案件处理中,可以根据行政案例而为之,这样,行政案件就具有了法律效力。判例法国家行政法对行政主体行使自由裁量权的控制实质上是对行政主体造法行为的控制,在这样的法律模式之下,行政法的目标则是另一种情形。

三是伊斯兰法系。这个法系有一个设计精巧而又特殊的体系,其与大陆法系和普通法系是可以予以区分的,与这两个法系是一种平行关系,"关于伊斯兰法系,有必要强调指出,属于这一法系国家的地理范围与伊斯兰国家的地理范围并不是始终一致的。这是因为其民族在宗教信仰上接受伊斯兰教,而不是接受它的法。例如,北非的柏柏尔人保持着他们的部落习惯(甚至有关的家庭法规);西非尼日利亚的约鲁巴人,尽管他们是信奉伊斯兰教的穆斯林,但是他们并不适用,也绝不对他们适用伊斯兰法。印度尼西亚也有同样的现象,虽信奉伊斯兰教,但它大部分还是保留着自己的习惯法(阿达特)。适用伊斯兰法的国家的地理范围是按它们所加入的伊斯兰法的该一学派来决定的。大家知道,伊斯兰法目前划分为四个逊尼(正统的)学派(礼仪):哈尼发学派、

---

① [美]维克多·纳普著:《当代学术通观》(人文社科卷),何林发译,上海人民出版社2004年版,第621页。

马立克学派、沙菲依学派及罕巴利学派。除了正统学派,还有一种什叶法(也划分有不同的学派),但它在传布和重要性上要比逊尼学派差得多。各种不同的正统法学派曾经长期地共存于同一块领土上;但是在当代,不同学派的从属关系决定着伊斯兰法区域内部的地理轮廓:受土耳其帝国统治的国家,从它们的实在法观点来看,已变成哈尼发学派(还包括巴基斯坦、孟加拉国和印度的穆斯林地区);北非穆斯林国家(摩洛哥、阿尔及利亚、突尼斯和利比里亚),以及西非的实施马立克法的国家。除了阿达特法,在印度尼西亚所适用的伊斯兰法是沙菲依学派的法。最后,罕巴利学派则在沙特阿拉伯占据优势。"①该法系的主要特征是习惯在其中起着非常重要的作用,习惯在一定条件下成了伊斯兰法系法律的主流。那么,行政法在这种法系中的目标则区别于在普通法系和大陆法系中的目标,即如何处理习惯在对行政权调控过程中的作用就是其目标定位的基本问题。

四是社会主义法系,这个法系在现代西方法理学中是普遍承认的,正如有学者指出:"社会主义法是怎样属于这一种体制呢?社会主义法完全不是法的历史变迁的产物,它是社会主义革命的产物,并在整体上根本不同于非社会主义的法,连形式也毫不相同(只是在某些情况下其形式使法有所相似),这首先是因为它的社会根源和社会使命不同。"②社会主义法系由于其在本质属性上区别于所有其他法系,这就使它在规范体系和法律技术上与其他法系有明显区别,例如,法的工具价值就是社会主义法系的基本属性和特征。这也正是为什么社会主义国家将行政法的基本特征界定为管理法的缘故,如果说社会主义法系行政法

---

① [美]维克多·纳普著:《当代学术通观》(人文社科卷),何林发译,上海人民出版社2004年版,第623页。
② [美]维克多·纳普著:《当代学术通观》(人文社科卷),何林发译,上海人民出版社2004年版,第621页。

的目标确定有所特别的话,主要在于行政法的管理法进路上。

由上列关于法系的分析,我们可以看出,行政法作为一个整体事物可以有自己作为整体的目标,但是,不同法系的行政法在其目标的选择和确定上又有自己的独特之处,对行政法进行目标分解首先应当从法系这个大范畴上进行,因为只有这样才能从总体上把握一国行政法之目标,甚至可以说一国行政法的目标确定本身就是对行政法目标进行分解的结果。第二个范畴是对一国行政法的目标进行分解。当然,我们所研究的主要是中国的行政法问题,对行政法目标进行分解也主要以我国的行政法为对象,我们所建构的行政法分析学显然具有普遍意义,但其基本立足点主要是我国的行政法现象。

从目标分解的一般原理出发,行政法首先可以确定一个总体上的目标,这个总体上的目标可以被称之为行政法的总目标,整个行政法现象都以这个总目标为转移。在这个总目标之下可以有分目标,分目标如何确定是一个非常复杂的问题,例如,我们可以根据行政法典则体系的类型确定行政法的分目标,我们可以依行政法所涉及的部门确定行政法的分目标,我们还可以根据行政法典则的结构确定行政法的分目标,我们还可以根据行政法调整社会关系的类型和规制方式确定行政法的分目标,甚至我们还可以根据行政法的地域范围确定行政法的分目标等等。在行政法的分目标之下则可以再确定其子目标,一方面,子目标从属于已经确定好的分目标之下,即每个子目标都是一个分目标之下的目标。另一方面,行政法的各子目标又必须与行政法的总目标一致起来。在行政法的子目标之下还可以再进行目标分解,至于行政法的目标分解到哪一个层次是需要在行政法治实践中予以解决的问题。行政法的目标分解对于行政法的实现而言是至关重要的,我们所构建的行政法分析学其目的在于确定行政法规范实现的状况,行政法规范实现与否是行政法分析学解决的根本问题。行政法的实现有多种测评指标,在所有指标中,行政法在执行、适用、遵守等过程中与行政法目标的关系显得十分重要,如果我们没有一个有关行政法的正当目标,那么,行政法的分析则不会有一个正确的方向,此点说明目标分解与综合方法在行政法分析学中的重要地位。

行政法体系中的目标分解既具有政治属性又具有技术属性。我们说行政法体系的目标分解具有政治属性是说行政法中各个层次的目标确定常常受一国政治机制的影响,甚至是政治机制的组成部分,以我国行政法体系的目标确定及其目标的发展变化为例就受到了强烈的政治指数的影响,我们知道,我国在计划经济年代下,整个国家政治体系的功能是对社会进行有效的管理和控制,国家管理是计划经济的基本特征,正如笔者在《行政法模式转换》一书中所指出的:"管理法理论在'管理'一词的后面缀上了'法'的字眼,使人们逐渐认识到在国家行政管理领域,不仅要按政策办事,更重要的是搞好法制建设,坚持依法办事,过去的宣传教育式、行政命令式的管理手段必须更新,代之以凭借国家强制力为后盾的法律手段。对行政主体而言,也是一个大的观念改变,单纯的行政命令、强制手段方式在管理领域是无根据的、行不通的。不管他能否遵照法律行政,各种管理法律的存在无疑就是对其行为的一种控制。"[①]国家对经济、文化、社会的全面干预是计划经济下国家的基本政治属性,这个政治属性在行政法的目标确定中得到了充分体现,我国在推行市场经济以前的行政法理念就是管理法的理念,行政法的目标是以管理为取向的。[②] 进入20世纪90年代,我国政治机制发生了变

---

① 关保英著:《行政法模式转换研究》,法律出版社2000年版,第89页。
② 这个目标对行政法的执行和适用以及行政法其他问题的影响是非常强烈和直接的,在计划经济体制下,我国基本上没有行政执法的概念,在行政法中所具有的仍然是行政管理的概念,或者说是行政审批、行政许可等概念。这个事实说明,行政法体系的目标对于行政法的实施和实现具有决定意义。

化,当然,政治机制的变化是以经济结构的变化为基础的,经济结构由计划经济向市场经济的转化也带来了政治机制上的由全面干预向宏观调控的转化。宏观调控的理念之中并不包括政府的全面管理,而所强调的是政府作为裁判者的身份,政府作为裁判者的身份实质上确立了政府法律执行或实施者的地位。行政法的目标也由原来的管理法向管理与控权的二元结构转化,由此可见,行政法的目标确定与一国的政治机制是密不可分的。

我们说行政法的目标分解具有技术属性,是说行政法的目标确定和分解必须尊重行政法本身的质的规定性。行政法在不同法系、不同的国家政权体系之下有不同的特征,甚至有不同的价值取向。行政法在不同国家的差异有时甚至是巨大的,以至于我们有时竟无法判断行政法现象在各国的情况,甚至找不到不同国家行政法之间的可比之点。然而,行政法中还是存在诸多中性的东西,存在诸多共性的东西,例如,行政法无论在哪一个国家其都是连结行政权与其他社会主体的典则,对行政权与其他社会主体关系的处理是行政法的基本功能和属性。正如笔者所指出的:"我们将手中握有行政权力对社会事务进行行政管理的组织叫行政主体。它是一个范畴概念,其中包括了诸多内容:一个国家的行政机构体系当被宪法赋予了对社会事务进行管理的权能时它便是行政主体;一个履行部门行政管理的机构体系当它承担了部门行政管理职能时我们将它叫做行政主体;一个层级性的行政机关在某一管理层次对社会其他因素发生影响时,我们也将它叫做行政主体;当一个行政管理机关或者履行行政管理职能的具体组织作出某一个影响其他主体权益的行为时,我们同样将它叫做行政主体。行政主体无论类型多么复杂,表现形式多么不同,它都是行政法中不可缺少的元素,是行政法中的第一存在,没有这样的存在,后续的行政过程便无法展开。由于行政权涉及社会生活的几乎任何一个方面,因此,在行政权的作用下便产生了与行政主体相对应的其他社会主体,这些社会主体的表现形式非常多,我国现行法律规范将这些主体概括为公民、法人和其他组织。实际上这些主体是指:自然人,即民法上所界定的那些自然人;企业单位,就是进行生产活动的具有营利性的那些组织;事业单位,即从事一定公共活动的组织;社会组织,包括具有法人资格的组织和不具有法人资格的组织;其他机关,就是行政机关以外的那些机关,如司法机关等。行政主体的行政权能是在和上列主体的相互联系过程中表现出来的。行政法的第一属性就是将行政主体与其他社会主体连接起来,行政法就像一个纽带,一头牵着行政主体,另一头牵着其他社会主体。当然,联结的前提是行政管理活动过程和行政权对社会的作用。"[1]行政法中的技术属性是行政法这一社会现象的主要矛盾方面,而非次要矛盾方面。但是,诸多国家的政治系统以及学术系统在处理行政法政治属性和技术属性的关系上,并以此在行政法的目标确定和分析上都颠倒了这个矛盾关系的原理,人为地将政治属性看作矛盾的主要方面,用这一方面确定行政法的目标。而将行政法的技术属性当作矛盾的次要方面,将这一方面作为目标确定和分解的辅助手段。笔者的这个理论分析对我们分解行政法的目标具有非常现实的指导定义。

(三)行政法体系中的目标综合

目标分解与综合的理论最早并不是理论问题,而是实务问题,其首先是在企业搞起的。20世纪初期,美国企业家泰罗经营一个纺织厂,其鉴于纺织厂生产效率的低下,就着手对其企业进行改革。这个改革在初期是下意识地进行的,他发现企业职工在生产中有很多动作是不

---

[1] 关保英著:《行政法教科书之总论行政法》,中国政法大学出版社 2009 年版,第 86 页。

必要的,如果取掉这些不必要的动作,职工的操作效率就会有所提高。他从企业职工动作的多余性进一步推论,认为该企业的很多操作、很多工序、很多工程等都有可能存在与职工操作动作同样的问题,即操作、工序、工程等都有可能存在多余的问题。由这个问题出发,泰罗对其企业的目标进行了分解,如在该企业中,首先可以分为若干工程,这些工程就是该企业的子目标,而每个工程又可以分为若干工序,这个工序就是该企业的次目标,而每个工序还可以分为若干个操作,这个操作是子目标之下的目标。通过系统分类泰罗基本上澄清了他的企业的目标体系。由此可见,泰罗的最大贡献是对企业的目标进行分解,这个分解起初是实务问题,而不是理论问题。但是,这个本来属于实务的问题后来被理论化了。显然,这个理论的最初原理体现在泰罗的著作《科学管理原理》之中。[①] 由于目标分解是一个具有普遍价值的问题,人们后来便引起了对这个问题的重视,其从企业管理领域也就过渡到了行政管理领域。美国20世纪五六十年代对政府机构的改革就采用了目标分解的原理。应当说明的是,泰罗注重了企业的目标分解及其理论,而疏忽了对企业目标进行综合,美国20世纪五六十年代政府机构改革中则将目标分解与综合予以有机结合,使目标分解与综合成为了一个相对完整的理论。这个理论在其实务推广中基本上是在企业和政府机构中进行的,在法学研究和法律问题的分析中基本上没有得到运用,包括人们在对一国法律体系进行构建时,也基本上没有运用目标分解与综合的原理。目标分解与综合作为一个基本理论包括了两个方面的内容,一是目标的分解,二是目标的综合。二者是一个事物的两个方面,不可以人为地予以割裂。就确定目标而言,既需要有目标的分解,又需要有目

---

① 参见[美]F.W.泰罗著:《科学管理原理》,胡隆昶等译,中国社会科学出版社1984年版。

标的综合。

　　上面我们已经指出，在泰罗的企业改革中，其重点进行了目标分解，而没有给目标综合更多的关注。这个事实对于我们进行行政法的目标分解与综合有一定的借鉴作用。目标综合是指在目标分解的基础上对已经存在的目标进行重新整合，去除多余的目标，保留正当目标，选择新的目标的行为。可见，目标综合是在目标分解的基础上进行的，而目标分解的最高价值是对目标进行综合，从这个意义上讲，目标的综合作用要大于目标分解。如果仅仅对目标进行分解，而不进行有价值的综合，目标分解也就失去了实际意义。同时，还应指出，目标综合的前提是已经存在了大量的目标，已经存在的目标究竟合理与否则是另一个问题。显然，目标综合的价值在于把不正当的，但已经存在于实践中的目标予以去除，这表明目标综合比目标分解有更大的难度。如果我们把目标分解仅仅理解为一种理论的话，那么，目标的综合则是一种实践，是一种实实在在的行为。我国行政法体系中既然能够进行目标分解，那么，目标的综合也就成为必然。

　　上面已经指出，在我国行政法学研究和行政法治实践中，目标分解还不曾成为一个普遍现象，还没有它在理论上和实务上的应有地位。因此，我国行政法体系的目标尚处于空白地带。这个地带的如此情况必然使我国行政法体系的目标综合面临诸多非常复杂的问题。在笔者看来，对于我国行政法体系目标综合问题的空白地带，我们不能采取消极等待和放任其发展的态度。即我们必须对目标综合引起足够重视。究竟用什么来综合行政法体系的目标呢？笔者认为，一方面，我们必须在行政法体系目标分解的基础上确定行政法各个层面的目标，换言之，行政法体系的目标综合必须与目标分解有机结合起来，不能在没有进行目标分解的情况下而综合其目标。事实上，我国行政法体系天然地存在一些目标，之所以它是天然的是因为这些目标是在没有进行目标分解的情况下下意识地确定的，整个行政法体系的目标确定并没有受目标原理的制约，这便导致我国行政法体系存在诸多非目标或不正当目标的情形，用目标分解作为前提整合目标是一个基本的技术问题。另一方面，由于我国行政法体系是既成的东西，作为一个客观存在的事物其存在是有自身价值的，这个价值若从深层次推论的话，实质上也是一种目标，或者为某种目标确定了基调，即是说，我们要对行政法体系的目标进行综合就必须选择几乎有理论价值和实践依据的指标体系，这些体系应当成为综合行政法目标的参照物。笔者认为下列指标体系是应当予以考虑的。

第一，以事态为依据的目标综合。魁奈指出："所谓实在法，是最高权力所制定的公正的规律，目的在于规定行政和统治的秩序，保证社会的方位，认真的遵守自然法，改善和维持存在于国民中的风俗习惯，根据各种情况调整国民个人的权利，在由于舆论和看法不同对于某些情况发生疑问时决定实在的秩序，以及确立起分配的正义。但是，原始的实在法，即其他一切实在法的根本法，是由自然秩序的公私教育所产生的制度，是所有人为的立法，一切关于市民的、政治的、经济的以及社会行为的最高规律。如果没有这个根本制度，则政治的统治和人类的行为，就陷入黑暗、混乱和没有秩序。因为如果对于作为人为立法的基础，和起人类行为最高规律作用的自然法缺乏认识，则对于正义和不正义，自然权利，物体的乃至道德的秩序，就完全无法辨识，对于一般利益和个别利益的本质区别，各国繁荣和衰落的实际的原因，甚至关于道德上善恶的本质，支配者的神圣权利，和服从社会秩序的命令者的义务，也都完全没有办法理解了。因此，实在的立法，只有在宣示它是对结合成社会的人们最有利的秩序所依据的自然法时才能成立。也可以很简单地说，是最有利于君主的秩序，因为真正最有利于君主的，也是最有利于国民的。要经常保持帝国的稳定和繁荣，除了认识这个最高规律之外,没有其他方法。国民对于这门学问知道得愈深,国家愈能受自然秩序的支配,则实在的秩序也愈益合理。总之在这样的国家里,不会有不合理的立法;因为政府和市民都很快能够看出它的不合理。"① 这个论断充分反映了法律典则和法律体系建立的事态基础,即任何法律典则的制定都以一定的客观事态为基础,任何法律体系都是建立在一定的事态基础之上的,这个事态包括了法律规范规制的所有主观和客观的东西,如社会秩序、财产关系、主体之间的权利与义务等等。事态作为客观基础决定了法律体系的走向,行政法也不例外,其也受一定的客观事态的决定和制约。客观事态与行政法体系相比是第一性的东西,而行政法体系则是第二性的东西,作为第一性的客观事态决定了第二性的行政法规范和体系,整个行政法体系的目标就必须依客观事态而确定。我们对行政法体系目标的综合必须以客观事态作为首要考虑因素。②

  第二,以宪法为依据的目标综合。宪法关于行政权的规定表现在多方面。从大的方面,其确立了行政权在政治体系中的地位,即行政权与其他国家权力以及其他政治机制的关系。从相对中观的方面看,宪法规定了行政机构体系和行政权的基本范畴。从微观方面看,规定了行政权与社会个体的关系,如行政机构体系如何保护公民的权利,从哪些方面保护公民的权利等等。宪法关于行政权的所有规范和规则体系都是行政法规范的制定依据。如果运用目标原理来分析,其基本上确

---

  ① [法]弗朗斯瓦·魁奈著:《魁奈经济著作选集》,吴斐丹、张草纫译,商务印书馆1983年版,第304—305页。
  ② 这个决定因素说明,行政法体系的目标确定应当是一个自下而上的过程,而不应当是一个自上而下的过程,这是对行政法体系目标进行综合的基本原理。但是,这个原理在我国行政法体系的目标确定中并没有得到充分的贯彻,我国行政法体系中的若干目标常常是自上而下形成的,这样便决定了一些非目标的东西成了行政法体系的目标,一些不正当的目标成了行政法体系的目标。

定了行政法的基本目标,甚至确定了行政法体系的目标分层。令人遗憾的是我国学界尚未深入研究宪法与行政法目标的具体关系,尚未从宪法典则中找出我国行政法体系的具体目标。笔者在这里仅仅提出行政法的目标确定应当依宪法为依据,至于通过宪法规定为行政法体系确定什么样的具体目标是一个需要进一步研究的问题。

第三,以《立法法》为依据的目标综合。宪法是国家的根本大法,与其说它是一个法律典则,还不如说它是一个国家治理中的政治宣言,我国将宪法定位为治国安邦的总章程就很能说明问题。基于此,我们可以说,宪法关于行政法体系的目标确定要相对抽象一些,而作为宪法下位法的《立法法》有关行政法的规定则相对具体。综观我国《立法法》不难看出,其关于行政法的规定非常具体,与其说该法是调整整个立法行为的,还不如说该法主要是调整行政立法行为的法。在一个国家的法律体系中,刑事法律、民事法律的制定相对严格一些,我国《立法法》将这两种法律的制定权基本上控制在最高立法机关之手,用法律保留原则对其制定权限和程序作出了限定,这样便使这两部主要法律的制定能够在相对规范的情形下进行。与之相比,行政立法则是另一种情形,由于行政立法的形式具有多元化、主体具有多元化,便使行政立法容易出现立法中的不统一等非理性格局,用一个重要的法典对行政立法进行控制实属必要。正是基于这一点,《立法法》把大量规制事项放在行政法之中。其为行政法的制定规定了总的原则、方向、程序等等。在笔者看来,该法的这些规定实质上为行政法体系确立了相应的目标,例如关于行政法规的规定就为行政法规的制定确定了两大目标,一是补充法律之不足,二是执行法律。这些目标实质上是对行政法体系中的一个次目标的确定。就目前我国行政法学界的关注点来看,很少有学者以《立法法》的规定为基础,确定行政法体系的目标,这同样是我国行政法学研究中的一个缺憾。

二、行政机构体系中的目标分解与综合

(一)行政法体系中的静态范畴

行政法体系中的静态范畴是与动态范畴相对应而言的,笔者在《行政法教科书之总论行政法》中将这个范畴称之为体制行政法:"所谓体制行政法是指对行政系统的宏观构成和微观构成以及相关权利分配作出规定的行政法规范的总称。体制行政法与政府行政体制有关,它不是政府行政系统某个单一方面行为规范的称谓,而是将行政系统作为一个事物来看待所涉及到的所有行为规则。我国国家机构体系中包括立法体制、审判体制、检察体制、行政体制四个方面,每个体制系统都有对其进行规范的行为规则,每个相应的行为规则都使该系统有了严格的规范体系。行政系统作为国家机构系统的一个分支,也有其相应的行为规则,行政体制法就是与行政体制构成相对应的规则体系。行政体制法不同于行政组织法,行政组织法是对行政机关组织体系的规定,其调整的范围相对窄一些,而行政体制法除了调整行政组织外,还对行政组织中的其他要素,如公务员等也要作出规范,即行政组织法是行政体制法的构成部分之一,它的概念要比行政体制法的概念小一些。行政体制法不同于公务员法,公务员是行政系统的构成分子,对公务员作出规范的行为规则是行政体制法的构成部分,它的概念同样要比行政体制法的概念小一些。行政体制法也不是行政编制法,行政编制法无论作为一个独立存在的法律范畴,还是作为一个从属于行政组织法的法律范畴,它的范围都比行政体制法的范围小。可以说,行政组织法、公务员法、行政编制法共同构成了体制行政法的内容。"[①]体制行政法

---

① 关保英著:《行政法教科书之总论行政法》,中国政法大学出版社2009年版,第174页。

具有如下法律特征：

其一，体制行政法是行政法的静态部分。行政法是由静态和动态两个方面构成的，"传统行政法理论将行政法中的静态部分称之为'体'，就'体'本身而言有四个层面的意思：一是'体'指的是行政权组织体系，例如《澳大利亚宪法》第61条规定：'联邦行政权属于女王，由总督以女王代表名义行使之。此项权限包括本宪法及联邦法律的执行与维护。'第62条规定'联邦政府设联邦行政会议，作为总督的咨询机构。行政会议的委员由总督任命和召集，并宣誓为行政会议委员，任期由总督规定。'此条确立了澳大利亚行政系统的总体构成。这一层面的'体'将行政系统与国家机构的其他系统区别开来，使行政系统的界限和范围相对确定。二是'体'指的是某一层次或某一系统的行政体制构成，它实际上反映的是行政系统中的一个支系统。如从地缘层面看某省、某县的行政机构单位就是一个属于体的范围，某个部或局也是一个属于体的范围，这一层面也有相对应的规则作出规定。例如，1955年11月19日国务院制定的《国务院法制局组织简则》第3条规定：'国务院法制局暂设五组，分别掌管政法、文教、工业、劳动、贸易、交通、农业和外事等方面法规的审查、草拟和整理工作；并且设立法制史研究室和翻译室。国务院法制局设办公室，掌管法制档案、法规编纂、图书资料、文书、人事、总务等工作'。这些规则使这一层面'体'的含义相对确定，这也从另一侧面证明行政法中的行政权和行政体制等都是通过规则设计的。三是'体'指的是一个单一的行政机关。我国行政机关在对外作出行政行为时都有一个名分，如某区公安局对违反治安管理的人作出处罚或强制，此时公安局就是一个行政机关。当然，行政机关作为一个单位究竟具体到哪一个层次是一个需要探讨的问题，我国行政法学界把能够以自己的名义对外作出具体行政行为的机关似乎看作一个'行政机关'，行政主体理论证明了这一点。但是，我国行政系统内部，究竟什么是行政机关却是没有定论的。《中华人民共和国宪法》第 3 条使用了'行政机关'的概念,但尚未对行政机关作出界定,在以后的相关行政组织法中似乎也不曾有这样的界定。笔者认为一个有自己支配资金并能够对行政事务进行处理,不论其能否以自己的名义对内或对外从事行政活动都可以被认为是单一行政机关。四是'体'指的是行政系统中的构成分子,即公务员或行政机关工作人员。它们之所以是'体'的范畴,是因为行政系统中的组织相对来讲是第二层次的元素,而不是第一层次的元素,第一层次的元素是组织中的人。行政组织中创设了无数个职位,而每一个职位没有人的话便是一个没有太多实质意义的空柜子。人赋予了职位实实在在的物质要素,因此,公务员或者行政机关工作人员也是我们所称的'体'。行政法中的'体'的上列四个范畴都有相应的规则,一方面每一个范畴需要由规则作出确定,如国务院组织法对国务院构成的规定,地方政府组织法对地方各级行政机关构成的规定等。当然,行政法中的'体'从客观上讲指的是一个完整的事物,即是说'体'所包含的上列四个元素是需要相关的规则联结在一起的,一个单位的构成规则和整个行政系统的联结规则都是行政法的静态部分。"[①]

其二,体制行政法是行政职权分配的行为规则。行政法中各个层次的"体"都是代表行政权归属主体从事行政活动的机关或组织,在行政管理过程中,它们是行政权的物质承担者,从事这样或那样的行政行为,而它们的每一种行政行为都必须有来源,必须具有从事这种行政行为的资格,行政体所需要的资格就是合法取得行政职权。"因此,遂使'职权'构成行政组织的要素,亦为组织法规必须规定的事项。且自另一方面言之,各级政府所设行政机关数目众多,而各机关均有其职权,

---

[①] 关保英著:《行政法教科书之总论行政法》,中国政法大学出版社 2009 年版,第 175—176 页。

则为避免事权重叠,职责混淆起见,组织法规更须就专属于特定机关的职权范围作明确的规定,构成其行使权力执行业务的合法依据。"[1]职权是依据行政体制法的规定而赋予的,它属于特定行政机关在其事务范围内对行政事项以及行政事项中涉及的人的处置。行政体职权的取得具有法律依据,行政组织法的内容之一便是对职权予以合理分配,将不同的职权交由不同的机关行使,这一点被称之为职权的特定性,即每一个职权都有一个特定的对象。例如,《中华人民共和国地方各级人民代表大会和地方各级人民政府组织法》第 61 条规定"乡、民族乡、镇的人民政府行使下列职权:1.执行本级人民大会的决定和上级国家行政机关的决定和命令,发布决定和命令;2.执行本行政区域内的经济、教育、科学、文化、卫生、体育事业和财政、民政、公安、司法行政、计划生育等行政工作……"乡级人民政府的职权专属于乡级人民政府,其他任何组织都不能擅自行使乡级人民政府的这些职权。同时,体制行政法在分配职权时都给予了职权本身相对确定的范围,对职权范围的确定有时以一定的区域作为确定的标准,有时以一定的行政事态作为确定的标准,有时以所管理的人的范围为标准。但在绝大多数情况下,行政权行使必然发生阻滞,机构政策也就势在必行。在现代行政权行使和行政体制的设计中,如何避免职权的重叠是一大问题。为了在体制行政法中使行政权清晰可见,各国尽可能以行政事务的种类、行政主体的管理区域、行政过程的客观对象等为标准确定职权范围。在立法技术上将概括规定、列举规定和混合规定结合起来,对于行政事态有明确范围且不易产生歧义的尽可能列举规定。对于行政事态不易确定范围但必须由行政主体有效处理时则采取概括规定的方式。为了使行政职权行使更加符合行政管理的需要,一般将概括规定和列举规定结合起来。

---

[1] 张家洋著:《行政法》,三民书局 1998 年版,第 308 页。

体制行政法虽然为行政分配职权，但是，在组织法中分配职权都采用针对性的立法方式，每一个行政机关行使一个对应的职权。这种分配方式有时不能解决职权交叉行使的问题，因此，体制行政法如何将行政主体职权分配、职权划分作得更加合理便是一个非常重要的实践问题，我国长期以来采取的方式是用相应的补充规则调整权力行使过程。

其三，体制行政法是行政行为内在化的规则。"体"和"用"在行政法中属于两个不同的范畴，我们可以将二者分而论之。但是，在行政法治实践中行政机关的组成体系和行政机关的行为过程并不是那么绝对分割。可以说，既没有不履行行政行为的行政体，也没有行政行为非由行政体为之的合法状态，即一定的行政行为总是由合法的行政主体所为的行为，一定的行政主体总履行着行政行为。正因为如此，行政主体和行政行为不能完全割裂，体制行政法与行政行为法不能完全割裂。行政行为是行政主体的行为外化过程，它必须对行为承受者产生影响就是其外化性的表现。而体制行政法则是使行政行为内在化的规则，行政行为的内部分配是行政行为的启动机制，任何一个行政行为的启动都是在行政系统内部权限授予和权限划分的基础上进行的。例如《中华人民共和国出境入境边防检查条例》第4条规定："边防检查站为了维护国家主权、安全和社会秩序，履行下列职责：1.对出境、入境人员及其行李物品、交通运输工具及其载运的货物实施边防检查；2.按照国家有关规定对出境、入境的交通工具进行监护；3.对口岸的限定区域进行警戒，维护出境、入境秩序；4.执行主管机关赋予的和其他法律、行政法规规定的任务。"该条文是一个有关行政体制的规则，因为它既确立了边防站的法律地位，又合理分配了边防站的职权。这些职权是边防站在法律上的权利和义务。显然，此条规定在行政系统内部确立了边防站若干行政行为的启动机制。体制行政法的这一法律特征对于我们研究行政行为，对于我们合理制约行政行为是一个很好的进路。体制行政法作为行政法的静态部分,其功能并不能被动态行政法或行政法的动态方面所取代,其至少具有对宪政体制的补充功能、对行政权轮廓的勾画功能、对行政微观体制的设计功能、对行政程序的间接规制功能等。① 行政法体系的目标分解与综合首先存在于行政法的静态范畴之中,各国在行政法中运用目标分解与综合原理也大多是从这一领域开始的,美国20世纪五六十年代的机构改革中对目标分解与综合原理的运用就证明了这一点。因此,我们也必须将静态行政法作为目标分解与综合的首要切入点。

(二)行政机构设置中的目标状况

行政机构设置是一个非常古老的问题,早在中国古代的行政法中就存在机构设置。若从深层观察,我们发现古代行政法的最主要的组成部分是有关机构设置的行政法规范,以《唐六典》为例,其是有关官制的法律典则,而官制实质上就是行政机构的设置及其体系问题。通常情况下,行政机关的设置并不一定受目标原理的指导,但无论何种类型的国家,其在行政机构体系的设置中,一般都要将行政边界确定下来,大体上包括三个方面的边界确定:一是行政主体的事项界域。即行政主体在履行某一行政管理职能、对某一行政过程进行调控时其所涉及的事态末端,即此一事态与彼一事态之间的界限,行政权行使最为重要的是事态问题,事态决定了机构的行为,甚至决定了机构本身的存在。事态是行政机构的根本目标,任何一个行政机构都要围绕自己的目标而运转,一旦偏离目标要么构成行政法上的越权,要么构成行政法上的滥用职权。体制行政法的内容之一便是确定行政主体所为之的事态界

---

① 参见关保英著:《行政法教科书之总论行政法》,中国政法大学出版社2009年版,第178—180页。

域。例如,城市建设管理机关履行的管理职能是对城市建设管理关系的调整,那么,什么是城市建设的管理关系,具体地讲,什么是城市建设的管理事务,必须通过体制行政法对此加以确定。《老年人权益保护法》第2条规定:"本法所称老年人是指六十周岁以上的公民。"该法就是一个部门行政管理的法律,而它所涉及的事态范围是老年人管理,老年人管理的前提是老年人事务,什么是"老年人"便是必须通过规则予以确认的,该法将老年人限制在六十周岁以上的范围,对该范围确定的条款实质上是一个体制行政法的条款,因为它涉及到行政主体的职权究竟能够延伸到多大的范围。二是行政主体的地缘界域。行政主体的权力行使受空间范围的制约,其在空间上的边界就是地缘问题。我国诸多部门法都规定了行政主体的管辖地域,行政组织法中的省、县、乡都是一个地缘单位。我们平时称某一机关为某某机关,几乎都在机关前面冠以地域,如上海市工商局、普陀区税务局等,这些名称虽在习惯上的称谓使人不过多考虑其职权的地缘性,但前面的地域冠词限制了其权力行使的地缘。在行政机关的职权行使中,地缘无论如何都是不可缺少的,否则,在一国可能只有一个行政主体行使某一方面的管理权。三是行政主体的人缘界域。人缘界域受事项界域和地缘界域的制约。与地缘界域有着密切联系,但人缘界域同样是行政边界的构成,例如,《中华人民共和国公证暂行条例》第8条规定:"有选举权和被选举权的公民,符合下列条件之一的,可以被任命为公证员:(一)经见习合格的高等院校法律专业学生,并从事司法工作、法律教学工作或者法学研究工作1年以上的;(二)在人民法院、人民检察院曾任审判员、检察员职务的;(三)在司法行政机关从事司法业务工作2年上,或者在其他国家机关、团体、企业事业单位工作5年上,并具有相当于中等法律学校毕业生的法律知识;(四)曾任助理公证员职务2年以上的。"该条确立了公证员的人缘界域,从而为公证任免机关的任免权确定了人缘范围。

行政边界的外在表现形式是行政行为,而内在表现则是行政职权,从这个意义上讲,确定行政边界是体制行政法的基本内容之一。由于立法技术上的不成熟,我国现行行政法文件中,大多数确定行政边界的规则是有关部门行政管理的行政法规范,这是立法上应当改进的问题。我们不能由于确定行政边界的规则存在于部门行政法之中就将这些规则简单地归划到行政行为规则中去。在笔者看来这种确定边界的行为具有确定行政机构目标的意义。

我国当代行政法中有关静态的部分同样占有很大的比重,行政机构设置中的目标确定并没有在行政组织法和行政编制法中予以体现,这便导致我国行政机构设置中存在目标混乱和不规范等不当情形,我国行政机构设置的目标可以作出下列概括:

其一,以人为目标的设置。所谓以人为目标的设置是指在行政机构的设置中,从国家体系中富余人员的状况出发,保证每一个富余人员都能够在行政系统中有一个职位。在这种设置中,职位是由人来决定的,就是我们通常讲到的因人设职、因人设事等。我国在建国初期,有大量军职人员或文职人员在革命战争年代立了不少功勋,夺取政权后,他们必须得到党和政府的安排,这种考虑从政治上讲是应当的和必要的。在这样的考虑之下,我国诸多行政机构的设置就因人的存在而存在。显然,因人设置机构符合一定的政治理念,但它不是理性的,是不可以成为行政机构设置之目标的。

其二,以政治需要为目标的设置。行政机构是国家政治体系的组成部分,行政机构设置作为国家政权建设的组成部分,要受政治价值的制约,必须加进一些政治判断和政治理念是应当的。我国建国初期的诸多机构设置充分考虑了政治价值,例如当时存在的一些机构其名称也具有强烈的政治属性。但是,以政治需要为目标只能是机构设置中的一种权宜之计,而不应当成为长久之计。正因为如此,我国每一次的机构改革都将原来存在的一些带有明显政治色彩的机构精简掉了。例如1998年机构改革就根据行政机构的职能对机构进行了分类,这种分类改变了以前机构设置从政治价值出发的格局。行政机构设置中的目标应当是一种长远目标,而不应当是一种短期目标。因此,我们认为行政机构设置以政治目标为取向并不可取。

其三,以国外参照为目标的设置。行政机构设置作为行政法中的一个硬件,其受行政法这一事物质的规定性的影响,应当有一种世界性的共性,即有些行政机构在全世界范围内都是存在的,其也许有称谓上的差异,但基本上没有功能上的差异。然而,任何一个国家都有自己特殊的国情,即便在同一法系之内,其行政法的状况都有各自的特性,行政机构体系也应当因不同的国家而异。例如,美国的行政法制乃至于政治制度与英国行政法制和政治制度具有同源性,但两个国家的行政法体系和国家机构体系却有非常大的差别,他们在设置行政机构时都考虑了自己国家的特殊目标。而我国行政机构在建国初期的设置,诸多机构是以国外同类机构为准据的,尤其以前苏联的行政机构为准据,有些存在于我国的行政机构直接从前苏联照搬过来,这样便使我国行政机构设置的目标以外国国家机构的状况为目标。不言而喻,这样的机构设置必然会偏离我国国情,最终处于一种无目标的状态之中。

(三)行政机构设置中目标的价值

行政机构中的目标分解与综合对于行政机构的构建乃至于整个行政法制都有非常重要的意义,我们可以将目标分解与综合在行政机构设置中的意义概括为下列方面。

第一,统一行政机构。行政机构是现代政治体制的产物,所谓现代政治体制是指国家权力合理划分以后形成的政治体制。在国家权力划分之前，国家政权体制归于一个人或者一个机构行使，在一个机构行使的情况下构成了经典作家所称谓的寡头制，在一个人行使的情况下，则构成了经典作家所称谓的君主制。这两种体制都是古代权力机制的特性，其在国家权力行使中是比较落后的。现代国家政权体制是资产阶级革命后形成的，其将国家权力从理论上进行了分类，再根据理论分类将不同类型的国家权力放置在不同的国家机构之下，比较典型的是西方一些国家的三权分立制。权力的分立既使国家权力作为一个整体出现，又使每一类国家权力自身成为一个整体。在国家权力作为整体的情况下，行使国家权力的机构无论如何设置，其都应当是一个整体，都应当以此一类国家权力的特性为转移。这一类国家权力实质上就是每一个行政机构存在以及进行活动的目标。显然，在国家行政机构及其职能分散的情况下，国家权力的一体性就会遭到否定。令人遗憾的是我国行政机构体系中的各个机构显然有总体的目标，但各自还有自己活动的目标和定向，行政机构活动的单个定向性使我国行政机构体系并不完全是统一的。正如上述，这种不统一性可以用部门差、区域差、层级差等来证明。我国行政体系中存在的诸种差实质上是一些行政机构偏离行政目标造成的，如果每一个行政机构都依统一的行政目标活动，就不会有诸种差异的存在。由此我们便可以说，行政机构体系中的目标分解与综合能够使相对分散的行政机构予以统一，包括机构设置的统一、机构职能的统一、机构活动原则的统一、机构行为方式的统一等。

第二，定位行政机构。行政机构分成单个行政机构、分支行政机构和行政机构的总体系等若干不同层次，笔者曾经指出："目标分解与综合在行政职位分类中具有决定意义，而目标的分解与综合就是一个非常科学的分析手段。目标分解与综合最初在企业管理中运用，如在一个企业中可以作出下列目标分解。

企业目标分解图

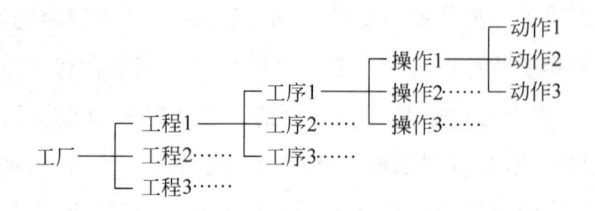

```
                              ┌─操作1─┬─动作1
                   ┌─工序1─┼─操作2……├─动作2
         ┌─工程1─┼─工序2……└─操作3……└─动作3
  工厂─┼─工程2……└─工序3……
         └─工程3……
```

行政系统也可以运用目标分解的原理如：

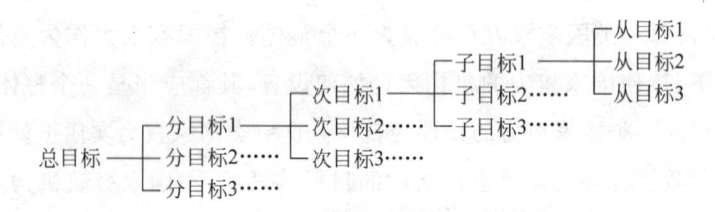

```
                              ┌─子目标1─┬─从目标1
                   ┌─次目标1─┼─子目标2……├─从目标2
         ┌─分目标1─┼─次目标2……└─子目标3……└─从目标3
  总目标─┼─分目标2……└─次目标3……
         └─分目标3……
```

目标分解以后职位便突现出来，每一个层次的目标都形成了一个职位层系，而每一个层系的目标又都使职位有了类的区分，整个公务员系统处在一个总的组织体系之中，牵一发而动全身。"① 每一个行政机构的建立都以行政机构的目标为转移，而目标体系同时决定了行政机构体系，这个体系在现代发达国家都以严格的系统建立起来，任何一个行政机构都是机构体系中的一个部分，处在行政机构的一个环节上、一个位置上，而每个机构的位置都是由行政系统的总目标决定的，行政机构的定位就是这样通过目标分解与综合予以完成。

第三，规整行政机构。行政机构改革在我国就基本上没有停止过，从我国行政机构建构的那一天起，其就处在不断的改革和完善中，仅就建构比较规范的最高行政机构国务院而论，从 1954 年第一部宪法制定到 2008 年就有过数十次以上的改革。当然，有些改革是小范围的，但

---

① 关保英著：《行政法教科书之总论行政法》，中国政法大学出版社 2009 年版，第 262 页。

对行政机构体系的结构进行调整的大改也不下十次。在笔者看来,每一次机构改革的进行都与我们对行政机构的目标认知分不开,即当我们对行政机构的目标认知有一个理论上的飞跃时,我们就会对行政机构体系进行相应的调整。较为典型的是 1998 年的机构改革,我们从理论上将国务院的职能机构分为"宏观调控部门"、"专业经济管理部门"、"教育科技文化社会保障管理部门"、"国家政务部门"等目标类型,然后再根据这些目标构建相应的机构体系,最后精简掉了 11 个没有行政目标或者行政目标可以由其他目标取代的行政机构。行政机构的改革若具体到机构的规范化构建中就是对不同行政机构进行规整的问题,通过规整既使行政机构有自己的目标,又使不同行政机构集中在一个统一的目标之下。①

三、行政执法中的目标分解与综合

(一) 行政执法中的目标分解

在行政法体系中有一部分法律叫行政行为法,其与体制行政法是相对的。笔者认为:"行政行为法是制约行政主体与行政相对人动态关系的法。行政主体与行政相对人的关系存在于诸多方面,当我们将行政机构体系作为行政权的行使主体,将社会公众作为行政权的归属主体看待时,行政主体与行政相对人的关系便是静态关系。行政机构体

---

① 我国近年来所进行的相对集中行政处罚权以及由此对相关行政机构的整合就是一个典型的有效规整行为。笔者曾对行政综合执法作过以下本质属性上的揭示:"第一,行政综合执法是多行政主体的执法。第二,行政综合执法是职能交叉的执法。第三,行政综合执法是权力转让性执法。第四,行政综合执法是权威性高于普通执法的执法。"参见关保英著:《行政法教科书之总论行政法》,中国政法大学出版社 2009 年版,第 232 页。

系是一个静态的机构实体,社会公众是无数社会成员的一个集合,行政机构体系的存在是以社会公众付出的成本为前提的,而行政主体也为社会公众带来看得见或者看不见的利益。此时,我们可以将行政主体与行政相对人的关系以静态形式看待,对于这样的静态关系一般以行政组织法调整。行政主体在行政管理过程中从事无数的行政活动采取无数的管理手段,其从事的这些管理活动和采取的管理手段都要对一定的人和组织产生影响。因此,行政主体的行政活动和行政手段必须有相应的法律形式,这些法律形式就是行政行为法的构成。例如《中华人民共和国律师法》第49条规定:'律师有下列行为之一的,由设区的市级或者直辖市的区人民政府司法行政部门给予停止执业6个月以上1年以下的处罚,可以处5万元以下的罚款;有违法所得的,没收违法所得;情节严重的,由省、自治区、直辖市人民政府司法行政部门吊销其律师执业证书;构成犯罪的,依法追究刑事责任:1.违反规定会见法官、检察官、仲裁员以及其他有关工作人员,或者以其他不正当方式影响依法办理案件的;2.向法官、检察官、仲裁员以及其他有关工作人员行贿、介绍贿赂或者指使、诱导当事人行贿的;3.向司法部门提供虚假材料或者有其他弄虚作假行为的;4.故意提供虚假证据或者威胁、利诱他人提供虚假证据,妨碍对方当事人合法取得证据的;5.接受对方当事人财物或者其他利益,与对方当事人或者第三人恶意串通,侵害委托人权益的;6.扰乱法庭、仲裁庭秩序,干扰诉讼、仲裁活动的正常进行的;7.煽动、教唆当事人采取扰乱公共秩序、危害公共安全等非法手段解决争议的;8.发表危害国家安全、恶意诽谤他人、严重扰乱法庭秩序的言论的;9.泄露国家秘密的。律师因故意犯罪受到刑事处罚的,由省、自治区、直辖市人民政府司法行政部门吊销其律师执业证书。'该条规定了司法行政部门吊销律师执业证书这一行政行为,律师具有从业的权利,在从业过程中行政主体对其具有管理的权限,而管理是以一定手段为之的,这一手段将律师与行政主体在律师从业中的动态关系联系起来了。行政主体对行政相对人具有管理权是无须证明的,而管理过程中的意志关系确实必须受到制约的,通过这种制约使行政主体与行政相对人的权利义务良性运作,这便是行政行为法的第一本质属性。"[①]

行政行为法与行政法的执行关系最为密切,若从广义上理解,有关部门行政管理的行政法规范都是行政行为法的内容。这样,行政执法与行政行为法就基本上成了同一意义的概念。当然,体制行政法也存在一个执行问题,但我们通常所理解的行政执法似乎不包括对体制行政法的执行。行政法是一个总的法律体系,其中的静态部分和动态部分都应当成为执行的对象。以此而论,行政法体系中的目标分解与综合直接制约着行政执法,即是说,行政执法必须从行政法体系的目标出发,受目标分解与综合原理的制约,这是一层意思。同时,行政执法本身还可以进行目标的分解与综合。行政执法的目标分解是指执法者在执行行政法的过程中依行政法的总体目标确定每一次执法行为的目标之过程。对于行政执法的目标分解而言,下列方面是至关重要的。

一是以行政法典精神分解行政执法目标。行政执法遇到的首要问题是行政法典则的问题,这与传统的行政管理形成鲜明对比。在行政管理的概念之下,行政主体所遇到的是政策精神和习惯以及其他的行为准则,行政主体将这些行为准则用来对行政相对人进行控制,其不受行政法典则的制约。而且客观事实是在行政管理法阶段,国家有关控制行政权的典则并不多,在行政执法的概念下,则是另一种情形,行政

[①] 关保英著:《行政法教科书之总论行政法》,中国政法大学出版社2009年版,第312页。

主体每一次的执法行为都必须有一个或者若干个行政法典则。行政法典则与行政执法的结合便产生了行政执法行为。这里就有一个目标分解问题,在行政法体系的目标相对确定的情形下,一个执法行为还应当有自己的分目标,这个目标的首要确定标准就是正在执行的行政法典则。尤其该典则所隐含的法律精神。任何一个行政法典则都必然包含不同的法律理念,例如,《中华人民共和国土地管理法》既包括了对行政主体管理土地权进行控制的法律理念,又包括对行政相对人规范使用土地进行监控的法律理念。这两个法律理念在一定程度上讲是对立的。然而,就土地法而论其应当有一个基本精神,即对土地的保护和管理,这个精神在整个行政法体系之中不一定找得到。但在单一土地管理机关的执法行为中必须将这个目标游离出来,只有当执法者知道这个典则的具体目标的情况下,其才能够科学地履行行政执法职能。像这样的目标分解在每一次的行政执法中都是必须和必要的,行政法分析学之所以能够促成行政法的实施其道理也在于此,即其将每一次的执法行为放置在相对科学的结构中进行处理,使抽象的行政法典则通过分析而具体化。

二是以社会效果分解行政执法目标。行政法的实施和实现本身就是一个使行政法社会化的问题,笔者在前面也将行政法的社会化与行政法分析学的关系提到相对较高的地位来认识。行政执法显然一开始遇到的是行政典则,但整个行政执法过程都是在与社会交换能量的过程中实现的。社会效果是行政法的最高评价标准,这应当是一个正确的论断。法律形式主义者可能会反对这个论断,因为在法律形式主义者看来,法律的实现才是任何法律行为的最高目标。然而,不可否认的是任何法律行为和法律过程若离开社会机制其就不再有多大意义,因为,法律行为也罢,政治行为也罢,只有在社会机制中才能运行和实现。以此推论,行政执法中的目标分解应当与社会效果联系在一起。那么,究竟如何用社会效果分解行政执法的目标呢？笔者认为要根据每一次执法行为所要达到的社会目标来确定，对于执法者而言，对一次执法过程的社会目的进行判断就显得十分重要。例如，工商行政执法机关在广告管理的执法行为中对所要达到的社会目的究竟是经济目的，还是社会公益目的就必须有一个判断。在笔者看来，广告执法的社会目的在社会公益目的上，行政执法者可以根据社会公益这一目标确定这一次的行政执法目标，进而实施有效的行政行为。

（二）行政执法中的目标综合

行政执法中的目标综合应当说是一个非常重要的行政法治实践问题，我们不能将这个问题仅仅看作理论问题。之所以这样说是因为在行政法中行政主体常常会遇到诸多目标，这些问题或者是行政法体系的总体目标所确定好的，或者是由行政执法者在执法过程中所分解出来的。例如，当交通警察对于违章机动车进行处罚时就可以分解出诸多的目标来，如制裁违法者、维护交通秩序、维护利害关系人合法权益、体现公共权力的价值等等。这些分解出来的目标若不进行综合，此次行政执法行为则可能既无方向又无原则，因为在行政法治实践中，每一个单一的目标都可能是合理的，但若干单一目标放在一起则无法进行行为的有效选择，这是由目标之间的相互对立性所决定的。笔者认为行政执法中的目标综合应当依下列原则为之。

其一，删除非目标。行政法体系中的有些目标显然已经被人们认同，而且成为行政执法中的主要目标制约着执法过程，但是，有些具有形式意义的目标本身并不是或者不应当是行政法体系的目标。例如，我国在计划经济年代下，行政权的全面干预似乎就是一种重要的行政法目标，事实上，这是一个非目标，因为依这个目标行政权就无法实现真正意义上的法治化。行政执法中，执法者对于这样的非目标必须予以删除,将它从行政执法的目标体系中剔除出去,这是对目标进行综合必须完成的行为。

其二,统一次目标和子目标。次目标和子目标是行政法体系中的二级目标和三级目标,由于它们具有多元性,便使其在行政法治实践中处于相对分散的境况中。在行政法体系不十分健全的情况下,次目标和子目标的分散性是十分突出的,对于行政执法者而言必须对次目标和子目标进行综合,依目标将它们予以统一,甚至可以对不同的目标进行排序,优先考虑相对重要的目标。

(三)行政执法中目标分解与综合的意义

行政执法中的目标分解与综合是对行政法体系中目标分解与综合的延续,其是行政法分析学在对行政法问题分析时运用的基本方法之一。从本质上讲,通过执法中的目标分解与综合对行政法体系以及行政法的实施作进一步的解析,其最大的价值就在于解析行政法问题,深刻认识行政法现象。如果我们具体一点讲,便可以说行政执法中的目标分解与综合具有下列三个方面的价值。第一,贯彻法制统一原则的价值。就是通过对行政法实施中的目标进行分解和综合使行政执法行为存在于行政法体系的总目标之下,进而使每一个行政执法行为都统一到行政法体系之中,体现《中华人民共和国立法法》和其他相关法律规定的法制统一原则。第二,贯彻行政效率原则。行政执法与行政效率的关系是一个不能回避的问题。笔者认为,行政执法中的效率价值高于程序价值,即通过行政执法为社会创造更多的效益,为行政相对人创造更多的利益。通过行政执法中的目标分解与综合将不适当的目标予以去除,并且运用社会效果等相对较高的价值进行目标确立,可以免去行政执法中诸多没有社会效果的行为。第三,使执法回归法律原则。行政执法中的目标分解与行政法体系中的目标分解是相互贯通的,行政执法中的目标综合也与行政法体系中的目标综合相互贯通。不论行政法体系中的目标分解，还是行政执法中的目标分解，它们都使行政法问题从法的角度出发，而不是从行政的角度或者从管理的角度出发。进一步讲，通过目标分解使行政执法由行政管理回归到法律原则中来，这是行政执法中目标分解与综合的又一价值。

第十九章 解释的分析方法

在法律辞典中,对法律解释是这样下定义的:"解释者对法律文本的意思的理解和说明,或者是指适用法律时探求法律规范意义内容的操作。"①由这个定义我们可以看出,法律解释至少有下列分析进路:

第一,法律解释既是一个法律实践问题又是一个法律理论问题。依大多数学者的理解,法律解释首先是一个法律实践问题,例如有学者在分析德国法律解释的一般原因时指出:"在适用法律(制定法)时,之所以存在着解释上的问题,主要有三个原因,即制定法的开放性(openness)、法律方法的不确定性及对于公正(rightness)和正义(justice)的理解的分歧。该三个因素是互相联系的,即如果不存在制定法的开放性,其他二者也就无足轻重了;如果不存在法律方法的不确定性,其他两者也不会产生太大的困难;如果不存在对于公正和正义的认识的分歧,其他二者也就不足道了。"②造成法律解释的原因是法律在适用过程中的滞障问题,依此理论,只有回归到法律实践之中,法律解释才会有意义。卡尔·拉伦茨在其《法学方法论》一书中曾经用一个发生于法治实践中的案例说明法律解释的原由:"联邦行政法院一项1957年的裁判足以显示,一般语言的用法多么欠缺一义性,于此,该法院必须解释负担平衡法第二三〇条第二项第三款中所谓'儿女'之意

---

① 中国社会科学院法学研究所编:《法律辞典》,法律出版社2004年版,第133页。
② 孔祥俊著:《法律方法论》(第二卷),人民法院出版社2006年版,第499页。

义。法院要处理的问题是:至少在没有嫡亲儿女存活时,是否可以将已故负担平衡请求权人的媳婿或儿女解为该法所称的'儿女'?法院认为,'儿女'的概念在一般语言中不是只有一种意义。其首先所涉的当然是嫡系的儿女;但有时也有广义的用法,因此也可以包含媳婿,乃至其他'受到有如家庭成员的照顾'之人。因此,解释法律规定的法官必须研究,'立法者一般针对应予适用的法律,最后,特别针对应予适用的个别规范时',其分别赋予该概念'何等内容及界限'。依据该语词在该当法律之其他规定的用法,法院获得以下的结论:'儿女'于此应作狭义理解,其仅包含嫡亲的儿女。"① 这些论点都表明法律解释是在法律的实施过程中发生的,这个关于法律解释的认识当然是没有错的。法律解释还应当是一个法学理论问题,即是说它本身就是理论范畴的东西。梅因在《古代法》中说道:"在罗马有一种法律,具有非常类似我们判例法中我所说的那些特点的,称为'法律解答',即'法学家的回答'。这些'解答'的形式,在罗马法律学的各个时期中有极大的不同,但自始至终它们都是由对权威文件的注解组成的,而在最初,它们只是解释'十二铜表法'的各种意见的专门性的汇编。同我们一样,在这些解答中所有的法律用语都从这样一个假设出发,即古代'法典'的原文应被保存不变。这就是明白的规定。它废止了一切注解和评注,并且不论解释者是如何的优秀,对于法典的任何解释,在参照古老的原文时,没有人敢公开承认,他所作的解释不会发生修正。但在事实上,冠以重要法学专家名字的'法律解答汇编',至少具有与我们报告案件同样的威权,并且不断地变更、扩大、限制或在实际上废弃'十二铜表法'的规定。在新法律学逐步形成的过程中,它的作者们自认为非常专心地尊重着'法典'的原来文字。他们只是在解释它,阐明它,引申其全部含义;但其结果,

---

① [德]卡尔·拉伦茨著:《法学方法论》,陈爱娥译,商务印书馆2003年版,第194页。

通过把原文凑合在一起,通过把法律加以调整使适应于确实发生的事实状态以及通过推测其可能适用于或许要发生的其他事实状态,通过介绍他们从其文件注释中看到的解释原则,他们引申出来大量的多种多样的法律准则,为'十二铜表法'的编纂者所梦想不到的,并且在实际上是很难或者不能在其中找到的。"① 这个论断所阐释的不是法律解释的实务问题,而是法律解释的理论,即法律解释是法律研究的组成部分。应当说明的是,关于法律解释是法律理论的论点是占下风的,在一些国家的法律理论中并没有给法律解释以重要或必要的地位。②

第二,法律解释既包括成文法的解释,又包括不成文法的解释。法学界诸多学者将法律解释框定在成文法的解释之中,这当然是没有错的,但不能因为法律解释主要是对成文法的解释而忽视法律解释中的一部分是对非成文法的解释。霍布斯早在其重要政治哲学著作《利维坦》中就指出:"所有的成文法与不成文法都需要解释。不成文法的自然法对于不偏不倚、不徇私情的人说来虽然容易运用其自然理性加以了解,因而使违犯者无词可托;但我们要认识到很少人甚至没有一个人在某些时候能够不受自我珍惜或其他激情的蒙蔽,所以自然法现在便成了最晦涩的法,因之也就最需要精明能干的解释者。至于成文法,则文字短的容易因一两个字具有歧义而别曲解,而长的则由于许多字都有歧义而更加含糊;结果使任何成文法,不论是写成的字多还是字少,如果对制定该法的最终因没有透彻的理解无法好好了解。而关于这最终因的知识则存在于立法者身上。因此,对

---

① [英]梅因著:《古代法》,沈景一译,商务印书馆 1984 年版,第 21 页。
② 笔者查阅了美国的一些法律理论书籍,有的甚至根本就没有提到法律解释问题。由克密特·L. 霍尔主编的《牛津美国法律百科辞典》在其收录的词条中就没有法律解释或法的解释这样的词条。在笔者看来这既不是偶然的,也不是被遗漏掉的,而是由其法律理论的传统决定的。这个传统可以追根至其法律体系的非成文性等。

他说来,法律上没有任何结子是解不开的;他或是找到头绪把它解开,或是像亚历山大王用剑斩断戈尔定结一样运用立法权力造成自己所愿意要的头绪,这是任何其他解释者所不能办到的。"① 在法律体系中有正式渊源和非正式渊源,正式渊源需要解释,非正式渊源同样需要解释,因为非正式渊源同样需要付诸实施,在实施过程中同样有诸多内容需要重新确定。

第三,法律解释既是科学问题又是艺术问题。霍布斯指出:"在成文法方面,人们一般都把法律的文字与文意加以区别。如果文字所指的只是从字面上所能得到的任何意义,那么本来是很清楚的。但因为几乎所有的字不论在本义上或是在比喻意义上都是含糊不清的,在一般议论中可以用来表示许多意义,而在法律中则只有一种意义。如果文字指的是行文的意义,那么它和法律的文意或宗旨便是一回事了。因为行文的意义就是立法者要用法律的文字来表达的意义。立法者的宗旨始终应当是公道,法官认为主权者不是这样的话便是大不敬。所以在法律的字句不足作为一个合理的判决的充分根据时,他就应当用自然法来补足。如果案件难断时,就应当暂缓判决,直到他得到更充分的根据时再作定论。比方说,有一条成文法规定:被人以武力驱出住宅者,得以武力复入。但如果一个人由于疏忽而使住宅空闲。当他回来时又被武力拒于宅外,关于这种情形没有特殊法律的规定。事情很清楚,这一案情就包含在同一法律中,否则这人就会没有其他的办法了,让他没有办法应当认为是和立法的宗旨相违背的。再举个例来说,法律的字句规定人们根据证据判决,有一个人被诬告为做了某事,法官本人却亲自看见是另一个人做的而不是被告做的。在这种情形下,他不能根据法律的文字对无辜者判罪,同时也不能不顾见证人的证据下判

---

① [英]霍布斯著:《利维坦》,黎思复等译,商务印书馆1986年版,第214—215页。

决,因为这种做法是违反法律文字的规定的。他只能请主权者另派一人来当法官,他自己来当见证人。所以成文法的文辞所产生的不便会使他进而采用法律的宗旨,以便把法律解释得更好,只是任何不便都不能成为违反法律的判决的根据。因为每一个裁判是非的法官都不能判断对于国家说来什么是方便的、什么是不方便的。"① 根据这个论断,法律条文中的文字是确定的,一个文字只应当有一种意思,当法律解释者对法律条文进行解释时必须依条文固有的意义为之,这说明法律解释是一种科学,必须具有内容上的确定性。同时,法律解释还要考虑法律的精神,或者立法者制定该法律时的精神,或者该法律所体现的自然法的精神,或者该法律所体现的人文精神,其中任何一种法律精神的选择都是一个艺术问题。② 法律解释的上列分析进路表明,法律解释完全可以归入法学研究方法论的范畴,其可以作为一种非常特殊的手段运用于行政法分析学之中。笔者本章所讲的分析方法也是从方法论的角度切入的,即是说,笔者不是就行政法中的一般解释问题谈论解释的方法的,因为行政法中的一般解释问题本身应当是行政法制度的构成,而我们此处所讲的分析方法则是以方法论为立足点的。解释方法与行政法分析学的具体关系我们将在本章第三部分进行探讨。

---

① [英]霍布斯著:《利维坦》,黎思复等译,商务印书馆1986年版,第218—219页。
② 关于法律解释究竟是科学还是艺术在法理学界是有争议的,拉伦茨对此作了如下的讨论:"解释究竟是一种'学术'或是一种'艺术',这是多余而无益的问题,因为提问的方式根本就错了。如果以'纯科学性'的学术概念为基础,它就不是一种学术。解释程序不是一种单向前进的过程,毋宁是一种对向交互澄清的程序,借此可以确认或扬弃原来预期的意义内涵。这种程序要求一种付出创意的精神工作。就此而论,有如艺术的创作。然而,它与形式的赋予或形成无关,毋宁要受适切的陈述规范的内容及其适用范围。……只要我们摆脱纯科学性学术概念的狭隘看法,作为一种依循方法进行,借以求得'正确'陈述的活动,解释仍是一种学术活动。"参见[德]卡尔·拉伦茨著:《法学方法论》,陈爱娥译,商务印书馆2003年版,第196页。

一、行政法中的规范解释

(一) 行政法规范解释的概念

"法律规范的规定与法律所涉及事态的结合并不像人们想象的那么简单,也并不像立法者制定法律时所考虑的那么简单。换句话说,法律规范的规定与客观事态之间往往存在着较大的差距,导致执法者将法律规范运用于它所规制的客观事态时会遇到各种障碍,如何排除这种障碍呢?法律解释就是一条比较简捷的途径。在法治实践中,法律解释会有下列情形,一是法律条文的内容需要重新确定。如《湖北省木材流通管理条例》规定,在运输木材时必须具有准运证。那么,此处所讲的'木材'究竟包括哪些范围,例如家具、乒乓球拍是不是此条例中所讲的木材等,都需要通过有权机关予以解释。二是规范冲突的解释。在法律运作中,前法与后法之间,此部门法与彼部门法之间。此层级法律与彼层级法律之间,此地的法与彼地的法之间都会有内容上的不一致,而有关的事态都在这些不一致的规范调整之列,执法者究竟选择哪一个规则处理这样的事态就需要对法条作出解释。三是有些法律上的事件具有极大的折中性,它既接近于此一个法律条文,又接近于彼一个法律条文,该法律事态究竟以哪一个法律条文处理亦存在一个解释问题。行政法适用中需要解释的情形比其他部门法更为多见,有权的机关对上列问题所作的解释能够对行政主体和相对人的权利义务产生影响。"①

---

① 关保英著:《行政法教科书之总论行政法》,中国政法大学出版社2009年版,第133页。

由此可见,行政法的解释存在于两个大的范畴之中,一是行政法由于规范之间的冲突而需要确定适用哪一个规范的解释。这一部分解释应当在广义解释的概念之下,《中华人民共和国立法法》将此部分解释称之为规范适用冲突的裁决及其裁决机制。该法设专门章节解决适用冲突的裁决机制问题。我们注意到诸多关于法律解释的理论都从法律适用开始,其理论前提是法律秩序的统一性和法律体系的一致性:"法律适用者如何按照整个法律秩序来寻找法律问题的答案,不过,其前提是法律秩序必须构成一个整体。只有法律秩序具有统一性,在具体法律规范间出现冲突或者存在漏洞时,才能借助于系统性解释解决问题。"[①]魏德士进一步指出:"可见,那种认为法律、宪法甚至整个法律秩序是协调的'评价统一体'和'意义统一体'的观点其实是自觉或不自觉的理想,从现实角度看,它不过是幻想而已。为理想状态的法律适用而提供的上述假设的错误的根源在于,它假定立法者自己不会出现冲突,而这个假定被历史证明是错误的。结论是:对法律秩序中存在的冲突只能通过公正的解释来解决。因此,在法律适用中'法律秩序的统一性'只不过是一个方法上的辅助概念,借助于此,就可以解决法律评价的冲突或者填补'法律漏洞'。"[②]对适用冲突的裁决同样是确定行政法规范的内容,从这个意义上讲,冲突裁决应当是解释的范畴。

二是行政法规范的含义需要重新确定。一方面,一些行政法规范的内容本身存在争议点,即其有两个以上的涵义,在这两个以上的涵义中,往往只能选择一个,确定选择哪一个的行为过程就是需要解释的,或者说可以被归入到解释的理念和制度之下。正如我们上面所引用的霍布斯的话"因为几乎所有的字不论本意上或是在比喻意义上都是含

---

① [德]伯恩·魏德士著:《法理学》,丁小春、吴越译,法律出版社2003年版,第124页。
② 同上,第126页。

糊不清的,在一般议论中可以用来表示许多意义。"我国行政法中因此引起的解释是非常多见的。另一方面,一些行政法规范在制定时所面临的是一种时代背景,而在当下的适用中时代背景已经发生了深刻变化。旧的规范已经不能适应新的行政事态的格局:"颁布法律或条例是权力机关的事。可是法律的实际效用决定于实施的方式。法律的实施以解释过程为前提,其重要性如今已由学说强调指出。在罗马日耳曼法系各国,作者们提出了各种各样的方法,从严格注释的解释到自由法学派的理论,中间经过德国耶林与黑克的利益法学与法国热尼为自由的科学研究提出的主张。要确定上述每种理论在各国实践中发生过的影响是相当困难的。立法者具有值得赞扬的明智,从来不曾幻想能以什么解释方法强加于人;各国在这个问题上曾经提出过的规则都给解释者留有很大的余地。因此在这方面一切将决定于有关人员的心理,决定于他们或多或少不自觉地受其引导的思潮。在一切国家,法官为了避免被人指责为武断,原则上比较喜欢不脱离法律字面规定,尊重立法者意图的解释,因此在绝大多数场合,他对法律进行逻辑的、甚至语法的解释,必要时查阅立法过程中的有关资料,对所作解释加以补充或改正。然而,所有国家的法官有办法从束缚他的条文中解脱出来,如果正义要求这样做的话。为了这个目的,有各种方法可供使用。"[1]立法者制定法律是一种时代境况,而法律在施行时时代境况已有巨大变化,这时,法律适用者如果依法律的本意执行法律就需要进行解释。

上列两个范畴的解释合致在一起,可以称之为广义的法律解释,而后一种解释则是狭义的法律解释。行政法规范的解释似乎将广义解释与狭义解释放在一起分析才相对科学一些。那么,行政法规范解释究

---

[1] [法]勒内·达维德著:《当代世界主要法律体系》,漆竹生译,上海译文出版社1984年版,第109—110页。

竟有哪些含义呢？笔者认为下列三个方面基本上反映了行政法规范解释的实质。

第一，对规范内容的进一步确定。行政法规范的内容在处于未实施状态之下是一种情形，而在进入实施状态之下则可能是另一种情形。例如，《中华人民共和国民用航空法》第178条规定："外国民用航空器，应当按照中华人民共和国国务院民用航空主管部门批准的班期时刻或者飞行计划飞行；变更班期时刻或者飞行计划的，其经营人应当获得中华人民共和国国务院民用航空主管部门的批准；因故变更或者取消飞行的，其经营人应当及时报告中华人民共和国国务院民用航空主管部门。"其中"因故变更或者取消飞行的"条文内容，在其处于未实施状态的情形下，我们能够理解它的含义，就是要求外国航空器营运人不能随意变更和取消飞行计划。但是，一旦进入到实施阶段，则会有新的含义出现并进而带来争议。如是否在无故飞行的情况下就无需办理报告手续。在我国行政法文件中，字面意义上的行政法条文与实践意义上的行政法条文之反差是非常大的，行政法规范中的此种争议远远大于其他部门法。行政法规范的内容究竟由谁来确定，就涉及到有关的解释权问题。究竟由立法者解释，还是由执法者解释，抑或是由专门的机关解释向来就是一个颇有争议的问题。在诸国的法律解释体制中也存在较大差异。有些国家的法律解释归于法律适用机关，即由法官或类似于法官的法律执行者解释。"自然法的解释就是主权当局规定来听审与决定属于这类纠纷的法官所下的判决词，此种解释在于将自然法应用于当前的案件上。因为在裁判中，法官所做的只是考虑诉讼人的要求是不是合乎自然理性和公道，所以他所下的判决词便是对自然法的解释。这种判决词之所以成为权威的解释，并不因为这是他个人的判决，而是因为他是根据主权者的权力下判决的；这样一来，这一判决就成了主权者的判决，而主权者的判决在当时对于诉讼双方说来就是法律。"①

　　当然，若非自然法，其解释主体就不一定是法律执行者。在判例法体制的国家，法律的解释应当说都属于法官或类似于法官的执法者，因为法官可以根据先前的案例和当下发生的法律问题而实施法律行为。有些国家的法律解释则由立法机关为之，其是立法机关的特有功能。在这种体制之下，其理论上将法律解释视为立法的组成部分。正如庞德所指出的："立法者即使制定出关于新问题的法规，如他的预见性延伸到问题的每个细节或者说他所能做到的远远超过提供的宽阔范围，那是十分罕见的。所以即使在制定法的领域，法律体系中的传统因素仍扮演重要的角色，我们必须依赖于传统的因素去填补立法的空白，并阐释和发展由立法引入的原则。"②总之，行政法典则中的条文在适用过程中诸多内容需要进一步确定其含义，我们可以用一个行政法案件的审判过程和争议点予以证明："杜某、陈某（一审原告、二审被上诉人）于1998年9月23日搭乘澳门注册的'T—1716—M'送人艇，由澳门驶往珠海市湾仔海面'珠海04162'号渔船，登上渔船不久后，又搭乘'T—1716—M'送人艇往澳门方向行驶，途径珠海市湾仔海面时被拱北海关（一审被告、二审上诉人）缉私艇截查。拱北海关从送人艇上查获陈某丢进艇仓内的美金4万元，从杜某手提袋中查获美金4万元及港币9万元，并从杜某腰部查出美金29万元，从陈某腰部查获美金25.6万元（其中100元为假币）。杜某、陈某在查获当时未能提供任何足以证明其合法的有效证明材料。为此，拱北海关于当天分别向杜某、陈某开具《海关扣留凭单》，扣留上述美金和港币，并于同年12月3日向杜某、陈某送达《行政处罚告知单》，告知其行政处罚决定的事实、理由和依据，

---

① ［英］霍布斯著：《利维坦》，黎思复译，商务印书馆1986年版，第214—215页。
② ［美］罗斯科·庞德著：《普通法的精神》，唐前宏等译，法律出版社2001年版，第122页。

及其所享有的权利等。经杜某、陈某申请,拱北海关于同年12月23日举行听证会,并于1999年4月27日作出拱关查[1998]010188号处罚决定,认定:'……经查,当事人杜XX运带美金XX元,港币XX元,当事人陈XX运带美金XX元……均无合法证明',决定对杜某、陈某分别处以没收上述美金和港币并处以罚款。杜某、陈某均不服,申请行政复议。拱北海关作出的复议决定除将原处罚决定书认定的'运带'美金和港币改为'运输'外,余均维持原处罚决定的认定事实、适用法律和处理结果。二人对复议决定不服,提起行政诉讼。一审法院认为:'运输是指人和物的载运,即通过交通工具把物资和人从一个地方运到另一个地方。两原告从澳门码头乘搭送人艇,该艇主先将原告运往停泊珠海市湾仔海面'珠海04162'船,后再将两原告运返澳门,原告与送人艇艇主之间形成运输法律关系,艇主是运输人,原告是乘客,即运输的对象。原告携带外币乘搭送人艇,通过送人艇的运输使外币从一个地方移到另一个地方,原告携带上艇的行为本身并不会直接导致外币发生位置移动,而是由送人艇艇主驾驶行为所致,因此,原告不是外币的运输人,外币运输的行为人同样是艇主。被告在复议决定中,认定两原告运输外币,缺乏事实根据,属主要证据不足。同时,被告在行政处罚决定中,依据《中华人民共和国海关法行政处罚实施细则》第4条第(2)项规定:'在内海、领海运输、收购、贩卖国家禁止进出境的物品的,或者运输、收购、贩卖国家限制进出口的货物、物品,没有合法证明的',按走私论处,对两原告予以行政处罚。而原告不存在运输、收购、贩卖国家禁止进出境的物品或者国家限制进出口的货物及物品的行为,不具备上述第4条第(2)项的法定条件,故被告依据该项规定对原告处罚,属适用法律错误。被告复议决定维持原处罚显属不当。因此,被告的复议决定应予撤销……'拱北海关上诉称,一审判决对"运输"的理解是片面的,人力(人工)携运、搬运、挑运等,也是运输的方式,而一审判决将人力(人工)运输排除于运输的范畴之外,显然是片面的。《中华人民共和国海关法行政处罚实施细则》第4条第(2)项所述'在内海、领海运输……货物、物品'的行为,其中'运输'所涉及的对象,明显是指物、物品,而不是人。《最高人民法院关于适用〈全国人民代表大会常务委员会关于禁毒的决定〉若干问题的解释》规定:'运输毒品,是指明知是毒品而采用携带、邮寄、利用他人或者使用交通工具等方法非法运送毒品的行为。'因此,本案的运输应包括'携带'行为在内。上诉人复议决定认定事实清楚,适用法律、法规正确。杜某、陈某答辩认为,假设'人力运输'的概念在海关法上成立,将使海关法上有关旅客'携带'行李物品出境的规定成为不必要,海关总署制定携带外汇出境的规定更属多余。海关法第57条第1款规定:'进出境运输工具是指用以载运人员、货物、物品进出境的各种船舶、车辆、航空器和驮畜。'上诉人却在上诉状中认为海关法的'运输'的对象除特指外均指货物、物品,而包括人,显然是错误地理解了海关法。答辩人不是《中华人民共和国海关法行政处罚实施细则》第4条第(2)项设定的行政义务主体。二审法院认为:《中华人民共和国海关法》第28条规定:'个人携带进出境的物品,应当以自用、合理数量为限,并接受海关监督。'第47条规定:'逃避海关监管,有下列行为之一的,是走私罪:(一)运输、携带、邮寄国家禁止进出口的毒品、武器、伪造货币出境的,以牟利、传播为目的运输、携带、邮寄淫秽物品进出境的,或者运输、携带、邮寄国家禁止出口的物品出境的;(二)以牟利为目的,运输、携带、邮寄前项所列物品外的国家禁止进出口的其他物品、国家限制进出口或者依法应当缴纳关税的货物、物品进出境,数额较大的……'第48条规定:'有本法第47条第(2)、(3)项所列行为之一,走私货物、物品数额不大的,或者携带、邮寄淫秽物品进出境不构成走私罪的,由海关没收货物、物品、违法所得,可以并处罚款。'第57条规定:'本法下列用语的含义:进出境运输工具,是指用以载运人员、货物、物品进出境的各种船舶、车辆、航空器和驮畜,'《中华人民共和国海关法行政处罚实施细则》第3条规定:'有下列行为之一的,是走私行为:(一)未经国务院或者国务院授权的机关批准,从未设立海关的地点运输、携带国家禁止进出境的物品、国家限制进出口或者依法应当缴纳关税的货物、物品进出境的;(二)经过设立海关的地点,以藏匿、伪装、瞒报、伪报或者其他手段逃避海关监管,运输、携带、邮寄国家禁止进出境的物品、国家限制进出口或者依法应当缴纳关税的货物、物品进出境的……'等等。上述海关法及其行政处罚实施细则的有关条文或者是对'携带'和'运输'单独作出规定,或者是将'携带'和'运输'并列规定。因此,海关法及其行政处罚实施细则中'携带'物品与'运输'货物是两个不同的法律概念,对违法'携带'物品行为和违法'运输'货物行为,应分别按相关的法律规范处理。本案上诉人XX复议决定将两被上诉人携带外币的行为认定为'运输'外币行为,并依据《中华人民共和国海关法行政处罚实施细则》第4条第(2)项规定:'在内海、领海运输、收购、贩卖国家禁止进出境的物品的,或者运输、收购、贩卖国家限制进出口的货物、物品,没有合法证明的,'对两被上诉人予以行政处罚,属认定事实不清,适用法律错误,依法应予撤销。上诉人上诉认为《最高人民法院关于适用〈全国人民代表大会常务委员会关于禁毒的决定〉若干问题的解释》规定'运输物品,是指明知是毒品而采用携带、邮寄、利用他人或者使用交通工具等方法非法运送毒品的行为'中把以'携带'方式'非法运送毒品'作为'运输毒品'的行为之一,因此本案的'运输'行为可以包含'携带'行为,'携带'行为是'运输'行为中的一种类型。因《最高人民法院关于适用〈全国人民代表大会常务委员会关于禁毒的决定〉若干问题的解释》对'运输毒品'概念的定义属刑法范畴的界定,属特定的解释,所以该解释不能成为对海关法及其行政处罚实施细则有关条文中'运输'和'携带'两个概念理解的根据。上诉人的这一上诉理由不成立,本院不予采纳。"①有学者对这个案件中的法律解释做了这样的评价:"上述案件争议的焦点是对海关法上'运输'一词的解释,也即'运输'是否包括'携带',而'运输'是否包括'携带',直接决定了拱北海关对杜某、陈某携带外币行为的定性是否正确、处罚是否合法。一、二审法院通过对'运输'一词的文字解释和语境(上下文关系)解释,得出了'运输'不包括'携带'的结论,从而认定拱北海关具体行政行为不合法。该判决书理由部分的论述特色很鲜明,即以法律解释为主题,充分展示了法官对有关规定的理解和解释的过程,很有说服力。正如广东省高级人民法院行政审判庭对该判决书的评语所指出的:'本篇判决书的一个显著特点是将法官对海关法第28条、第47条、第48条及《海关法行政处罚实施细则》第3条等相关法律、法规规定的理解过程全盘托出,并针对本案事实依法对'携带'与'运输'这两个法律概念的区别进行论述,同时针对当事人对法律规定的错误理解展开层层批驳,从而使被诉行政行为的违法所在一目了然。'"②本案中的内容确定归于司法机关是否合理是值得商榷的。笔者认为,本案中有关"运输"和"携带"关系的争论已经不仅仅是一个法治实践问题,而是一个对行政法典则中的条款含义发生争执的问题。一个典则的涵义在适用过程中无法确定时,只能依《中华人民共和国立法法》规定的解释机制进行,即只能由立法机关作出相关的立法解释。

第二,对争议的排解。法律规范在实施过程中究竟只有一个正确答案,还是在一个正确答案之外还可以有其他合适的答案向来就是一个存在较大争议的问题。"在近现代法律思想上,法律形式主义实际上就是主张法律有唯一的答案,即完备详尽的法律为机械的法官提供了

---

① 孔祥俊著:《法律方法论》,第二卷,人民法院出版社2006年版,第508—511页。
② 同上,第511—512页。

审理各种案件的标准答案,法官仅仅是这种标准答案的宣示者。无论大陆法系还是英美法系均曾存在过的机械法理学,实际上都是主张法律解释有唯一的标准答案的,即通过逻辑的演绎,自动获取唯一的正确答案。"①在中国古代的法律理论中也有"法无二解"的理论。根据这个理论,法律在其对社会关系进行调适时,只能有一种正确答案,法律规范所设定的社会关系只能有一种状态,即是说一个法律规范若有设定社会关系的情形,其就只能设定一种社会关系的情形,而不能有两个以上的社会关系状态。这个理论从较大的法律原理来讲应当说是正确的,因为法律规则保证自身的确定性是其应当具备的基本特性。人们说,法律是统治者意志的体现,统治者的意志只有在相对确定的情况下才有意志可言,如果其意志处在不断的变化之中,甚至处在让人无法捉摸的不定式之中,那么,该意志本身就有可能是虚无的。然而,在法律被付诸实施的过程中,法律规则理论上的唯一正确性却只能停留在认知范畴上。正如有学者所指出的:"在本国的法律文献中,不可能找到这样一个耐心而又深刻的举世无双的头脑,它从纷繁复杂的事实中,推演出了独创的理论,并从看似一些杂乱无章相互冲突的原子中推演出了一致性。"②即是说,一个法律条文在其适用过程中其所提供的答案往往不一定是唯一的,或者唯一正确的。换言之,法律规范在适用中存在争议似乎是一种必然。当然,不是所有法律规范都存在两个以上的答案,而且事实上绝大多数法律规范所提供的答案还是确定的,还是具有唯一性的。争议的法律规范哪怕只是极少数,它也必然给法律实践带来麻烦。

我们知道,任何法律规范都与当事人的权利与义务有关,要么赋予

---

① 孔祥俊著:《法律方法论》,第二卷,人民法院出版社2006年版,第557页。
② [美]波斯纳著:《联邦法院:挑战与改革》,邓海平译,中国政法大学出版社2002年版,第328页。

了当事人以权利,要么为当事人设定了义务,一旦发生规范内容上的争议,其最终必然是权利与义务的争议,权利与义务分配中的争议。此点说明,法律规范的争议并不是一个无关紧要的问题。在行政法的适用中,因规范引起的争议并不少见,甚至可以说在所有部门法中,行政法规范引起的争议是最多的。其中的原因与行政法的广泛性以及行政法规范的复杂有关,与行政法规范法源的多层性有关。① 拉伦茨在《法学方法论》一书中探寻了法律规范争议的深层原因:"法律是原创者——企图创设完全或部分的法律规整之——意志的具体化,此中既有'主观的'想法及意志目标,同时也包含——立法者当时不能(全部)认识之——'客观的'目标及事物必然的要求。如果想充分了解法律,就不能不同时兼顾两者。每个立法者都不能与其时代的法律观及当时的表达方式分离,他同时也面对某些——源自其时代脉络的——法律问题。因时间的演进,某些问题的重要性泯没,某些新问题日益重要。"②立法者在制定法律时所依据的社会关系背景与法律规范在适用时的社会关系背景是存在反差的,这种反差必然会使不同的法律适用者对于已经制定的法律规范产生不同的认识,只有在这些法律规范的含义是绝对清楚和明确的情况下才不会产生例外。法律规范适用中的争议就需要通过解释予以解决。有时即便是一些细小的行政法问题也会在法治实

---

① 法律典则的制定存在一个质量问题,即有些法律典则的质量相对高些,有些法律典则的质量低些。法律典则质量的高低与其发生争议的概率是成正比的。就是说,当法律规范质量较高的时候,其发生争议的机会就相对少些,反之,当法律规范的质量较低时,其发生争议的机会则相对多些。我们所说的质量是就立法技术而言的,而不牵涉到法律的本质。显然,法律规范的质量高低与立法体制有关,相对集中、相对严格的立法体制下,法律规范的质量就相对高些,而立法体制分散、相对松弛的情况下,法律典则的质量则相对低一些。我国行政法的立法体制十分复杂,而且层级较多,地方省级人民政府就可以制定行政法规范。我们认为,在立法机构层次和地位较低的情况下,行政法典则中的争议就必然会多一些。因为,像政府规章这样的行政法文件并没有像法律这样的行政法文件经过那么严格的程序和立法过程中的技术处理。因此,我们可以说行政法规范是最容易发生争议的。

② [德]卡尔·拉伦茨著:《法学方法论》,陈爱娥译,商务印书馆2003年版,第199页。

践中产生争议,例如,期限的计算问题。北京市第一中级人民法院在一个知识产权行政案件的判决书中关于期限就有这样一段解释:"根据专利法实施细则第6条的规定,专利法和本细则规定的各种期限的第一日不计算在期限内。期限以年或者月计算的,以其最后一月的相应日为期限届满日;该月无相应日的,以该月最后一日为期限届满日。期限届满日是法定假日的,以节假日后的第一个工作日为期限届满日。对这一规定的具体理解为:1.在没有特别规定的情况下,专利法和本细则规定的各种期限均从第二日开始计算,这是一个总的原则和前提。2.如期限以年或者月计算,应以其最后一个月(即前句所述'期限'的最后一月),且与本条规定第一句中已经将期限的第一日予以排除,故'确定的起算日'为期限的第二日。3.如该期限的最后一个月没有与期限起算日相对应的日,如平年的2月中没有可能对应的29日、30日、31日,小月中没有可能对应的31日等。在这种情况下,该条规定就以期限的最后一个月的最后一日为届满日。上述规定说明,如法律对期限的起始计算有明确规定的,不论该计算的结果与一个月的实际天数是否相符,均应依此方法计算。具体到本案而言,专利复审委员会于2001年1月5日受理了机械制造总厂的无效宣告请求,并发出要求请求人在受理后一个月内提交这证据的通知。根据上述规定,2001年1月5日当日,即期限的第一日不应计算在期限内,而应当从2001年1月6日起算。期限届满日应当是期限的最后一个月,即2001年2月中相应于起算日的2月6日。因此,机械制造总厂在该日提交的有关证据没有超过规定的期限,专利复审委员会应予考虑。机械制造总厂关于其于2001年2月6日提交的证据,专利复审委员会应予考虑的主张符合法律规定,本院予以支持。"[1]

---

① 孔祥俊著:《法律方法论》,第二卷,人民法院出版社2006年版,第797—798页。

第三,对疑难问题寻求答案。行政法适用中常常会遇到一些疑难问题,所谓疑难问题就是指现代的行政法规范不能为某个行政案件提供具体答案的问题,而这个案件本身的确符合行政法案件的一般特征。我们知道,行政自由裁量权中有一部分是法律留有空白的地带的裁量范畴,就是某类行为或者某一行为是对社会有害的,或者需要行政主体必须予以处理的,而行政主体处理这个行为的依据或者没有,或者不明确。这时行政主体便可以进行自由裁量,以自己认为合适的方式对这个法律空白进行处理。但是,行政主体的自由裁量权是有限度的,即是说,其不可能在每一个这样的案件中都能够做出准确裁量,有时法律也没有交给其在此方面进行自由裁量的权力。在此情形下,案件的处理就需要通过有权的机关进行解释,由其提供一个解决问题的具体答案,例如,2003年10月16日"国务院法制办公室对商务部关于请明确《中华人民共和国导弹及相关物项和技术出口管制条例》等行政法规中'违法所得'的函的复函"中就作了这样一个行政解释:"商务部:你部关于请明确《中华人民共和国导弹及相关物项和技术出口管制条例》等行政法规中'违法所得'的函(商法函[2003]29号)收悉。我们经研究认为,《中华人民共和国导弹及相关物项和技术出口管制条例》中的'违法所得'是指从事违法行为的全部实际收入。"

(二) 行政法规范解释的原由

行政法规范解释的原由与行政法规范解释的概念是联系在一起的,我们在揭示行政法解释概念时所指出的诸种情形都是引起行政法规范解释的原由。如果我们将问题的探讨再深入一步的话,那么,可以看出,行政法规范的解释与下列相对根本的原因有关:

第一,规范本身的不周延。法律规范的不周延是指一个法律规范的用语和措辞不能给出一个唯一正确答案的情形。在法治实践中,不周延的法典可以基于下列原因引起,一是法律文字本身的问题。法律条文的最小单位是词、句乃至于字,词、句、字的复杂性是不言自明的,而将它们结合在一起形成一个权利与义务的行为规则则使问题进一步复杂化了。这种复杂化导致的结果可能会使一个法律条文有诸种权利与义务设定的情形。我们在上面提到的某省制定的木材管理条例,其中的木材是一个物理概念,在日常生活中是不会发生歧义的。但是,若具体到法律设定的权利与义务之中,木材并不是一个具有确定内涵的概念,正如某案件中涉及到的"家具"以及其他木制品究竟是否为该条例中规定的木材概念。是与不是并不是一个无关紧要的问题,而是涉及到行政相对人的行为是否构成行政违法的问题,因行政法条文理解的不同产生的权利义务争议,进而进入到诉讼状态。[①] 引起规范不周延的第二个原因是法律中的非完全法条。有学者对行政法中的不完全法条做过这样的评述:"描述性法条与填补性法条的不同一、概括性法条与限制性法条的不同一、标准性法条与参照性法条的不同一、赋权性法条与抑制性法条的不同一,"[②]不论是法条的措辞引起的不周延,还是由于不完整性法条引起的不周延都会最终引起对行政法规范的解释。

第二,规范相对滞后。法律规范的代际差在学界已有学者引起注意,所谓法律规范的代际差是指法律规范制定时的时代状况与其实施时的时代状况之间的差异。毫无疑问,法律典则有它的历史延续性和传承性,一些典则甚至在很长的历史时期都有生命力。而这只是问题

---

① 例如"福建省水利水电勘测设计研究院不服福建省地质矿产厅以未办理采矿登记取得采矿许可证、无证开采地下热水(温泉)对其行政处罚决定案",就涉及到对国务院制定的《全民所有制矿山企业采矿登记管理暂行办法》第2条规定中的地热的不同理解。原告认为地下热水与地热是完全不同的两种概念,被告则认为地下热水是法定矿产资源的一种,理所应当受矿产资源法律法规的调整。(参见最高人民法院中国应用法学研究所编:《人民法院案例选》(行政卷),中国法制出版社2000年版,第1415页。)

② 张淑芳著:《行政法援用研究》,中国政法大学出版社2008年版,第157—170页。

的一部分,即是说,法律规范中的相当一部分乃至于绝大部分都不会在制定以后与未来社会的格局完全保持同步或一致。旧的法律与新的时代状况之间的反差是法律典则中的一个基本问题,正如拉伦茨所分析的:"当一种表达方式依其语言用法有多种意义可能性时,通常可由其使用脉络推知,具体情况下究竟应考虑何种可能性,虽然这种推论未必是终局而精确的。由上下文脉络可以确定某段文字应作何解,同样地,法律的意义脉络也有助于个别字句的理解。于此涉及的不过是前述(第二章第三节第二款)所谓的'诠释学上的循环'之最简单形式。一如前述(第三章第二节),法律经常由不完全的法条(说明性的、限制性的或指示参照性的法条)所构成,它们与其他条文结合才构成一个完全的法条,或相互结合成一个规整。只有视其为规整的部分,方能获悉个别法条的意义。假使想了解无权利人善意取得的规定,而且不想作出草率的推论,那么除民法典第932条外还必须考虑第935条。当法律指示参照其他规定时,为了解指示性规范的适用范围,必须一并考虑被参照的条文。如果想大概地认识法律所说的'占有',不能只读民法典第854条。假使只从这个条文来理解占有的话,这个理解必须马上被修正,因为法律并不视所谓的占有辅助人(民法典第855条)为'占有人',毋宁以间接占有人(民法典第八868条)为占有人。初学者很难掌握法律对'占有'与'所有权'的区分,因为在一般语言用法上,两者常被同义地使用。为正确了解其不同之处,必须比较这两类规整。类似情况有:权利能力与行为能力,当事人能力与诉讼能力、义务与责任。只有相互比较之后,才能充分理解各该概念。"[①]解决法律代际反差的路径有三个,一是用废止旧法制定新法予以解决。即将与时代发展不一致的法律典则予以废止,并根据新近的情况制定新的法律典则。此种解决方

---

① [德]卡尔·拉伦茨著:《法学方法论》,陈爱娥译,商务印书馆2003年版,第204页。

法是有效的,但是,它仅适用于法律明显过时的境况之下。例如,我国进入市场经济以后就废止了一系列阻滞市场经济发展的法律,同时,制订了一系列与市场经济相一致的法律。在行政法方面此种废止旧法制定新法的情形更为多见。二是对不能适应新的时代要求的旧的法律规范进行修改,去除不符合时代要求的部分,保留与时代格局相一致的部分。我国加入 W.TO 以后就修改了一系列行政法典则,例如,对《中华人民共和国对外贸易法》的修改、对《中华人民共和国商标法》的修改等等。上列两种处理旧法与时代发展关系的方式都是可以的。但是,若将法律的制定和运行作为一个动态过程的事物来看的话,那么,可以说上列两种方法无论如何都不是处理法律与时代关系的最好手段。因为,谁能说去年制定的行政法典则就一定适应今年的行政管理格局呢?谁又能保证行政法规范的废止和修正能够完全解决法律的时代反差问题呢?因此,便有了第三种解决法律规范与时代关系的方法,那就是解释的方法。通过解释对已经过时的法律条文予以技术上的处理,使其与新的时代精神一致起来。拉伦茨提到的"法律的意义脉络"的理论就巧妙地阐释了解释在这个问题处理上的精髓。依这个理论,法律解释者在对法律问题进行解释时,必须既根据某一法律规范制定时立法者的本意,又能够将这种本意与新的时代精神有机的结合起来。

第三,新的事态颠覆规范。法律规范是对社会关系的调整和对社会事态的规制,任何一个法律规范都以一定的社会关系和社会事态为基础。行政法规范是以行政事态为基础的,那么,从逻辑上讲,社会关系和社会事态的变化就会引起法律规制的变化,而行政关系和行政事态的变化则会引起行政法的变化。然而,在法律运作的实际过程中,并非一个社会关系和社会事态的变化就引起法律规范或行政法规范的变化。恰恰相反,当社会事态发生变化以后,行政法规范还将在一定时期内保留,甚至还发生着法律效力。我们知道,社会关系和社会事态的变化是基于一些自然原因和其他客观原因，不以人的主观意志为转移。而法律规范的变化则是基于人为原因，首先要有人们对法律规范应当变化的认识，其次必须通过一定的程序才能促成这种变化的形成。因此，在法治实践中的状况是新的社会事态常常能够颠覆法律规范的内涵，但不一定能够颠覆法律规范的形式。在行政法之中，社会事态颠覆行政法典则主要有两种情形，一是由于行政事态在技术因素上的变化而否定旧的规范的涵义。拉伦茨用下列事例说明了此种情形："下述情况恐怕是一个临界事例：借武器或其他危险的器具伤害人体者，应处以较重的刑罚。用盐酸攻击人时，联邦宪法法院把这种情形当作刑法意义上的使用'武器'。该法院认为，以往的语言用法虽然只称机械性的工具为'武器'，然而，因为技术的发展，这种语言用法已经有所转变，发生化学作用的工具也被视为'武器'。依其见解，对'武器'一词，依今日的语言用法作广义的理解，事实上也能配合刑法规定的意义及目的。这项裁判特别受到 G. 赖尼克及 D. 赖尼克的批评。他们表示，刑法上的'武器'概念并非空白概念，可以依当时的语言理解来任意填补；毋宁应依立法当时的理解来解释。将此概念转而应用于非机械性的攻击工具，事实上已经是一种（被禁止的）类推适用。恩吉施认为：这项裁判'至少是有疑义的'。我则认为尚属适当。"①二是由于行政事态在社会因素上的变化而否定旧的规范的含义。例如，我们在1987年制订了一个《投机倒把行政处罚暂行条例》，其中规定了当事人甲地低价买入然后到乙地高价卖出并从中赢利的行为为投机倒把行为，对于这种投机倒把行为工商行政管理机关应当给予处罚。然而，我国进入市场经济以后，市场主体利用地域差异进行产品交易并获得利益是一个重要的

---

① ［德］卡尔·拉伦茨著：《法学方法论》，陈爱娥译，商务印书馆2003年版，第203—204页。

致富手段,其是市场经济下市场主体进行经营的主要手段之一。那么,新的行政事态就颠覆了旧的行政法规范。当新的行政事态颠覆旧的行政法规范的情况下,行政法典则保持了形式上的合法性,而且仅仅是形式上的合法性,这种形式上的合法性在适用过程中必然会遇到诸多问题,解决这个问题的方法同样可以是行政法解释。

(三) 行政法规范解释的方式

社会主义的法律学理论中,将法律解释的形式和法律解释的方法做了区分。例如,前苏联科学院法学研究所主编的《马克思列宁主义关于国家与法权理论教程》就对法律解释的形式和法律解释的方法分别做了探讨。认为法律解释具有三种形式,即正式解释、司法解释和学理解释。对正式解释做了这样的界定:"正式解释——这是由在这一方面具有全权的国家权力机关所作的解释,是在该解释规定的场合下适用法律时必须遵守的解释。正式解释的特殊形式就是有权解释,这是由立法机关,即颁布法律的机关本身所作的解释。"[1]其将司法解释从正式解释中独立出来,认为"是法院在审理具体的司法案件时,把某一法律适用于该案件而作的法律解释。在法院的民事和刑事判决中即包含有司法解释。司法解释仅对其所审理的该项案件有拘束力。任何其他适用法律的机关均可作出类似的法律解释,但是司法解释是解释法律的独特的形式,因为具有合法效力的法院的民事和刑事判决对所处理的该项案件有着法律的效力,即是有着如同法律一样的拘束力。因此,法律的司法解释不能同任何一个行政机关或公职人员,当他们依据法

---

[1] 苏联科学院法律研究所编:《马克思列宁主义关于国家与法权理论教程》,中国人民大学马列主义关于国家与法权理论教研室译,中国人民大学出版社1955年版,第511—517页。

律和适用法律时所作的解释混为一谈。"①学理解释被认为是对现行法律在研究过程中所作的解释,"学理解释是基于对现行法的科学研究所作的解释。科学的研究法权对正确地阐明法律内容和含义有着很重大的意义。在历史上,某些最有名的法学家的科学著作曾有过官方的意义。这些著作中所确定的原理对法院有过拘束力。法学家的这些著作不仅是解释法律,并且还是法权的独特的渊源。如,罗马帝国时期(五世纪时),五位大法学家的著作曾具有拘束力。中世纪在法权规范适用上,'学者的舆论'曾被认为具有拘束力。但是在现代的国家中,并不保持这种原理,对学者的舆论并不赋予法律上的拘束力。但《瑞士民法典》除外,因它在某些情况下,还承认法学家的意见对法院有着指导意义。"②关于法律解释的方法,该教科书认为包括文法解释、逻辑解释、系统解释和历史解释:"解释按其所采用的方法,可分为下列数种:一、文法解释;二、逻辑解释;三、系统解释;四、历史解释。(一)文法解释,是根据文法规则,对法律上的(或其他法权渊源上的)法权规范的词句加以分析,对法律本身的叙述及包含在法律中的语句加以分析来确定法权规范的内容。文法解释是通过分析法律或其他法令上的文字排列、文字联系、标点符号、句子的成分(主语、谓语)等而进行的。(二)逻辑解释,是根据法律上规定此项法权规范的词句的意义,根据法律包含的意思来确定法权规范的内容。因此逻辑解释,就要从本质上分析法律,规定出规范的假定,处理与制裁,把这三要素相互进行对比,阐明法律上的行为规则的性质及其适用的范围。(三)系统解释,是把该法权规范同其他法权规范进行对比,来阐明法权规范的意义,确定一规范

---

① 苏联科学院法律研究所编:《马克思列宁主义关于国家与法权理论教程》,中国人民大学马列主义关于国家与法权理论教研室译,中国人民大学出版社 1955 年版,第 511—517 页。
② 同上。

与其他规范的联系,和它在该法权部门的规范系统中所占的地位。(四)历史解释,是研究规范通过的情况来阐明法权规范的意思(立法机关对于法律草案的报告和讨论,报刊上对新法律提案的讨论等)。同时亦可以将这一规范同已经废止了的有关同一问题的旧的规范的条文进行比较。上面所述的几种解释形式,不能视为是独立的,互不相关的形式。这是各种不同的解释方法,为了正确地解释法律,对同一案件往往要同时采取所有这些方法。"①笔者认为,这虽然讨论的是法律解释的一般方法,但是,其对于行政法解释方法的研究也是适用的。

行政法解释的方法可以分为依解释体制划分的解释方法和依技术因素划分的解释方法两大类。若从解释体制看,行政法的解释方法有三大类,即立法解释、司法解释和行政解释。立法解释是指由立法机关对相关的法律条文及其含义所作的阐释。法律由全国人民代表大会常务委员会解释,它的解释大体上有两个范畴,即"法律的规定需要进一步明确具体含义的";"法律制定后出现新情况,需要明确适用法律依据的。"②地方性法规的制定主体对地方性法规内容进行阐释的行为也应当属于立法解释的范畴。行政系统内部对于有关自己制定的行政法文件的解释就属于行政解释。行政法规的解释权属于国务院,这种解释包括三个方面,一是需要明确适用中的界限,即某些条文涉及的权利义务范围。二是需要作出补充规定的情形③。三是对于行政工作中具体应用的问题予以说明,此一部分的解释由国务院授权国务院法制机构

---

① 苏联科学院法律研究所编:《马克思列宁主义关于国家与法权理论教程》,中国人民大学马列主义关于国家与法权理论教研室译,中国人民大学出版社1955年版,第511—517页。

② 参见《中华人民共和国立法法》第42条。

③ 参见《行政法规制定程序条例》第31条。

解释。规章解释权属于规章的制定机关,它所需要解释的情形与行政法规基本相同①。在行政法中,司法解释指司法机关在行政审判中对有关法律适用和法律内容所作的阐释。例如,2000年最高人民法院就颁布了《最高人民法院关于实施〈中华人民共和国行政诉讼法〉若干问题的解释》。依解释技术来划分解释方法则是一个非常复杂的问题。第一,限制解释与扩充解释。在法理学中,限制解释是指对法律规范内容的解释要比条文的内容狭窄一些,"那是把法律解释得狭于其字面上的意思。当法律的措词广于其意思时,应适用此种限制解释,因此为了正确地了解法律的意思,就应该将法律的表现限制在较法律条文为窄的范围内。"②行政法解释亦可以用限制解释的方法。扩充解释是指"即是把法律解释得广于其字面上的意思;换言之,当法律就其意思来讲应适用于较法律条文字面表现为广的场合时,适用这种扩充解释。"③行政法解释究竟采用限制解释的方法,还是采用扩充解释的方法我们无法得出一个确切的结论。在笔者看来,要根据行政法适用过程中的具体状况而定。第二,文义解释与语境解释。"在大多数国家,这种解释方法都是最为重要的,适用范围也最为广泛。原因很简单,因为法律文本都是由文字写成的,有的是日常用语,有的是专业术语,对其进行解释不能脱离其使用的文字,必然按照语言习惯确定其含义。一般而言,可以认为(或者推定为),立法者都是按照这些习惯用法使用这些词语的。当然,语言习惯可能随着时间的推移而发生变化,其含义应当按照变化了的用法进行解释,这本身就是使法律规范适应新形势

---

① 参见《规章制定程序条例》第33页。
② 苏联科学院法律研究所编:《马克思列宁主义关于国家与法权理论教程》,中国人民大学马列主义关于国家与法权理论教研室译,中国人民大学出版社1955年版,第511—517页。
③ 同上。

和进行进化的一种途径。"① 这是对文义解释的界定。语境解释是指"按照语境方法解释法律规范,不但要根据法律条文的前后文,还可能涉及其他法律的相关规定。"② 有学者认为语境解释有这样一些作用:"确定法律用语的通常含义或者专业含义;认定其具有相反的特殊含义;澄清其含义。"③ 文义解释和语境解释都是行政法解释中使用的方法。行政法解释的方法除了上列外,还可以从理论上作出进一步的细化,如先例解释方法、类推解释方法、历史解释方法、立法目的解释方法等等。在笔者看来,正式的法律解释方法应当在一国的法律制度中作出明确规定,可以详细列举该国所选择的解释方法,并规定各种解释方法的适用条件。正式的行政法解释中,方法应当具有法定性。与正式的行政法解释相比,学理层面上的解释是非正式的,其不受实在法的限制,可以根据解释者对法律的认知水平作出解释。④ 学理解释既是对行政法运用中疑难问题的解答,又是对行政法问题的一种分析,其是行政法分析中的一种重要手段,对此我们在本章第三部分还要进行探讨。

二、行政法中的冲突解释

(一) 行政法冲突解释的概念

行政法规范之间的冲突是指不同典则中的行政法规范就某一事

---

① 孔祥俊著:《法律方法论》,第二卷,人民法院出版社 2006 年版,第 729 页。
② 同上。
③ 同上。
④ 即便是在正式的法律解释中,解释者的法律水平和相关的理论知识同样十分重要。在美国的一些著名判决中,法官就运用了其对法律认知的知识,对规范进行了非常好的解释,最终使案件得到了很好的处理。例如,在马伯里诉麦迪逊案中,马歇尔法官所作的解释就有非常强大的知识背景。

项的规制不一致的情形。我们近年来对行政法规范冲突的研究已经比较深入,例如,有学者非常精细地区分了法律冲突中的两种情形,即"不一致"与"相抵触",其对二者作了下列分析:"按照我国立法法有关规定,在我国法律体系中,法律规范的冲突又分为两种情况,即法律规范的'不一致'与'相抵触'。在涉及法律、行政法规、地方性法规、自治条例和单行条例、规章之间的关系时,立法法有的条文使用了'不一致',有的则使用'相抵触'。通过分析使用'不一致'和'相抵触'措辞的相关法律条文,我们可以发现一个规律,即在相同位阶(或者准相同位阶)的法律规范之间,立法法使用的是'不一致';在不同位阶的法律规范之间,使用的是'相抵触'。"①依这个论点,法律冲突既可以存在于不同位阶的法律规范之内,也可以存在于同一位阶的法律规范之内。不同位阶法律规范的冲突用"相抵触"的立法措辞进行表述,而同一位阶之内的冲突则用"不一致"的立法措辞进行表达。"行政法规范之间的冲突在我国是比较普遍的,主要表现为不同层级行政法规范之间的冲突。在行政法体系中,如果就法律为龙头则有如下的排列顺序:法律、行政法规、地方性法规、自治条例和单行条例、行政规章、规章以下其他行政管理规范性文件。它们依次有效力等级的区分,把靠前的称之为上位法,靠后的称之为下位法。在行政法的渊源体系中,下位与上位之间的冲突是经常存在的,大多见于行政规章与其上位规范的冲突,行政规范性文件与上位规范的冲突,下位行政规范性文件与上位规范性文件的冲突。在《中华人民共和国立法法》出台之前并没有一部调整规范之间冲突的专门法律,人们只是根据行政管理中下级服从上级的原则、行政权服从立法权的原则认为规章、行政法规与法律冲突后以法律为准,下级的行政管理规范性文件与上级的行政管理规范性文件冲突以后以上

---

① 孔祥俊著:《法律方法论》,第一卷,人民法院出版社2006年版,第154页。

级的为准。在行政法的具体适用中,这些原则有时显得十分苍白无力。因为上述解决冲突的基本原则又与我国法律规范的其它解决冲突的原则有矛盾之处,如众所周知的我国法律中有新法优于旧法的原则,而法律中关于新法与旧法的规定并没有同时指出效力等级之间的关系。另一个表现为同一级别的不同行政法规范之间的冲突,这主要是因为我国行政管理的区域性、职能性较强所导致的。以区域性而论,不同地区对同一事态的规定往往采用不同的标准,例如甲地计划生育条例规定无论城镇居民还是农村居民都只能生一胎,而乙地则规定夫妻双方居住在农村的可以生二胎,甲地居民到乙地作生意并可能长期居住,乙地计划生育管理部门究竟适用何地的规定则是一个在冲突规范之间进行选择的问题,选择哪一个似乎都是可以的。部门规章和地方规章之间就某一事项规定的冲突就更为多见了。行政法规范之间的冲突无论因何种原因引起,其都是行政法治中的一种客观状态,当行政法文件没有具体到某一行政事态时,这种冲突还不一定表现出来,而当行政主体在处理行政个案时,或者行政相对人的权益具体到某一行政法关系中时,这种冲突就成为行政法适用的一种事实。但是,规范的冲突并不能够成为破坏法治机制的一个因素,甚至可以说,良好的法治机制是能够有效处理法律之间关系的机制,能够通过恰当的规则化解法律矛盾的机制。如果在两个冲突的规则之间有一个上位规则予以统制,那么,规范之间的冲突就不会成为破坏法治系统的一个因素。能够统制两个矛盾规则的上位规则的存在便必然导致规范之间的援用。这中间的逻辑关系是非常明显的。"[1]学者们的这些表达基本上揭示了行政法规范冲突的含义。但是,这个揭示基本上是静态层面上的,即将冲突放置在静态的法律规范之中进行考察。毫无疑问,静态的法律规范之间的冲突是

---

[1] 张淑芳著:《行政法援用研究》,中国政法大学出版社2008年版,第173—175页。

行政法冲突中最为主要的表现形式,也是引起其他冲突的基础。在行政法中还有一种冲突是在法律适用过程中发生的,而且冲突的规范之间并不存在合理与不合理之分,这样的冲突可以在不同层次法律典则的正当条款之间发生,也可以在同一个典则的不同条款之间发生。行政法规范在静态冲突的情况下,往往有一个规范是不正当的,或者是有一定瑕疵的。这种不正当或具有瑕疵性的规范应当被宣布为无效。而在适用过程中发生的正当法律条文之间的冲突则不存在这样的情形,其只在个案中选择适用哪一个更加合适,而毋须宣告不适用典则为无效。例如,《德意志联邦共和国基本法》第5条第1项有一个规定就是必须保证广播电台的新闻自由,这是一个赋权性条款,也是一个正当的宪法条款。同时该法第2条第1项规定了国民具有人格尊严的权利,这也是一个赋权条款,其法律精神是正当的。若我们在静态的法律规范之间来分析,这两个宪法规范是不存在冲突的,其是相互补充的。然而,在德国发生的一个案件却使这两个条款之间处于了相互冲突的状态之中。联邦宪法法院应当决定电视台能否播放发生在12年前的一起刑事案件的新闻纪录片,如果播放其中一罪犯就能够被公众识别出来,这样,对其重新做人、回归社会就会带来不利。事实上,这种播放可能会与基本法第2条规定的人格尊严权相冲突。但是,从另一角度看,新闻自由同样是基本法所保护的,电视台播放这样的节目虽与第2条相冲突,但完全符合第5条第1款有关新闻自由的宪法精神。如果不在具体案件中,这样的冲突是不会发生的,进入适用状态以后就会导致这样的冲突。在行政法规范的冲突之中,此一部分冲突是动态的,同时也是隐含的。

上列两个范畴的冲突都会给行政法的适用带来麻烦,在适用中对此二范畴冲突的解决就可以归入广义解释的范畴之中。在现代法治国家,对于法律规范以静态形式出现的冲突,一般都有一个解决机制,例如,《中华人民共和国立法法》关于法律适用的专门规定,对于这个问题我们在本节第三部分探讨。后一种冲突是需要具体的解释行为来完成的。例如,在我们上面列举的德国的这个案件中,最高法院就作为解释者对问题提出了解决的方法和答案。法院必须考虑两个方面的问题,一是必须考虑该节目对个人权利的干预程度,二是必须考虑该节目能够满足的具体利益,如果通过保护新闻自由而侵害了个人尊严,那么,就应当以个人尊严为相对重要的价值。最后,法院得出的结论是:"根据该案的条件,保护人格权比广播电台的新闻报道自由更为重要。下列条件决定了适用保护人格权原则的具体事实:'重播一个已无重大新闻价值的主犯的电视画面,至少在其损害罪犯重归社会时应当是禁止的。'"①联邦最高法院的这个结论实质上是对冲突的法律规范所作的解释。总之,行政法规范冲突的解释,其实质是使行政法规范能够在冲突的情况下予以适用。

(二) 行政法规范冲突的类型

行政法规范冲突的类型划分有法律实在上的划分和理论上的划分两个范畴。前者是指在一国实在法制度上将法律规范的冲突类型确定下来,并使之成为制度范畴的东西。后者指在学理上对法律规范冲突所作的分类。前一类型的划分在我国立法法中已经做了规定。后一划分则是一个深层次的理论问题,例如,行政法原则与规则之间的冲突是否可以归到行政法冲突之中却是需要探讨的。笔者认为,由于我国行政实在法对法律冲突已经做了划分,那么,我们对行政法冲突的类型划分应当与实在法的规定有机的结合起来,否则,则会使我们的研究过于空洞。即是说,行政法规范冲突的研究应当将理论与实践予以有机结

---

① 孔祥俊著:《法律方法论》,第一卷,人民法院出版社2006年版,第163页。

合,并作出全方位的考虑。

第一,下位法与上位法之间的冲突。此一冲突主要表现为下位法的规定抵触上位法内容的情形。根据《立法法》我国法律体系由宪法而法律,由法律而行政法规,由行政法规而地方性法规和政府规章,由地方性法规而地方政府规章等。上下位法既具有相邻关系,又具有隔位关系,前者如法律与宪法、行政法规与法律,后者如行政规章与法律、地方性法规与法律、行政法规与宪法等。行政法规范下位法与上位法之间的冲突在上列两个范畴中都是存在的,即既有相邻上下位法之间的冲突,也有隔位上下位法之间的冲突。①

第二,此一部门法与彼一部门法之间的冲突。行政法依一国行政管理的不同领域可以划分为若干不同部门,通常情况下,不同部门行政法之间的界限是清楚的,其各自调整着不同的社会关系。但是,有时会出现一个或一类行政管理事项由不同行政法规范调整的情形。另外,行政相对人的违法行为也不一定仅仅对应一个行政法典,常常会出现一个行政违法行为同时对应多个行政法典的情形,而且这些行政法典分属于不同的行政管理领域。例如,广告行政违法就有可能既对应工商行政管理法规范,又对应城建和市容行政管理的行政法规范。盗窃下水道井盖的行政违法行为就同时违反了治安管理处罚法和道路交通管理法两个行政管理法规范。在此种多重违法的行政法适用中,出现法律规范之间的冲突是非常多的,这主要因为不同的行政部门法在调整社会关系时的侧重点不同。例如,治安处罚法的立法宗旨在于维护治安秩序,而道路交通安全法的立法宗旨则在于维护交通管理秩序,各个行政法在立法价值上的差异使它们在对有关违法行为的处理上往往

---

① 例如"X省人大撤销X市人民政府行政规章案"就涉及到行政规章与法律的冲突。参见关保英著:《行政法案例教程》,中国政法大学出版社1999年版,第150页。

有质上或者量上的差别,如果一个违法行为同时与这两个不同的部门行政法发生关联,就必然会出现适用中的冲突。①

第三,一般法与特别法的冲突。我国在法律制度中确立了特别法与一般法的概念,也确立了特别法与一般法发生冲突后的适用标准等。所谓特别法是指在特定范围适用的法律典则或者法律规定,其适用具有个别性和特定性。所谓一般法则是指在一般条件下适用的法律典则或法律规则,其所涉及的是具有普遍意义的事项,是一般事项。在法律体系中,特别规定由于具有针对性,其在法律问题的处置上采取的相对特定或特别的方式。而一般规定则具有一般意义。在法律适用中,某个案件如果从法律形式看是一个一般意义的事项,但其发生的领域的确是一个较为特殊的领域,这时就会出现一般规定与特别规定的冲突,即一般法与特别法的冲突。例如,《中华人民共和国食品卫生法》第22条规定:"县级以上地方人民政府卫生行政部门在管辖范围内行使食品卫生监督职责。"第33条规定:"食品卫生监督职责是:(一)进行食品卫生监测、检验和技术指导;(二)协助培训食品生产经营人员,监督食品生产经营人员的健康检查;(三)宣传食品卫生、营养知识,进行食品卫生评价,公布食品卫生情况;(四)对食品生产经营企业的新建、扩建、改建工程的选址和设计进行卫生审查,并参加工程验收;(五)对食物中毒和食品污染事故进行调查,并采取控制措施;(六)对违反本法的行为进行巡回监督检查;(七)对违反本法的行为追查责任,依法进行行政处罚;(八)负责其他食品卫生监督事项。"而《中华人民共和国计量法》第

---

① 部门行政法尽管都是行政法体系的构成部分,但是,在适用过程中,不同的部门法由不同的主体适用,不同的部门法在调整社会关系中的价值追求也必然有所不同,如果一个违法行为与两个部门行政法有关联,其适用过程中的冲突就难以避免。在行政法治实践中,对行政相对人带来诸多不便的执法行为也往往因此而引起。我国近年来采取的一些作法有利于改变这种格局,例如相对集中处罚权。但我们并没有从深层次认识这个问题。

22条规定:"为社会提供公正数据的产品质量检验机构,必须经省级以上人民政府计量行政部门对其进行计量检定、测试的能力和可靠性考核合格。"这两个法律条文在适用中是存在出入的,涉及到的问题是食品卫生机构是否需要进行计量认证,如果肯定食品卫生法作为特别法的地位,食品卫生机构就毋须进行计量认证。正如有学者所指出的:"尽管在行文上未涉及食品卫生法,但该答复实质上解决的是,食品卫生法是否对食品卫生监督机构进行机构计量认证作出了特别规定,从而使其不再适用计量法有关机构计量认证的规定。换言之,食品卫生法第33条对食品卫生监督机构'进行食品卫生监测、检验和技术指导'的法定职责规定,是否构成计量法第22条关于机构认证的特别规定,即两者是否存在特别规定与一般规定的关系。因此,法行[2000]29号答复提出的法律问题是,如何对特别规定与一般规定进行识别和界定,在此基础上按照法律适用规则确定法律规范的适用。"[1]一般法与特别法的冲突也只有在适用过程中才能显现出来,因为,只有遇到具体案件才会使不相一致的条文呈现出来。

第四,后法与前法的冲突。后法与前法的关系似乎是非常简单的,因为后法一般情况下是新的法律,而前法是旧的法律,二者之间的关系好像很明显。然而,在立法实践中,后法与前法的关系却并不这么简单。就同一法律而论,后法与前法的关系是清晰的,即后法的制定意味着前法的修正。但是,我们这里讨论的后法与前法的关系主要是两个都发生法律效力的法律典则之间的关系,它们往往不是对同一问题做出的系统规定,仅仅是对同一问题的个别规定。这样便决定了前法的效力不一定必然低于后法。同样道理,后法的效力也不一定必然低于前法。例如,《中华人民共和国行政处罚法》与《中华人民共和国治安管

---

[1] 孔祥俊著:《法律方法论》,第一卷,人民法院出版社2006年版,第266—267页。

理处罚法》就是一个前法与后法的问题,二者在一些具体问题的规定上存在一定的出入,然而,我们绝对不可以得出结论说,当二者冲突以后,后来制定的《中华人民共和国治安管理处罚法》就优于《中华人民共和国行政处罚法》。由此可见,后法与前法的冲突是一个非常复杂的理论和实践问题。无论如何,从法律冲突的类型上讲,二者是法律冲突中的一种类型。

第五,本法与实施性规定之间的冲突。在理论界似乎没有人这样对一个法律与促其实施的法律这样称谓,所谓本法就是指对某一范畴的事项作出原则性的、基本性的和概括性规定的那个法律典则,它必须通过其他具体的实施规则才能得到实现。即是说,本法是与促成它实现的法律规范相对应而称谓的,没有促成某一法律实现的法律典则也就没有本法的概念。反之,没有本法的概念也就没有实施性规定。本法与实施规定之间的关系应当是相辅相成的,二者不应当存在冲突,因为实施性的规定必须依本法的内容而制定,并且对本法的实施必然会起到积极作用。例如,《中华人民共和国森林法实施细则》和《中华人民共和国森林法》之间的关系、《中华人民共和国渔业法实施细则》和《中华人民共和国渔业法》之间的关系、《中华人民共和国水土保持法实施细则》和《中华人民共和国水土保持法》之间的关系等等。我国法律体系中本法与实施性规定之间的关系是较为复杂的,通常情况下,实施性规定是由执行它的中央机关制定的,有些情况下实施性规定则是由执行它的地方国家机关制定的。从大的范畴讲,实施性规定与本法之间是上下位法的关系形式,但是,它们之间的关系与一般的上下位法之间的关系又存在一定的差别。因为实施性规定是完全依据本法的规定而展开的,其无法设定新的社会关系,甚至设定新的权利与义务关系。那么,是不是说实施性规定与本法之间就不存在冲突了呢?笔者认为回答是否定的。我国不同地区对同一本法所作出的不同的实施性规定的事实就很能说明问题。例如,《中华人民共和国行政处罚法》制定以后,诸多地区、诸多部门都根据该法制订了地方性法规或地方政府规章、或者部门规章,作为《行政处罚法》的实施细则,问题在于不同部门、不同地区所制定的实施细则存在较大反差,在这样的反差中总有一个或一些不能与作为本法的《行政处罚法》完全对应。

第六,分则与总则之间的冲突。法律典则中的分则与总则同样是一个非常复杂的问题,有些法律典则既有总则的称谓,又有分则的称谓,例如刑法典。有些法律典则则只有总则的称谓没有分则的称谓,行政法典则大多数属于此种情形。笔者认为,只要法律典则有总则这样的概念,就应当有分则的内容,只是一些典则没有称谓为分则而已。例如,《中华人民共和国农业法》就有总则,而且总则有10个条文。在法律典则中,尤其是行政法典则中,总则与分则究竟是什么关系,学界似乎没有给出一个解释,即我们的行政法理论中,还没有关于总则与分则关系的理论。依笔者的理解,行政法典则的总则大体上规定了这个典则所要调整的社会关系的性质、所要规制的社会事态的原则、所要规范的行为方式的指导思想等等。由于行政法典则中,分则与总则在一个典则体系中,因此,二者似乎难以存在立法中的冲突问题,因为二者在立法过程中是同步进行的。然而,若具体到法律实践中,却常常是另一种情形,即分则与总则并不一定完全能够一致起来。由于总则是指导思想、立法宗旨、基本原则等规定,其带有诸多理想化的成分,而分则主要用来调整具体的社会关系,其所追求的是具体而不是抽象。这样便产生了具体与抽象、特定与一般的冲突。以《中华人民共和国行政诉讼法》为例,该法在总则部分规定了人民法院对具体行政行为进行合法性审查的原则,第5条规定:"人民法院审理行政案件,对具体行政行为是否合法进行审查。"这个规定确定了行政诉讼中人民法院进行司法审查的总原则,这个原则应当高于该法后续条款的规则。但是,该法第54

条第 2 款第 4 项却规定,人民法院可以对行政处罚显失公平的行政行为作出变更判决,这实质上与总则规定的合法性审查相冲突。由于我国法律适用中,适法机关在大多数情况下选择规则而不选择原则,这就使总则与分则的冲突被淡化了。这个淡化不能否定分则与总则之间存在的冲突关系。

(三) 行政法规范冲突的解释机制

行政法规范的冲突分为以静态形式表现出来的和以动态形式表现出来的两个大的范畴。前一个范畴的解释机制在《中华人民共和国立法法》中做了全面规定。这个解释机制可以概括为下列三种。第一,最高立法机关解释。我国将法律的解释权赋予了最高立法机关,即全国人民代表大会常务委员会,与之相适应,行政法规范冲突的最后裁决权也在最高立法机关之手。我国的最高立法机关应当是全国人民代表大会,但是,全国人民代表大会是每年召开一次会议,其不具有常设性,再加之全国人民代表大会的规模相对较大,因此,在技术层面上讲,由其常设机构代行解释权和冲突裁决权就是一个比较好的选择,但就解释权本身而言应当说还在最高立法机关之手。《立法法》第 42 条规定:"法律解释权属于全国人民代表大会常务委员会。法律有以下情况之一的,由全国人民代表大会常务委员会解释:(一)法律的规定需要进一步明确具体含义的;(二)法律制定后出现新的情况,需要明确适用法律依据的。"这个条文对解释的规定蕴含了对冲突裁决的精神。《立法法》第 85 条第 1 款规定:"法律之间对同一事项的新的一般规定与旧的特别规定不一致,不能确定如何适用时,由全国人民代表大会常务委员会裁决。"第 88 条第 2 款第(一)项规定:"全国人民代表大会有权改变或者撤销它的常务委员会制定的不适当的法律,有权撤销全国人民代表大会常务委员会批准的违背宪法和本法第六十六条第二款规定的自治条例和单行条例。"这些条文都明确了最高立法机关对冲突规范的解释权。第二,权威机关解释。我国行政法体系中的权威机关是国务院,其有权领导全国的行政工作,有权对下设行政机关的活动进行监督。因此,在由下设行政机关制定的行政法规范存在冲突时,其就有作出裁决的权力。《立法法》第 85 条第 2 款规定:"行政法规之间对同一事项的新的一般规定与旧的特别规定不一致,不能确定如何适用时,由国务院裁决。"第 86 条第 2 款规定:"地方性法规与部门规章之间对同一事项的规定不一致,不能确定如何适用时,由国务院提出意见,国务院认为应当适用地方性法规的,应当决定在该地方适用地方性法规的规定;认为应当适用部门规章的,应当提请全国人民代表大会常务委员会裁决。"第 3 项规定:"部门规章之间、部门规章与地方政府规章之间对同一事项的规定不一致时,由国务院裁决。根据授权制定的法规与法律规定不一致,不能确定如何适用时,由全国人民代表大会常务委员会裁决。"这都是对行政权威机关行政法解释权的规定。当然,除此之外,我国法律冲突的解释机制中,还有共同上级的解释权问题。在动态冲突的形式之下,行政法的解释权既可以由法律执行机关进行解释,也可以依正当的解释机制进行。有的归于司法机关解释,有的归于行政系统解释,有的则归全国人民代表大会常务委员会解释。

三、行政法解释在行政法分析学中的地位

(一) 行政法解释作为一门独立学科

行政法解释是法律解释的组成部分,法律解释在近些年的法律理论中具有发展过程中的强势性。传统法律学科中,法律解释只是学科的一个问题构成,其本身并不能够成为独立学科。然而,近年来的法理

学研究中,法律解释有逐渐成为独立学科的趋势。例如,我国一些新一代的法理学者就对法律解释进行了专门研究,并认可了该学科作为一门独立学科的地位。[①] 行政法学研究中也有一些学者关注行政法的解释问题,诸多研究已经使行政法解释问题的理论成果系统化。正如我们前面所指出的,行政法问题的解释比其他部门法更加复杂一些。当然,根本的决定因素在行政法规范方面。那么,行政法解释学是否已经成为一门独立的学科,或者说应当成为一门独立学科。在笔者看来,行政法解释学作为一门独立学科已经具备了一定的条件,我们可以从下列方面予以分析。

第一,行政法解释问题的研究已经成为行政法学研究中一道亮丽的风景线。有关行政法解释问题的研究前些年在行政法学科中只是个别研究,一些教科书只是简单地提到行政法解释的概念。自《中华人民共和国立法法》颁布以后,行政法的适用以及适用规则引起了理论界的普遍关注,如何使行政法的适用能够得到合理解决,就成为行政法学界关注的热点问题之一。这个关注使行政法解释问题的研究成了热点问题,而且学者们提出了一系列行政法解释的理论。学界对这个问题的普遍关注,并由此而取得的研究成果是使行政法解释学成为一个学科的基础条件,其既为该学科的形成奠定了理论基础,又为该学科的形成和认同奠定了群众基础。

第二,行政法解释问题作为一门学科符合学科形成的基本条件。一门学科能否成立关键在于该学科有没有独立的研究对象。行政法解释学究竟有无自己的研究对象,在笔者看来应当作出肯定的回答。行政法解释学是对行政法适用中特定问题的研究,它的对象是行政法学

[①] 参见陈金钊著:《法律解释学》,湖南人民出版社2009年版;王利明著:《法律解释学导论》,法律出版社2009年版。

对象所不能包容的,也是部门行政法学的对象所不能包容的。其所研究的是行政法在某种特定情况下的特定问题,整个研究受制于行政法典则和行政法事实的结合。而行政法学中其他分支学科的研究对象都不在这一方面。当然,行政法解释学具体的研究对象究竟如何框定,恐怕是一个行政法哲学层面的问题。只要我们承认行政法解释学具有自身独立的对象,而不管这个对象的具体状况究竟是什么,其最终都不能否认行政法解释学作为独立学科这一客观事实。

第三,行政法解释学的体系已经初步形成。我们知道,我国法理学界关于法律解释的学科体系已经有一些公认的构建,即其基本上成了体系。例如,有学者关于法律解释构建了这样一个比较完整的学科体系,包括"法律解释概述"、"法律解释的基本特征"、"法律解释权的演变、现状与趋向"、"我国法律解释的体制及法律地位"、"法律解释的目的"、"法律解释方法比较"、"文义解释方法"、"体系解释方法"、"历史解释与目的解释"、"限缩解释与扩张解释"、"社会学解释方法与'两个效果的统一'"、"同一解释原则"、"法律解释的比较方法"、"例示性规定的解释规则"、"反对解释等特殊解释规则"、"法律解释与宪法、法律原则及其他"、"法律解释方法之间的相互关系"等等。① 这个体系构建若放置在行政法解释学之中也是完全成立的。我国也有行政法学者专门构建了行政法解释学的学科体系。② 上列三个方面说明,行政法解释学可以或者已经作为一门学科而存在。

(二) 行政法解释作为行政法分析学的分支

行政法解释在行政法治实践中主要关系到法律适用问题,通过解

---

① 参见孔祥俊著:《法律方法论》,人民法院出版社 2006 年版。
② 参见王旭著:《行政法解释学研究》,中国法制出版社 2010 年版。

释为行政法的适用提供答案。同时,笔者认为行政法解释是行政法分析学的一个分支。解释的目的若放置在学理上观察是对行政法内容的再解析,这样的解释当然是对法律规范的分析。第一,通过行政法解释分析行政法中的相关概念。例如,在我国《行政诉讼法》法典中确立了超越职权的概念,这个概念在行政法治和行政法学中究竟是什么含义是需要通过解释予以确定的。《最高人民法院案例选》(行政卷)选编的一个行政案件中,有学者就结合一个具体案例对超越职权做了如下解释:"按照《中华人民共和国价格管理条例》(下称《条例》)第十条的规定,制定、调整商品价格,必须按照国家规定的权限和程序执行。任何地区、部门、单位和个人,都不得超越权限擅自制定、调整商品价格。在新疆,调整石油制品价格的权限在自治区物价部门。1994年底和1995年初石油滞销,有的石油公司要求降价倾销,自治区人民政府在有关会议上明确不准降价销售石油及其他石油制品。这就是说,当时自治区物价部门并没有决定下调石油制品销售的价格,在这种情况下,阜康市物价局的领导和有关工作人员同意二原告降价销售石油制品的申请,并且二原告实际降价销售了一批石油制品,根据《条例》的规定,物价局和二原告的做法均属价格违法。国家物价局《关于价格违法行为的处罚规定》(下称《处罚规定》)第八条第一款第(一)项规定:'对业务主管部门越权定价的,由同级物价检查机构负责检查处理;对地方人民政府或物价部门越权定价的,由上一级物价检查机构负责检查处理。除纠正其价格违法行为外,并追究决策人的责任,可处以相当于本人三个月基本工资以下的罚款……'阜康市物价局同意二原告降价销售石油制品,属于地方物价部门越权定价;而二原告降低销售石油制品,是报请物价局同意的,其价格违法行为与该物价局的价格违法行为有直接关系。因此,该价格违法案件应该由被告的上一级物价检查机构即昌吉回族自治州物价检查所一并查处,被告自行查处该案,对二原告作出行政处罚,应认为属超越职权的具体行政行为。"①行政法典则中涉及的诸如此种类型的概念还非常多,诸多概念都需要通过解释的方法分析其含义。第二,通过行政法解释分析行政法中的法条。行政法中的法律条文是设立权利与义务的较为具体的单位,行政法典则的概念是不能够设立权利和义务的,而一个法律条文则可以设定一个具体的权利与义务关系。例如,《村庄和集镇规划建设管理条例》第37条规定:"在村庄、集镇规划区内,未按规划审批程序批准或者违反规划的规定进行建设,严重影响村庄、集镇规划的,由县级人民政府建设行政主管部门责令停止建设,限期拆除或者没收违法建筑物、构筑物和其他设施;影响村庄、集镇规划,尚可采取改正措施的,由县级人民政府建设行政主管部门责令限期改正,处以罚款。农村居民未经批准或者违反规划的规定建住宅的,乡级人民政府可以依照前款规定处罚。"该条文包括了假定、处理、制裁等完整的条款。那么,法律条文中相对完整的权利义务设定并不意味着权利与义务的内容都是清楚和明白的。在行政法治实践和行政法学研究中,争议最多的并不一定是行政法典则中的概念,而是行政法条文,这也正是目前条文对权利义务作了设定这一事实所决定的。以这个条文为例,其中"严重影响村庄、集镇规划"中因严重影响引来的权利义务关系就需要解释。这种解释实质上是对法律条文的分析。从解释的具体内容来看,每一个解释都是对概念和法条的解释。但是,从解释对法典和法律体系的认知来看,其是对法律典则和法律体系的一种分析。

---

① 最高人民法院中国应用法学研究所编:《人民法院案例选》(行政卷),中国法制出版社2000年版,第1055—1056页。

第二十章 经验的分析方法

在认识论的范畴之中，有一派论者被称为经验论或经验主义，这种理论认为，一切概念均来自经验，即语言表达或事物内涵的揭示只有按规则与可以体验的东西相联系才有意义。"表现知识的一切陈述都有赖经验来证实。这两个方面是不可分割的。还有，很多经验论者在这两点上都承认有例外。逻辑的正式概念，例如用'不是'、'和'及'全部'这些词来表达的东西，广泛地被当作纯粹是句法上的东西，与经验毫无关系。至于知识，经验论者一般都一致认为，有一类纯粹概念性的或分析性的命题(见 ANA－LYTIC；PROPOSITIONS)，它们根据表达它们意思的词来判断肯定是正确的，尽管可能把这些命题贬为'琐碎'(洛克语)或'只是咬文嚼字罢了'(穆勒语)。经验论的对立面是唯理论，或更确切地说是先验论。验证的主张是经验论在现代的体验。为了能与自身一致(见 CONSISTENCY)，任何一个经验主义的说法都必须是分析性的或凭经验的。这种理论的经验主义基础是有关认识词义方法的起码事实。"①经验论是与思辨的认识论相对立的，思辨的认识论认为知识的来源主要不是经验而是人们的主观认知。两种认识理论的争论是一个深层次的哲学问题，不是我们在此应当讨论的。对我们研究行政法问题和对行政法问题进行分析而言，经验的方法是必须清楚的，经验的方法也是必须引起重视的。

---

① [英] A. 布洛克、O. 斯塔列布拉斯著：《现代思潮辞典》，中国社会科学院文献情报中心译，社会科学文献出版社 1988 年版，第 189 页。

在社会问题的研究中,有一种学派叫"社会实在论",应当说社会实在论是哲学上经验论在社会问题研究中的具体运用,依社会实在论的基本理论,社会科学中的社会问题的认识仅凭理论思辨是不可靠的:"社会现实、社会结构以及与之相关的社会现象是外在于和高于社会中的个人而客观存在的,它们不依赖于我们对它的认知和思考。社会实在论认为科学是一种以经验为基础的、理性的和客观的事业,其目的是提供解释性的和预见性的知识。在实在论者看来,解释和预见之间存在着重大的区别,并认为解释首先应该是客观的,他们称不管是对自然科学还是社会科学而言,其解释都不应仅仅限于说明某些现象体现了某种表面的规则性,而应该揭示这背后的常常是看不见的因果机制。通常,这意味着假定存在着我们所不熟悉的不可见的现象和过程模型,但是,实在论者相信这样做就能够透过仅仅是'表面'的现象而触及其真正的本性和实质。"①由此可见,社会问题的研究,经验的分析方法已经在研究中被广泛运用。一定意义上讲,现代社会学以及社会问题研究的其他学科之所以产生了一系列实证的分析方法、个案的分析方法、场景的分析方法等等都与哲学上接受经验论和经验主义有关。

社会问题以及存在于社会问题之中的政治问题和法律问题是最需要通过经验的方法予以认识的,因为这些问题本身就是人类经验的结果,即是说,处于政治之中的政治人实质上是通过经验从事政治活动和获得政治知识的,而从事法律活动的法律人也应当是通过经验而履行其职能的。对于这个问题,早在亚里士多德的《尼各马可伦理学》中就作过探讨:"一个人是从哪里又是怎样得到立法知识的呢?也许如其他行业一样,是从专家那里,在此是从政治家那里得来的。因为,人们认

---

① [英]肯尼思·麦克利什主编:《人类思想的主要观点——形成世界的观念》下卷,查常平等译,新华出版社 2004 年版,第 1349 页。

为它是政治学的一个部分。然而,政治学和其他科学及专业并不一样,在别的专业里,这个专业的传授者同时也就是它的现实活动者,例如,医生和画家。但政治学则不同,智者们声称传授政治学,却没有人去实践。政治活动家进行活动,然而它们的实践活动更多地是来自经验,而不是来自理智思考。它们既不写也不讲有关这个专业的事情(虽然他们的活动,比那些法庭上的辩护辞和公民大会上的讲演稿似乎更有价值些),同时我们也看不到,他们使自己的儿子和朋友中的任何一个成为政治家。但如若他们能够的话,我们期望他们这样做,因为他们没有比这样做更好的东西留给城邦了,也没有比这种政治才干更好的东西留给自己,传于儿孙了。不过经验的作用在这里似乎也不应忽视,不然经常从事政治活动的人就成不了政治家。所以,那些想知道什么是政治的人还得依靠经验。"[①]政治问题和法律问题的经验性决定了对这个问题进行分析也不得不依赖于经验。或者说,我们至少能够将经验的分析方法作为方法之一来分析法律问题。行政法分析学所关注的不单单是静态的行政法典则或行政法体系,而是作为动态因素的行政法现象。对于行政法现象而言,其是由多种复杂的综合因素构成的,对于这些因素的探讨,思辨的分析方法是不可缺少的,但是,最不可缺少的还应当是经验的分析方法。

所谓经验的分析方法是指对行政法问题的分析应避免纯粹的理论概括和抽象,用行政法事实以及行政法事实发生的具体条件判定行政法作为动态的法的状况。一则,经验的分析方法不轻易接受已经形成的行政法的概念和理念,其最多把这些理念和概念作为一个参照因素,而不是作为已经被接受的大前提。经验分析中的经验是与理论分析中

---

① [古希腊]亚里士多德著:《尼各马可伦理学》,苗力田译,中国社会科学出版社1990年版,第233页。

的思辨相互对应的,凡是理论分析中思辨的那些方法,对于经验分析中的经验都是不大适用的。笔者是就这种单一方法而论之的,即我们可以在经验分析方法之外,运用理论思辨的分析方法,但就经验的分析方法而论,其是排斥抽象与概括的。二则,经验的分析方法将行政法作为具体问题而看待,而不是将行政法作为一般问题而看待。在经验分析的眼光中,任何一个行政法制度、行政法典则、行政法条文等等都只有具体到一个特定的条件下才是实在的,而离开具体的场景行政法就是一个靠不住的存在物。从这个意义上讲,经验的分析方法实质上是具体问题具体分析的辩证原理在行政法研究中的运用。例如,行政处罚中的罚款在经验分析中就必须具体到处罚者与被处罚者在一个条件中的能量交换中,只有在一个具体的案件中,处罚的精神实质才可以被澄清。三则,经验的分析方法将行政法与其他相关因素的关系予以有机结合,其不仅仅关注行政法典则中的具体内容,还对与典则有关的其他所有事项予以注意。例如,行政法是调整行政管理关系的法律规范,在经验的分析中,就会注意到行政法关系之外的其他制约现实行政法关系的因素,如历史的因素、现实的因素和其他构成关系背景的因素。可以说,经验的分析方法是行政法分析学中最为典型的分析方法之一,之所以说其是行政法分析学中的典型分析方法,是因为经验的分析方法与行政法分析学的精神实质最为接近。我们在行政法分析学探讨的一开始就强调,其摒弃了行政法学研究中的形而上学。经验的分析方法在一些具体问题上都必须保证问题本身的具体性。

应当指出,我们所讲的经验的分析方法是行政法分析中的一种方法,而不是就行政法经验而论之的,我们知道,行政法经验只有介入到行政法实施中的人才可以具备,如行政法规则的制定者、行政法执行者、行政法实现者等才可以是行政法的经验主体,而从外围对行政法问题进行观察和研究的个体或群体则不会具有行政法经验。然而,行政法分析学中的经验的分析方法并不是只有具备行政法经验的人才可以运用的。在这里行政法经验与经验的分析方法不是同一意义的概念,我们千万不可以将行政法经验与作为经验的分析方法相混淆。

一、行政法中传统因素

(一) 行政法中传统的界定

所谓行政法中传统是指行政法中所包含的空间、时间、文化等刚性要素和柔性要素以及由这些要素决定的行政法体系和行政法运行的精神气质和行为定式,这是笔者对行政法传统所下的一个定义。

首先,行政法中的传统是一种精神气质或行为定式。这是行政法传统的核心,也是行政法传统意义的种概念。即是说,行政法传统所反映的是行政法的一种精神气质,这种精神气质使此一行政法体系与彼一行政法体系予以区分。同时,行政法传统还反映一个行政法体系和行政法运行的行为定式,这种行为定式既可以体现于行政法的静态方面,即典则体系方面,又可以表现在行政法的动态方面,即行政法的实施和实现阶段。我们说,希腊人的法律传统与罗马人的法律传统存在巨大差异,主要是说罗马法律的精神气质和行为定式与希腊法律的精神气质与行为定式存在巨大差异。从上列两方面人们能够非常清楚的区分罗马的法律与希腊的法律。美国政治学家和法律学家马季佛就对希腊法律之传统作过这样的概括:"并且法律的普遍性,亦不曾为人们所承认。法律保障仍是一种政治权利,只有国民可以完全享受,而国民在几乎个个希腊城内也只成其为一较小的部分。外来的生人必须有一位国民保护人,方可以享有法律的保障。就一般的情形说,奴隶是在法律以外的。法律是尊重人格的。法律权利与政治权利,是同范围的。

法律对于在同一政治领土以内的一切人民，有同一施行的效力，这种观念是希腊人所未曾有的。普遍的执行于各民族间的法律，这种观念还未产生。法律的普遍性，还在另一方向，也是尚未从武断的或不恰当的情形中解放出来的。法律原为极少数人的阶级所有物；法律脱离他们的垄断之后，却又转堕与'平民'的掌握之中了。在雅典陪审员极多的法庭里，原告人或被告人鲜有限制他的辩论于真实争点以内的：这种情形有保留的一部分辩论词，足以证明。他们因为要获得争诉的胜利，不惜牵涉到极不相干的地方；譬如，说对方的父亲是个流氓，或他的母亲是个售卖菜蔬的人，或者将他哭啼的妻室孩儿提示众人等类行动，在罗马的法庭里，情感的激动或离奇的曲解，也是为法庭所容许的；但是他们从来不曾有这么大的效力，不曾恶作剧至于此级，和在希腊这种未受训练的激烈集团里的情形一样。"① 同时，他也对罗马的法律传统作过一个概括："罗马法第一个伟大碑碣——'十二法案'——于此最后的法律制度——包含在幼斯丁里安的'律例'，'法律汇集'与'附律'等以内的法律系统——期间的差别，是极其显著的。幼斯丁里安本人也不过是以'野蛮族类'，而承继罗马在东方的政权的一个人物。在他的法典之内，父权——家长在家庭内原有的法权——已退缩至无关轻重的地位，而逊位于国家普遍的法权。以人格为法律上权利与义务的基础的观念，已从亲属关系中化分出来了。法律的规则已脱离了陈腐与奇异形式的牧师命令的窠臼，不过'教会法律'仍占国家的法律中一大部分的地位罢了。让与法与继承法的形成，已大为单位化与合理化。'团体人格'观念的实施，亦已开始；不过在我们近代明了团体生活的复杂实况的人们看来，还似乎极不充分罢了。契约的性质，亦大见明晰。整个法律的范围，具已包括在一个系统之内；而其大致类别——民法与刑

---

① ［美］马季佛著：《现代的国家》，胡道维译，商务印书馆1937年版，第94—96页。

法,公法与私法——亦已有所划分。这样,罗马遂为极后的泰西人民,遗留下一种典型并一种活动原则:使他们在社会意识上重复感觉到真实政治观念的冲动的时候,得以制定并条理新的法典。"①其非常清晰地以传统之不同疏理出了罗马法与希腊法之区分。

其次,法律传统包括刚性要素和柔性要素两个方面。对于法律传统的理解,人们常常会注意到它的柔性要素方面,如民族文化、传统习惯等,例如,我们谈到中华法系的传统时就会与儒家的仁、义、礼、智、信等柔性要素结合在一起。当然,这是没有错的,法律传统中的基本要素首先是这些作为文化的软件。但我们不能否认,法律传统中还有一部分是刚性要素,如法律的地域背景、司法制度、法律中所包含的物质资源等等。关于法律的刚性要素有学者在分析伊斯兰法律传统时就指出:"各部落内的团结,非常牢固,为了保全信谊,就是为了本族中最低贱的一个人,也应当去为他驰驱;只问是不是本部落的人,是非曲直,一概不管;他们团结一致地对待部落以外的人。本族的任何一个人在外面犯了什么罪恶,全族的人要为他承担起来;倘若他得了战利品或掳掠物,全族的人都得分享,但好的部分却归酋长所有。即使一个人得不到部落的保护,他便去托庇于别一个部落,承认他是那个部落的一分子。游牧民族的这种思想,可以说是一种部落主义,并非民族主义。而游牧人与其部落互相保护的感情,就是所谓的宗派主义。"②笔者认为,行政法传统中的刚性要素和柔性要素都是非常重要的,我们仅仅关注柔性要素的偏向对于行政法传统的研究是极其有害的,因为如果我们离开了这些刚性要素,柔性要素的逻辑基础就无法把握。事实上,行政法中传统的柔性要素在不同行政法制度中有一定的相似性,或者部分柔性

---

① [美]马季佛著:《现代的国家》,胡道维译,商务印书馆1937年版,第96—99页。
② [阿拉伯]艾哈迈德·爱敏著:《阿拉伯——伊斯兰文化史》,赵军利译,商务印书馆1999年版,第9页。

要素具有相似性。若我们还用这种相似性概括某种行政法传统，就有可能将行政法传统这一本来客观而具体的东西抽象化或者模糊化。再次，行政法传统具有时间和空间上的特性。就行政法传统的空间属性而论，我们是将传统框定在一定地域范围之内的，这个地域可以是指一个民族国家，也可以指一个特定区域的若干国家，还可以指一个国家中的一定地域。在大多数情况下，空间范围是就一个民族国家而言论之的，即是说我们说某种行政法传统实质上是就一个国家的行政法而的，正如萨维尼所言："在人类信史展开的最为远古的时代，可以看出，法律已然秉有自身确定的特性，其为一定民族所特有，如同语言、行为方式和基本的社会组织体制。不仅如此，凡此现象并非各自孤立存在，它们实际乃为一个独特的民族所特有的根本不可分割的禀赋和取向，而向我们展现出一幅特立独行的景貌。将其联结一体的，乃是排除了一切偶然与任意其所由来的意图的这个民族的共同信念，对其内在必然性的共同意识。"①有些情况下，行政法传统与一些国家有关，例如当我们说大陆法系的行政法如何如何时，我们所指的是大多数欧陆国家的行政法，而当我们说英美法系的行政法如何如何时，我们所指的是英联邦国家。在这里，法律传统的分析单位由一个国家扩展到一个比国家更大的区域范围。在一个国家之内，如果有不同的政治实体，而这个政治实体可以作为政治与法律的分析单位时，法律传统的分析也就被限定在一个狭小的区域之内，如我国香港地区的行政法传统、澳门地区的行政法传统、台湾地区的行政法传统等都可以作为分析单位。行政法传统除了受空间的制约外，也受时间的制约，传统这一概念本身就是在历史发展的基础上而认识的。

---

① ［德］萨维尼著：《论当代立法和法理学的使命》，许章润译，中国法制出版社2001年版，第7页。

上列方面是我们对行政法的传统所作的界定。总之，行政法传统使行政法分成不同的单位，即行政法作为一个事物的名称是对人类所有行政法这一事物的称谓，行政法现象的普遍性就存在于行政法这一事物的规定性之中。而行政法传统则使行政法有了国家地理上的区分、法系上的区分、一定狭小地域上的区分等。行政法这一事物的单元化是行政法学研究中一个非常重要的问题，当学者们研究行政法现象时，一般都立足于一定的单元化之上，遗憾的是行政法学界对于行政法的单元化问题没有从理论上予以阐释，造成这种现象的原因还在于我们对行政法这一事物所包含的传统要素认识不足。行政法的单元化使不同国家的行政法有自己的特质，这些特质在日积月累中便形成了不同国家的行政法气质。

(二) 行政法中传统的价值

行政法传统的研究如果能够成为一门学科的话，那么，到现在为止这个学科还没有形成，其中相关问题的研究还是非常个别和碎片化的。笔者认为，行政法传统的研究即便不能迅速成为行政法学研究中的一门独立学科，其相关内容的研究也应当引起学界的高度重视。应当有行政法传统的界定和共识，这个共识作为一个基本理论应当在不同国度的行政法学者之间达成。与这个问题相比，更为重要的是各国行政法学者应当尽快对本国行政法的传统做出疏理，用一些基本的命题和判断确定本国行政法传统的实在，就好像马季佛对希腊法律传统和罗马法律传统的实在所作的高度概括那样。行政法传统从哲学层面上分析是一个行政法文化，是历史范畴的东西。但是，其对各国的行政法实在和行政法制度同样具有启迪之义，甚至对各国的行政法现实具有指导意义。在西方一些国家的行政法制度中，进入 20 世纪以后有诸多尚属自然范畴的演进，我们之所以说诸多演进属于自然范畴，是说这些演进是在其自身发展过程中自然而然地形成的。以美国行政法法官这一行政法现象的产生来观察,其中美国行政法传统在其中起了非常重要的作用。我们知道,在美国的法律制度中,是由独立的司法机构借助陪审团执行不时修正的公法所赋予的权力的。进入20世纪以后,这种格局发生了一定的变化,这种变化使行政法之中出现了一些新的事物并形成了新的现象。美国国会和各州立法机关越来越多地实施法律授权行为,将一些执行法律、裁判行政纠纷的权力授予行政机构。这些行政机构依据立法授权指派官员主持听证并裁判行政纠纷,这些官员除此之外,还有权发出终极指令,有时他们会建议由行政机构的主管来审核裁决。这些官员已经具有司法官的性质:"由于他的权限不断扩大,国会将他们改称为行政法法官。"[1]这个事物的出现成为美国行政法中一个具有特殊意味的问题,然而,这个行政法现象的出现与美国的法律传统是有非常密切之关系的,正如有学者对此所作的分析:"行政裁决是一个有争议的话题。持异议者认为,行政法法官并不具有独立地位,因为他们既非终身任职又不像联邦法官一样薪酬受到宪法第三条的保障。况且,他们被认为是在作为起诉人的行政机构管辖之下的。此外,行政法法官负责采集最初的证据,从而取代了美国法律系统的陪审团。国会曾尝试在1946年的'行政程序法案'中解决部分疑问,确认行政法法官的独立性,要求主持听证的行政法法官与起诉的行政机构的人员不发生联系。然而,国会的举措并未解决所有疑问,因为那将需要完全废止新的行政裁决系统。最高法院最后裁定,行政法法官受理案件不违反有关陪审团权力的宪法第七修正案,亦不违反有关法官终身制的宪法第三条。行政法法官的判案涵盖实体法的各个领域。可以肯定地

---

[1] [美]霍尔主编:《牛津美国法律百科辞典》,林晓云等译,法律出版社2008年版,第4页。

说,美国政府各部门在解决争议时都少不了与行政法法官打交道。美国最有影响的社会福利计划——社会安全计划起初几乎是通过行政法法官来处理争端的。此外,很多州一级和联邦一级有关健康、安全以及就业等问题都是由行政法法官作出裁决的。行政法法官处理的争议不但涉及广泛的领域,而且还有权裁定一系列解决问题的补偿措施。他们可要求公立财库支付福利款项,还有权就一些严厉的制裁作出裁决。例如在金融和证券法规问题上,行政法法官有权建议上百万美元的罚款或赔偿,而且还可以作出吊销某人或某单位的执业执照的判决。但是在几乎所有情形下,法律都规定了司法复审的程序,也包括了对行政法法官的裁决的复审。这一司法复审的渠道旨在通过独立的司法机制来保障民众个人的权益。"[1]其他一些国家的行政法在其发展进程中也有背景趋向,综观这些新的趋向都与各国行政法传统联系在一起。一些行政法制度和现象只能在此一国家产生而不能在彼一国家产生,基本上都决定于他们自己的行政法传统。

我们如果从相对抽象的角度对行政法传统的价值作一个概括,不难发现其有下列方面。

第一,行政法传统决定行政法的精神气质。行政法传统既是一个历史现象又是一个现实事物。作为历史现象,行政法传统是在长期的历史积淀中形成的,其中体现了一国的民族精神。其作为一个现实事物,行政法传统是对一国行政法实在的写照,不同国家的行政法传统决定了不同国家行政法的基本面貌。行政法传统作为历史现象和现实事实虽然可以分解,但传统本身是一个整体。我们认为,行政法传统这个整体决定了一国行政法的精神气质。和田英夫从行政法与旧宪法、占

---

[1] [美]霍尔主编:《牛津美国法律百科辞典》,林晓云等译,法律出版社 2008 年版,第 4 页。

领体制、媾和体制的关系出发,对日本行政法作了这样的描述:"关于现行的日本行政法的法源,还要进行若干补充说明。旧宪法下的日本行政法令。其中紧急敕令如得到议会批准,内容无同新法律抵触之处,则具有法律的效力,在今天,也同样继续有效。"①

第二,行政法传统影响行政法的规制方式。行政法的规制方式是一个技术问题,这是我们对行政法规制方式所形成的共识,即行政法用什么样的方法调整社会关系。为行政相对人设定权利和义务似乎是一个中性问题,不包含任何意识形态和价值判断的东西。若我们从表层观察,得出这样的结论是合理的。但是,作为技术的规制方式同样受到一国行政法传统的影响,例如,美国行政法的规制中,行政案例的作用与其他部门法中案例的作用一样,起着法律规则的作用,这就是一个行政法的规制技术,而这个技术在大陆法系国家则不存在。可见,行政法传统对于行政法的规制技术有影响作用。这个问题,我们应当上升到行政法哲学的高度认真研究,因为一国行政法究竟需要什么样的规制技术,并不是一个可以不受任何原则制约无条件地选择的问题。这要求立法者在对一国新的行政法制度进行设计时必须对该国的行政法传统有所认识。②

第三,行政法的传统制约行政法的走向。行政法传统相对于一个观察点而言,它是相对静止的,这种静止性是我们对不同国家的行政法

---

① [日]和田英夫著:《现代行政法》,倪健民等译,中国广播电视出版社1993年版,第42页。

② 笔者注意到,我国行政法学界近年来对国外行政法制度的研究较多,诸多学者将发达国家的行政法制度视为人类社会最先进的法律成果,且认为作为一种先进的行政法成果可以为全世界所通用。在这种思维进路之下,诸多学者对我国行政法规制技术的设计也采用了西方发达国家的方式。笔者认为,这种研究的方法是有意义的,但我国行政法究竟需要什么样的规制技术,恐怕应当既关注人类最先进的行政法成果,又关注我国行政法之传统,因为这些传统的东西将决定某一种规制方式是否有存在的底土,并最终决定该规制方法的有效性与否。

传统做出判定的前提条件。换言之,如果没有这样的相对静止性,我们就无法对一个国家的行政法传统乃至于行政法实在做出判定,这只是问题的一个方面,另一方面,也是非常重要的一方面,即行政法传统所指的是行政法过程,行政法传统的概念本身就与一定的行政法历史有关,是在某一国家行政法长期发展的基础上形成的,必须充分体现该国长期形成的民族精神:"民族精神指民族的固有意识。F.C.冯·萨维尼认为,实在法应符合民族精神。民族精神是人的经验、品质的一部分,而法律反映的是建立在社会观点和生活方式之上的一个民族的一般发展状况。因此,习惯法是根本的、最真实的法律。人们对法律进行编纂不过是对国家法进行归纳,并由国家加以确认。"[①]行政法传统不单单有其发展过程中的历史线索,同时,它还将沿着这个线索继续发展,也就是说,行政法传统本身是沿着一个线路纵向发展的事物。再作深一步的推论,我们便可看出,行政法传统对行政法发展的走向有制约的作用。

(三)行政法中传统分析方法的运用

上面我们已经指出,行政法传统与一定的时间和空间有关,时间与空间决定了行政法传统的状况,而决定时间和空间的东西实质上就是其行政法的经验。这个经验可以以行政法所处的法系为空间,也可以以行政法所处的国度为空间,还可以以行政法所处的特定地域为空间,凡在某一特定空间的行政法传统,其实也就是它的行政法经验,这就是我们为什么把行政法传统作为经验分析的原因。当然,传统只是经验分析的内容之一,在传统之外还有其他可以作为经验的分析范畴,我们将在本章其他部分探讨。行政法传统与行政法现实或者行政法实在是

[①] [英]戴维·M.沃克著:《牛津法律大辞典》,北京社会与科技发展研究所组织翻译,光明日报出版社1988年版,第927页。

相对应的,但是,一国行政法实在之中必然包含了构成传统的东西。在我国行政法学研究中,我们一般都对行政法实在的特性有一个揭示,例如,我国绝大多数行政法教科书关于我国行政法的特征都有一定的描述,如有学者对我国行政法的特征作过这样的概括:"行政法无统一、完整的法典;行政法富于变动而缺乏相对稳定性;实体法与程序法没有明确的界限。"[①]这个概括是对我国实在行政法特性的揭示,即是说,这个揭示没有去考虑行政法的历史,没有考虑行政法的历史演化过程。同时,这个揭示所关注的也是行政法的形式方面,而不是行政法的实质方面,造成这种现象的原因在于我们的行政法学是建立在规范的基础之上的,建立在对规范进行注释的基础之上的。而行政法分析学超出了规范本身。依此而论,我们在行政法分析学中,用经验的方法分析行政法的传统就必须从历史的角度确立我国行政法的内涵,确立行政法的特性。行政法中传统分析就要求我们从历史延续的角度分析行政法实在,包括行政法立法、行政法执法、行政法的实施等等。在这个传统分析中,至少可以有下列分析范畴。

其一,行政法精神的历史分析。这个分析包括两个方面,一是我们要对我国行政法目前所具有的精神气质进行历史考察,分析形成这种精神气质的历史原因。例如,我们在对我国行政法与其他国家的行政法法律理念和特性上进行分析时,普遍认为,我国行政法与其他国家的行政法相比属于管理法的范畴,而不属于控权法的范畴。这个关于我国行政法特性的确定是有道理的,然而,造成我国行政法是管理法的原因确定我们则没有抓住问题的根本,例如,诸多学者都认为我国行政法作为管理法的原因在于我们的行政法从一开始就是依前苏联的行政法构建的。前苏联行政法作为管理法的理念最终影响到了我国,笔者也

---

① 王连昌主编:《行政法学》,中国政法大学出版社1994年版,第17—18页。

曾在《行政法模式转换研究》一书中指出了我国 50 年代立法中的"拿来主义"造成了我国行政法是管理法这一事实。然而,我们如果向深层次推进一步,即我们从历史的、传统的角度分析我国行政法现象,我们就会发现我国行政法作为管理法的根本原因在于我国数千年的政治文化和法律文化,乃至于行政法文化。白居易对中华法律之特性有过一段非常精辟的分析:"圣人在上,使天下畏而爱之,悦而服之者,由乎理大罪,赦小过也。《书》曰:宥过无大,况小者乎?刑故无小,况大者乎?故宥其小者,仁也。仁以容之,则天下之心,爱而悦之矣。刑其大者,义也。义以纠之,则天下之心,畏而服之矣。臣窃见国家用法,似异于是。何则?纠察之政,急于朝官,而宽于外官;惩戒之刑,加于小吏,而纵于长吏。是则权轻而过小者,或反绳之;寄重而罪大者,或反舍之。臣复思之,恐非先王宥过刑政之道也。然则大小之喻,其犹鱼耶?鱼之在泉者,小也,察之不祥;鱼之吞舟者,大也,漏之不可。刑烦则水浊,水浊则鱼喁;政宽犹防决,防决则鱼逝。是以善为理者,举其纲,疏其网。纲举则所罗着大矣,网疏则所漏者小也。伏惟陛下:举其纲于长吏,疏其网于朝官;舍小过以示仁,理大罪而明义;则畏爱悦服之化,黯然而日彰于天下矣。"①行政管理法的核心问题是行政法规制方式和价值选择上的官本位问题,而这样的官本位早在唐代就有学者作过上列如此精辟的论述。可见,我们将我国行政法的管理特性完全归之于前苏联是有失偏颇的。二是我们应当以行政法传统分析我国的行政法现象。我国行政法在其运行过程中有着自己的特殊逻辑,我们认为行政法典则以及行政法体系与行政法的运行走向并不存在天然的逻辑关系。即是说,在行政法典则和行政法体系完全相同的情况下,不同国家的行政法运行则有不同的状态。例如,我们注意到行政程序法典则在欧陆国家基

---

① 《白居易集》,中华书局 1979 年版,第 1358 页。

本上都有，而且每个国家的程序设计也都没有太大出入，但是，各国行政程序法的运行则表现出了不同的状态。运行中的区别有制度层面上的，这个层面的区别不在我们的考察之列，因为制度设计的不同仅仅是规范层面的问题。我们所注意的是一个相同的典则，一个相同的行政法运作制度，由于各国历史、习俗等的不同而使行政法的运行表现出不同状况的情形，此种造成行政法运作不同的历史、习俗因素实质上是传统因素对行政法精神的影响。我们前面已经讲过，我国行政法典则体系已经基本形成，但是，我国行政法治的状态却与法治国家有非常大的差距，主要原因在于我国行政法在对行政权的规制中可能还没有成为主流规范，可能政策的、文化的、习俗的规范才是制约行政权运行的主流规范，这中间的深层原因都在传统方面。由此可见，行政法中传统的分析对于把握行政法的精神是极其重要的。

其二，行政法规制方式的历史分析。行政法规制方式是指行政法在对社会事态规制过程中表现出来的方法和与方法有关联的状态。通常情况下，一国行政法典则和行政法体系对该国行政法的规制方式都作了规定，我们把存在于行政法制度之中的规制方式叫做法内的规制方式。我国行政法所选择的模式是行政管理法模式，在这个模式之下，行政法的规制主要呈现出的是行政权威主义，即在行政法对社会事态的规制中，行政主体起主导作用，它是整个行政法的运作中心，其行为方式也主要是单向式的。法治发达国家所选择的行政法模式是控权法模式，行政法的实施和实现应当是以社会为中心的，行政法的运作也是双向式的。法内这种不同的规制方式就可以从历史的角度进行分析。除了法内的规制方式外，还有存在于法外的规制方式，例如，行政法所涉及的行政事态在多大程度上是由行政法规制的。事实上，我国行政法所涉及的行政事态有些是由行政法典则和行政法制度规制的，有些则是由其他因素规制的，即便某一行政案件进入了行政法状态，其也不一定完全依据行政法的逻辑运作。法外的规制方式的作用同样与一国的法律传统有关,与其在历史上存在的行政法现象有关。这些法内和法外的规制方式都可以用历史的方法进行分析。

其三,行政法效力的历史分析。行政法效力有狭义和广义之分。狭义的行政法效力是指行政法对人和事的规制力。我们通常用时间效力,空间效力和事的效力来表达行政法效力的若干方面。行政法的狭义效力是一个技术问题,在一国的宪法制度和行政法制度中关于行政法的狭义效力都会做出规定,狭义效力由于在行政法实在中作了规定,在行政法分析学中没有再作进一步分析的必要。广义的行政法效力是指行政法与其他能够规制行政事态的行为规则相比所起的制度作用。我们知道,在不同国家的行政权行使中行政法所起的作用有所不同,崇尚法治的国家行政权的行使基本上都纳入到了行政法规范之内,行政法对行政权的价值具有相对最高性,习俗规则、道德规则、经济规则只是行政法规制中的附属规则。在这样的法律制度中,行政法的效力地位是相对较高的,反之,在法治水平较低的国家虽然有完整的行政法典则体系,也有形式意义的行政法治,但行政法在行政权的规制中却不一定是起主要作用的规则,一些看不见、摸不着的潜规则往往高于行政法规则。显然,其行政法的效力是相对较低的。我国的行政法的效力究竟如何我们可以先用行政法分析学的一般原理做出初步分析,再用历史方法分析行政法效力地位形成的原因。

二、行政法中本土因素

(一)行政法中本土的界定

法律的本土问题与法律的全球趋同问题是近年来法学研究中的两

个基本命题,当学者对这两个问题进行研究时不是以揭示某种状态为研究动机的,而是以追求行政法的发展方向为动机的。即是说,主张法律本土化的研究者认为一国法律的发展进程应当以自身所建立的制度基础为基点,不能离开法律所赖以存在的客观基础。反之,主张法律全球化的研究者认为一国法律不能将着眼点放置于该国的客观状态之中,而应当以世界性或全球性的共性为发展方向。关于行政法发展此二方面的研究在20世纪初期的中国法学研究几乎是热点问题,行政法学研究中同样有此二趋向的理论。

笔者认为,在学者们研究这一问题时实质上都忽视了本土化与全球化的基础问题,即一国法律自身特性与一国法律对其他国家法律吸收的情况。我们认为,一国行政法典则和行政法体系中有两个范畴的东西,第一个范畴的东西是一国行政法自身所固有的特性,以及只有该国行政法所固有的特性。任何一个国家的行政法之中都有一些东西是其自身所特有的,我们可以将这一部分东西叫做原创性制度,这种原创性制度在后来也许被其他国家所吸收或借鉴,但制度原创还在该国。还有一部分是该国行政法制度所特有的,其他国家没有这样的制度设计,例如,我国行政诉讼有关抽象行政行为不接受司法审查的制度就是我国所独有的。对于原创性制度而言,还有一个原创的时间维度问题。例如,公务员制度究竟原创于何国就是一个争议很大的问题,西方诸国在建立他们的现代公务员制度时,实质上对中国古代的科举制度进行了研究,并对科举制度中科学的考官制度进行了借鉴,当他们在借鉴中国古代的科举制度并进行公务员制度的构建时,我们便可以说,公务员制度的原创在中国,是中国的一个具有本土特色的制度。但是,现代公务员制度被绝大多数学者认为产生于西方发达国家,如英国和美国。我国1987年中共十三大报告中确立的公务员制度其制度构想与西方现代公务员制度非常接近,我们便可以由此认为,公务员制度的本土不在我国而在西方发达国家。这个事例说明,本土东西的确定有一个时间上的断代问题。同时,还应指出,现代行政法制度和行政法规范中的结构性制度都是由一些相对小一些的制度构成的,以公务员制度为例,其中包括了职位分类制度、考试录用制度、考核制度、职务升降制度等等。这些小板块的制度往往产生于不同国家,或者说,当今一些较为完善的行政法制度的形成是由不同国家所提供的行政法元素相互构成的,那么,这个制度的"原产地"究竟在哪里就是一个有争议的问题。上列这些都证明,行政法制度中属于某一国家所有的制度,与诸多国家共有的制度的界分是一个非常难的问题。但是,从理论上讲,一个国家的行政法制度中必然有一部分是归属于自己的。另一部分则是属于别人的,我们所说的属于别人的是说从别的国家的行政法制度中借鉴过来的。以我国行政法制度为例,治安管理处罚法中设计的诸多制度,行政组织法中设计的诸多制度就是我们所特有的,其他国家即便有这样的制度也可能是从我国借鉴的。而行政处罚中的听证制度,行政许可法中的诸多程序规则就是从其他国家借鉴的。我们认为行政法中属于自己的东西,或者是由自己原创的,或者由我们自己所特有的这些东西就是"土"的东西,而那些外来的东西就是"洋"的东西。正是这种"土"与"洋"的关系构成了行政法本土化与全球化研究的基础。

通过上面的分析我们基本上可以把握行政法中本土的概念。我们所讲的行政法中本土因素不单单在行政法典则方面,行政法中的外围因素也是本土的基本构成部分。这些因素包括:

其一,特定而封闭的地域。行政法中的地域是由主权国家的概念构成的。主权国家从阶级分析的角度讲所关注的是一国的社会分层和政治分层以及由这些分层构成的其他政治机制。同时我们应当注意,任何主权国家都存在于一定的地理位置之中,构成主权国家的地理位置和地域范围是行政法本土因素的基础。依据孟德斯鸠的理论,不同地理位置决定了人们的不同特性,①而这些特性又决定了该国法律在某些方面的状况。一个主权国家的地理区域与其他主权国家的地理区域予以界分,构成特定地理区域内的因素如若没有受到外来因素的渗透,其就是一个本土的东西。这个本土的东西是行政法本土分析中不可缺少的。生存于地球上的任何一个民族国家都有自己特定的地理区域,这个地理区域就整个地球而言具有唯一性,这种地理上的唯一性与法律治理,与行政法现象是否有必然关系是需要我们深入研究的问题,但任何一个主权国家中的特定地域作为一个本土因素在行政法分析学中都是不可缺少的。

其二,特定而封闭的人群。行政法中另一个本土因素是人群,在一个地理区域之内,总是有一些被我们称之为"土著人"的特定人群。当然,这些人群的深层次问题的研究是人类学的问题。不争的事实是不同民族国家的人群之间常常有非常大的差异,不论从人种学这一自然要素的角度看,还是从社会要素的角度观察,不同民族国家的人群是存在差异的。这种差异有时甚至是非常大的,例如,我们经常说到德国人做事的严谨,而与之形成反差的是法兰西民族的浪漫。人群的差异对于行政法制度和行政法现象的影响究竟有多大同样是需要用行政法哲学进行分析的。在行政法分析学中,本土因素中的人群是一个基本的分析单位。其它人文因素也是本土因素的基本构成。

(二)行政法中本土因素的价值

行政法体系的建构是在相对较土的因素与相对较洋的因素的结合下形成的。对于现代国家的行政法治而言几乎都是这样的建构逻辑。

---

① 孟德斯鸠认为:"不同气候的不同需要产生了不同的生活方式,不同的生活方式产生了不同种类的法律。彼此交往多的民族需要某种法律,彼此没有交往的民族则需要另一种法律。"参见[法]孟德斯鸠著:《论法的精神》(上),张雁深译,商务印书馆1961年版,第235页。

即是说,任何一个国家的行政法体系之中都固有属于自身独有的那一部分和作为舶来品的那一部分。进入 21 世纪以后,随着经济全球化的日益突出,就使得各国在政治、文化、经济等方面的交流日益增多。这种作为社会化的交流过程也必然反映在立法和法律体系的建构之中,各国的行政法制度几乎都是在吸收其他国家先进行政法制度的情况下形成的。这个事实既是各国行政法交流的结果,又为各国行政法的进一步交流提供了基础和空间。我们注意到,先前各国行政法在学术范围内的交流已经逐渐的转化为在法律事务方面的交流。各国行政法的深层次交流使现代国家的行政法体系建构中似乎外来因素所起的作用越来越大,行政立法中的拿来主义被各国普遍接受。显然,行政法体系和制度构建中这种格局无疑是人类行政法治发展的巨大进步,其为各国行政法治文明提供了非常好的基础。然而,我们在肯定行政法相互吸收人类先进成果的同时,我们还必须重视行政法建构的另一部分,即本土资源的部分。在笔者看来,就我国行政法学研究而论,前一部分研究我们做得要比后一部分研究好些,之所以这样说是因为我们近年来翻译了不少国家的行政法典则,也对诸多发达国家的行政法体系进行了评介。一些学者从比较学的角度对主要国家的行政法制度和体系进行了非常好的比较。行政法的学术交流也方兴未艾,应当说明的是我国行政法的国际化交流,除了学术方面外,还深入到行政法制度的建构方面。一些先进的行政法制度已经由我国的行政法典则所接受。同时,我们还看到,与行政法全球问题研究形成反差的是我国行政法本土问题的研究则相对滞后一些。例如,有关我国行政法史的研究相对比较薄弱,我们甚至没有一部系统研究中国古代行政法史的著作,目前仅有的只是一些对古代行政法问题进行个别研究的著作和论文。众所周知,我国古代有诸多非常优秀的行政法典则,这些行政法典则已经被一些发达国家的行政法制度所接受。一些国家的行政法学者对中国古代行政法的研究水准远远超过了我国。《唐六典》是中国古代最为典型的一部行政法典则，其关于行政法组织制度的规则体系非常严谨，一些现代文官制度比较发达的国家都吸收了该典则关于官制建构的成果。[①] 行政法中的本土因素对于行政法学研究和行政法体系的建构，以及对于行政法典则的形成都能起到非常重要的作用。具体地讲，行政法本土因素具有下列价值。

第一，使行政法形成自身的体系。行政法体系的形成向来就有两种进路，第一个进路是由其根据行政事态相对自然地形成和生长，行政法学研究者和立法者只是将行政法固有的状态予以认识，根据这种认识形成与事态相一致的体系。以中国古代的诸多行政法典则为例，它们都是在行政事态的客观基础上形成的，这些法典的创立既没有其他国家的行政法理论作指导，又没有其他国家的制度实在可以借鉴。《唐六典》中关于工部尚书职位设置的规定就充分反映了其自然属性："工部尚书一人，正三品。工部尚书，侍郎之职，掌天下百工、屯田、山泽之政令。"[②] 第二个进路是在对其他国家先进行政法制度价值认识的基础上，通过法律移植进行的体系建构。此种体系建构在一定条件下是非常有效的，但它的最大弊端在于一些制度可能会与行政法所规制的事态难以对应。笔者认为，我国是在推翻了旧的政权以后建设国家的，而且，

---

① 我国古代官吏制度对西方产生的影响在我国学界是形成共识的，如有学者认为："中国古代有较为完善的官吏制度，对社会的稳定和经济的发展起了维护作用，同时对西方国家也产生了重大影响，特别是科举制度。最早将中国的考试任用制度介绍给西方的是元朝时期的意大利旅行家马可·波罗，他的精彩描述，拓宽了西方人的视野。明朝之后来中国的西方人士逐渐增多，有学者、传教士、外交家、商人等，回国后纷纷著书盛赞中国的官吏制度。"（参见刘俊生主编：《中国国家公务员制度概论》，中国政法大学出版社1995年版，第6页。）《唐六典》作为古代行政法典汇编，其中诸多涉及行政组织的规定对西方公务员制度起到了毋庸置疑的作用。

② 萧榕主编：《世界著名法典选编》（中国古代法卷），中国民主法制出版社1998年版，第264页。

在建国初期完全废止了前政权所留下的行政法制度。我们在研究前苏联和一些发达社会主义国家的行政法的前提下建构我国的行政法制度，我国的一些行政法典则在体系和内容上基本上采取了拿来主义。① 这从法律建构的模式上讲，应当说是一种制度移植或者法律移植式的建构模式。这样的模式对于我国逐步形成行政法体系起到了积极作用。同时我们应当看到，我国诸多行政法制度在其运行中表现出了极大的不适，其原因是清楚的，那就是行政法与本土资源之间的差异。因此，笔者认为，我们应当重视行政法本土资源的开发和利用，用这些本土资源形成我国行政法的自身体系，这是行政法本土因素最重要的方面。

第二，使行政法形成自身的特征。笔者曾经撰文指出，我国行政法体系在建构过程中，由于一些制度和理念是在研究英美法系行政法制度的基础上形成的，另一些制度和理念则是在研究大陆法系行政法的基础上形成的。一些行政法典则既有大陆法系行政法的属性，又包含了英美法系行政法的要素，这种复合状况使我国行政法在诸多方面表现得非驴非马，既制约了我国行政法治的质量，又使我国行政法难以形成自身的行政法特征，更不容易形成自身的行政法文化。笔者在此基础上提出了对行政法本土问题进行研究的理论。进一步讲，行政法特征的形成不是依赖于其他国家的行政法理论所能够做到的，只有在充分重视本土因素的前提下才能形成自身的特征。上列两个方面是行政法本土因素的基本价值。

---

① 50 年代的中国处于建国初期，这一时期的行政管理基本上采用的是世界上第一个社会主义国家——苏联的国家行政管理模式。"与这一时期行政管理的特点相适应，关于行政法的研究是以介绍和研究苏联行政法为主的。例如：1950 年 4 月，商务印书馆就出版了沈大铨翻译，维辛斯基著的《苏联国家行政法暨加盟共和国及自治共和国国家行政机关》。随后，又有一系列苏联行政法译著出版，如《苏维埃行政法概论》（科托克著，萨大为译）、《苏维埃行政法（总则）》（司徒节尼金著，中国人民大学国家法教研室译）等等。"参见胡建淼著：《行政法学》，法律出版社 1998 年版，第 121—122 页。

（三）行政法中本土分析方法的运用

与行政法中传统分析方法一样，本土的分析方法也属于经验分析方法的范畴。之所以将本土方法定性为经验分析的范畴是因为本土的东西与一国行政法的事实和行政法文化有直接关系；它是由一国长期的行政法经历而形成的，与它相对应的泊来的行政法不是一个经验问题。本土分析方法在行政法分析学中究竟如何运用在行政法学研究中并没有定论。毫无疑问，本土的分析方法在行政法分析学中的运用与在行政法规范研究中的运用是有所不同的。在行政法学研究中也有人运用本土方法及其相关理论研究行政法问题。但是，在行政法学中的本土分析主要侧重点在行政法的静态方面，即在行政法体系的定性方面，而不一定在行政法的实施和实现方面。与之相比，行政法分析学中的本土分析方法主要在规范的动态方面，在行政法典则的实施和实现方面。如果我们对此作一个概括的话，那么，可以说本土分析方法应当沿着下列进路展开。

第一，从本土的自然属性分析之。法律典则之中涉及到的相关事态都有一定的自然属性，这些自然属性在笔者看来是指那些没有经过加工和处理的元素，例如，罗杰·科特威尔在《法律社会学导论》中对法律主体这一事物的自然属性就作过这样的分析："法人或法律主体——被法律承认有一定权利和义务的'人'——正如帕苏卡尼斯明确地承认的，在某种意义上它是所有法律意识形态的基石。这是一个使法律原理能以错综复杂的方式来解释社会关系的概念。因为法律对人下定义时可以不考虑对经济状况、社会形态以及个人特质的解释所持的各种对抗的观点。例如儿童、奴隶、精神病患者、囚犯或已婚妇女在特殊的社会和时代可以部分或全部地在法律中抹去；他们在订立契约、占有财产、进行诉讼方面仅有被限制的法律能力，他们根本不被当作人来考虑,就像是'无行为能力的人'。这样,穿过历史长河我们可以看到,法律不是仅仅定义社会关系的,而且还定义卷入社会关系中的人的本质,宗教和其他形式的意识形态皆为定义个人特性服务的。"①进入法律状态中的主体是对诸种自然因素的提炼,法律典则中的事物或状态都有与之相对应的自然属性。进入法律状态以后,人们常常会忽略这些自然属性,只是关注其法律属性。如我们在行政法关系中所看到的是行政法关系主体、行政法关系客体等,而不去关心各主体各客体所具有的自然属性。在行政法分析学中,自然属性就是最为基本的分析单位,只有这些东西才是真正具有本土意义的东西。其对于行政法的实施和实现而言是一个变量。行政法学研究中这个前提几乎完全被忽视了。然而,不争的事实是作为自然属性的变量对于行政法的运行有极其重要的意义。例如,行政主体的理论使我们将复杂的行政机关予以人格化,这种人格化在赋予机关法律人格的同时,抹去了复杂的行政机关之间的类型区分,若用本土中的自然属性分析,每一个行政机关都是一个活生生的存在物,它们所具有的非人格化的东西比人格化的东西对行政法治更具有意义,只有通过分析的手段我们才能把握这个意义。

第二,从本土的文化属性分析之。乔·柯尔认为某种本土属性的东西的最高体现是它的文化价值,"民族的真正价值是文化价值。文化价值不要求拥有绝对的政治主权,也不要求拥有不顾及更广大的共同利益的经济自决权。文化价值要求在那些影响个人日常生活及与别人的重要关系的事情上有自治权。文化价值要求在社会以及私人事务中都使用民族语言,要求用民族文化和传统的知识教育孩子,要求自由地庆祝民族纪念日和用各种人文学科和生活礼节教养民族的天才,要求

---

① [法]罗杰·科特维尔著:《法律社会学导论》,潘大松等译,华夏出版社1989年版,第114页。

对于所有在民族范围内能有效地处理的事情都由人民实行地方自治权。文化价值要求办理民族事务的公务员说民族语言和遵守民族思想习俗,要求对犯罪者由本民族来处罚和由具有同样民族传统的人来审理。但是,这些民族要求和对更大的区域的主要经济和政治事务组织一致。如果民族打算生存下去,就必须如此,因为民族孤立主义明显地和现代世界的技术情况不相容。在20世纪,民族不能孤立生活,它们必须想出共同安排他们事务的办法,或者屈服于由'优等'民族已经使民族主义转变成帝国主义,它们把自己看作被历史选中的充当在其他民族头上作威作福的角色。"①即是说,在本土元素中文化元素占有非常重要的地位,如果没有这些特定的文化价值本土的东西就不复存在。这个论断给我们指出了行政法分析中的本土分析不能离开本土的文化属性。例如,我国行政法实施中的人情执法,是一个我国本土特有的行政法问题,这个行政法问题产生的基础是本土文化中的情感文化。所谓情感文化是指人们在用法律规则进行联系和联结的同时,还有情感上的联系,也许,在法治发达国家人们之间在突出法律联系时,只给情感联系非常小的空间,甚至于将法律联系与情感联系对立起来,使二者在法律规则面前不可以同时存在。而我国由于受传统文化的影响,人们之间的情感联系十分重要。有些情况下,当法律联系与情感联系发生冲突时,情感联系常常取代了法律联系。

三、行政法中背景材料

(一) 行政法中背景材料的界定

行政法中的背景材料是指与行政法制定、实施和实现有关的那些

---

① [英]乔·柯尔著:《费边社会主义》,夏遇南等译,商务印书馆1984年版,第88—89页。

主客观材料。行政法中的背景材料存在于行政法典则和行政法体系之外。我们知道,行政法典则和行政法体系本身有诸多构成元素,例如法律主体、法律的实施机构、典则的表达方式等等。这些资料是法律体系自身所具备的,它不是一种外围资料,而是与外围资料相对应的内在构成。背景材料在法律典则和体系之外,如在法律规范之外有最低层次的道德准则,这些道德准则不是行政法典则中的行为准则,但是,这些准则往往能够起到支撑典则中所设定权利义务合理性的作用。正如罗素所指出的:"不管怎样,自希伯来先知时代以来,道德就有了两个不同的方面:一方面它是和法律相似的一种社会规定;另一方面,它又是关于个人良心的事情。就第一个方面说,它是权力工具的一部分,就第二个方面说,它又常常有革命的性质。类乎法律的道德,称为'积极的'道德;另一种则可称为'个人的'道德。积极的道德比个人的道德出现得早,或许比法律和政府也早。它最初是部落的习俗,法律就是从这些习俗中逐步发展起来的。试想一下如今在极原始的野蛮人中还可看见的关于谁能与谁结婚的特别详细的规则。在我们看来,这只是一些规则而已,这同我们的禁止乱伦结合的规则使我们感到的道德上的强制力一样。这些规则的起源是不清楚的,但无疑有一点宗教意义。这部分的积极的道德似乎和社会不平等没有关系;它既不给人以例外的权力,也不设想有这种权力。在文明人中仍然有这类的道德规则。"①道德规则是行政法规则的基础,如果没有相应的道德规则作为背景材料,行政法典则既难以形成,也难以得到合理执行。

行政法中的背景材料具有主观和客观两个方面。客观的背景材料是指那些与物或物质有关的材料,如法律背后的财物、金钱、人群等等。任何行政法典则和规范都有这样的客观要素。由于这些客观要素作为

---

① [英]伯特兰·罗素著:《权力论》,吴友三译,商务印书馆1991年版,第161页。

一种事实的存在已经成为常识的东西，或者成为毋须论证的东西，因此，在行政法典则中这些作为背景材料的客观东西不再在法律行文中予以表述。摩尔根指出："酋长会议有其天然基础，那就是组成该会议的酋长们所属的各个氏族。这种会议适应于必然的需要，它注定要与氏族社会共始终。既然氏族是由它的酋长们来代表的，所以部落也就由各氏族的酋长们所组成的会议来代表。这个会议是这种社会制度的固定特征，它掌握全部落的最高权威。会议在众所周知的情况下召集，在民众当中举行，人们可以公开发表演说，因此，它必然是在群众的影响下进行工作。这样的政府机构，虽然在形式上是寡头的，实际上却是代议制民主政体；代表被选举出来以后是终身职，但却受罢免权的控制。氏族成员间的兄弟关系，职位的选举原则，这两者就是民主原则的根苗和基础。当人类处于这样原始的发展阶段时，是发展得很不完备的，但是，它却能在人类各部落中都以具有极其古老的渊源而自豪。"[①]而在进入阶级社会以后的立法中，摩尔根所提到的诸种客观因素都不一定在法律典则中出现，但它们作为法律典则的支撑材料的地位却是不可否认的。

主观的背景材料是行政法典则背后的文化材料，例如，每一个行政管理部门法的规则设计都渗透着行政管理文化，一些行政管理的伦理准则和技术准则作为背景材料使行政法典则以及其中的规则具有实质意义，但这些软件并不在法律典则中出现。密尔在《代议制政府》一书中就有这样的见解："对政府事务的控制和实际去做这些事务，其间有根本的区别。同一个人或同一个团体可能控制一切事情，但不可能做一切事情；而且在很多情况下它企图亲自去做的事情愈少，它对一切事

---

① ［美］路易斯·亨利·摩尔根著：《古代社会》上册，杨东莼等译，商务印书馆1987年版，第113—114页。

物的控制就愈完全。军队指挥官如果亲自在队伍中参加战斗或率领队伍去袭击,就不能有效地指挥队伍的行动。就组成的团体来说情形也是一样。有些事情只能由团体去做;另外一些事情团体则做不好。所以,人民议会应该控制什么是一回事,而它应该自己做什么则是另一回事。我们已经说过,他应该控制政府的一切行动。但为了确定通过什么渠道最便于实行这种一般的控制,以及哪部分政府事务代议制议会应该掌握在自己手中,就有必要考虑哪种工作是一个人数众多的团体能够适当的完成的。只有它能做好的工作它才应当自己承担起来。至于其他工作,它的正当职责不是去做该项工作,而是设法让别人把该项工作做好。"①宪法和行政法规则对政府的控制必然不会涉及如此复杂的文化背景,但这些文化背景为行政法规则的制定奠定了基础;行政法的背景材料是行政法的基质。在行政法学界很少有人去专门研究行政法典则以及行政法体系与行政法背景材料的关系。但是,诸多行政法著作还是下意识的看到了行政法背景材料与行政法基质的关系。英国行政法学家洛克林在《法律与行政》一书中提到了英国行政法在其演进过程中的诸种理论以及由这些理论决定的行政法典则和行政法体系的状况。② 红灯理论的背景材料是政治中公民自由权和对行政权力的控制,而绿灯理论则是福利国家的社会背景等等。每一种新的理论实质上都奠定在一定的背景材料之上。当某种背景材料不存在时,依它所建立的行政法体系就会崩塌或者改变其原来的规制格局。行政法背景材料作为行政法的基质同时也是行政法存续和发展的条件。

---

① [英]密尔著:《代议制政府》,汪瑄译,商务印书馆1986年版,第68—70页。
② [英]卡罗尔·哈洛、理查德·罗林斯著:《法律与行政》,杨伟东等译,商务印书馆2004年版。

(二）行政法中背景材料的价值

行政法是一种政治秩序和社会秩序的形成和认同形式,不幸的是它不是唯一的形成和认同的形式,而是诸多认同形式中的一种,这是一个绝对肯定的判断。但是,在行政法学研究中,甚至于在行政法治实践中,行政法人或者行政法学人常常将自己封闭于行政法的圈子之内,并且常常有非常大的陶醉感。我们从一些行政法教科书或专门的论著中便可以看出,例如,有学者就对行政法之地位作过这样的评价:"行政权是静态的,行政行为是动态的。与传统法治着重控制静态行政权比较,新型法治更注重规范动态的行政行为。一个国家,只有在其不仅具有健全的控制静态权力的法,而且具有健全完善的规范动态行为的法时,才算进入到法治国时代了。很显然,法治国时代的重要标志是行政法。"[①]如果依这个理论,行政法在一定政治秩序和社会秩序的形成和认同中具有唯一性。笔者认为,这种唯一性只是行政法人或者行政法学人的一种行政法理想,任何一个行政法制度的运行都受制于外围因素的影响,都与其背景材料有密切关联。可以说,在这个问题上政治学家和政治哲学家比行政法学人更高一筹,他们能够意识到政治秩序和社会秩序形成和设计中的非唯一性,他们用多元方法探讨一个社会的政治机制、法律机制和社会机制,例如,英国政治学家拉尔夫·密利本德对于与行政法有关联的政治秩序就作过非常精细的多元化探讨:"只要政客登上大臣的宝座,他们自己也就处心积虑地去抵制民主派和积极分子的压力,其所持的理由与他们的文官并无二致。后者认为他们的主要任务之一是保护大臣们不受这种压力的牵制;大臣们则希望在

[①] 姜明安主编:《行政法与行政诉讼法》,北京大学出版社、高等教育出版社1999年版,第6页。

受保护时不露忽视民主形式和程序的痕迹。由于抱有这个共同的目的,大臣和他们的高级顾问一拍即合,同心协力来减少现行政治体制对他们提出的种种民主要求的冲击。这一点在反对政界和产业界左派积极分子的持久斗争中比在其他任何领域表现得更为明显;在这方面,以保守党和工党的大臣们为一方,以他们的文官为另一方,一向通力协作,来压制和击败他们一致认定的敌人。不过他们还在其他许多问题上同样进行这样亲密的合作。"①这个分析是综合性的,其在政治问题上分析逻辑上也是辩证的,因为它没有割裂政治秩序诸要素之间的联结关系,而将行政法视为唯一性的分析方法则不免带有明显的形而上学色彩。行政法中背景材料的价值是非常明显的。

第一,这些背景材料制约行政法的格局。任何一个国家的行政法都有自己的总体格局,对于这种格局我们可以从行政法的立法、行政法的执法、行政法的遵守等方面以及他们的联系进行考察。行政法中的任何一个制度构造都与其背景材料有关,例如,《中华人民共和国行政处罚法》中的若干制度构造就决定于与行政处罚有关的背景材料,我们知道,我国行政处罚法规定了行政相对人的陈述权、申辩权、拒绝权等,这些权利的设计都具有明显的针对性。之所以要设计这样的权利,在笔者看来决定于行政处罚在实施中的背景材料。还如,该法还确定了行政处罚决定权和执行权分离的制度。这个制度的设计背景材料在于行政处罚在实施中存在大量的腐败行为等。② 行政法格局除了某个制度元素外,还有诸制度之间的联系,如行政法典则制定与行政法典则执

---

① [英]拉尔夫·密利本德著:《英国资本主义民主制度》,博铨、向东译,商务印书馆1988年版,第124页。

② 行政处罚中的腐败有些属于体制或者结构性腐败,有些则属于个体性腐败。以前者为例,行政处罚中的指标分配和行政处罚款项的不正当处置都属于这种腐败。个体处罚中的腐败则表现为滥罚、乱罚等不正当行为。

行之间的关系,行政法典则执行与行政法典则遵守之间的关系等等。制度元素与制度之间关系的状况就是一种行政法格局,这些格局并不必然决定于行政法体系之内,而是决定于行政法体系之外的背景材料。我国行政法典则及其体系与行政法执行之间存在非常大的不和谐,该不和谐实质上是我国行政法所特有的一种格局,决定这种不和谐的根本原因在背景材料方面。这其中的哲学道理毋须我们再作进一步探讨。

第二,这些背景材料制约行政法的模式。行政法模式是一个泛指概念,指"行政法的内外在联系形式,是解释行政法的一种工具。"①一方面,行政法模式在不同的主权国家有不同的模板,另一方面,行政法模式是动态的、发展变化的。我国行政法模式就经过了若干次的变化。行政法模式的决定因素同样不在行政法体系之内,而在行政法体系之外。我国 1992 年推行市场经济以后,行政法模式就有了较大的变化,例如,我们原来的行政管理法的一元结构模式转化为了管理与控权的二元结构。其中转化的原因是我国由计划经济向市场经济的制度转化,这个制度转化对于行政法而言是背景材料的转化而导致的。由此我们可以看出,行政法的背景材料还能够决定行政法的进程。

(三) 行政法中背景材料分析方法的运用

在行政法制定与执行中,经验所起的作用不可低估,行政法中的经验是人们对行政法问题和行政法现象的一种经历。行政法经验与行政法知识的关系是值得探讨的,我们可以从一般的哲学命题出发,将行政法经验作为行政法知识的获取的方式,对于这个问题我们在本章的引言中已经提到了。我们还可以说行政法经验是唯一可以靠得住的东西,行政法知识是不存在的,这同样是哲学范畴上的一种认知。我们还

---

① 关保英著:《行政法模式转换研究》,法律出版社 2000 年版,第 4 页。

可以说行政法知识和行政法经验是两个范畴的东西,行政法知识是人们对行政法认知的一种积累,它是主观的。而行政法经验是人们在实践中对行政法案件和事件的亲身感悟。毫无疑问,行政法经验是可以与行政法知识予以分开的,即具有行政法知识的人不一定同时具有行政法经验,反之,具有行政法经验的人也不一定同时具备行政法知识。在行政立法和行政执法的实践中,我们所要求的是既有行政法知识又有行政法经验的行政法人,只有这样的人才能使行政法由主观变成客观、由规则体系变成行为方式。我们注意到,在行政法执行中经验的意义是巨大的,一些疑难行政案件的解决常常借助于丰富的行政法经验。由于行政法经验具有这样的重要意义,笔者认为,在行政法分析学中经验的分析方法便是非常重要的,在复杂的经验分析中,背景材料的分析是经验分析的构成部分,因为,这些背景材料使行政法这一典则化、体系化的东西成了活生生的现实。那么,我们究竟如何运用背景材料的分析方法呢?在笔者看来,下列方面是不可缺少的。

第一,对行政立法中背景材料认知和处理的分析。我国行政立法是分而进行的,一方面,不同的行政部门法形成的时间和机制不同;另一方面,不同层次的行政法规范是由不同的行政立法机关制定的。这便决定了行政法中背景材料的认知和处理较其他部门法要复杂很多,例如,《中华人民共和国农业法》有自己独有的背景材料,《中华人民共和国矿产资源法》有自己独有的背景材料,《中华人民共和国土地管理法》有自己独有的背景材料,这些背景材料都需要在行政法中予以认知和处理。而在刑事法律和民事法律的制定中,背景材料只有一个,而且非常集中,其认知和处理就相对容易一些。①

---

① 我国行政法典则中有一些制定以后就从来没有被运用过,这样长期不被运用的典则为什么没有被运用是需要调研的,有些之所以没有被运用可能是由于制定该典则时背景材料分析不够造成的,即在没有相关背景材料的情况下我们就制定了这样的典则。

第二，对行政执法中背景材料关注程度的分析。在行政法执行中有一个重要的法律原则，即考虑应当考虑的因素，不考虑不应当考虑的因素。这个原则所要求的实质上是执法者如何处理执法过程中的相关背景材料。依这个原则，那些背景材料中会干扰行政执法的因素，执法者便不应当予以考虑。而那些对行政执法背景有利的相关因素就必须予以考虑。这两种情况中的因素实质上都是行政法的背景材料，如果说，我国行政执法还存在较大问题的话，那么，根本点便在于有关背景材料对行政执法的干扰。反过来说，我国行政执法还不到位的话，那么根本点仍然在于我们没有考虑应当考虑的背景材料。在行政法分析学中，这些背景材料是一个基本的分析点，从广义上讲，它们都属于经验分析的范畴。

附　　录

泉州

人名索引[*]

阿拉伯

艾哈迈德・爱敏(Ahmad Amin,1886—1954)

德国

伯恩・魏德士(Bernd Ruthers,1930—?)
恩格斯(Friedrich Engels,1820—1895)
黑格尔(Georg Wilhelm Friedrich Hegel,1770—1831)
哈特穆特・毛雷尔(Hartmut Maurer,1931—?)
汉斯・J.沃尔夫(Hans J. Wolff,1920—1967)
康德(Immanuel Kant,1724—1804)
卡尔・恩吉施(Karl Engisch,1899—?)
卡尔・拉伦茨(Karl Larenz,1903—1993)
卡尔・雅斯贝斯(Karl Theodor Jaspers,1883—1969)
马克思(Karl Heinrich Marx,1818—1883)
奥托・迈耶(Otto Mayer,1846—1924)
萨维尼(Savigny,Friedrich Karlvon,1779—1861)
托马斯・莱塞尔(Thomas Raiser,1935—?)

俄罗斯

列宁(Lenin,1870—1924)
赫尔岑(Герцен,А. И.,1812—1870)

---

  * 以国别为序

法国

托克维尔（Alexis de Tocqueville,1805—1859）
孟德斯鸠（Charles de Secondat,1689—1755）
圣西门（Claude-Henri de Rouvroy,1760—1825）
埃米尔·迪尔凯姆（Durkheim,Emile,1858—1917）
狄骥（Duguit,1859—1928）
埃蒂耶纳·卡贝（Etienne Cabet,1788—1856）
弗朗斯瓦·魁奈（Francois Quesnay,1694—1774）
马布利（GabrieI Bonnot de mably,1709—1785）
克拉勃（Hugo Krabbe,1857—1936）
卢梭（Jean-Jacques Rousseau,1712—1778）
马里旦（Jacques Maritian,1882—1973）
莫里斯·迪韦尔热（Maurice Duverger,1917—?）
罗伯斯比尔（Ois Marie Isidorede Robespierre,1758—1794）
保罗·利科（Paul Ricoeur,1913—2005）
勒内·达维德（Rene David,1906—1990）
泰·德萨米（Théoddre Dézamy,1803—1850）

古希腊罗马

奥古斯丁（Aurelius Augustinus,354—430）
亚里士多德（Aristotle,公元前 384 —322 ）
爱比克泰德（Epictetus,约 55—约 130）
查士丁尼（Justinian,约 483—565）
柏拉图（Plato,公元前 427－347）

荷兰

斯宾诺莎（Benedictus Spinoza,1632—1677）
格老秀斯（Hugo Grotius,1583—1645）
克拉勃（hugo krabbe,1857—1936）
亨利·范·马尔塞文（Maarseveen,H. V.,1926—?）

捷克

维克多·纳普(Victo. Knapp,1940—?)

美国

R.道格拉斯·阿诺德(Arnold R. Douglas,1950—?)
阿瑟·奥肯(Arthur M. Okun,1928—1980)
汉密尔顿(Alexander Hamilton,1757—1804)
本杰明·内森·卡多佐(Benjamin Nathan Cardozo,1870—1938)
伯纳德·施瓦茨(Bemard Schwanz,1923—1997)
戴维·波善诺(David Popenoe 1932—?)
丹尼尔·贝尔(Daniel Bell,1919—2011)
E.博登海默(Edgar Bodenheimer,1908—1991)
F. W.泰罗(Frederick Winslow Taylor,1856—1915)
古德诺(Frank Johnson Goodnow,1859—1939)
威廉·多姆霍夫(George William Domhoff,1936—?)
H. S.康马杰(Henry Steele Commager,1902—1998)
埃尔曼(Henry W. Ehrmann,1932—1998)
哈罗德·伯曼(Harold J. Berman,1918—2007)
汉斯·凯尔森(Hans Kelsen,1881—1973)
麦迪逊(James Madison,1751—1836)
约翰·罗尔斯(John Rawls,1921—2002)
约翰·梅西·赞恩(John Maxcy Zane,1863—1937)
詹姆斯·Q.威尔逊(James Q. wilson,1931—?)
卡尔·N.卢埃林(Karl N. Llewellyn,1893—1962)
路易斯·亨利·摩尔根(Lewis Henry Morgan,1818—1881)
M.怀特(M. white,1917—?)
梅里亚姆(Merriam,1874—1953)
摩狄曼·J.阿德勒(Mortimer Jerome Adler,1902—2001)
保罗·法伊尔阿本德(Paul Feyerabend,1924—?)
彼得·F.德鲁克(Peter F. Drucker,1909—2005)
罗斯科·庞德(Pound Roscoe,1870—1964)

理查德·A.波斯纳（Richard Allen Posner,1939—?）

理查德·B.斯图尔特（Richard B. Stewart,1940—?）

罗斯科·庞德（Roscoe Pound,1870—1964）

马季佛（R. M. MacIver,1882—1970）

塞缪尔·亨廷顿（Samuel P. Huntington,1927—2008）

维克多·纳普（Victor. Knapp,1940—?）

威尔逊（Wilson,1856—1924）

新西兰

迈克尔·塔格特（Michael Taggart,1955—?）

英国

A. R. 拉德克利夫-布朗（A. R. Radcliffe-Brown,1881—1955）

A. F. 查尔默斯（A. F. Chalmers,1939—?）

戴雪（也译作戴西 Albert Venn Dicey,1882—1909）

丹宁（Alfred Thompson Denning,1899—1999）

托克维尔（Alexis de Tocqueville,1805—1859）

亚当·斯密（Adam Smith,1723—1790）

A. 布洛克（Bullock Alan,1914—2004）

伯特兰·罗素（Bertrand Arthur William Russell,1872—1970）

查尔斯·霍顿·库利（Charles Horton Cooley,1864—1929）

达尔文（Charles Robert Darwin,1809—1882）

戴维·M. 沃克（David M. Walker,1951—?）

戴维·米勒（David Miller,1946—?）

弗里德利希·冯·哈耶克（Friedrich August von Hayek,1899—1992）

格雷厄姆·沃拉斯（Graham Wallas,1858—1932）

温斯坦莱（Gerrard Winstanley,1609—1652）

H. 哈特（H. L. A. Hart,1907—1992）

霍布斯（Hobbes Thomas,1588—1679）

梅因（Henry James Sumner Maine,1822—1888）

奥斯丁（John Austin,1790—1859）

边沁（Jeremy Bentham,1748—1832）

洛克(John Locke,1632—1704)
密尔(John Stuart Mill,1806—1873)
约翰·格里宾(John Gribbin,1946—?)
卡尔·玻普(Karl Popper,1902—1986)
肯尼思·麦克利什(Kenneth Mcleish,1940—1997)
雪莱(Percy Bysshe Shelley,1792—1822)
拉尔夫·密利本德(Ralph Miliband,1924—1994)
理查德·罗林斯(Richard Leon,1949—?)
韦农·波格丹诺(Vernon Bogdanor,1943—?)
威廉·韦德(William Wade,1918—2004)

意大利

龙勃罗梭(Cesare Lombroso,1836—1909)
意切萨雷·贝卡里亚(Cesare Bonesana Beccaria,1738—1794)
米拉格利亚(Luigi Miralia,1846—1903)
阿奎那(Thomas Aquinas,约 1225—1274)

日本

福泽谕吉(Fukuzawa Yukichi,1835—1901)
大木雅夫(おおき まさお,1931—?)
大桥洋一(ウィキペディア,1953—?)
宫泽浚义(みやざわ としよし,1899—1976)
和田英夫(わだ-ひでお,1918—2001)
芦部信喜(あしべ のぶよし,1923—1999)
美浓部达吉(みのべ たつきち,1873—1948)
清水澄(しみず とおる,1868—1947)
室井力(むろい-つとむ,1930—2006)
穗积陈重(ほづみ のぶしげ,1855—1926)

专业术语索引[*]

B

不完整性
不周延性
不成文法的解释
不法之法
边内学科
边缘学科
本土知识
本土的文化属性
本土的自然属性
本土分析方法
本土因素
本法与实施性规定之间的冲突
半官方性
半民间性
包容化处理
冰点问题
板块性的抽象化
板块化分解
保护行政相对人
背景知识
版块拼凑
部类构成

部门之间的同一性证明
部分交叉
部门行政法学
部门行政法学
部门法的典则化
部门法分析
部门法之定实
部分政治化
被分析项

C

长效安定性
存在基础的断裂
迟滞性
传统手段
传统因素
成文法的解释
冲突的类型
冲突解释
此一部门法与彼一部门法之间的冲突
纯粹法律事实
初步方法
抽象性行政法学
抽象的手段

---

[*] 以汉语拼音为序

测评指标
常规执法
阐释位次
程序行政的认识模式
裁量尺度同一

断根性
断代
断位分解
道德的元素
颠覆规范

D

大陆法系
代际界限
对立法主体的认知跟踪
对行政立法中背景材料认知和处理的
　分析
对行政执法中背景材料关注程度的
　分析
动态行政法
动态上的多变性
动态的统计
多数不认同
多进路化
定量分析精髓
定性偏向
定位行政机构
单一学科
典则关系
典则类型构型
典则形成机制
独立定在
独立学科
段位问题
调研行政立法
调研行政守法
调研行政执法
调研机制

E

二元分析

F

分析标的
分析技术
分析进路
分析手段
分析对象
分而比之
分而解之
分而量之
分而评之
分析技术
分析力度
分析疲软
分析项
分析性
分析意识
分离理论
分析法理
分解
分则与总则之间的冲突
方法论处理
反馈系统
泛政治

非自我实现
非正式渊源
非政治论
非行政系统因素
非目标
非正式主体
法典
法圈
法现象
法行为标的
法主体标的
法官法
法阶性
法圈性
法群性
法定量分析
法经济学
法律现实主义
法律形式主义
法实现精髓
法实现指标
法哲学
法证实精髓
法地理学
法律规制
法定量
法实
法实现
法虚
法证实
法知识
法位分析
法源构成

法服从
法扣除
法内机制
法外机制
法治理念
法治盲区
法治认同度
法层性
法的合理性
法律信仰
法律咨询
法典规制事态
法典设计制度
法律方法论
法内主体与法外主体
法的统一性
法律的优先
法意识
法证实精髓
法的目标
法制统一原则
法律解释
法律的本土问题
法律的全球趋同问题
服务论
复合指标
辅助权威

G

个别认同
个体行为
个体化
个体合目的性

公共利益本位论
公物法
公信力
古代行政法
共通性
共相性
刚性要素
改变政府的法治角色
规范类型
规范状态
规范的客体
规整的构成
规整性
规制对象构型
规范评价的跟踪
规范调控效果的跟踪
规范与事态的跟踪
规范外因素的统计
规范与事实关系的统计
规整行政机构
规范本身的不周延
规范解释
规范相对滞后
规制方式
构成因子
构型化
官僚化
给付行政的认识范式
国家补偿的认识范式
国家治理的进程
高级背景
概念的有机化
概念系统的细密化

跟踪机制
管理法理念
管理理念

H

红灯理论
后现代行政法
后规范性
后法治时代
后法与前法的冲突
回避方法论的态度
宏观构成
耗散的构成
黄灯理论
横向结构
横向统计

J

介入元素
价值性研究
价值决定性
价值判定
价值系统
价值定位
价值定向
间接的功能
局部的客体
技术参数
经验的分析方法
经验主义
结构化处理
绝对独立学科

绝对信仰法律
基本定在
基质
教授法
集而解之
解释性研究
解析行政法现象
解释的分析方法
解释的方式
解释机制
精神气质
精心创造理论
静态因素
静态行政法
静态范畴

历史分析
内在合目的性
立法异化现象
立法解释
良性法证明
类型统计
类推解释方法
绿灯理论
能量交换
逻辑解释
理据
理性法证明

M

K

可用性之技术
价值性研究
扩充解释
考究性之技术
客观行政法
客观的背景材料
科学范式
科技准则元素
科学问题
控权理念
控制行政

民治属性
目的物
目的性
目标分解
目标价值
目标状况
目标综合
名称统计

P

平衡论
排他性之进路
普通法系
谱系
膨胀化趋势

L

Q

历史之根
历史解释

区域制定行政法的统计

区域之间的同一性证明
全方位的客体
权威机关解释
契合性
前规范问题
前规范
前后的同一性证明
轻视方法论的态度
强权治理
群体合目的性

R

人格元素
人本属性之定在
人性要素
人的合目的性
人造自动控制系统
人本化处理
认知理念
认知体系
认知误差
认知跟踪
柔性要素

S

上位问题
司法造法
司法解释
守法意识
社会之根
社会控制机制
社会控制

社会满意
社会要素
社会秩序
社会之目标
社会主义法系
社会实在论
时间的证明
实效性探究
实用理性
实用主义式行政法学
实用学科
实体与程序关系构型
实质分析
实效性
事态需求
事实的客体
事实解构
事后行为
首属学科

T

同化
体系化之进路
体制行政法

统计的分析方法
统计技术
统一性分析
统一次目标和子目标
统一行政机构
突击执法
调控价值
特定而封闭的地域

特定而封闭的人群
提升公众的法治认同度

W

文化之根
文法解释
文化属性
未领会法之精神的法扣除
外在因素
外围因素
问题情境
问题行政法

X

下位问题
下位法与上位法之间的冲突
心理安定性
心理控制
行政法实在
行政法事实
行政法态度
行政法现象
行政法学科体系
行政法之板块
行政法之部类
行政法之元素
行政法分析技术
行政法理
行政法实务
行政法史学
行政法哲学
行政法分支学科

行政法环境学
行政法理学
行政法人类学
行政法社会学
行政法文化
行政法学
行政法的认知
行政法精神
行政法理念
行政法时代性
行为分析
行政编制法学
行政程序法学
行政法社会学
行政法学构型
行政复议法学
行政赔偿法学
行政诉讼法学
行政组织法学
行政法规范
行政法后规范
行政法问题
行政法能量交换
行政法社会化
行政法元素
行政客体
行政权力
行政法的精神
行政法规范的社会预期
行政法学格局
行政法治格局
行政法分析学流派
行政法工作者

行政法认识范式
行政法学者
行政法基本原则
行政法的运行
行政程序法
行政法法源
行政立法
行政权的行使主体
行政权的特性
行政权范围
行政权原则
行政法的执行
行政法的制定
行政法的遵守
行政法典则形成机制
行政法运用
行政事态的规制
行政相对人用法
行政相对人自治的进路
行政法反馈
行政法跟踪机制
行政法适用
行政法调研机制
行政法信仰
行政法咨询机构
行政法咨询主体
行政跟踪机制
行政立法跟踪
行政系统
行政执法
行政法典则统计
行政法涉及部门的统计
行政法涉及地域的统计

行政法执行的统计
行政法主体的类型统计
行政法主体的名称统计
行政法主体的统计
行政相对人的名称统计
行政相关人名称的统计
行政执法的总量统计
行政执法涉及领域的统计
行政执法依据的总量统计
行政执法总数的统计
行政主体的名称统计
行政法过程社会满意度
行政法与社会规律一致性
行政法与社会和谐
行政法原貌
行政行为实效性
行政行为同一性
行政效率原则
行政边界
行政法的子目标
行政法的总目标
行政行为内在化
行政机构设置
行政机构体系设置的膨胀化
行政立法的相对不统一化
行政权之目标
行政执法中的保护主义
行政职权分配
行政法冲突解释
行政法规范冲突的类型
行政法规范解释
行政法解释学
行政解释

行为定式
行政法的格局
行政法的规制方式
行政法的精神气质
行政法的模式
行政法的走向
行政法精神
行政法效力
行政法中的传统
行政法中的背景材料
行政法调控模式
先定性
先例解释方法
学科壁垒
学术力量
学理解释
系统精神
系统解释
形成基因探究
形式分析
选择运用方法论的态度
现代手段
现代行政法
限权规范
限制服从主体的法扣除
限制解释
相对独立学科
相对滞后
消极应对
新的事态颠覆规范

Y

一统性的抽象化

一元意志
一般法与特别法的冲突
元素性行政法学
以政令为指导原则的法扣除
以规制对象为标准的类型统计
以规制形态为标准的主体类型统计
以其他方式为标准的主体类型统计
以国外参照为目标的设置
以行政法典精神分解行政执法目标
以人为目标的设置
以社会效果分解行政执法目标
以事态为依据的目标综合
以宪法为依据的目标综合
以政治需要为目标的设置
用法意识
有限规制行政执法
有效性证明
伊斯兰法系
异质性
运作状态
应用法律科学
依技术因素划分的解释方法
依解释体制划分的解释方法
研究始点
语境解释
原创学科

Z

支撑因素
支流
专职法治机构
主观行政法
主流文化的形成因素

主动性行为
主流规则
主观的背景材料
正式渊源
正当预期
正式主体
正式解释
自我修复
自然要素
自然属性
执法的社会效果
执行机制
执法方式
执法回归法律原则
终结点
纵向统计
争议的排解
作为板块的存在
作为工具的存在
作为系统的存在
作为学科的存在
作为个体的主体

作为结构的主体
证明的分析方法
注释法学
注释性研究
直观法现象
周延性
制约行政法的格局
制约行政法的模式
政策导向
政府的法治角色
政治机制的运行
造成社会声势的执法
总体格局
总量统计
咨询机制
综合法现象
综合与分解的分析方法
综合性行为
秩序构造
最高立法机关解释
彰显政治价值
整合行政权力

图书在版编目(CIP)数据

行政法分析学导论(上、下)/关保英著.—北京:商务印书馆,2011
ISBN 978-7-100-08300-3

I.①行… II.①关… III.①行政法理论－研究－中国 IV.①D922.101

中国版本图书馆 CIP 数据核字(2011)第 067160 号

所有权利保留。
未经许可,不得以任何方式使用。

上海市教委重点学科建设项目

XÍNG ZHÈNG FǍ FĒN XĪ XUÉ DǍO LÙN
行政法分析学导论
(上、下)

关保英 著

商务印书馆出版
(北京王府井大街36号 邮政编码100710)
商务印书馆发行
北京瑞古冠中印刷厂印刷
ISBN 978-7-100-08300-3

2011年9月第1版　开本880×1230　1/32
2011年9月北京第1次印刷　印张25
定价:62.00元